明治神宮以前・以後

明治神宮以前・以後

近代神社をめぐる環境形成の構造転換

藤田大誠
青井哲人
畔上直樹
今泉宜子
編

鹿島出版会

目次

第II部

画期としての明治神宮造営

第III部

近代における神社境内の変遷と神社行政

ブックデザイン――中野豪雄（中野デザイン事務所）

見返し写真――前＝鎮座祭当日の明治神宮
後＝鎮座祭にあわせて築造された表参道
（ともに大正九年一一月一日）
＊いずれも『明治神宮御写真帖　附御造営記録』
（帝国軍人教育会編集発行、大正九年）より転載

序説

近代神社の造営をめぐる人々とその学知
――本書の目的と概要

藤田大誠

一　「神社に纏《まつ》わる景観」

都市空間や地域社会に息づく神社

日本列島におけるマチやムラを歩く、ということは、「神社に纏わる景観」に出会うことである――。

こう書けば、「そうかも知れない」と頷いてくれる読者もいれば、「そうだろうか？」と疑問符を付けたくなる読者もいるだろう。もちろん「地域差」はあるわけだが、あらためてよく目を凝らして見ると、われわれの生活に関わる身近な都市空間や地域社会のなかには、「表参道」や「一宮」などの神社に関わる駅名や地名が散見されること、公民館や集会所が神社境内にあること、公園が「鎮守の森」に隣接していること、神社祭礼において交通が規制されることなど、じつにさまざまなかたちで、神社に纏わる要素が静かに、またたしかに息づいていることに気づく。

つまり、普段われわれは何気なく素通りして気にも留めないが、注意して見ると、都市や地域社会は「神社に纏わる景観」に満ち溢れており、また、多くの場合、神社は人々の暮らしと隔絶して存在しているのではなく、生活空間と連続した環境（自然的かつ人為構築的な、両義性を持った環境の意）を形成している。それは、必然的に日本特有の景観をもたらす要因となっている。

「公共空間」としての神社

かかる現状は、神社が、たとえ戦後に国家管理から離れて宗教法人法による一私法人となったということを差し引いても、その祭祀が古代の国家制度に組み込まれて以来の長い歴史的経緯や「伝統」を継承し、いまだに日本社会において一定の「公共性」を実質的に保持し続けていることに由来すると一応は言ってよいだろう［＊1］。また、とりわけ現代の前提となる時期の近代における神社は、「国家ノ宗祀」（明治四年〔一八七一〕五月一四日太政官布告第二三四）と明確に位置づけられた国家的・公共的な祭祀施設・空間（公共空間）であったのである。近代において「神社の境内地は、祭典、風致、並に公衆の参拝上必要なる公用の一地域をいふ」［＊2］のであった。

しかし、だからと言って、神社と国家、国民との関係や神社の「公共性」の内実が近代を通してまったく不変であったわけではなく、当然その時々にそれぞれの情況というものが反映されていた。とくに空間的観点からすれば、本書で明らかにされるように、社殿建築や「鎮守の森」をはじめ、神社境内を中心とする現在の景観・環境そのものが、「公共空間」としての神社の「伝統」を直線的に継承した不変（あるいは普遍）的なものとは必ずしも言えないのである。

そうであれば、近代日本の都市や地域社会では、それぞれの時期において、国家的・公共的存在であった神社はいかなる機能や役割を持つ空間であると認識され、さらにはどのような物的・自然的環境や風致・景観を構築・形成し、整備することが求められたのか。

あるいは逆に、神社という「公共空間」、つまり日本的な都市・社会施設としての神社境内という視点から近代日本の都市や地域社会を照らし出すならば、そこにどのような日本的特質が見えてくるのか、こないのか。

本書は、かかる問いを共有する神道史、宗教学、建築史、都市史、都市計画史、地域社会史、造園学、林学、民俗学などの諸分野を専攻する研究者によっておこなわれた具体的な史料に基づく学際的共同研究の成果を、専門の垣根を超えて広く世に問うための論文集である。

本共同研究の来歴

次に、この学際的共同研究の成り立ちを簡潔に記しておく。本研究は、平成二一年（二〇〇九）秋、藤田大誠・青井哲人・畔上直樹・今泉宜子の四名が中心となって「明治神宮史研究会」を発足させたことから始まった。

そして、翌二二年四月、藤田が研究代表者、青井・畔上が研究分担者となって申請した科学研究費補助金（基盤研究（C））「帝都東京における神社境内と「公共空間」に関する基礎的研究」（研究課題番号＝二二五二〇〇六三）が採択されたことにより、「神社と「公共空間」研究会」を立ち上げることとなった。また、同二三年一月には、今泉・藤田・青井・畔上を中心に、明治神宮国際神道文化研究所共同研究「明治神宮史に関する総合的・学際的研究」を開始した。

科研費採択後は、随時「神社と「公共空間」研究会」と「明治神宮史研究会」とをリンクさせながら研究発信を行い、科研費研究としては平成二二〜二四年度の間、研究を推進したが、研究成果報告書（平成二五年二月二八日発行、二段組、全三二五頁）を作成することによって一応の区切りをつけた。本書は、この研究成果報告書を基盤として大幅に再編集を加えたものである。本書の論文執筆者としては、研究成果報告書への寄稿者だけでなく、改めて「明治神宮史研究会」や「神社と「公共空間」研究会」をはじめ、本共同研究関連の研究会等で口頭発表をおこなったことのある者にも声をかけ、その結果、総勢一七名による大部の論文集となったのである。

本書の目的

本書は、近代の神社造営をめぐる空間・環境形成の変遷について、その造営に関わる建築・造園・都市計画などの新たな学知を提供し実践に導いた学者や技術者をはじめ、多種多様な人々の営みとネットワークに着目しつつ、大正期における「明治神宮造営」を大きなメルクマールと捉えることによって、「明治神宮以前・以後」における神社境内の環境形成に関する構造転換のダイナミックな様相を浮き彫りにすることを目的としている。

その意味で本書は、大正九年(一九二〇)に創建された明治天皇・昭憲皇太后を祭神とする明治神宮を対象とした歴史的研究[*3]の最新成果であるとともに、「明治神宮以前・以後」(つまり日本の近代全体をスパンに収める)における「神社に纏わる景観」すなわち「近代神社をめぐる空間・環境・都市・地域社会」の変遷について多様な角度から跡付けるというかつてない試みでもある[*4]。

かかる目的を踏まえ、この「序説」では、近代神社の造営をめぐる人々とその学知にとって、「明治神宮造営」とはいかなる出来事であったのか、ということを示すささやかな史料を紹介し、本書の概要を述べておきたい。

二　明治神宮造営を画期とする学知の形成

「明治神宮御造営の由来を語る座談会」

昭和一五年(一九四〇)一〇月二七日、「明治神宮鎮座二十年祭奉祝ノ為メ」、東京中央放送局において、「明治神宮御造営の由来を語る座談会」が行われた[＊5]。参加者は、元明治神宮造営局書記官の吉田茂(司会者)、元明治神宮造営局参与の工学博士・伊東忠太、林学博士・本多静六、元明治神宮造営局参事の文学博士・宮地直一、元明治神宮造営局技師の工学博士・牧彦七であり、明治神宮造営の際に大いに寄与した事務官僚・建築学・林学(造園学)・国史学(神社史・神道史)・土木工学の立場を代表して、それぞれ興味深い回想を披露している。

ここで、「国史学」の一分科としての「神道史学」(神社史に立脚する神道史)という近代的学問分野を打ち立てた宮地直一(当時東京帝国大学神道講座・神道研究室教授)[＊6]は、「明治神宮の御造営は我が日本の歴史をもつて未だ曾て見ることの出来なかつた成果と申しますか、誠に画期的のことでありまして、それは素より上御一人の優渥なる思召に出ましたことは申上げるまでもない次第であります。尚ほ又全日本国民を挙つての熱意、明治天皇に対する崇敬、欣慕の誠意そのものが高潮に達したと云ふことも考へなければならぬことだと存ずるのであります」と述べている。

この言を、同年一〇月三一日から一一月四日までの「明治神宮鎮座二十年祭」や同年一一月一〇、一一日の「紀元二千六百年」式典・奉祝会を目前とした大げさな表現だと看過することはできない。「明治神宮以前・以後」を主題として本格的に歴史的検討を行ってきた、本書の編者をはじめとする執筆者たちにとっては、値千金の重みを持つ言葉と感じられるのである。

林学・建築・土木から見た明治神宮造営

座談会では、吉田茂によって「明治神宮御神徳」に対する感激や、物価騰貴という社会的背景のもと、先輩内務官僚である田澤義鋪と相談して行った土木工事における青年団の奉仕が語られ、また、宮地直一は「国民が如何にこの明治神宮奉祀に熱意を持つて居つたか」を述べた。

本多静六は、「隠れたる事実」として、明治天皇に関わる由緒と神社の風致をめぐり、両者をどのように調整するかという葛藤の末に、渋沢栄一の懇願によって、内苑の社地(代々木)の決定に賛同し、「木を植ゑると云ふ点から云ふと、無理なところである代々木の地に「未熟なる今日の学術と建築などで非常なる立派なる神苑を作り上げて見ようと決心」し、本郷高徳や田村剛、上原敬二らを含む「私の教室の全部を上げて之に参加して参りました」という林苑造営の裏話を語った。さらに本多は、国民の「労力奉仕」としての十万本の「献木」が空前の記録であり、「それによつて私共の方は樹木の掘出、荷造り、運搬、移植なんて云ふことの技術が一大進歩を遂げたんです。あれによって樹木の移植法と云ふものが学術的に決つてしまつたんです」とも述べている[*7]。

伊東忠太は、社殿等建築物に関して、日本全国の官幣大社の絵図のみならず、「時の神社局長井上友一さんと一緒に諸々方々の官幣大社を歴訪」して実地研究も行ったが、「実にむづかしい問題」であり、「推敲に推敲を重ねまして六回もプランを書き直し」、さらに各方面から原案に出された意見を踏まえて「修正に修正を重ねられました結果」できたのが「今日のプラン」であって、社殿の大きさについても、「御内陣にどう云ふ設備を施す必要があるか、その前の儀式場に、儀礼場にどう云ふ、例へば神饌を捧げる時にこれ丈けの面積を要するとか、総ての儀式に人間が何人はいらなければならないとか、御社殿を始め拝殿その他全部実際問題から割出して決めた形でありまして、一つでも凡そこの位なことで決めたのではなかつた」と述べ、これに加え、大鳥居建設についても触れている。

牧彦七は、林苑の土木以外における「造園土木の大体の輪郭とその主な工事計画の眼目」について、具体的には周囲の土塁工事では石垣の石の選定や地境にある風致木の保存、参道設計における笹の移植や排水溝の石の選定などの苦心を縷々語っている。明治神宮造営における土木工事については、内苑の土塁や参道、車道工事は明治神宮造営局技師の林助一、外苑の外囲および道路は同じく技師の藤井眞透によってその仕事が簡潔に纏められている[*8]。残念ながら本書ではほとんど触れられなかったが、今後、明治神宮造営以前・以後における土木工学の展開についての詳細な考察が待たれる。

画期的な「大きな科学」の成立

なお、この座談会において宮地直一が、これも本書においては詳細に検討できなかった重要な点に触れているため、少し長いが、その言を次に引用しておこう。

私の考へますのに色々お話を承りまして大変ありがたく思ひましたが、御社殿の建築に伴ふ御社殿内部の装飾と云ふやうなものをどう云ふ風にするかと云ふことが非常に大切な問題ではなかつたかと思ふのであります。（…中略…）御社殿の中に神様のおいでになる御座として御帳台と云ふものを置く、その御帳台の周りに御壁代と云ふ布を垂れる、前に御簾や帳を吊る、拝殿以下の主なる御社殿に御簾、帳をかけると云ふことにしなければならぬ。（…中略…）併し賀茂の神社には賀茂のお式があるし又その他の神社についても又色々と決つたお式があること丶思ひますが、明治神宮は明治神宮でもつて一つの式を樹てなければならぬ。それについては当局の方で色々な実例を調査され又記録の上でも色々研究になり、明治神宮に最も適した端玄幽麗な式をお考になると云ふ風なことであつたのであります。これ丈けのことを言葉で申上げると云ふと何でもないやうなことでありますけれども、それについては非常な苦心を払はれまして又斯う云ふ風な仕事についてはこれまで経験のない画期的な一つのことに大きな科学が出来上つたやうな訳であつたのでありま す。明治神宮以前に於ては斯様なことについては一向どうも世間の注意も惹かず、どちらかと云ふと主人任せでもつてあまり関心もしないと云ふことだつたんです。之を専門に研究すると云ふやうなことがこれから初めて起つて来る。この場合政府の手でもつて及ぶ限りの調査が出来、綿密な研究が遂げられ出来るだけの鄭重さをもつて昔からの歴史の正しいところによつて出来上つた。これが動機でもつてこの後又方々の神社でもつて色んな御研究が出来て社殿内の諸設備が慎重な注意を払はれ、敬神の本源がこれによつて一段と宣揚されたと云ふことは非常に結構なことだと考へてゐる次第であります。そのことにつきましても終始そのことに当つて当局の技師として井上清君と云ふ人が居つたのでありますが、この人はまるで技術そのものの権化と申してもい丶でありませうか全く技術の為には何ものもないと云ふ風な精進の仕ぶりでもつて、一身を没頭して明治神宮の殿内装飾なりその他の設備に終始したと云ふことは非常に私仕合せであつたと斯う思ふのであります。

要するに、本殿内部の御座である「御帳台」などの社殿内部の装飾に関しては、明治神宮造営を契機として、明治神宮式を樹立するために「これまで経験のない画期的な一つのことに大きな科学が出来上つた」ことにより、その綿密な専門的研究が初めて立ち上げられたという。宮地は明治神宮造営局技師の井上清［＊9］を「技術そのものの権化」とまで呼んでその仕事ぶりを激賞しているが、このことが政府や各神社における社殿内諸設備を対象とするさまざまな専門的研究進展の動機となったことは、実践的な「神社史」研究を促すものであり、近代的学問としての「神道史」の発展上、見逃せない点であろう。

また、近代の神社空間に突如出現した「外苑」に関しても「明治神宮造営」が決定的な画期となっている。

ここではさしあたり、明治神宮造営局技師を務めた田阪美徳が、「全国の神社中には、その官国幣社なると府県社以下の神社なるとを問はず、夫々相当に、神社名を冠して外苑と称するものが設置せられて居るもの既に多くの数に上つて居り、又現在設置せんとする計画が次第に多くなりつつある。元来神社に外苑と呼称する区域が施設せらるるに至つたのは比較的新らしいことで、大正の初期より急に流行するの風潮になつたものである。蓋し明治神宮御造営に伴ひ、かの外苑が素晴らしく堂々と造成せらるるに至つたことが大なる反響を与へて居る」と述べていることを紹介するに留めておく[＊10]。

明治神宮造営と「神社研究」「神社行政」

さて、明治神宮造営は、神社行政機関（内務省神社局—神祇院）の組織整備と神社行政振興、国民崇敬発揚の転機ともなった。

次に明治神宮造営局書記官・外苑課長を務めた吉田茂の回想を引いておこう[＊11]。

其の時分には神社局には高等官給としては局長だけの俸給があつて、書記官給もなければ、況んや考証官・技師・事務官さう云ふものは全然なかつたのであります。所が実際に於きましては、此処においでの荻野（引用者註・仲三郎）さんだの、宮地（引用者註・直一）さんだの、斯道に堪能の方々の御教を仰いで仕事をして居つたやうな次第であります。私共は今迄一般の行政官で居つて、神社のことはさつぱり解らないのでありますから、神社局の推進力、原動力は、荻野さんや宮地さんであつた訳であります。さう云ふ方を役所で御待遇する途がないから、御両名とも神社局の方では嘱託でありました。さうして特殊の事に付いて御指導を仰ぎました次第であります。営繕に関する技師としても一人も居られない、明治神宮造営局にも神宮司庁にも立派な技師が居られるのでありますが、神社局には技師も居られない。そんな状況であつたにも拘らず、当時造営局の若手技師であられた角南（引用者註・隆）さんなどは、神社建築に付いては一方ならぬ関心を御持ちになりまして、今後の御生涯を神社建築の為に捧げようと云ふ御決意を持たれた為に、建築界の或る大先輩からひどく叱られたやうなこともあつたやうに思ひます。折角立派な近代建築家に仕立ててやつたのに、神社建築などを是からやると云ふやうなことは甚だ不都合だと云ふやうな意味であつたかと、朧気ながら記憶して居ります。間違つてゐたら角南さんどうか御免を願ひます。当時はまださう云ふ状態であつたのでありますが、明治神宮御造営と云ふことが機縁となりまして、先程から御話のありますやうな、国民の間に神社崇敬の本当の熱意と云ふものが、全国的に発揚せられて来たと私は考へるのであります。今日から回顧致しますると、洵に相済まないやうなことでありますが、それ迄は各神社とも申さばほんの形骸だけを止めて居つて、国民崇敬の魂と云ふものの上に於いては、大いに欠くる所のあるやうな点もあつたではないか、それが明治神宮の御造営と云ふことを契機としまして、民心が明治天皇の御聖徳に依つて、敬神尊皇の至誠を現実に現すやうな機運が、力強く開けて参つたのであります。従つて神社行政も明治神宮の御造営と云ふことを一つの転機として、今日のやうな振興を見る基が打ち立てられたやうに思ふのであります。

さらに吉田は、「それから後、専任書記官が置かれ、考証官が置かれ、建築技師も置かれ、又神社の供進金の如きも従前から見ると非常な増額を見るやうなことになつて、申さば今日の神祇院の実質的基礎と云ふものが、明治神宮の御鎮座と云ふことに依つて築かれたやうに私は考へる」とも述べている。つまり、もともと内務省神社局には、吉田のような事務官僚としての書記官のみならず、神社に関する考証や営繕に関する技術官僚（テクノクラート）も、「専任」としてはいなかったのであるが、明治神宮造営を「一つの転機」として、書記官・考証官・技師の専任ポストが置かれるようになったのである。

このように「明治神宮造営」という経験は、「神社研究」（「神社史」を基盤とする「神道史」という近代的学知の形成）と「神社行政」（専任の事務官・考証官・技師の設置を橋頭堡とする内務省神社局から神祇院への展開）の重要な転換点となった。さらに本書の各論文が解明するごとく、同様にこれを契機として生み出されてゆく建築・造園（園芸、林学）・都市計画などに関わる新たな学知は、明治神宮の鎮座する「帝都東京」のみならず、日本列島全域、さらには「帝国」的広がりをも持った相互的影響や伝播の様相を呈することとなるのである。

三　本書の構成と概要

本書は、「序説」を除き、四部一七章で構成される。
第I部には、本書の総論的論文を三本配置した。

第1章「神社における「近代建築」の獲得――表象と機能、国民と帝国をめぐって」(青井哲人)
第2章「戦前日本における「鎮守の森」論」(畔上直樹)
第3章「帝都東京における「外苑」の創出――宮城・明治神宮・靖國神社における新たな「公共空間」の形成」(藤田大誠)

第I部「神社造営をめぐる環境形成の構造転換」

具体的には、大正期における国民的造営事業である「明治神宮造営」を大きな画期と見定め、近代の神社をめぐる空間・環境形成を考える際に必要不可欠な構成要素である①「神社建築」(青井論文)、②「鎮守の森」(畔上論文)、③「外苑」(藤田論文)に焦点を当てて、〈本史〉としての明治神宮内苑・外苑の造営過程を跡づけた。

また、いずれの論考も、縦軸(時間軸)として「明治神宮以前・以後」、すなわち〈前史〉と〈後史〉をも踏まえて叙述し、さらに横軸(空間軸)として他の神社や類似する空間を取り上げて検討することで、近代の神社境内における周囲の都市や地域社会の環境をも含めた各要素の「機能」や「風致」のあり方の変遷、あるいは区画化(ゾーニング)や全体化構想(プランニング)にもとづく新たな空間構成の再編過程を、造営関係者の構想・実践やネットワークの実態、相互影響関係から浮き彫りにし、そのダイナミックな構造転換を明らかにしている。

第II部「画期としての明治神宮造営」

第II部には、本書で重要な画期と位置付ける「明治神宮造営」に関わる諸相についての論考六本を掲載した。

第4章「明治神宮が〈神社〉であることの意義——その国家性と公共性をめぐって」(菅浩二)
第5章「近代天皇像と明治神宮——明治聖徳論を手がかりに」(佐藤一伯)
第6章「外苑聖徳記念絵画館にせめぎあう「史実」と「写実」——北海道行幸絵画の成立をめぐって」(今泉宜子)
第7章「森林美学と明治神宮の林苑計画——近代日本における林学の一潮流」(上田裕文)
第8章「明治神宮外苑前史における空間構造の変遷——軍事儀礼・日本大博覧会構想・明治天皇大喪儀」(長谷川香)
第9章「明治神宮林苑から伊勢志摩国立公園へ——造園家における明治神宮造営局の経験と意味」(水内佑輔)

その内容は多岐に亙る。「明治神宮が〈神社〉であることの意義」を命題に据えてその国家性や公共性を再考する試み(菅論文)。「近代天皇像」としての「明治聖徳論」を手がかりとして明治神宮形成の意義を論じたもの(佐藤論文)。明治神宮外苑聖徳記念絵画館における北海道行幸絵画誕生の軌跡を描いた論考(今泉論文)。ドイツの「森林美学」が明治神宮林苑造営という実践を通して日本の造園学形成に与えた影響を論じたもの(上田論文)。青山練兵場における空間構造の変遷を辿り、明治神宮外苑の前史を跡付けた論考(長谷川論文)。明治神宮造営時のネットワークや空間デザイン手法が戦後の伊勢志摩国立公園成立の前提だと論じた考察(水内論文)。いずれも明治神宮造営の諸相を多様な視点から照射している。

第III部「近代における神社境内の変遷と神社行政」

第III部には、近代神社行政のもと、いかに神社境内が変遷してきたのかを検討する論考六本を配した。

第10章「神田神社境内の変遷と神田祭——祭祀・祭礼空間の持続と変容」(岸川雅範)
第11章「明治初年の東京と霧島神宮遥拝所」(松山恵)

第12章「近代神戸の都市開発と湊川神社——一九〇一年境内建物立ち退き問題から」（吉原大志）
第13章「法令から見た境内地の公共性——近代神社境内における神社林の変遷と公園的性格」（河村忠伸）
第14章「近代神社行政の展開と明治神宮の造営——神社関係内務官僚の思想と系譜から」（藤本頼生）
第15章「近代神社の空間整備と都市計画の系譜——地域開発・観光振興との関わりから」（永瀬節治）

近世から近代に至る長いスパンを対象として神田神社の境内や祭礼の変遷を論じたもの（岸川論文）。明治初年の東京における「霧島神宮遥拝所」の盛衰を跡付け、都市史意義を考察した論考（松山論文）。明治三四年（一九〇一）における神戸の「湊川神社境内建物立ち退き問題」を検討し、境内営業の実態を明らかにしたもの（吉原論文）。明治維新以降、明治神宮創建に至るまでの神社境内の法的変遷やその「公共性」を辿った考察（河村論文）。近代神社行政の担い手たる内務官僚の神社認識と明治神宮造営との関わりを検討した論考（藤本論文）。伊勢の神宮や出雲大社、明治神宮、橿原神宮などにおける空間整備と都市計画との関係についての考察（永瀬論文）。これらは各地の神社や祭祀施設、神社行政、関係人物についての個別的検討である。

第Ⅳ部「基礎的史料としての近代神社関係公文書」

第Ⅳ部には、研究基盤となる基礎的史料のうち、東京府と熊本県における近代神社関係公文書の目録や一覧を提示し、これらの史料に関する解題となる論考を収録した［*12］。

第16章「基礎史料としての東京府神社明細帳——「東京府神社関係文書」目録解題」（北浦康孝）
第17章「山野路傍の神々の行方——「阿蘇郡調洩社堂最寄社堂合併調」一覧解題」（柏木亨介）

この東京府の「神社明細帳」における「神社」と熊本県阿蘇郡の「洩社堂最寄社堂合併調」における神社から洩れた「山野路傍の神々」に関する解題を読み比べると、近代における「神社」と「山野路傍の神々」とのコントラストが一目瞭然で興味深い。

なお、本書の各論考は、「明治神宮造営」を画期と位置づけ、神社をめぐる環境形成の構造転換を浮き彫りにしたいという共通の志や構図を持ちながらも、それぞれ独立した内容を有しており、その主張や細部の表記まで統一させているわけではないことをお断りしておく。読者諸賢には忌憚のない御批評をいただければ幸甚である。

注釈

*1——阪本是丸『近代の神社神道』(弘文堂、平成一七年)二三五～二四一頁を参照。

*2——宮尾詮・稲村貞文『増訂神社行政法講義』(集成堂、明治四五年)七〇一頁。

*3——明治神宮史研究の現状については、藤田大誠「明治神宮史研究の現在」(『神園』第六号、平成二三年)を参照。なお、「明治天皇御増祀五十年記念事業」として刊行された北海道神宮・國學院大學研究開発推進センター編『北海道神宮研究論叢』(弘文堂、平成二六年)は、本書にも関わる内容を多く含んでいる。

*4——近年、「近代国家である日本の「歴史」を体現する都市」を対象とする共同研究成果として、高木博志編『近代日本の歴史都市——古都と城下町』(思文閣出版、平成二五年)なども刊行されているが、本書のように近代の「神社に纏わる空間」に焦点を絞った共同研究による論文集は、初めての試みと言えよう。

*5——明治神宮蔵『明治神宮御造営の由来を語る』(昭和十五年十月二十七日東京中央放送局ニ於テ「明治神宮御造営の由来を語る座談会」速記録、明治神宮編『明治神宮叢書』第一七巻・資料編(1)、国書刊行会、平成一八年)。以下、断りなきかぎりこの史料に拠る。

*6——藤田大誠「神道史からみた近代仏教」(『近代仏教』第一八号、平成二三年)を参照。

*7——本多静六と明治神宮造営については、岡本貴久子『「記念植樹」と近代日本——林学者本多静六の思想と事績を手掛かりに』(総合研究大学院大学博士学位論文、平成二六年)を参照。

*8——林助一「土塁、参道及び車道工事」・藤井眞透「外苑の外囲及び道路」(庭園協会編『明治神宮』嵩山房、大正九年)、藤井眞透「明治神宮外苑道路と其の鋪装工事」(『庭園』第八巻第一〇号、大正一五年)。

*9——この明治神宮御神宝装束の調進準備は、大正一四年の朝鮮神宮御料調進や昭和四年の神宮式年遷宮御神宝調進の前提となった。高田倭男「有職織物の伝統と再生——故井上清寄贈資料によせて」(『神社本庁教学研究所紀要』第三号、平成一〇年)を参照。

*10——田坂美徳「神社外苑の種別」(『公園緑地』第六巻第七号、昭和一七年)。

*11——『神社局時代を語る』(神祇院教務局調査課、昭和一七年、明治一六年六月一一日、神祇院主催の懇談会速記)八六～八九頁。

*12——諸事情から本書には掲載しなかったが、『平成二一～二四年度科学研究費補助金(基盤研究(C))帝都東京における神社境内と「公共空間」に関する基礎的研究 研究成果報告書』には、福島幸宏「京都府行政文書神社関係資料について」「京都府行政文書に含まれる神社・神職関係資料一覧(稿)」も収録している。

第Ⅰ部

神社造営をめぐる環境形成の構造転換

第1章

神社における「近代建築」の獲得
——表象と機能、国民と帝国をめぐって

青井哲人

一　明治神宮創建というプロジェクト

明治神宮は国家や皇室や神職の立場からではなく、国民の立場でつくられた神社だった、というのが近年の山口輝臣・佐藤一伯らの研究の見方である[＊1]。明治天皇の「聖徳」あるいは「偉業」を「追慕」し、また「永遠」に伝えんとする多方面からの多様な提案や運動が、やがて一定の言説に収斂し、実現される物的環境のありようをも規定していく過程を、仮に明治神宮創建論の形成と捉えるならば、その「論」は「国民」あるいは「天皇―国民」関係を前景化して展開された、というわけである。大隈重信は「宮中も御陵墓も下万民は入る事は許されず。されば下万民は、御宮を造営して御祭典を行ひ、聖徳を記念せざるべからず」[＊2]と発言している。明治天皇と明治時代の終焉に立ち会った国民が、無形の感情を有形の施設に変換するとすれば、それは国民が天皇の神霊に近づける神社を自らつくるという形式によって最も適切に果たされるだろう――。

とはいえ、国民自らがこの神社の内容を決定したわけではむろんない。大雑把にいえば、プロジェクトは東京経済界の創建運動グループと政府とのネゴシエーションによって成立に向かい、公式には神社奉祀調査会で具体的な内容が決められ、ついで内務省に設置された明治神宮造営局によって具現化された。これら全プロセスを下支えしたのはセクレタリー（主管官庁）としての内務省神社局であったが、他方、重要な節目での大正天皇の裁可もプロジェクトの進行に不可欠の手続きだった。

造営局の工営課長として設計監理の指揮を取ったのは東京帝国大学教授伊東忠太《いとうちゅうた》（一八六七～一九五四）である。彼の下で安藤時蔵・大江新太郎《おおえしんたろう》（一八七六～一九三五）らが設計実務に当たった。林苑課には本郷高徳・上原敬二ら。工事は大正九年（一九二〇）に完了し、一一月一日に神霊の鎮座をみた[図1]。他方の外苑は、献費による奉賛会事業とされ大正一五年（一九二六）に竣工している。内苑とは異質な西欧風の造園と葬場殿址・絵画館・競技場・野球場等・児童遊園等を擁する公園的施設が建設されたが、こちらも設計は明治神宮造営局に委嘱されたから、造営局にはさらに多彩な専門家・技術者が結集した。建築の佐野利器《さのとしかた》・小林政一ら、造園の折下吉延・田阪美徳らである。一九三〇年代以降の神社造営を牽引することになる建築技師・角南隆《すなみたかし》（一八八七～一九八〇）もここにいた。彼らを頂点とする造営局の技術者は、技師・技手・属までを含めれば一五〇名以上にのぼったが、ここには

図1：官幣大社明治神宮創建時全景（1920年竣工）
深い森のなかに、廻廊に囲われた宮殿のごとき中枢部の社殿群が浮かび上がる。
出典：岸田蒔夫編『明治神宮』（教育画報特別増刊、同文館、1920年）

より低い職位で現場を経験した多数の若い技術者は含まれない。勤労奉仕も含む労働者の数は一〇万を下らなかった。

こうして素描してみるだけで、明治神宮創建というプロジェクトが巻き込んだ社会的・技術的諸関係の規模がいかに大きかったかが想像されよう。異例のプロジェクトである。

本稿の視野は、基本的に建築の設計にかぎられる。明治神宮についても内苑の社殿だけを見る。しかし、それさえも広大な社会関係のなかでの、会議体や組織体での意思決定だったのであり、そこではつねに世論の反映に意が用いられたことを佐藤一伯も強調している［＊3］。したがって問題が建築家個人の内面的葛藤や技術的水準にとどまらないことは明らかだ。しかし学知的・技術的な専門性への委任もまた避け難く、そして専門家は単に組織という機械の歯車なのではない。むしろ問題は、国民＝国家が求める神社という言説の磁場が建築設計の専門性に何を期待し、またその専門性自体がどう変質していったかであろう。

本書は「明治神宮以前・以後」と題して、神社の環境形成をめぐって「一九世紀的なもの」から「二〇世紀的なもの」への広範な転換を問う。問題を建築にかぎっても、この転換はきわめて多岐にわたる構造的なものであったが、筆者はそれをおよそ以下のように特徴づけてきた[＊4]。

①プロフェッサー・アーキテクトの臨時兼務から、テクノクラートの専門常置組織へ

②個人による一回的な創作から、組織による帝国規模の大量設計とフィードバックへ

③本殿形式の固有性への関心から、社殿構成の機能主義的追求と細部意匠における地域性の担保へ

これらは相互に連関している。①は設計体制の個人性／組織性、②は設計行為の一回性／反復性、③は設計内容の固有性／標準性、というように変奏されているが、ひとつの地殻変動の三つの側面とみなせよう。これらを念頭に置きつつ、明治神宮創建過程を規定した独特の磁場が、建築設計の局面において何を析出したのか、そして、それが従来の神社建築設計とどう異なったのか、また、それが以後の神社造営においてどう展開されていったのかが問われる。端的にいえばそれは、神社における「近代建築」の獲得という問題である。

「近代建築 modern architecture」の定義は容易ではないが、西欧の文脈では、それは産業革命・市民革命後の技術と社会の変容、あるいは近代的な人間観や芸術観の進展に適合的な新しい建築を求める運動によって一九二〇〜三〇年代に獲得される。この過程は一九世紀までの古典主義・様式主義の解体と超克をともなうが、日本の神社建築の場合、たしかに伝統様式が相対化される契機はあったものの、実際にはそれは延命している。しかしながら、表面的な連続性のもとで、見えにくいがより根底的な建築の思想的・技術的地殻変動が進んだのである。

二　建築進化論と神社建築様式

「明治時代の神社建築」という問題

伊東忠太は自身の最初の神社建築論「日本神社建築の発達」(明治三四年[一九〇一])[＊5]で、古代以来の神社本殿諸形式について系統的に概観したのち、現代の社殿建築設計へと議論を進め、神社建築は祭神に応じてその「時代の建築の趣味」を発揮させるべきで、また「神社らしさ」を満足すれば建築家の「自由」な意匠に任せてよいと述べる。翌年の「神社建築の様式は一定すべき者なりや」[＊6]では、古式は「構造上にも形式上にも大なる不利益」があり、「仏寺建築の手法を厭ふ」理由はないと力説する一方で、材料の変化は避けがたい「自然の発達の順序」であり、今後は「石や煉瓦造の神

社が現は」れることも期待すると述べた。さらに、明治神宮造営に関わる直前、明治四三年（一九一〇）に皇典講究所神職養成部で行われた神社建築史講義では伊東はこう述べている。

> 假に明治時代の功臣の為めに一つの神社を興すと云ふ場合があったらどうするか、それは無論今の主義からして明治時代の粋を蒐めた神社建築をすれば宜いと思います、然らばそれはどんな形になるかと云へば随分突飛なものになるか知らぬ、それは少しも構はないと思います、若し出来れば明治式の神社を造って見るのも面白いと思います。［＊7］

「今の主義」とは祭神の時代に即した様式とすべきことを指すが、さすれば後世の人びとは神社を通じて各時代を知りうると伊東はいう。祭神の性格＝時代性が建築様式によって表象され、神社は日本史の博物館となる。

建築様式論：国民嗜好と国民様式

伊東は明治二五年（一八九二）に帝国大学に提出した卒業論文「建築哲学」で、一八〜一九世紀西欧の美学・美術史学・建築史学の広闊な知識を吸収し、力づくで体系化する作業を自らに課した。同論文で様式概念はこう定義される（引用中では「派流」がstyleの訳語）。

> 今若シ一定ノ処一定ノ時ニ於テ、ソノ人一定ノ嗜好ヲ有スルトキハ之ヲ国民嗜好ト名ケ、其嗜好ノ発シテ芸術ヲ形クルノ手法ヲ派流ト名ク。此故ニ不世出ノ大家蹶然トシテ起テ其嗜好ヲ説クアルモ、当時当処ニ於ケル人民ニシテ毫モ之ニ従フモノナクンバ、即ハチ其派流ハ終ニ成立スルコト能ハズシテ止マンノミ。若シ又タ其嗜好ニシテ極メテ卑俗ナリトスルモ、当時当処ニ於ケル人民ニシテ翕然之ニ和同スルモノアラバ、亦タ以テ一ノ派流ヲ為スニ足ラントス。［＊8］

任意の時代の「国民嗜好 national taste」の芸術的表出こそが「派流」であり、その成立如何は国民の承認にのみ依存する。伊東は「個人ハ建築派流ニ対シテ少シモ勢力ヲ有スルモノニ非サルナリ」とする。論文中、啓蒙主義的な美学が卓越する文脈では、建築の「美 beauty」は普遍的なものであり、世界の真理をわきまえた建築家のみがそれを実現しうると主張されるのだが、ロマン主義的な世界建築史の脈絡で意義をもつのは絶対的な「美」ではなく相対的・民族主義的な「派流」であって、その形成に建築家個人は手を出せない。

「国民」という近代的観念を過去に延伸することで、歴史を連続する共同体が想像される。建築家はそこに向かって歴史の重みを受け止めつつ創造力を賭した作品を投げ込む他ない。「国民」がそれを淘汰の篩にかける過程に、彼は介入できない。この(ある種の)分裂は、すでに本稿の中心的問題系を暗示しているといえなくはない。

我国将来の建築様式──建築表現とネーション

明治国家による高等教育が輩出した、辰野金吾以来の第一世代の建築家たちは、一九世紀西欧の折衷主義的な様式の知識と設計手法とをそのまま日本に移植することを国家的任務とした。対して、ひとまわり若い伊東らの段階では、日本固有の国民様式とは何かという問いを回避できなくなり、そのためにむしろ、辰野らにおいては不要であった理論的な枠組みの学習、それも辰野らの設計方法がそのなかに位置づいていたのと同じ一九世紀西欧的な建築論のいわば丸呑み的な学習がとにかくも必要とされた、という事情がある。「建築様式と国民性の関係」はすでに第一世代の教育でも学生たちに問われていたが[*9]、それを自身の問いとして引き取ったのが第二世代なのである。これが「国民」の連続体を、混乱する現在と未来にいかに芸術的に確保しうるかという問題として考察され、それゆえに建築批評はまず建築史家が提供したのである。

伊東はそれを、明治四一年(一九〇八)の建築学会講演において、荒削りながら「建築進化の原則」として定式化してみせた[*10]。一五年前の卒業論文と基本的に同じ論理、すなわち様式を「国民嗜好」の芸術的表出とする論理を確認したうえで、様式の進化は、①材料の変化、②意匠の変化、③強制的・任意的な外部からの影響、によって起こるとした。これは設計方法論ではなく、「理論上斯くあるべき筈である」という「原則」だけを述べている。伊東もそのことを十分わきまえていた。

明治四三年(一九一〇)、建築学会は五月・七月の二回の通常会にまたがって「我国将来の建築様式を如何にすべきや」と題する討論会を開いた。議院建築(帝国議会議事堂)をどんな様式で建てるべきかが問われた。伊東はむろん進化論を展開したが、欧化論も折衷論もあって議論は収斂しなかった。明治三〇年(一八九七)に議院建築の建設が浮上した際にはまだ問題たりえなかった、日本固有の国民様式という問題が、日露戦争を経てある種の自負とともに膨張したのだが、建築史家稲垣栄三によればそのとき議院建築はたんに国家の施設としてでなく、国民の総意が結集される場として建築家の関心を集めたのであり、ゆえに「我国民の作成せる芸術」たらねばならぬとも考えられた［＊11］。それはあらかじめ特定の個人に委ねてよい問題ではなかったがゆえに、コンペという形式を彼らは執拗に主張した。ここでも建築家個人を超える「国民」スケールという問題が前景化している。

この論議は、右の学会討論会でクライマックスを迎えたものの、議院建築の建設が国会で否決され、明治天皇が「崩御」するとともに急速に退潮した。「国民の総意を結集すべき」もうひとつの事業としての明治天皇奉祭神社創建プロジェクトの浮上は、建築界においては「議院建築」という焦点の喪失を補うような意味を多少なりとも持ちえた可能性がある。

明治天皇「崩御」直後の言説

伊東忠太は、明治四五年（一九一二）一月の雑誌記事でも、先に紹介した講義と同じ自説を繰り返した［＊12］。半年後、明治天皇「崩御」から一週間、八月六日の新聞記事に伊東の談話が載る。先にみた「明治の功臣」奉祭論を伊東はそのまま明治天皇奉祭にスライドさせている。

> 後世の人をして明治時代の観察を遺憾ならしめん為めに形や構造や装飾の上に現代の最善を尽くした明治新型の建築を実現したいものである。只千年前の技術を其侭徹頭徹尾真似るのは甚だ知恵のない遣り方である
> ［＊13］

伊東が懸賞設計（コンペ）の実施をあわせて主張したことを付言しておく。九月五日には建築史学者の関《せき》野《の》貞《ただし》も発言。神明造・大社造から権現造にいたる社殿形式の変遷を踏まえたうえで、新材料を用い、「形式は何か新しい明治時代を現はしたものにしたい」というのが関野の見解で、あわせて明治天皇とその功臣を記念する「日本のパンテオン」たる記念殿と「明治の一大正倉院」としての記念博物館の建設をも提案する（これは実際に建設された内苑の宝物殿に相当するアイディア）［＊14］。

彼らは過去を参照しつつ明治天皇と明治時代を表象しうる新しい固有の様式を期待する。逆にいえば彼らは、意味を表象する能力をこそ建築の本質と捉えていた［図2］。

ちなみに、建築分野では他に塚本靖も新聞紙上の談話で「明治式構造」と発言しているが、「耐久構造」によって伊勢の神明造を再現せよとする点で伊東らとは異なる［＊15］。明治神宮創建論にかかわる同時代の新聞記事を網羅した佐藤一

図2：官幣大社宮崎神宮社殿（1907年竣工）
神明造を参照しつつ、屋根を銅板葺きとして反らせ、本殿の向きを妻入とする等のマニエリスティックな操作を施すことで新しい意匠の創出が試みられる。進化論を根拠に、歴史を踏まえつつ創作の自由を主張する伊東忠太の、初期の神社設計の特質をよく物語る事例。筆者蔵写真帖（1920年ごろ）。

伯によれば、社殿については神明造などの古式をとり、簡素な佇まいとせよとする意見が大勢だったようで、これには儒教的美徳を下敷きとした明治天皇＝「御質素」という広く流布したイメージが大きな影響を与えていたという［＊16］。じつは塚本の発言も、耐久的な構造によって式年遷宮を不要とする、という回路において明治天皇の「御質素の徳」に沿うという意図があった。その意味では、国民の共有する何らかの祭神のイメージを建築によって「表象」すべし、という考えは広く浸透していた。

三　沈黙する形態、群集の空間

神社奉祀調査会

ところが、伊東忠太と関野貞が神社奉祀調査会に参加したにもかかわらず、実際の明治神宮ではこの種の考え方は静かに斥けられている。以下、その経緯を辿ろう。

大正二年（一九一三）七月の明治天皇「御一年祭」終了後、政府は大正天皇の裁可を得てプロジェクトを「内定」の状態とし、一二月に神社奉祀調査会を設置して具体案の検討を進めさせた。第一回（一二月二五日）から第四回（大正三年［一九一四］二月一五日）までは、立法府・枢密院・軍・行政府・宮内省・学界・実業界の代表者九名が委員会を構成しており、会長（内務大臣）は原敬。造営計画に関する議論はなく、社殿様式への言及もない。

大正三年（一九一四）四月より第二期の調査会が組織されるが、このときに新たに委嘱されたのが一八名で、東京市長の阪谷芳郎、内務省神社局長の井上友一のほか、国史学の三上参次・萩野由之、建築史学の伊東忠太・関野貞、林学の本多静六・川瀬善太郎（以上六名は東京帝大教授）、さらに造園の福羽逸人（宮内省内苑頭）、古美術保存で知られる荻野仲三郎といった人びとが含まれた。その直後、原の辞任により大隈重信（四月一六日より内閣総理大臣・内務大臣兼務）が会長に就く。第二期委員の調査会出席は四月二九日の第五回からだから、すでに大隈体制になっていた。

神宮創建の技術的な内容は特別委員会で調査検討することとなり、調査会（本会）はその答申を承認する場となる。特別委員会を構成したのは一〇名（すべて二期委員）で、阪谷・井上・三上・萩野・伊東・関野・荻野らが名を連ねる。五月一日と四日、二度の特別委員会が行われた後、七月二日、第六回調査会で社殿様式を含む多くの事項が決定された。

この第六回調査会に特別委員会から提出されたと思われるのが、六月付「特別委員会報告」である。同報告に、本殿様式は「流造」を至当とする判断と説明が示されているが、これは伊東忠太の執筆であったと見てよい［＊17］。

社殿ノ様式ハ本殿ヲ流造トシ其ノ他ハ之ト調和スヘキ形式ヲ採リ檜素木造リニ定メラルルヲ以テ最適当ナリト認ム［＊18］

報告書の説明では、「古来の歴史的様式」と「新様式の創造」のふたつの立場があるとしたうえで、「新様式ヲ創造スルコトハ理ニ於テ不可ナキニ似タルモ実際上非常ノ困難アルヲ以テ寧ロ古来ノ様式ニ據ルヲ萬全ナリトス」として「新様式創造」は躊躇なく切り捨てられている。

大隈重信らの新様式創出論

従来の研究では、丸山茂の簡潔ながら先駆的な論文ならびに大丸真美による近年の研究を例外として［＊19］、神社奉祀調査会の議事が参照されぬまま、伊東らの新様式創出論は調査会の保守的な議論の前に挫折したのだろうと推測されてきた。しかし、伊東は調査会で最初から歴史様式選択論で通しているのだから、彼の挫折は少なくとも公式には「なかった」のである。

ところが興味深いことに、新様式創出論は、伊東でも関野でもなく、大隈重信・三上参次・阪谷芳郎の三名によって唱えられている。その最初は大隈就任時の挨拶に見える。

ソレカラ更ニ社殿ノ造営ニ付テノ事、是ハ頗ル大問題デ、殊ニ学術ヲ要スル問題デアル、従来伊勢皇大神宮、春日、或ハ八幡宮、其他各神社ノ社殿ノ建築法ハ、時代ニ依ツテ餘程変遷ヲシテ来テ居リマスガ、明治大帝ノ御盛徳及此御鴻業ヲ千古ニ伝ヘル為ノ社殿其物ハ、自ラ此時代ノ精神、明治大帝ノ盛徳大業ガ自ラ此社殿ニ依ツテ多少現ハレル、然ラバ此建築ハ頗ル困難ノ建築デアルト存ジマスルノデアリマス[*20]

個別の検討は専門の委員に委ねるとしながら、また「困難」を認めつつも、彼は「此時代ノ精神、明治大帝ノ盛徳大業ガ自ラ」表象される建築への期待を表明した。

その直後の第一回特別委員会（五月一日）において、伊東は準備していた造営計画の原案を提示する。流造の案である。これに対して三上参次は、「流造トカ入母屋造トカ神明造トカトイフ色々ノ様式ヲ御参考ニナツタヤウデスガ、サウ云フ問題ニ入ル前ニ、此間大隈会長ノ言ハレタ通」と前置きした上で、「神社全體ニ付テ、何カ明治ト云フモノノ特徴ヲ表ハス」可能性を検討できないか、「餘リ突飛ナ変ツタモノヲ造ルト「ショツク」ヲ與ヘルカラ出来ナイコトデスケレドモ、併シ此儘デハ少シ物足リナイト云フ感ガアルデス」、「御一新前ニ神ヲ神社トシテ祀ツタト云フ、ソレ以上「サムシング」ガナクテハ明治神宮ノ本旨ト云フモノハ少シ足リナイヤウニ思フ」などと発言した[*21]。阪谷も、やはり大隈発言に触発され、「神殿ト云ヘバ必ズ昔ノ通リノ神殿デアラネバナラヌト云フ理屈ガ果シテ相当ノモノデアルヤ否ヤト云フコトヲ感ゼラレル」などと述べる。やはり、建築は明治天皇と明治時代を表象できるはずだ、という型の言説は広く流布していたとみえる。彼らには流造の選択はその可能性を捨てることにも思われ、いかにも物足りなく感じられたのだ。

こうした意見を、伊東・関野および神社局長の井上が抑えようとする。その論法については後述するが、いずれにせよ、議事録上では以後この「争点」が論争に発展した気配はなく、結局どのように妥協がはかられたのかもわからぬまま、社殿規模をやや大きくすることでほぼ原案どおり了承。第六回調査会（七月二日）でも社殿様式については井上・伊東からの報告の後、たいした質疑もなく承認されている。

伊東・関野の態度変更

重要なのは、伊東・関野のふたりが、明治という時代の固有性を表象しうる新様式の創出という自説の放棄をどんな理屈で合理化したかだ。会議録の文面を読むかぎり、それはふたつの方面から供給されている。

ひとつは、新様式を要求するのなら祭式の現代化がまず必要であり、「明治大正式ノ方法ト云フ一ツ変ツタモノガ出来レバ、自ラ」建築も変わるが、さもなくば新様式創出は不合理とするもので、関野貞もこれを支持した。「祭式」の不変性という論法の導入である。神社建築の設計は、「祭神」の性格よりも、そこで行われる「祭式」にもとづくとするのは、あえていえば機能論であり、直前までの伊東らの、祭神や時代性を造形化せよとする表象論とは、まったく異質である。

他のひとつは、「明治、大正ノ文明ノ世」の表現は外苑諸施設で十分だという論理で、伊東がそう発言した後に神社局長の井上友一も同調している。内苑／外苑という、明治神宮創建プロジェクトを特徴づけるふたつの領域のうち「外苑」に「明治、大正ノ文明ノ世」の表象を振り当てれば、「内苑」に不変の伝統とでもいうべきものを温存しても、明治天皇と明治時代の性格＝固有性を無視したことにはならない。

内苑／外苑図式は、知られるとおり、明治天皇の「崩御」後一月にも満たぬ大正元年（一九一二）八月二〇日に、渋沢栄一・阪谷芳郎・近藤廉平・中野武営らを中心とする協議会において可決された「覚書」において明確に示されていた。それ自体は東京の経済人中心の神宮誘致運動グループが方針を定めたにすぎないにもかかわらず、実現された明治神宮をあまりにも見事に先取りしている。大隈・阪谷・三上らの「サムシング」への期待も、他ならぬ阪谷らが練り上げた「外苑」に託すのであれば納得されやすかったろう。

ところで、佐藤一伯の研究によれば、井上友一神社局長は早くも大正二年（一九一三）六月に新聞紙上で明治天皇奉祭神社の「具体的成案」をすでに得ていると発言し、同年八月には「目下井上神社局長の手許に於て調査し大体に於て成案を見るに至りたるを以て（中略）五カ年継続事業として内務省予算に計上する筈」との新聞報道がある［＊22］。たしかに何の「案」もなしに諸々の手続きは進められない。この「案」の内容は不明だが、おそらく「覚書」の内苑／外苑図式は踏まえられていただろう。また設計の「案」をつくるのに斯界の権威であり早晩明治神宮の設計を依頼することになろう伊東に、事前に相談がなかったとは思えない。明治天皇「崩御」

の直後はまだ新様式創出論を維持していた伊東も、遅くとも翌年には井上らと設計案の検討を進めるなかで持論を捨てていたのではないか。神社奉祀調査会への参加はさらにその翌年である。祭式不変論（すなわち表象論から機能論への移行）、そして内苑＝古式論（内外苑への建築表現の二元的な振り分け）——これらは井上・伊東の水面下での検討の成果だったのではないか。神社奉祀調査会はこれを国民＝国家の名で公式に承認する機関として機能したのではないか。

流造選択の近代性

では、数ある歴史的な社殿形式のなかで、なぜ流造が推されたのか［図3］。特別委員会報告によれば、有力候補は「上代」の神明造、「中古」の流造、「近世」の権現造の三つだが、権現造は神仏混淆の様相が強すぎ、神明造は「簡古」すぎる、とされる。そして、ただ流造のみは平安時代以来最も広く採用される「最普通ノ様式」［＊23］であり、「国民一般ノ趣味ニ適合」するのだという。さらに、流造であればその上に「明治大正ノ新手法」を多少は加味できる可能性があり、それは神明造ではそうした操作が「殆ド不可能」であるのとは対照的だとされる［＊24］。

大正九年（一九二〇）一二月号の建築学会誌では、前月に竣

図3：明治神宮本殿
『建築雑誌』(1920年12月号)

工した明治神宮を取り上げ、伊東忠太に社殿建築の解説を書かせているが［＊25］、この文章の特徴は、神社奉祀調査会での方針決定から六年経ち、新様式創出の不要と流造の選定を合理化するレトリックの洗練が図られている点だ。伊東はまず、たとえ明治時代の天皇であろうと「崩御」の後は歴史を超越した「神霊」となるのだし、国民の「敬神思想」もまた不変なのだと述べ、祭神論・祭式論の両面から神社を「建築進化」の埒外に出す論理をつくりあげていた。神社は「神霊」の居所であると同時に、国民の神霊に対する祭典の場であるが、いずれも不変なのだから建築も進化しようはずがない——これはやはり表象論ではなく機能論である。

次に流造を採る理由は、①特定の神社や地方との関係がなく中立的、②原始的すぎず日本趣味も加わり、何よりも標準的、③造形上の冗長性がある、④代々木の森の環境条件と意匠的に適合する、⑤他の様式に比べて明治天皇奉祭との関係で明示的欠点がなく批判されにくい——というものであった。煎じ詰めれば、流造を選ばせたのは積極的に特定された価値でなく、むしろニュートラルで標準的で不適合がない、という消極的な論法だったのである。

丸山茂は、伊東は自身の神社建築（史）論の体系を神道思想の観点に沿って自ら政治的に利用するに至ったのだ、と指摘する［＊26］。たしかに、右にみた伊東の議論は、宗教としての神道ではない「国家の宗祀」としての中立的な神社の位置にも、また他の権力に対して非党派的な天皇像にも齟齬のない、新たな神社建築の析出であったとはいえるだろう。

他方で藤岡洋保は、過去様式を科学的に吟味する態度自体がすぐれて近代的なのだといい［＊27］、山口輝臣は過去に埋め込まれていた様式をその死んだ過去から引き剥がして自由に選択する態度の近代性を強調する［＊28］。これらはいずれも重要な指摘だ。しかし、他ならぬ明治神宮創建プロジェクトに見出すべき建築論の近代性は、ここで建築の造形が意味論・表象論の重荷を降ろし、かわりに歴史的連続体たる日本国民の誰にでも妥当する（誰からも批判されない）中立性・標準性・冗長性といった新しい種類の負荷を負わされたことにあろう。流造そのものでなく、それを推した論理こそが重要であり、かつ新しかったのであり、このとき、沈黙する形態、意味論的な空虚が機能論とともに是とされた以上、神社本殿における「近代建築」が実質的に獲得されつつあったとみることもできる。これが、いわば饒舌な「外苑」との対において正当化されたことも銘記したい。内苑／外苑図式は、特定のリジッドな像に収斂させきれない明治神宮創建論の多様性を、相当程度までそのまま吸収し、かつ整序しうる、冗長性の高いフォーマットとして優れた性能を発揮したのである。

群集と建築——複合社殿の可能性

この神社版「近代建築」の獲得を、別の視点から補強しておきたい。神社奉祀調査会特別委員会で、三上参次は、表象論的な「サムシング」への期待だけでなく、一方では具体的な施設としての機能的要求にも言及している。すなわち、従来の社殿では祭典時の降雨で不便があり、また多くの人が儀式を見ることができない、といった問題点である[*29]。これらは、大正期までの神社建築で実際に生じていた問題である(昭和期におけるその改善は後述)。

関野貞は、明治天皇を慕って神社を訪れる国民を想定し、「社殿ニ於テ成ルベク壮大ト云フヤウナ観念ヲ一般ノ参拝者ニ起サセルヤウニシタイ」と述べ、原案の社殿規模の拡張を訴えている[*30]。井上友一は、「唯棟ヲ大キクスルト云フヨリハ、色々ノ形ガ錯綜シテ、廻廊ガアリ、玉垣ガアルト云フコトガ御宮ラシクハナイガ、サウシテ宮殿ニ神在スガ如ク、ズツト奥深キ所ニ神殿、夫ヨリ祝詞舎、中門、拝殿ト云フ順序ニ色々ノ趣ヲ成シテ御殿ニ其儘御座遊バサルヤウナ風ノ意味合ニナツテ宜クハナイカ」と、廻廊で接続された奥行き深い複合社殿の構成のイメージを提示する[*31]。これなどは実際に竣工した明治神宮にきわめて近いイメージであり[図1]、ここでも伊東らと井上との緊密な調整が透けて見える。こうして、本殿形式の意味論・表象論が失効するかわりに、社殿複合化の機能的・表現的な可能性が浮上するのだが、「宮殿ニ神在スガ如ク」という井上の言葉は、神霊となった明治天皇に近づき参拝する国民、という「天皇—国民」関係のきわめて分かりやすい具現化の指針を示しており、ここにも表象論から機能論への転換が見て取れる。

四　「制限図」と固有性の問題

神社の苦労を知らぬ者たち

明治神宮の社殿計画では、しかし、社殿の機能的課題が解決されたわけではない。たしかに拝殿より手前に廻廊に囲われた大きな庭(外院)をとるのは群集的スケールへの対応という点で注目に値する。だが、本殿を透塀で囲んで中門を置き、その手前に離して拝殿を置くため、神職の日常の奉仕では雨天時に傘をさして中門を開け閉めせばならないし、拝殿に並ぶ参列者は中門の奥で行われる儀式から疎外されてしまう。伊東における機能論への転換は、「天皇―国民」関係の具現化としての複合社殿の創出という新たな設計上の課題を浮かび上がらせはしたが［＊32］、三上参次が指摘する従来の社殿の機能的問題の解決にはつながっていないのだ。のちに角南隆は明治神宮の創建社殿についてこう指摘している。

この制度の面影をのこしながら実施された最後の神社が、実に明治神宮の社殿規模であったのである。…中略…こうした、学者と技術家と役人の常識をまとめながら進めたのであるから、はっきり言わせて貰うならば、神社で真剣に苦労してきている人が一人もなかったと言いうる。さればこそ神社制限図の内容を、そのまま採り入れてあるのである。［＊33］

引用冒頭の「制度」がすなわち、後段で言及される「神社制限図」（以下、制限図）である［図4-［1］］。実際、制限図では透塀で囲われた本殿が中門を挟んで拝殿と隔てられる。個別社殿の形態を比べれば明治神宮と制限図とではまるで違うが、配置の形式はたしかに同じであり、しかも、平安神宮・宮崎神宮・彌彦神社、あるいは台湾神社・樺太神社・朝鮮神宮など、伊東忠太が設計した神社ではことごとくこの配置形式が採用されている。伊東のこの一貫性は、単に機能性の問題としての社殿配置への彼の無関心を裏書きするのであろう。

制限図は明治五年（一八七二）～六年（一八七三）ごろに大蔵省と教部省（当時の神社主管官庁）の間で定められた神社建坪制限の添付図である［＊34］。すでに明治四年（一八七一）に官庁舎営繕工事の支出管理のため定められていた「県庁建坪制限」［＊35］に似て、大規模修繕や新規造営における国庫支出を社格別に制限しようとしたものと考えられている。ただ、この「添付図」は、たんなる参考図という位置づけにとどまらず、大正元年（一九一二）一一月一六日に廃止されるまで、とくに別格官幣社を中心とする創建神社社殿の配置と意匠の両面を決定づける強い影響力を持った。

制限図の弱さ

角南隆はこの制限図の内容について、「京都付近にある——例えば松尾・梅宮・平野などの——古社の一部に共通な社殿規模と配置を基本として、これを常識的に並べたもの」［＊36］とし、建築設計上のある種の無意識を批判する。本殿はここでも流造である。明治政府が畿内の古社を範例としたことに意図を感じなくはないが、日本建築史の清水重敦も、「造形的特異性よりも、簡素な標準設計としての印象が

[4]いわゆる「内務省様式」の社殿建築類型

①基本型

県社 桃園神社(台湾・新竹州、1938)

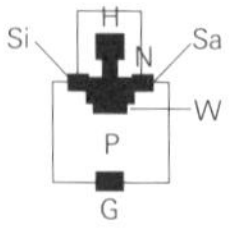

②護国神社型

茨城県護国神社(日本・茨城県、1941)

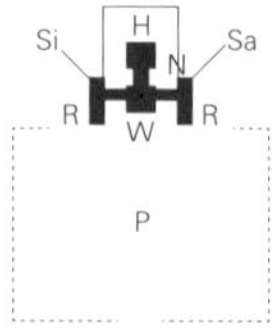

③二重拝殿型

国幣小社 京城神社
(朝鮮・京畿道、1936 基本設計、未完)

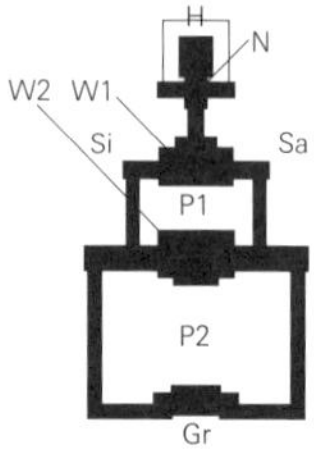

国幣小社 台中神社(台湾・台中州、1942)

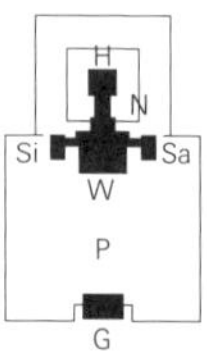

群馬県護国神社(日本・茨城県、1941)

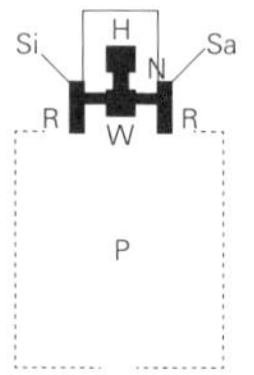

官幣大社 近江神宮(日本・滋賀県、1940)

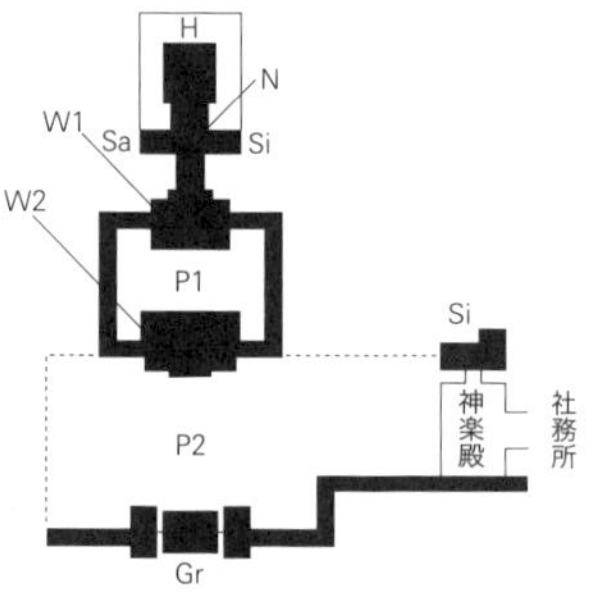

国幣小社 光州神社
(朝鮮・全羅南道、1941)

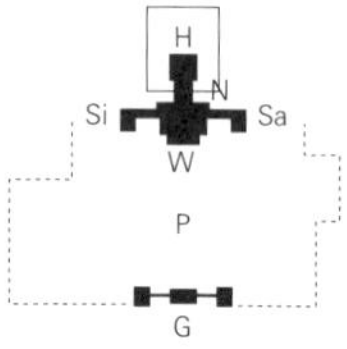

台湾護国神社(台湾・台北州、1942)

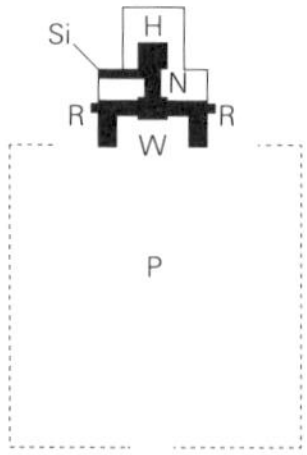

官幣大社 台湾神社
(台湾・台北州、1939 基本設計、未完)

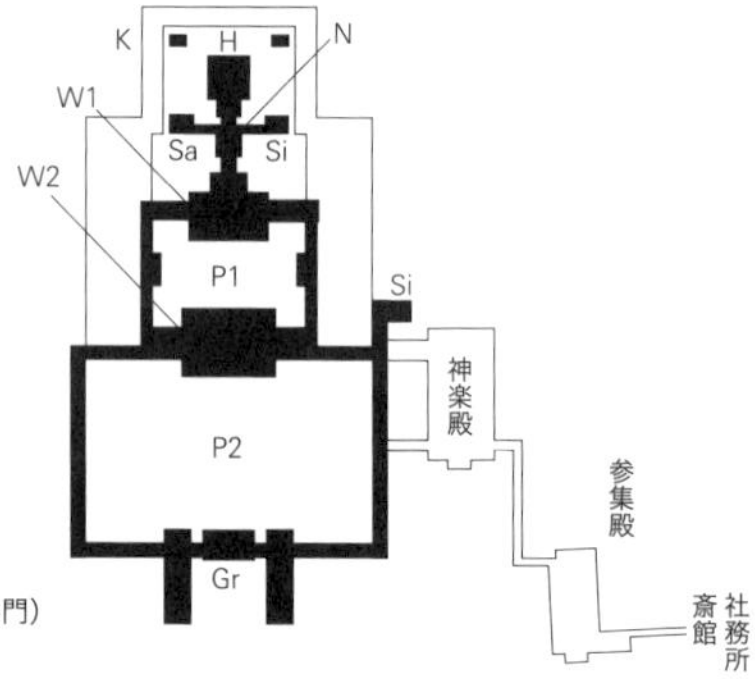

H 本殿
N 祝詞殿(祝詞舎)
He 幣殿
Gc 中門
W 拝殿
(W1 内拝殿 | W2 外拝殿)
Si 神饌所・神饌弁備所
Sa 祭器庫
K 神庫
R 祭舎(参列舎・着床殿)
G 門(単層)(Gr 楼門)
P 祭庭
P1 内院
P2 外院

1]制限図(模式図)

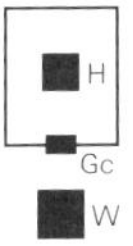

2]明治神宮(創建/戦後復興)

2a]官幣大社明治神宮(創建時)(日本・東京都、1920)

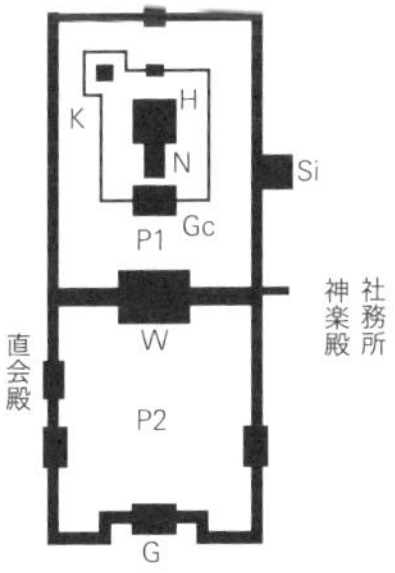

2b]明治神宮(戦後復興)(日本・東京都、1958)

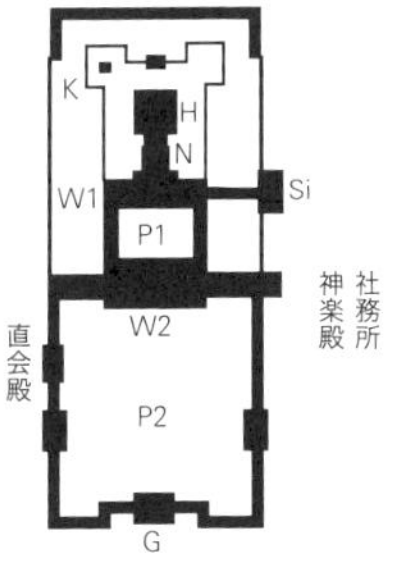

[3]多賀神社・湊川神社・吉野神宮

[3a]官幣大社 多賀神社(日本・滋賀県、1926〜1932)

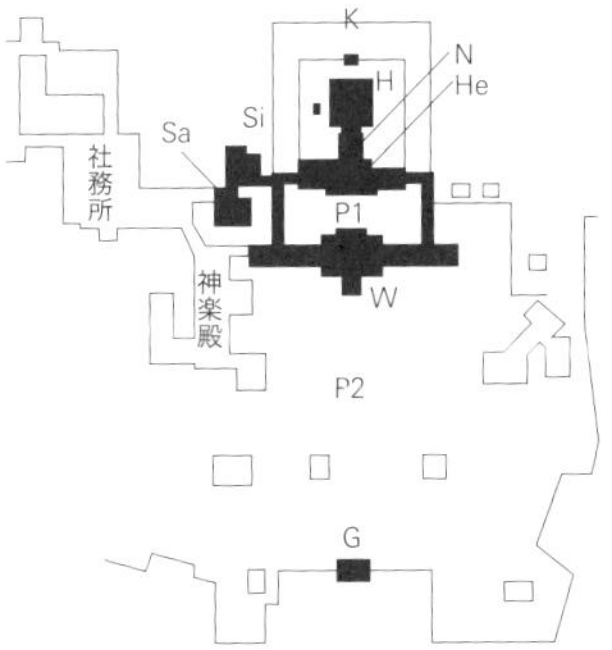

[3b]別格官幣社 湊川神社(日本・兵庫県、1917〜1934)

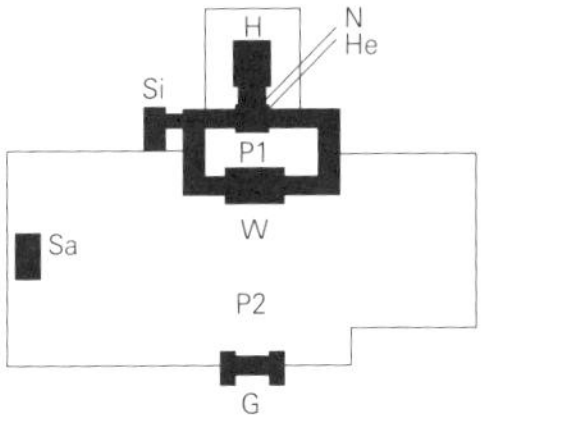

[3c]官幣大社 吉野神宮(日本・奈良県、1926〜1932)

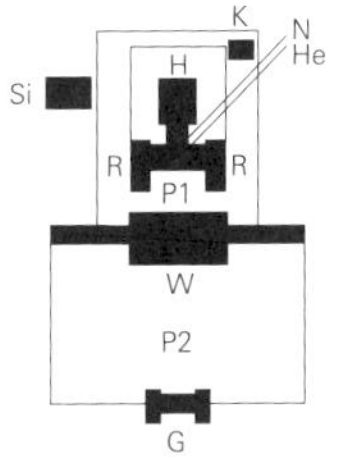

例

殿から、拝殿前の祭庭(広場)までの社殿と外部空間の構成を模式的に示す。

━ 廻廊

― 透塀・玉垣

…… 上記以外(遮蔽物はなく地形などで画されている)

:廻廊・透塀・玉垣などに開けられた門は省略した。

図4　社殿配置にみる近代の神社建築

筆者作成

強い」[*37]と見る。興味深いことに清水は、明治期の京都における白峰宮・護王神社・梨木神社・豊国神社・建勲神社等の事例をとりあげて、「具体的な空間としてみた場合、創建神社はどれだけ人々の心を掴み得たのだろうか」と問い[*38]、創建神社の建設経緯に見出される「具象的な記念性表現への希求」、すなわち祭神とされる英雄を造形によって記念したいという希求に社殿建築がほとんど答えられなかったと指摘している。すなわち、祭神の由緒は鎮座地選定問題に集約され、社殿建築では表現できない祭神の固有性は銅像等の「西洋モニュウメント」の建設計画で補われようとした事例が複数あり、結局、建築物として表現力を唯一持ちえたのは祭神の由緒に連なる豪壮な唐門の移築くらいであった、というのである。制限図の簡素な建築は、こうした意味で弱かった。明治天皇「崩御」後、その崇敬・記念の具現化として神社よりも銅像を望む声がそれなりに大きな存在感を持ったことが想起される。

伊東忠太もまた制限図を強く批判した。だがそれは、制限図による「制限」が神社建築を様式進化の世界から隔離してしまうことに向けられていた[*39]。制限図は新様式創出を禁じ、建築進化を止める——しかも無性格で何も表現しない。しかし、伊東の批判がこの点に集中するかぎりにおいて、社殿配置形式の機能的問題は目に映らず、むしろそれを温存させてしまう。このように見てくれば、神社奉祀調査会に臨む前に決断していたと考えられる伊東の水面下の態度変更がどれほど鋭角的なものであったかが察せられよう。

五 大江新太郎による豊富化と、角南隆による標準化

造神宮技師・大江新太郎

明治神宮造営（大正三年［一九一四］〜九年［一九二〇］）では、表象論から機能論へと建築論の重心が移動し、①「最普通」の流造が有する逆説的な価値、②国民による奉祀・祭典の場としての空間編成の可能性、が見いだされた。後者の探求は不十分だったが、それも含めて、明治神宮創建を通して析出した可能性と限界が、一九三〇年代初期までの後続プロジェクトで検証・展開されていく。その中心にいたのが大江新太郎[*40]だ。大江は京都上賀茂の社家に生まれ、三高を経て東京帝国大学を卒業。その後、一九一〇年代から昭和一〇年（一九三五）に早逝するまでに多数の神社造営事業に設計者と

して携わった。

大江の最初の大仕事は、明治四〇年（一九〇七）より大正五年（一九一六）まで一〇年間を費やす別格官幣社日光東照宮の大修理事業だった。その間、焼失した彌彦神社の再建事業では伊東忠太の下で大正元年（一九一二）から四年（一九一五）にかけて細部設計を担当。明治神宮造営事業には大正四年（一九一五）より竣工まで造営局主任技師として携わり、宝物殿の設計・監督に当たったが、安藤時蔵の急逝後は残された神宮社殿設計の詰めも並行して担当した。一九一六年〜二九年には第五八回神宮式年遷宮を統括しているが、この仕事は彼に「造神宮技師」という社会的肩書きを与えた。伊勢・日光・明治の三社の造営事業は、一九一〇〜二〇年代の最も大規模な国家的神社造営事業であり、いずれも伊東忠太の差配によるが、それは大江が斯界のイニシアティブを伊東から正当に継承しつつあるという印象を与えただろう。

続く一九二〇年代〜三〇年代の大江は、別格官幣社湊川神社（社殿改築、大正六年［一九一七］〜昭和九年［一九三四］、主要社殿の本格的造営は昭和六年［一九三一］以降）、官幣大社多賀神社（社殿改築、大正一五年［一九二六］〜昭和七年［一九三二］）、府社神田神社（神田明神、震災復興社殿改築、大正一五年［一九二六］〜昭和九年［一九三四］）といった各地の大規模な社殿改築事業を指揮している。このうち、湊川神社、多賀神社は境域改修、すなわち境内環境の再編を含んでおり、他にも住吉神社・日前國懸神宮・春日神社・厳島神社・愛宕神社・座摩神社・吉備津神社・志波彦神社・神部浅間神社・荏柄天神社といった多くの古社の境域改修を同時並行的に指導したらしい。詳細は今後の課題とせざるをえないが、この経験から大江が神社の多くを学んだであろうことは疑いない。

一九二〇〜三〇年代に有力社の境域改修事業が集中していることには、おそらくいくつかの要因があったと考えられる。そのひとつは境内における公園・庭園・商業施設・遊興施設の混在が一九二〇年代を通じて問題化し［＊41］、明治神宮内苑／外苑の図式がそうであったように、神域中枢の神聖性を高めながらも同時に世俗的な要素を整序しつつ取り込めるようなプランニングが望まれるようになっていたことだろう。他に、社務機能の肥大化あるいは結婚式等に用いる神楽殿の需要増大などによって境内に大規模施設の追加の必要性が生じ、従来の場当たり的な解決により動線や景観が混乱していたこと、さらには道路交通量の増大を背景とする道路事業や都市計画事業の活発化が境内再編の引き金になったこともあげられる［＊42］。ここに述べた境内環境の諸問題は、今後精査が必要ではあるが、大づかみにいえば近代化・都市化にともなって神社境内に大きな社会的負荷がかかったことを背景とする、公共性と神聖性の調停問題に関わっている。大江はこれに独自のゾーニング的計画手法をもって答えるのだが、多賀神社の事例から察するに実際にそれを各社の計画に適用していた可能性が高い[＊43]。

大江は、しかし一九三〇年代に入ると病気がちになり、昭和一〇年（一九三五）に他界してしまう。神社界は、社殿と林苑とからなる境内環境をその総体において一九世紀的なものから二〇世紀的なものへと脱皮させようとするときに、大きな人物を失ったのである。

大江にかわって神社造営の世界の主導権を握るのが角南隆である。角南は岡山県出身で、東京帝国大学を大正四年（一九一五）に卒業、明治神宮造営局（外苑担当）に奉職したのち、大正八年（一九一九）七月より内務省神社局技師となる（明治神宮造営局も兼務）。これが、従来は技師を兼務（嘱託）あるいはごく短期間の専属でしか持ったことのない弱小部局の神社局が、いよいよ専属の技師を持続的に抱える端緒となるのだが、一時は大江も同じ技師の職位で並んだことがあるものの、当面は依然小部局にとどまった。この営繕組織が膨張をはじめるのは一九三〇年代半ばからで、昭和一五年（一九四〇）に神社局が神祇院として独立すると、その総務部造営課として帝国全体の神社造営を取り仕切るようになる。ほとんど個人で八面六臂の奮闘をみせた大江と入れ替わるようにして、角南体制の巨大な官僚技術者組織が構築され、彼らによって俗に「内務省様式」の語で括られる特徴を持った社殿建築が「帝国」全土に建設されていくのである[＊44]。大江が五八歳でこの世を去ったとき、伊東忠太は六七歳、角南は四九歳だった。

多賀神社・湊川神社・吉野神宮

昭和七年（一九三二）に角南隆が自身初の本格的な仕事である吉野神宮（昭和元年［一九二六］〜七年［一九三二］、主要社殿は昭和四年［一九二九］ごろに竣工）の仕事を終えたとき、じつは大江も多賀神社・湊川神社という、明治神宮以後の本格的な作品の完成を目前に控えていた。これら三社の造営は、いずれも既存社殿・境内の再編であり、なおかつ大江・角南がその創意をふるって抜本的に新たな設計を試みたものであり、「明治神宮」と「内務省様式」とをつなぐ位置を占める最も重要なプロジェクト群である。大江と角南はほとんど同時並行的に新しい神社像に取り組んでいたとみてよい。

では、これら三社では何が探求されていたのか。改築前の湊川と吉野の既存社殿は、ほぼ制限図式だった[図5]。多賀の社殿も明治大正期のもので、意匠的には異なるものの社殿配置は制限図と同じだ。これが、大江や角南の改築設計によって一新される。実際の設計を見ると、いずれも本殿・祝詞舎・幣殿・拝殿などを互いに接続している。明治神宮創建で社殿複合化という主題そのものは析出していたが、その後は奉祀・祭典における人間の活動空間が明瞭に主題化され、物理的にも大幅に拡張され、階層的な構成をとる。それは同時に、社殿群の屋根が複雑・軽快に折り重なることで、壮麗な表現を生むだろう。以下、具体的に見ていく。

　多賀神社[図4-[3a]、[6]][*45]では、本殿の向拝にかみ合う祝詞舎の屋根が前方へ伸び、横に拡がる幣殿の上を越して破風をつくる。幣殿の屋根は左右を一段切り下げ、さらにその左右から一段低い廻廊が延び、中庭を囲んで拝殿左右に取り付く。拝殿は垂直性が強く、入母屋形式の向拝を前方へ大きく突出させており、廻廊の伸びやかな水平性に対して中心性を際立たせる。日本建築の多様な実例によほど通暁していないと、これだけ自由で複雑な構成をまとめ切ることはできないだろう。櫻井敏雄の推察によれば[*46]、大江は多賀神社の過去の境内図を丁寧に検分し、特徴的な殿舎を復原し、かつ近世から大正期にかけてつくられた既存社殿をも捨てずに利用しつつ、機知に富む構成を実現してみせた。

図5：別格官幣社湊川神社 創建社殿(1872年竣工)
『湊川神社六十年史』(湊川神社社務所、1939)

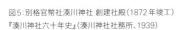

湊川神社［図4-［3b］、7］［＊47］では、本殿に結合して前方へ伸びる祝詞殿の屋根が、やはり横長の幣殿を越して唐破風をつくる。幣殿にも拝殿にも伸びやかな回廊がつく。幣殿と拝殿、拝殿と神門のあいだに中庭が囲われ、全体として建物の空間だけでなく、屋根のない屋外空間をも等価に扱うことで、空間を階層的に分節・組織しながら奥行き深い構成をつくっていく点と、多様な規模・形態の屋根がかみ合うことで単調さを回避し、社殿全体に躍動感を生み出している点には、多賀神社と通じる知識と機知の豊かさが感じられる。

対して角南の吉野神宮［図4-［3c］、8］［＊48］は、これらと同様の方向性を持つものの、躍動感や技巧性よりも調和や安定感が重視され、いくぶん形式的で生硬な印象さえ与える。たとえば吉野の拝殿は湊川よりも古代的な安定感があり、湊川に見られる向拝や左右廻廊に交わる破風などの変化はあえて与えていない。吉野の幣殿は、祝詞殿が跨ぎ越してつくる破風と、左右の祭舎の切妻とを同程度の重みで並べ、生真面目とも思える端正さを率直に打ち出す。櫻井敏雄も、角南においては社殿間の「複合」よりも、「回廊を附属させて古典的な穏やかな空間構成を企図したものと考えられ」、全体に「堅く形式的」と評する［＊49］。

残念なことに、大江も角南も、建築設計の具体的な考え方や経緯についてほとんど言葉を遺していないが、これら三社は彼らが建築家個人としての創意をかなり注ぎ込むことのできた仕事と見てよいのではないかと考える。これら三社での探求は、明治神宮が遺していた制限図への無自覚な忠誠を完全に払拭し、また同時に、機能的・演出的な空間構成および屋根や廻廊による造形上の表現手法を、たったの三作品ながら一挙に豊富化した。

確立後の内務省様式

そして、これらに代表される明治神宮以後約一〇年間の探求の果実が、角南の下で帝国全土に適用可能な標準解へと整頓されるのが昭和一〇年（一九三五）ごろだったと筆者は見ている。大江がこの世を去ったのもそのころである。以後、造営量の爆発的な増大を背景として、設計の標準性・類型性が卓越するが、類型が共通の場合でも屋根の複合化などに一定の多様性がある。他方で、角南体制確立後の全国の神社造営事業の中堅的な担い手となる人々は、先述の日光東照宮大修理、神宮式年遷宮、明治神宮創建の三大国家事業に結集した経験があり、さらにその後の大江の多彩な仕事を通して彼の薫陶を受けていた人びとも多かった。

三五年以降の神社造営では、本殿形式は（ごく一部の例外を

a 社殿全容

b' 旧本殿（中門、拝殿）

b 本殿（＋祝詞社・幣殿）

c 幣殿（＋左右廻廊）

d 拝殿（大正４年造営拝殿を継承した特異な形態）

図6：官幣大社多賀神社 昭和改築後の社殿（1932年竣工）
『多賀神社御造営誌』（多賀神社社務所、1938）、『大日本神社誌写真大鑑』（敬神思想普及会、1935）、『近代の神社景観――神社局時代に撮影された神社』（中央公論美術出版、1998）

a 社殿全容

b' 旧本殿(中門、拝殿)

b 本殿(＋祝詞社・幣殿)

c 幣殿(＋左右廻廊)

d 拝殿(＋左右廻廊)

e 神門

図7:別格官幣社湊川神社 昭和改築後の社殿(主要社殿1934年竣工)
『湊川神社六十年史』(湊川神社社務所、1939)、『別格官幣社湊川神社御改修記念写真帖』(湊川神社、1934)

a 社殿全容

b' 旧本殿(中門、拝殿)

b 本殿(+祝詞社・幣殿・祭舎)

c 幣殿(+左右祭舎)

d 拝殿(+左右廻廊)

e 神門

図8:官幣大社吉野神宮 昭和改築後の社殿(主要社殿1929年竣工)
筆者蔵絵葉書、『近代の神社景観——神社局時代に撮影された神社』(中央公論美術出版、1998)

のぞき）新規造営ならほとんど無条件に流造が採用されている。これが先に検討した明治神宮創建という磁場の産物であることは疑いない。神明造・大社造等といった様式の選択はすでに問題ではなくなっている。そして、筆者の見るところ、社殿の構成は（原理的には相当に多様でありうるにもかかわらず）細部を捨象すればほぼ三類型で把握可能である［＊50］。

①基本型
②護国神社型
③二重拝殿型

まず基本型［図4-［4］①］は、権現造を範として本殿・祝詞殿・拝殿を一体的につないだもので、制限図がいくぶん貴族的なのに対して、その機能的限界が武家的な権現造をモデルとして乗り越えられるというのは興味深い。内務省神社局−神祇院の造営課に技手として奉職した山内泰明は、戦後の著作［＊51］で「神社の平面規模の分類」と題する図表を掲載しているが、そのうち「普通一般的形式」の拝殿左右に神饌所・祭器庫をつけたタイプのものが一九三〇年代以降の国幣小社・県社あたりのクラスに無数に見出され、これを筆者は基本型と呼んでいる。山内の表ではむしろ歴史上の「権現形式」に酷似するのは、当然といえば当然だろう。

護国神社型［図4-［4］②、図9］は、山内の「護国形式」に相当

図9：茨城縣護国神社 創建社殿（1943年竣工）
拝殿から伸びる翼廊と、左右の祭舎（参列舎）からなるコ字型の構成が、前方の広場を抱擁するように構える。
『建築世界』（1944年1月号）

する。護国神社は、昭和一四年(一九三九)四月施行の内務省令によって招魂社を改称したもので、各地域の招魂社を合祀しておよそ各県一社の指定護国神社が創建された。この神社自体が特殊な類型であり、社殿・境内の構成も明確に一類型をなす。実例は内務省令の数年前から現れ、一〇年に満たぬ短期間に数十社が同形式で建設された。その社殿は、基本型の左右に翼廊を伸ばし、そこから祭舎(参列舎)を前方へ突出させる形式をとり、全体としてコ字型平面をなす。幸い、昭和一一年(一九三六)から角南の下で活躍した技師谷重雄と、民間の二本松孝蔵(国粋建築事務所主宰)が、この護国神社について設計者の立場から解説している[*52]。それによれば、護国神社の祭典では、重要な参列者が祭舎に着席し、順次翼廊を歩いて拝殿で玉串を奉献するが、その動きを拝殿前の広い祭庭に張られた幄舎から一般参列者が見守る。護国神社は一社あたり数千あるいはそれ以上の「英霊」を祭神とし、例大祭等で数千人にのぼる参列者全員を収容する拝殿の設計は不合理なので、逆に広場の規模・比例を注意深く設計し、そこに参列者を配列する。そして、彼らが祭典の進行や動きを見守れるように、通常なら参列者を着席させる拝殿をあえて小型化して舞台に見立て、大きく翼廊を拡げて祭舎を左右に離し、そこから拝殿に向かう代表参列者の動きを大きくする——。

こうした説明は、一九三〇年代後半以降の内務省-神祇院の技術者たちがどのような問題に取り組んでいたのかを如実に物語る。膨大な参列者が一体的に祭典にインボルブされるような空間構成の開発が、祭典プログラムの発明とあわせて行われたと見てよい。神社局-神祇院の技術者は官国幣社でない護国神社の設計に直接手を下さないが、にもかかわらず、角南や谷が開発した護国神社の形式は、地方・植民地・民間の技術者たちによく周知されていた。

二重拝殿型[図4-[4]③]は、山内の「寝殿(伽藍)式」と同一で、基本型の拝殿(内拝殿)左右に廻廊をつけ、前方へ中庭を囲んで再び拝殿(外拝殿)を置く。その手前にも廻廊で囲まれたさらに大きな祭庭をとり、楼門を開く。最も大規模で空間的階層性の深い、また壮麗な表現をもつ型といってよく、近江神宮(滋賀)[図10]、関東神宮(旅順)の創建、あるいは橿原神宮(奈良)、平安神宮(京都)、台湾神社(台北)、京城神社(京城)の改築など、とりわけ格の高い神社に適用された。その機能主義的特質については本稿では詳しくは論じないが、さまざまな規模・形式の多彩な祭典に柔軟かつ効果的に対応できるという[*53]。明治神宮の戦災復興(昭和三三年[一九五八])でも、伊東忠太設計の社殿全体の輪郭を変更することなく、

図10：官幣大社近江神宮 創建社殿(1940年竣工)
写真手前の広場には数千から1万人程度を迎えられる。唐破風のつく大型建物が外拝殿(800人程度収容可能)であり、その奥に廻廊で囲まれた中庭(400人程度収容)を挟んで、内拝殿(100人程度収容)がたつ。このように祭庭と社殿を階層的に絞り込みながら重ね、さらに地形に沿って登廊・幣殿・祝詞殿・本殿が互いに結合される。『官幣大社近江神宮写真帖』(1944年)

その内部はこの二重拝殿型の構成に置き換えられている。

この他に、未実施に終わるものの戦争末期に計画された扶余神宮（扶余）、龍頭山神社（釜山）の計画は、これらいずれにも分類しがたいもので、事例は少ないが、角南設計の吉野神宮の後継と見られる。本殿・祝詞殿の手前に横長の幣殿をとり、その左右に祭舎を置いた上で、前方に拝殿を構える。しかしこの型の、幣殿を拝殿に読み替え、祭舎を翼廊で左右に引き離せば護国神社になる。このように、主要三類型もヴァリアントも、機能（祭典プログラム）をにらんだ系列的な組み替えのスタディで互いにつながり合っていたと見るべきだろう。

地域主義

滋賀県の近代和風建築調査報告書によれば、戦中期の代表的作品である近江神宮（昭和一五年［一九四〇］竣工）の蟇股・絵様・木鼻などに、滋賀県下の地域的な特徴が取り入れられているという［＊54］。これをもって角南らに地域主義的な意図があったとは必ずしもいえないのだが、次のごとき植民地朝鮮での試みは特筆に値する。

すなわち昭和一七年（一九四二）竣工の国幣小社江原神社の設計は、角南隆の指導のもと、内務省からの出向で朝鮮総督府に在った技手松本芳夫が苦心して仕上げたものだが、その本殿以下の社殿はことごとく「曲線丹塗で、殊に神門透塀には朝鮮色が多分に盛られ、斎館社務所等は外観はすっかり朝鮮建築で各室は温突（オンドル）と」されたのだという［図11］。こうした「実験」をへて、官幣大社扶余神宮をはじめとする後続のプロジェクトでも社殿建築の地域主義的展開が目論まれていたが、戦争の激化で実現していない〟。角南は松本のこうした努力を特別に評価していたという［＊55］。

菅浩二は、昭和一一年（一九三六）ごろにはじまる朝鮮の地方各社への国魂神合祀の政策に注目し、帝国規模での統合と差異の整序が神社の祭神設定レベルで図られたと指摘する［＊56］。右にみた地域主義的設計はその建築的対応物とみなせよう。角南隆は国魂神奉祭を重視しており、たとえば満州の地に常緑樹の森は望むべくもなく、木造の社殿は気候に合わず、手水鉢の水は凍ってしまうから、それを無理に内地式で押し通そうとすることは満州の国魂神の意志に反するとも述べている［＊57］。帝国の多様な環境が視野に入ったとき、神

図11：国幣小社江原神社 昭和改築社殿（1941年竣工）
写真上は拝殿と廻廊、下は神門と手水舎。いずれも朝鮮建築の材料や意匠を積極的に採用した社殿である。『朝鮮と建築』（第21巻第9号、1942年9月）

社のより自然なかたちでの土地や風土への定着が問われたといえよう。伊東らが苦慮した「国民」内部の多様性をはるかに超えた、帝国規模の多民族状況への対応という問題がここでは問題とされている。その視点を国内に折り返せば、国内の地域的多様性もまた無視できなくなるだろう。こうして「国民」への対処で否定された表象論が、「帝国」において形を変えて蘇るのだが、今やそれは機能論的な類型性の上に付与される差異にすぎなかった。

内務省神社局―神祇院の営繕組織

稲垣栄三は、日本では機能性・経済性・規格化といった条件を備えた近代建築の獲得はまず官庁営繕機関によってこそ先駆されたのだという。稲垣は大蔵省管財営繕課と逓信省営繕課に指を折るが[＊58]、内務省神社局―神祇院の営繕組織もまたこうした性質がよく当てはまる。

これら官庁営繕は、対象とする分野の技術情報や現場の要求に日常的に触れ、それを合理的に解決するという共有可能な課題に日常的に取り組み、なおかつ自らの実績を評価・修正・蓄積していくフィードバック機構を備える。一九三〇年代中盤は、官庁営繕が実質的にこうした仕事を稼働させる条件が整う時代だ。関東大震災の復興から恐慌を経て、重化学工業化へと舵が切られるなかで、都市計画・住宅政策分野も含め、全国の地方、帝国の各地で一定の標準にもとづく設計活動が大量にこなされた。

歴史的にこれを準備したのは、一面ではテクノクラート型の技術者像である[＊59]。ちょうど明治天皇の「崩御」に前後して、建築界では、すでに述べた議院建築をめぐる様式論争の高揚と退潮があり、かわって功利主義的な思想が浮上してくる。この潮流を代表する佐野利器・内田祥三らは、様式論を二義的なものとして相対化し、建物の骨格を決める耐震性能の理論を構築するだけでなく、建築法規の制定、都市計画や住宅供給などの社会政策を重視し、その担い手となる官僚技術者たちを輩出していった。

一方で稲垣は、とくに逓信省営繕課に注目して、「個人の自由な活動は組織の創世期における状況であって、その自由さを前提とし、条件として」「近代的・合理的な精神」をもつ組織が生まれた経緯をも重視する。神社の場合でいえば、一九二〇年代の大江・角南による湊川神社・多賀神社・吉野神宮はまさにこの段階に対応するといえようが、角南はその果実を政策技術としての標準型に編み直すテクノクラートとしての能力に長けていたのだろう。

六　帝国日本と神社建築の設計体制

江流会

実際の神社造営事業は、しかし、本庁（内務省神社局－神祇院）の技術者だけで成り立ったわけではない。彼らが中心にいたことは間違いないが、地方庁、植民地官庁、各神社の造営機関、民間設計事務所にも拡がる戦中期の技術者ネットワークを探ってみる必要がある。

ここで大江新太郎逝去の日に戻ろう。昭和一〇年（一九三五）六月一七日である。一ヵ月後、最初の月命日に角南隆は大江の薫陶を受けた神社造営技術者たちと会合の場を持った。以後これを「毎月の例会」とし、翌昭和一一年（一九三六）三月一七日に会誌『江流』第一号を発行した。会の名称「江流会」は、大江の流れを汲む会の意という。会長は角南隆で、事務局は内務省神社局（のち神祇院）内に置かれた。「江流会規約」の第一条には、「本会ハ嘗テ故大江先生ノ門弟トシテ御薫陶ヲ受ケタルモノヲモッテ組織シ先生ノ遺霊追悼、国風建築ノ研究及進展並国風建築家相互ノ連絡ヲ図ルヲ以テ目的トシ江流会ト称ス」［＊60］とある。大江を師と仰ぐ形式を借りて、帝国に拡がる「国風建築家」たちの意志の共有を図るサロン的組織であったといえよう。

会誌は一冊数十頁で、当初は季刊（年四回発行）とされた。これも興味深い内容を含むが、ここでは江流会が毎年発行した会員名簿が、神社建築造営にあたる技術者たちの動静をつかむうえできわめて重要な資料であることに注目したい。筆者が昭和一一年（一九三六）～一八年（一九四三）の名簿（昭和一二年［一九三七］・一四年［一九三九］版は未入手）を整理したところによれば［＊61］、この期間にのべ一二五〇名以上が江流会に参加したことが知れる。同名簿から読み取れることの概略を以下に紹介しよう。

内務省神社局－神祇院の技術者

藤岡洋保が神社本庁所蔵角南隆資料を用いて整理したところによれば、国費による神社造営事業の主力を担った臨時神社費支弁の官国幣社社殿・境内関連工事は、明治二三年（一八九〇）から全部で四四件あり、うち三一件が昭和五年（一九三〇）以降に着手されている。昭和九年（一九三四）の室戸台風後に四三社で実施された「官国幣社風水害復旧工事」（～一九四四年）を加えれば、さらに数は膨らむ。神社造営の活発化と歩調をあわせて営繕機構が肥大化していったことは明らかだ。日本の建設量全体は昭和一二年（一九三七）

をピークとして以降急激に降下していくことが知られているから[＊62]、同時期の神社造営の活発化はきわめて特異である。

昭和一四年（一九三九）の神社局造営課では技師六名・技手二〇名にまで膨らんでいたが、交流会名簿によると四三年時点で神祇院造営課所属の会員は五一名となっている（同名簿では職位が不明だが、おそらく技手より下位の技術者も含まれる）。当時の造営課技術者数の厳密な把握は今後の課題として、まずは戦中期もその規模が縮んでいないことを確認しておく。ここで注目したいのは、内務省神社局－神祇院の営繕組織に在籍した技術者の八年間（一九三六～四三年版名簿）にわたる動静である。この間、技師はひとりも転居しておらず、本庁からの異動はないと推定できるが、技手以下では対照的に本庁にとどまったのは山内泰明ら三名だけで、他の四十数名は実に頻繁に全国を動いていることが分かる（連絡先住所欄に、担当先神社の工営事務所が記載されている）。紙幅の都合により数例だけ取り出してみる。

磯野仁助　生国魂神社（大阪）→気比神宮（福井）→本庁→吉備津彦神社（岡山）→本庁

板井正生　本庁→宇佐神宮（大分）→本庁→諏訪神社（長野）→本庁

戸波松之助　志波彦神社（宮城）→本庁→応召（陸軍）→霧島神社（鹿児島）→阿蘇神社（熊本）

石田多一　談山神社（奈良）→近江神宮（滋賀）→本庁→建部神社（滋賀）

大村憲之　本庁→橿原神宮（奈良）→本庁→賀茂御祖神社（京都）

小橋英雄　橿原神宮（奈良）→応召→阿蘇神社（熊本）→本庁

一年、長くても二年で彼らは複数の現場と本庁との間を移動していた。名簿に頻出する主な神社として近江神宮（創建）、平安神宮（改築）、橿原神宮（改築）等の創建神社のほか、賀茂別雷神社・賀茂御祖神社・石清水八幡宮・熊野那智神社・建部神社・阿蘇神社・吉備津彦神社・竃山神社などの改修事業がある。角南がこれら現場へ出張していたことは、江流会の資料からは追えないものの各神社の造営誌等の記載から窺えるし、昭和一一年（一九三六）以降、彼は台湾・朝鮮・関東州・満州国に年一回程度の割合で出張し、造営事業の指導監督や講演をこなしていた[＊63]。しかし、中央と現場をつなぐより実質的な役割を果たしたのは技手クラスであったと見てよかろう。

その他の公的機関に所属した技術者

内務省神社局－神祇院の造営機構の持つもうひとつの役割は、ここから造神宮使庁、各地方庁、あるいは植民地の政府営繕機構や各神社の造営事務所などに技術者を送り出していた点に見出せる。右に示した五一名という数字は、一九四三年時点で神祇院造営課に所属していた者の数で、その年出向中の者を含まない。相当数の転出を補い、補って余りある人員を採用していたのである。

造神宮使庁は、神宮（伊勢皇大神宮）の式年遷宮を担当する技術者機構であり、内務省管下にあった。昭和四年（一九二九）の第五八回遷宮を大江が造神宮技師として担当したことは先に述べたが、昭和二四年（一九四九）に予定された第五九回遷宮は中止となる。藤原恵洋によれば、昭和一四年（一九三九）の段階で造神宮使庁は技師二名・技手三名であったが［＊64］、翌一九四〇年ごろから増員傾向が顕著となり、昭和一八年（一九四三）には、江流会会員で造神宮使庁所属の者がなんと三八名を数える（これも職位内訳不明）。内務省神社局－神祇院技師のひとりであった小川猪作が昭和一六年（一九四一）六月版の会員名簿から造神宮使庁に異動となっているが、おそらく経験豊富な彼がこの急ごしらえの大所帯をとりまとめる責任者の役割を期待されたのだろう。実際、臨時に大規模な技術者機構をつくるという性質上、造神宮使庁には様々な場所から移った者が多かったのである。

神宮司庁は、神宮（皇大神宮）の事務を取り扱う役所であり、これも内務省管下の国の機関である。藤原論文に記載の昭和一四年（一九三九）の数字では、技手一一名とある。江流会会員では、昭和一八年（一九四三）に神宮司庁に所属する者は五名を数える。

国内の府県等については特筆すべきことを見出しにくいが、植民地の政庁やその管下に設置された神社造営事務所などはやはり戦中期に専門的技術者を増員していた様子がわかる。昭和一八年（一九四三）の江流会会員で、台湾八名、朝鮮六名、満州三名、関東州二名、樺太二名を見出せるが、満州以外はそれぞれ内務省神社局・神祇院から供給された技術者が少なからず含まれている。

民間設計事務所の技術者

昭和期の神社造営で大きな役割を担った民間設計事務所には、小林福太郎（小林建築事務所）［＊65］・二本松孝蔵（国粋建築研究所）・稲垣英夫（稲垣建築事務所）［＊66］・雑賀駒三郎（雑賀建築事務所）・香川定太郎（香川建築事務所）[＊67]らがあり、江流会には彼らの所員たちも名を連ねる。紙幅がないのでくわしく紹介することはできないが、多くの者に共通するのは、工手学校ないし工学院の卒業生が多く、古社寺保存会や宮内省内匠《たくみ》寮への奉職、あるいは明治神宮創建・伊勢遷宮・日光東照宮修理といった大規模事業で経験を積み、一九二〇年代後半から三〇年代にかけて社寺専門の建築設計事務所を開設、といったプロフィールであり、当然内務省系のコネクションが強い。小林や二本松は植民地朝鮮や南洋なども含む帝国全土の仕事を受けていたが、香川のように阪神間に地場を持つ者もある。また護国神社は短期間に同類型で数十社が建設されたと先に述べたが、小林・二本松・雑賀の名は造営誌等の資料にとくに頻繁に名前が見える。

事業別の造営組織

以上にみてきた所属セクター別の技術者たちは、実際のプロジェクトにおいてはどのように集められたのか。いくつか例示してみよう。

表1は湊川神社境域改修・社殿改築のための造営所の技術者構成である。造神宮技師であった大江を嘱託として顧問格に置き、実質的な設計監理のまとめ役は先に紹介した香川定太郎が担った。表に示される六名のうち、上の三名はそれ以前に経験を積んでここに参画した人々だが、下の三名は逆に湊川神社で経験を積んで中央や植民地官庁の技術者としてのポストを獲得、もしくは香川の事務所に雇用されている。

次に表2は、同じく大江の代表作多賀神社の工務所だが、ここでの実質的な仕事は主任技師の佐藤竹治が、森恒保らを使って進めていたと考えられる。佐藤・森もこの仕事ののちに内務省神社局に入り、森はその後関東州に転出して関東神宮の仕事を指揮した。同じ多賀神社でも、内務省直轄工事部門（本殿の修築）の場合、表3のように角南を主任とする別の工務所が構成された。松室成貞以下全員が内務省神社局のスタッフである。

表4は、植民地台湾の首府台北で戦中期に進められ未完に終わった台湾神社の改築事業の造営事務所である。表中、八板志賀助が社殿建築の統括責任であったとの情報を聞き取りで得たが[＊68]、社殿建築の専門家という意味では、内務省神社局から出向した小林信次・大友寶蔵らが鍵を握ったのではないか。

ここで民間設計事務所の設計者たちの仕事の特徴にふれておく。たとえば小林福太郎は、近江神宮の創建のための見事な基本設計図を描いているが[図12]、そのデザインは実

表1：湊川神社造営所の構成

職位	氏名	在任時期	備考（経歴等）
顧問嘱託	大江新太郎	1922.1.31〜	造神宮技師 兼 明治神宮造営局技師、1935 没
技師	香川定太郎	1922.1.31〜	内務技手→明治神宮造営局→香川工務所（香川建築事務所）開設、1936 没
技手	中澤篤美	1922.1.31〜	明治神宮造営局→[湊川]→直江多賀神社営繕係
技手	上田萬治郎	1922.10.11〜1923.1.31	[湊川]→内務省神社局→神祇院営繕課
技手	篠崎善一	1923.5.18〜	[湊川]→新竹州土木課（台湾）→台湾総督府官房営繕課→造神宮使庁
助手	土肥喜一郎	1922.10.30〜	[湊川]→神部浅間神社営繕事務所→香川建築事務所

資料：『湊川神社境域改修御造営誌』（1936 p.298〜）

表2：多賀神社造営工務所の構成（本殿以外の社殿改築）

職位	氏名	在任時期	備考（経歴等）
総監督嘱託	大江新太郎	1926.6.11〜1933.5.12	造神宮技師、1935没
嘱託	西崎辰之助	1926.6.11〜1934.5.31	滋賀県地方技師
主任技師	佐藤竹治	1926.6.11〜1933.11.21	[多賀]→内務省神社局、1938頃没
助手	斎藤小四郎	1926.6.11〜1928.5.5	不詳
助手	森恒保	1928.11.30〜1934.5.31	[多賀]→内務省神社局→関東神宮造営事務局

資料：『多賀神社造営誌』（1938 p.385〜）

表3：多賀神社 内務省直轄改築工務所の構成（ 本殿修築）

官位	氏名	備考（経歴等）
内務技師	角南隆	明治神宮造営局→内務省神社局→神祇院造営課
同 技師	松室成貞	角南の下で吉野神宮造営監督→没？
同 技師	斎藤常之	1937頃没
同 技手	荻須佐兵衛	→神祇院造営課
同 嘱託	小川猪作	→造神宮使庁
同 嘱託	佐藤竹治	1938頃没
同 嘱託	下村義治	不詳
同 嘱託	土肥豊吉	→神祇院造営課
造神宮使庁技師	井上清	明治神宮造営局技師→宮内省嘱託、1939没

資料：『多賀神社造営誌』（1938 p.383〜）

現したものとはさまざまな点で異なる。実際の設計は、角南隆を顧問格として、谷重雄ら本庁の技師が予算規模等をコントロールしながら進め、現場の工務所にいた技手の荻須佐兵衛らと小林事務所の所員らが実施設計・監督に当たった。この鮮やかな着彩図面は、おそらく造営奉賛会が寄付金を募るに当たって用いられた、幾分大風呂敷気味の構想図だったのだろう。他の神社の場合でも、戦中期は奉賛会趣意書などに壮麗な立面や透視図が添付される例が多い。当時の膨大な神社造営事業は、広く献費を募って予算を確保し、労働力は勤労奉仕で動員するのが常套となっていた。これもまた、明治神宮で析出されたものの展開例と見なせよう。

表4:台湾神社臨時造営事務局の主要な技術者

工事責任	官	氏名	本官／兼任	所属先／兼務先
工事部長(1)	技師	井手　薫	△	総督官房営繕課長
工事部長(2)	技師	大倉三郎	△	財務局営繕課長
副部長	技師	荒木安宅	△	農商局耕地課勤務
副部長	技師	倉田武比古	△	農商局山林課勤務
副部長・工事主任	技師	八板志賀助	△→◎	営繕課技師◆1
	技師	武知幸文	◎	営繕課技師を兼務
	技手→技師	竹中久雄	◎	営繕課技師を兼務
	技師	濱田正彦	△	鉱工局土木課勤務
	技師	早川　透	△	鉱工局土木課勤務
	技師	大江二郎	△	鉱工局土木課勤務
	技師	小笠原美津雄	△	鉱工局鉱務課勤務
	技師	出口一重	△	鉱工局土木課勤務
	技師	大石　浩	△	営林所作業課長
	技師	篠原國憲	△	交 局技師
土木係長(1)	嘱託	錦織虎吉	◎	
土木係長(2)	技師	上出貞一	△	農商局耕地課勤務
土木係	技手	菅原喜作	◎	
土木係	雇→技手	星子　功	△	営繕課技手
土木係	技手	迫田		◆2
建築係長	技手→技師	小川永一	◎	
建築係	技手	小林信次	◎	
建築係	技手	大友寶蔵	◎	
建築係	工手→技手	小澤真一	△	営繕課技手
建築係	工手→技手	澤山正二	◎	
建築係	工手→技手	青木春治	◎	◆3
林苑係長	嘱託	原賢次郎	◎	営繕課嘱託を兼務
林苑係	技手	城　　浩	◎	営繕課技手を兼務
林苑係	工手→技手	山本武七	◎	
林苑係	工手→技手	木村藤吉	△	

◆1　八板は41年より専任。
◆2　迫田は44年度までの職員録にない。44年度中の採用か。
◆3　青木は44年度中に技手に昇任。
資料:『台湾総督府職員録』各年度版、大倉三郎「台湾神宮御造営」(『台湾時報』1944年10月号)。
◎＝本官／△＝兼任(所属部局が本官)
詳細は青井『植民地神社と帝国日本』(吉川弘文館、2005、p.179)を参照。

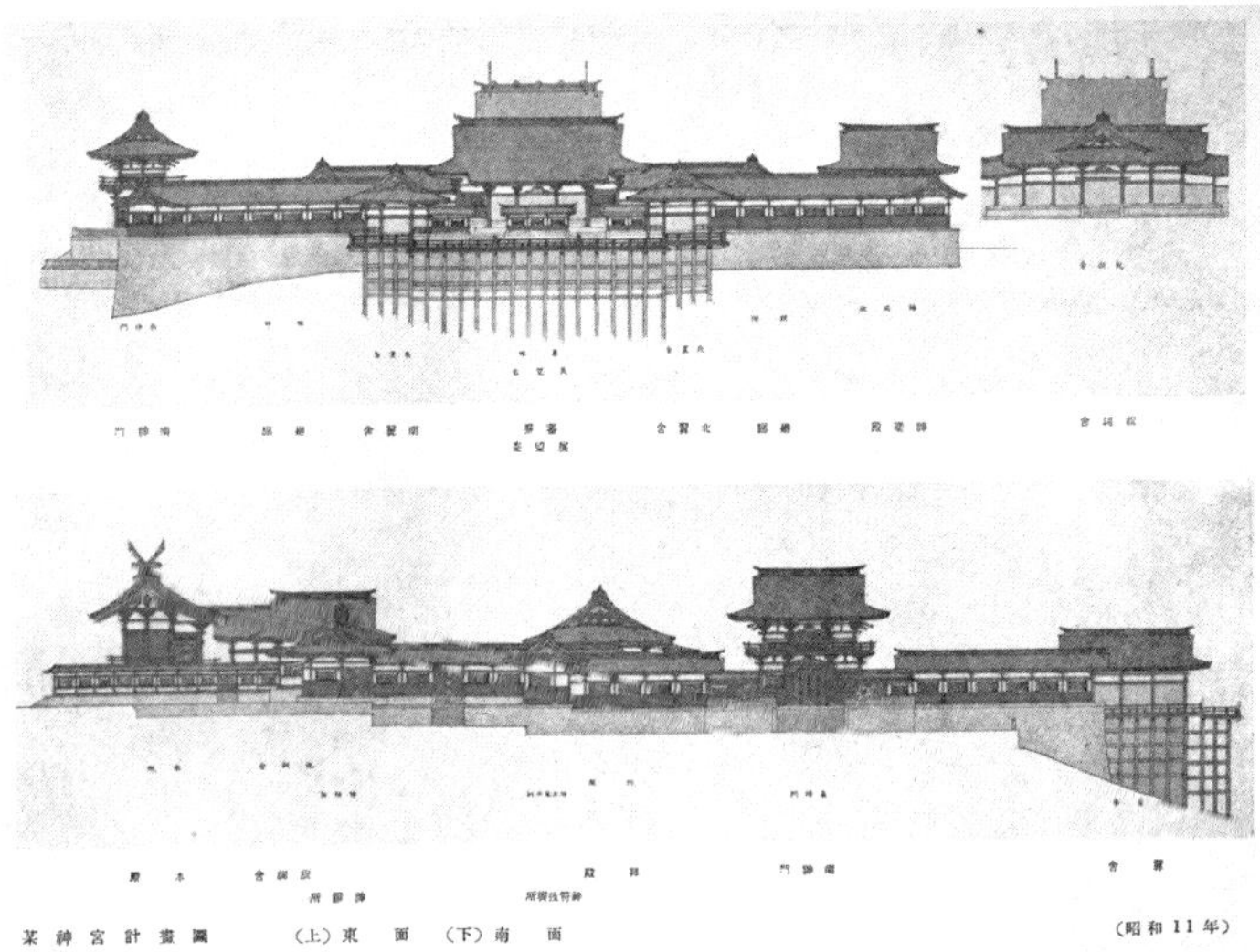

図12:小林福太郎による官幣大社近江神宮設計図
楼門が中軸線に対して直交するアプローチをつくる点、また内拝殿・外拝殿からなる二重拝殿型をとっていないこと、全体が丹塗りであることなど、実現した近江神宮とは異なる点が多々みられる。『小林福太郎氏遺作集』(洪洋社、1943年)

むすびに

多様な設計者・技術者が、高度に組織化された体制のなかで果たした役割と彼ら相互のネットワークを検討することなしに、角南体制下の社殿・境内の特質を理解することはおそらく不可能だろう。この時期に造営された膨大な数の神社がプランニングの類型としては三種程度で括りうるという事実も、組織的で反復的で標準化された設計でなければ対応できない帝国全土の建築生産の実情を想像すれば容易に頷ける。それはもう個人による一回的で固有の作品、というありかたからははるかに遠い地点にあり、個人は組織が共有する標準性・類型性の枠内でそれを適度に活性化させつつ、維持する役割を担う。神社においては、国家や組織原理との強い緊張関係において「近代建築」を牽引するアヴァンギャルド(前衛)が出現する余地はなかった。他方で、大量のプロジェクトを類型的に標準化し、帝国規模で組織的に稼働させるなかで、帝国のなかの地域性の表象という問題が、標準性・類型性の上に付加されるある種の記号性として再浮上したことも、昭和期神社造営のモダニティの特質をよく示している。

明治神宮創建という磁場が、近代的「国民」という問題への対処のなかで産み落とした可能性がその後どう展開され、そして「帝国」という問題がいよいよ前景化するなかでどれほど遠い地点まで運ばれていってしまったのか。その輪郭がようやくおぼろげに描けてきた。まだまだ乱暴な仮説や推論にとどまるところも多い。個々の神社造営プロジェクトに即した詳細な研究、あるいは、地域社会史的な枠組みのなかで神社造営プロジェクトを吟味する研究の積み重ねが、有効な批判を含む今後の研究蓄積をつくり出しうるだろう。

註

*1——山口輝臣『明治神宮の出現』（吉川弘文館、二〇〇五年）、佐藤一伯『明治聖徳論の研究——明治神宮の神学』（国書刊行会、二〇一〇年）。

*2——『報知新聞』（一九一二年八月三日）。前掲・山口『明治神宮の出現』（二〇〇～二〇一頁）。

*3——前掲佐藤『明治聖徳論の研究』（二一七頁）。

*4——青井哲人『植民地神社と帝国日本』（吉川弘文館、二〇〇五年）、同「角南隆——技術官僚の神域ー機能主義・地域主義と〈国魂神〉」（『建築文化』六三九号、二〇〇〇年一月号、七六～八一頁）、同「神社建築設計における内務省様式の確立まで——大江新太郎と一九二〇年代の探求」（『神園』二〇一三年三月、六七～七六頁）。

*5——伊東忠太「日本神社建築の発達（上・中・下）」（『建築雑誌』一六九・一七〇・一七四号、一九〇一年一～七月）。

*6——伊東忠太「神社建築の様式は一定すべき者なりや」（『神社協会雑誌』、一九〇二年三月）。

*7——伊東忠太『神社建築史』（皇典講究所神職養成部講習科講義録、田中某速記、一九一〇年）。

*8——伊東忠太「建築哲学」（帝国大学造家学科卒業論文、一八九二年）。ここでは『日本近代思想体系 都市 建築』（岩波書店、一九九〇年、三三九～三九九頁）所収の抄録版を使用（引用箇所は三八九頁）。

*9——御雇外国人建築家ジョサイア・コンドルは一八七七年から帝大建築学科の前進・工部大学校造家科で教鞭をとり、国民様式論を学生たちに投げかけている。藤森照信『日本の近代建築（上）』（岩波書店、一九九三年、一七〇頁）。

*10——伊東忠太「建築進化の原則より見たる我邦建築の前途」（『建築雑誌』一九〇九年一月／前年に行われた建築学会講演の記録）。

*11——稲垣栄三『日本の近代建築』（初版＝丸善、一九五九年／ここではSD選書版、上巻、鹿島出版会、一九七九年、一七八頁）。

*12——伊東忠太「将来の神社建築」（『神社協会雑誌』一九一二年一月）。

*13——『国民新聞』一九一二年八月六日。

*14——『読売新聞』一九一二年九月五日。

*15——『国民新聞』一九一二年八月八日。

*16——前掲佐藤『明治聖徳論の研究』（一九八頁）。

*17――『神社奉祀調査会特別委員会報告』(一九一四年六月、『明治神宮叢書』第十七巻 資料編(1)、明治神宮社務所、二〇〇六年)所収。関連資料として、新様式創出の不要性・無意味性を補強する関野貞の論も掲載されているが、様式選択論は伊東忠太博士の報告に委ねるとある。

*18――前掲『神社奉祀調査会特別委員会報告』四七頁。

*19――丸山茂「伊東忠太と神社建築――明治以降の神社建築に見る国民様式の興亡」(日本建築学会大会学術講演梗概集、一九七九年九月/『日本の建築と思想』[同文書院、一九九六年]所収)、大丸真美「伊東忠太の明治神宮社殿構想――神社建築観の推移」(『明治聖徳記念學會紀要』復刊第四三号、二〇〇六年一一月、二四六~二七三頁)。筆者はようやく、青井哲人「「最普通ノ様式」――明治神宮と流造の近代的意義」(『國學院大學研究開発推進センター研究紀要』第六号、二〇一二年三月)で神社奉祀調査会の議事録類を使った検討を報告した。

*20――『神社奉祀調査会会議録(第五回)』(三~四頁)

*21――『神社奉祀調査会特別委員会会議録(第一回)』(三三~四九頁)。

*22――前掲『神社奉祀調査会特別委員会報告』(四七~四八頁)。

*23――前掲佐藤『明治聖徳論の研究』(一二一頁)。

*24――前掲『神社奉祀調査会特別委員会報告』(四八頁)。

*25――伊東忠太「明治神宮社殿の建築に就て」(『建築雑誌』四〇九号、一九二〇年一二月)。

*26――前掲丸山「伊東忠太と神社建築」。

*27――藤岡洋保「内務省神社局・神祇院時代の神社建築」(『近代の神社景観』中央公論美術出版、一九九八年、四六〇~四六二頁)。

*28――前掲山口『明治神宮の出現』(一七五~一七七頁)。

*29――前掲『神社奉祀調査会特別委員会会議録(第一回)』(三五頁)。

*30――前掲『神社奉祀調査会特別委員会会議録(第一回)』(四九頁)。

*31――前掲『神社奉祀調査会特別委員会会議録(第一回)』(四六頁)。

*32――日本建築学会建築博物館所蔵 伊東忠太資料 野帳39「明治神宮設計並諸神社」(大正三年四月~)には、明治神宮のものとみられる社殿配置図の手書きスタディが複数あり、いずれも廻廊を多用して宮殿的な構成を模索している。本論の文脈から見逃せないのは、ごく一部ではあるが拝殿・祝詞殿・本殿を一体的に接続する案も含まれることだが、これもたんに権現造の引用程度の意識だったのだろうか。

*33――角南隆「明治神宮社殿の復興計画について」(『新建築』一九五九年三月号、四二頁)。

*34――内閣記録局編輯『法規分類大全 第一編 社寺門 一、神社』(一八九一年)。制限図(神社建坪制限)の制定をめぐる各省庁間の交渉過程の大略を辿ることができる。藤原惠洋「明治期制限図の制定経緯と意匠規制に関する考察――制限図様式と創建神社の意匠に関する研究(一)」(『デザイン研究』九一号、一九九二年)、青木祐介「制限図の作成過程とその成立時期について」(『日本建築学会計画系論文集』(第五四六号、二〇〇一年八月)等も参照。

*35――石田潤一郎『都道府県庁舎――その建築史的考察』(思文閣出版、一九九三年)。

*36――前掲角南「明治神宮社殿の復興計画について」(四一~四二頁)。

*37――清水重敦「創建神社の造営と近代京都」(高木博志編『近代日本の歴史都市』思文閣出版、二〇一三年、一〇一頁)。

*38――前掲清水「創建神社の造営と近代京都」(九四頁)。

*39――前掲伊東「日本神社建築の発達(下)」(『建築雑誌』一七四号、一九〇一年六月、一八二頁)。

*40――大江新太郎の経歴については、崔康勲作成「大江新太郎年譜」(『日本の建築[明治大正昭和]第八巻 様式美の挽歌』三省堂、一九三~一九四頁)、「大江新太郎君を弔う」(『建築雑誌』六〇三号、一九三五年九月、一~七頁。

*41――藤本頼生『神道と社会事業の近代史』(弘文堂、二〇〇九年)の「第四章 近代における都市行政官僚と神社――神社局長佐上信一の神社観とその施

策」（一七九〜二一六頁）には、神社境内と公園的施設との混淆や峻別をめぐる一九二〇年代の言説が多数収集されている。前掲青井『植民地神社と帝国日本』（二一五〜二二〇頁）、畔上直樹「戦前日本の神社風致論と明治天皇の「由緒」」（歴史学研究会編『由緒の比較史』（シリーズ 歴史学の現在 一二）、青木書店、二〇一〇年）も参照。

＊42——実際に湊川神社、多賀神社、あるいは住吉神社（大坂）等で一九二〇年代前後に行われた境内再編を神社誌などで調べると、ここに挙げたような問題や契機があったことがわかる。『湊川神社境域改修御造営誌』（曽根研三編、一九三六年）、『多賀神社造營誌』（多賀神社編、一九三八年）、『住吉大社歴史的建造物調査報告書』（住吉大社歴史的建造物調査委員会編、住吉大社奉賛会、二〇〇九年）ほか。

＊43——大江新太郎「神社境内雑感」（『庭園と風景』第九巻第二号、一九二七年二月）。この文章に、大江が唱えた神社境内のゾーニング手法、すなわち神聖区域、森厳区域、清厳区域、清雅区域、自由区域などの概念で境内空間を階層的に整序する体系が紹介されている。内務省神社局——神祇院造営課の技手であった山内泰明も、戦後の著作でこの体系を紹介しているので、角南隆体制にも継承されたとみられる。『神社建築』（神社新報社、一九六七年、二〇三〜二〇四頁）。

＊44——角南隆と昭和期内務省の神社造営をめぐる制度・組織については、藤原恵洋『日本近代建築における和風意匠の歴史的研究』（東京大学学位論文、一九八七年）ならびに前掲 藤岡「内務省神社局・神祇院時代の神社建築」を参照。

＊45——前掲『多賀神社造營誌』。

＊46——櫻井敏雄「伝統的様式からみた近代の神社——その空間と造形からの視点」（前掲『近代の神社景観』四四二〜四四五頁）。

＊47——前掲『湊川神社境域改修御造営誌』。

＊48——『吉野神宮の建築と歴史』（吉野神宮、一九九八年）、前掲 櫻井「伝統的様式からみた近代の神社」（四四五〜四四八頁）。

＊49——前掲櫻井「伝統的様式からみた近代の神社」（四四七頁）。

＊50——前掲青井『植民地神社帝国日本』では、これら三類型に加え、筆者が「祭舎型」と名づける一類型をあげているが、実例が少ないので本稿ではつづく文中で補足的にふれるにとどめた。

＊51——前掲山内『神社建築』（一九〇頁）。

＊52——谷重雄「護国神社の造営に就て」および二本松孝蔵「護国神社建築計画に就て」（『建築世界』一九四四年一月号）。

＊53——青井哲人「近江神宮——内務省神社局のモダニズム」（石田潤一郎監修『関西のモダニズム建築』淡交社、二〇一四年、一〇二〜一〇八頁）。

＊54——『滋賀県の近代和風建築——滋賀県近代和風建築総合調査報告書』（奈良国立文化財研究所編、滋賀県教育委員会事務局、一九九四年）。たしかに畿内のとくに室町期の社殿遺構の細部装飾がよく似ており、それらを範に、グラフィカルな再解釈を施したものと見える。

＊55——早山静夫「江原神社を回顧して」（小笠原省三『海外神社史 上巻』海外神社史編纂会、一九五三年、五三五〜五三六頁）。

＊56——菅浩二『日本統治下の海外神社——朝鮮神宮・台湾神社と祭神』（弘文堂、二〇〇六年、一五九〜二〇一頁）。

＊57——角南隆「海外神社建築の総合的批判」（前掲 小笠原『海外神社史 上巻』四〇八〜四二二頁）。

＊58——前掲稲垣『日本の近代建築』（SD選書、鹿島出版会、下巻、二七二〜二七九頁）

＊59——布野修司「建築学の系譜」（『新建築学大系 建築概論』彰国社、一九八二年、二四五〜二八八頁）。とくに佐野利器の思想的特質について述べた「国家と建築学——専門分化と領域拡大の歴史」を参照。

＊60——『江流』（江流会、創刊号、五七頁）。

＊61——青井哲人「一九三〇年代後半以降の神社造営技術者とそのネットワーク——『江流会員名簿』・『江流会誌』を中心に」（『帝都東京における神社境内と「公共空間」に関する基礎的研究』（平成二十二〜二十四年度科学

研究費補助金 基盤研究(C)研究成果報告書、研究代表者・藤田大誠、二〇一三年二月)。
＊62——前掲稲垣『日本の近代建築』(下巻、三二七〜三四三頁)。
＊63——前掲角南「海外神社建築の総合的批判」。
＊64——前掲藤原『日本近代建築における和風意匠の歴史的研究』。
＊65——『小林福太郎氏遺作集』(洪洋社、一九四三年)。
＊66——二本松孝蔵「稲垣英夫君を悼む」(『江流』第三巻第二号、一九三八年五月)。
＊67——櫻井長治郎「香川先生を悼む」(『江流』第五巻第一号、一九四〇年六月)。
＊68——前掲青井『植民地神社と帝国日本』(一八〇頁)。

第2章

戦前日本における「鎮守の森」論

畔上直樹

はじめに

現在、「鎮守の森」について語られるとき、一般的にせよ学問的にせよ、手つかずの貴重なホンモノの「自然」、原生林としての照葉樹林（広くいえば常緑広葉樹林、本章ではとくに区別せず用いる）の残存や、それを身近な「聖地」として残してきた日本のすぐれた文化伝統の象徴といった点を強調する向きがあるといえるだろう［＊1］。本章はそうした「鎮守の森」についての議論が戦前にはどう展開していたのか（当時は「神社（社寺）風致（林）」論として論じられた）、近年の研究水準にたって歴史学の立場から描き出してみようとする試みである。そのことは同時に、私たちの時代の「鎮守の森」論の歴史的位置を考えるうえでの視点を提供することにもなるだろう。

戦前日本の「鎮守の森」論を考えるうえで、高木博志や青井哲人による近代日本の神社景観をめぐる議論は重要である。常緑の樹林による森厳・清浄な空間、景観という考え方が近代の神社境内に理想像として持ち込まれ、戦前を通じて帝国レベルの広がりと「村の鎮守」レベルまでの深みをもって浸透していくとされた。また、一九世紀から二〇世紀への世紀転換期や、そこに重なる明治神宮建設の位置づけが重要な論点として議論された［＊2］。

筆者もこうした研究動向を継承するかたちで議論を進めたが、林学ー造園学という近代的な専門知が、明治神宮建設段階以降はもちろん、それ以前の明治期から支配的影響力をもった「鎮守の森」論を担っていたことに注目した。これは、明治神宮都市立地に林学者・本多静六（一八六六～一九五二）が当初強硬に反対し問題化したという、山口輝臣の注目すべき指摘に導かれたものだったが［＊3］、筆者は、この明治神宮「以前」の本多の主張が現在と同じく常緑の樹林による森厳性を重視するといっても、それ「以後」とは価値枠組からしてまったく異質な、「人工」の常緑針葉樹林を軸とした議論であったこと、その議論が明治神宮建設を契機に構造転換をおこし、「自然」の照葉樹林（常緑広葉樹林）を軸とした主張が形成されていったと位置づけた。筆者のこの見解は、森厳な常緑の樹林が一貫して求められていく近代日本における志向の連続性と、明治神宮建設以前／以後での内実の根本的な質の相違という歴史的段階性を統一的にとらえようとする議論なのだが、結果的に明治神宮造営それ自体がもつ重要性について、だれよりもその決定的画期性を強調する議論でもあったといえる［＊4］。

筆者のいう林学ー造園学による「鎮守の森」論に生じた構

造転換という見解に対しては、その思想系譜について、ドイツ林学の思想的背景にある「森林美学」の日本的受容をめぐる研究蓄積を参照する必要があるとの指摘が上田裕文から提起され、その提起を組み込んだ明治神宮史が今泉宜子によってすでに提示されている[＊5]。本章ではこの点について、ここのところ河村忠伸や筆者が注目している近代の「神体林」神社をめぐる議論[＊6]、その最新成果もふまえて応答を試みてみたい。その際、本稿では行論上、「鎮守の森」論の構造転換を「名所旧跡的」な神社風致論から「森林美学的」なそれへというかたちで整理することになる。前者は仮に「本多流神社風致論」と筆者が名づけていたもの、後者はこれまで筆者が「生態学的神社風致論」と呼んできたものと同一である[＊7]。

　また、構造転換後の新しい「鎮守の森」論がいかにして戦前社会に影響力をもっていくのか、その具体的様相については、藤田大誠が「鎮守の森」という用語の当時の実際の使用例に注目した分析を進めている一方、各道府県の林苑整備方針にかかわる行政文書の発掘にもとづき河村忠伸や筆者が分析を進めており、本章でもそれをふまえた論述を行う[＊8]。そこでは構造転換後の「鎮守の森」論が　その社会的影響力の強まりと、構造転換故に不可避的にはらむ社会実態とのズレのはざまに、戦時期にかけて「神ながらの森」論として「成熟」していったことが見通されるだろう。

　なお、構造転換後の新しい「鎮守の森」論の影響拡大と社会実態の関係をめぐる動態にかかわる諸問題については、今回十分触れることができなかった。ただ、新しい段階に突入した都市化の問題や、造園専門技術者の地域社会への登場とその機能、地元住民の動向等、さしあたりの注目点は別稿で示している。あわせて参照されたい[＊9]。

一　明治神宮以前
――明治期の神社風致論とその特質

林学の立場からの明治神宮都市立地反対論[＊10]

大正改元（一九一二年七月三〇日）直後から、東京の大実業家たる渋沢栄一や東京市長阪谷芳郎により、明治天皇の活動拠点となった東京という都市に記念施設をつくろうとする動きがおこった。これが、社殿や林苑（「代々木の杜」）をもった国費造営部分である「内苑」（大正九年・一九二〇竣工）と、公園的な献費造営部分である「外苑」（大正一五年・一九二六竣工）をもった、巨大な国家的神社・明治神宮建設の発端である。同社は、戦前日本において国家的な維持管理対象とされた社格制度（戦前期神社の国家的格付制度）上の最高ランク（なお、伊勢神宮は別格扱い）、官幣大社に位置づけられていた［図1］。

この明治神宮の立地選定をめぐって当初、ある混乱が生じた。林学の専門家で東京帝国大学農科大学教授本多静六が、都市部に明治天皇を祀る神社の理想的な林苑を実現することは不可能とする長文の意見書を新聞紙上において公表、論議を呼んだのである。具体的には、神社の荘厳さという景観の価値を発揮しうる風致ある樹林は雄大なスギやヒノキ、モミといった（常緑の）針葉樹林であるが、針葉樹は煤煙に弱く、東京といった人口が集中し工業化の進行する都市部では維持不可能、広葉樹――当然照葉樹も含まれる――では針葉樹に風致樹として遠く及ばないのだから代替も不可能、ならば都市部で理想的な林苑を維持するなど技術的に不可能、と本多は主張した。後述する本多の直弟子の造園家、本郷高徳（一八七七〜一九四九）も当時同様の主張を展開した。本多はその発言が当時絶大な社会的影響力をもつ知識人でもあり、その本多が弟子とともに、専門家の立場から都市立地に反対を表明、これが大きな反響を呼んだのだった。

当時の新聞も東京市において急速な工業化のなかで煤煙が市民生活上問題化し、そのことと森林、なかでもマツ、スギ、モミといった常緑針葉樹の森林成立が難しくなってきていることの関連性を報じていた。先述の本多自身の明治神宮都市立地反対意見のなかにも、これに関連する言及がある。

図1：明治神宮「代々木の杜」（筆者撮影、2011年6月19日）
東京都渋谷区代々木、JR東日本山手線原宿駅そば、下を山手線が通る神宮橋から明治神宮境内の第一鳥居・南参道方面をのぞむ。現在約70万㎡の巨大な「鎮守の森」、すなわち「代々木の杜」が広がる明治神宮「内苑」の土地は、本来林地はわずかしかなく写真のあたりも元々は原野のような景観を呈していた。

このように、都市の煤煙の問題性を象徴するものとして、針葉樹を中心とする都市の代表的森林の衰弱について広く注目があつまり、問題視されていたところでもあった。当時の危機感の強さは、大正三年（一九一四）に明治神宮建設地が都市部（代々木）に決定した後でも、国家の神社行政のトップ・内務省神社局長井上友一が、林苑建設における周辺市営施設（淀橋浄水場、渋谷発電所）の煤煙の影響について強い懸念を阪谷市長に直接表明、その対策案を報告するよう求めるほどであったが、実際に建設地周辺では、近代以前からの名所として有名であった地域の神社、渋谷の金王八幡（金王丸伝説で有名）や立派なスギ林として有名だった渋谷氷川神社の森が、巨大煙突から煤煙をはきだす東京市電気局発電所（市内の電灯や市街電車への電力供給用）の明治三八年（一九〇五）建設後、数年のうちに急速に衰退していたのである［＊11］。

林学者・本多静六による神社風致論の形成［＊12］

本多静六は、ドイツ留学でドクトルを取得後、明治三二年（一八九九）に日本でも「日本森林植物帯論」で日本最初の林学博士となった人物。近代林学の基礎を築くばかりか、日本初の洋風公園日比谷公園設計（明治三四年・一九〇一）をきっかけに、日本の近代造園学の出発点にたち、門下から後述するような近代日本造園学の学知体系確立の軸となった専門家たちを輩出した（いわゆる林学系造園学）。本多は、明治神宮都市立地反対論提示の前後、明治末から大正初年にかけ、社寺林苑の風致について林学の専門家として集中的に論考を発表している。以下、先にみた都市立地反対論の主張も含め、注目点を示すこととしよう［＊13］。

第一、とくに理想的なのは常緑針葉樹のスギやヒノキ。「四時常緑にして喬大」かつ社寺の建築用材や一般用材として価値がある。第二、先述のように「神社の荘厳」が「遺憾なく発揮さるゝ」のはこうした（常緑の）「雄大なる針葉樹林」なのであって、（常緑を含む）「濶葉樹林（広葉樹林）の如き遠く之に及ば」ない。第三、風致林は禁伐林の必要はない。日本列島の天然自然林の多くは常緑の広葉樹林。神社林に理想的なスギやヒノキはそれとは異なる。適切な伐採利用とその後の植栽が必要。

以上からわかるのは、本多のいう理想の神社境内を含む社寺風致林の性格が、その本質において経営林同様に「人工」林とされていることである。ここにいう神社の価値ある常緑の木とは、現在のわれわれが思い描くような常緑広葉樹（照葉樹）による原生「自然」林ではないのである。森林の「自然」性と神社景観の風致如何という価値問題は、ここではまったく関係させられていない。したがって本多のいう神社風致論では、必然的に「自然」のままで植生の遷移（生態遷移）を進行させる意味を持つ禁足地の扱いなど問題外ということになる。理想的林苑がとくに求められた神社・明治神宮を、都市で実現維持させることの不可能性について、本多や本郷が展開した議論のベースにあった考え方とは、こうしたものであった。

本多の神社風致論と神社行政、社会実態

林学から造園学を展開させていくさなかにいた本多やその弟子によって明治神宮都市立地が問題化する前後のこの時期、その反対論の論拠となった「鎮守の森」をめぐる議論は、一方では地域の群小神社に及ぶ神社行政に決定的な影響力をもったものでもあった。

大正元年（一九一二）一一月二八日、「過半ノ暴風」をきっかけに、各府県知事にあてて境内経営参考用に「別冊本多静六氏社寺風致林論」が宗教局長名で送られている。「特別保護建造物ヲ有スル社寺仏堂」用にも各一部ずつ用意するので配付せよとの申し添えも付いていた[＊14]。この直前、七月刊行の『大日本山林会報』に、本多静六「社寺風致林論」が発表されており[＊15]、おそらくその別刷が全国へと行政ルートを通じて配付されていったのだろう。本多の神社（社寺）風致論が、発表直後から絶大な権威をもって政策的行政的に採用されていく様子がよくわかる。

「国家神道」研究があきらかにしてきたように、神社政策は明治時代後期から大正期にかけて、地域社会の群小神社レベルも本格的に視野に入れたものに転換する。内務省社寺局から神社専門の行政官庁、神社局が独立し（明治三三・一九〇〇年）、従来神社政策の枠外に事実上おかれていた、地方庁が直接管轄した地域社会の身近な「村の鎮守」、すなわち、社格制度で府県社、郷社、村社、無格社の神社に相当し「諸社」と総称された、神社の圧倒的多数を占める部分についても、行政指導体制が整備される[＊16]。大正二年（一九一三）四月二一日公布の内務省令第六号「官国幣社以下神社ノ祭神、神社名、社格、明細帳、境内、創立、移転、廃合、参拝、拝観、寄附金、講社、神札等ニ関スル件」は、こうした動向を示す重要法令のひとつであるが、同法令名からもわかるように、行政指導の対象に地域社会の群小神社の「鎮守の森」整備も含まれてくる。その整備のよりどころに当初されたのが、以下に見るように本多の主張した神社風致論であったと考えられるのである。

同法令発布直後の五月二一日・二三日付『福岡日日新聞』に、

法令発布を受けて本多静六による神社(社寺)風致林論の談話が掲載されていることが確認される一方[*17]。六月二七日より内務省で開催された官社宮司や府県神社行政の担当者たる事務主任をあつめた会合では、「境内の風致を保つ」重要な問題として「森厳を保つに必要なる地域の植栽には努めて常磐木を以てし、自然に幽玄深邃の趣を保」つこと、その具体的イメージとして「伊勢神宮の域内に、亭々たる杉の老樹の林立して、敬虔の気、自ら人に迫るものある」ことが挙げられた[*18][図2]。一〇月の地方改良運動講習会で講師を務めた内務官僚山田準次郎も「常磐木」を強調するとともに、林内への積極的立ち入りを意味する「境内の掃除をよくする」「落葉が散つて居るといふやうでは神社の尊厳を害することが甚しい」と述べる[*19]。こうした経緯や内容から、本多の主張した神社風致論が絶大な権威をもって行政的制度的に社会の深部へと適用される体制が整っていったことが見てとれる(なお、常緑針葉樹スギ林苑として伊勢神宮がモデルとされていることも注意したい)。

本多の神社風致論が、個々の地域群小神社にまで行政を介して影響を実際に及ぼしていたと考えられる様子を、東京府の事例で確認しよう。東京府北多摩郡西府村(現東京都府中市)の大正二年(一九一三)二月の社寺行政文書で、郡役所は、上級官庁の意向を伝えるかたちで「社寺風致林……之レガ樹木ハ蔭性ノ常緑樹ヲ以テシ、四時鬱蒼繁茂シ、幽翠壮厳ニシテ

図2:スギ(杉)*Cryptomeria japonica* (L.f.) D.Don(筆者撮影、2014年8月1日)
ヒノキ科スギ属の常緑針葉樹。上越教育大学構内(新潟県上越市)にて撮影。現在われわれが身近に見ているスギは人の手で植栽されたものと考えてよい。

自ラ神々シキ感ヲ起サシムルヲ必要トスル」、また「併セテ経済上ノ利用ニ資スルノ方針」をとれ、と指示している。まさしく本多の神社（杜寺）風致論的な指示である［＊20］。そこでは例えば、同村本宿字南原の無格社稲荷神社風致林について「境内ニ接スル所ニ立木ヲ欠キ風致ヲ毀クルモノアリ、依テ其ノ個所ヘハ直ニスキ〔スギ〕ノ大苗ヲ植栽……生長不良ノ林木アルニ至ラハ、其ノ下方ニヒノキノ長大ナル苗木ヲ栽植シテ後継者ヲ作リ置クコト」といった具体的指示が出されている［＊21］。スギやヒノキの常緑針葉樹を神社林苑の理想とする、本多の神社風致論にもとづくと判断される行政指導が、社格制度の基底部にある無格社の個別林苑の具体的な樹種構成や植栽状況にまで実際に及んでいたことがわかる。

それでは、このような本多の神社風致論をベースとする政策的行政的な神社林苑指導は、当時の社会実態とどのような立ち位置にあるのか。まだまだ判断する材料が不足しているのが現状だが、二〇〇〇年代後半から活発化した植生景観史等による社寺林景観復元論の研究成果やそれにも関連した筆者の検討例で考えてみると、このタイプの神社風致論は、社会実態を根本的に否定する性格のものではなく、社会実態と同じ価値的前提に立ち、それを整序していく性格が強かったと思われる。当時の「鎮守の森」の実態は現在ほどには照葉樹林が占めておらず、むしろ明るい裸地からの植生遷移の最初期にいちはやく森林を形成、遷移の進行等で林床が暗くなるにつれ競争に勝てずに撤退するパイオニア・プランツの代表選手・常緑針葉樹マツ（したがってその広汎な維持と人間の環境への働きかけの活発化には強い相関がみられるとされる）［図3］や、その大部分が人工林として維持される常緑針葉樹スギが目立つ、いずれも人為的性格の強い森林が想像以上に多いのである［＊22］。また筆者の検討したところでは［＊23］、近代以前から スギ人工林の林苑を維持してきた地域神社の氏子たちや神主が、当該期においてスギが高く聳える森林を神社林苑の理想とする考え方を強く維持し、林苑を自然林化させない心性をもっていたと判断しうる事例が見出されている。また、この事例には地域行政側が氏子たちのこうした心性を否定しきれない様子も浮かび上がってくる。まさに本多の社寺風致論が社会実態やその通念と価値的前提を共有する性格をもっていることを考えさせる。

社寺林禁伐措置と「鎮守の森」論の関係

ところで、従来の研究で神社林苑の近代史をめぐっての大きな画期として、明治初年以来、国家が神道国教化といった確たる「鎮守の森」にかかわる理念をもって社寺林禁伐化、すなわち禁足地化措置を進めたとする議論が、しばしば見られる[＊24]。この問題については、今後もさらに多角的に研究が深められる必要性も感じるが[＊25]、筆者はいまのところ、以下のごとく、明治初年にとられた社寺林禁伐措置の背景には、特定の神社風致論のようなものを想定しえないと考えている。またその意味で、本多による神社風致論の登場こそ、近代日本における神社林苑管理の体系的理念それ自体の登場なのだと、現時点では考えておくことにしたい。

図3：アカマツ（赤松）*Pinus densiflora* Siebold et Zucc.（筆者撮影、2011年8月16日）
マツ科マツ属の常緑針葉樹。春日山城跡（国指定史跡、新潟県上越市）にて撮影。日本列島に自生するマツ属植物を代表するのは、この内陸性のアカマツと、海岸性のクロマツ（黒松）*Pinus thunbergii* Parl.である。里山環境におけるマツといえばほぼ前者ということになるが、近年、写真に見るようなアカマツ林はめっきり少なくなった。

明治初年の社寺領官有地化政策（上地）の実施過程で、群小社寺まで徹底的に境内地の周辺部も分割上地される、いわゆる「引き裂き上地」が、地域住民の立入りそれ自体を制限する事態が生じる。先に述べたように、かつての「鎮守の森」の植生が想像以上に人為介入的性格を帯び、植生の遷移を人為的にコントロールすることで維持される性格が強かったとすれば、自然林的な傾向をあらゆる社寺に持ち込んだことになる「引き裂き上地」は、まさしく近代の神社林に根本的な変容をせまるものだ、ということになる。筆者の検討例でも、「村の鎮守」境内周辺部の地域管理下にあったスギ林が、「引き裂き上地」の結果、実際に自然林的に変容していく様子がみられる[＊26]。

だが、すでに青井哲人は先行研究もふまえつつ、こうした措置がいくら社寺を対象とするからといって、なにか確固たる国家的理念性の下で生み出されたものとは考えられないと指摘している[＊27]。事実、当時の本多静六自身が、「森林の性質として単に之を禁伐になすも決して今日の林木を永久に保存し得べきものに非ず、必ずや新陳代謝を要する」のであって、「伐採利用し其跡地に稚樹を養成する方法」を考える必要がある、と指摘し[＊28]、社寺林苑の人為的管理を必須と考える立場から、明治初年来の社寺林禁伐措置を強く意識し、これを批判しているのである。本多はいう。明治以来「我国の社寺林は……悉く禁伐林に編入」されてはいるが、「風致林の多くを禁伐林となしたるは全く一時の権宜に基きたるもの」であって、明治初年の過渡期における「濫伐の弊」への緊急的な暫定措置にすぎない[＊29]。別の論考でも次のように批判する。「是れ名は風致林なりと雖、其の実は士族払下の濫伐を免れんと欲するもの」で、「名を風致装飾名跡保存に藉りたる」にすぎない[＊30]。以上、禁伐林の措置はあくまで過渡期における現実的な暫定的措置にすぎず、確たる理念性に裏づけられたものではないと本多は批判するのである[＊31]。

本多が「社寺の風致林に就きては予の浅学寡聞なる未だ何等研究せるものあるを聞かず、又何等文献の之を徴すべきあるを知らず」として、自身の議論が社寺林苑についての初の専門的見地にもとづいた体系的議論の試みと述べるとき[＊32]、そこで強く意識されていたのは、この社寺林禁伐措置の無理念性への批判であったと考えられる。

名所旧跡的神社風致論とその「例外」

本節の最後に、明治末年の本多の神社風致論について、それを根底で支える価値枠組をより明確に浮かび上がらせたうえで、「名所旧跡的」な性格をもつものとまとめてみたい。その際、手がかりとするのは、本多の神社風致論における「神体林」、つまり本殿といった中核的な神社施設を伴わない神社における風致、価値性の位置づけである。これまた現代の私たちの常識的感覚とはずいぶんと異なっていることを確認することになるだろう[＊33]。

本多は、「社寺の風致尊厳を増すの目的」で存在するのが社寺の風致林だが、「所謂神体林又は神体山」については、「山林其物が神社の代りをなす所」と説明し、その維持管理は「多少普通の社寺の風致林と異なる原則」〔傍点筆者〕によらなければならないという。その理由は「普通の神社風致林は尊敬の中心たる神社の存するものある」〔傍点筆者〕のに、「之〔神体林〕には神社を有せず」鳥居または拝殿のみだからだ、と論ずる。ここから次のことがわかる。本多のいう「社寺」ないし「神社」は、その空間の中心的な建築物をもっぱら指しており、ここでの風致の価値源泉はあくまでこの意味での「社寺」ないし「神社」なのである。それゆえ「神体林」は本多の神社（社寺）風致論では評価できないこととなり、必然的に「異なる原則」にもとづいた「例外」として処理するほかなかったのである。本多の神社風致論の特質は、単に「人工」林に理想を求めるという以上に、そもそも社寺の尊厳といった景観的価値の源泉自体が、社寺の施設といった人文的要素に求められていて、森林それ自体の価値を論ずるようなものではなかったのである。

ならば、「神体林」の「異なる原則」における景観の価値源泉はいったいどこに求められるのか。「神体林」が「神社〔という施設〕と同一の資格」をもって「神社〔という施設〕と同様に壮厳神聖ならざるべからず」という場合、「神体林にありては其森林を神聖に保つことを第一儀《ママ》とせざるべからず」〔傍点原文〕と本多は述べている。具体的には「現在《ママ》せる森林は一切禁伐になし如何なる古木、枯木、ツタ、カツラ〔カズラ〕の類迄も一切之を保存すべき」ことが必須とする。次のようにもいう。「現在の森林が其地固有の天然林にして最も完全せるものなる時は、固より之を人跡不入地となし何等人工を加ふること要せ」ず。つまり、森林それ自体に神社風致の価値を見出し、とくに「自然」に手を入れずそのままとすることに価値源泉を見る立場が、ここに登場しているのである。ただ、急いで付け加えなければならないのは、それが明治末の本多にとってはあくまで「異なる原則」であり、例外処理のために動員されているにすぎないことである。

ここで本多静六の思想的系譜にかかわって、「森林美学」の近代日本での受容をめぐる諸研究を参照すれば、以上のような「神体林」のとらえ方は、彼が若きころに習得してきた当時のドイツ林学の思想的背景をなす森林美学、その生態学的な新しい潮流に起源をもち、それを応用したものと考えるのが妥当であるように思われる〔＊34〕。本多の学んだ森林美学は、経営林の美の源泉を森林そのもの、とくにその「自然」性の展開に見たうえで、経営上の功利と美の調和を図る立場といえようが、その功利をはずして、議論を自己目的につきつめるなら、現存する森林の一切の禁伐を軸に、「自然」の植生遷移のはてに生態学的な環境と植生の最終的なバランスが成立する状態、「極相」に理想をおいて価値づける態度も導き出しうることになろう。これはすでに指摘されてきたように、後の明治神宮建設に採用された林苑計画の前提となっている価値枠組そのものである〔＊35〕。ただし、これまで見てきたように、明治末に登場した本多の議論にその「萌芽」や「前史」としての連続性を単に見るのであれば、問題の本質をとらえ損なうだろう。たしかに後に「発見」され活用されるにせよ（後述）、明治末段階の神社風致論では、人間の文化性を介在させない森林それ自体のもつ「自然」性に神社風致の価値源泉を認めることは、中心たりえなかったのである。価値枠組における歴史的な「断層」の確認こそが、まずは重要である。

以上のように、明治末に登場した神社風致論は、本質的に森林それ自体（とくにその「自然」性）に神社という景観の荘厳さを生み出す価値のありかをストレートには認めないという、（当時社会的にも共有されていたと思われる）価値枠組の下にあったと考えられる。「自然」林に価値を認めないのも、このような価値枠組のなかで位置づけるべき問題だろう。このような価値枠組みによる神社風致論の性格を、本稿の議論においては「名所旧跡的」と呼んでおくことにしたい。先の森林美学に関する研究において、明治三〇年（一八九七）の森林法に登場した「風致」概念があくまで社寺・名所・旧跡の尊厳ある景観にかかわらせたもので、森林それ自体が問題とされていなかったという指摘が念頭にある［＊36］。もちろん、森林管理の話である以上、森林の育成や維持のための専門技術知として、生態学的な理解や知識それ自体は動員されているわけだが、その背景にある森林美学の「自然」をめぐる思想性は、この段階では神社風致という価値的理想の追求の中核には関連づけられてはおらず、あくまで周辺にとどまって併存しているにすぎないのである［＊37］。

二 明治神宮林苑設計と神社風致論の構造転換

照葉樹林浮上の意味［＊38］

明治神宮の鎮座地は、大正二年（一九一三）一二月二二日に官制公布された内務大臣を会長とする神社奉祀調査会で検討され、翌年二月一五日、代々木御料地に内定した。五月一日、国家の工事部局として明治神宮造営局が発足、本多静六は造営局林苑課の責任者のひとりとなる。林学―造園学は、ここにおいて専門的見地から技術的に不可能として反対していた煤煙舞う都市への理想的神社林苑の実現を、国家プロジェクトとして求められたことになる。

本多はこの課題に自身の研究室をあげて取り組んだ。当時研究室の学生だった造園学者・上原敬二（後述）の戦後における回想によれば、その作業は大正三年（一九一四）春ごろからとされ、実際の作業は上原、そして先述の本多の直弟子・本郷高徳が担ったという[＊39]。林苑造営の中心的人物としてとくに長くかかわった本郷は、内苑竣工直後の大正一〇年（一九二一）、最終的に到達した「解答」を有名な文章「明治神宮御境内林苑計画」としてまとめている。神社の森の理想であるスギやヒノキ等の針葉樹林は、煙害に対する抵抗力が弱いため将来的に見て採用できず、抵抗力のある樹種への代替が必要となるが、それはカシ[図4]やシイ、クスノキ等常緑広葉樹（照葉樹）を中心とすることとし、明治神宮が立地する土地本来の、原始の「自然」林態を「復旧」、植生が変化せずに世代交代しつづける森を実現する。それにより、明治神宮林苑の都市立地と永久性を両立させる。このようにして、明治神宮が立地する土地の気候条件で「自然」のままに展開した場合の帰結＝極相状態と考えられている照葉樹林形成にむけて、植生遷移を促進、短縮して実現させようという、本多静六いうところの「天然自然の大偉力たる森林」[＊40]造成計画がまとめられた。

図4：シラカシ（白樫）*Quercus myrsinifolia* Blume
（筆者撮影　2012年11月11日）
ブナ科コナラ属アカガシ亜属の照葉樹。碑文谷公園（東京都目黒区）にて撮影。常緑の「どんぐり」の一種（照葉カシ類）で関東地方内陸に多い。照葉樹は夏に多雨となる東アジアを特徴づける常緑広葉樹の一タイプで、冬の寒さに対応して葉が小さく厚く、その表面に光を反射する保護膜の層（クチクラ層）を発達させることが特徴となっている。

ところで、当時、照葉樹が常緑の木であっても神社風致にふさわしい樹種としては認識されていなかったことは第一節で見たとおりだが、耐烟性がある樹種を代表する照葉樹林という認識それ自体すら、当初はっきり存在したかどうか疑問であると考えられるのである。

東京府が明治神宮「以前」段階に作成したと推定される林苑整備文書として『社寺風致林取扱法』がある。刊行年月日は不明だが、前節で取り上げた『福岡日日新聞』大正二年(一九一三)五月二日・三日掲載の本多静六による神社(社寺)風致についての談話記事と、同一文章の箇所が数多く確認できる文書である。煤煙対策に多くの頁数が割かれていることが特徴で、総合的に判断して名所旧跡的神社風致林論のいわば都市対応修正版と考えられる[*41]。「近郊ニハ無数ノ工場アリ、市中ニハ夥シキ湯屋アリ、此等ノ烟筒ヨリ噴出スル石炭ノ煤煙ニハ生物ニ有害ナル亜硫酸瓦斯ヲ含」み、「近年市内及近郊ノ老木殊ニ針葉樹ニ枯死頻々タルハ多ク煤煙ノ害ニ依ルモノトス」。「古来常緑ノ風致樹トシテ賞美セラレタルもみ、すぎノ二種ハ耐烟性弱」く、区域内に将来的に「存在シ得ルヤ否ヤ甚シキ疑問」である。アカマツも同様。その対処法のひとつは、「耐烟力強キ樹木」の植栽であるが、「襲烟区域内」で理想的な「風致樹」たる「もみ、すぎノ二種ニ代リ得ル」ような風致林を維持していくには、中位の煤煙耐性をもつ常緑針葉樹の「風致木」クロマツ、ヒノキ等を植えつけ、さらに「襲烟ニ対スル障屏」「保護樹」として、強い「耐烟性」をもち、かつ「府下ノ風土ニ適シテ古来社寺境内外ニ於ケル有要ノ風致樹」である落葉高木のケヤキ(落葉広葉樹)・イチョウを用いる、とある[*42]。照葉樹(の高木)については、わずかにカシ類が中位の耐性をもつとの記述があるのみ。神社林苑の煤煙対策においても、照葉樹林が重要視されている形跡はまったくないのである。

これをふまえるなら、いくら常緑の樹であったとしても、煤煙が問題となっていても、当時、照葉樹林による明治神宮林苑案がでてくる可能性は、きわめて小さかったことになろう。ならば、以上に見た従来の神社風致論の枠内での修正案が明治神宮では結局採用されず、照葉樹林がまさしく他を圧倒した特権性をもって神宮林苑の主要樹林に突如「抜擢」されたことが意味するものは明白である。従来の価値的前提に立った神社風致論の枠内での模索がもはや「臨界点」にまで至った結果、常緑の木による究極の理想林苑を都市立地で永続的に両立させうる落としどころを、まったく異なる価値的前提を採用することに見出すという、アクロバットな思想的決断が行われたのである。

この思想的決断は、これまでの議論をふまえてみれば、従来の名所旧跡的神社風致論では、「神体林」という「例外」処理において周縁に併存していたにすぎなかった、ドイツ林学の背景にある森林美学の新潮流に由来する思想性、人為の「外部」をなすものとしての「自然」性そのものに景観の価値の源泉を求める価値枠組を「発見」、それを中心軸にすえるかたちで行われたと位置づけることができる。この思想的な決断により、従来、常緑とはいえ風致的価値を認められていなかった照葉樹が、土地の気候的極相を構成すると考えられていたために一転して風致樹、それも唯一特権的な地位に転換したことはもちろんのこと、その照葉樹に都市立地適合樹種としての両立を求めなければならなかったために、（当時認識されていた）「実力」以上に都市公害耐性においての代表性もまた強調されるに至ったと考えられよう。まことに「造営局林苑課苦心の経営に係る」作業だったというほかはない［＊43］。

造園学者・上原敬二と森林美学的神社風致論の構築

明治神宮林苑計画でのこの「解答」は、建設過程と並行して（そして明治神宮を実在するモデルとした）神社一般のあるべき基準へと、一九二〇年前後の時期に完成されていくことになる。この作業を担ったのが、本多研究室出身の若き造園学者、上原敬二（一八八九～一九八一）である。先に見たとおり、彼はまだ本多研究室の大学生だった当時、明治神宮林苑造営の最初期からかかわり、その経験を媒介に自己の専門性を確立していった。上原は、師の本多同様、『大日本山林会報』に「神社境内林論」を発表するなど（大正七年・一九一八）［＊44］、この時期集中的に神社風致を論じ、その議論はまるで師の名所旧跡的神社風致論にとってかわるかのように登場してくるのである。

上原は、少なくとも本殿を囲む「幽邃」な森林は、「自然」の生態学的展開にまかせたままに形成されてくる森林、とりわけ、植生遷移のはてに、その地方の環境要因の基盤となる森林帯に固有のもっとも適合した樹種が安定した世代交代を繰り返すとされる極相状態にあることに理想をもとめた。「自然」性と神社の「神聖」性を結びつけたのである。このことは他方で、「人工」「文明」的なものを「自然」と対極のものとして峻別することになり、（「自然」の展開を保護・促進・演出する以外の）人為的要素の混入を厳しく否定する。神社の風致維持のための森林管理の方針も、混交林としてその優勝劣敗を天然の「大原則」たる植生遷移の「自然」にまかせ、「極相」として「自然」の永続性を獲得することが「合理的」とされた。その結果、名所旧跡的神社風致論では主役であったスギ・ヒノキ等の常緑針葉樹林は、「幽邃」であっても「人工」林であるがゆえに、その価値はそもそも原理的に否定されてしまう。中枢部の絶対禁足は今度は原則となり、従来必要ないと強調されていた禁伐措置が、必要不可欠な条件に反転する。下草刈り清掃などもってのほか、落ち葉枯葉はそのままに、と上原は力説する［＊45］。

このような議論の変化が価値の構造レベルでの根本的なものであることをはっきり確認できる例として、以下、「神体林」の扱いに劇的変化が生じたことを見ておきたい。上原敬二は、『大日本山林会報』に先の「神社境内林論」（大正七年・一九一八）とほぼ同時期、対をなす論考として、「神体林神社に就て」（大正六年・一九一七）［＊46］を書いている。そこでは「神体林は本来神社風致林に於ける背面林に当る森林の一部分」であり、とりわけ「一層鬱閉の密なる神秘的林相」でなければならず、「絶対禁足なるが為めには本来は原生林」でなければならないと述べている。ここにいう「背面林」とは、上原が「神社林の骨」となる敷地を囲む「内域林」中、最も神聖、重要と位置づけ、入林を絶対禁止にすべき最重要の空間とした部分のこと［＊47］。「神体林」神社は神社風致論の「例外」から「核心」へと位置づけ直されたのである。

こうした劇的変化は、まさしく神社景観の価値の源泉を森林そのもの、すなわち「人工」の「外部」、対極におかれた独自次元としての「自然」性におき、「自然」そのままの展開の結果としての極相状態を神社林苑の理想の中心軸にすえることになったために必然化したというほかはない。上原はいう。「神社森林の施業計画は神社其物の研究と森林美学の応用と此両者より進んで行つて初めて完全を期し得べきものである」［＊48］〔傍点筆者〕。従来、筆者は上原の提示した新タイプの神社風致論を「生態学的」と形容してきた。それが不適切だとは思わないが、名所旧跡的神社風致論のもつ人文的な価値枠組に対比し、かつ背後にある森林美学の「自然」をめぐる思想性にもとづく価値枠組への構造転換であることを強調するため、本稿の議論ではあえて「森林美学的神社風致論」と呼んでおくことにしたい。

社会実態への批判的視線とその改造論の生成［＊49］

以上のような価値枠組の構造転換のもとでの神社風致論の変化は、従来の社会実態への批判性を格段に増幅させた。上原は、神社の林苑は「どこまでも神社の境内らしい森林」〔傍点原文〕でなければならず、「神社の境内は本来公園でもなければ庭園でもなく、況んや遊園地の様なものではない」と［＊50］、神聖な「自然」的空間と俗悪な「人工」的空間という原理的対抗を設定して、従来あいまいに結びつき重なり合い、名所旧跡的神社風致論では原理上分離することが不可能だった空間（神社境内、公園、庭園、遊園地……）の峻別――序列化（ゾーニングによる内部の段階的純化）を主張する（論ずる対象が「社寺」から「神社」に限定されていくことについては後述）。ここに、神社境内の現状はあまりに俗悪で、遊園地的に俗化しているので、神職は目の前の地域慣習にとらわれない長期的な見通しで改良しなければならないとする厳しい批判の視線が生まれ、理念の方に社会実態をすりあわせようとする景観改造要求が必然化するのである。

　ここで位置づけが劇的に変化した「神体林」神社に再度目をむけてみたい。上原は「神体林」神社の社会実態をきわめて強く批判していた。先述の上原の論考「神体林に就て」（大正六年・一九一七）は、「現況は其［神体林］の本質を体現するに遠きこと甚し、須く施業方針を樹て、名実相伴ふものならしむるに努むべし」［＊51］と、計画的な景観改造により「神体林」の社会実態を理念にすりあわせることを要求する。具体的には、「神体林は主義として絶対禁足林」であるとの原則を確認したうえで、「尊崇の程度」でランクをつけ「施業に寛厳の差別」を設ける一方、中核区域を「永久に絶対禁足林として如何なる事由あるも入林を禁じ、森林の成否を一つに天然の原則に任して介意せざるもの」にしなければならないとした。まさしく、森林美学的神社風致論の理想的林苑にむけての実態の改良が提起されたのであった。

大神神社の場合

さて、「神体林」神社のなかで、「応急の策」として改良が必要と上原がとくに指摘していたのは、「周囲の事情最も森林の成育保護に不適当なる処」大神神社（奈良県桜井市）であった［＊52］［図5］。国家的神社（官幣大社）であった大神神社は、言わずと知れた三輪山自体を神体と位置づける代表的「神体林」神社である。森林美学的神社風致論の立場からの批判と景観改造要求と同じタイミング、すなわち、一九二〇年前後以降、同社の景観は大きく変化していく。以下、概観しよう［＊53］。

　大神神社側の県提出書類（昭和七年・一九三二）によると、同社「神体林」はかつて「往時ヨリ林内ノ御掃除ヲ目的トシ、地元民ノ自由ニ枯枝落葉下草刈取等ノ入会慣行ヲ有シ林内ニ参入スルモノ多」いという状況であり、一九二〇年代半ばの現状としてほとんどがアカマツ林であった（残りはスギ・ヒノキ造林地）。このアカマツ林の形成が先の人為的な干渉圧力に関連するとも述べられており、「里山」的な景観だったと考え

図5：三輪山（筆者撮影 2013年10月12日）
大神神社（奈良県桜井市）の神体となる山。大神神社の摂社・狭井神社の登山口近くの展望台から撮影。

られる。上原敬二の批判する社会実態とは、このような状況に関連していると思われる。大神神社「神体林」の改造案において上原が主張したのは、もっとも神聖にする部分（拝殿直後の三つ鳥居附近）について、明治神宮の林苑整備同様、将来的に（その土地の気候的極相とされる）照葉樹林に移行させるための計画方針を樹立することであった。

大神神社側が実際に「神体林」三輪山の禁足地的管理の体制を段階的に整備しはじめるのは、先述のように上原の批判・提案からまもなくの一九二〇年前後の時期である。大神神社は「神体山ノ精神ニ基キ且ツ保護ノ目的」で「三輪山掃除入山規則」を定め、「地元民即チ氏子」の下草採取の入山規制措置を部分的にとりはじめたのである。この入山規制が確立する画期は大正一三年（一九二四）、外部顧問（上原のような専門家も想定されるだろう）を交えた「神山保護調査会」の創設である。このもとで保護施業按が作成され、実施に移されていった。この管理体制は厳重なものであり、境内林を四つに区分、中核部を絶対神聖維持部分として禁足地とすることになった。禁足地部分について、「天然更新ヲ主トシ」て「漸次森厳ナル林相ニ導キ、且永遠ニ保続セシムル」ものとし、「撫育上必要ヲ生ジタルトキノ外、絶対ニ林木ヲ伐採セザル」ことが定められた。この原則は他周辺部分にもゾーンごとにさまざまな程度で求められ、全体として「自然」林への移行がめざされた。このように、上原の批判と同時期の一九二〇年前後に、上原の提案と骨子を同じくする方針をもった「神体山ノ精神」による神体林管理体制構築につながる動向が大神神社側では生み出され、計画案が実行に移され、景観改造が進んでいったのである。原始古態的神社を厳重に守りつづけているという、われわれの知る大神神社像の少なくない部分が、意外にも新しく一九二〇年前後の大神神社の動向に直接の起源をもっていることになる。

また、この景観改造について、先の大神神社側からの県への提出資料における昭和七年（一九三二）時点での実施経過報告は、きわめて印象的なことを語っている。施業計画により「常緑樹ノ刈取ヲ絶体禁止」したため、「近時著シク林相ニ変化」がおこり、「本山在来」のカシ、シイ、ハイノキ、サカキといった照葉樹等「天然下種ニヨル幼樹ノ萌芽」が盛んになって「殆ント全山ニ渉リ混生」する状況となり、「寧ロ杉檜ノ苗木ヲ植栽スルノ不自然ナル作業ナルヲ痛感ス」（傍点筆者）ることになったというのである。問題が単なる景観改造なのではなく、その背後の新しい価値枠組の導入とその社会的受容もかかわっていることが、ここにはよく示されていることになろう［＊54］。

神社風致論による二〇世紀日本の「精神的開発」？

上原敬二の神社風致論で最後に注目しておかなければいけないのは、第一次世界大戦期という二〇世紀初めの時代に議論が体系化された背景として存在する、上原が当時抱いていた危機意識・問題意識である。

この点について、上原が断片的にではあるが書いているところを手がかりとしよう。「近来郷土賛美、都市の集中、労働問題、農村問題、青年会など〻色々な問題が事々しく論じ立てられて居る」日本の社会状況にあって、もちろん「長足なる工業の進歩を抑制することは出来ない」なかで「物質的文明と精神的開発と其間に一見大なる矛盾」が生まれている。「有形に此の撞着は現はれ」ていて、それこそが「境内林の衰頽」現象なのだ［＊55］。明治二二年（一八八九）生まれで日露戦後に青年期をすごした若手研究者であった上原には、神社林の衰退が、西洋化としての近代化を急速に展開し、帝国主義列強の仲間入りを果たした二〇世紀初頭の日本の無理を重ねた末のバランス崩壊、いきづまりを象徴するものとして見えていたことになろう。このような意味をもつ神社林苑の衰退に対処するにはどうすべきか。彼は次のようにいう。「日々恩恵に浴する此の文明に反抗することは出来ぬ」

以上、神社の森林のほうを「抵抗性の強いものとし、悠久の生命を授け、文明の進歩に遅れぬやうなもの」にすべきである[＊56]。つまり、森林美学的神社風致論による「鎮守の森」景観改造の主張とは、上原にとって当時の日本の近代化のいきづまりを解消して、否定することのできない近代化のさらなる発展を可能にする、二〇世紀日本の「精神的開発」という意味をもつものであったと考えられよう。

この「精神的開発」の内実について、上原のいうところをさらに見よう。「万国に比類なき我国体の精華」たる「国民性の心核」を維持するには、「国家の宗祀であり祖先崇拝の霊場」である神社を機能させねばならない[＊57]。ここに登場してくる「国家の宗祀」なるコトバは、明治初年の法令に現れ、その後戦前を通じて、諸宗教とは区別された神社の公的性格を表現する国家的根本規定とされていくものである。これを持ち出し明言することによって、森林美学的神社風致論は、従来の名所旧跡的神社風致論には不可能であった、神社の風致のみを単独で語りうるものになった。従来の名所旧跡的神社風致論は、これまで見てきたように実際は「社寺」の風致林論であって、神社の風致はそのなかで語られていたのである。

ドイツ林学の思想系譜を出自としてもつ「自然」に価値源泉を求め、他の類似諸空間を原理レベルで「人工」諸空間として秩序化するものとして新たに登場してきた森林美学的神社風致論は、以上の点からみて日本の近代化の「仕切り直し」を強烈に意識して「国家の宗祀」としての神社を語る、国体論的性格をもって成立した、かなりはっきりした立場性を有する議論でもあったと考えられる。

私たちは、この新たに登場してきた神社風致論の国体論的性格が戦時期にかけて「神ながらの森」論のかたちで顕在化してくる様子を確認することになるだろう。

三 明治神宮以後——新しい神社風致論の制度化と「成熟」

内務省神社局営繕課と神社風致論

新たに登場した森林美学的神社風致論は、神社管理をめぐる行政の推進のなかで広まっていく。明治末年以後の神社行政において、地域の群小神社にいたるまで神社風致論が実際に適用されていく様子はすでに第二節で触れたが、当時のそれは名所旧跡的神社風致論であった。本節では、森林美学的神社風致論が新たに登場し、明治神宮林苑（内苑）建設にひとつのめどが立った、一九二〇年前後の時期以降の場合を見ていく。

まず国家的神社に注目しよう。その営繕行政を担っていたのは内務省神社局営繕課である。同課は一九一九年、同課建築担当の技師となった建築家・角南隆（一八八七～一九八〇）のもと陣容を拡大、とくに昭和一〇年（一九三五）以降、戦時期の神祇院造営課時代にかけて、帝国レベルで国家的神社における明治期の有力神社整備、拡張計画（橿原神宮、吉野神宮、台湾神社等）や、新神社建設（近江神宮、関東神宮、扶余神宮等）を支えた巨大技術官僚集団を形成していった。これを「角南隆体制」と呼び解明した青井哲人の研究を手がかりとすると［＊58］、同集団は本稿でいうところの森林美学的神社風致論を考え方の基盤として共有していったと判断しうる。角南の師でともに明治神宮造営にかかわり、その後各地大社の境内改修を次々に手がけ、一九二〇年代以降、角南の陣容の基礎的部分をつくり上げたとされる建築家大江新太郎（一八七六～一九三五）は、その大社改修を通じて神社建築のスタンスを建築本位主義から天然の地形風物を軸とすることに転換させた。これは、本稿の議論からすれば、神社風致の本質理解において「人工」（＝名所旧跡的）と区別された「自然」（＝森林美学的）に価値軸を移したからこそ引き起こされる類の転換である。青井は、大江の神社論が上原敬二のそれを継承したものと位置づけられるものであり、昭和一五年（一九四〇）、神社局が昇格して神祇院という内務省外局の独立官衙となった時代にかけて、上記角南たちに共有されたと位置づけている。本稿の立場からいえば森林美学的神社風致論の制度化である。こうした制度化の進展を背景に、本郷高徳が戦時期の昭和一五年（一九四〇）の時点で、かつて「神社には殿舎建築が備はれば足りる。樹木、森林は其の後なるべきもの」といったものだった名所旧跡的な「識者」の見方が、今や「森なくしては神社なし、森ありてこそ神社完し」と、まさしく森林美学的な見方に変化してきていると観察している状況ももたらされていくのである［＊59］。

角南隆体制期における国家的神社の林苑整備

角南隆体制のもとでの国家的神社の営繕行政について、橿原神宮と朝鮮神宮を例に見てみたい。

■ 橿原神宮［図6］

橿原神宮（奈良県橿原市）は、森林美学的神社風致論への構造転換以前の明治二二年（一八八九）に大和三山のひとつ畝傍山の南東山麓に誕生した、記紀神話に登場する初代天皇として近代天皇制国家がその回帰点に設定した神武天皇とその皇后を祭神とする国家的神社（官幣大社）である。この橿原神宮

図6：橿原神宮（筆者撮影、2013年3月24日）
奈良県橿原市。外拝殿から内拝殿、後背の森をみる。改修事業（1938-1941年）以前、例えば1936年刊行、高市郡教員会学芸部作成の『高市郡郷土読本』（駸駸堂書店）の掲載写真をみると社殿後ろには松が茂っており、社殿とその構造を含め、現在とはまったく異なる姿をしていた。

の景観が、紀元二千六百年奉祝会事業六大事業のひとつとして実施された大規模改修事業（一九三八～一九四一）により、一変することになる。

このときの林苑整備指導を行ったのが田阪美徳（一八九五～一九六九）である。角南隆体制の陣容が整った段階の昭和一一年（一九三六）九月一九日、営繕課に造園担当の内務技師が設置され、就任した人物が田阪美徳であった。田阪は東京帝国大学農科大学農学科で原煕《はらひろし》に学び、大正九年（一九二〇）、卒業後すぐに明治神宮造営局に入り、造営局廃止後は外苑管理にかかわった園芸―農学系統の出自をもった造園専門家。明治神宮造営でこうした農学系造園学の担い手は、林学科の本多を中心とする内苑の社殿周囲の森林を中心にかかわった林学系造園学の担い手とゾーニングのもとで併存・競合する関係にあり、農学科の原のもと、内苑の宝物殿周辺や外苑といった公園的性格の区域で活躍した。農学系造園学の担い手たちの多くはその後、各地に展開することになる都市計画地方委員会の中心的担い手となり、また都市行政での公園課長といったポストに転出していくことになったのだが、田阪は神祇院造営課時代にかけて、橿原神宮をはじめとする全国の国家的神社の林苑整備にかかわっていった［＊60］。

この田阪が橿原神宮林苑改造事業最終年の昭和一六年

〔一九四一〕に述べたところによれば［＊61］、改造前の「橿原神宮の印象は松の林であつて、橿原ではなく松原」だったという。この常緑針葉樹マツによる景観の根本的改造を田阪は進めていった。彼はいう。「本神宮の如く新に創立せられたる神社に於ては古来の神奈備〔神社の森〕を云々することは出来ないけれど、その境内林を造成するに当つては、矢張り神社林苑の本義に基き、出来る丈之に準拠しなくてはならない」。「神社林苑の本義」とは「元来神社境内の樹木はその郷土木を以つて構成する」ことで、「郷土木」とは「種が落ちて実生へその土地の自然林の一員として生育為し得る樹木」のこと。「神社の境内はその土地そのものが神ながらであつて、古来の自然態をそのまゝ保続することに尊さが存する」〔傍点筆者〕。以上の主張には、まさしく森林美学的神社風致論の要となる認識、森林の「自然」性そのものに価値源泉を求める立場が明白に表明されている。周辺が松林ばかりなのは「後世濫伐或は開墾の結果」。「神武天皇中洲を平定し給ひ、宮居を経営」した当時は、「恐らく此の畝傍山並に山麓一帯は瑞々しき常緑の橿樹が生ひ茂つて清々しき浄地であつたであろう」。したがつて「今回の事業に於ては橿原の昔に還元することを目標」とする。「出来る丈カシ類を多く植栽」し、「自然林態に誘導」すべく、「次代に於て常濶樹を以つて之に代らしめ、名実共に常濶樹を主とせる針濶混淆林たらしむる」。「常濶樹」は、もちろん当地の極相林を構成するとされる「常緑濶葉樹」すなわち常緑広葉樹〔照葉樹〕のこと。「橿原の昔」の土地の自然景観を生態学的発想で考え、「再現」しようとする〔これが「神ながら」なる表現のもとで語られる意味については後述〕。また、同社の境内地とその周囲の空間については、「神聖にして浸《（侵）》す可からざる」「神聖、神厳」な中心部とははっきり分離区別されたかたちで、「親しみと懐しみを兼ね備へ」た空間の配置による変化も必要だとする、森林美学的神社風致論が必然化するゾーニングの考え方も確認できる［＊62］。

ところで田阪は、同時期〔昭和一四年・一九三九〕の別論考で「神社境内林苑は何処迄も郷土の森であれ。之れ即ち鎮守の杜たる所以」としたうえで、「神社の境域が公園らしくならうとすることは、最も陥り易き弊である」とはっきり述べている。ゾーニングについても、「社殿を相当相隔りたる区域に於ては、参拝後の和かな落付いた気持ちを以つて逍遥し得る一区域の存することは必要」として、「清雅の風致的に取扱つた此の別区域を神苑と称したり、或は新らしくは外苑と云はれて居るもの」を法規上の「境内地」となるべく区別したうえで設置すべきと述べている［＊63］。田阪の方針は、橿原神宮にかぎられない、彼の基本的立場にもとづくものであった。

以上のように、角南隆体制の造園トップ・農学系造園学の田阪美徳も、林学系造園学から提起された森林美学的神社風致論の立場を共有していた。その結果としてそれまでの橿原神宮の林苑のあり方は根本から否定され、「皇祖」神武天皇を祀る国家的神社の「聖地」にふさわしい林苑として、土地の原始植生への「還元」を軸とした、明治神宮的な林苑にむけての景観改造が進められていったのである。

■朝鮮神宮

森林美学的神社風致論の国家的神社営繕への適用を推し進める制度化は、当然、帝国レベルの広がりをもった問題である。官幣大社・朝鮮神宮の神域では、樹木が相次いで枯死する「南山異変」が問題となり、朝鮮総督府・京畿道当局の委嘱で、当時内務省嘱託、「神社造苑の権威」となっていた本郷高徳が昭和八年（一九三三）調査に入った。調査から戻った本郷が『京城日報』で語ったところによれば、「松一点張りの造林」のもとでの老齢樹と虫害が主要原因で、そこに煤煙等の影響があったとし、その造林法を批判した。本郷は本多静六と協力して設計計画書を作成、総督府に送付、実地指導のもとで昭和一〇年（一九三五）までに「理想的な林苑工事」を完了させることになっていた。本郷は、同計画について「公園とは断じて違ふ」「風致的に良木を交した混淆林」、「気候と地味に合致した……在来種の樹木」による植樹（同記事は、この植樹計画を「朝鮮カラーを多分に盛つた森厳極まりなきもの」と表現）、「将来朝鮮の神苑の模範となるものにしたい」と語っている。また、同記事は、この計画が朝鮮半島の半島緑化と経済立直し策として重視されてきた産米増殖・松造林計画の方針における、「山も田畑も共に多角形栽培に邁進する機運」を強めるものとも見ている[＊64]。

ここから、植民地の工業化進展のもとでの朝鮮神宮林苑衰滅という問題の発生を契機に、森林美学的神社風致論を適用した、かつ植民地経営ともリンクした、それ以前とは根本的にことなる神社林苑への改造が展開されようとしていることがわかる。その具体的な実施状況と影響については、今のところ不明というほかないが、その後の昭和一〇年（一九三五）一〇月、朝鮮総督府の各道長官宛内務局長あての通牒「神社ノ施設改善ニ関スル件」に、神社境内の「森厳」のために公園を峻別するという方針等、帝国規模での方針転回が示されているとする青井哲人のかつての指摘につながるものであり[＊65]、かつ、その転回の内実をあきらかにするものということができよう。また、角南隆体制の特質とされる、自然環境もふくめた地域の多様性をみとめつつ、しかしそれによって包摂していく帝国統治モデルとしての地域主義の問題［＊66］も、森林美学的神社風致論にもとづく「在来の樹木」による「朝鮮カラー」の発揮された「森厳」性として計画されていることに現れているといえるだろう。

地方神社行政における森林美学的神社風致論

それでは、地方の群小神社に及ぶ行政と森林美学的神社風致論の関係はどうか。以下に見ていこう。

大正一三年（一九二四）から大正一五年（一九二六）にかけて、東京市、全国神職会、東京府神職会、内務省神社局がかかわり、神社境内開放をめぐる議論が展開されたことはよく知られている。この論争については、すでに、帝国日本における「神社境内と公園の概念的区別が共有化されていくプロセス」を示すとの青井哲人の指摘がある［＊67］。本稿の議論からすれば、それは森林美学的神社風致論がその制度化過程において、社会の内部へとはいりこんでいく事態が存在するからこそ、はじめて引きおこされる性格の社会的反応であり、その事態の存在を証拠立てているといえる。

そもそも「角南隆体制」での国家的神社営繕行政の担い手も、国家的神社のみに森林美学的神社風致論を適用させるだけで十分などとは考えてはいない。先の田阪美徳は、森林美学的神社風致論の神社への適用について論じた論考の末尾において、二〇〇あまりの国家的神社の管理に神社局はかかわれるが、大部分の地方の神社行政は府県庁の監督限りであり、その指導監督状態は「各位御承知の通り」、「実際指導は不徹底の憾無しとしない」と不満をもらしている［＊68］。また、これに呼応するかのごとく、ある府県の社寺兵事課長からは、神社局営繕課への造園専門家田阪の就任を指して「内務省が前年度〔昭和一一年・一九三六〕より神域造営に関する専門の技術員を置き、指導に任ぜら」れたのは「詢に機宜に適したる措置」と評価したうえで、「地方庁に於ても斯る職員が常に置《（ママ）》され、府県下の神社境内の整備に十分の指導を加ふるの必要があらうと思ふ」との声もとびだしていた［＊69］。

事実、森林美学的神社風致論が地方神社行政の展開のなかで、国家的神社以外へと継続的に適用されていったことは、河村忠伸や筆者の研究で判明しつつある［＊70］。その様子について大分県・滋賀県の事例をとりあげて見ておこう。

■大分県

昭和三年（一九二八）一二月二四日、大分県議会は昭和大

礼記念事業として、県内郷社以上一四六社の「神苑林」風致維持と、基本財産造成のための「経済林」経営を議決した。一九二九年四月、事業開始にあたり、県内の郷社以上の神職、神社関係者が集められ、県の須山林野課長が講演し基本方針を以下のように述べた。「経済的作業ヲ目的トシナイ」境内林は「人工補植ニヨラス天然ニ後継林ヲ造フルル様ニシタイ」。「其ノ地方ノ気候風土ニ適」する樹木により「永遠ニ林相を維持シ得ルコト」。また、神社林の現状については「普通各神社ニ最モ多イ杉ノ木ハ荘厳テ如何ニモ神々シイケレ共、天然ノ更新を計ルコトハ仲々困難」であると批判する[*71]。他方、同事業では「参拝者の為に休憩所、或は遊技場の如き公園的設備の必要を感ずる神社にあつては、外苑として神社の荘厳神聖なるべき区域との区画を明かにして」児童の遊戯器具や築山等々、あるいは野球・庭球・相撲等競技場の設置も「指導して居」た。つまり、明治神宮の姿を重ね合わせたかのようなゾーニング処理も推進されていた[*72]。昭和初年から戦時期にかけての大分県では、森林美学的神社風致論の立場から「人工」林的な神社林の社会実態があぶりだされ、ことさらに批判され、その社会実態を理念にすりあわせる方向での林苑改造への強力な行政の動きが継続的につくり出されていたのだった。

■滋賀県

昭和一七年（一九四二）六月、滋賀県は県下神職を集め、「神社林苑講習会」を実施している[*73]。このときの講習会用に県学務部社寺兵事課は『神社林苑提要』を編纂したが、「広く神社関係者に対し神社林苑の正しき認識の高揚に資せしめんと」県の出版物として刊行された。

この出版物を見るに、総論的な内容の「大東亜戦争と神社林苑の育成」と題された章では、「日本精神の根源たる氏神の森」における「神社林苑の本態は神ながらなる自然態様にあり、其処に種が落ちては芽生へ、そしてありのまゝに生長し、茂りては老い幾代か繰り返して原始林態を造成し、之れを恒続しゆくにある」と論じられる（「神ながらなる…」という表現については後述）。以下、後続の章の文章を見ていくと、「自生可能の郷土木は、その特長として、自然の後続性を有し、森の繁栄を自らに成するものであり、神社林苑に於ては斯くの如き郷土木を中心となすを理想とする」。郷土木は「其の地方に於て実生より生育し得る樹木」であり、滋賀県の場合「森林植物帯よりすれば暖帯林に属す」ため、「常緑濶葉樹に属する椎、樫、楠等が滋賀県の郷土木として生育良好」、「常緑濶葉樹は樹陰多く、次々と生えて永続性があ」ると、生態学的な「自然」林の観点から、土地の気候的極相とされる照葉樹林に別格扱いの評価が加えられる。神社境内地は「原則として斧鉞を入るるべからざるもの」であり、植生遷移にまかせる以上、「複雑なる混淆林であることが必要」となる。だが、そうした理念性があぶりだしていくのは、やはりここでも「県下各神社の林苑」の社会実態とのズレであった。「殆どが針葉樹を主木とし、常緑濶葉樹を主木となすものは、郷社以上の神社にあつて十社に足らざる」状況を指摘、「今後の林苑育成上大いに注意すべき」と述べる一方で、「境内を近代公園風に造成したり、公園的施設を加へたりすることは相応しくない」のに、「甚しきに至つては公園の中に神社ありと云ふ様な」実情があって「注意しなければならない」。

戦時期の滋賀県神社行政においても森林美学的神社風致論が採用されており、従来の社会実態を問題あるものとしてあぶり出し、理念にすりあわせる方向で改変していこうとする強力な動きがつくり出されていたことがわかる。

「神ながらの森」論としての『成熟』

さて、以上をふまえたうえで、総括的に考えておきたいのが、制度化されていく森林美学的神社風致論に「神ながら」の森という特徴的なコトバでのイメージが付与されていくとの意味である。このコトバはとくに明治以来、人の意志を超越した「神意のまま」などといった意味で神道を表現するものとして多用されていた、ナショナルな性格のものである。つまり、森林美学的神社風致論の制度化とその影響力の拡大深化のなか、従来の社会実態ともずれ、かつ欧米の思想性を強く帯びた、「人工」の「外部」に対極として位置づけられた森林の「自然」性そのものを神社の価値源泉とするすぐれて新しい理念が、「神ながら」のコトバのもと、「日本精神の根源」などといった日本固有の伝統文化性に関連させられ、あからさまに語られる事態が発生してくる。すでに第三節で見たように、森林美学的神社風致論は、「国家の宗祀」神社をめぐる国体論的主張をその核心に抱え込んでそもそも成立したのであり、その性格が制度化のもとで明確にうかびあがってきたということになる。神社林苑の権威となっていた造園家・本郷高徳による、昭和一〇年(一九三五)当時の文章でも、神社の林苑は、「郷土固有の樹木を基調とした混淆林型」の「自力による天然更新」により、「人為を以て造林」する必要のない「恒続的」な林相、すなわち「全く斧斤の加へられぬ原生林を理想」とすることで、「所謂神ながらの森となる」とある[*74]。「所謂」とあることとは、「神ながらの森」として語られることが新たに当時一般化しつつあったことにもなろう。また、そうした一般化のもとで、同時期の地域行政レベル、名古屋都市計画の議論（昭和一二年・一九三七）において愛知県の社寺兵事課長が、都市の煤煙によって衰滅しつつある常緑針葉樹の「真の鎮守の杜」（傍点筆者）である名古屋市内の神社を、照葉樹林の「神代さながらの鎮守の杜」で置き換えるべきと、あからさまに主張してしまうような事態も発生してくると考えられる［＊75］。

この制度化された森林美学的神社風致論が「神ながらの森」論として語られていく意味をさらに考えるうえで重要な議論を、前出の滋賀県『神社林苑提要』（昭和一七年・一九四二）の文章、「大東亜戦争と神社林苑の育成」に見ていこう。それによれば、「神社林の本態」たる「神ながらの自然態様」というものについて、そこで「現在われわれが昔ながらの鎮守の森として親しむ一木一草」は、単なる「自然放任」の産物であることを意味せず、「氏神の森を尊重し、その尊厳護持のために尽し来つた祖先の尊い努力苦心の賜」であり、「神ながらに受け伝へ来つた敬神崇祖の皇国風を無窮に伝統」してきた「日本精神の根源たる氏神の森の育成整備」であったとする。「神ながらの森」論は、より具体的には、このように氏子としての国民の主体的自発性を強調するタイプの国体論的な文化論の一種として、戦時期にかけて「成熟」していったものと考えられよう［＊76］。そして注意しておいてよいことは、これは現代の私たちにとっても〈既視感〉を強く覚える議論でもあるということである。

ただ、『神社林苑提要』における「神ながらの森」の主張は、現実の「鎮守の森」維持がそのようなものではないことを、先にみたように、ほかならぬ『神社林苑提要』自身で指摘している以上、破綻してしまっているというほかはない。しかしながら、むしろその破綻のなかに「神ながらの森」論が叫ばれるありようこそ、森林美学的神社風致論が、行政的に社会の奥深く影響力を拡大していくなかで不可避的に拡大してしまう社会実態とのズレを観念的に補填していこうとする志向性を、赤裸々に示しているのである。

森林美学的神社風致論は、戦時期にかけて制度化され神社行政のもとで影響力をもっていく過程で、社会との価値的な「断層」のはざまに「神ながらの森」論としての観念性を湛えて「成熟」しながら展開したのである。

四「神ながらの森」と私たちの時代

戦前期の「鎮守の森」論は、戦時期にかけて「神ながらの森」論という国民の主体性を強調する国体論の相貌をもった文化論として「成熟」した姿を現した。その起源は明治神宮林苑計画にあり、二〇世紀の帝国主義列強への仲間入りというまったく新しい前提のもとで、あらためて日本の近代化の方向性についての「仕切り直し」を考える諸動向を背景としながら、ナショナルな観念性を帯びた「森林美学的神社風致論」が体系化され、社会的に定置されていくなかに形成された。「明治神宮以前」の「鎮守の森」論であり、当時の社会実態の背景にある価値的な前提をふまえていたと見られる「名所旧跡的神社風致論」と、この新しい議論の間には、価値枠組上の「断層」が存在し、後者の影響力の拡大は、社会実態との間のズレを拡大、「神ながらの森」論として先述の観念性がこのはざまを埋めるようにして押し出されていった。

さて、冒頭で見た、手つかずの「自然」の森林の貴重さや、それを「日本人」が聖域として身近に守り育ててきたとして「日本」の文化性を強調する、私たちの時代に広く影響力をもっている「鎮守の森」論と、この戦時期にかけて明瞭に姿を現していく「神ながらの森」論が、じつは価値枠組を共有する議論の構造的同一性を示していることに注意しよう。もちろん、私たちの時代の「鎮守の森」論の論者自身も、明治神宮林苑計画に例外的な先見性を「発見」し、自らその〈後継者〉をもって任ずるのだが[＊77]、本稿の議論をふまえるなら、その〈後継者〉とは、明治神宮林苑計画を起点にその後、戦時期にかけて強力に政策的に浸透がはかられ、既存の社会実態をおしのけつつ、国体論的な相貌をもった文化論として公的言説化した「神ながらの森」論の、戦後の価値文脈に適合した日本文化論的な「再現」であったという意味で、ということに(少なくとも客観的には)なるだろう。もちろん戦後といっても、高度経済成長後の一九七〇年代の社会的状況下、現状批判的な環境保護論として「登場」してくる、私たちの時代の「鎮守の森」論それ自体の具体的検討はすべて今後の課題とせざるをえないが、こうした「神ながらの森」論として「成熟」していった戦前期「鎮守の森」論の戦後的継承のありようという見方は、検討を進めるうえでの有力な視点を提供するのではないだろうか[＊78]。

註

史料引用に際して、一部省略(〔……〕)引用者付記(〔　〕)のほか、(ママ)等の注記を適宜施し、史料中のふりがな等は原則省略、合字は開き読点を加え、漢字は新字体に改めた。

*1——最近のものとして例えば宮脇昭『森の力——植物生態学者の理論と実践』(講談社、二〇一三年)。

*2——高木博志「近代神苑論——伊勢神宮から橿原神宮へ」(『歴史評論』五七三、一九九八年、後改稿のうえ同『近代天皇制と古都』岩波書店、二〇〇六年に収録)、青井哲人『植民地神社と帝国日本』(吉川弘文館、二〇〇五年)。なお高木の最近の見解については「陵墓と文化財の近代」(山川出版社、二〇一〇年)、「第一次世界大戦前後の日本の文化財保護と伝統文化」(山室信一他編『現代の起点　第一次世界大戦　第三巻　精神の変容』岩波書店、二〇一四年)等参照。

*3——山口輝臣『明治神宮の出現』(吉川弘文館、二〇〇五年)。

*4——畔上直樹「戦前日本の神社風致論と明治天皇の「由緒」」(歴史学研究会編『由緒の比較史』シリーズ歴史学の現在一一　青木書店、二〇一〇年)、以下〔畔上①〕と略記)等。

*5——上田裕文「森林美学と明治神宮の林苑計画」(『神園』八、二〇一二年)、今泉宜子『明治神宮——「伝統」を創った大プロジェクト』(新潮社、二〇一三年)。森林美学と明治神宮林苑計画の関連については、清水裕子・伊藤精晤・川崎圭造「戦前における「森林美学」から「風致林業」への展開」(『ランドスケープ研究』六九-五、二〇〇六年)、また、前記上田論文を含む『神園』八号収録の研究会記録「第十回国際神道文化研究会　明治神宮の林苑計画をめぐって——造園学と森林美学の系譜から」も参照。

*6——河村忠伸「近代神社林制度の変遷」(『神道宗教』二三三、神道宗教學會、二〇一四年一月)等、畔上直樹「創られた聖地——「鎮守の森」をめぐる構造転換と景観改造」(島薗進他編『シリーズ日本人と宗教　近世から近代へ　第四巻　勧進・参詣・祝祭』春秋社、二〇一五年三月刊行予定、以下〔畔上②〕と略記)。

*7——「本多流神社風致論」は、本論集のベースとなった科学研究費成果報告書『帝都東京における神社境内と「公共空間」に関する基礎的研究』(二〇一三年)での筆者論考「戦前日本における神社風致論の構造転換と「村の鎮守」」で仮称していたもの。

*8——藤田大誠「「鎮守の森」の近現代」(『國學院大學　人間開発学研究』五、二〇一四年)、河村忠伸「近代神社行政に於ける神社境内の公園的性格」(『明治聖徳記念学会紀要』復刊四九、二〇一二年)、畔上直樹「「大東京」形成期の「鎮守の森」と造園学——「明治神宮モデル」をめぐって」(『神園』九、明治神宮国際神道文化研究所、二〇一三年、以下〔畔上③〕と略記)。「鎮守の森」概念の近代的性格については、藤田前掲論文のほか、小野良平「用語「鎮守の森」の近代的性格に関する考察」(『ランドスケープ研究』七三-五、二〇一〇年)が重要である。

*9——畔上直樹「戦前日本社会における現代化と宗教ナショナリズムの形成」(『日本史研究』五八二、二〇一一年、〔畔上③〕等。また、本稿は〔畔上②〕をふまえて書かれており重複する内容が多い。これまたあわせて参照していただけると幸いである。

*10——本項はことわらないかぎり基本的に〔畔上①〕による。

*11——上山和雄「渋谷の魅力、その歴史的成り立ち」(上山/國學院大學渋谷学研究会編著『渋谷学叢書第二巻　歴史のなかの渋谷——渋谷から江戸・東京へ』雄山閣、二〇一一年)一九六頁、藤田大誠「神社からみた渋谷」(石井研士/國學院大學研究開発推進センター渋谷学研究会編著『渋谷

学叢書第三巻　渋谷の神々』雄山閣、二〇一三年）四七、五四～五六頁。

*12——本項でとくにことわらない部分は〔畔上①〕による。ただし、史料引用箇所の出典は示す。

*13——第一、三点目の引用は、本多静六「社寺の風致林に就て」（『全国神職会会報』一六四、一九一二年六月）。第二点目の引用は本多静六「明治神宮の位置」（『全国神職会会報』一六八、一九一二年一〇月）。

*14——教育課『明治四五年大正十一年　訓令通牒綴』（奈良県立図書情報館所蔵奈良県庁文書1／M45／15）。通達は謄写版、奈良県知事宛名部分が筆書。

*15——本多静六「社寺風致林論」『大日本山林会報』三五六、一九一二年七月。

*16——これについては畔上直樹『「村の鎮守」と戦前日本——「国家神道」の地域社会史』（有志舎、二〇〇九年）序章を参照。

*17——「社寺風致林（上）　林学博士本多静六氏談」（『福岡日日新聞』一九一三年五月二日付、「社寺風致林（下）　林学博士本多静六氏談」（同前一九一三年五月三日付）。

*18——「神社の要務」（『東京府神職会公報』七三、一九一四年）。

*19——山田準次郎「神社に関する注意事項」（『第七回地方改良講演集』内務省地方局、一九一四年）。

*20——北多摩郡役所→西府村村長内藤信吉　社第四号ノ二、一九一三年二月一七日、西府村役場『大正二年社寺書類』府中市行政文書（『武蔵府中叢書十一　府中市の社寺明細帳』東京都府中市、一九八〇年、一三三番史料二七二～二七三頁）。なお、同史料原本の確認・文章照合は所蔵先の府中市立ふるさと府中歴史館にて二〇一一年八月四日に行った。

*21——同前。

*22——鳴海邦匡・小林茂「近世以降の神社林の景観変化」（『歴史地理学』二二七、二〇〇六年）、小椋純一『森と草原の歴史——日本の植生景観はどのように移り変わってきたのか』（古今書院、二〇一二年）、藤田前掲論文。畔上直樹「明治期「村の鎮守」の植生と地域社会——東京都多摩市域の地域史料をてがかりに」（『明治聖徳記念学会紀要』復刊四六、二〇〇九年、以下〔畔上④〕と略記）「はじめに」も参照。

*23——〔畔上④〕。

*24——例えば、最近の例では小椋前掲書三三一～三三五頁。

*25——最近の成果として、河村前掲「近代神社行政における神社境内の公園的性格」、同前掲「近代神社林制度の変遷」をあげておきたい。

*26——〔畔上④〕。

*27——青井前掲書一四〇頁。

*28——本多前掲「社寺風致林論」。

*29——前掲「社寺風致林（上）　林学博士本多静六氏談」。

*30——本多前掲「社寺風致林論」。

*31——ただし、こうしたあらゆる神社におよんだ「引き裂き上地」という刻印は、むしろ後述する神社風致林の構造転換後にこそあらためて意味をもってくるようにも思われる。この点に関しては今後の課題としたい。

*32——本多前掲「社寺風致林論」。

*33——以下、本多前掲「社寺風致林論」。

*34——清水裕子他前掲論文、清水「人工林の風致林業のための林相変換の研究——ヒノキ人工林を対象として」（『信州大学農学部 ＡＦＣ 報告』四、二〇〇六年）、上田前掲論文、今泉前掲書。

*35——同上。

*36——清水他前掲論文。

*37——なお、本多の議論が正確には「社寺」風致論のなかで神社を語っていることも重要だが、その意味するところについては行論上次節で論ずることとしたい。

*38——本項記述でとくにことわらない部分は〔畔上②〕による。

*39——今泉前掲書一一四頁。

*40——本多静六「神宮の神社林に就て」（庭園協会編『明治神宮』嵩山房、一九二〇年）。

*41——東京府『社寺風致林取扱法』年月日不明、千葉大学附属図書館園芸学部図書館小寺文庫三五五七。同史料については水内佑輔氏のご教示・ご厚意による。
*42——以下、同前。
*43——「明治神宮紀」(『建築雑誌』三四—四〇九、一九二〇年)。青井哲人氏のご教示・ご厚意による。
*44——上原敬二「神社境内林論」(『大日本山林会報』四二四、一九一八年)。
*45——上原「神社の境内とその森林」(『國學院雑誌』二八—一一、一九二二年)、同「神社の森林(一)」『神社協会雑誌』(一六—一、一九一七年)による。
*46——以下、上原敬二「神体林神社に就て」(『大日本山林会報』四一〇、一九一七年)。
*47——上原前掲「神社境内林論」。
*48——同前。
*49——本項と次項の記述でとくにことわらない部分は〔畔上②〕による。
*50——上原前掲「神社境内林論」。
*51——上原前掲「神体林神社に就て」。以下、引用も同。
*52——同前。
*53——引用は「神社境内外森林施業並保護林等ニ関スル件回答」(大神神社宮司遠山正雄→学務部長奈良県書記官久慈学、一九三二年九月三日、社寺兵事課『昭和八年神社境内外森林並ニ保管林等ニ関ル調』(綴)奈良県図書情報館所蔵奈良県庁文書一・S八・四二)。
*54——なお、このような「神体林」神社の現況批判は、例外的処理とはいえ上原と同一の森林美学的価値枠組をとって「神体林」神社の価値を論じている本多静六の明治末年段階での議論にもみられることは注意しておきたい(本多前掲「社寺風致林論」)。ただし、それでも強調すべきは、大神神社側が批判に対応するような動きを明確化させるタイミングは管見のかぎり、やはり上原敬二による批判が出てくる段階以降だという点である。ここからも本多による明治末年の神社風致論を安易にその後の「前史」とみるべきではないと考える。
*55——上原前掲「神社境内林論」。
*56——上原敬二「神社の森林(二)」(『神社協会雑誌』一六—二、一九一七年)。
*57——上原前掲「神社境内林論」。
*58——青井前掲書II—二「境内の変貌——戦争・モダニズム・環境」、青井「明治神宮創建から復興まで——神社建設設計の系譜」(『神園』五、二〇一一年)、「神社建築設計における内務省様式の確立へ——「明治神宮」後、一九二〇年代の動向と技術者たち」(『神園』九、二〇一三年)。
*59——本郷高徳「林苑計画と神社の森」(『庭園と風光』二二—七、一九四〇年)。
*60——以上、「公園・緑地等の事業につくした人々」(日本公園百年史刊行会編・発行『日本公園百年史総論・各論』一九七八年)、折下先生記念事業会編・発行『折下吉延先生業績録』(一九六七年)を参照した。
*61——以下、田阪美徳「官幣大社橿原神宮境域畝傍山東北陵域　拡張整備事業に於ける神宮参道及造苑施設に就きて(其二)」(『公園緑地』五—六、一九四一年)。〔畔上②〕も参照。
*62——田阪美徳「官幣大社橿原神宮境域畝傍山東北陵域　拡張整備事業に於ける神宮参道及造苑施設に就きて(其三)」(『公園緑地』五—七、一九四一年)。
*63——田阪美徳「神社境域と緑地問題」(『公園緑地』三—一、一九三九年)。ただし、前島康彦編『田阪美徳先生遺稿集』(一九七〇年収録)のものを参照した。
*64——「神社林苑の模範とする朝鮮神宮の造林　本郷博士が調査設計　昭和十年までに完成」(『京城日報』一九三三年一二月二一日付)。
*65——青井前掲書二一五〜二一七頁。
*66——青井前掲書一九七〜一九九頁、二一四頁。
*67——青井前掲書二一九〜二二〇頁(引用は二一九頁)。同問題については、佐上信一神社局長期の神社行政の特質に注目するなかで、早くは赤澤史朗『近代日本の思想動員と宗教統制』(校倉書房、一九八五年)が、最近では

藤本頼生『神道と社会事業の近代史』（弘文堂、二〇〇九年）等が論じている。

*68——田阪前掲「神社境域と緑地問題」。

*69——愛知県社寺兵事課長大河原昌勝「鎮守の杜」（『公園緑地』一―五、名古屋特輯号、一九三七年）。

*70——注8参照。

*71——以上は、引用含め大分県『御大礼記念神社林苑造成計画書』（一九二九年ヵ、千葉大学附属図書館松戸分館所蔵小寺文庫三五―六）。同史料については水内佑輔氏のご教示・ご厚意による。

*72——農林省山林局『社寺林の現況』（一九四〇年、千葉大学附属図書館松戸分館所蔵小寺文庫〇三九八）。同文献については水内佑輔氏のご教示・ご厚意による。

*73——以下、引用もふくめ、滋賀県学務部社寺兵事課編『神社林苑提要』（滋賀県、一九四二年による。同史料については河村忠伸氏のご教示・ご厚意による。河村前掲論文「近代神社行政における神社境内の公園的性格」も参照。

*74——本郷高徳「神社境内の風致問題」（『庭園と風景』一七―一一、一九三五年）。

*75——大河原前掲「鎮守の杜」。

*76——前掲『神社林苑提要』。二〇世紀に入り登場してくる、国民としての主体性を組み込んで主張される国体論については、昆野伸幸「近代日本の祭と政——国民の主体化をめぐって」（『日本史研究』五七一、二〇一〇年）を参照されたい。

*77——例えば宮脇昭「明治神宮の森と植生——都市林・鎮守の森としての現代的意義」（『グリーン・エージ』九五、一九八一年）。

*78——戦後の伊勢神宮維持のありようをめぐる動向について、生態学的（本稿で森林美学的としたもの）神社風致論が関わっている側面があるとする水内佑輔・古谷勝則「国立公園指定における伊勢志摩国立公園の特異性の背景と伊勢神宮の関係」（『ランドスケープ研究』七五―五、二〇一二年）といった最近の研究のなかに、そうした方向性を見出すことが可能だろう。

（付記）本稿はＪＳＰＳ科研費二六二八四〇一七、七〇一四三三三六の助成を受けたものです。

第3章

帝都東京における「外苑」の創出
——宮城・明治神宮・靖國神社における新たな「公共空間」の形成

藤田大誠

一　帝都東京における「外苑」

　近代日本の帝都東京において新たに生み出された代表的な「国民崇敬」の対象であり、空間である皇居・明治神宮・靖國神社には現在、いずれも「外苑」なる名称の近代的な「公共空間」（公園的空間、広場、緑地）が包含されている。要するにこれらはすべて、「内苑」と「外苑」が相まって構成されるきわめて特異な空間である。ただし、だからと言って、皇居・明治神宮・靖國神社三者の「内苑」「外苑」がまったく同じ性格や形態を有しているわけではない。後述するが、皇居（宮城）や靖國神社において「外苑」の名称が定着したのも、基本的には大正期における明治神宮の「内苑」と「外苑」の造営を大きな画期としていることは疑いないところである［＊1］。

　すでに山口輝臣が指摘しているように、明治神宮の内苑－外苑という発想の源流としては、宮城の内苑－外苑や「伊勢神宮の内宮－外宮」が念頭にあったことが窺われるものの、明治神宮「外苑」という「発明」は、それまでの「神苑」と表現されてきた和風庭園ではなく、あくまで「記念のために設けられる空間」としての公園的施設であるとともに、これから造営しようとする神社のなかにはじめから「神社と苑」とを含むという「新例」を生み出し、以後の「先例」（「紀元二千六百年記念」における橿原神宮外苑造営事業や宮城外苑整備事業など）ともなった点で、それ以前の神宮や宮城の附属空間のあり方とは異質な、決定的に新しい出来事であった［＊2］。

　しかし、「東京奠都《てんと》」以降の帝都東京における宮城・明治神宮・靖國神社に附属する「公共空間」の形成過程を具に見るならば、明治神宮では、宮城における「内苑」「外苑」概念の創出（区別）や靖國神社における空間の記憶を前提として、伝統的神社空間（信仰・崇敬の対象たる祭祀施設や森が所在）としての境内そのものを「内苑」とし、そこから明確に弁別され、近代的「公共空間」（公園的施設）として附属する「外苑」なる空間概念の創出（析出）が行われたのであり、そのあり方の流布こそが、発信地としての帝都東京における特徴的な都市空間の創造、さらには全国（内地）あるいは海外（外地）の諸都市に設けられてゆく類似空間の形成過程を説明する手がかりとなるのではないか、と考えられる［＊3］。

　筆者はこれまで、明治神宮の附属空間として設定された「外苑」が形成される過程や靖國神社における「馬場」の転身としての「外苑」、すなわち帝都東京における神社にかかわる「公共空間」［＊4］の成立過程について具体的な考察を加えてきた［＊5］。それゆえ本稿では、宮城造営を軸に据えて、明治神宮造営と靖國神社境内整備を視野に入れつつ、帝都東京におけるそれぞれの「外苑」の創出過程とそれらの相互的影響関係について論じたい[＊6]。

二 宮城における「内苑」と「外苑」の形成

江戸城「西丸下」から「宮城前広場」へ

まず、明治期に「宮城前広場」と称された空間の形成過程とその変遷について、皇居（皇城、宮城）造営事業を踏まえながら順を追って見てゆきたい[＊7]。

「皇城」[図1]の歴史は、「東京奠都」[＊8]から始まる。

慶應四・明治元年（一八六八）四月一一日、朝廷は江戸城を納め、五月一九日には江戸城に江戸鎮台を置いて駿河以東一三ヵ国を管轄せしめた。七月一七日には江戸御親臨の詔勅が発せられ、「海内一家東西同視」するゆえ、「自今江戸ヲ称シテ東京」とし、さらに同日、鎮台を廃して鎮将府が置かれた。明治天皇は、同年九月二〇日に京都御出発、一〇月一二日東京着御、江戸城西丸に入られた（初度の東京行幸＝東幸）。翌一三日には江戸城を「東京城」と改称した。そして明治天

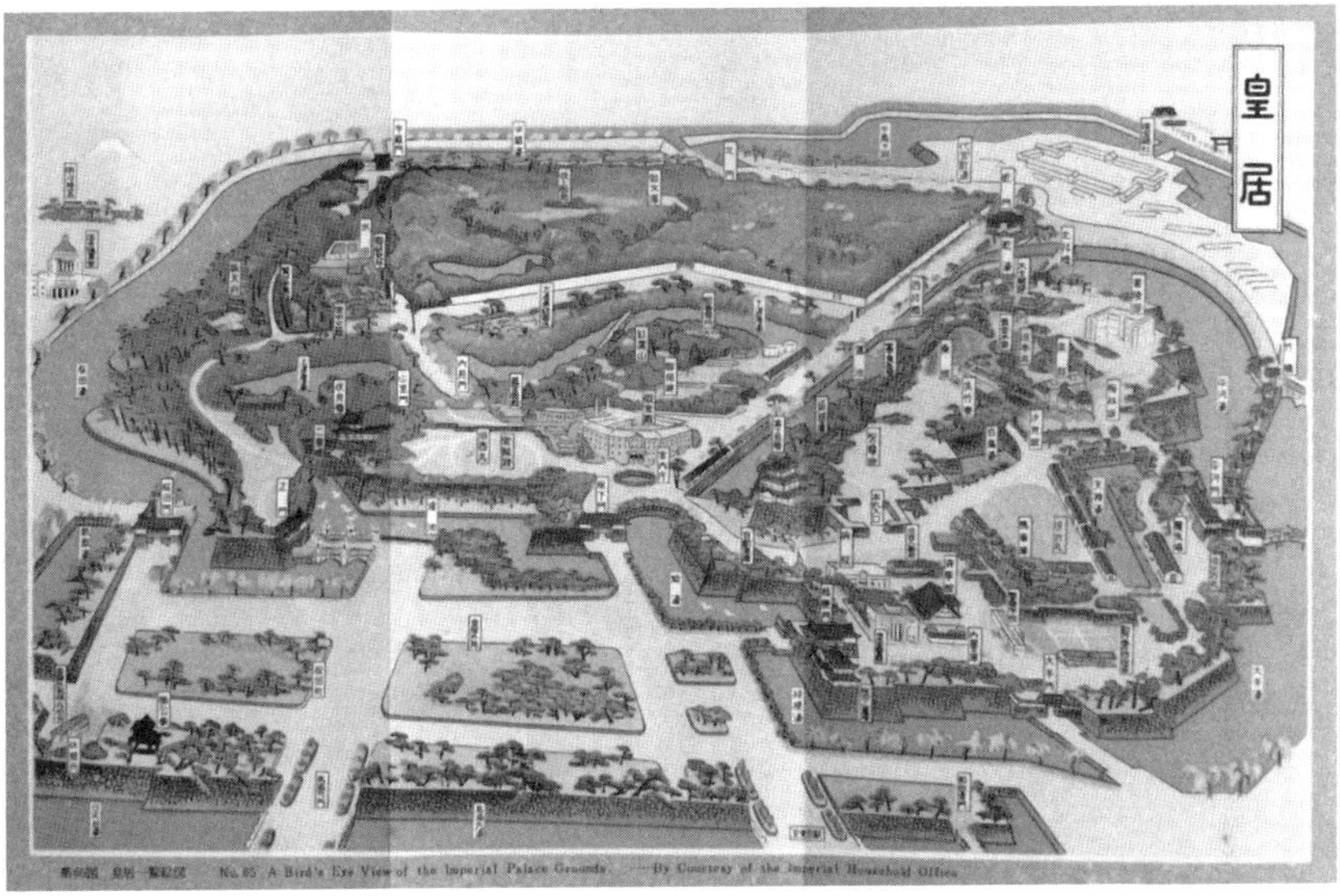

図1：皇居（出典：中島卯三郎『皇城』雄山閣、昭和34年）
中島卯三郎（1888–1971年）は、大正4年東京帝国大学農科大学林学科卒業、同5年明治神宮造営局嘱託（翌年技手）、同15年宮内省技師・内匠寮工務課庭園係、昭和18年庭苑課長などを歴任。

皇は、同年一二月八日に東京を発御され、同月二二日に京都に着御された（京都還幸）。要するに、京都における守旧派の反発が強いため、一度還幸されるほかなかったのであって、「東京奠都」を確立させるためには再度の東幸を必要としたのである。

明治二年三月七日、明治天皇は再び京都を発御され、同月一二日に未曽有の神宮親拝（親謁）が行われた。同月二八日、東京に御着輦《ごちゃくれん》されると、「東京城」は「皇城」と改称された。同三年三月一八日には還幸延期が発表され、同四年一一月七日には、東京・皇城内の吹上御苑にて大嘗祭が執行された。ここにおいて、実質的な「遷都」である「東京奠都」は確立し、帝都東京における皇居としての「皇城」の造営が行われるのである。

明治天皇初度の東幸中の明治元年一〇月一九日には、五官出張所を東京城内にすることが令達され、同年一二月七日には、行政官より旧本丸址に宮殿御造営のことが仰せ出されたが、いまだ起工するに至らなかった。しかし、同六年五月五日、女官部屋から出火し、西の丸の皇城は炎上した。明治天皇・昭憲皇太后は、一時吹上御苑内に避難された後、赤坂離宮を仮皇居と定められた。その後、新たに「仮皇居」を造営するため、工部省と宮内省関係者を中心として、同一四年に皇居御造営掛が置かれ、以後、皇居御造営事務局——皇居御造営局——皇居御造営残業掛が皇居御造営工事にあたったが、とくに工部局大書記官兼皇居御造営御用掛の平岡通義の尽力が大きかった。

この工部省と宮内省関係者を中心として進められた皇居造営事業、あるいは明治三一年から同三九年まで設けられた東宮御所御造営局は、結果として各方面における技術者育成の役割を果たした。

皇居造営事業では、国民の献金が認められたため、約一三万人が瞬く間に約三〇万円を出しており、また、国民が参加することのできる献納労力作業も盛んに行われ、とくに教派神道系の不二道孝心講や神道実行教などの人びとが何千人単位で来て工事に従事している。これらのことは、後の明治神宮造営においても継承される国民参加の手法となったのである［＊9］。

そして明治二一年一〇月二七日、皇居御造営落成につき、「皇城」から「宮城」へと改称せられる旨が宮内省から告示され、同二二年一月九日、賢所が宮城に遷座、一一日に明治天皇・昭憲皇太后がお移りになられた。

さて、後に「宮城外苑」となる区域は、もともと江戸時代には「西丸下」と呼ばれる空間であった［図2］。

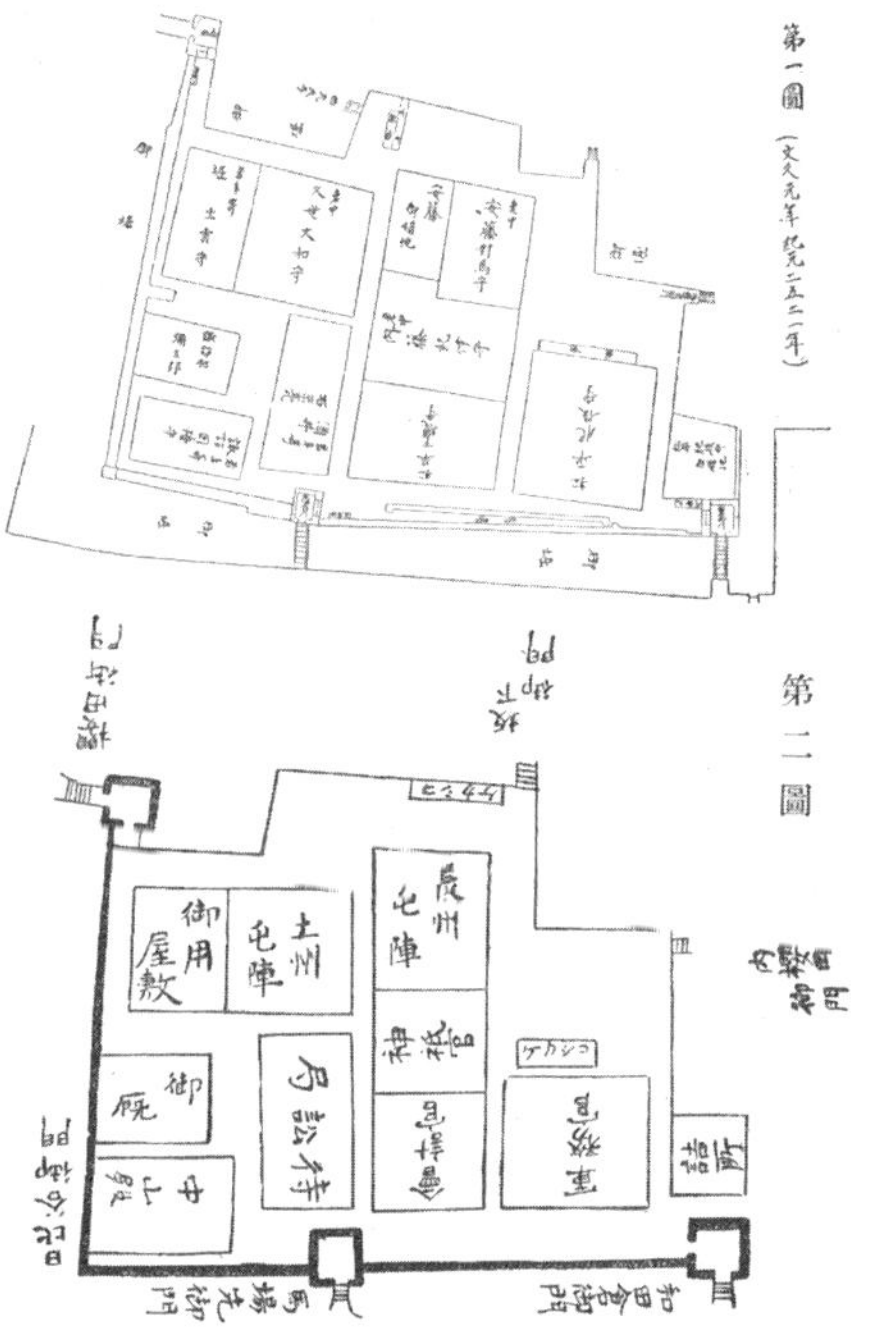

図2：西丸下（出典：『宮城外苑沿革』東京市、昭和14年）
江戸期には数多の大名屋敷の変遷が見られ、徐々に老中や若年寄など幕府の役に就いていた者の屋敷地として使用されたが、維新後には諸屋敷も収公のうえ新政府の用に供された。『宮城外苑沿革』は「紀元2600年記念事業」として編纂。

維新後の明治四年ごろには、御用邸・御用屋敷・中山邸・議定所・御厩・神祇官・岩倉邸・詰所があった。同五年四月には、祝田・宝田・元千代田の町名が附けられた。同一〇年には、近衛騎兵兵衛・元老院・警視局・練兵場・外務省・陸軍軍事局・調馬厩舎が建てられており、同二〇年には、皇居御造営作場・元老院・華族会館・陸軍大学校・内閣記録課文庫という配置であった［*10］。

その後さまざまな変遷を辿るが、皇居御造営竣功後に大部分の建物は撤去され、千代田文庫が内閣記録課分室となり、衛戍主衛《えいじゅしゅえい》の地には同四二年に帝室林野局が建設されるが、その他の一帯は空地となった。

この敷地が宮内省所管となるのは同一三年以降であり、広場として整備されることになるのは同二一年のことである（皇居造営事業としては残務として扱われた）。具体的には三路線の「外構道路」（地盤均し、砂利敷き）および四ヵ所の「円庭」（芝張り）の整備が行われた［*11］。同二二年二月一一日には憲法発布式典（新宮殿内）が行われ、続く観兵式（青山練兵場）に向かう鹵簿《ろぼ》が、軍隊や学校生徒らが整列する宮城前広場の道筋を通過した（正門〔大手門〕から桜田門の間をルートとした）。翌日には上野公園への行幸が行われた。

宮城前広場と同時期における市区改正条例にもとづく市区改正の議論においては、市区改正芳川顕正案のなかに「皇城表門より……に至る」という表現が用いられ、行幸啓や諸官参朝を目的とする道路計画があり、同一八年の市区改正審査会までは継承されていたものの、市区改正委員会の時点では、旧西丸下の計画はすべて対象区域から外された。市区改正の道路計画は、あくまで宮内省の意図する宮城前広場の構想とは異なるものであったのである。なお、ついでに触れておくと、同一九年六月立案の官庁集中計画ベックマン（ドイツ人）案においては、後の「宮城外苑」の区域は、その全体が「練兵場」とされていた（もちろん実現はしていない）［＊12］。

同三一年（一八九八）四月一〇日には、「奠都三十年祭（祝賀会）」が宮城前広場において開催された［＊13］。このイベントは、「官」の発議によるものではなく、東京府下各新聞・雑誌社の発起により実現したものである。すなわち、あくまでも民間（東京府民）からの提議、「民」の主導によるものであった。発起者たちは、同年二月四日に京橋区新肴町開花亭に会して「上野公園内に奠都三十年式典を挙ぐる事」を決議し、そして委員を選んで東京市参事会会長・東京府知事の岡部長職や東京商業会議所会頭の渋沢栄一に相談し、さらには市会や区会などに対する交渉を進めた。三月八日には日本橋倶楽部にて奠都祭発起人会が開かれ、奠都祭趣意書を決議した。趣意書中、「祝典ヲ挙ゲ　天神地祇ヲ祭リ上ハ以テ　聖徳ノ無量ヲ頌シ奉リ下ハ帝都ノ不朽ヲ祝スル」とあったが、「天神地祇」の一句は後にこれを削ったという。つまり神事は行わないこととなった。祝賀会は、四月一〇日を卜し上野公園にて挙行することをめざしたが、寄附を募って、当日祝典会場に参列することのできる会員を募集することとし、三月二二日には、岡部会長・渋沢副会長が東京府知事の奥書を以て宮内大臣に執奏を乞う請願書を提出し、天皇・皇后・皇太子の臨御を仰ぎたい旨願い出た。しかし、四月三日には、「宮中ノ御都合」によって「宮城二重橋外」に式場［図3］を設置することとなり、四月五日には宮内大臣から府知事に対して、天皇や皇太子の市内御巡覧は見合わせざる得ないが（皇太子は転地御療養中）、「二重橋外」へ臨御されるという御内意であることが通達され、上野は第二の余興地とされた。

祝賀会当日、午前一一時に天皇・皇后が臨幸され、参列者たちは脱帽して鹵簿を奉迎し、陸軍軍楽隊の奏楽に合わせて各学校生徒たちが「君が代」を斉唱した。小休止の後、玉座に出御され、起立された天皇ならびに皇后に対し、まず岡部会長が、「頌徳表（文）」（祝賀会長、東京市参事会・東京府知事のそれぞれの立場から二度）を奉読し侍従に奉った。そして田中光顕宮内大臣から金五千円が下賜される旨の目録が渋沢副会長

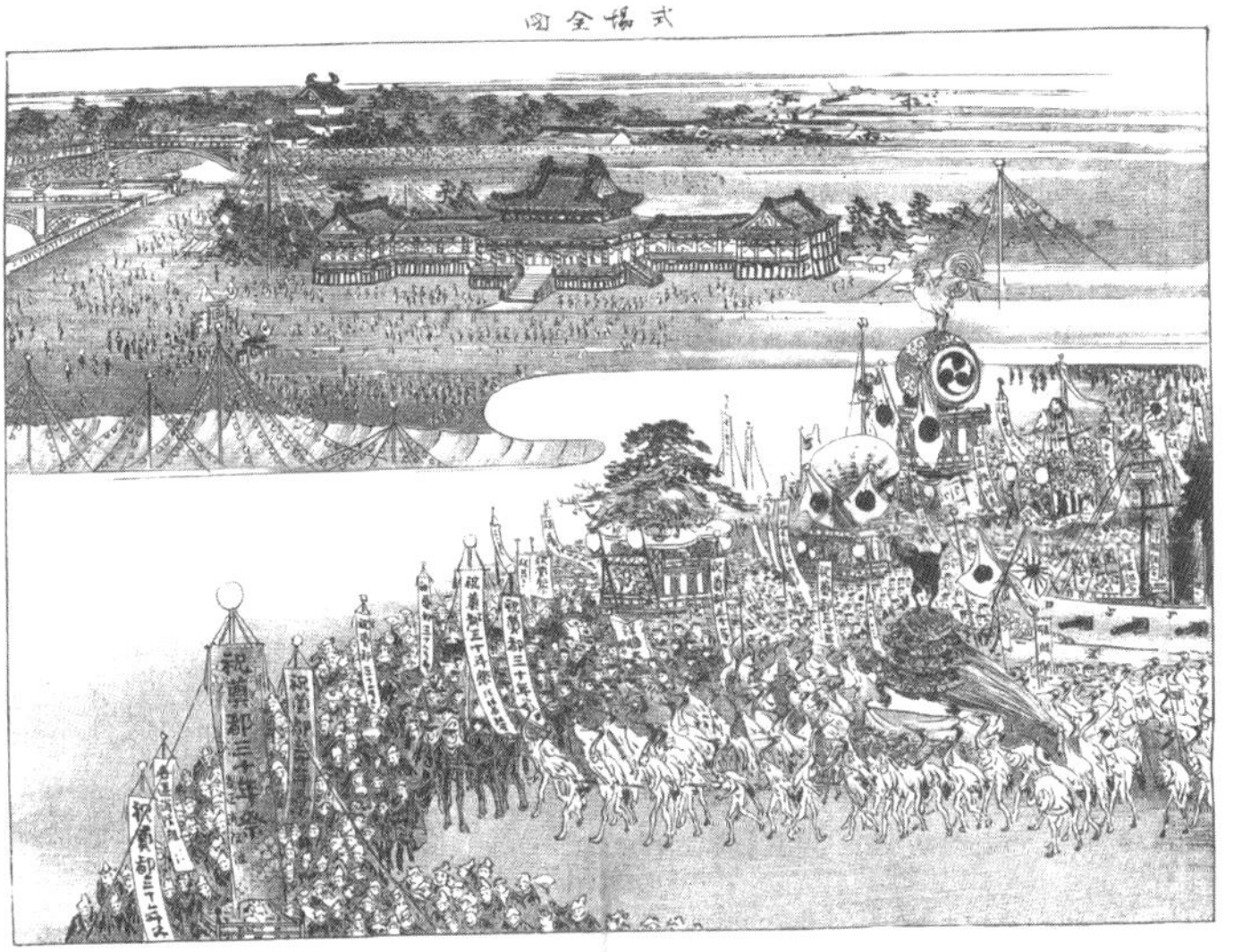

図3：式場全図（出典：『風俗画報臨時増刊第163号　奠都三十年祭図絵』東陽堂、明治31年）
式場には、宮城前広場の二重橋と坂下門の間の御濠端に便殿を設え、玉座が設けられた。また、『太陽臨時増刊　奠都三十年史』（博文館、明治31年）には、祝賀会々場の平面図が掲載され、当日の諸施設の配置がわかる。

に渡された後、渋沢は、東京商業会議所を代表して「頌徳表（文）」を奉読し、侍従長に奉った。この儀式が終わった一一時三五分ごろ、各学校生徒が「君が代」を斉唱するなか、天皇・皇后は還御された。儀式終了後は、静寂から一転して賑やかな雰囲気となり、会食、余興（大名行列や奥女中行列など諸行列、各種踊、各種山車、長唄演舞、母衣引、打毬等）、花火、風船放揚などが行われた。そして、第二余興地の上野公園や各区においても奉祝施設が設けられ、各種奉祝行事が展開された。また、九段の靖國神社においても、大村益次郎銅像の近辺から花火が打ち上げられ、境内には数百の群衆が押し寄せた。

　この「宮城前広場」［図4］を主会場とした、明治三一年という段階における民間（東京府民）主導による一大祝祭の経験は、後に明治神宮造営の主導者となった渋沢栄一や中野武営らが枢要な立場にいたこともあり、大正初年において明確に「民」のイニシアチブによって進められることになる「国民的神社」明治神宮の造営運動を先取りするものであったともいうことができよう。

　さて、明治三七年五月八日には、日露戦争における九連城陥落を祝う祝捷行列が、混雑のために馬場先門附近で死傷者を出すという事件があった。これを契機として、同年八月の市区改正委員会では、「群衆ノ際混雑」を避ける方法として、

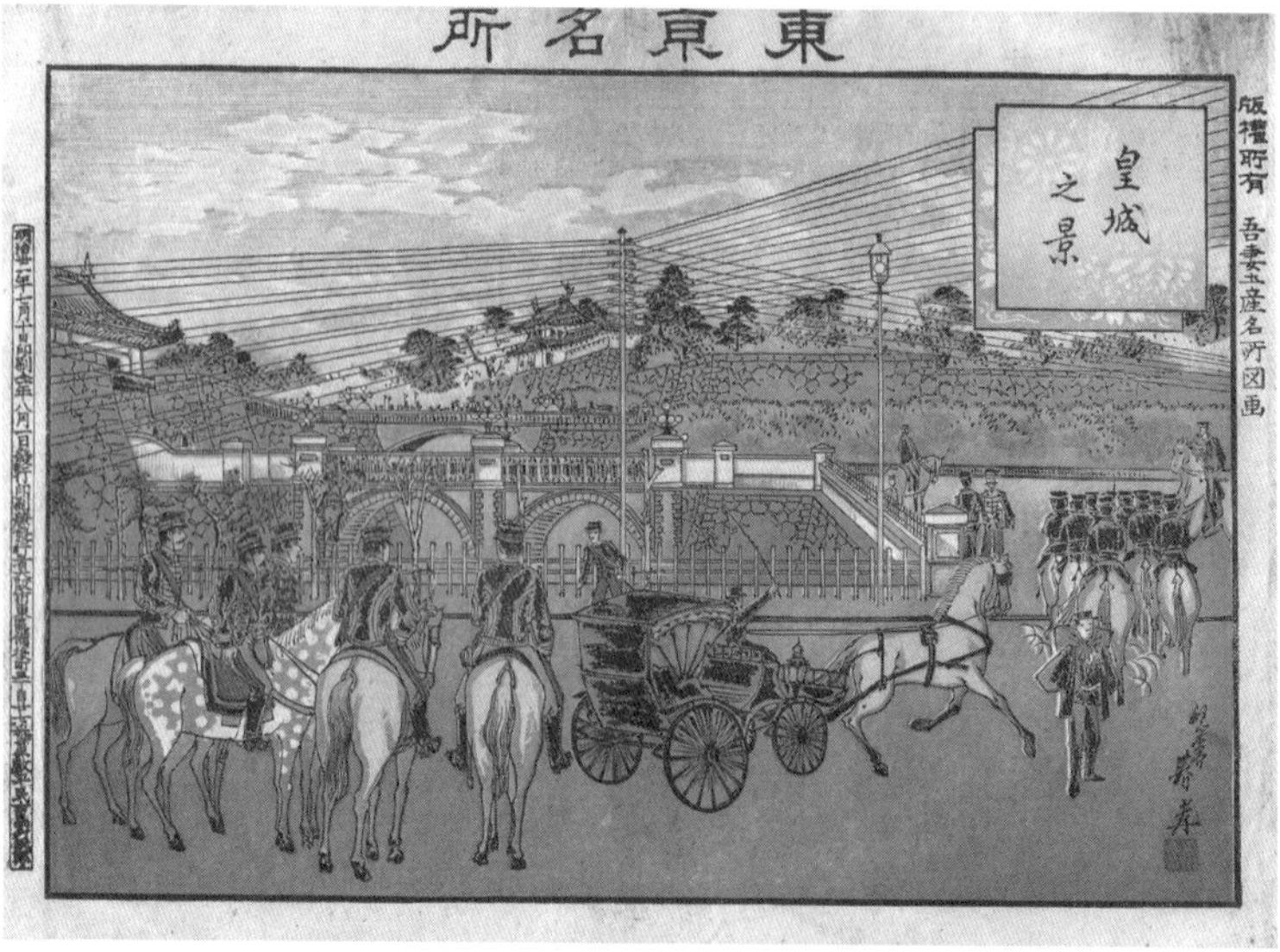

図4：東京名所「皇城之景」（出典：筆者所蔵、明治31年）
明治31（1898）年7月10日印刷、8月1日発行の版画（版権所有・吾妻土産名所図画）。作者は広瀬春孝。宮城前広場から二重橋を臨む風景。当時すでに「宮城」という名称になっていたが、「皇城」と表現されている。

宮城前広場内の二本の道路（ともに一等道路一類）の設置と濠の埋め立てが提案された。これは道路部分のみの濠の埋め立てと、「宮内省の注文」によって、二重橋——馬場先門間の道路幅員が三〇間から四〇間に変更された。つまり、この時期は宮内省側の構想も市区改正委員会に近いものであった。この事業は、明治三八年度の追加事業として実施されたが、その四割に当たる金額の御下賜金で賄われている。

同三九年四月三〇日には、凱旋大観兵式が行われたため、この南北を貫く道路は「凱旋道路」と呼ばれたが、「凱旋門」は建設されなかった（臨時的な奉祝の緑門のみ）。また、この観兵式は青山練兵場で行われたが、宮城前広場と練兵場とを結ぶ道筋の沿道をも舞台とした。さらには宮城前広場全体に戦利品の武器を陳列し、凱旋行軍の入場後、一般の「公衆」も縦覧が許された。以後、宮城前広場を行き来する「行列」においては、参加者は、自発的に「天皇陛下万歳」三唱と「君が代」斉唱を行うということが定着してゆく。

そして同四五年七月二〇日、宮内省より明治天皇の御病気が伝えられると、一般国民は、二重橋外の宮城前広場に続々と馳せ参じ、跪拝《きはい》、黙祷して天皇の御平癒・御快復を祈る幾万の人びとが引きも切らない状況となった。また、警視庁の記録［＊14］によれば、この際、「某篤志家」によって、和田倉門外、馬場先門外、凱旋道路入口、桜田門外の四ヵ所に浄水を設備し、口を漱ぎ手を清めるなど、「其神身ヲ清浄ニシタル上祈禱スルニ便ナラシメ」ることがなされ、また、休憩所を設け、飲料水を給して炎天下に参拝する群集に便宜を与えた。さらに東京市は、宮城の周囲を運転する電車の音響が宮中に達しないように、九段坂上をはじめいくつかの場所では徐行運転を行うなど、「城外ノ静粛ヲ保持」せんことを期した。

ここで宮城前広場は、まさに国民の「祈りの空間」と化したのである[図5]。しかも、「官」が意図して創ったものではなく、あくまでも明治天皇の御平癒を願う数多の一般国民による自主的な行動が集約された場所として。

しかしながら、七月三〇日(公式発表)、御平癒を願う国民の熱誠も空しく、明治天皇は崩御された。この時点が、明治神宮造営史の起点ともなるのである。

宮内省官制に見る「内苑」「外苑」の確立

明治期において、宮城で「内苑」や「外苑」という言葉がまったく使用されていなかったわけではない。「皇城」時代から、「内苑」と「外苑」という名称があり、両者の空間は明確に区別されていた。

例えば、いまだ「皇城」と称していた明治一四年四月二七

図5:不豫(出典:『壁画画題考証図』明治神宮奉賛会、大正10年)
明治神宮聖徳記念絵画館壁画画題の参考下絵(作者・二世五姓田芳柳)。当時の写真と照らし合わせると、じつに多様な御病気平癒を祈る国民の姿をひとつの絵に集約して描写した、きわめて正確な考証画であることがわかる。

日の新聞には、「又皇后宮には内苑の御茶畑へも臨ませられ茶摘の業を御覧に為り」〔傍線筆者、以下同じ〕[*15]とあり、少なくとも皇城内の庭園区画が「内苑」と呼ばれていたことがわかる。

「内苑」があるからには当然「外苑」もあることが想定されるが、管見では「皇城」から「宮城」への改称直前、同二一年一〇月一九日の新聞記事にその使用例が見られ、「外苑の電気燈　新皇居正門外苑へ今度電気燈十数基を建設する事になり」[*16]とある。「新皇居正門外苑」と表記されていることから、後の「宮城前広場」のことを指し示しているものと考えられる。

また、「宮城」に改称して直後の同二一年一二月二二日の新聞記事では、「先般墺国皇帝陛下より御寄贈相成りたる雷除の洋犬弐頭は灰毛にして太く逞しく恰も犢の如くにて赤坂仮皇居御苑内広芝の傍らに掛官を附して飼養相成り居し処今度宮城御内苑則ち皇大(ママ)后宮御休息所と皇后宮陛下御常御殿との間に飼養相成る事となり」[*17]とある。

さらに、『東京市史稿』皇城篇第五の明治二八年三月一一日條には、「宮内省文書収内匠寮稟候ニ拠レハ、「御内庭内苑門左右其他御乗馬口前等、煉瓦塀之処、強震之際ハ危険不尠、殊ニ御場所柄ニ付、此際板塀ニ改造致度」ト有リ」[*18]とあることから、宮城内における「内苑門」の存在を確認することができる。

なお、これ以降も宮城の「内苑」にかかわる報道はたびたびなされた。大正元年（一九一二）八月二日の「内苑の三記念館　戦歿将卒の霊魂を永く慰めさせ給ふ」という記事には、「御内苑の一隅御正殿の南方に当りて桜田門外の御濠上に聳ゆる日本風の建築物は振天府にして日清戦役に於ける戦利品陳列館として屡特別なる内外臣民に対して拝観を差許さるゝことは世の普く知る所（…中略…）振天府より少しく距りて懐遠府あり明治三十三年北清事変の分捕品を陳列し（…中略…）又日露戦役の戦利品陳列館は建安府とて（…後略…）」[*19]とある。

以上のように、すでに「皇城」と称していたころから、皇城内（内苑）と皇城前の広場（外苑）は区別されていたのであり、当然ながらそれは、明治二一年一〇月二七日に「宮城」と改称されて以降も同様であった。

ついで、宮内省官制における「内匠寮《たくみりょう》」と「内苑局（寮）」の位置付けを『法令全書』で確認し、宮城における「内苑」と「外苑」の語の使用法について検討してみたい。

まず、明治二二年七月二三日、宮内省達第一〇号の宮内省官制から、内匠寮に係わる條文には、「第三十九條　内匠寮ニ左ノ職員ヲ置キ宮殿離宮庭園及庁舎ノ土木ニ関スル事務ヲ管理シ主管ニ属スル会計ヲ掌ル」とある。これによって、宮内省内匠寮が「宮殿離宮庭園及庁舎ノ土木」に関することを掌っていたことが知られるが、同三七年二月・六日には、宮内省達甲第三号において、「宮内省中ニ内苑局ヲ置キ官制ヲ定ムルコト左ノ如シ但シ明治三十七年四月一日ヨリ施行ス」とされ、「内苑局官制」が定められた。つまり、内匠寮から「内苑ノ土木及園芸」に関する事務を管掌する局が独立し、それが「内苑局」と名づけられたのである[*20]。

つぎに「内苑局官制」の第一條を引くと、「内苑局ニ左ノ職員ヲ置キ内苑ノ土木及園芸ニ関スル事務ヲ管理シ主管ニ属スル会計ヲ掌ル」とある。さらに同日の宮内省達甲第四号では、「宮内省官制第三十九條ヲ左ノ通改正ス但シ明治三十七年四月一日ヨリ施行ス」とされ、「第三十九條　内匠寮ニ左ノ職員ヲ置キ宮殿庁舎及外苑ノ土木庁舎ノ管守ニ関スル事務ヲ管理シ主管ニ属スル会計ヲ掌ル」となった。ここで注目すべきは、「宮殿庁舎及外苑ノ土木庁舎ノ管守」に関する事務を管理すると明記されていることで、同日の「内苑局官制」を踏まえると、ここにおいて、法的に「内苑」と「外苑」の語が明確に規定され、「内苑」は字義どおり「内苑局」、「外苑」は「内匠寮」が分掌することになったのである。また、重要なのは、「園芸」については「内苑局」のみに記載があることである。「内苑局」は明治四〇年に「内苑寮」となる。

つぎに皇室令第三号「宮内省官制」（明治四〇年一〇月三一日）から「内匠寮」と「内苑寮」にかかわる條文を引くと、「第四十四條　内匠寮ニ於テハ建築及土木ニ関スル事務ヲ掌ル」、「第四十五條　内苑寮ニ於テハ庭苑及園芸ニ関スル事務ヲ掌ル」とある。要するに、内匠寮は「建築及土木」、内苑寮は「庭苑及園芸」に関する事務を掌ることとされ、その職掌は、発足時の「内苑」「外苑」という各空間の分掌というよりは、内苑局当時からの実情である建築・土木と庭園・園芸という専門分野による分掌であることが明確化されたのである。

かかる内匠寮からの「内苑局」（内苑寮）独立の立役者は、「内苑局長」（内苑頭）となった福羽逸人（安政三年〔一八五六〕津和野生まれ、大正一〇年〔一九二一〕歿）である。

福羽は、津田仙の東京学農社などで学び、勧農局試験場農業生となって、以後、三田育種場詰、植物御苑掛、内務省御用掛、農商務技師試補・東京農林学校兼務などのキャリアを積み、明治二四年から宮内省御料局技師・内匠寮勤務兼勤、同三一年に内匠寮技師となり、新宿植物御苑掛長を命ぜられた。同三五年には第五回内国勧業博覧会庭園築造の設計及び監督を嘱託され、同三六年には東京帝国大学農科大学講師を嘱託された。同三七年、内匠寮から独立した内苑局の技師となり、内苑局長心得となった（同三九年に内苑局長、同四〇年に内苑寮となるにともない内苑頭となる）［＊21］。彼は、津和野藩出身の国学者福羽美静の養子で（ただし、国学の素養はなかったという）、日本初の皇室園地である新宿御苑造成を推進した農学（園芸）系造園学の源流ともいえる人物である。欧州やフィリピンなどへの出張、留学の経験も豊富で、歴任した大喪使事務官、大礼使参与官、神社奉祀調査会委員、大膳頭などにおける役割をはじめ、新宿と代々木の両御料地一体化構想の提示（新宿御苑と代々木御料地を一体化した一大緑地帯のなかに宮殿と庭園を建設する構想を有し、両者の土地が接するまでに着々と買収整理を行う推進力となっていたが、明治神宮造営という「意外ナル事件」で頓挫した）、幻の「日本大博覧会」（明治四〇年、大博覧会敷地として新宿御苑・代々木御料地使用の話が持ち上がった際、強硬に反対した）や明治神宮造営局における役割、韓国京城の昌徳宮廷園内における植物室（温室）の設計、さらには以後の農学（園芸）系造園家への影響関係も注目すべきである。

ちなみに、明治四一年三月二九日の新聞に、「京城電報　乾元節園遊会（二十八日夜）延期中なりし乾元節園遊会は本日午後一時より昌徳宮内苑に於て開催せられたり来賓は内外文武官新聞記者其他千余名に達し韓皇も臨場され種々の余興あり盛会なりき」［＊22］とあるように、主に宮殿内の庭園・園芸的施設を意味する「内苑」概念は福羽逸人によって輸出もされていることがわかる。

以上のように、明治三〇年代後半から四〇年代にかけての宮内省官制においては、内匠寮と内苑局（寮）の職掌を通して「内苑」「外苑」なるタームが確立してゆくことがわかるが、さらに内匠寮と内苑局（寮）の人的配置を窺ってみると、より興味深い点が見出せる。

結論のみ言えば、宮内省の内匠寮と内苑局（寮）（ただし、内苑寮は大正三年に内匠寮工務課の所属に吸収される）は、結果として、近代日本における建築・造園（庭園・園芸）・都市計画、土木の分野にかかわる技術官僚（テクノクラート）を多数育成・輩出したのである。また、とくに内匠寮は、時の課題（皇居造営、東宮御所造営、京都御苑造成、新宿御苑造成、御用邸建設、離宮造営、大喪儀、御陵造営、大礼、明治神宮造営、議院建設、帝室博物館建設、震災復興、社寺境内、神苑など）に対応するために、他官省や臨時部局との人事交流の軸ともなる「人材プール」（実践的経験の場）としての役割を担ったともいえる［＊23］。

著名な人物を挙げるなら、建築では、京都出身の白川勝文・樋口正峻・木子清敬をはじめ、片山東熊、石井敬吉、木子幸三郎、山本直三郎、吉武東里、小林福太郎、大澤三之助、佐野利器、北村耕造、高橋貞太郎、権藤要吉、雪野元吉、森野泰治、上野有芳、久保福太郎、鈴木鎮雄、角南隆ら、そして庭園・造園では、小平義近、福羽逸人、福羽恩蔵、福羽発三、市川之雄、原熈、折下吉延、椎原兵市、中島卯三郎、池辺武人らが内匠寮・内苑寮にかかわっていた。

大正初年に命名され定着した「宮城外苑」の呼称

先述のように、すでに宮城では、明治期に「内苑」「外苑」なる名称が使用されていたものの、「宮城外苑」や「宮城前外苑」という呼称が用いられていたわけではなく、これらが定着するのは、大正初年のことであった。

つぎに、そのことが明確に記述された史料として、『宮城風致考』（大正一一年〔一九二二〕五月）を紹介する。『宮城風致考』上・中・下三篇と『宮城風致考附図』上・中・下三篇[*24]を述作したのは、明治三七年に内苑局技師（同四一年に内苑寮技師）となり、「園芸課長」を務め、大正一一年当時は内匠寮庭苑係長（宮内省技師）であった市川之雄[*25]である。彼はその経歴からも明らかなように、内苑局長（内苑頭）の福羽逸人に薫陶を受けた庭園・園芸技師のなかでも重要な人物といえよう。市川が書いた『宮城風致考』上篇「自序」には、「不肖本省ニ職ヲ奉シテ殆ント三十年ニ垂ントス其間欧米ニ二回前後四ヶ年間不在ナリシノ外ハ終始斯業ニ従事シ就中明治三十七年内苑局ノ創設セラルヽヤ従来内匠寮ニ於テ管理セラレタル庭園事業ノ一切ハ分割所属トナリ局長福羽逸人氏ノ下ニ園芸課長ノ職ヲ瀆シ大正三年七月官制ノ改正アリテ内苑寮ヲ廃シテ内匠寮ニ合併セラルヽヤ引続キ庭苑分課ノ主任者トシテ今日ニ及ベリ」と記されている。また、その「例言」によれば、「一、本書ノ目的ハ現在ノ風致ヲ基トシテ従来ノ経過ニ鑑ミ将来ノ変遷ヲ予測シ以テ其処理上ノ方針ヲ樹立セントスル」とある。

第四章「宮城前外苑」のうち、「第二　外苑内部ノ現状」には「宮城外苑」の形成過程について記されているが、その冒頭には、「外苑ハ元外構三門内ト称シタルモノ大正ニ入リテ陸軍観兵式ヲ行ハル、ニ際シ宮城正門前外苑ト命名セラレタルモノニシテ」とある。つまり、「宮城正門前外苑」（宮城前外苑、宮城外苑）の呼称は、大正の陸軍観兵式に際しての「命名」だという。

これを裏づけるかのように、大正五年一月五日の新聞に「陸軍始観兵式次第　並に参列心得　来る八日陸軍始観兵式は宮城外苑に於て挙行せらるゝことに決定したる」[*26]とあり、陸軍始観兵式の会場が「宮城外苑」であることが報道された。宮城外苑で陸軍始観兵式が挙行されるのははじめてのことであった。その主な要因は、従来式場であった青山練兵場が、明治神宮外苑の造営場所に充てられ、工事が開始されたことが大きい。

これ以後、宮城前広場は専ら「宮城外苑」と呼称されるようになった。それは、翌六年一月九日の新聞記事に「天皇昨日宮城外苑に諸兵の偉容を鑾せ給ふ 軍国の春を彩る陸軍始観兵式は八日午前十時から厳寒を衝いて二重橋前の宮城外苑で行はれた」[＊27]、同年一一月二八日の記事に、「入営の魁として朝鮮の師団に入営する壮丁五十三名は（…中略…）当日午前九時宮城外苑の楠公銅像附近に参集」[＊28]とあることからも明らかである。

『宮城風致考』を繙くと、大正一一年当時における園芸系宮内省技師市川之雄の「宮城外苑」観が具に窺える[＊29]。そこから見えてくるのは、「宮城外苑」なる空間は、「宮城之前障ト風致ト庶民ノ利用ヲ兼ネタル枢要地帯」である。行幸啓の鹵簿や奉送迎のための軍隊の行列の通過、式典参加者の動員・収容のみならず、明治天皇御平癒祈願の際に確立した「民衆ノ宮城仰拝ヲ目的トシテ集合スル場所」であり、「平素庶民ノ至誠赤心ノ発露表現地」であるという、さまざまな要素を含んだ、明確な「公共空間」として位置づけられていた。さらにこの「公共空間」は、当然ながらそれ自体独立した公園というわけではなく、「宮城」ありきのもの、いわば宮城に「附属」する性格のものである。その意味で、もちろんまったく同質のものとはいえないが、「神社」ありきの「公共空間」であり、神社境内に「附属」する空間としての明治神宮における「外苑」の前提となる面をも有している。

ただし、かかる宮城に「附属」する性格の「公共空間」は、「国民」とのかかわり方において、非常に難しい面をも持っていた。例えば、『宮城風致考』が作成されたころの大正一一年五月一九日には、「宮城前で野球や相撲をやる役人達にお目玉 本日正午二十余名交番に引張らる」[＊30]という報道がなされた。それによれば、「最近御近所の法制局、賞勲局、国勢院第二部、恩給局、拓殖局、帝室林野局等のお役人や丸の内の会社員達が昼の休みを利用して芝生の上で無遠慮な野球、庭球、角力、さては競走と制札などにはお構ひなしで傍若無人の振舞を行るやうになつた、『此儘では捨て置けぬ』と当局は先頃から種々相談を進めて居た折柄、十八日正午過ぎお決まりの昼休みに案の定それが始まつたので、坂下門外の交番巡査も目に余つて一同を詰所に引張つた（…中略…）いづれも小役人丈け相当の理屈を並べ立て取調べの警官は却つて言ひまくられる有様、憤慨した警官は住所氏名のみを手帳に書取り一先づ放還したが『追つて本署に呼出して厳しく調べねばならぬ』と敦圉いて居た」という。

このほか、翌一二年には、「菅公宙にまよふ　純美術品であり日本一大きい其銅像を宮城外苑に建てることは　宮内省から断られた」［＊31］、「宮城外苑に建物は罷りならぬ　林野管理局や和田倉門楠正成銅像迄も立退す　東京駅からの大道路を作る」［＊32］という、宮城外苑における銅像建設問題が報道されている［＊33］。かかる問題の表出は、やや違ったかたちではあるが、神社境内附属の公園的性格を持つ「公共空間」のあり方とも共通する聖俗区分の問題が大きいといえよう。しかしながら、いまだ大正一〇年代においては、取り締まられる側の「小役人」らが理屈をこねて取り締まる側の警察官を困らせるという、統制の緩い穏やかな「時勢」であった。

なお、大正一二年九月一日の関東大震災に際し、「宮城外苑」の広場は罹災市民の避難場所となった。さらに宮城外苑では、帝都復興事業の一環として、東京駅から一直線に外苑に向かって幅員七三メートルの幹線街路第八号（行幸道路）が整備された。大正三年の東京駅完成にともない、お濠端までは震災前に道路ができていたが、帝都復興事業として宮城外苑内の区間が新設された（道路幅相当分だけ内濠を埋め立て、石塁を撤去した）。これにより帝室林野局が移転し、旧西丸下の既存建物はすべて撤去され、オープン・スペース化した［＊34］。同一三年六月五日には、東京市主催の皇太子御成婚奉祝会が宮城外苑で開かれ、式場に玉座と便殿が設けられた。これ以後、大正末期には、消防出初式、大正天皇と貞明皇后の銀婚式、建国祭という大規模な行事が宮城外苑で開かれた［＊35］。

内苑寮による「京都皇宮外苑」の改修

以上のように、宮城では明治期に「内苑」に対する「外苑」という空間名称が確立し、大正五年（一九一六）の段階で「宮城外苑」の呼称も使用されていたが、じつは「京都御苑」においても、同二年の段階で「外苑」なる名称が使用されていた可能性がある。

それは、同四年一一月一〇日に京都御所で挙行される大正天皇の即位大礼を前に、同二年および三年に行われた「京都御苑」における大規模な改良工事においてである。

この京都御苑改修は、宮内省内苑頭の福羽逸人の設計によるものであるが、彼が同五年から六年にかけて記した回顧録中には、「京都皇宮外苑改修図」［＊36］が収録され、本文中にも「外苑」が頻出する。

福羽は、「京都皇宮外苑改修事業」について、「京都皇宮ノ周囲ヲ廻繞スル外苑ハ固ト皇族公卿諸家ノ邸宅ヲ取払ヒタル跡ニ雑然松樹ヲ栽植シ道路ノ不整理ナル排水設備ナク全ク苑園タルノ資格ヲ存セズ皇宮ノ外苑トシテ寧ロ醜態ナリトハ予カ内苑局長ニ任セラレシ当時業既ニ其修造ノ必要ヲ感知シ早晩是カ改修ニ着手セント期待セリ／然ルニ登極令ノ規定ニヨリ今上陛下即位ノ大典ヲ此皇宮ニ於テ挙行サルル事ト成リ宮殿修造ノ議起リ随テ外苑改修ノ必要ヲ認ムルニ到リシヲ以テ予ハ責任者トシテ速ニ各種ノ設計案ヲ樹テ大典挙行前ニ其改修ニ着手ス可キハ正ニ至当ノ処置ナルヲ切論シ始メテ之ヲ認容サル、事ニ決シ即チ現形ノ如キ改修ヲ実行シ得タリ」［／は改行を示す。以下同じ］と回顧している。

つまり、大正二年当時に「京都皇宮外苑」なる言葉を用いていたかどうかまでは確認できないが、少なくとも「宮城外苑」呼称が確立したころには使用していたことが明らかである。その空間の性格や使用法から言って、「京都皇宮外苑」という呼称は、その空間の内実からすれば、明治神宮の「外苑」概念の流布というよりは、現〈帝都〉である東京における宮城の「外苑」とパラレルな、旧〈帝都〉にある京都御所の「外苑」としての「京都御苑」の意味で用いられたものといえる［＊37］。

なお、当時宮内省内苑寮の技手であった椎原兵市は後年、自身が製図した「京都皇居外苑」の図を公表している［図6］。椎原は、「偶々　今上の御大典に際し愈々其必要に迫られて時

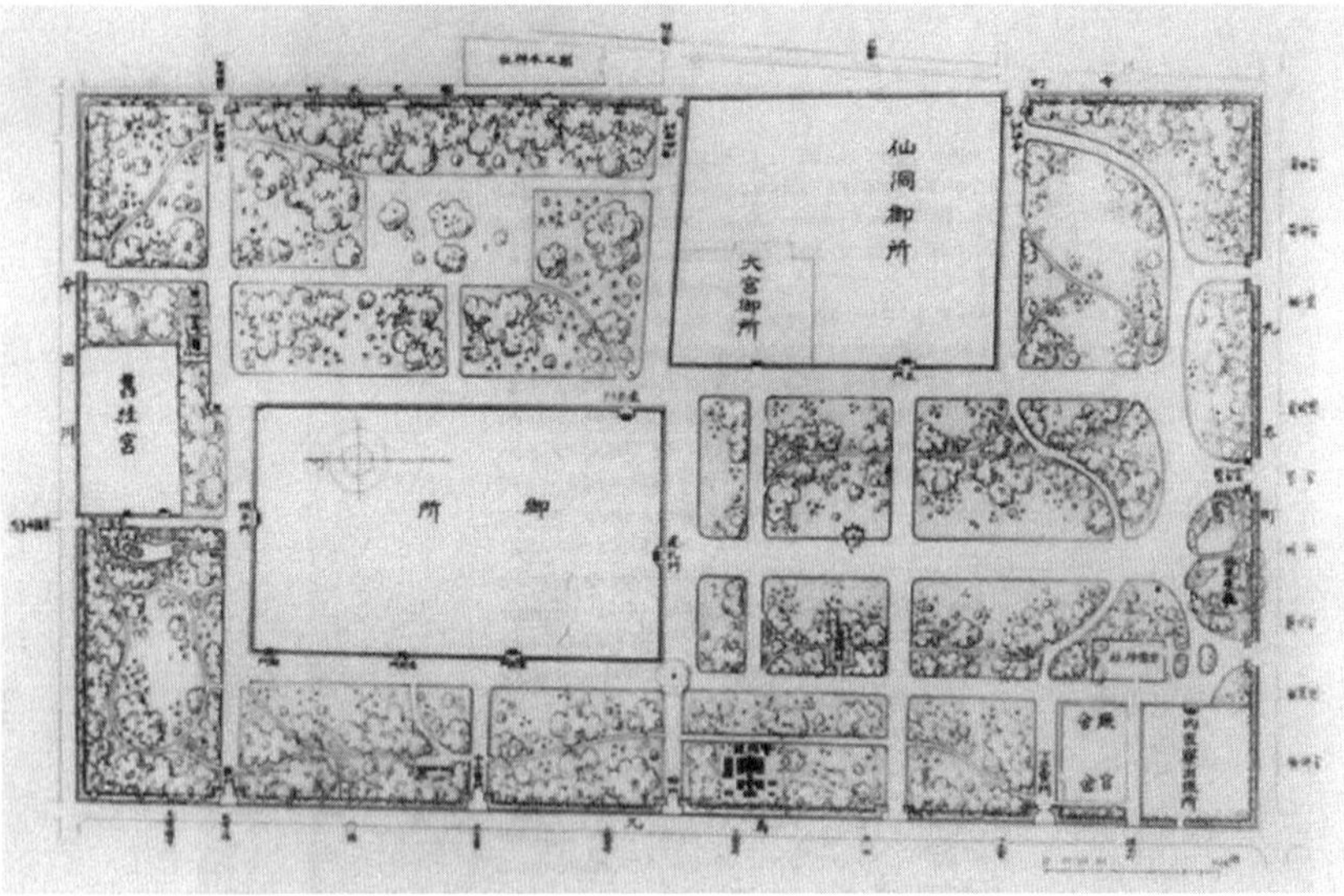

図6：京都皇居外苑（出典：椎原兵市『現代庭園図説』現代庭園図説刊行会、大正13年）
『椎原兵市氏の作品と業績』（昭和41年）には同様の「京都御所外苑図」が掲載され、森忠文「明治期およびそれ以降における京都御苑の改良について」（『造園雑誌』第46巻第5号、昭和58年）に引用されている。

の主管部局長官たる福羽内苑頭の主唱により苑の全部に渉りて修造の大計画が企てられ大正二三年両年にかけて図の如く完成されたのである。著者また当時市川宮内技師の下に在りて其実務に従ふの光栄に浴した」と述べており、彼が市川之雄の指導のもと、福羽逸人の主唱にかかる「京都皇居外苑」事業の実務を担当したことが知られる[*38]。

「内苑寮」所属の彼らが、「京都皇宮（京都皇居、京都御所）」の「外苑」（京都御苑）改修を担当していることは、いささか奇妙な観を与えるかもしれない。しかし、先に見たように、宮城の「内苑」「外苑」概念は、もともと明治期に空間を区別することから使用され始め、明治三七年（一九〇四）に「内苑局」が「内匠寮」から独立した際も、その職掌は「内苑」「外苑」という各空間の分掌であったものの、同四〇年の「内苑寮」改称以降は、「内匠寮」（建築・土木）と「内苑寮」（庭園・園芸）という専門分野ごとによる分掌が明確化され、実質的には「内苑」「外苑」という空間概念の区別にもとづくものではなくなっていたのである。もちろん、同四〇年まで内苑局が、宮城の「内苑」や吹上御苑にかかわる宮城内だけの仕事のみをやっていたわけではなく、新宿御苑をはじめ、赤坂離宮や浜離宮、芝離宮、代々木御料地、小田原御用邸など、宮城の外における数多くの「苑園事業」（『福羽逸人　回顧録』）に携わっていたのであり、もともと実態として宮城の「内苑」空間を担当しているというよりは、分掌された「園芸」や「造苑」の部門を技術的な内容にもとづいて担当していた。

おそらく、こうした部局名と職掌とのズレも一因となって、内苑寮は大正三年に内匠寮工務課の所属にふたたび吸収されたのであろう。ともあれ、短命であった「内苑寮」ないし「内匠寮」の庭園部門における園芸・造園的な仕事の数々は、明治神宮の造営を契機として確立されてゆく新たな学問「造園学」のうち、とくに「農学系・園芸系」造園学の流れから発展した「都市計画行政」や「公園・緑地行政」の担い手たちの先駆となる重要な事業として位置づけてゆく必要があるのではなかろうか。

三　大正期の明治神宮と靖國神社の「外苑」

青山葬場殿から明治神宮外苑へ

明治神宮は、一般的な神社の境内にあたる社殿・諸殿舎が所在する「内苑」のみならず、附属する空間として内苑から離れた位置に「外苑」が設けられ、そして内苑を覆う鬱蒼とした「鎮守の森」(人工の森)、または外苑の中央道路となる「銀杏並木」、その並木入口(青山口)と接する青山通り(大山街道)と内苑を結ぶ「表参道」、内苑と外苑を結ぶ公園道路としての「内苑外苑連絡道路」(裏参道)をはじめとする各種造園・土木施設、さらには聖徳記念絵画館や憲法記念館などの文化施設、競技場などの体育・スポーツ施設などが所在する外苑全域や内苑の宝物殿附近などの公園・緑地的空間によって全体が構成されている。明治神宮を構成するこれらの都市基盤(インフラ)や「公共空間」的要素が有機的に接続されたものとして総合的に捉えるならば(そもそも明治神宮はそのような構想により造営された)、大正時代の〈帝都東京〉において、突如として「都市としての明治神宮」とでもいうべきひとまとまりの空間が出現したといえるのである[*39]。すなわち「内苑」と「外苑」から構成される新たな神社空間のあり方が生み出されたのであり、両者は一体のもので切り離して捉えることはできない。

明治四五年(一九一二)七月三〇日の明治天皇崩御後、明治天皇奉祀の「神宮」創建の推進という流れは、多少の異論を孕みつつも、早くから「世論」として定着して行った[*40]。ただ当初、東京市長阪谷芳郎や関係代議士らは、「御霊柩安置の御跡を直に神殿として明治神宮を建設し第二の伊勢太廟の如き崇高幽玄の霊域となすべし」、つまり明治天皇大喪儀の式場(青山練兵場)をそのまま祭祀空間・祭祀施設(神殿、神社)とする、「葬場殿趾神殿構想」を持っていた[*41]。実際にこの空間が「外苑」になる前、「鳥居」が建てられたことがあるが、それは大正元年(一九一二)九月一三日に執行された明治天皇大喪儀に際して仮設された「葬場殿」に附随する施設としてであった[*42]。要するに「外苑」は、明治天皇の「葬場殿ノ儀」という記憶が刻まれた場所なのである[図7]。

草創期の明治神宮創建論は「青山鎮座論」が主流であった[*43]。その最も早い構想は、おそらく国学者池邊義象の意見である。池邊は、末尾に「七月三十一日午後三時記す」と書いた論考で、「大喪の礼を御執行の地には、進で神社を創建せられたいことと思ふ」と提案した[*44]。実際に池邊は、今泉定介・今井清彦と連名で出した大正元年八月一二日付の「明治神宮ヲ青山練兵場ニ建設セントスルノ請願」[*45]で、「ソノ宏大ナル宮域中ヲ二分若クハ三分四分シテソノ第一部ヲ神宮第一域トシココニ宮殿ヲ建立シコノ境域ハ尊厳ナルカ上ニモ尊厳ニ神聖ナルカ上ニモ神聖ノ地トスヘシ／第二域第三域第四域ニ至ルニ従ツテ或ハ記念館ヲモ設クヘク或ハ普通庭園ノ設モナスヘク諸種ノ展覧場ヲモ設クヘク或ハ運動場競馬場又ハ参詣人休憩所飲食小店等卑猥ニ渉ラサル限リ之ヲ許

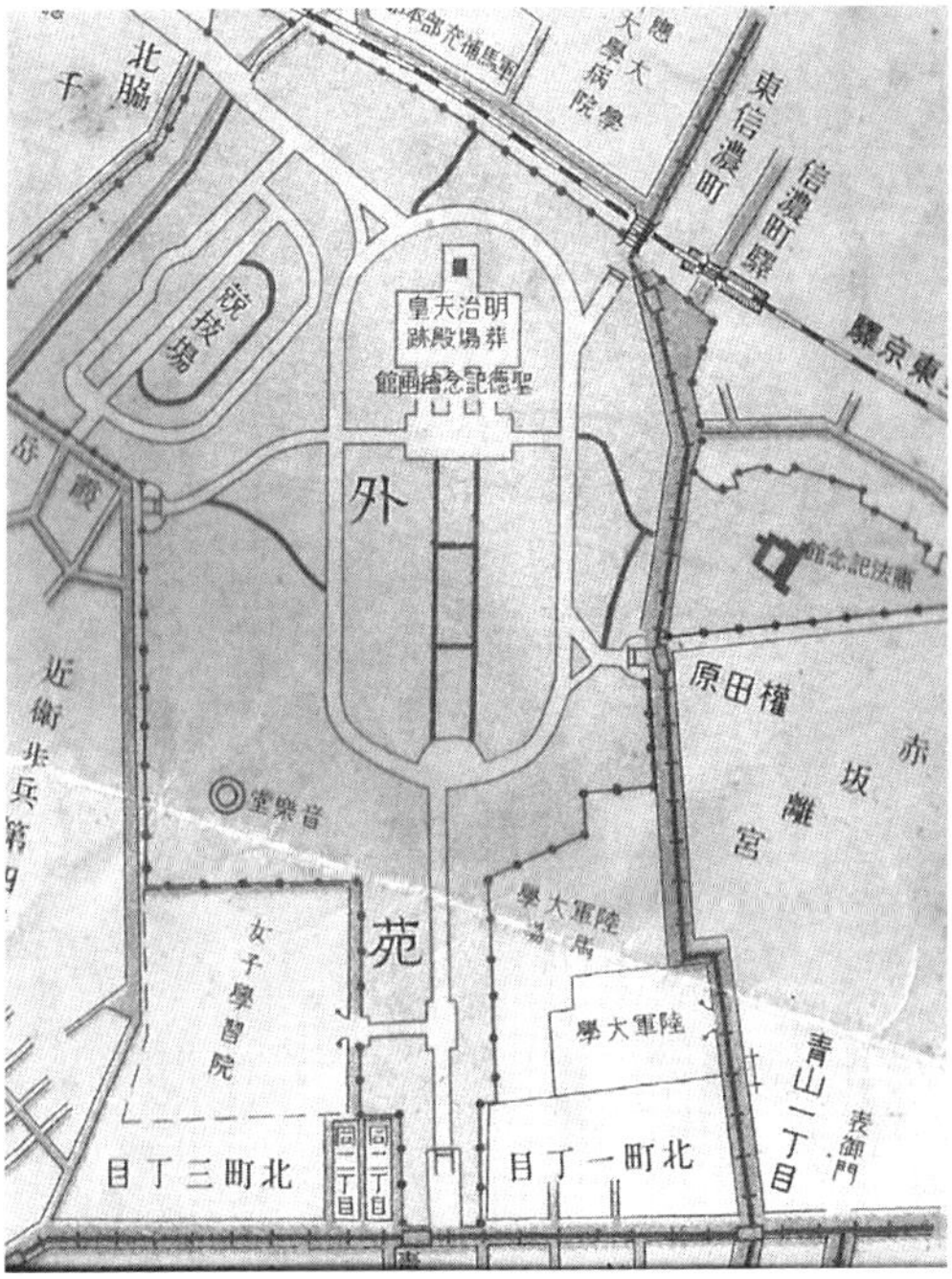

図7：明治神宮参拝案内図（出典：『明治神宮参拝案内　東京市及郊外交通地図』東京朝日新聞社）
刊記はないが、地図中の記載から、「外苑」竣功前の大正10（1921）年2月以降の製作と推測される。葬場殿の記憶にもとづく名残か、正面入口にあたる青山口をはじめ、四方の入口に赤い鳥居の地図記号が書き込まれている。

ス可シ」と記している。つまり、この建議では単一空間を対象としているため、「内苑」「外苑」という概念は出て来ようもないが、この時点において明確なゾーニング（「神聖ノ地」から世俗的公園空間へ、という順序立った区画配置）を構想していることは興味深い。とりわけ、「運動場競馬場」については、かなり早い時期の提言といえよう。

彼らの提案は、直接結実した構想にはならなかった。それどころか、次第に代々木を主、青山を従の敷地とする方向性にシフトしてゆく傾向が主流となりつつあった。その背景には、東京市嘱託長岡安平や林学者の本多静六による「青山反対論」のように[＊46]、「由緒」ではなく「風致」に力点を置いた創建論の高まりがあった[＊47]。

ただ、明治天皇を祀る神宮の創建構想、誘致運動は、さまざまな地域や多数の民間人から多彩な提案がなされたが、その主流となったのは、〈帝都東京〉における有力者を集約し、政治家、官僚の動向を十分に掌握できるネットワークを持っていた、実業家渋沢栄一、東京市長阪谷芳郎、東京商業会議所会頭中野武営、弁護士・角田真平らの「東京」鎮座構想であった。結局、「風致」よりも重視されたのは、ピンポイントの「青山」ではない、明治天皇と〈東京〉(帝都全体)にかかわる「由緒」であった。

　その構想は、日露戦争後に「明治五〇年」を期し、代々木御料地と青山練兵場を予定地として計画されていた「日本大博覧会構想」(財政状況から明治四五年三月に中止)[*48]の「転用」を前提とした実現可能性の高いマスタープランが前提にあったが、それは、大正元年八月の「覚書」[*49]に結実する(一四日提示、二〇日に東京各団体連合協議会で可決)。その骨子は、①神宮は「内苑」と「外苑」とから成る、②「内苑」は国費を以て、「外苑」は奉賛会がとりまとめる国民の献費を以て造営する、③「内苑」は代々木御料地、「外苑」は旧青山練兵場を最も適当の地とする(内外苑連絡道路は外苑に属す)、④「外苑」には「頌徳紀念ノ宮殿」および「臣民ノ功績ヲ表彰スヘキ陳列館」、その他「林泉等ノ設備」を設ける、⑤「青山ニ於ケル御葬場殿」は期間を定めて存置し、「人民ノ参拝」を許されたい、「御葬場殿御取除ノ後」も「該地所ノ清浄ヲ保ツ為メ差向東京市ニ於テ相当ノ設備ヲ為シテ之ヲ保管シ追テ神苑御造営ノ場合ニハ永久清浄ノ地トシテ人民ノ参拝ニ便ナル設備」を施したい、というものであった。

　その後、大正二年には、帝国議会(貴族院・衆議院)において明治天皇奉祀の神宮創建にかかわる各種の請願や建議が可決され、閣議決定を経て、同年一一月二二日には、上奏が裁可された。これを受けて、一二月二〇日には「神社奉祀調査会」が設けられ、ここで具体的な決定がなされてゆく。同三年二月一五日には鎮座地が代々木(南豊島御料地)に決定。三月一七日には、宮内大臣が鎮座地を代々木・南豊島御料地に定めることを許可し、四月二日に上奏を経、「内定」することとなる。

明治神宮における「内苑」「外苑」の弁別

渋沢ら神宮構想主流派の間では、すでに大正元年(一九一二)八月の「覚書」の時点で「内苑」(代々木)と「外苑」(青山)を設けるという、だいたいのコンセンサスこそ得られていたものの、じつは大正三年ごろまでは内苑と外苑の明確な弁別もなされておらず、「外苑」設置が確定したわけでもなかった。事実、同じころ、「内苑」と「外苑」ではなく、「内宮」と「外宮」、「内外宮殿」、「内宮苑」と「外宮苑」という対となる別の表現もなされていた［＊50］。つまり、この時期にはまだ、「外苑」に宮殿や参拝施設を設けるというイメージも広く共有されていたものと理解できる。かかる混乱は、まだ渋沢らに確たる具体的な「外苑」イメージが形成されていなかったこともあるが、直接的には、当時、神社奉祀調査会会長の原敬内務大臣が青山練兵場を「外苑」に充てる構想に対して慎重な意見を繰り返し、「外苑」構想が棚上げにされていたからである。

同三年二月一日の第三回神社奉祀調査会で原は、内苑と外苑を一括して「神苑」と捉え、防災や風致の観点から見るならば、「内苑外苑ト云フヤウナル二ツノ苑ヲ造ツテ、広大ナルモノニスルト云フコトハ、ドウモ考ヘモノデハナイカ」という懸念を示した［＊51］。

彼は、神社と記念施設はなるべく「個々ノ方ガ宜イ」という見解を持ち、「神社ト云フモノハ人ガ見テ所謂神々シイノガ宜イノデ、寺ノヤウニ輪奐ノ美ト云フヤウナコトハ望マシクナイ、外苑ト云フテモ余リ離レタ所デナク伊勢ノ徴古館位ノ程度ガ宜カラウト思ヒマス」と述べて青山を「外苑」に充てる構想に対し、慎重な意見を繰り返した。

しかし、その状況は原の神社奉祀調査会からの退場によって一変することとなる。同三年三月二四日、シーメンス事件（軍艦購入にともなう海軍の汚職事件）の影響で山本権兵衛内閣は総辞職し、後継は四月一六日に発足の第二次大隈重信内閣となるが、内相を兼ねた大隈首相は、神社奉祀調査会長に就任した。これ以後、一転して神宮構想は渋沢らの当初の思惑どおり、「外苑」設定を既定路線として進められることとなる。同年六月にまとめられた『神社奉祀調査会特別委員会報告』の「青山旧練兵場跡附属外苑設備ノ説明」では、「覚書」の時点の表記であった「頌徳紀念ノ宮殿」ではなく、あえて「頌徳記念館」と読み替え、さらに、国民の大喪儀遥拝や葬場殿拝観の記憶に基づく「人民ノ参拝ニ便ナル設備」としての遥拝殿的「参拝」施設構想も消えたのである［＊52］。

そして、同年七月六日の第七回神社奉祀調査会において「青山旧練兵場跡附属外苑設備ニ関スル件」が可決された［＊53］。この時点までに、明治天皇・昭憲皇太后を祀る「神宮」の主体たる社殿やそれを取り巻く林苑（鎮守の森）から成る祭祀・参拝空間としての「内苑」（代々木）とはいささかも抵触しない「頌徳記念」の「建造物」に限定した、あくまで「神宮附属」の新たな「公共空間」（公園的空間）としての「外苑」（青山）の方向性が確立し、「内苑」とは明確に弁別された「外苑」概念が確立したのである。

靖國神社における「内苑」と「外苑」の登場

ここで一旦、明治初年の帝都東京に出現した慰霊の「公共空間」としての靖國神社に目を転じよう。その前身である東京招魂社は明治二年（一八六九）に創建され、同一二年に「別格官幣社靖國神社」と列格改称した。その境内、社域には、明治期に本殿や社務所、神楽殿をはじめとする諸殿舎、招魂場、鳥居等のみならず、遊就館や相撲場、能楽堂、図書館、築山・噴水・滝、四阿舎、新聞縦覧所が設けられ、手前の馬場や附属地（牛ヶ淵）にも庭園・公園的施設などがあった。つまり、「祭神」に対する奉納行事を執り行う空間や記念の空間であるとともに、「参拝者」即ち「国民」への配慮にもとづいた空間でもある、さまざまな要素の施設が同居していた。

『靖國神社誌』には、「旧馬場の地は、もと空地にして西方の小部分は馬場〇此所にて犬追物を行ひしと云ふ、東方の大半は歩兵屯所の置かれし地なりき。明治五年此地に〇中央より少か西方の地建営ありし仮神殿を現今の域に遷座せらるるや、之を競馬場に定め中央に楕円状の土堤を築きたりしも、同三十四年に至り之を廃止して漸次神苑に改築することゝなれり」［＊54］とある。

要するに元来、幕府の「馬場」（調練場）の地（現在の本殿の場所ではなく、大村益次郎銅像の近く）に歴史的公共性を持つ〈神社〉形式の「仮宮」として建てられ、次第に慰霊の「公共空間」と化す東京招魂社——靖國神社には、例大祭にともなう奉納空間として「馬場」（洋式競馬場）が設けられていた。この空間は、明治三二年五月より、拝殿造営（宮内省内匠寮技師木子清敬の設計）の「普請場」として提供したために競馬を施行することができなくなり、さらに同三四年九月一八日には競馬場そのものを廃止することと決定した［＊55］［図8、9］。

それでは、この「旧馬場」が「外苑」の呼称になったのはいつか。同四〇年五月には、靖國神社社域のみならず、隣接地をも対象とした帝都の「一大神苑」構想が提唱されている［＊56］。これにより、明治末年段階において、靖國神社こそが帝都東京の「一大神苑」を備えるべき代表的な神社（慰霊の「公共空間」）と目されていたことがわかるが、大正初年における靖國神社「神苑」の状況は、すこぶる評判が悪かった。

大正三年（一九一四）一月一〇日の新聞記事［＊57］は、靖國神社神苑が「余りに俗受け専門的」にでき上がっているため、「一寸した富豪の庭園かさもなければ下手な公園である、旧馬場は徒らに広く許りあつて雨が降れば泥濘り乾けば紅塵を霧の様に飛ばすかと思へば華表の前を汚物車が行き境内を魚屋が天秤で通行すると云つた始末だ、それに神苑は名も知れぬ植木屋が勝手に作つたもので設計も何も為たものではな

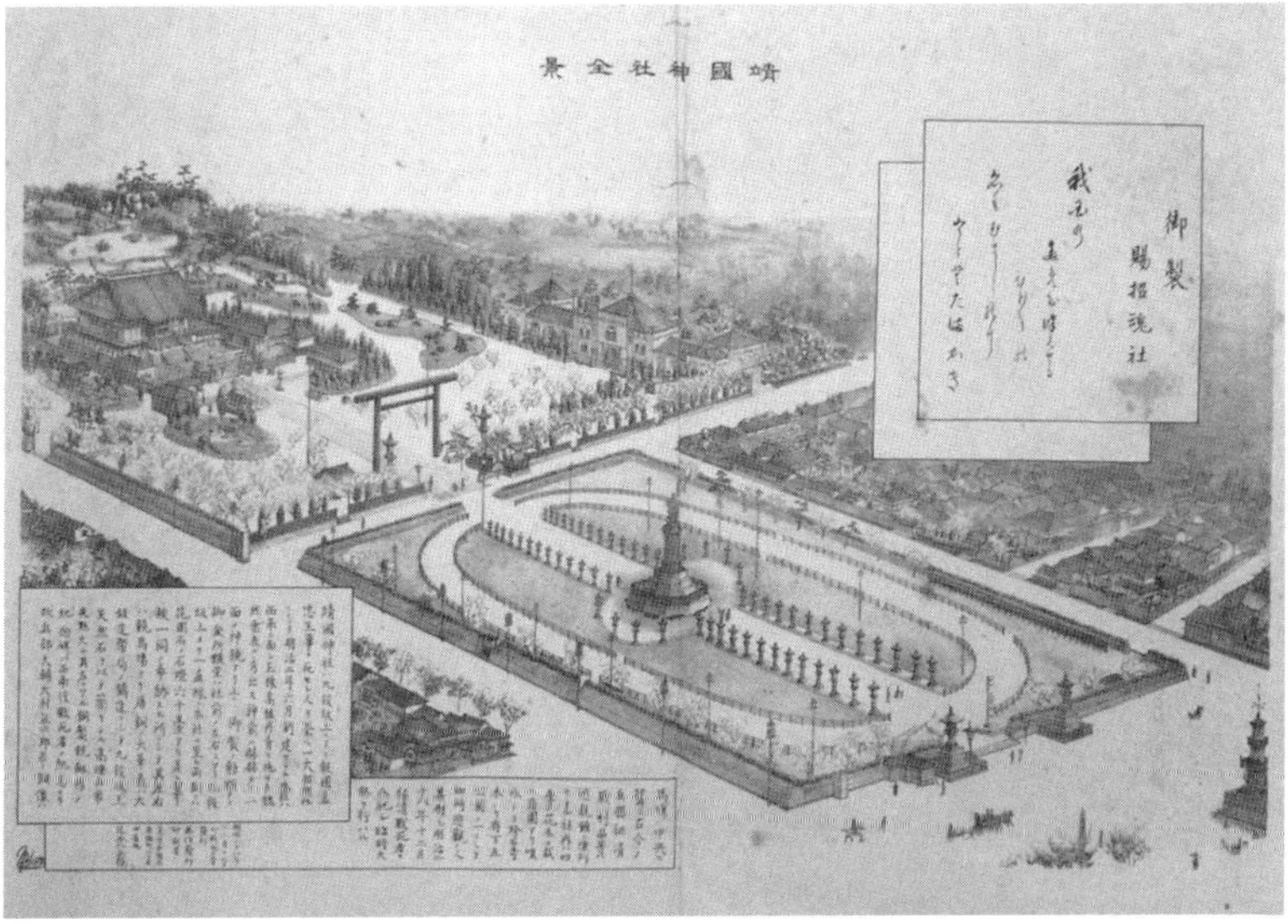

図8：靖國神社全景（出典：筆者所蔵、明治28年）
日清戦争戦死者を合祀した明治28（1895）年12月の臨時大祭当時における境内の状況が活写されている。楕円形トラック「競馬場」や石燈60台が描かれているが、いまだ拝殿はない（同34年建設）。右上囲みは明治天皇御製。

図9：別格官幣靖國神社全図（出典：筆者所蔵、明治39年）
明治39年（1906）5月の合祀者遺族へ「紀念贈与」されたもので、靖國神社社務所蔵版。「旧馬場」の空間は、前年発行の「全図」ではまだ石燈が並んでいたが、この図ではすべて撤去され、広場となっていることがわかる。

い」と酷評した。そのうえで、「馬場」には中央に石を敷いて舗道をつくり、左右には「森荘の趣ある樹木」をたくさん植え付けて九段坂上から一直線に神苑を通って社殿に参拝するようにしなければならぬ、という東京市技師長岡安平の靖國神社神苑改造構想を紹介している。

同年二月二二日の記事には、かかる改造の議に対し、靖國神社側でも神苑改造を実行することに決定したと報じられた[＊58]。それによると、長岡案とは異なり、広場の大部分は残し、余興や店を出すに都合のよい空間にするため、華表（鳥居）を九段坂上の神社入口に移すことを考えており、その翌月四日には、「九段神苑と大村銅像の位置」の見出しで、旧馬場の中央にあった大村益次郎銅像（明治二六年竣功）の移動も話題に上った[＊59]。しかし、この時点でもまだ「外苑」の呼称は出て来ない。

しかし、同年七月には、賀茂百樹靖國神社宮司による「外苑築造大鳥居移転ノ件上申」が岡市之助陸相に出された[＊60]。すなわち、靖國神社において「旧馬場」が「外苑」と改称されたのはこのころである。

この上申には、「当神社外苑（旧馬場）築造大鳥居移転ノ義ハ数年来ノ懸案」で、「今ヤ別記ノ通蓄積金ヲ生ジ、且ツ他ノ一般神社ニ於テモ、何レモ境内ヲ拡メ神苑ヲ築キ、孜々トシテ神厳ヲ加へ居リ候」という状況であり、「大正新政ノ記念」ともなるので、改築委員若干名を置いて実行したい旨が記されている。そして、追って長岡安平をして考案せしめ、設定図案・予算書および神社積立金計算書等を別紙にて相添えるとも書いてある。実際にはこの鳥居（大正一〇年に第一鳥居が建設されたため、第二鳥居となる）の移転は昭和八年（一九三三）の神門新築の際に行われた。要するに、まさに明治神宮において「内苑」「外苑」の弁別がなされ、その造営構想が具体的に固められた直後に靖國神社も「外苑」と表現するようになったのである。

この時期まで、靖國神社の社域（境内、神苑を含む）を「内苑」「外苑」と区別することはなかったのであるが、大正四年二月二日には、「靖國神社の神苑改造」という新聞記事が載り、「靖國神社境内改良設計図」やこれに賛同する賀茂百樹宮司の談話も掲載された[＊61]。ここには、「外苑の構造 外苑となるべきは旧馬場の広場で先づ九段坂上の入口の処から拝殿に達する間に十二間（車道八間歩道二間宛）の道路を作り左右には檜並木を植ゑて十分密生する様にし尚苑の周囲には悉く樹木を植付けるは勿論其内部には適宜に樹木を植ゑて如何にも神社の境内らしい感じを与へさせ尚現在境内に沢山植つて居る梅、桜其他の樹木を始めとして制札や燈籠等は皆持つて来て外苑に配置する」とあり、まっすぐな道路をつくるには都合が悪いため、大村の銅像や大華表の移転が想定されている。また、「森厳な内苑　内苑は現在の梅や桜や其他の雑木は大抵取払つて了ひ檜を主木とし其他樟、椎等の常緑樹を密生せしめ其間に少し宛、欅、楓、公孫樹の喬木落葉樹をも混へるが要するに四時鬱閉を保つて日本に於ける神社の特徴を最も好く発揮せしめて此神社に近づく者をして思はず森厳の気に打たれて謹粛な心持を持たなければ居られない様にするのを以て理想とする」などとも記された。つまり、この時期には、靖國神社社域に関して、森厳な「内苑」と公園的道路（参道）を持つ「外苑」という、あるべき「理想」の風致が対照的にイメージされていた。ここからは、靖國神社の神苑改造構想において、明治神宮の「内苑」「外苑」の弁別やその造営構想が念頭に置かれていたことが明瞭に窺われる。

さらに同四年四月二三日には、「靖國神社移祀の議　現在の地域は狭隘且殺風景　明治神宮の外苑最も可なり」という新聞記事が掲載された［＊62］。同記事によれば、同月二一日の市区改正委員会常務委員会において内議があったものと伝えられ、東京市助役宮川鉄次郎は、「現在の招魂社は地域狭隘なる上森林などが無い為め甚だしく崇厳の気を欠いて居る、これを青山に移して明治神宮のお傍へ奉祀すると云ふ事になれば、同社に祀られてある神々は何れも先帝の馬前に斃れた人達であるから永久に先帝のお側に奉仕する意味になつて地下で大いに悦ぶ事であらうと察せられる」と語っている。ただ、一方ではこの案を一蹴する内務省神社局員の談話も掲載されている。

同年七月三日には、「赤坂区の二問題　陸軍射的場撤廃と靖國神社奉遷の議」という記事が載った［＊63］。赤坂区会議員詫摩武彦はじめ区内有志（赤坂倶楽部）は、靖國神社の明治神宮外苑奉遷をも盛り込んだ趣意書を頒布しているが、賀茂百樹宮司や麹町区長はいまだ沈黙しているという内容である。

後年、賀茂百樹宮司は、「実は大正四年のことでありました、当時明治神宮奉斎の御詮議中で、青山練兵場をその外苑にするといふ問題が起つた時、赤坂区では靖國神社を其地へ御遷座して頂きたいといふ輿論が起り、遂に同区ではその請願方を決議したところ、麹町区では、御遷座反対を提議したやうな訳です。／私はその時に、靖國神社の御遷座は兎に角、現在の御社地のまゝでも、伊勢の内外両宮の如き御関係を以て祭祀せらるゝことが、我が国体を顕彰せらるゝ一大活教訓にもなりはし（引用者註・「な」抜け）いか、即ち始めに申し述べました通り、明治神宮は国民の忠誠の結晶であり、靖國神社は皇室御仁慈の発現である、そこに我が国の美はしき君臣の情誼が言挙げせずして事実に示されて居る、さういふ国体の精華をも不言の間に宣揚することにもなる」[*64]と述べている。このような、明治神宮と靖國神社の「対照化」は、帝都東京の中核的神社に対する国民の認識を考えるうえで、非常に興味深い点といえよう。

以上の経緯は、もちろん正しく明治神宮の造営に影響を受けた、「外苑」呼称の流布の事例と言えるが、じつは両者にはその逆の影響関係もあった。明治神宮外苑の造営過程において、帝都東京に創建された「先例」として、慰霊の「公共空間」たる東京招魂社——靖國神社における境内・社域のあり方、とくに「馬場」の記憶が強く意識されているのである。

阪谷芳郎は、同五年三月三日の麻布区役所楼上における演説において、膨大な参詣者が「明治神宮の御祭」における奉納行事としての競馬や各種体育競技を観覧するに耐え得る「大競技場」の構想を表明したが、ここで、かつて明治三四年まで存在した「招魂社」(靖國神社)における奉納行事の空間としての「馬場」の存在に言及しつつ、そのキャパシティ(観覧者=参詣者の収容能力)の不十分さという反省から、明治神宮外苑では「馬場」に雛壇を設けることによって「西洋のスタジヤム」という趣向にして、「十万位の人が集つて競馬とか体育の競技とかを観る事の出来る広い馬場」をつくりたいと宣言している[*65]。帝都東京における慰霊の「公共空間」靖國神社の空間構成に関する明治期の記憶が、大正期に造営されてゆく明治神宮の「外苑」における体育・スポーツ施設構想への媒介項となったのである[*66]。

明治神宮「外苑」構想図面から見た空間構成の変遷

大正四年(一九一五)四月三〇日、「明治神宮造営局官制」が公布され、五月一日の内務省告示第三〇号をもって、明治天皇・昭憲皇太后を祭神とする「官幣大社明治神宮」の社殿を代々木に創立することが決定する。また、同三年一一月ごろより、渋沢栄一ら明治神宮奉賛会創立準備委員会は、旧青山練兵場に「外苑」を経営すべく、内務省と協議を重ねてきたが、同四年五月には、「明治神宮奉賛会趣意書」と「外苑計画考案」を公表した[*67]。かくて「明治神宮奉賛会」は成立し、同年一〇月一二日には、新宿御苑にて奉賛会総裁となった伏見宮貞愛親王の令旨を賜り、会長の徳川家達が奉答を行った。国民からの献金によって外苑経営に携わった民間組織の明治神宮奉賛会は、同五年五月に財団法人となり、同六年二月一日にその具体的な設計および工事施工を明治神宮造営局に委嘱することとし、同年一〇月三〇日には造営局に「外苑計画綱領」および「工費概算書」を提示した。

つぎに、この間における「外苑」構想に関する図面の変遷について、長谷川香や今泉宜子の検討［＊68］をも踏まえつつ整理したい。あらかじめその変遷の注目すべき流れをまとめておくと、①もともと東西方向に強い軸線を持っていた青山練兵場時代の空間構成が、日本大博覧会構想と明治天皇大喪儀の経験によって南北方向の軸線へと転換した流れを継承しつつ、当時の大きな趨勢であった幾何学式庭園・公園の造園形式に則った主要道路直線式の案と、伊東忠太が主張して一時的に有力になったらしい英国式あるいは東洋式・和式の風景式庭園をも連想させる主要道路曲線式の案とのせめぎ合いがあったものの、結局前者に決定したこと、②外苑のなかにおける「葬場殿趾」の位置付けがある時点から後退し、替わりに聖徳記念絵画館が中核となっていくこと、の二点である。

おそらく最も初期の図面であると思われる「明治神宮境内及附属外苑之図」［＊69］には、「明治神宮境内」（内苑）と「外苑」、そして外苑北西と内苑北東を結ぶ道路（後の裏参道）の予定地は記されているものの、いまだ具体的な空間構成が書き込まれておらず、現在の南東に伸びる表参道も図示されていない。つまり、内苑北参道を入口とする内外苑連絡道路を表参道にしようとしていた。

ついで、神社奉祀調査会の検討案である国立公文書館所蔵「明治神宮境内及附属外苑之図」［図10］では、先の内苑と外苑の北側をつなぐ連絡道路の内苑北東を「裏参道」の起点に位置づけるとともに、南参道に入口を設けて「表参道」の起点として、後年の青山通りとつなぐ表参道ルートではなく、内苑と外苑の南側の入口を直接結ぶ参道として図示されている［＊70］。また、その「外苑」部分には「甲案」と記されている。直線式の中央道路が南北を貫き、北に向かって進むと、「紀念門」を経て左右に恐らく銅像が八体ずつ並べられた肖像道の突き当たりに「葬場殿跡」がある。葬場殿跡の右方に「図書館」、さらにその手前に「美術館」、左方の奥に「紀念館」、その手前に「公会堂」、そして西方にはかなり大きな規模の「競技場」、その附近には「第一体育館」「第二体育館」などの体育・スポーツ施設、後に競技場が建つ北西には「植物園」関係施設などが配置された。

先述の国立公文書館所蔵「甲案」は、今泉宜子が紹介しているように、東京大学が所蔵する伊東忠太関係資料にも同様の図面「甲案」が存在し、これの上には「外苑」部分に「乙案」と記されている図案が貼り付けられている［＊71］。この「乙案」は、東方の権田原地区に「公会堂」が置かれるととも

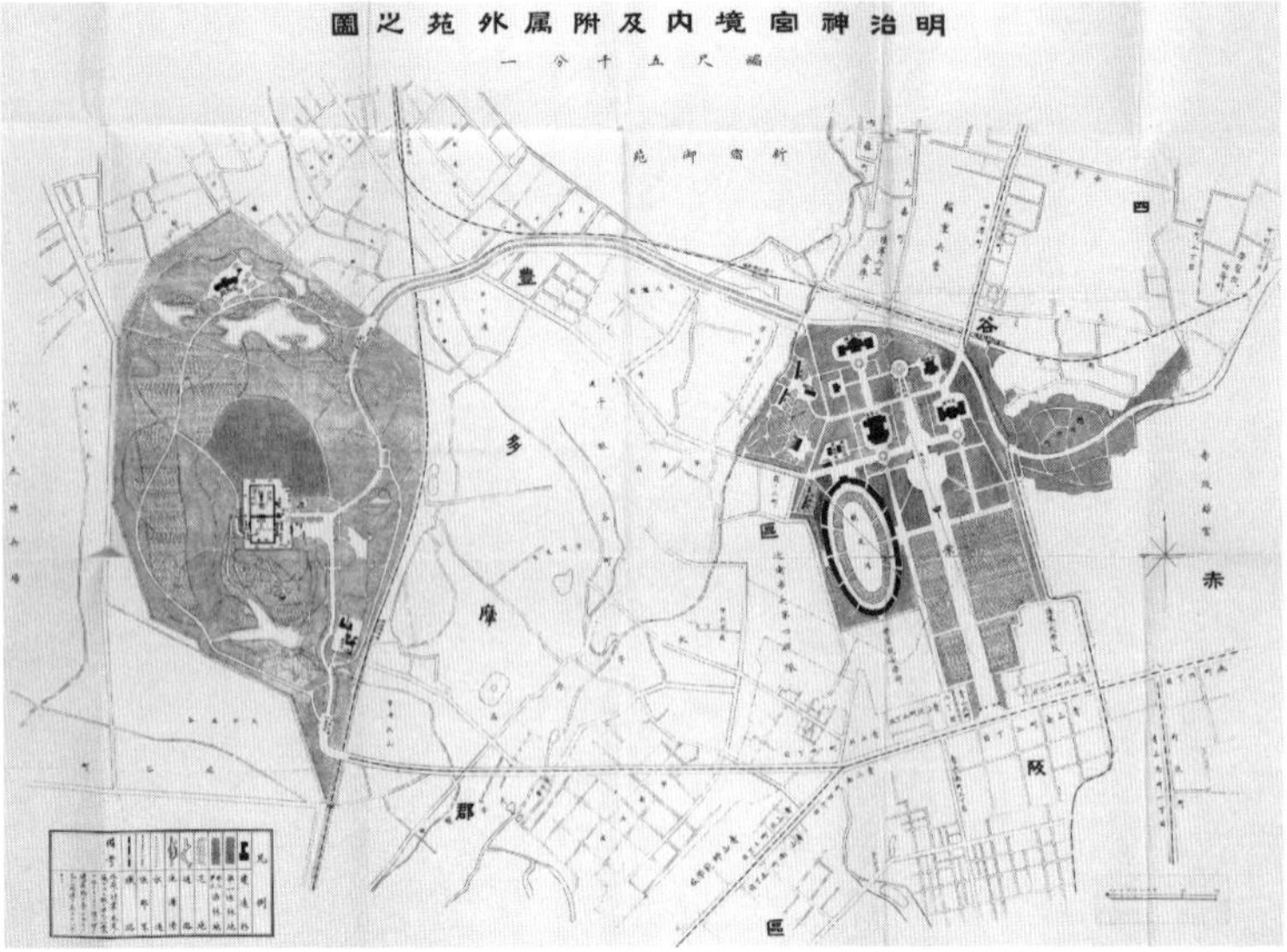

図10：明治神宮境内及附属外苑之図（出典：国立公文書館所蔵、大正３年）
国立公文書館所蔵『公文類纂』大正４年・第１１巻・内務省・大蔵省「神社奉祀調査会経過要領ノ件」の「神社奉祀調査会経過要領ノ二」に所収。大正３年１１月３０日には役割を終えた神社奉祀調査会において作成された。

に、「葬場殿趾」に向けて南北に曲線式の中央道路が走り、葬場殿趾の左方、北西には「美術館」を中心にいくつかの記念文化施設を複合した建物など、そして「体育館」、西方に「競技場」（一番外側の楕円形通路は「競走場」、すなわちトラックとされていた）が「甲案」と同様の場所に配置されている。

曲線式中央道路を採用した「乙案」の路線は、一時期明治神宮奉賛会において有力視されたものか、予定図として公表されたことがある。奉賛会では、同五年三月に「外苑ハ明治神宮奉賛会ニ於テ国民ノ献金ヲ以テ経営スルモノニシテ其計画ハ未定ニ属スルモ仮リニ神社奉祀調査会ノ議ニ上リタル図案ニ基キ予想図ヲ示ス」と書かれた「明治神宮境内及外苑之図」を調製し、三月三一日に五万枚印刷したものを各支部に配布した[＊72]。また、同図の外苑部分を切り取って明治神宮奉賛会が同年六月に発行した記念絵葉書「明治神宮附属外苑予定図」[図11]は、「葬場殿趾」までの南北の曲線式中央道路や西方に大規模な「競技場」が配置されており、先の「乙案」と基本的な空間構成は同じであるが、北西部には連結した建設物の「聖蹟絵画館」と「憲法記念館」、その先に「相撲場」が置かれている。また、中央よりやや北方には「音楽堂」、権田原には「能楽堂」が配置されていた。

そしてこれらの予定図の一年後、『明治神宮奉賛会通信』第

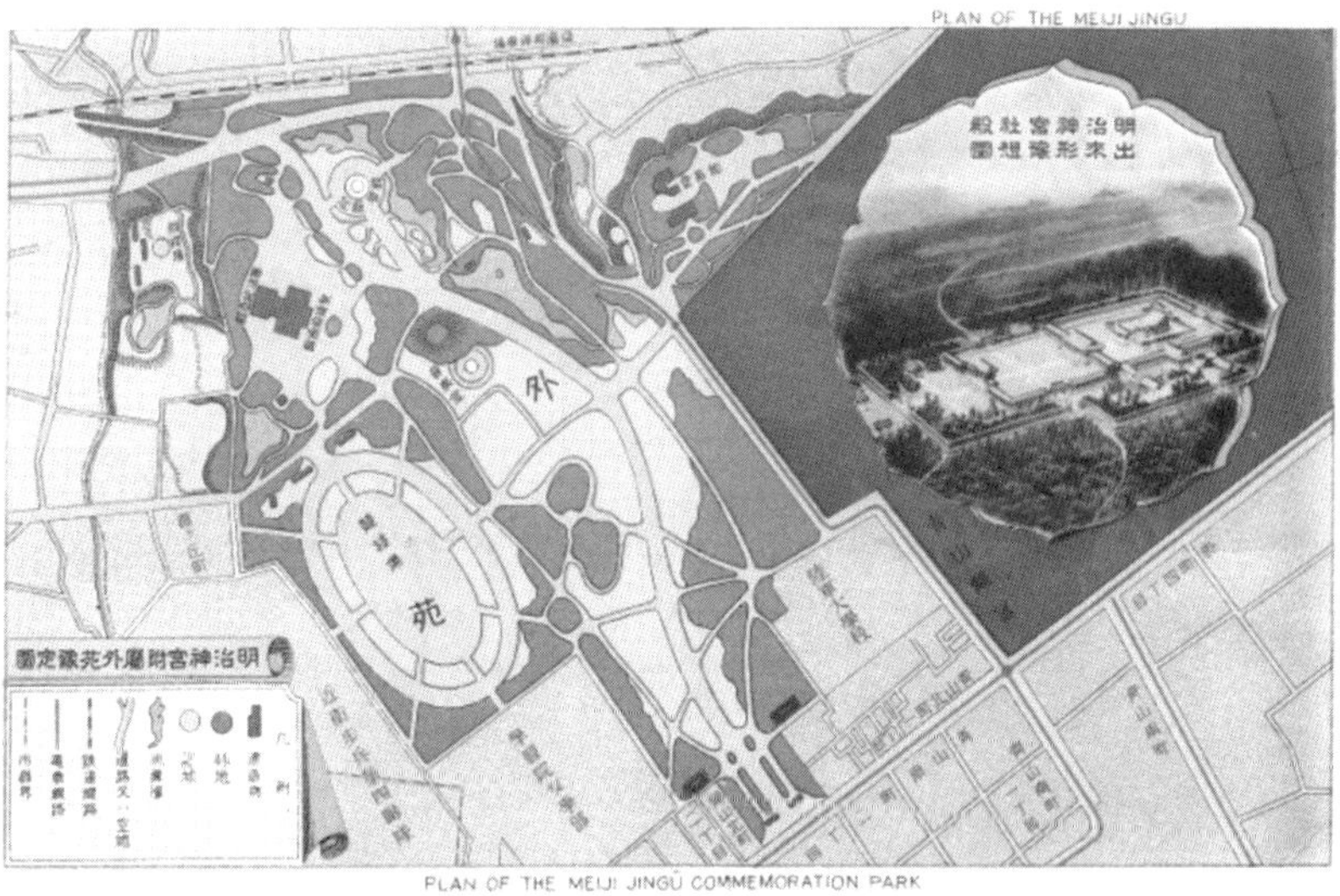

図11：明治神宮附属外苑予定図（出典：筆者所蔵、大正５年）
明治神宮奉賛会が大正５年６月25日に発行した記念絵葉書。神社奉祀調査会における図案にもとづいた予想図である「明治神宮境内及外苑之図」（明治神宮奉賛会、大正５年３月、筆者所蔵）から外苑部分のみ切り取ったもの。

一六号に「明治神宮外苑之図」[図12]が掲載された。これは「明治神宮外苑大体の計画ニ付公衆ノ批評ヲ求ムルノ目的ヲ以テ東京奠都五十年奉祝博覧会（三月十五日ヨリ五月三十一日迄東京上野不忍池畔ニ於テ開会）ニ明治神宮外苑図ヲ出品シタリ本図ハ工学博士伊東忠太氏及工学士池田稔氏ニ委嘱シテ設計セシモノナリ」というもので、添付された説明書も掲載されている[＊73]。

一年前の外苑図と最も異なるのは、先の「甲案」の路線に回帰して「葬場殿趾ト青山通ヲ連絡セル中央大通路」という南北を貫く中央道路を設定し、これに「権田原通路」なる東西軸の通路を交差させ、中心となる交差点には噴水広場を設け、その西端に東面した「聖徳記念絵画館」を置いたことである。同館の南方には「憲法記念館」および附属図書館と「能楽堂」、北西には現在の配置と同様に「競技場」（内部に相撲場設置も想定）、権田原には「音楽堂」が置かれた。そして、「葬場殿趾建造物」は一年前と同様、かなりの規模が想定されており、南北直線通路の突き当たりにあった。この南北を貫く直線式大通路の設計は、すでに明治天皇大喪儀の際に設けられていた中央通路の存在から考えれば、至極自然な流れのものと言える[＊74]。ただ、「葬場殿趾建造物」に至るまでの直線道路北部の両側には「甲案」同様の「肖像道」（銅像を両側に複数配置した道路）が構想されていたようである［＊75］。

ともあれ、この段階までは、葬場殿趾と聖徳記念絵画館はいまだ切り離されたまったく別の配置関係にあった（南北軸・東西軸各道路の突き当たりの北端と西端）。

同年一〇月三〇日の「外苑計画綱領」［＊76］には、外苑に「記念建造物」（葬場殿趾記念建造物、聖徳記念絵画館、憲法記念館、競技場）を設けて、樹林、芝生、泉池等を適当に配置するものとされ、「葬場殿趾建造物ハ殿趾ヲ明示スルニ足ルヘキモノタルコト」とあった。つまり、この時点では「葬場殿趾建造物」は最優先・最重要の施設とされていた。そして、同年一二月の『明治神宮奉賛会通信』第二四号巻頭に掲載された「外苑計画参考図」は、ほぼ実際の造営に通ずる設計となった［＊77］。この図では、南北通路のみならず、幾何学的な楕円形通路が登場したほか、南北通路の突き当たりには、泉池を手前に配した「絵画館」が置かれ、その後ろに「葬場殿趾」

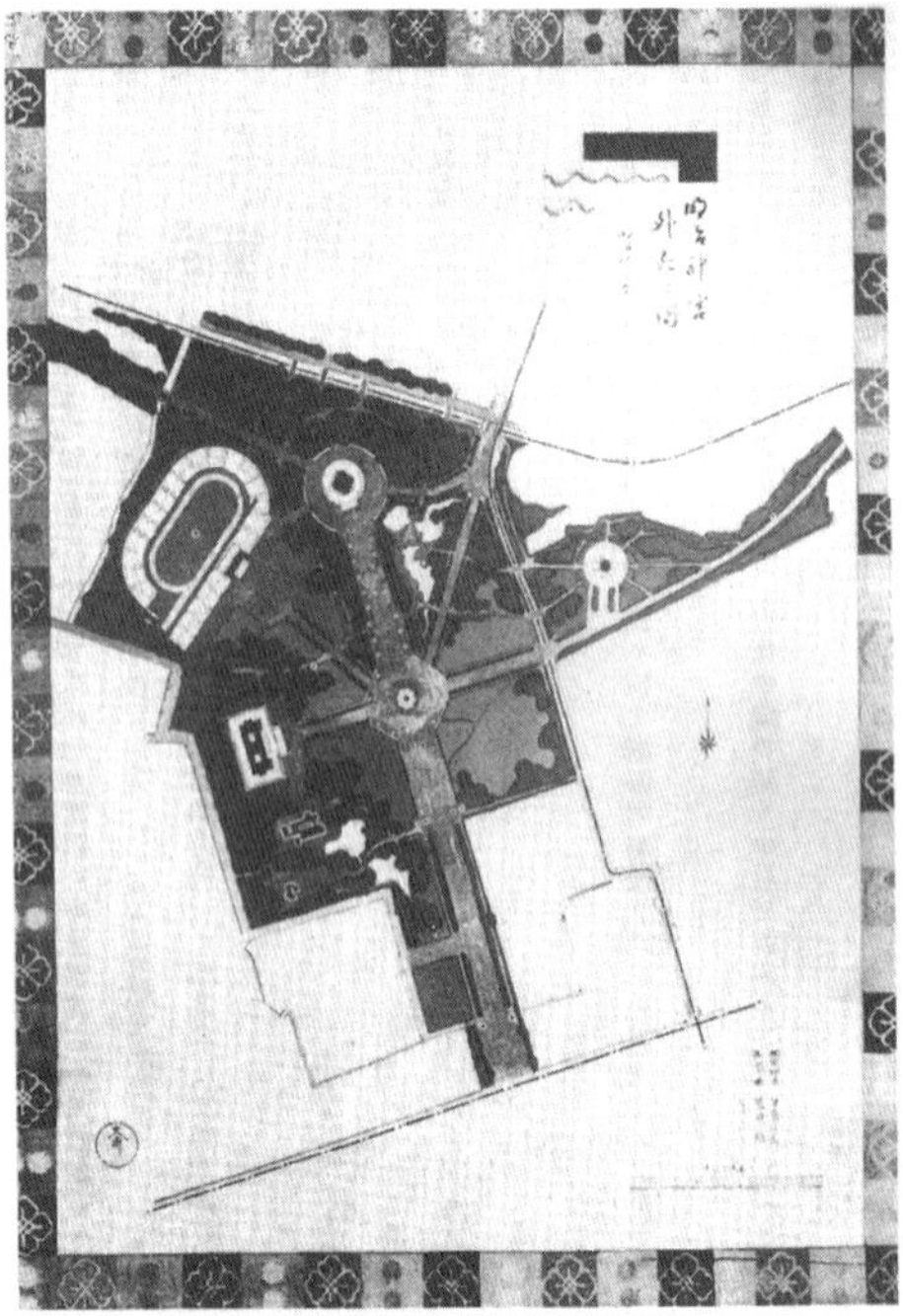

図12：明治神宮外苑之図（出典：『明治神宮奉賛会通信』第16号、大正6年）
『明治神宮奉賛会通信』第16号（大正6年4月）巻頭に掲載されたもの。同号には、同じ内容ながらより簡潔な線のみで書かれ、かつ施設名が図示された図面と説明書も掲載されている。直線式中央道路案を採用している。

が配置され、権田原に憲法記念館が置かれたのである。つまり、中心施設として聖徳記念絵画館が前面に押し出され、葬場殿趾は規模も縮小して、後景に退くかたちとなった。

この葬場殿趾と聖徳記念絵画館の位置づけの逆転は、同七年七月一五日に「聖徳記念絵画館及葬場殿址建造物設計案懸賞募集規定」[＊78]が公表され、「聖徳記念絵画館ノ位置ハ葬場殿址ノ前方ニ定ムルコト」などの設計要件が示されたことによって、確定的なものとなった。

九月二八日には懸賞応募の当選者(一等当選から四等四席まで)が通知された[＊79]。当選案は、絵画館と葬場殿址記念物が連続しているものも離れているものもあったが、後方にあるとはいえ、どの案も葬場殿址記念物がそれなりの存在感を示す規模で設計されていた[＊80]。一等の小林正紹案も、絵画館と接続させつつ絵画館よりも高い塔状構造物(約一二〇尺)の存在感のある葬場殿址記念物が設計されていたのだが、明治神宮造営局技師を務め、外苑の聖徳記念絵画館や競技場、日本青年館(外郭団体のため顧問格での関与)の設計を担当した小林政一は、「更に参与会に於て審議の結果幾多の異議生ずるに到り、結局之を廃案となし、別に造営局に於て立案することゝせられたり。／元来本記念物に付ては明治神宮奉賛会に於て、外苑事業計画の当初、構造物を以て記念せんとするの綱領を定められたるため、造営局に就ても之に基き考慮を巡ぐらし、工風を重ねたる結果、大正八年九月漸く成案を得たるに、奉賛会に於て熟議の結果、記念せんとする従来の方針を変更し、構造物に依るの案を中止せらるゝに到りたるを以て、造営局に於て更に研究を遂げ、結局現在の計画となすに到りたるものなり」[＊81]と述べている。

また、小林政一は、耐震構造の権威として知られる建築学の佐野利器(明治神宮造営局参与、東京帝国大学工科大学助教授)について、「外苑としては最重要な意義のあった葬場殿址には、初めは大きな記念碑を建てる予定であったが、これを廃して清浄な植樹園を以てしたり、各所入口には、宮城石垣の古材を用いて、日本式風趣を添えるなど、皆先生の発案であった」[＊82]と回想している。結局、「葬場殿趾」は、直径八・五間、高さ三尺の円壇を設け、壇周は万成花崗岩を以て築造し、壇上に芝を張り、その中央に楠樹を植え、周囲に広場を設けて砂利敷となしたものとなり、その工事は、大正一四年八月に着手して翌一五年三月に完了した[＊83]。また、外苑入口には、宮城外濠にあった石垣の古材を積み上げてその上部を植樹しただけの至ってシンプルな石塁が一対設けられている。先の指摘以外、詳細は不明だが、宮城外苑と明治神宮外苑との物理的関係で注目されよう[図13]。

四 「聖域」としての「外苑」

昭和戦前期、宮城・靖國神社・明治神宮の「外苑」に、「聖地」や「聖域」なる修飾語が冠されるようになる。従来、新聞報道で「聖地」といえば、エルサレム、メッカ、ベナレス、ルルドなど、専ら外国の地名を意味し、日本人にとっては声高に言わなくとも当然「聖性」をともなうと認識されていた空間に対する饒舌すぎる「枕詞」のため、日本の地域に冠されることはほとんどなかったにもかかわらず、当時頻出する語となっていたのである。

例えば、昭和四年（一九二九）六月二〇日の新聞記事「多摩陵の聖域完く整ひ両陛下行幸啓の御内儀」では、「明治神宮と共に二大聖域となつた多摩陵の風致は」[＊84]云々と記され、大正天皇山陵を「明治神宮」と並ぶ「二大聖域」と記した。また、同一〇年六月二〇日の記事「聖域二重橋から騒音を駆逐」では、「全国民景仰の聖域である宮城の外苑の森厳と美観を保ちかつまた年々ふえる宮城遥拝者群のために二重橋前の大道路から爆音を駆逐する計画がなつた」[＊85]とあり、同一一年三月一一日の記事「二重橋前一帯もけふ…遮断をとく十四日ぶりに開かれる聖域」[＊86]では、「宮城外苑」が「聖

図13：明治神宮外苑　青山口ヨリ聖徳記念絵画館ヲ望ム（出典：筆者所蔵）
明治神宮外苑管理署発行の絵葉書。古城址の趣を帯びた入口の石塁は、江戸城外濠の古石材で、常磐橋見付および半蔵門御門内にあったものを宮内省より譲り受け、ほぼ原型のまま積み上げたもので、内外苑連絡道路口も同様。

域」と表現されている。そして「東京大会は聖域で」という記事では、「四谷、渋谷両区と提携して〃オリムピツク競技場の神宮外苑招致〃に堂々乗り出した赤坂区」[＊87]云々と、「明治神宮外苑」も「聖域」とされている。

なお、東京以外に目を転じると、同一一年には「宇治山田市は畏くも皇大神宮鎮座の聖地」[＊88]、同一三年には「紀元二千六百年奉祝紀念事業たる橿原神宮聖域」[＊89]と、いずれも公文書中に「聖地」や「聖域」が用いられている。これらの例に鑑みると、都市なら「聖地」、神社境内、社地程度の規模なら「聖域」と使い分けをしているようにも見えるが、両方とも使用されている場合も多く、両者はほとんど同義のものとして認識されていた。

同一四年、東京市は、「宮城外苑の一郭は申すも畏き事乍ら宮城の前庭にして国民が宮城を拝し森厳なる雰囲気の裡に皇室の御隆昌を寿ぎ奉るに最もふさはしい聖地である。常時に於ては清浄にして、俗情を忘れる場所でなければならぬ。又式典に当り　陛下の御臨御を仰ぐ時に於ては即ち最も崇高厳粛なる式場とならねばならぬ、然るに現在の外苑は必しも此の要請を充してゐるものとは謂はれない。されば本市は宮内省当局の御指図を受けて之が整備に万全を期したいと思ふものである」として、「宮城外苑整備事業計画要綱」をまとめた[＊90]。「紀元二千六百年記念宮城外苑整備事業奉賛会」が組織され、「宮城外苑を愈々森厳清浄なる聖域となし奉るべく計画」[＊91]された。同一四年一一月一四日に起工式を挙げ、また翌日「東京市肇国奉公隊」が結成されて一般の勤労奉仕の体制も整え、着々と事業を推進した（昭和一八年の暮れに第一期事業の約八割を残して中止）。事業計画の内容は、「御親臨台予定地並広場造成」、「石塁装備」、「道路改」、「造園」、「周囲石塁内側土手築造」などであった。そして、同一五年一一月一〇日の「紀元二千六百年式典」、一一日の奉祝会は、「宮城外苑」で行われた[＊92]。

なお、同一四年は、政府や世論の同調的圧力を背景として、靖國神社境内の「神域浄化」（大祭時に「外苑」に出された見世物興行ならびに露店営業を不許可とした）に踏み切らざるを得ない「時勢」であり、一方では、官民から同社の「神域拡張」構想も打ち出されはじめる[＊93]。

同年七月一六日の新聞には、「護国の英霊神鎮まる靖國神社の神域は余りにも狭隘であり、全国民敬崇の聖地として、今事変を契機に神域の大拡張を行へ——との声が官民の間に翕然と起つて来たので、関係当局でもいよ〳〵具体的研究を開始した」とある[＊94]。さらに七月二一日の「宮城前、神宮、九段を一大聖域に結ぶ」[＊95]という記事には、「都市美協会」（阪谷芳郎会長）が、「宮城前外苑の整備と共に靖國神社神域拡張を行ふべき綜合プランを樹立、宮城前外苑、明治神宮外苑と結んで厖大な聖域を実現し、新東亜に興隆する全国民の心の中心をこゝに建設」しようと、宮城・明治神宮・靖國神社それぞれの「外苑」を結合した「一大聖域」をも視野に入れた「靖國神社神域拡張」の提唱が報じられた。そして、都市美協会協議会では、靖國神社神域拡張の費用として二千万円を算出し、一一月一三日には「靖國神社神域拡張ニ関スル建議案」が作成された[*96]。

また当時、小説家の松岡譲やジャーナリストの長谷川如是閑をはじめとする文化人たちも「聖域」たる靖國神社外苑の拡張に賛同し積極的な意味づけを図っているが、とくに松岡は、「帝都に行はれる武道やスポーツは、春は九段外苑を中心に、秋は明治神宮外苑中心に、それ〳〵大祭の神事として催されるのがいゝ」というユニークな見解を示している[*97]。

どうやら、当時の「靖國神社神域拡張」論については、官民ともにおおむね好意的に捉えていただけでなく、「聖域」という一種の流行語的「枕詞」をともないつつ、明治神宮外苑や宮城外苑とも関連づけられることがあったように、「公共性」と「神聖性」をともに備える空間として、各人の想像力を掻き立てる素材でもあった。近代の帝都東京において新たに形成された「公共空間」としての宮城外苑・明治神宮外苑・靖國神社外苑は、まさしく帝都の代表的な三大「公共空間」であったといえよう。

しかし、有識者を中心とするさまざまな人びとが帝都東京の都市空間における「理想」像を語った「靖國神社神域拡張」案は、結局、明治神宮外苑や宮城外苑との結合も行われず、また「紀元二千六百年」奉祝事業の一環ともなることなく、いずれも具体化にはほど遠い段階に留まり、とうてい「現実」には至らなかったのである。

註

*1――田阪美徳「神社外苑の種別」(『公園緑地』第六巻第七号、昭和一七年)。

*2――山口輝臣『明治神宮の出現』(吉川弘文館、平成一七年)を参照。

*3――青井哲人『植民地神社と帝国日本』(吉川弘文館、平成一七年)、永瀬節治「昭和戦前期における橿原神宮を中心とした空間整備事業に関する研究――紀元二六〇〇年祝典に際しての「神都」創出とその文脈」(『都市計画 別冊 都市計画論文集』第四四巻第三号、平成二一年)などを参照。

*4――「公共空間」という言葉はきわめて多義的であるが、本稿では「個の集合体であることを超えた公共性を獲得することによって都市は成立する。そしてそうした公共性は、空間とそこに与えられた機能として実在している。むしろこうした空間によって公共性に形が与えられる」(西村幸夫「はじめに」、『岩波講座都市の再生を考える第七巻 公共空間としての都市』岩波書店、平成一七年)という位置づけがあるように、「公的」(オフィシャル)な空間のみならず、「入会地」(コモンズ)的な場、さらには公園・緑地などのオープン・スペースなどのさまざまな性格の「公共性」を有する(あるいはそれぞれの要素の「対抗」や「軋轢」も含め、または各要素が入り混じった)実体をともなった具体的な「空間」(場)として「公共空間」の語を用いている。要するに、ここでは、伝統的に公共性を持ち続けてきた空間としての「神社境内」のみならず、近代日本において、神社に「附属」するものとして新たに設定された公共的空間(社域の一部、広義における境内の一部)をも検討対象とし、考察の重点は後者にある。

*5――藤田大誠「明治神宮史研究の現在――研究史の回顧と展望」(『神園』第六号、平成二三年)、同「慰霊の「公共空間」としての靖國神社」(『軍事史学』第四七巻第三号、平成二三年)、同「近代神苑の展開と明治神宮内外苑の造営――「公共空間」としての神社境内」(『國學院大學研究開発推進センター研究紀要』第六号、平成二四年)、同「青山葬場殿から明治神宮外苑へ――明治天皇大喪儀の空間的意義」(『明治聖徳記念学会紀要』復刊第四九号、平成二四年)、同「明治神宮外苑造営における体育・スポーツ施設構想――「明治神宮体育大会」研究序説」(『國學院大學 人間開発学研究』第四号、平成二五年)、同「神社から見た渋谷」(石井研士・國學院大學渋谷学研究会編著『渋谷学叢書第三巻 渋谷の神々』雄山閣、平成二五年)、同「靖國神社境内整備の変遷と「国家神道」――帝都東京における慰霊の「公共空間」の理想と現実」(國學院大學研究開発推進センター編『招魂と慰霊の系譜――「靖國」の思想を問う』錦正社、平成二五年)を参照。

*6――本稿は、藤田大誠「帝都東京における「外苑」の創出――宮城・靖國神社・明治神宮と「公共空間」」(『平成二一～二四年度科学研究費補助金(基盤研究(C))帝都東京における神社境内と「公共空間」に関する基礎的研究 研究成果報告書』)をもとに大幅な加除修正を行ったものである。

*7――以下の記述は、つぎに示す諸史料や先行業績などを参照した。近代の皇居(皇城・宮城)に関する史料としては、『東京市史稿 皇城篇』第一～第五、附図(東京市役所、明治四四～大正一五年)のほか、宮内庁書陵部図書課宮内公文書館所蔵の膨大な史料群がある。明治期の皇居造営事業や「皇城」の空間形成については、小野木重勝の『明治洋風宮廷建築』(相模書房、昭和五八年)などの一連の研究、山崎鯛介の「明治宮殿の建設経緯に見る表宮殿の設計経緯」(『日本建築学会計画系論文集』第五七二号、平成一五年)をはじめとする一連の研究、小沢朝江『明治の皇室建築――国家が求めた〈和風〉像』(吉川弘文館、平成二〇年)、石野浩司『石灰壇「毎朝御拝」の史的研究』(皇學館大学出版部、平成二三年)、松山恵『江戸・東京の都市史――近代移行期の都市・建築・社会』(東京大学出版会、平

成二六年）などがある。皇居の「外苑」形成過程に関しては、『宮城外苑沿革』（東京市、昭和一四年）、大熊喜邦「宮城外苑の変遷と田安台及丸ノ内の今昔」（『公園緑地』第一一巻第一号、昭和二九年）、中島卯三郎『皇城』（雄山閣、昭和三四年）、池辺武人『皇居外苑誌（皇居外苑風致考）』（皇居外苑保存協会、昭和四三年）、前島康彦『皇居外苑』（郷学舎、昭和五六年）、越澤明『東京都市計画物語』（日本経済評論社、平成三年）、小野良平「明治期東京における公共造園空間の計画思想」（『東京大学農学部演習林報告』第一〇三号、平成一二年）、原武史『皇居前広場』（光文社、平成一五年）、鈴木博之編『復元思想の社会史』（建築資料研究社、平成一八年）などがある。研究史については、前掲拙稿「帝都東京における「外苑」の創出」で詳細に論じたが、本稿では省略する。

*8――以下の記述は、岡部精一『東京奠都の真相』（仁友社、大正六年）、大木遠吉『新日本と遷都』（新興之日本社、大正六年）、阪本是丸『明治維新と国学者』（大明堂、平成五年）、佐々木克『江戸が東京になった日――明治二年の東京遷都』（講談社選書メチエ、平成一三年）などを参照した。

*9――阪本是丸「国家的儀礼空間の創造」（國學院大學日本文化研究所編『近代化と日本人の生活』同朋社出版、平成六年）を参照。

*10――井原頼明『禁苑史話』（冨山房、昭和一九年）を参照。

*11――鈴木博之『東京の地霊』（筑摩書房、平成二一年）は、「皇居前広場は洋風庭園の草わけ」と評価している。

*12――藤森照信『明治の東京計画』（岩波書店、昭和五七年）を参照。

*13――以下の記述は、『太陽臨時増刊　奠都三十年史』（博文館、明治三一年）、『風俗画報臨時増刊第百六十三号　奠都三十年祭図絵』（東陽堂、明治三一年）、御厨貴『日本の近代3　明治国家の完成　一八九〇～一九〇五』（中央公論新社、平成一三年）を参照。

*14――『明治天皇御大喪儀記録』（警視庁、大正二年）を参照。

*15――『大阪朝日新聞』明治一四年四月二七日。

*16――『読売新聞』明治二一年一〇月一九日。

*17――『読売新聞』明治二一年一二月二二日。

*18――『東京市史稿』皇城篇第五（東京市役所、大正七年）明治二八年三月一一日條。田中萬逸編『皇居之栞』（大日本皇道会出版部・正晃書院、大正二年）三頁には、「内苑より吹上御苑に出づる所に内苑門あり」とある。

*19――『東京朝日新聞』大正元年八月二日。

*20――『福羽逸人　回顧録』（財団法人国民公園協会新宿御苑、平成一八年）第三編第一章「内苑局創立ト其事績」を参照。

*21――『正三位勲一等農学博士子爵故福羽逸人先生追慕録』（逸話会、昭和六年）、福羽逸人述「園芸論」（社団法人日本公園緑地協会復刻出版、昭和五一年）、佐藤昌『日本公園緑地発達史』上・下巻（都市計画研究所、昭和五二年）、石川幹子「福羽逸人――近代園芸学の祖」（『ランドスケープ研究』第五八巻第一号、平成六年）、前掲『福羽逸人　回顧録』、前掲鈴木博之『東京の地霊』、若泉悠・鈴木誠「福羽逸人が園芸・造園界に与えた影響」（『ランドスケープ研究』第七一巻第五号、平成二〇年）、本荘暁子「福羽逸人の軌跡～現代に受け継がれる知られざる新宿御苑の歴史～」（『日本植物協会誌』第四三号、平成二一年）、同「新宿御苑の造営と福羽逸人の皇室庭園構想」（『神園』第七号、平成二四年）を参照。

*22――『読売新聞』明治四一年三月二九日。

*23――鈴木博之監修『皇室建築――内匠寮の人と作品』（建築画報社、平成一七年）を参照。

*24――宮内庁書陵部図書課宮内公文書館所蔵『宮城風致考』上・中・下三篇（市川之雄述、大正一一年五月）、同所蔵『宮城風致考附図』上・中・下三篇（市川之雄述、大正一一年五月）。三浦涼・佐藤洋一「宮城正門前外苑の形成過程に関する研究――大正一一年「宮城風致考」にみる外苑」（『日本建築学会学術講演梗概集（北海道）』、平成一六年）を参照。

*25――市川之雄は、慶應二（一八六六）年富山県生まれ。帝国大学農科大学乙科（後の農学実科）卒業後、宮内省御料局に入り、明治二九年御料局技手、同三一年に内匠寮技手となって、翌年から同三四年までフランスに

出張。同三七年に内苑局技師、同四一年に内苑寮技師となる。宮城外苑だけでなく、新宿御苑築造、宮家、御用邸、離宮の庭園築造や改造、神宮徴古館の庭園築造、京都御苑の改造、伏見桃山陵・伏見桃山東陵の造営に携わり、出雲大社神苑をはじめ、香川県栗林公園改造、横浜公園改造、明治五十年記念博覧会設計（一等当選未実施）などの設計を行った。大正三年より宮内技師兼園芸試験場技師となり、同一四年に退官。昭和一二年歿。前掲佐藤昌『日本公園緑地発達史』下巻、熊谷透・三島雅博「一九〇四年セントルイス万国博日本館の庭園について（その一）――その経緯と設計者について」（『日本建築学会学術講演梗概集（近畿）』平成一七年）を参照。

*26――『読売新聞』大正五年一月五日。

*27――『東京朝日新聞』大正六年一月九日。

*28――『東京朝日新聞』大正六年一一月二八日。

*29――市川之雄『宮城風致考』による宮城の風致については、前掲藤田大誠「帝都東京における「外苑」の創出」で詳細に論じたが、ここでは省略に従う。

*30――『東京朝日新聞』大正一一年五月一九日夕刊。

*31――『読売新聞』大正一二年五月五日。

*32――『読売新聞』大正一二年一〇月二日。

*33――平瀬礼太『銅像受難の近代』（吉川弘文館、平成二三年）を参照。

*34――前掲越澤明『東京都市計画物語』を参照。

*35――前掲原武史『皇居前広場』を参照。

*36――前掲『福羽逸人　回顧録』。

*37――小野良平『公園の誕生』（吉川弘文館、平成一五年）は、そもそも明治期における岩倉具視の京都皇宮保存に関する建議が、京都御苑と宮城前広場を相同的な国家的儀礼空間とする構想であったことを指摘している。

*38――椎原兵市『現代庭園図説』（現代庭園図説刊行会、大正一三年）。椎原については、井下清「椎原兵市君の表彰」（『造園雑誌』第一二巻第四号、昭和三四年）、高橋宏樹・宮城俊作「椎原兵市の遺した図面からみた戦前の造園設計における平面図の意味と役割」（『ランドスケープ研究』第六三巻第五号、平成一一年）を参照。

*39――前掲藤田大誠「神社から見た渋谷」を参照。

*40――平山昇「二重橋前平癒祈願と明治神宮創建論争――天皇に対する〈感情美〉の変質――」（『メディア史研究』第三四号、平成二五年）を参照。

*41――「明治神宮奉祀　第二の伊勢大廟とせん」（『朝日新聞』大正元年八月三日）。また、関直彦は、「青山の練兵場に御廟を設へまつり其周囲の幾分を民間に払下げ政府と市民と協力し毎年七月三十日を以て靖國神社祭奠同様国祭を行ひたい考へである」と述べている（「青山に先帝の大廟を設へ奉らん」、『東京日日新聞』大正元年八月三日）。

*42――前掲藤田大誠「青山葬場殿から明治神宮外苑へ」、長谷川香「明治神宮外苑の成立過程に関する研究――軍事儀礼・日本大博覧会構想・明治天皇大喪儀」（『建築史学』第六一号、平成二五年）を参照。

*43――佐藤一伯『明治聖徳論の研究――明治神宮の神学』（国書刊行会、平成二二年）の図表一一、一二を参照。

*44――池邊義象「大喪及山陵について」（『日本及日本人』第五八八号、大正元年）。

*45――「明治天皇奉祀ニ関スル建議並請願」（明治神宮編『明治神宮叢書』第一七巻・資料編⑴、明治神宮社務所、平成一八年）。

*46――「青山は不適当」（『東京朝日新聞』大正元年八月七日）、「明治神宮の位置」（『全国神職会会報』第一六八号、大正元年）。

*47――前掲山口輝臣『明治神宮の出現』一二五、一二六頁、畔上直樹「戦前日本の神社風致論と明治天皇の「由緒」」（『シリーズ歴史学の現在　由緒の比較史』青木書店、平成二二年）を参照。

*48――古川隆久『皇紀・万博・オリンピック――皇室ブランドと経済発展』（中公新書、平成一〇年）、小路田泰直「日本近代都市とその象徴――「京都」と明治神宮」（水林彪・金子修一・渡邊節夫編『王権のコスモロジー』弘

文堂、平成一〇年）、『史料集 公と私の構造5 日本大博覧会と明治神宮』（ゆまに書房、平成一五年）、前掲山口輝臣『明治神宮の出現』、長谷川香「明治神宮造営に関する一考察――明治四四年日本大博覧会設計競技の分析を通して」（『日本建築学会大会学術講演会梗概集（関東）』、平成二四年）、同「日本大博覧会と明治神宮――明治四十四年日本大博覧会設計競技の分析を通して」（『神園』第七号、平成二四年）、前掲同「明治神宮外苑の成立過程に関する研究」を参照。

*49――「明治神宮建設ニ関スル覚書」（前掲『明治神宮叢書』第一七巻）。

*50――「明治神宮奉建の閣議決定」（『竜門雑誌』第三〇七号、大正二年）、「神宮奉建調査会 官制近く発布されん」（『中外商業新報』大正二年一二月一六日）、「神宮参道の変更」（『全国神職会会報』第一〇九号、大正三年）。

*51――『神社奉祀調査会会議録（第三回）』（明治神宮所蔵『神社奉祀調査会会議録 第二、三、四、五、六回分』）。

*52――『神社奉祀調査会特別委員会報告』（前掲『明治神宮叢書』第一七巻）。また、国立公文書館所蔵『公文類纂』大正四年・第一一巻・内務省・大蔵省「神社奉祀調査会経過要領ノ件」、「神社奉祀調査会経過要領ノ一、二」、東京公文書館所蔵『明治神宮ニ関係スル書類』。

*53――前掲国立公文書館所蔵「神社奉祀調査会経過要領ノ一」。

*54――靖國神社編『靖國神社誌』（靖國神社、明治四四年）六八丁。

*55――防衛省防衛研究所所蔵『陸軍省大日記』明治三四年乾「弐大日記九月」、「靖國神社競馬場廃止の件」。

*56――山口正興「帝都に一大神苑の開設を望む」（『全国神職会会報』第一〇三号、明治四〇年）。

*57――『東京朝日新聞』大正三年一月一〇日。

*58――『東京朝日新聞』大正三年二月二二日。

*59――『東京朝日新聞』大正三年三月四日。

*60――『靖國神社百年史 史料篇上』（靖國神社、昭和五八年）。

*61――『東京朝日新聞』大正四年二月二日。おそらくこれにかかわる図面として、公益財団法人東京都公園協会「緑と水」の市民カレッジみどりの図書館東京グリーンアーカイブス所蔵「靖國神社旧馬場改良計画図」がある。

*62――『読売新聞』大正四年四月二三日。

*63――『読売新聞』大正四年七月三日。

*64――賀茂百樹『明治神宮と靖國神社』（大日本皇国会本部、大正一一年）。

*65――阪谷芳郎「明治神宮奉賛会経過（大正五年三月四日麻布区役所楼上にて演説）」（前掲『明治神宮叢書』第一七巻）。

*66――前掲藤田大誠「明治神宮外苑造営における体育・スポーツ施設構想」を参照。

*67――明治神宮奉賛会編『明治神宮外苑奉献概要報告』（大正一五年）。

*68――前掲長谷川香「明治神宮外苑の成立過程に関する研究」、前掲今泉宜子『明治神宮』第三章「都市のモニュメント」を参照。

*69――この初期における「明治神宮境内及附属外苑之図」（刊記なし）は、明治神宮や東京都立中央図書館に所蔵されている。

*70――永瀬節治「近代的並木街路としての明治神宮表参道の成立経緯について」（『ランドスケープ研究』第七三巻第五号、平成二二年）を参照。

*71――東京大学大学院工学研究科建築学専攻所蔵「明治神宮境内及附属外苑之図」。本稿では、今泉宜子が収集した画像データを参照した。

*72――「経過報告」（『明治神宮奉賛会通信』第四号、大正五年）。

*73――「会務要項」（『明治神宮奉賛会通信』第一六号、大正六年四月）。

*74――『明治神宮外苑志』（明治神宮奉賛会、昭和一二年）に大喪儀後の建物が撤去された時期と思しき「大葬場中央通路」の写真が掲載されている。

*75――前掲今泉宜子『明治神宮』によれば、大正五年一月二〇日に阪谷芳郎が伊東忠太に示した「外苑設計大体考案要旨」には、重要建設物として、①葬場殿趾御記念塔及肖像道、②聖徳記念絵画館、③憲法紀念館、④御祭典奉納競馬及競技場（スタジアム）、⑤御祭典奉納能楽堂、⑥広場附奉納音楽堂及御祭典奉納相撲場が挙げられていた。阪谷ら明治神宮奉賛会は、明治天皇・昭憲皇太后、および維新元勲の銅像を外苑内（肖像道もしく

は聖徳記念絵画館中央大広間）に配置するという計画にかなりの執着を見せていたという。また、「葬場殿趾御記念塔」については、阪谷が明治天皇の御製六首を刻み込む六角形の塔を置く構想、伊東は明治天皇の騎馬大銅像と功臣の像を配置する構想があったというが、いずれも実現しなかった。

*76——前掲明治神宮奉賛会編『明治神宮外苑奉献概要報告』四三頁。

*77——「外苑計画参考図」（『明治神宮奉賛会通信』第二四号、大正六年）。

*78——「会務要項」（『明治神宮奉賛会通信』第三一号、大正七年）。

*79——「会務要項」（『明治神宮奉賛会通信』第三四号、大正七年）。

*80——『聖徳記念絵画館及葬場殿趾記念建造物競技設計図集』（洪洋社、大正七年）。

*81——小林政一『明治神宮外苑工事に就て 第一輯』（昭和四年）五四頁。

*82——小林政一「佐野先生と明治神宮造営」（『建築雑誌』第八四三号、昭和三二年）。

*83——前掲『明治神宮外苑志』一五二頁。

*84——『読売新聞』昭和四年六月二〇日。

*85——『読売新聞』昭和一〇年六月二一日。

*86——『読売新聞』昭和一一年三月一一日。

*87——『読売新聞』昭和一一年一一月七日夕刊。

*88——国立公文書館所蔵『公文雑纂』昭和一一年・第三六巻・都市計画一「宇治山田都市計画風致地区決定ノ件」。

*89——国立公文書館所蔵『公文雑纂・昭和一三年・第六七巻・都市計画一六「畝傍都市計画橿原土地区劃整理○畝傍都市計画街路○畝傍都市計画街路事業及其ノ執行年度割決定ノ件」。

*90——『紀元二千六百年記念　宮城外苑整備事業概要』（東京市、昭和一四年）所収。

*91——『紀元二千六百年記念　宮城外苑整備事業奉賛会要覧』（東京市、昭和一五年）、『紀元二千六百年記念　宮城外苑整備勤労奉仕　東京市肇国奉公隊要綱』（東京市）、『東京市紀元二千六百年奉祝記念事業志』（東京市役所、昭和一六年）を参照。

*92——『天業奉頌』（紀元二千六百年奉祝会、昭和一八年）を参照。

*93——『東京朝日新聞』昭和一四年二月二六日、『靖國神社百年史　事歴年表』（靖國神社、昭和六二年）。靖國神社の「神域浄化」と「神域拡張」構想は、前掲藤田大誠「靖國神社境内整備の変遷と「国家神道」」で詳論した。

*94——『東京朝日新聞』昭和一四年七月一六日。

*95——『東京朝日新聞』昭和一四年七月二二日。

*96——『東京朝日新聞』昭和一四年七月二九日、「靖國神社神域拡張ニ関スル建議案」（『都市美』第二九号、昭和一五年）。

*97——松岡譲「靖國神社外苑論」（『読売新聞』昭和一四年八月五日）、長谷川如是閑「都会の聖域」（『読売新聞』昭和一四年八月一一日第二夕刊）。

第II部

画期としての明治神宮造営

第4章

明治神宮が〈神社〉であることの意義
──その国家性と公共性をめぐって

菅 浩二

はじめに

明治初年の神仏分離により「国家の宗祀」たる象徴体系として仏寺から明確に切り離され、行政管理下の祭祀の空間とされて以降の神社を、〈神社〉と表現する。明治天皇・昭憲皇太后を祀り、帝都・東京に大正九年（一九二〇）一一月一日に鎮座した明治神宮は、はじめからこの意味の〈神社〉として企画・創建され、営まれてきた施設である。本稿はこの明治神宮について、

A 明治神宮が〈神社〉であることの意義

B 明治神宮の国家性

C 公共空間としての明治神宮

を論題とし、それぞれの側面でどのような研究の切り口が考えられるかを、方法論的に検討するものである。また明治神宮を事例としたその検討を通じて、〈神社〉の公共性についても考えたい。

一 明治国家における「公共」と〈神社〉

明治国家における「公共性」とは何か。この問題は非常に大きく、当然ながら本稿のみでは論じ切れないが、ここでは仮に、大日本帝国憲法における「公共」の用例を参照しておこう。

帝国憲法条文中「公共」の語は三ヵ所に見出される。

第八条〔第一項〕天皇ハ公共ノ安全ヲ保持シ又ハ其ノ災厄ヲ避クル為緊急ノ必要ニ由リ帝国議会閉会ノ場合ニ於テ法律ニ代ルヘキ勅令ヲ発ス

第九条　天皇ハ法律ヲ執行スル為ニ又ハ公共ノ安寧秩序ヲ保持シ及臣民ノ幸福ヲ増進スル為ニ必要ナル命令ヲ発シ又ハ発セシム但シ命令ヲ以テ法律ヲ変更スルコトヲ得ス

第七十条〔第一項〕公共ノ安全ヲ保持スル為緊急ノ需要アル場合ニ於テ内外ノ情形ニ因リ政府ハ帝国議会ヲ召集スルコト能ハサルトキハ勅令ニ

依リ財政上必要ノ処分ヲ為スコトヲ得

いずれの用例も、緊急または特別な状況下に優先されるべき「公共ノ安全」「公共ノ安寧秩序」の表現の中で用いられている。一方で、この「安寧秩序」の優先は、「信教の自由」に関する規定にも見出される。

第二十八条　日本臣民ハ安寧秩序ヲ妨ケス及臣民タルノ義務ニ背カサル限ニ於テ信教ノ自由ヲ有ス

この条文についてはしばしば、それが信教の自由の規定ではあるが〈制限付き〉であることが強調される。だが、少なくともこの条文が、非国教主義である点で政と教の分離を規定していることは間違いない。そして他の条文と読み合わせれば、その〈制限〉部分、すなわち「安寧秩序ヲ妨ケス及臣民タルノ義務ニ背カサル限」は、「公共」の内容を表現していると見ることができる。ここで示されているのは、国家存立の基盤となる共同性を「公」とし、残余の部分を「私」とする構図から立ち現れてくる、ナショナルな定義にもとづく「公共」性である。

そして近代日本では、そのような公共性の根幹に「祭政一致」理念と「政教分離」の実践が存在した、と考えられる。明治国家において、「公共」性がおもにこうしたナショナルな定義にもとづいて問題とされたのは、一九世紀後半の、日本国家の不安定性に由来している。安政五年（一八五八）の「安政五か国条約」締結から明治四四年（一九一一）のその完全撤廃まで、日本はずっと不平等条約下の半植民地状態にあったのであり、とくに明治前半期には、いつ植民地に落ちてもおかしくない、との危機感は切実であった。この点が、近代日本の対「東洋」認識の二律背反的な性格——同一化と差異化の双方を示す——とかかわっている。自らが植民地化されるかもしれない危機感のなかで、自らも植民地獲得と経営に尽力する、という両面性に、明治期の日本は直面し続けていたのである。

内戦と再統合を経て国際社会に船出した明治期の日本においては、まず価値としての国家存立の問題が表層化したがゆえに、地方分権・理念共有の連邦制ではなく、中央集権による国家統合の道を歩んだ、といえるだろう。その国家存立の基盤となる、各生活、地域ごとに存在する共同性をくみ上げるシステムを「公」として、残余の部分が、「私」と整理されたのである。

一方、この時代に欧米近代社会を中心に進んだとされる宗教の「私事化」については、個人の信仰、あるいは信仰しないことまで含めて、信教の枠組みから考えなくてはならない。自らが主体となってある信仰を選びとること、あるいは何の信仰も選ばないこと——この自由こそ「信教の自由」である。このことにおいて宗教は、自らの属する共同体の保持する信仰の形式を受容することを指すのでなく、主体性を持って自己を認識する「私」の選択肢となる。

今日の公共哲学が志向するような、この「私」領域の相互承認による関係性として想定され成立する「公共」と、権力関係を内包した機構としての国家、およびその存立基盤となる共同性をくみ上げる「公」とは、異質なのではないか、との疑問も成り立つ。この疑問は、さらに近代化論における日本特殊論を回避すべきか、等々の問題ともかかわるが、本稿ではこれ以上の議論には立ち入らない。ともあれここでは、国家存立にかかわる一九世紀から二〇世紀初頭の国際環境が、「公共」性の解釈と概念としての定着について、近代日本に固有な状況をもたらしたことを確認するに留める。

「私」の部分が党派であれば、非党派性が「公」である。そして選びとられる対象としての宗教は、すなわち党派としての宗教、と解釈される。この反面で非宗教の〈神社〉祭祀は非党派の場となるから、近代日本に特殊な状況の一側面として、宗教の党派化／〈神社〉祭祀の非党派化が指摘できるだろう。あらためて帝国憲法条文を参照すれば、「第三条　天皇ハ神聖ニシテ侵スヘカラス」に規定された天皇の神聖性は、すなわち君主の無党派性の規定である、と解釈されていた。この国家元首としての天皇の「無党派性」が、また古代以来のその祭司君主たる性格を媒介に、祭祀空間にも適用される、と見なされていた、と考えてよいだろう。

帝国憲法条文に明文化されない「祭祀大権」が解釈概念としては了解されていた事実や、神職側の「神祇官興復運動」が政教一致と別次元で提唱されていた事実などは、この点にかかわる。そして村上重良や島薗進の「広義」の「国家神道」論[*1]が、皇室祭祀と神社祭祀そして国家行政の連関を強調するのも、当にこの点への注目のゆえであろう。もっとも、国家レベルの公共宗教が志向されていたことと、それが事実上の国教として成立していたか否かは、峻別されるべきだと思われる。

ところで藤田大誠は、本研究の主題となる神社境内の「公共性」に関し、こうした国家の「公」およびコミュニティの「共」とかかわる「公共」性とは別の、次のような説明を行っている。

神社境内という「空間」は、「私的な」(private)、或いは「個人的な」(personal)空間ではなく、「隠された」(secret)場所でもない、「公共性」を有する〈場〉、即ち「公共空間」として位置づけられよう。[＊2]

ここでは、private でも personal あるいは secret でもないことを「公共」性と位置づけている。この「公共」の定義は、具体的な歴史資料に即して「公共空間」たる神社を考える、本書の基盤となった共同研究の出発点において共通了解として示されたものである。他方で上述のように、国家がその存立基盤となる「共同性」に「公」領域としての意義づけを与え、「公」＋「共」の重要性の残余の部分として「私」領域が成立してきた歴史的経緯が、〈神社〉についても想定されるのである。この想定に立脚すれば、「私」ではない部分にも及んでいるから神社境内は「公共」空間だ、という定義に仮に踏みとどまった場合、結果的に循環論法を構成する恐れが生じる。

田中悟は「「神社の公共性」論の独自性を、「「公共性」をナショナリズムによって再び定義しようとする思潮」によって説明してしまうことも、あるいは可能かもしれない」と指摘したうえで、「神社の公共性」論には独自の問題意識の広がりが予想されるが、それはナショナリズムによって公共性を再び定義しようとする主張に飲みこまれて、その一部になってしまわないか、と問題提起している[＊3]。たしかに、ナショナリズムとの関係性を解きほぐしつつ、他方でネイション構築の歴史的意味を見定めながら「公共」の議論を深めていく努力は、さらに続けられる必要がある。そして明治神宮は、明治国家の建設とその時代を記念する祭祀施設である。しかしその明治神宮を考察対象に「公共」の契機を探究することは、必ずしもナショナリズムに一義的に依拠することと同値ではない、と筆者は考える。

二　明治神宮が〈神社〉であることの意義

以上の議論を踏まえて、まず論題A「明治神宮が〈神社〉であることの意義」について考えよう。ここではこの論題を、さらに以下ふたつに分けたい。

① なぜ明治天皇を崇敬する施設が〈神社〉なのか（主に創建前史の検討）

② 明治神宮が〈神社〉であることにより、どのような社会

的効果がもたらされた／もたらされているか（創建以降今日までの検討）

まず①について述べよう。明治神宮は、明らかに〈神社〉である。しかし、明治天皇崩御の後に、人びとが先帝を追慕し、明治の時代を記念する施設は、必ずしも神社である必要はなかった。にもかかわらずなぜ神社の形が選ばれたのか。

最近の研究では平山昇が、明治天皇御不例の時の二重橋前平癒祈願に見る国民の「感情美」が神社創建に結びついた、とする理解は、はじめから自明ではなく、ある段階で生み出された、という事実を、新聞記事や投書を参照して明らかにしようと試みている［＊4］。平山の研究では、明治天皇崩御直後の『東京朝日新聞』「思ひつぎつぎ」欄が中心に取り上げられている。実際、以下に見るとおり、①は必ずしも自明ではない。

たとえば、『都新聞』大正元年（一九一二）八月七日号に掲載された「御銅像が欲しい」という投書では、明治大帝は「世界の大人格」「世界の最大偉人」「世界の人」であるから「世界漫遊の観光客」に、この偉人を敬仰させる「世界的の方法」が必要、として、以下のように述べている。

此点から言つて、吾輩は何うしても一ツ東京に、大帝の銅像が欲しい、つまらぬ一種の感情に囚へられて、大帝の偉業と其の大御人格を記念する方式を狭くし小さくし、之を世界的たらしめざるのは、大帝の徳に酬い奉る賢き方法ではあるまい。

さらに、明瞭な神社反対論の例として平山の考察でも重要視されている『東京朝日新聞』大正元年八月八日号掲載の「牛込一愛読女」投書は、以下のようなものである。

神社にはゾツと致します。記者様、私は何処までも神社論には反対致します。〔……〕此後領土はまし人種いろいろなのが日本臣民となつた未来に大日本開国の祖は昔（未来より見て）の人間の手で造つた小さな宮で神官が祭文をよむ時でなければ我等の感謝を受けられぬとなつたら随分だと思ひます。私は御銅像を安置し奉る記念一大図書館をえらびませう。

これらは、日本固有の神社のかたちで明治天皇記念が果たされるのか、との疑問にもとづく神社反対論である。これら反対者は「世界的の方法」として銅像や図書館などの記念建造物を挙げている。それはまた、明治神宮が〈神社〉として創建される過程でも、従来の神社像に留まることなく、こんにちの外苑に相当する部分において、これら「世界的の方法」を包摂する形式が模索されたことを意味している。

このようにして①の自明性に方法論的懐疑を向けるならば、では天皇・皇族を祭神とする〈神社〉創建の前例・源流はどこに求められるだろうか。橿原神宮・平安神宮、そして皇族の北白川宮能久親王を奉斎した台湾神社などが想定される[*5]。あるいは人を神に祀る例一般にまで範囲を広げれば、靖國神社を含めて近代創建神社の多くが含まれるし、近世以前の例としては東照宮や藩祖を祀る神社など、さらには御霊信仰、先祖祭祀など、諸々の源流が想起される。一般に、人が亡くなってご先祖の神様になるには、一定の儀礼と時間が必要と見なされるが、明治神宮の場合は、明治天皇崩御と創建構想の間にあまり時間を置いていない。この点に注目し、人の死と神社祭神となることとの時間的近さが際立つ例を考えれば、たとえば徳川家康が亡くなった翌月に構想されている久能山東照宮の例も想起される。

これらは日本の神道信仰固有の「神」を祀る施設の例だが、東アジアの次元でも、墓地と廟、陵墓、宗廟のような礼拝所や祖先祭祀と「公」の関係が、おもに儒教文明圏に存在している。神道祭祀と儒教祭祀では何が異なるか、については別の議論が必要であろうが、まずは明治神宮が〈神社〉であることの背後に、汎東アジア的な「公的」祭祀空間の系譜も指摘できることを確認しておきたい。

一方で、先の神社反対論者たちが掲げる「世界的の方法」は、西洋化＝開化と捉えた明治時代を象徴するように、欧米の例を念頭に置いている。すなわち、明治神宮が〈神社〉でありなおかつ外苑を擁することには、その基底において汎東アジア的および西洋近代的な公共性の双方を包摂し、結果的に「日本」の「公共」性を浮かび上がらせる構造が読み取れるのである。

次に②「明治神宮が〈神社〉であることにより、どのような社会的効果がもたらされた／もたらされているか」について。ここで問題となるのは、行政上は非宗教施設として創建されつつ、他方で宗教的信仰の対象でもあった明治神宮という〈神社〉がもたらす「社会的効果」である。これは創建以降、宗教法人化をも経て今日までが対象となる、非常に範囲の広い研究が求められるが、本稿では鎮座当時の社頭風景描写を参照しよう。

此鎮座祭が空前の盛況で有たと申すのも、勿論明治聖帝御遺徳の然しむるところに違ひないのでありますが、此多数参拝者を区分して見まするとニ通りであつて、即ち宗教的に参拝する者と、道徳的の考で参拝するものと、夫から唯参拝寧ろ参観と言ふ様な極めて単純な考へで参拝する者と、此三つであると思ひますが、事実に於ては此第一の者が非常に多いと感じましたのは、あの混雑の中で御賽銭を上げるのが随分困難でありましたのに、どうでも之を上げて拝まなくては気がすまぬと言ふ風で、最初の三日間は毎日千円からの御賽銭が上りまして、其後も毎日七八百円位は上がると言ふ事でありまして、中には一人にて五円十円と上げる者も有たと言ふ事であります。夫から拝む時の状態を観察しますのに、確かに信仰の態度であつて祈願をする者が多い、夫から私は最近参拝した時に見受けたのでありますが、拝殿前に小さな紙函に「御灯明何某」と書いて上げてあるのがありました　又手洗鉢の所に御水銭を上げる者が多いので、社務所で断り書きを書いてあるのに、矢張り之を上げてゐるのを見ましたが、之等から見まするど、どうも水天宮や浅草の観音に参る時と、殆ど同一の態度で参拝するのであつて、其間に二様の考へを持て居る様に思はれない者が沢山あると、私は思ひましたのであります、第二に守札の事でありますが、承るところによれば、最初内務省抔に明治神宮は他の神社と異なり、信仰的のもので無いから、御札は出さぬ方が良からうと言ふ様な説も有りましたさうでありますが、兎に角出すと言ふ事には定まりましたが、一年に二十万枚も有れば充分であらうと言ふので、伊勢と熱田に頼んで五十万丈け作つたさうであります、ところが第一日は始め鳥渡出しましたが、あの混雑で直に中止してしまひまして、其後六日から又出し始めましたところが、毎日非常に沢山出ますので、朝は遅く出し始め、夕には早く締めると言ふ風にしましたが、十数日間に全部出てしまつて、大急ぎで頼んでも間に合はないので、暫らく頒布が出来なかつたと言ふ事であります。之等が矢張り単に道徳的の考へを以て、明治聖帝を敬慕崇拝するのでは無くて、矢張り宗教的の信仰を以て参拝するものであると思はるゝのであります、どうも一部の人が理屈で考へる様な訳のものでは無く、事実は確かにかういふ風で有たと言ふ事を見聞致しましたので、附け加へて申し上げました次第であります。

（東京市聯合青年団講師　陸軍砲兵中佐　宮川仁蔵「明治神宮鎮座

祭に於ける東京市聯合青年団の奉仕――神宮崇敬と我が国民の宗教気分」[＊6]）

鎮座祭当時の社頭の熱狂は、道徳に留まらず宗教的とも捉えられるだろう、との指摘である。〈神社〉ではしばしば、神とは何か、との問題は「祭られる対象」以上には思考されない。しかし、神への信仰は当然のことながら「宗教」的熱狂を帯びる。

鎮座当初からのこの「我が国民の宗教気分」は、その後も今日に至る明治神宮の歴史において、初詣など参詣の場としての発展、諸宗教教団の活動や学校教育や社会教育における崇敬対象としての位置、戦後における復興と発展、など多様な側面に展開する要素である。今後それぞれの側面において、明治神宮研究のさらなる深まりが期待される。

三　明治神宮の国家性
――モニュメントと祝祭空間

次に論点B「明治神宮の国家性」について考えたい。国家により造営された明治神宮が国家性を帯びているのは、ある意味当然のようであるが、ここでの注目は前掲の「世界的の方法」の語が指している内容に向けられる。例示されているのは、銅像や図書館などの国家的な記念碑建造物であるが、ではその施設と周囲の空間は、どのような営みの場として想定されているのだろうか。

ここで、あくまでも新たな着眼点を得るための思考実験として、ではあるが、比較の視点を提示したい。表1は、アメリカ合衆国・ワシントンD.C.と日本の記念建造物について記した年表である。

Iは一八六〇年代の内戦戦没者慰霊を、IIは一八八〇年代後半から九〇年代に建国者を、IIIは一九二〇年代に再統合の象徴的指導者を、それぞれ記念した建造物である。一九世紀後半には、日本のみならずさまざまな国で内戦と国民国家統合が起きた時代であったことが、比較の前提となっている。

ワシントンD.C.の空間整備は「都市美運動」[＊7]の影響であるが、日本に都市美運動の影響が及ぶのはしばし後のこと（都市美研究会が設立されるのは大正一四年）である。ここでは「世界的の方法」との関わりから、明治神宮に祝祭空間としての側面を読み込むことはできないか、その可能性を考えてみ

表1：内戦戦没者・建国者・再統合の象徴。記念建造物の日米比較

年	アメリカ・ワシントンDC	日本（東京など）
1776	合衆国独立	
1791	フィラデルフィアからの首都移転・造営計画具体化 「ワシントン市」命名（G・ワシントン大統領在任中）	
1800	首都機能移転	
1814	米英戦争（1812〜）にて英軍の焼き討ち、主要施設焼失	
1848	ワシントン記念塔（オベリスク）起工	
1861	南北戦争（〜1865）中に人口が激増	
1864	アーリントン国立墓地設立…Ⅰ	
1868		明治維新
1869		戊辰戦争終結 東京招魂社鎮座…Ⅰ
1885	ワシントン記念塔 除幕式（エッフェル塔以前の世界最高建築物）…Ⅱ	
1890		橿原神宮鎮座…Ⅱ
1901	欧州の首都景観や「都市美運動」に影響を受け、ナショナル・モール整備を進める「マクミラン計画」始動	
1911	リンカーン記念館建設が議会承認	
1912		明治帝崩御
1920		明治神宮鎮座（内苑）…Ⅲ
1922	リンカーン記念館 献堂式…Ⅲ	
1923		関東大震災

Ⅰ＝内戦戦没者慰霊／Ⅱ＝建国者／Ⅲ＝再統合の象徴的指導者の記念建造物

たい。

ワシントンD.C.では周知のとおり、一九六三年八月二八日、公民権運動の中でM・L・キング牧師がリンカーン記念堂の前に立ち、二〇万人の大群衆の前でかの“I have a dream.”の演説が行われている。これも一種の祝祭空間といえるだろう。この「ワシントン大行進」の場合は、マイノリティ問題に対して国家理念を再び現前せしめることがめざされている。今さらながらの感もあるものの、公共性、国民国家と祝祭一般に関するこれまでの膨大な研究蓄積に、〈神社〉の像を重ねて見る視角もあらためて必要ではないだろうか。

とくに近代国家の祝祭空間は、一九三〇年代のファシズム国家において異様な発達を遂げた、とされる。ナチ・ドイツの例がよく取り上げられるが、もちろんその前よりイタリア・ファシスト政権のもとでも、戦没者や祖国に命を賭けた者たちをどのように記念するか、古代ローマの直接の子孫をもって自任するイタリア人によって、当時さまざまに議論されていた[*8]。

ここでは国民国家と祝祭の関係の原点を振り返る意味で、ジャン＝ジャック・ルソーの見解をふたつ参照してみたい。

太陽があなたがたの純粋無垢な演劇を照らしますように。あなたがたは太陽が照らすのにもっともふさわしい演劇をみずからの手でつくるのです。しかしながらけっきょくのところこれらの演劇の主題は何になるのでしょうか。そこで何が示されるのでしょうか。お望みならば、何もない、と答えてもよいでしょう。人々が集まってくるところはどこでも自由とともに安寧が支配しています。広場のまんなかに花を飾った杭を立て、そこに人民を集めてください。そうすればあなたがたは一つの祝祭を始めることになるのです。もっと本格的な祭りにするには、観客たちを芝居にしてください。観客自身を俳優にしてください。すべての人々がよりよく結ばれるように、各人が他人の中に自分を見出し自分を愛するようにしてください。(ルソー『演劇に関するダランベール氏への手紙』より 一七五八年)[*9]

ここにはロマンティシズムの影響が見て取れる。ヨーロッパにおける原初的な国家理念を、近代国民国家の側にどのように展開していけばよいのか、との問題について、ここでは完全に理想化された古代国家の姿が、模範形として描かれている。

いまひとつ、内政の混乱と列強の侵攻に喘ぐポーランドにおいて、首都ワルシャワを離れた地で反ロシアのゲリラ戦を展開する貴族たちの連合体「バール連合」による使者の求めに応じ、党派を超えた国民国家形成に向けての改革案として書かれた『ポーランドの統治とその企図された改革とに関する諸考察』(『ポーランド統治論』)から、祝祭についてしばしば参照される個所を引用したい。

魂を古代の魂の調子にまで高めるには、いま起こっている事件(一七七〇年秋の、バール連合によるロシア軍要塞攻略のこと)の情況をつかまねばならない。バールの連合が息絶え絶えの祖国を救ったことは確かなのだ。この偉大な出来事を、神聖な文字であらゆるポーランド人の心に刻まなければならない。その思い出のために記念碑を建立して、連合派全員の名を、たとえのちには公の大義を裏切ることになった人の名前でも、刻みつけてほしいものだ。このように偉大な行為は生涯の過ちを帳消しにすべきなのである。定期的におごそかな祭典を創設して、けばけばしく軽薄な華やかさではなく、誇り高く共和主義的な華やかさをもって、十年ごとにそれを祝うことにしてはどうか、と私は思う。…隣接諸国とそれほど融解したことのかつてなかつた一巨大民族は、固有のそれ（習俗）を多々有しているはずであり、…そうした古くからの習慣を維持、再建し、そしてまたポーランド人に固有の恰好な習慣を導入しなければならない。…良き母なる祖国がその子供たちの遊ぶのを喜んで見ていられるような、多くの公的な競技。祖国の子供がつねに祖国に意を用いるようになるために、祖国自身がしばしばそれらを取り仕切るべきだ。（ルソー『ポーランド統治論』より　一七七一年）［＊10］

ここでは古代国家を模範形に、戦争を記念する祝祭空間を国民国家システムの一部とすることが提起されている。そしてこれらは、現在も研究がなされ続けている市民宗教、公共宗教論、またその源流であるフランス革命と宗教、教会の代替物としての国家、理性崇拝の宗教や革命祭典など、を題材とした議論の、さらに根源に位置する言説である。

明治日本国家が国家的安定と統合を求めてヨーロッパに範型を見出そうとした時、当然このような考え方もシステムの一部として持ち込まれている、とみてよいだろう。このような祝祭空間は「世界的の方法」の語が参照していた施設そのものではないだろうが、「世界的の方法」を大きく規定する要素であることは間違いない。

『ダランベール氏への手紙』からは、「見る者」と「見られる者」の交差（主体と客体の止揚）により〈演劇－祝祭〉空間を成立せしめる、との企図が読み取れる。そして『ポーランド統治論』では、そうした祝祭空間が国家の理念型の再＝現前の機能を持ち、そのことを通じて祝祭参加者を、共同体にふさわしい存在へ教導する教育的側面が機能する、と考えられていることがわかる。

国家統合の基本構造を、祭祀空間（内苑）およびその周縁（外苑）をもって、中枢部を秘化しつつ具体的に機構化し、帝都においてダイナミックに視覚化した施設として明治神宮をとらえるならば、祝祭空間となるべき要素がそこに読み取れるのではないだろうか。さらに、植民地の神社「参拝の強要」問題を論じて以来［＊11］の筆者の課題である、拝礼に動員される身体（客体）の主体化の可否、という問題がここに関わる。

さらには明治神宮に関しては、近代国家の「祝祭」空間として、他の事例と比較しうる可能性もあるようだ。以下本稿の最後に、こうした祝祭論における比較の糸口として、「新穀感謝祭」と明治神宮について触れておきたい。

四 帝都の「公共」空間
――新穀感謝祭と明治神宮

今日毎年一一月に、明治神宮内苑で行われる「東京都農業祭」は、もともと「新穀感謝祭」として昭和一〇年(一九三五)に始まったものである。以下に示すのは、昭和一〇年一一月二三日付の「第一回 新穀感謝祭趣意書」である。

新嘗祭は天皇陛下毎年登熟の新穀を親しく皇祖並に天神地祇に供して祭らせ給ふ所である。その国家の重例〔引用者註・礼〕にして国民の斉しく奉拝すべき所以は明治の初年に於て之が徹底を図りたる所なるも、今日猶未だそのことの国民の間に洽く行はれ居らざるは我等の深く憾とするところである。

翻つて思ふに今日万民の依りて生活する食は是肇国の始、皇祖より賜はりたるものにして農民の代々御旨を奉じて培ひ育み来りたる所である。即ち食は人の命を天に稟くる所以であり、農は人の食を地に満たしむる業である。農は国の大本にして農民が大御宝たる所以茲に存する。農民はこの新嘗の佳節に当り年々に皇祖の御恩沢を仰ぎ奉ると共に天地の恵に対して深き感謝を捧ぐべきであり、農にあらざる国民もすべて其の活くる所以の基を静思して報恩の誠を捧ぐべきである。茲に同志相集りこの意義ある新嘗祭の日を期して毎年各地に新穀感謝の国民的祭典を挙行することとし、以て報本反始の精神を高揚し国運の興隆を期せんとするものである[*12]。

この新穀感謝祭が執行されるに至る経緯とその思想については、社会政策史研究の観点から高橋彦博が要を得た説明を行っているので、少々長くなるが以下に引用したい。

内閣調査局における革新官僚と社会派官僚の合流の様相を端的に示す事業として、内閣調査局が主体となった新穀感謝祭の取り組みがあった。新穀感謝祭の経過と構造の中に、「戦間期コーポラティズム」と「ネオ・コーポラティズム」が直結している姿を見ることができる。

新穀感謝祭は農業コーポラティズムの試みであった。宮中行事としてのみなされている新嘗祭に民衆レベルにおける農民主体の祭典を対応させようとしたのが新穀感謝祭であった。新穀感謝祭が、内閣調査局の提議、農林省の協力、産業組合中央会・帝国農会など農業団体の主催によって開始されたのは一九三五年のことである。新穀感謝祭の「生みの親」は内閣調査局長官・吉田茂、「育ての親」は農林省次官・石黒忠篤、「プランナー」は内閣調査局調査官・和田博雄、であったとされている。そして、新穀感謝祭の最初の実施者は、一村規模の試みであったが、協調会出張所員として埼玉県井泉村に常駐していた勝間田清一であった。〔……〕

　二つの企図が新穀感謝祭に籠められていた。一つは、吉田茂による農業祭を「勤労の感謝、食糧の尊重、農民の自覚」を昂揚させる場とする企図であり、宮中行事としての新嘗祭を国民祭典化することによって民衆生活と密着した官製神道の在り方を確立しようとする企図であった。もう一つは、和田博雄による農業祭を「イデオロギーではなしに本当の意味の「まつりごと」という国民的なもの」にしようとする企図であり、それは新嘗祭の持つ国家神道的色彩を脱色しようとする企図であった。和田は一九三四年にドイツに渡り、ナチス政権下の収穫祭が農民的なものであって「ナチスのイズムに染まっていない」ことを見ていた。

　戦中から戦後に掛けて、新穀感謝祭は継続された。第二次大戦後、主催団体の全国農業会が解散され、農林省の神前行事への関与が禁じられた。一九四七年の第一三回新穀感謝祭は、社会党政権である片山内閣の閣僚として和田博雄経済安定本部長官が動き、食糧対策議員連盟を代表する日本社会党の浅沼稲次郎が委員長となって開催されている。一九六二年に農業祭に衣替えして新発足するまで、新穀感謝祭は計二七回開催された[＊13]。

右のとおり、新穀感謝祭の生みの親はいわゆる「内務の吉田」内閣調査局長官・吉田茂で、育ての親は「農政の神様」石黒忠篤、プランナーの和田博雄と実施者の勝間田清一は、のち昭和一六年（一九四一）に企画院事件で逮捕される社会主義思想の持ち主であつた。戦後、和田は第二次農地改革時、吉田茂（右の吉田とは別人。「外務の吉田」）内閣の農林大臣であり、片山哲内閣では経済安定本部長官を務め、のちには左派社会党書記長、日本社会党副委員長となっている。勝間田は和田に近い立場にあり続け、のちには日本社会党委員長となる。

　農民参加による新穀感謝祭は、もともとこの勝間田が、埼玉県で協調会出張所員として実践していたものだとされる。この協調会は半官半民のコーポラティズム組織であり、そのゆえに社会主義、資本主義、ナショナリズム……など多様な要素の交差する場として、また社会教育機関として機能した。渋沢栄一などとのかかわりも含め、人的には明治神宮創建史・発展史とも連関しており、この観点からさらに研究が深められる必要もある。

ところで高橋は、「戦間期コーポラティズム」と「ネオ・コーポラティズム」とが直結する構図を反映するように、「新穀感謝祭」のふたつの企図を指摘している。すなわち、革新官僚・吉田茂による、宮中祭祀たる新嘗祭を国民祭典化して官製神道を確立しようとする企図と、社会派官僚・和田博雄による、新嘗祭の国家神道的色彩を脱色しようとする企図、のふたつである。しかし今日の研究水準からすれば、和田の企図は必ずしも「国家神道の脱色」と説明する必要はない。むしろ吉田と和田の企図は、両方とも「国家神道」の範疇に含まれるものであって、このような事が起こるゆえに、「国家神道」の概念的分節化が必要なのである。

高橋によるこの説明の典拠となっている、勝間田と和田の回想を以下に見てみよう。まずは勝間田の証言である。

ある日吉田長官の部屋に呼ばれました。たしか和田博雄氏と田中長茂氏がいたと思います。吉田長官が「勝間田が埼玉で実行していたアレを、国の規模でやろう。細かいやり方は勝間田に聞け」といわれました。当時「新嘗祭」は「旗日」(祭日)でしたが、「農民参加」はなかった。こうして日本ではじめての国民的な「新穀感謝祭」が実現することになります。この「新穀感謝祭」というのは新しい言葉で、精神作興的な意味合いもあり、農民のデモンストレーションという役割もありましたが、我々としては、行事の目的として、次の三つを考えていました。①新穀感謝②全国の物産(米、果実、特産物など)の展示③種苗交換。つまり「神事＋物産展」的性格にもってゆこうとしたのです[＊14]。

ついで、和田の回想を見てみよう。

〔昭和九年に〕私はドイツへ参りまして、ドイツの収穫祭をほうぼうで見てきたんです。それはナチが政権をとったもとで行なわれたのですが、収穫祭そのものは農民的なもので、ナチのイズムに染っていない。それで帰ってきましてから、日本ではもとから新嘗祭という古くからの祭があった。イデオロギーではなしにほんとうの意味のまつりごとという国民的なものがあったわけですから、やはり収穫祭というものをやったらいいんじゃないかという考えを持っていたわけです。そういうことを吉田さんにお話したら、吉田さんもそれはぜひやったらいいというお考えになり〔……〕。[＊15]

前掲「第一回新穀感謝祭趣意書」の起草について、和田本人は「永田秀次郎先生にお願いした」としている。しかし和田の伝記を記した大竹啓介は、じつは和田が起草したうえで、永田、石黒が手を入れたものではないか、と推測している[＊16]。たしかに和田は戦後、大物の左翼政治家として活動した人物ではある。しかし彼は、もとより「祭政一致」や〈神社〉のナショナルな公共性への視点をも、社会主義思想とともに持っており、そのゆえにこそ、新嘗祭を国民参加の祝祭化するとの発想が現れたのだと思われる。

なぜ準戦時体制下の教化動員について政府が採用する社会政策で、首都における祝祭の場として明治神宮が選ばれたのか。この点についてはいわゆる新官僚・革新官僚の動きに加え、上述の協調会の人脈を含めて、今後、さらなる歴史資料的調査が求められよう。そのうえで人物の思想や個性に還元するよりももう少し深い、〈神社〉の公共性、公共空間と祝祭、という視点からの、構造論的な考察と分析が試みられるべきであろう。

むすびにかえて

以上、本稿では筆者自身が今後さらに努力すべき目標も含め、さらなる課題探究の枠組みを得るための試論を提示した。明治神宮を事例として検討した結果、〈神社〉の公共性は、神社の日本固有の歴史における性格に留まらず、少なくとも東アジア的な公的祭祀施設と、欧米的な国家的記念施設のふたつの系譜をもまた引いていると考えられる。また〈神社〉が近代日本において公共空間として機能した事実は、短絡的な比較は避けるべきではあるが、国家と祝祭空間の観点からも、あらためて重要性を持つと思われる。

近代の〈神社〉の公共性が、ナショナリズムに依拠するかたちで出発していたことは事実であるが、向後の〈神社〉はナショナルな契機を包含しつつも、同時にその要素を越えた新しい公共性にも向かうと思われる。今日の明治神宮の姿から、そうした次なる「公共」の可能性について、何を読み取ることができるだろうか。諸学兄のご教導を請うものである。

註

*1——村上重良『国家神道』（岩波書店、一九七〇年）、島薗進『国家神道と日本人』（岩波書店、二〇一〇年）。

*2——藤田大誠「帝都東京における「外苑」の創出——宮城・靖國神社・明治神宮と「公共空間」」（『平成二二年～二四年度科学研究費補助金（基盤研究（C））帝都東京における神社境内と「公共空間」に関する基礎的研究研究成果報告書』所収）より。

*3——田中悟「「靖国神社の公共性」をめぐる覚書」『神戸大学国際協力論集』一九―二・三、二〇一二年。

*4——平山昇「二重橋前平癒祈願と明治神宮創建論争——天皇に対する〈感情美〉の変質」（『メディア史研究』第三四号、平成二五年）より。

*5——菅浩二『日本統治下の海外神社』（弘文堂、平成一六年）第六章参照。

*6——加藤玄智編『神社対宗教』（明治聖徳記念学会、昭和五年）所収。

*7——中島直人『都市美運動——シヴィックアートの都市計画史』（東京大学出版会、二〇〇九年）参照。

*8——Falasca-Zamponi, S. *Fascist Spectacle*.University of California Press 1997 など参照。

*9——『ルソー全集』（白水社、一九七九年）第八巻参照。

*10——『ルソー全集』（白水社、一九七九年）第五巻、三七〇～三七一頁。このほか、小林浩『ルソーの政治思想——『社会契約論』から『ポーランド統治考』を読む』（新曜社、一九九六年）参照。

*11——菅前掲『日本統治下の海外神社』（弘文堂、平成一六年）参照。

*12——大竹啓介『幻の花 和田博雄の生涯』上（楽游書房 昭和五六年）五五一頁。

*13——高橋彦博「新官僚・革新官僚と社会派官僚」法政大学『社会労働研究』四三号、一九九六年。協調会については法政大学大原社会問題研究所編『協調会の研究』（柏書房、二〇〇四年）参照。

*14——前掲『幻の花 和田博雄の生涯』上巻、五四九頁。

*15——吉田茂伝記刊行編集委員会『吉田茂』（昭和四〇年）一六九頁および二一四頁。

*16——前掲『幻の花 和田博雄の生涯』上巻、五五〇頁。

主要参考文献（註に掲げたもの以外）

宮地正人「企画院事件——戦時計画経済をめぐる抗争の犠牲」『日本政治裁判史録』所収、第一法規、昭和四五年
古川隆久『昭和戦中期の総合国策機関』吉川弘文館、一九九二年
牧原憲夫『客分と国民のあいだ』吉川弘文館、一九九八年
齋藤純一『公共性』岩波書店、二〇〇〇年
山口輝臣『明治神宮の出現』吉川弘文館、二〇〇五年
石田雅樹『公共性への冒険——ハンナ・アーレントと〈祝祭〉の政治学』勁草書房、二〇〇九年
齋藤純一編『公共性の政治理論』ナカニシヤ出版、二〇一〇年
佐藤一伯『明治聖徳論の研究——明治神宮の神学』国書刊行会、平成二二年
住友陽文『皇国日本のデモクラシー——個人創造の思想史』有志舎、二〇一一年
平瀬礼太『銅像受難の時代』吉川弘文館、二〇一一年

第5章

近代天皇像と明治神宮
——明治聖徳論を手がかりに

佐藤一伯

はじめに

一六年前の平成一一年(一九九九)、明治神宮に奉職中であった筆者は、鎮座八〇年を翌年に控え、記念事業への協力を依頼するため、上司に随行して著名な環境学者の某氏に面会した。懇談中に某氏が、明治神宮の御祭神云々よりも、今では広大な森こそが神々しく尊いのではないかという趣旨の見識を披瀝した際、その洞察をただ傾聴するばかりであった。

果たして現在、明治神宮に詣でる人びとに、御祭神はいかに意識されているのか。恥ずかしながら今もって調査の経験が乏しく、明確な返答は難しいが、大正九年(一九二〇)鎮座当時と比較すると、その濃淡は変容しているかもしれない。

では鎮座当時、御祭神の明治天皇・昭憲皇太后は人びとにいかに意識されていたのか。明治神宮の神域や建造物、景観等に、そのなにがしかの反映を見ることができるのか。また、そうした意識はいつごろ形成されたのか。

筆者はこれらの問題を解く手がかりとして、明治天皇・昭憲皇太后の「聖徳」への人びとの言動に注目し、それを明治聖徳論と称してマスメディア資料や公文書、明治神宮所蔵資料をもとに調査を重ね、拙著『明治聖徳論の研究——明治神宮の神学』として報告した[*1]。これによって、明治神宮の広大な神域が明治の大御代を表象するものと意識されていたことや、質朴な檜素木造の社殿が明治天皇の「倹徳」にちなんだものであること、明治聖徳論の形成は明治時代にさかのぼることなどが明らかとなった。こうした成果のいくつかは明治神宮の成り立ちを理解するうえで多少なりとも役に立つ知見であろうと思われる。

明治聖徳論が時代を経て受け継がれ、あるいは変容してきた現象をいかに評価するかについては、必ずしも鎮座当時を基調として尚古主義に徹すれば済むといった単純なものではなかろう。しかし、温故知新というように、近代の明治聖徳論を理解することは、現代の神道が抱える課題を解決するうえでも示唆を得ることが少なくないと思われる。

本稿では以上のような観点から、「近代天皇像と明治神宮」というテーマに対して、明治聖徳論を手がかりに考察を試みる。

近代天皇像については、安丸良夫の『近代天皇像の形成』をはじめ多くの研究がなされている。その状況を整理しつつ、明治神宮の造営との関係を考えるうえにおいて、明治聖徳論の研究が重要であることを確認する。次に、その事例として、徳富蘇峰と加藤玄智の明治聖徳論を取り上げる。さらに、明治神宮の研究上の明治聖徳論について、神道神学の視点からも検討する。そのうえで、明治神宮の近代の歩みにおける明治聖徳論について考察したい。

一 近代天皇像と明治聖徳論

明治天皇のイメージは「聖徳」として明治・大正期に形成され、たとえば尋常小学校の修身教科書に掲げられた次のような内容で、国民の多くに共有されていたと筆者は考えている。

明治天皇は常に人民を子のやうにおいつくしみになり、之と苦楽をともにあそばされました。

明治十一年天皇は北国御巡幸の時、新潟県でめのわるいものが多いのをごらんあそばされて、それをなほすために御てもと金を下されました。又天皇はぢしん・こうずゐ・くわじなどのさいなんにかかつた人民を度々おすくひになりました。

明治二十三年愛知県で大えんしふのあつた時、天皇ははげしい雨のふるなかで、へいしと同じやうに御づきんをもめされず、御統監になりました。

明治二十七八年のいくさの時、天皇は大本営を広島へ御すすめになりましたが、大本営はしつそなせいやうづくりで、その一間が御座所でございました。天皇はこの御間にばかりしじゆうおいでになつて、朝早くから夜おそくまで、色々おさしづあそばされました。

天皇は常に御しつそにあらせられました。御表御座所でお用ひのすずり箱や、ふで・すみともみな普通のもので、これをやくにたたなくなるまで、おつかひになりました。又この御間のしきものは、古くなつて色がかはつてもおかまひなく、御いすの下のけがはも、やぶれたところをたびたびつくろはせて、なかなかおとりかへになりませんでした[＊2]。

このような明治の聖徳すなわち近代天皇のイメージの形成について、先学がどのように捉えてきたのか振り返ってみたい。

戦前における明治天皇研究の第一人者であった渡邊幾治郎は『明治天皇』上巻において、大久保利通の浪華遷都建言書

（明治元年正月）、宮中改革（徳器涵養）建議（同年二月）、大坂行幸（同年四月）における大学（松浦詮）・孫子（田中不二麿）・古事記（福羽美静）の進講、また東京奠都後の御学問の日課、明治一一年（一八七八）以降の元田永孚の論語進講など君徳修養を特筆している［＊3］。

鶴見俊輔の「明治天皇伝説」（『鶴見俊輔著作集　第三巻』）は、日本国内における「明治天皇伝説の骨格」として、元田永孚らの運動によって明治一〇年八月に設置され、二年あまり存続した「侍補」制度に注目する。そして、君臣の分限という枠の設定によって「根本のところで政治的制約をうけている」と但し書きしながらも、「公式教育の根本をさだめた教育勅語は、旧侍補元田永孚が天皇教育に託した理想を描いたもの」と捉え、さらに明治以後の教科書、および国民大衆雑誌『キング』附録・『明治大帝』（昭和二年）所収の回想録（石黒忠悳の語った日清戦争時の広島大本営の様子など）の考察を通して、「勤勉と質素とは明治天皇の生涯をつらぬく徳目だった」と指摘した［＊4］。

他方、安丸良夫は『近代天皇像の形成』において、

儒教・仏教・キリスト教と西洋近代文明は、なんらかの普遍原理を掲げることで此岸の秩序を相対化してお

り、その故にやがては日本社会をカオスに追いやる可能性をはらんだものとして疑惑と危惧の思いでとらえられ、これに対して、万世一系の天皇制は、此岸の秩序の不変性・絶対性を表象する神権的権威とされた。此岸の社会秩序の崩壊を避けながら近代化＝文明化の課題を達成してゆくことについては、明治政府の指導者はもとより、神道家や国学者から民間のジャーナリズムや民権派、地域社会のさまざまなレベルの指導者などを含めて広い社会的合意があり、その対極には啓蒙の対象としての一般民衆があった。

身も蓋も省いて外枠を荒っぽくいえば、これが本書の主張であるが、その際、明治政府や宗教界の指導者たちも、開明派のジャーナリズムや民権派も、①彼らの推進しようとしていた近代化＝文明化の内容に、近代的な自由や権利も必ずなに程かの程度で組みいれていたこと、②近代化＝文明化は普遍主義的な性格をもっていて、それ自体が真理だとされたために反論不可能で、民衆文化を非文明→克服すべき愚昧へと分割する傾向が強かったこと、③天皇こそ近代化＝文明化を先頭にたって推進するカリスマ的指導者とされたこと、などに注意する必要がある。……右の観点からは

西欧諸国と近代日本とは基本的には世界史的な同時代性のなかにあり、その特異性は近代国民国家の類型の問題として取り扱うべきだと考える。[＊5]

と、天皇が「近代化＝文明化の指導者」であったと指摘する。ここで「明治天皇は、偉大な統治者であったのみならず、賢明な道徳上の教師であった」（新渡戸稲造「アブラハム・リンカーンに対する一日本人の賛辞」、昭和八年）という道徳的側面をも包含しているかは疑問であり、少なくとも本書では具体的な考察に及んでいない。

飛鳥井雅道は「近代天皇像の展開」（『日本近代精神史の研究』）において、①「天子」（近世以降の民俗的意味での生神）、②明治初期の「アマテラスと同格の神」としての天皇像、③元田永孚の弟子としての天皇の個性、④「憲法・皇室典範によって「制度化」され、機関に押し込められかけた」天皇、という四つの天皇像の「変貌」を指摘している。また研究の前提として、「戦後史学は、一九七〇年代まで、近代の天皇を論ずる場合、しばしば「天皇制」の言葉を用い、その「絶対主義的性格」とか、またその「外見的立憲制の本質」について語ってきた」が、その議論は明治憲法体制期の「天皇制」以外の問題を扱う場合「無意味」であり、近代の天皇像を考える際に「文化史の構造一般に解消できない点」として、「天皇の個々の肉体と切り離」せないことと、「諸列強の皇帝と互換性をもつため多くの特性を急激にとり込まねばならなかった」という特有の時代状況とを考慮すべきである、と主張している[＊6]。

近藤啓吾は「明治天皇の御修学」（『明治聖徳記念学会紀要』復刊四五）において、

> 天皇のこの『神皇正統記』『保建大記』御愛読に思ひを深くするならば、その思ひはやがて『唐鑑』『名臣言行録』に対する天皇の御愛読の所以に及ばざるを得ない。即ち天皇の御修学御読書は、すべて国と民との安らぎを求められてのものであつて、世のいはゆる文学青年の文学書耽読や、科学者のその原理追求のための研究書の精査とは、全く異なるものであり、これ則ち天皇の天皇たるの御読書に外ならぬのである。そしてこの御修学によつて感得せられたる御意思が、かの「教育勅語」に、……我国には一環せる古道の存する有つて、君臣倶にこの古道に従ひこれを守らねばならぬと聖諭せられてゐる所以である。たとへこの勅語の成文化は、井上毅・元田永孚の執筆によるものであつ

ても、それは天皇のこの御聖旨を忠実に奉じてのものであつて、天皇のこの御聖旨がなければ、二人ともこの成文は不可能であつた。しかもその御聖旨が真摯にして中断せられることがなかつたその御読書御修学によりて玉成せられたものであることは、天皇の御生涯の御製に拝せられるものであること、ここに更めて述べるを要せぬであらう。[＊7]

と、君徳修養期の「御読書御修学」の重要性を指摘した。

このように渡邊幾治郎、鶴見俊輔、安丸良夫、飛鳥井雅道、近藤啓吾らの考察をたどると、その多くが御修学や君徳修養の意義に着目している。徳富蘇峰が「先帝御聖徳一斑」（『国民新聞』大正元年八月四日）で、「蓋し英邁は御天資也、されど其の剛健の乾徳を以て、御始終あらせられたるは、御進修の結果也。小臣は陛下御聖徳を語るに於て、特に此の一点を謹掲するの必要あるを感ず」と述べたように、自ら身を進修する姿こそが近代天皇像の特色であり、人びとが共感した明治聖徳論の原点と捉えられてきたと言い換えることもできるように思われる。

二　徳富蘇峰の明治聖徳論

ジャーナリストで歴史家の徳富蘇峰は、明治天皇崩御の際に「先帝御聖徳一斑」を著して以降、昭和期まで折々に明治の聖徳について著述している。昭和七年（一九三二）七月二九日、明治天皇二十年祭前夜、明治神宮社務所での講話「明治史上より見たる明治天皇の御盛徳」においては、はじめに、

抑々明治時代は、日本帝国三千年の歴史上に於て、一有て二無き時代であります。日本帝国が多年養成したる潜勢力を発揮して、一大発展を為し、一大躍進を為したる時代でありまして、この歴史の背景の上にお立ち遊ばされたる明治天皇は、恰も幾帯の白雲青空に棚曳く間から、千古の積雪を戴いて、巍然として聳え立つ富士山を望んだ如く、寔に荘厳、寔に崇高、寔に雄大、寔に清浄、何とも云ひ現はすべき言葉がありません。[＊8]

と、日本の潜勢力の顕現としての明治時代、明治天皇という考えを示している。そのうえで「如何にして斯くの如き千

歳不世出の天皇がお出ましになつた乎」について理由を指摘する。それは第一に、「御父君〔孝明天皇〕の御教へを眼の当り御受け遊ばされた」。第二に、御誕生から崩御までの「時勢」は「明治天皇を玉成し奉る、恐れ乍ら、鍛錬の資料になつた」。第三に「それよりも大なる原因」として、「輔導及び輔弼にその人を得た」。そして、次のような「御節倹」の「御英邁なる御性格」が涵養された。

> 然るに陛下は、一方に於ては斯くの如く積極的に創造し、国家を経営遊ばされたる神武天皇、景行天皇を理想と遊ばされたるのみならず、他方に於ては、障子の紙も張り更へることを許し給はず、電球さへも容易に点けることを許し給ひませんでした。御製の草稿の如き、百僚より奏上し来る封筒の余白を御使用遊ばされるほどにて、総てのことを中流以下の者すら容易に致すことをしない所の廃物利用を遊ばされました。御節倹も此に至つて極度と申すべきであります。此の如く一方に於ては世界を狭しとするほどの積極的の規模を御持ち遊ばされ、その両極が陛下の御一身に具備したることは、寔に比類稀なる御事にて私共が明治天皇を比類無き御方と申上げ奉るは、斯る事実を眼の前り承知してゐるからであります。〔＊9〕

また「人民に対して御同情深き君主」の様子や、「人君の天職を尽す」ことへの「奉仕的の御生涯」が、御製のいたるところに表現されている。

> 陛下は私共に、五ヶ条の御誓文、帝国憲法、軍人に賜りたる勅語、その他のものを賜はりました。これは誠に有難い賜物であります。然し乍らその総てを併せましても、陛下御自身の人君としての天職に御尽瘁遊ばされたる献身的御生活の生ける御模範には比較することが出来ません。而してこの生ける御模範は、実に我々日本国民の一大教訓であります。即ち我々国民が日々具現すべき日本精神の本体であります。〔＊10〕

さらに、「昭憲皇太后の御内助の功の偉大であつたと云ふことを我々は忘れるわけには参りません」と強調するとともに、「明治天皇の盛徳大業をお考へになる時には、併せて孝明天皇の盛徳大業も御考慮あらんことを希望して止まぬ次第であります」と述べてこの放送講演をむすんでいる。同時代の人びとが尊崇した明治の聖徳とは、終盤に繰り返し語っている「人君としての天職」への「献身的御生活」、「生ける御模範」というべき姿から窺われるものが大きく、それは「日本国民の一大教訓」、「日本精神の本体」でもあると指摘している。

大正九年(一九二〇)一一月一日、明治神宮鎮座祭に寄せた『国民新聞』社説「明治神宮」においても、「明治天皇の下し給へる教育勅語よりも、明治天皇御自身を以て、寧ろより以上の、我が国民的道徳の活ける標本なりと信ずる」、「苟も日本帝国の存在せん限り、日本国民の存在せん限り、我が明治天皇は、実に我が国民の活ける模範也」、「陛下の偉業は、固より偉なるも、陛下の御人格は、さらに偉なり」と、明治天皇の「御人格」が国民の「活ける模範」との賛辞を綴っている[*11]。

徳富蘇峰が大正一四年、新緑の明治神宮を参拝した際の感想を綴った「明治神宮参拝の記」は、少し長くなるが全文を掲げてみたい。

明治神宮参拝の記

大正十四年五月十四日、三人の孫を伴ひ、明治神宮に参詣した。神宮に参拝する毎に、回は一回より、其の神苑が、何となく落ち附き、何となくをり合ひ、何となく自然の境致を具へたるを感ずる。明治神宮は、近くしては東京市民、広くしては全国民に、霊肉一如の生命の泉源である。

青山の表参道に入れば、心気自ら別様の感に打たる。進んで神宮橋を渡り、一の鳥居をくぐれば、身は神境に入るの心地がする。満目の青葉、若葉、実に乾坤生々の気漲り、且つ漂ふ。松や、杉や、樅や、樟や、赤樫や、白樫や、楢や、櫟や、槻や、凡有る常緑樹にも、落葉樹にも、皆それぞれの新葉を茁き出しつつある。其の木の葉の色合と云ひ、其の木の芽の香ひと云ひ、何とも人間味ではない心地がする。

浅草は俗界の公園、上野は天然の公園、此れは歴史的規定の事相だ。然も天然の公園たる上野も、何時しか俗了せられて、殆ど第二の浅草たらんとす。此れ亦た忍ぶ可し。俗了必らずしも咎む可きのみとは限らぬ。されど吾人は明治神宮によりて、実に期待以上の賜物を、消受するを幸福とする。

簡素、質樸、剛健、清浄、恐れながら明治天皇の大徳の一班は、明治神宮の境致が、代表してゐるかの如く感ぜらるる。所謂る清々しき心地とは、此の神苑内を往来する際の心地であらう。

語を寄す、我が友よ。若し心身の洗濯を必要とする場合あらば、請ふ明治神宮に参詣せよ。御身達は未だ拝殿に至らざるに、既に其の気分は一変しつつあるを、感得するであらう。是れ赫々たる神徳の霊化乎、将た蒼々たる神苑の風化乎。嗚呼明治神宮の地元たる東京市民は、幸福の市民よ。明治神宮を奉安する日本国民は、幸福の国民よ。［＊12］

緑の木々に覆われた明治神宮の境内は、「簡素、質樸、剛健、清浄」といった「明治天皇の大徳」をよく表現している印象があり、「清々しき心地」とは、まさしくその神域を往来する際の心境のことであろうと述べている。徳富蘇峰は「活ける模範」としての明治の聖徳と明治神宮の「清々しき心地」とを一体に受け止めていたといえよう。

三 加藤玄智の明治聖徳論

徳富蘇峰が明治の聖徳を「活ける模範」と論じた同時代の著名なジャーナリストであるのに対し、加藤玄智はそれを学術的に考察した最初の研究者のひとりであり、「宗教学上より見たる明治神宮」（大正九年）は、明治神宮や靖國神社など、近代に創建された神社について論じた早い時期のものとして注目される。このなかで、

斯の如く人間の中に神の光を見て来るといふ流儀の宗教を宗教学者は神人同格教といふ名を命じますが、……而して今其偉人を祭つた所の神社は矢張り斯ういふ理由で以て成立して来るのであります。……靖國神社の如きものに致しましても亦同様であつて、国家の為に一身を抛つて働いた所の英雄――さういふ人には少くとも其場合に於て私慾私心といふやうなものは全く無く、一意専心君王に靖献した其刹那に於ては全く身正しく心明かな人であつたといふても宜いのでありますから、さういふ人は普通凡人には見られぬ所の崇高なものをその一身に現してをる、それを普通の人間以上のもの即ち神と称するのであつて絶対の神が斯かる偉人英雄に現はれたと見て此に日本に於ける幾多の神社が起つて参るのでありますが、其原理原則とする所は仏教の開祖である釈

迦に神の光を認めて三界の大導師、天中天、仏陀覚者と印度人が其固有の言葉で之を呼び、又猶太人が耶蘇に神の光を認めて之を神の子と称したのも、同様の原理原則から割出されて来て居ると私は考へるのであります。明治神宮に奉祀されました所の明治天皇の如きえらい天子様は其神性を最も能く御発揮遊ばしたのでありまして、二十一社記の記者が申す通り真に身正しく心明かな御方に坐すので、其御方は、即ち神なりと申上げざるを得ないのであります。吾々は乃木大将に於ても楠木正成に於ても神の光を見るのでありますけれども、明治天皇に此意味からして明神を拝せむとするのであります。[*13]

と、靖國神社と明治神宮は、湊川神社や乃木神社と同様「偉人を祭つた所の神社」であり、その成立には「身正しく心明かな御方」に「神の光を見る」という「神人同格教」の宗教特色が顕著に見られると述べている。

また、『本邦生祠の研究』では、「生祠」を「道徳的人格の崇高なる点に感激して、此にその人格を通して神格の光を認め」るものであり、

湊川神社乃木神社等より第二章第一項で述べた明治天皇の御生祠、延いて聖帝崩御後の東京代々木の明治神宮等は、皆同一精神〔日本人の神人同格教的宗教意識〕の結晶に外ならないのである、蓋し廿一社記の記者が云つた如く、天皇は「身正心明、我身即神也、天皇詔書、明神天皇とあるも此義なり」であるからである、尚之れを一般的に云へば、「神と云ひ仏と云ふも天地の誠の中に住める生き物」(黒住宗忠)であるからである、……文明教期に於て、人間の中に神を見るものとしては、紫笛道人の云つた如く「世の為に身を惜まぬは仏なり楽をしたがる奴は是れ鬼」であるが、今この仏てふ語の代りに、神てふ語を置代へて見るならば、直に文明教期に於ける神人同格教てふ神道の神観を得来るものである。[*14]

と文明教期の智的倫理的神観念について述べている。

このような加藤の神道論は戦後も継続し、「明治神宮と天皇の御生祠」(昭和三三年)に明瞭にまとめられている。

人間の死後是を神に祀つた文明教期の神社には、楠公を祭神とした湊川神社、乃木聖雄を祭神とした赤坂の

乃木神社、近江聖人と呼ばれた中江藤樹先生を祭神とした琵琶湖畔の藤樹神社、二宮尊徳翁を祭神とした小田原の二宮神社等実に枚挙に遑がない。何れも皆至誠の溢れた義人正士の人格の中に人以上の神の光を拝して是を神社に祀つたものである。

是即ち忌部の正通大人が「人の心清明なれば即ち神なり」（神代口訣）と述べた通り文明教期の神道精神の現はれである。殊に乃木聖雄の場合に於ては赤坂に乃木神社が聖雄死後に創立されたばかりでなく実は名古屋市から遠くない尾張の豊明村に、乃木聖雄存命中から聖雄の至誠の徳に感激して居つた濱島伊三郎と云ふ人が、聖雄の生前から其家中に神棚式に乃木聖雄を祀り毎月神官を招いて其祝詞を以て聖雄を生祀して居つた。然るに偶々同氏が名古屋停車場で明治天皇の霊柩が京都に向はれるのを奉迎して居つた当夜始めて聖雄の死を新聞号外で知り帰宅するや直ちに大工を呼んで乃木神社を其邸内社に建立したのである。故に私祭の乃木神社は乃木聖雄生祠の延長であることは明瞭である。

故に乃木聖雄は生前死後或は名古屋に或は東京にそれぞれ生祠と死祠との両神社を有することになつた。

又有名な小島蕉園と云ふ大人は江戸時代に田安徳川の代官として甲州東山梨郡日川村一丁田中を治めて居つたが其崇高な至徳に感じて其至誠に動かされ一丁田中の住民は生前から既に蕉園大人を神社を造つて祭祀して居つた。是明かに生祠の一例である。

又新しい処では西忠義といふ方が北海道日高国浦河町に北海道支庁長として勤めて居つた時、蕉園大人と同様に正士義人の真面目を発揮し、凡人の到底及ばない清明正直の至人真人として其地区を治めて居つたから昭和六年忠義大人の存命中に於て神祭され其生祠が浦河の地に出来上つた。（拙著本邦生祠の研究参照）

今かかる実例に依つて生祠の一般性質を知つて後明治神宮の場合に思を廻らすと代々木の神宮は天皇の聖徳に感激して崩御の後に日本国民の至聖所として其創立を拝したのであるが、是に先き立つて私の調査に依れば、北は宮城県、南は広島県、本州中央では長野県等に於てそれぞれ天皇と特別の御縁故の深かつた地区にあつては期せずして天皇の御存命中より早く既に御生祠を建てて天皇を神祭して居つた。［＊15］

右の文章は、加藤の生祠研究のエッセンスとして要を得たものであり、戦前期に確立した神道理解を着実に受け継いでいる。その特色は、天皇崇拝を絶対化する方向よりも、むしろ日本の偉人奉祀の歴史上で捉えることにあったように思われる。最晩年の『新輯明治天皇御集』受贈にあたってのコメント「『明治天皇御集』新刊さる」（昭和四〇年）において、

明治天皇のお詠みになった御製の中から、文字の間違いなど全く心配のない迄に精製された無上至極の歌典であるのみならず、世界の宗教殊に日本の宗教、東洋の宗教、否世界の宗教界のシャンデリアの光り耀く実状とも云えよう。又日本のどの家庭にも一本を蔵して、朝夕若い子供達の教育書として拝読さすべき神典である。今日西洋に向って現代実行のこの種の書籍を求めれば何人も先ずバイブルを挙げるだろう。今日日本に於てこれを示すものは本書であると私は断言する。［＊16］

と、『明治天皇御集』を「神典」と絶賛したことも、加藤の比較文化的な神道研究を踏まえてこそ吟味し得るものであろう。

四　明治聖徳論と神道神学

徳富蘇峰や加藤玄智が捉えた明治聖徳論は、近代にいかに形成され、どのような展開をたどったのか。拙著『明治聖徳論の研究』では、安蘇谷正彦が「神道神学の内実と方法について」（平成一三年）などで提唱した［＊17］、①「祭りの伝統」、②「神社の歴史」、③「神道古典」、④「神道思想史」の四素材の考察を通して、「自己の神々に対する信仰の言葉化」に取り組むという視点に示唆を得て、御祭神および崇敬者の特色を考察する「神社の歴史」として、明治天皇・昭憲皇太后への人びとの意識（信仰や信頼）が、明治神宮創建にどのように影響したのかについて、明らかにすることを目的とした。その際、近代の日本人が明治天皇・昭憲皇太后の「聖徳」・「坤徳」をいかなるものと理解し、または論じ、ひいては明治神宮の創建・奉賛活動にどのように反映・展開したのかを、やや詳細に分析することが不可欠であるとの問題意識を持った。そして近代日本では、天皇・皇后の「徳」の意味で「聖徳」という言葉を用いる例が多く確認されるため、明治天皇・昭憲皇太后の「聖徳」に関する人びとの著述や意見を、「明治聖徳論」と総称し、その実態と形成および歴史的変遷、

さらには明治神宮創建との関係を、思想史の手法も採り入れながら考察した。祭神の特色を考察する場合、現代の人びとが一級資料をもとに掌握している歴史学的成果よりも、当時の日本人の明治天皇像・昭憲皇太后像を解明することが重要な課題である。そして、戦前期の神道研究の成果である加藤玄智編『明治・大正・昭和 神道書籍目録』(昭和二八年)には、明治天皇・昭憲皇太后の「御伝記」として厖大な書籍群が掲げられている。こうしたジャンルの資料を分析することが、問題の解明に取り組むヒントになると考えた。岩本徳一の神社における「特定な宗教的人格者祀職の主唱にかかる口誦・伝説・神社観・神学ではなく、民族的支持と共感性とを基盤とし」た研究が必要[*18]という指摘を支持し、明治天皇・昭憲皇太后の「徳」について叙述された、大衆文化としての新聞・雑誌・出版物、明治神宮創建時における人びとの動向・思想、そして奉賛活動、参詣者の現象と、資料が広範囲に及んだ。これによって、特定の人間の提唱に偏らない、国民的支持と共感を基盤とした明治神宮祭神論の研究が深められ、その成果がひいては神道学ことに神学的研究の進展にいささかでも貢献できるよう努めたものである。

その考察によると、近代の日本人が天皇の「聖徳」をマスメディアや自治体の公的な文章などに記述しはじめるのは、地方巡幸の盛んに行われた明治一〇年(一八七七)前後からであり、二〇年代以降には天皇・皇后の政務への精励や仁慈の御心(聖徳)を集録した出版物、「聖徳録」が登場した。巡幸のように国民が間近に御存在を拝察する機会は減少したが、天皇の「精神」や「苦悩」といった目に見えない御日常への関心は高く、これが「人たる道のしをり」(大槻如電『銀婚盛典』明治二七年)という道徳教育上の道標として受け止められ、新聞記事や出版物として普及するようになった。皇后についても、二〇年代における行啓記録などの出版物や報道を通して、教育や赤十字の御事績以外に、日常の御心など目に見えない所に関心が及び、とくに天皇への御内助や「仁慈」を宿す女子・妻・母の「鑑」として尊敬を集めた。すなわち、両陛下への「道徳上の教師」(新渡戸稲造「アブラハム・リンカーンに対する一日本人の賛辞」昭和八年)としての尊敬の念が、明治二〇年代から三〇年代にかけて形成したと考えられる。日露戦争以降には修身教科書などでも採り上げられ、「只管に精励される天皇」「仁慈あふれる皇后」としてのイメージがさらに浸透する。「道徳上の教師」としての印象の普及には、新聞・雑誌の記事や「聖徳録」の量産に加え、御歌所長の高崎正風による御製・御歌の漏洩および謹解の取り組みなどが影響を与えた。こうした天皇・皇后の修養・精励・勤倹・仁慈を尊ぶ姿勢からは、「天皇の現人神としての宗教的権威」(村上重良『国家神道』昭和四五年)という観念よりも、むしろ近世以降の「通俗道徳」の実践を尊ぶ民衆意識との連続性(島薗進「近代日本の修養思想と文明観」平成九年)が窺える。そして明治天皇・昭憲皇太后の崩御を契機に、明治聖徳論すなわち、両陛下の「徳」を顕彰し、国民の「亀鑑」とする意識は、近代国家建設をなしとげた「鴻業」への称賛と明治時代終焉の哀愁の念を複合させて拡大し、「明治の雄大にして快活な気宇」を「記念」する明治神宮創建運動の根本精神となった。

藤田大誠は拙著への書評において、安蘇谷正彦や岩本徳一に即した「特定の人間に偏らない、国民的支持と共感」をもとにした研究は、上田賢治らの研究などを含めた「神道神学全体」でどのように位置づけられるのか、という疑問点を指摘した[*19]。また拙著を通じて、「明治神宮の神学」とは「一社」や「神社神道」の神学にとどまらない、「国民の国民による国民のための神学」、「国民」全体を担い手とする神学に他ならないのでは、とも感じたという。

上田賢治の神道神学は、「組織神学」、「歴史神学」、「実践神学」の三分野のうち、記紀神話をもとに信仰を構造的に捉えようとする「組織神学」を重視するものと捉えられている。また、神道神学は研究者の信仰を前提とし、神道信仰のアイデンティティを問うことが課題とされている[*20]。「信仰」を問うのが神学であり、神道古典が重要であることに異論はないが、神道神学の研究で、安蘇谷正彦のいう自覚的な「信仰」と無自覚な「信頼」のいずれを重んじるべきかについて検討してみるべきであろう。それは、上田賢治が四つの研究領域(「神社神道」「民俗神道」「理論神道」「教派系神道」)のひとつに「民俗神道」を掲げていることにも関係する[*21]。自覚的な「信仰」と無自覚な「信頼」の両面の考察が重要と筆者は考えている。

そのような見解を補足する事例を『明治聖徳論の研究』からひとつ紹介しておきたい。

明治神宮造営局総務課長として全国青年団の造営勤労奉仕を企画した田澤義鋪は、明治神宮鎮座一〇年を迎えた昭和五年(一九三〇)一一月三日(明治節)午前一〇時より、JOAK(日本放送協会東京中央局)ラジオの記念講演「明治神宮造営の思い出」で次のように語った。

この御鎮坐祭〔大正九年〕以後、明治神宮は、ますます国民崇敬の標的となりまして、……ことに毎年、新年の三カ日だけで、多きは六十万、少きも三十五万に達しています。かく数字において驚くべきものがあるのみならずその崇敬の誠意に至っては、種々の形において現われております。あるいはお掃除の奉仕となり、あるいは十年間、毎日参拝して今次の祭典に特に参列を許された人すらもあるのであります。……明治天皇の偉大であらせられるのは、如何なる方面にも現われていると思います。明治時代に領土の拡張されたこと、国力の躍進したこと、文化の発達したこと、制度の整ったこと、一として御盛徳の現われならざるはないが、明治大帝を思い、明治神宮を考うる時、国民ことごとくの「真心」が、さんぜんとして現われ来る。明治大帝のみ光に照らされて国民ことごとくの胸中に真心の光がかがやき出す。これこそ最も偉大にしてあざやかなる御盛徳の現われであると存じます。……この明治天皇により輝かしめられる真心の光をますます明かにして、明治天皇の思召にかなう、真に立派な、そしてすべての人々が幸福になる、本当の美しい国家をつくって行き度いものと存じます[＊22]。

ここからふたつの点に注目したい。ひとつは国民の「崇敬の誠意」「真心」は「御盛徳の現われである」という指摘である。明治天皇のあらゆる事績にもまして、明治天皇を仰ぐ国民の「真心」が「光がかがやき」、「思召にかなう……本当の美しい国家」づくりに発揮されることこそ、最大の「御盛徳」の顕現であると主張している。当初、明治神宮創建の気運は、明治天皇の崩御直後、その事績(鴻業)や質素・精励・仁慈などの具体的な「徳」(聖徳)を偲び、かつ明治時代の終焉を悼み顕彰する意識から起ったのであった。大正期の造営事業そして鎮座祭、鎮座十年祭を経て、明治神宮(明治天皇)への「崇敬」は、現在そして将来の「日本人の真心」の発揚と「人々の幸福」の増進(＝聖徳の現われ)の事実や祈念をも含有するものへと深化したとみることができる。つまり「明治聖徳論」の大正から昭和にかけての変容の姿である。

もうひとつは、右の問題とかかわるが、田澤は明治神宮が「御鎮坐祭以降……ますます国民の標的」になったと述べる理由に、新年の参拝者が著しく多いことを挙げている。これについては、昭和一一年の初詣の体験を綴った次の文章でも述べている。

明治神宮の三カ日の参拝者ははるかに百万を突破するという有様、わが大和民族の敬神の念盛んなことまったく驚異に値するといっていい。私はかって明治神宮造営局の総務課長として御造営の事務にあたったのであるが、その頃第一流の建築学者が集まって脳漿を絞って作り上げた設計も、これほど大量の参拝者があるであろうとは予想していない。今にして思えば御社殿の規模ももっと大きくなければならなかったであろう。私どもも先見の明のなかった一人ということになるが、われわれ当時の関係者は、当時予想されなかったほどの参拝者の激増について、衷心より喜びかつ感謝しているのである。……明治神宮の御造営と青年団の奉仕――それはもう世間周知の事実である。鎮守の社と青年団の前身たる若者団体との関係――これも今あらためていう必要がない。要するに神社と青年団とは切っても切れない精神のつながりを持っている。われわれは神社崇敬をわれわれの思想として持つばかりでなく、われわれの習俗として持ちつたえなければならぬ[＊23]。

明治神宮造営局工務課長であった伊東忠太（東大教授兼務）は明治神宮の規模について、本殿は正殿内に奉案する二座の御帳台を「考案の根本」に「大きさを定め」、拝殿は「本殿の釣合ひから割出し」、「祭典及び参拝の便利に重きを置い」て、「外院の中には可成多数の公衆を収容することを得る様に、又軍隊等が列を作つて参拝し得る丈けの広さを取つた」と述べている[＊24]。しかるに田澤は、自分を含め造営に携わった者はこれほど大勢の参詣者を想定していなかったという。初詣は明治後期以降に都市において成立し大正期に定着した生活文化とされるが[＊25]、ここではとくに、すでに昭和初期（鎮座から一〇年ないし一五年後）において、田澤が新年の明治神宮への参詣者数に驚異を感じていることに注目したい。「東京の初詣といえば明治神宮」という今日に通じる印象については、大正九年（一九二〇）の鎮座祭以降、遅くとも昭和初期には生成していたと思われる。たとえば大正一二年一月二日、『読売新聞』に掲げられた「明治神宮＝元旦の賑ひ」という記事は、「明治神宮社務所では、国民崇敬の的である同神宮へ元旦の参拝者で年毎に多くなるので今年からは特に除夜の鐘を合図に開扉を行つた」と報じている。東京は同年九月に関東大震災に見舞われたが、その翌年一月二日「何となく淋しい山の手の正月」という記事でも「神宮のにぎはひは格別」と記している。

これは、国民の「真心」の発露や「幸福」の増進をして「御盛徳」の顕現とみる、明治聖徳論の展開と関連づけて理解すべきであろう。田澤が「神社崇敬」を「思想」としてのみならず「習俗」として伝承すべきだとし、あらためて明治神宮造営における青年団奉仕を想起したように、その形成は造営期(大正時代)に促進されたといえる。

この事例は、明治神宮の造り手と国民の両面の言動が重要であることをよく示しているように思われる。言うまでもないが、神道信仰の担い手は必ずしも神職など神道の専門の人びとには限らない。見えざる民俗的営みもまた、さまざまな人びとに共有のものであり、双方向の関係の諸現象として神道を考えていくことが大切であろう。藤田大誠の「国民の神学」はそのことをうまく言い表しているように思われる[*26]。

五 明治聖徳論と明治神宮
——むすびにかえて

明治の聖徳に寄せる国民の景仰と明治神宮創建の関連性を、当時の新聞や雑誌、書籍などの分析を通して検討した拙著『明治聖徳論の研究』を踏まえ、本稿では徳富蘇峰や加藤玄智を事例に考察を加えた。依然、広大無辺とも称えられる明治の聖徳に関する議論の全容を調査し尽くしたとは到底いえないが、明治神宮創建の背景としての明治聖徳論について、現時点でとくに重要と思われることを確認してむすびにかえたい[*27]。

明治神宮の社殿がなぜ檜素木造なのかについて、同時代の国民の多くは、加藤弘之の次のような気持ちを暗黙に共有していたようだ。

> 先帝陛下の御倹徳に渡らせられたことは幾ら語つても語り尽くされぬ、近頃民間では陛下の御遺徳を仰がんために明治神宮の建設を計画して居るやうであるが、……其設計は何処までも先帝の大御心を体して質素を旨としなければならぬ(「明治神宮の御造営 伊勢神宮に倣へ」『大阪朝日新聞』大正元年八月九日)。

大正二年(一九一三)暮の第一回神社奉祀調査会(明治神宮創建に関する諸項目を調査審議する政府の委員会)の開会にあたり原敬会長が、「先帝陛下ノ御倹徳ヲ仰キ奉ルトキハ質実ニシテ而カモ崇厳ナランコトヲ旨トスヘキハ固ヨリ其所ナリト信ス」と挨拶したのも、このような倹徳景仰の民意を集約したものであったといえよう。

明治神宮の境内は内外苑あわせて一〇〇万平方メートルに

もおよび、おなじ近代の東京に創建された靖國神社の一〇倍以上の広さである。この広大な神域にも、明治の聖徳を慕う民意が反映していることは、姉崎正治の次のような意見から窺われる。

世間には記念と崇敬と云ふことを別にして考へんとする人がある様であるが、私は之は相離して考ふ可きものではないと思ふ、即ち記念するが故に崇敬の念が起り崇敬す可きものなるが故に記念の心も起るのだと思ふ、故に明治神宮が出来るならば此意味からしてその上に明治の雄大にして快活な気宇を十分に写さねばならぬと思ふのである（「神宮及び記念物」『東京朝日新聞』大正元年八月八日）。

大正時代に全国からの献木一〇万本を植林して造られ、いまでは天然林と見まがうほど木々が鬱蒼と繁茂する明治神宮の境内が、「明治の雄大にして快活な気宇」の表象であることを記憶にとどめておきたいものである。

宮内省の臨時帝室編修官として「明治天皇紀」編修に尽した渡邊幾治郎は、明治の聖徳の特色は謙徳にあるとし、「この偉大なる国家統治の大功を成就せしに関せず、御躬は謙虚常に足らずとし、終生政治につとめられた。ただ仰ぐところは、神祖の御威徳であり、思ふところは国民の安否と国際親善の外になにごともなかったのである」（『明治天皇 上巻』、明治神宮社務所、昭和三五年）と述べ、「とこしへに民やすかれといのるなるわが世をまもれ伊勢のおほかみ」（明治二四年）などの敬神の御製を紹介している。明治天皇が敬神崇祖の規範を示されたことは、「五箇条の御誓文」の親祭や歴代天皇最初の神宮行幸など数々の御事績からも拝察されよう。

明治天皇の動静を伝える同時代の記事には「精励」の語が頻繁に用いられており、明治の聖徳を形容する代表的なキーワードといえる。たとえば崩御直後の新聞記事「明治の始と終（一）」（『東京朝日新聞』大正元年八月二日）では、「五箇条の御誓文」とともに国民に渙発された「宸翰」の冒頭を引用し、若くして皇位を継がれた明治天皇の御在世中の「夙夜御精励」の姿が、国力増進のもとであったと称えている。

近代日本において、明治天皇とともに、昭憲皇太后の果たされた役割はきわめて大きかった。それは、昭憲皇太后の御大葬にあたっての『東京朝日新聞』社説にみえる、両陛下が「乾坤と並に仰がれ」たという指摘、あるいは『読売新聞』（大正三年四月三〇日）が昭憲皇太后の明治神宮奉祀の動向を報じた記事中の「新日本を創設し給ひたる御二聖」という意識と連関するものと思われる。少し後になるが、大島義脩（女子学習院長）は大正九年の明治神宮鎮座記念講演（演題「坤位の神徳」）でやはり「明治の二柱」と表現し、「［昭憲皇太后が］此世にましました間は、尚ほ我々は明治の光りの後の名残りを持つて居る心持でございました」とも語っている。つまり明治の聖徳は、明治天皇の「乾徳」のみならず昭憲皇太后の「坤徳」、ことに、あまたの御歌にみられる文徳、内助に尽された貞徳、赤十字奨励をはじめとする仁徳を併せて拝察しなければならない。

明治神宮奉賛会理事長として明治神宮の創建に尽した阪谷芳郎は、昭和五年（一九三〇）の明治神宮鎮座十年祭を記念したラジオ講演で、御祭神の聖徳を伝えるため、無言の国体教育と敬神観念の養成の場となることを理想として明治神宮内外苑を計画したと述べた（『明治神宮御造営ノ由来』明治神宮奉賛会、昭和七年）。神宮創建の特別功労者のひとりである阪谷は、晩年まで、この持論によって境内風致の重要さを説き続けた（『明治神宮奉賛会日記』）。

既述のとおり、明治神宮造営局総務課長として青年団の造営勤労奉仕を企画した田澤義鋪は、国民の「真心」の発揚こそが「最も偉大にしてあざやかなる御盛徳の現われ」であり、「明治天皇により輝かしめられる真心の光をますます明かにして、明治天皇の思召にかなう、真に立派な、そしてすべての人々が幸福になる、本当の美しい国家をつくって行きたいものと存じます」と述べている（田沢義鋪『私を感激せしめた人々』昭和六年）。

このような近代天皇像（明治聖徳論）、さらに明治神宮の形成は、近代における「新宗教の発明」、「創られた伝統」といった視点のみでは捉えきれないと思われる。たとえばE・ホブズボウムは「伝統の大量生産」（『創られた伝統』）で、「意図的創出が成功するかどうかは、どれほど一般大衆に受け入れられる形で伝えられるかに、主としてかかっている」、「社会的従属関係という旧来の秩序を残した（おそらく何らかのうまく考えられた伝統の創出を伴った）「近代化」は理論的には考えられないことではないが、日本以外には実際に成功した例は考えにくい」と、「旧来の秩序を残した」日本における近代化を特例と捉えている［＊28］。また、安丸良夫は「民衆宗教と「近代」という経験」（『文明化の経験』）において、「「通俗道徳」は、近世から近代にかけての日本人の「自立」のもっとも重要な形態であった、と私は考える」、「現代日本人の生活意識も、基本的にはなお「通俗道徳」型のものであり、民衆生活の説得性と生命力にはそのゆえにいまも大きな根拠があるといえるだろう」と近世から現代への道徳の継承を述べている［＊29］。

さらに既述のとおり加藤玄智『本邦生祠の研究』は「生祠」を「道徳的人格の崇高なる点に感激して、此にその人格を通して神格の光を認め」るものであるとして、文明教期の智的倫理的神観念について述べている。

しかしながら、このように通俗道徳的側面(安丸良夫)や生祠信仰の系譜(加藤玄智)など、近世からの連続性が指摘されてはいるものの、明治聖徳論を近世からの単純な連続とのみ捉えることはできないと思われる。河野省三が大正一五年(一九二六)一一月三日、明治聖徳記念学会第一三一回例会での講演「明治時代の力」(『(財)明治聖徳記念学会紀要』三〇)において、「活気に飛んだ時代」、「国運の向上した時代」に堅実な文化を築いた最大の力は、「開化思想と相伴ひつつ発達した国民精神から生れたもの」、「保守進歩両方面の思想を超越した国家的国民的信念」であり、その「中心力」は「明治聖帝の大稜威」であったと、「国民精神」・「愛国心」の発露を指摘している[*30]。明治時代は「和魂洋才」の時代、という認識は、加藤玄智が著書でしばしば語ったことであり、明治天皇の御製「よきをとりあしきをすてて外国におとらぬくにとなすよしもがな」(明治四二年御詠・題「国」)にもその大御心を拝察することができる。明治聖徳論にアプローチした先駆者が、「神道」=「文明教的宗教」論者の加藤玄智はもとより、「国体無言ノ教育」の場として明治神宮内外苑を構想した阪谷芳郎、御製御歌の普及に努めた高崎正風、さらには「人たる道のしをり」を求めて聖徳録を編んだ大槻如電など、明治維新の「一人両身」(福澤諭吉『文明論之概略』「緒言」明治八年)の自覚を受け継いだ、多くの民間有志(ないしは市民的活動)であることは、近代以降の神道を考えるうえで重要であろう。

註

＊1――佐藤一伯『明治聖徳論の研究――明治神宮の神学』（国書刊行会、平成二二年）。

＊2――文部省『尋常小学修身書 第四 児童用』（大正九年）。

＊3――渡邊幾治郎『明治天皇 上巻』（明治神宮社務所、昭和三五年）、一〇五～一五五頁。

＊4――鶴見俊輔『鶴見俊輔著作集 第三巻』（筑摩書房、昭和五〇年）、一八一～一八六頁。

＊5――安丸良夫『近代天皇像の形成』（岩波書店、平成四年）、二七七頁。

＊6――飛鳥井雅道『日本近代精神史の研究』（京都大学学術出版会、平成一四年）、三二六～三二七頁。

＊7――近藤啓吾「明治天皇の御修学」（『明治聖徳記念学会紀要』復刊四五、平成二〇年）、一一二頁。

＊8――徳富猪一郎『聖徳景仰』（明治書院、昭和九年）、二頁。

＊9――同書一四頁。

＊10――同書二〇～二一頁。

＊11――徳富猪一郎『皇室と国民』（民友社、昭和三年）、一一二～一一七頁。

＊12――徳富蘇峰『蘇峰随筆 第二』（民友社、大正一四年）、一三七～一三九頁。

＊13――加藤玄智「宗教学上より見たる明治神宮」（教育学術研究会編『明治神宮（教育画報特別増刊）』、同文館、大正九年）、四四～四五頁。

＊14――加藤玄智『本邦生祠の研究――生祠の史実と其心理分析』（明治聖徳記念学会、昭和六年）、三八六頁。

＊15――加藤玄智「明治神宮と天皇の御生祠」（『代々木』五、昭和三三年）、二頁。

＊16――加藤玄智「『明治天皇御集』新刊さる」（『富士文庫報』一六一、昭和四〇年）。

＊17――安蘇谷正彦『現代の諸問題と神道』（ぺりかん社、平成一三年）。

＊18――岩本徳一「稲荷信仰縁起考」（『神道宗教』二八、昭和三七年）。

＊19――藤田大誠「佐藤一伯著『明治聖徳論の研究――明治神宮の神学』」（『明治聖徳記念学会紀要』復刊四八、平成二三年）。

＊20――武田幸也「中野裕三著『国学者の神信仰――神道神学に基づく考察』」（『明治聖徳記念学会紀要』復刊四八、平成二三年）、中野裕三「明治神宮祭神考」（『神園』一一、平成二六年）。

＊21――上田賢治『神道神學』（神社新報社、平成二年。第一章「神道神学と方法の問題」）、八～一〇頁。

＊22――田澤義鋪『私を感激せしめた人々』（新政社、昭和六年初版。『田澤義鋪選集』田澤義鋪記念会、昭和四二年）、四六二～四六三頁。

＊23――田澤義鋪「思い出ずるまま（二）」（『青年』、昭和一一年二月号初出。『田澤義鋪選集』）、一〇七七頁。

＊24――伊東忠太「明治神宮社殿の建築に就て」（『建築雑誌』大正九年一二月号初出、『日本建築の研究 下』原書房、昭和五七年新装版）、二六三～二六五頁。藤岡洋保「明治神宮の建築（上）」（『明治聖徳記念学会紀要』復刊三二、平成一三年）。

＊25――高木博志『天皇制の文化史的研究――天皇就任儀礼・年中行事・文化財』（校倉書房、平成九年）、二三五～二六二頁。

＊26――佐藤一伯「民俗神道論に関する一考察――一関市・御嶽神明社の一升餅の祝い」（『岩手の民俗』一一、平成二七年発行予定）。

＊27――佐藤一伯「明治の聖徳――明治神宮創建の源流を尋ねる」（『国体文化』一〇一五、平成二〇年一一・一二月）、同『世界の中の神道』（錦正社、平成二六年）。

＊28――エリック・ホブズボウム「伝統の大量生産――ヨーロッパ、一八七〇―一九一四」（エリック・ホブズボウム、テレンス・レンジャー編、前川啓

治・梶原景昭訳『創られた伝統』、紀伊國屋書店、平成四年)、四〇八〜四一一頁。

＊29——安丸良夫『文明化の経験——近代転換期の日本』(岩波書店、平成一九年。

補論一「民衆宗教と「近代」という経験」)。

＊30——河野省三「明治時代の力」(『(財)明治聖徳記念学会紀要』三〇、昭和三年)。

第6章

外苑聖徳記念絵画館にせめぎあう「史実」と「写実」
——北海道行幸絵画の成立をめぐって

今泉宜子

はじめに

神宮外苑の歴史的文脈を考える——。

平成三二年（二〇二〇）、オリンピック・パラリンピック競技大会の東京開催をめぐって、この問いかけを頻繁に耳にするようになった。新国立競技場の建設に関する一件でのことだ。

議論が集中したのが、競技場とそれに隣接する明治神宮外苑聖徳記念絵画館（以下、絵画館と記す）との景観的な問題だった［図1］。オリンピック東京開催決定に端を発した話題から、あらためてクローズアップされた絵画館だが、じつはその存在を今回はじめて知ったという方も少なくないのではないだろうか。「建物は見たことがあるが、いったいどういう施設なのかこれまでわからなかった」という感想を、筆者も複数から聞くことがあった。

しかし、明治神宮造営運動を終始リードし、民間による外苑創設をめざして「明治神宮奉賛会」を立ち上げた、渋沢栄一や時の東京市長・阪谷芳郎たちが、外苑の中心施設として当初から思い描いていたのが、この絵画館だった。

館内には、八〇点の絵画が陳列されている。それは「明治天皇御降誕」にはじまり「大葬」で終わる、明治天皇の生涯

図1：昭和10年ごろの明治神宮外苑。右上に聖徳記念絵画館、左上に外苑競技場（のちの国立競技場）が見える。明治神宮所蔵

を軸とした時系列の絵画群だ。さらに、「御降誕」から「初雁の御歌」までの前半四〇点が日本画、「グラント将軍との対話」から「大葬」までは洋画四〇点で構成される。これらはひとりの画家によって描かれたものではなく、日本画家・洋画家が原則ひとり一作ずつ担当して制作したものだ。

この絵画館という場の成立を議論するうえで見過ごしてはならないのは、その絵画がすでに制作されてある、いわば「ありもの」を蒐集して陳列したのではなく、美術館としての絵画館建設と並行して、この場のために一から描かれた作品だったということだ。ここにおいては、何を描くのかという「画題」の選定そのものも、絵画館設立のプロセスとして重要であったことはいうまでもない。

また、その計画の立案から完成まで、絵画館造営とはかなり長期にわたる事業であったという点も注目に値する。大正四年（一九一五）の奉賛会設立から、昭和一一年（一九三六）四月に「壁画完成記念式」を迎えるまで、じつに二〇年をかけた大プロジェクトが絵画館造営事業なのだ。年月を経て、記念すべき「明治の聖代」はどのように理解され、そしてかたちを与えられるに至ったのか。

このような問題意識から、拙著『明治神宮――「伝統」を創った大プロジェクト』では、その一章を「記憶の場」としての絵画館誕生をめぐる議論に充てた。そこでは、絵画館という「場」の創成過程を、第一に、八〇枚の画題の選定とその考証という歴史編纂の側面から、次に、選定された画題を「歴史画」として表現する、歴史の視覚化の側面から、最後に、歴史を展覧する空間づくりという側面から捉えなおすことに取り組んだ。そして、その章を以下のごとく結んだ。

> 歴史を記録し、そして記憶する場として、二十年もの歳月を費やして完成した明治神宮聖徳記念絵画館。今後、八十枚の絵画一つ一つについて、歴史考証、下絵制作、画家の表現、観覧者の印象に至るまで、丹念にその誕生までの軌跡をたどっていくなら、そこに「明治神宮造営者たち」のさらなるドラマが、必ずや待っていることだろう。［＊1］

そこで本稿では議論を一歩進め、一枚の絵画制作をめぐるドラマを、歴史の編纂行為と歴史の視覚化行為とが交錯する彼方に追いかけたい。とりあげるのは、明治天皇の北海道行幸（明治一四年）を画題として描かれた作品だ。絵画館の造営は、「帝都東京に明治神宮を創りたい」という民間有志の運動から実現したもので、その意味では鎮座地「東京」を拠点とした創造行為であった。しかしそれは同時に、絵画に描かれた先である「地域」の歴史編纂および顕彰という創造行為をも喚起し、両者の輻輳をうながすダイナミズムを持ったプロジェクトだった。

神宮造営事業を契機として、東京と地域の双方で展開する「記憶の場」創造の営み。「明治神宮以前・以後」という本書の主題に沿っていえば、その相関力学の一端でも明らかにすることが、本稿の目的とするところだ。絵画館造営関係資料としては、造営主体の明治神宮奉賛会がまとめた公式記録『明治神宮外苑志』や、奉賛会理事長阪谷芳郎による『明治神宮関係書類』などがある。今回の考察にあたり、筆者はとくに地域資料に着目した。北海道行幸絵画誕生までの軌跡を、中央と地域それぞれの資料から掘り起こし、重ねあわせながら、行きつ戻りつたどっていくことにする[*2]。

一 「記憶の場」の誕生
——国史展覧空間をもとめて

歴史編纂のオペレーション

絵画館の成り立ちを歴史編纂行為として考えるなら、完成までの道のりは以下の三段階に分けることができる[*3]。前掲拙著の繰り返しになるが、今いちど確認しておきたい。

1 画題選定過程

外苑奉賛を目的に大正四年(一九一五)九月に発足した明治神宮奉賛会は、翌年春には画題の検討に本格的に動き出している。しかしこの時点では、誰が画題を決定するのかはおろか、合計何枚の絵画すなわち画題が必要なのかということにすら合意がなかった。翌六年五月二五日、奉賛会は、絵画館創設事業推進のため、その下部組織として新たに絵画館委員会を結成した。画題選定を担当することになったのは、一〇名からなる絵画館委員だ。この委員会については後にあらためて触れる。大正七年一月二五日、一一回目の絵画館委員会において、全八五題からなる暫定的な画題案「第一成案」が決定する。その後、絵画館委員会が最終的な委員会議決事項として、「第二次成案」を奉賛会会長宛に提出したのが、大正一〇年八月五日。この八〇題からなる最終案は、翌一一年七月、奉賛会総裁伏見宮殿下の御裁可により確定に至る[図2]。奉賛会初期の画題検討作業から実に六年余りが経過していたという事実からしても、画題選定が、絵画館制作にとっていかに重要と考えられていたのかがわかる。

2　画題考証過程

「画題選定過程」とは、画題としてふさわしい歴史的事象を調査し、さらにそれに註釈を施す過程でもあった。

大正七年一月末に第一成案が決定した後、九月二一日の第一二回絵画館委員会で、五名からなる絵画館委員特別委員会が組織される。この特別委員会の目的は、暫定画題案にもとづき、まず絵の場面となる現地調査を実施し、参考資料および当時を知る地元の証言を収集する。そして現地調査をもとに画題考証の参考下絵を制作する。さらに歴史事実を考証し解説文を作成し、これらの画題考証図および文書をもとに、各画題が妥当であるかを検討することだった。それはまた一連の画題のバランスや前後関係を考慮し取捨選択をする過程でもあった。

考証作業とは、単に絵画制作のためのメモ書を作成するのではなく、考証図および考証文書を冊子にまとめることを意味した。まさに歴史編纂である。第一成案にもとづき、まず八五の画題についての解説が大正七年夏までにはでき上がり、絵画館顧問委員および奉賛会理事あてに送付されている。下絵と画題解説は、精密な歴史書として、また同時に画家が精密な絵を描くための参考書として刊行することがめざされることになる。この画題考証図と画題解説は、大正一〇年八月、最終画題八〇が決定の際に奉賛会に提出され、印刷の後に画家に配られた。

3　絵画制作過程

画題決定により即、作品を描くには至らない。絵画館創成事業では、画家による作画行為以前に、画家の選定、絵画奉納者の選定、そして絵の大きさ・素材の選択といったさまざまな要素が大きな役割を果たすことになる。

図2：創建時の絵画館内部

（『明治神宮外苑志』明治神宮奉賛会編集発行、昭和12年）

絵画館委員会が画題を結了すると、明治神宮奉賛会は続いて、大正一一年一〇月に「選画協議委員会」を組織する。しかし翌一二年七月には、この選画協議委員会をふたつに分けさらにメンバーを増やし、八名からなる「絵画委員会」と、一五名の「壁画調成委員会」を立ち上げる。絵画委員会は、画題・画家と絵のスポンサーに名乗りをあげた奉納希望者とのマッチングを担当。一方、壁画調成委員会は、洋画家・日本画家から構成され、八〇枚の絵画揮毫者の選定に関わった。最初の絵画館委員会から数えると、五つの委員会が相次いで組織される必要があったという事実は、このプロセスが順調ではなかったことを示唆している。

歴史画をめぐる攻防

各過程における議論の詳細はここでは省くが、次の三点を指摘しておきたい。

第一に、絵画館絵画の制作という歴史編纂は、絵画館という場にのみ留まる行為ではなく、「国史」――国の歴史編纂事業とも相互に関わりあいを持った、規模の大きな営みであったということだ。

明治の末年から大正初期にかけて、我が国の歴史編纂を担う二大事業が本格的に始動する。明治四四年（一九一一）五月一〇日に文部省に設置された、維新史料編纂会における『大日本維新史料』の編纂がひとつであり、もうひとつは、大正三年（一九一四）一二月一日に宮内省に設置された、臨時編修局（大正五年に臨時帝室編修局と改称）による『明治天皇紀』の編纂である［＊4］。

ここで、画題の選定に関わった絵画館委員会と、実地での画題考証作業を担当した絵画館委員会内特別委員会の顔ぶれを確認すると、二〇世紀初頭の日本を代表するふたつの国史編纂事業のメンバーが、画題選定と画題考証過程の主要スタッフとして関わっていることが明らかだ［表1］。大正一〇年に最終的な成案が審議結了するまでには、制作者と制作時期が異なる複数の画題案があったことがわかっている（後掲［表2］参照）［＊5］。それぞれの画題を見比べると、明治天皇および昭憲皇太后個人にまつわる出来事よりも、国事にまつわる出来事が重視されるようになる傾向が読み取れる。つまり、天皇の伝記から国の歴史へと、画題選定方針が収斂されていく。

第二に、画題決定以前も以後も、歴史の視覚化にあたっては「史実」と「写実」をめぐる攻防があったことにも言及しておきたい。ここに、修史家とはまた異なる力学にもとづいた「記憶の場」形成の担い手たちが登場してくる契機が

表1：絵画館委員会・絵画館委員会内特別委員会委員（＊肩書きは結成時のもの）

絵画館委員会（大正6年5月25日結成）		
顧問・議長	維新史料編纂会総裁・臨時帝室編修局副総裁	金子堅太郎
顧問	臨時帝室編修局御用掛	藤波言忠
委員	維新史料編纂会委員	三上参次
	維新史料編纂会事務局長（〜大正6年8月18日）	赤司鷹一郎
	南葵文庫総裁・日本図書館協会総裁	徳川頼倫
	東京美術学校校長	正木直彦
	維新史料編纂会委員	萩野由之
	維新史料編纂会委員・臨時帝室編修局御用掛	小牧昌業
	臨時帝室編修局編修官	池辺義象
	維新史料編纂会委員・臨時帝室編修局御用掛	中原邦平
絵画館委員会内特別委員会（大正7年9月20日結成）		
特別委員	臨時帝室編修局御用掛	藤波言忠
	明治神宮奉賛会常任理事	水上浩躬
	臨時帝室編修局編修官	池辺義象
	維新史料編纂会事務局長・臨時帝室編修局御用掛	黒澤次久
※嘱託		二世五姓田芳柳

出典：『明治神宮外苑志』（明治神宮奉賛会編集発行、昭和12年）、箱石大「維新史料編纂会の成立過程」（『栃木史学』15、平成13年）、岩壁義光「明治天皇紀編纂と史料公開・保存」（『広島大学史紀要』6、平成16年）他

表2：北海道行幸関連画題案の変遷

	作成日	画題案	画題数	所蔵先	北海道行幸に関する画題案
①	大正5.3.29	「金子堅太郎案」	55題	明治神宮	
②	大正6.1.27	「臨時帝室編修局案（藤波言忠案）」	54題	明治神宮	
③	大正6.6.25	「維新史料編纂会案」	64題79場	明治神宮	
④	大正6.11.29	「維新史料編纂会種類別画題」	75題	明治神宮	熊祭御覧
⑤	大正7.1.25	「聖徳記念絵画館画題案（第三回）」	105題	明治神宮	北海巡幸熊祭御覧（白追［ママ］駅）
⑥	大正7.1.25	「聖徳記念絵画館説明原案草稿」	123題	明治神宮	北海白老駅熊祭御覧ノ図
⑦	**大正7.1.25**	**「第一成案」**	**85題**		**北海道巡幸熊祭御覧**
⑧	大正7.春	「聖徳記念絵画館画題説明」乾坤二冊	85題	宮内庁宮内公文書館	北海巡幸熊祭御覧（白老駅）
⑨	**大正10.8.5**	**「第二成案」**	**80題**		**北海道巡幸屯田兵御覧**

出典：⑧宮内庁宮内公文書館、他は明治神宮所蔵資料『阪谷芳郎明治神宮関係書類』第四部「明治神宮奉賛会絵画館画題に関する書類」（大正6-12年）による

ある。歴史に最も忠実なる描写とは如何。日本画家、西洋画家それぞれが、絵画館にふさわしい「写実」表現を主張して譲らなかった。絵画館造営事業がかくも長期間におよんだ背景には、このような歴史の描き手たちの議論の応酬があった。

絵画館特別委員として国史編纂者とともに画題考証に参画し、のちの揮毫者のために参考下図を作成したのは、画家の二世五姓田芳柳である[＊6]。「精確なる事実」を追求した調査は三年におよび、現地踏査の様子はその都度新聞に報じられ話題となった。その資料調査は慎重を極め、時には資料そのものの真贋に調べがおよぶほどで、絵画館壁画資料調査は国史編纂の領分と分かちがたく結びついていた。

史実と写実をめぐるせめぎあいは揮毫者による作品制作段階に入っても続く。画家は、下絵持ち寄り会なる審議会で、画題考証者たちから下絵の承認を得る必要があったからだ。史実を楯にして美の領域に干渉しようとする持ち寄り会のあり方に、画家たちはしばしば憤り、会が紛糾した様子が資料から窺える[＊7]。

第三にしかし、外苑造営事業における明治神宮奉賛会の姿勢は、まさに紛糾をいとわず議論し吟味を続けるところに特徴があったということ。画題選定では、たとえば内乱をどう扱うかが問題になった[＊8]。鳥羽伏見の戦いなどがその代表である。この騒動について、「伏見鳥羽戦の壁画一揉め　先帝御一代記に内乱史は汚点だと某元老」と報じる『東京朝日新聞』の記事が興味深い[＊9]。「某元老」たち反対論者に対し奉賛会の阪谷芳郎は、「先帝の御事蹟中鳥羽伏見の役は非常に有意義の事実」で日本の歴史上見逃すことはできないと、あくまで存置を主張している。同様に、東京美術学校校長で絵画館委員の正木直彦も、先帝の御一代があれほど輝かしいものになったのは、鳥羽伏見の戦が「その門口を開いた」からであり、「明治に至るエポック・メーキング」として何の問題もないと、正面から持論を展開した。

画題案の変遷を見ると、はたして「鳥羽伏見ト西南熊本籠城ハ国運発展ニ大関係アルモノ」として採用を認めている[＊10]。一方で、初期の画題案にあった「会津戦争（若松城攻囲の図）」は画題からはずされ、また同じ西南の役でも、田原坂の戦の図といった場面候補は削除され、直接に内乱を描いた場面を避け「残酷ニ亘ラサル様注意」した様子が窺われる。

通史の視覚化をめざした絵画館造営にいたる道のりは、つねに世論の関心を呼び、さまざまな論者による試行錯誤の繰り返しであったことに今一度思いを馳せたい。

二　アイヌ熊祭から屯田兵へ
——描かれた北海道の行方

白老巡幸熊祭御覧

ここで議論の焦点を北海道巡幸絵画の成立過程に絞る[＊11]。

現在、第四二番目の画題として絵画館に掲げられる「北海道屯田兵御覧」が、これからの検討素材だ。この作品は、明治一四年（一八八一）七月三〇日から一〇月一一日にかけて実現した明治天皇の東北北海道巡幸中、九月一日、山鼻村にて屯田兵による農作業を御覧になったところを描いたものである。山鼻村は現在の札幌市にあたるが、明治九年に屯田兵の入植によって開墾された村で、その屯田兵開拓の視察と奨励がこの行幸の目的だった。絵画館へこの絵画を奉納したのは北海道庁で、大正一三年（一九一四）八月に北海道長官土岐嘉平が洋画家高村真夫に制作を依頼し、昭和三年（一九二八）八月二三日に納品されている[図3]。

揮毫にあたり、高村がいかに「史実ノ調査」に力を注ぎ、写実的に当時を再現することに心を砕いていたかは、その『壁画謹製記録』の記述に窺うことができる[＊12]。高村自身による現地調査では、北海道庁の記録にあたるのはもとより、行幸当時を知る屯田事務担当者らを訪ねて実際に聞き取りを実施。また屯田兵の服装については、実物を写生するのみならず、モデル用に同じ服を調成して実見を重ねたという。さらに、京都御所内文庫が保存する巡幸記録に山鼻屯田兵村の写真を見つけ、「作画上実ニ無上ノ参考資料」となることから、明治神宮奉賛会を通じて宮内省に複写許可を願い出

図3：高村真夫が揮毫し絵画館に展示されている「北海道屯田兵御覧」。明治神宮所蔵

て、「借覧参照」を実現するに至っている。

ところで、画題選定過程をたどってみると、北海道行幸にまつわる絵画は当初、山鼻村での「屯田兵御覧」ではなく、白老村のアイヌ「熊祭御覧」として描かれることになっていたことがわかる［表2］。

『明治天皇紀』では、明治一四年九月三日の「白老熊祭御覧」の様子が次のように記されている。

午後五時五十五分白老村に着御、行在所　大澤周次郎の家に入りたまふ。今夕是の地のアイヌを行在所に召し、庭上にて熊祭の儀を行はしめたまふ。熊三頭を牽き来りて之を行ふ。儀畢るの後更に蹈舞を演ぜしめたまふ。四十人環立して手を拍ち、俯仰跳躍して繞ること数回。友禅染唐縮緬一匹・煙草三十包・紋羽二反竝びに清酒二斗を賜ふ。譯者恩命を傳へ而して杯を授く。三人の老翁列座再拝して之れを受く。［＊13］

表2が示すように、「熊祭」から「屯田兵」への画題変更は、大正七年一月末の第一成案成立から、大正一〇年八月の第二成案決定までの間になされたことになる。描かれるべき場面の現地調査をともなう画題考証・下図作成の過程で、このような変更がいかにして行われたのか、「北海道」という場から問い直してみたい。

大正七年三月一日の『小樽新聞』は、「御聖徳御坤徳奉頌の明治神宮の画題」が決定したとして、第一成案八五題すべてを一覧にして紹介している［＊14］。なかでも、大きく太字で強調した「47　北海道巡幸熊祭御覧（白老駅）」の文字に注意がひかれる。地元北海道も、この絵画館絵画制作の話題に無関心ではなかった。事実、北海道でアイヌ教育に従事し、著作も多い和人、吉田巌は、この日の新聞を読み、「うれしさたとしえもなく」、後日になっても妻や友人と感激を語り合ったことを、日記に記している［＊15］。

もうひとつの北海道行幸絵画

明治神宮奉賛会が発行していた『明治神宮奉賛会通信』の記録によれば、北海道行幸絵画に関する画題考証作業は、確認できるところで、大正七（一九一八）年五月には現地とのコンタクトを取りはじめている。来るべき現地調査に備えて、関係者に資料収集などの事前準備を依頼したものとおもわれる。

五月三日　秋田、群馬、北海道、鹿児島県支部長宛絵

画館壁画題資料取調報告方ニ付重ネテ依頼状ヲ発ス
六月八日　岩手県支部長、北海道室蘭市庁長宛絵画館下絵作製資料蒐集ノ為メ出張ニ付依頼状ヲ発ス［＊16］

このような準備を経て、絵画館委員特別委員で奉賛会常任理事の水上浩躬、同じく特別委員で考証下図の作成を依嘱された画家、二世五姓田芳柳は、六月一〇日、「絵画館画題資料調査」のため東北および北海道に出発している。出張にあたり、『東京日日新聞』の取材をうけた五姓田は、北海道調査について、次のようにコメントしている。「最後に北海道へ渡って室蘭から少し北へ行った白老の御遺跡を探ねることは、先帝がアイヌの熊まつりを御覧になった土地である。同地の官憲及ひ有力者の斡旋で熊まつりの法式だけでも実見することが出来れば非常に好都合だが、もしそれが出来なければ写真等に依って当時を偲ぶ事にしよう」［＊17］。

水上、五姓田にとって、北海道での現地調査は満足がいくものだったようだ。六月二二日、上野着列車で帰京した水上は、『読売新聞』の取材にこたえて、明治一四年（一八八一）の熊祭天覧の模様が「手に取るやうに解った」と談話を伝えている。記事によれば、ふたりは行幸時に実際に踊りを披露したアイヌが七五歳で健在であったことから「材料収集の上に便宜を得」、さらに当時の「風俗用品等は実物を一々見て」、これらをすべてを五姓田が絵に記録したという［＊18］。

ところで、彼らの白老視察をたすけた「同地の有力者」とはどのような人物であろうか。また、どのような対応をとったのか。

じつは、白老村には、絵画館委員そして「現地官憲」の依頼をうけて、みずから明治一四年九月三日当時のことを調査し、また参考として、下絵の「下絵」を作成した人物がいた。当時白老で、「白老土人協会」を設立主宰していた満岡伸一がその人だ。大正四年八月、満岡は「教育に関する勅語及び戊辰詔勅の趣旨を奉戴し白老土人の開発指導を図る」ことを目的に同協会を設立。アイヌの生活に関する著作も多数残しているが、そのなかに大正一一年に謄写版刷りで刊行された『アイヌの足跡』という一書がある［＊19］。

この著作には「明治天皇、天覧の光栄に浴せる白老アイヌ熊祭」という項があり、巻末には満岡の筆による熊祭天覧光景のスケッチが添付されている［図4］。

別図は大澤周次郎及踊に参加したるアイヌ等数名の話を綜合し拝写したるものにして、明治神宮聖徳記念館の壁画に、白老に於ける天覧熊祭の光景を描く旨にて宮内省より其筋を経て当時土人協会長たる余に調査を命ぜられたるにつき、謹んで命を拝し、当時の関係者間を往復し、想像ながら一つの絵を写し、関係者の批評を請ひ、幾回も修正に修正を加へ謹写せしものなり。[*20]

見えがくれするアイヌ

満岡はさらに自身の調査結果にもとづき、「口絵の説明」として、一二項目にわたって、当日の人の位置関係、服装、人数などの細部について書き記している。このことから、少なくとも以下の点を認めることができるだろう。第一成案成立後、奉賛会側も熊祭絵画の実現に向けてたしかに作業を進めていたこと、白老現地側もその作業に協力していたこと、また、その協力者は調査の一環として、明治一四年(一八八一)当時の関係者に聞き取り調査を実施していること、そしてその成果を下絵として作成し絵画館絵画の参考として供したこと。

それでは、満岡伸一の下絵にもとづき、大正一〇年(一九二一)八月までに五姓田はどのような「画題考証図」を作

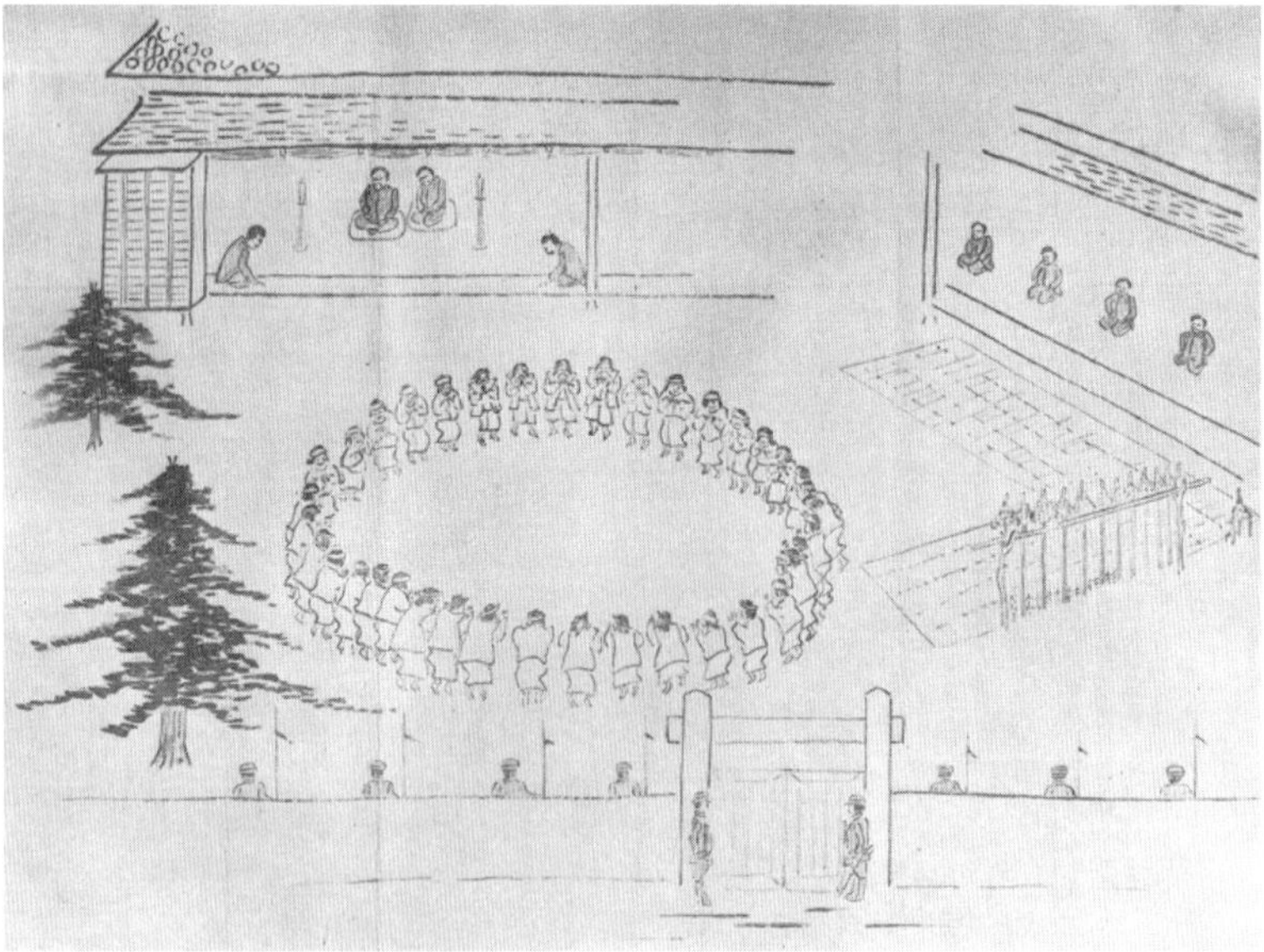

図4:満岡伸一が描いた絵画館のための下絵
「北海道熊祭御覧」。満岡伸一『アイヌの足跡』(眞正堂・田辺眞男、大正13年)所収

成したのか。

一見して明らかだが、五姓田は下絵段階ですでに熊祭ではなく、第二成案で採択されることになる山鼻村への天皇行幸場面を描いている［図5］。また、奇妙なことに、五姓田の下絵と高村による完成画を比べると、五姓田のほうには天皇を奉迎するアイヌの姿が描かれているが、高村の絵のほうには見られない。この違いが奇妙であるのは、じつは史実を「考証」してみればわかることなのだが、大正一四年九月当時、山鼻村にアイヌは入植していなかったし、また当日の奉迎にもアイヌが参列した記録はないからだ［＊21］。たしかに、明治八年五月の樺太千島交換条約締結により、樺太アイヌは道内に移住させられていたが、それは山鼻村ではなく石狩国対雁（現在の江別市）のことだ［＊22］。さらに九月一日、たしかに明治天皇にアイヌは謁見しているのだが、それは山鼻の街道筋ではなく、謁見会場として準備された札幌清華亭においてであった（ここでは、この日のために樺太アイヌが移住先から呼び寄せられ舞踊を披露している）［＊23］。

史実の忠実なる再現にこだわった絵画館絵画の下絵で、五姓田がこのようなフィクションを構図に描いたのには、やはり幻と消えた「アイヌ熊祭御覧」の名残があるのではないかと感じられる［＊24］。画題考証過程で、絵画館絵画の画面か

図5：二世五姓田芳柳が描いた北海道行幸絵画の画題考証図（右）とその習作（左）。
右：明治神宮編『明治神宮叢書』第20巻（国書刊行会、平成12年）所収、左：茨城県近代美術館所蔵

ら姿を消していくアイヌとその熊祭について、その当時の歴史的コンテクストにいま一度立ち返りつつ再考してみたい。

三　追憶の彼方にゆれるイオマンテ
――「熊祭」画題をめぐる諸相

「アイヌの父」ジョン・バチェラーへの手紙

この画題変更では、アイヌの「熊祭」をどのように扱うかというテーマが問題の核心となったようだ。

そのように推測するひとつの根拠は、阪谷芳郎とジョン・バチェラーとの手紙のやりとりである。英国人ジョン・バチェラー（一八五四―一九四四）は、アイヌ研究者であり、なにより六〇余年の永きにわたり北海道でアイヌへのキリスト教伝道に人生を捧げた人物として知られる[＊25]。明治神宮奉賛会関係資料として、阪谷が保管していた書簡の控えなどを調べると、大正七年（一九一八）七月後半を中心に、ふたりの間でまさに絵画館の熊祭御覧絵画をめぐって、手紙のやりとりがあったことがわかる。

七月一八日ころに阪谷がバチェラーにあてた手紙文の控えはこのようにはじまる。

A friend of mine in Sapporo wrote to [my friend in Tokyo that] you protested against the bear festival, which was about to take place' in the Exhibition [of Sapporo]. I did not know that the festival is so cruel, and very much appreciate your cordial protest. Many, many years ago our late Emperor Mutsuhito visited Hokkaido and the people showed him the festival, and we wished to paint it for his memory in Hokkaido [for] our society, Meiji jingu hōsankai. How [sic] do you think of this? I think this painting will not be of any subject as to be protested [sic] if properly painted. [＊26]

今般札幌で開催される博覧会で熊祭が上演されることについて、貴殿が反対なさっているとのこと。このことは札幌に住む友人が東京の知人に宛てた手紙から知りました。熊祭がそれほど残忍なものとは知らず、貴殿の真摯なる抗議に敬意を表します。随分昔のことになりますが、明治天皇が北海道行幸の折、この熊祭が天覧されました。我々、明治神宮奉賛会は、北海道における陛下を追憶するよすがとして、その場面を絵画にしたいと希望しています。このことについて貴殿のお考えは如何でしょうか。適切なかたちで描かれるなら問題ないのではないか、というのが私の考えです。〔訳文筆者〕

以上の文面から、阪谷（と絵画館関係者）は、バチェラーが「熊祭」（の供覧）に反対していることを気にかけていたこと、また絵画制作にあたり、彼らはバチェラーの意見を参考にしたいと考えていたこと、一方で阪谷（と絵画館関係者）自身は、「適切なかたち」で描いていれば問題ないのではないかと考えていたことが推察できる。残念ながらバチェラーから阪谷への書簡は残っておらず、彼のダイレクトな反応を知ることはできないが、大正七年当時に「熊祭」を取り巻いていた状況が、結果的にその絵画の実現をためらわせる要因のひとつになったのではないかと考えることができるだろう。

では、大正七年当時に「熊祭」を取り巻いていたのは、具体的にどのような状況であったか。

この疑問に向き合うため筆者が多くを拠ったのは、北海道立アイヌ民族文化研究センターの小川正人による一連のアイヌ近代史研究だ。とくに「イオマンテの近代史」をめぐる小川の考察は、本稿にとって示唆に富む［*27］。イオマンテとは、アイヌの言葉で「神送り」、多くは熊の霊を神の国に送り返す、「熊送り」の儀式について使われる名称だ［*28］。小川は、アイヌ民族に関する近代史の先行研究は、「いわゆる差別と同化政策の歴史と、これに対するアイヌ民族の抵抗や運動」といった二元的な対抗関係の把握が中心であったと考察し、「ことはそう単純ではない」のではないかと疑問を投げかける。というのは、この二元的な視点は、近代以降のアイヌ文化の歩みを、「本来」のアイヌ文化の破壊や残存、あるいはその「復興」といった議論の枠組みに止めてしまいがちだからだ。

むしろ、そのような「本来」のアイヌ文化を想定することで可能となって（しまって）いる関係性のありようこそを問うべきではないかと、小川は指摘する。筆者の関心にひきつけて言えば、イオマンテをめぐるさまざまな他者の思惑が出会う場所として、絵画の舞台・北海道白老を想定し、その出会いに由来する矛盾や摩擦を問い直すこと。アイヌ対和人の単純な枠組みに納まらない、そのような思惑のひずみにこそ、画題変遷の行方を窺う方策がありはしないか。

異化と同化——アイヌ文化への距離

和人がイオマンテをどう見ていたかを考える場合、まず明治二〇年代中期以降、本土でも北海道内でも興行としてのイオマンテが増加している事実が指摘できる。大正七年(一九一八)時も、依然このような傾向にあった。明治三二年(一八九九)とは、旧土人保護法が制定された年だ。「旧土人」という奇妙な呼称が、和人のアイヌに対する態度をよく表している。「今は」同じ日本人であるとして差異を否定しながら、「昔は」違っていたとわざわざ区別してみせる二重否定の肯定だ。これは、イオマンテに対する態度にも共通している。政府がアイヌの同化政策に力を入れているとき、むしろ和人の側は、「昔」はあって、「今」や消えつつあるアイヌのイオマンテを興行として欲するのだ[図6][*29]。

しかしこのような撞着は、じつは明治一四年の熊祭御覧にもあてはまる。というのも、アイヌがイオマンテを実施することは、明治五年八月の開拓使による初期同化政策で、すでに禁止の通達がなされているからだ[*30]。この時期のアイヌの「見せかた」には、その「異」民族性を強調しつつ、同時に「同」化政策の効果をも顕示しようとする演出に特徴があった[*31]。政府が禁止した熊送りを天覧し、後にそれを「北海道における明治天皇を追憶するよすが」として絵画に仕立てたとして、観覧者にとってそれはどのような「追憶」でありうるか。そして、アイヌにとっては——。

図6:「北海道アイヌ熊祭の実況(白老)」絵葉書。著者所蔵

ところで、阪谷が大正七年の手紙で言及している博覧会とは、その年の八月一日から九月一九日まで札幌で開催された「開道五十年記念北海道博覧会」を指している。イオマンテに対するさまざまな振る舞いを、博覧会を通して見てとることができる[＊32]。

バチェラーは熊送りの供覧に一貫して反対の立場をとってきた。

さかのぼること一五年前、明治三六年に大阪天王寺で開催された第五回内国勧業博覧会は、場内に設置された「人類館」でアイヌがはじめて「展覧」されたことで知られる。この博覧会では、バチェラーのもとで教会に通っていたアイヌ三名が、大阪商人にだまされて連れて行かれ、イオマンテが見世物にされたという事件があった[＊33]。彼は、アイヌを見世物にすることで和人が金儲けをたくらむような、イオマンテに絡む構造に終始批判的だった。しかし、バチェラーの場合は、イオマンテが見世物として再現されることに反対なだけではなく、「オリジナル」のイオマンテそのものも「残忍」であり「邪教」であるから反対なのだ[＊34]。

このような彼の信念は、大正一五年に北海道で開催予定の汎太平洋科学会で、外国人会員に熊送りを見せる計画を知り、新聞紙上で「熊祭りに就いて反対する高遠な理由」と題して展開した反論に、もっとも端的にあらわれている[＊35]。バチェラーは、「この残忍ないやらしい」「熊殺し」を会員に紹介することは、かえって日本国民の名を汚すことになると主張する。バチェラーにとって「アイヌ多神教」とは、「野蛮で未開、あるいは開発途上の人種のあいだで共通して見られる宗教」であり、彼らをキリスト教の信仰に導き、文明化することこそ自身の使命であった[＊36]。奉賛会の阪谷芳郎たちもバチェラーの意見に注意を払ったように、本土でも北海道においても、この一英国人の発言は影響力を持って受けとめられていた。

では、当時のアイヌはイオマンテをどのように考えていたか。

アイヌ近現代史を専門とする北海道大学特任教授リチャード・シドルの指摘によれば、まさに大正七年ころから活発になるアイヌによる言論活動の担い手は、バチェラーの影響を色濃く受けた新世代に属するアイヌ青年たちであったという[＊37]。バチェラーのもとで学んだ当時二〇代前半の江賀寅三、武隈徳三郎といった人物が、この世代に属する。

しかし、彼ら新世代アイヌのイオマンテとの関わりは、バチェラーのそれと決して同じではない。ここに、イオマンテ供覧の賛成派・反対派といっても、単純な二項対立には還元できないイオマンテ理解の諸相がある。武隈も江賀もアイヌ教員として、近代アイヌ教育に厳しい批判をよせた［＊38］。大正七年、博覧会の年に、武隈はその言論を『アイヌ物語』の著作にまとめている。江賀寅三は、前年二月にバチェラーにより洗礼をうけ、この博覧会では道庁から約一週間の「視察」を命じられ、その報告書を残している［＊39］。この視察の目的は、アイヌ民族の「先覚者」たる教員の江賀に「文明」の展示場を見せることで、民族の「旧習」に対する意識を徹底させるところにあったのではないかという。はたして博覧会の余興場で「アイヌ踊り」を見た江賀は、「破廉恥ナリ」と舌鋒鋭く批判し、このような旧習を供覧するのは、舞台上のアイヌだけでなく、一般アイヌ民族全体の恥辱であると主張する［＊40］。

ふたたび小川正人の指摘によれば、江賀や武隈たちアイヌ教員には近代日本社会で自民族がおかれた状況に対する「シビアな現実認識」があった。ふたりとも、近代化そのものを否定しているのではない。入墨などは野蛮な風習であるとして、より一層の向上を求める立場である。しかし、その姿勢の基本は、イオマンテのような「旧習」を旧習ゆえに否定するのではなく、どのように「現今の文明に適応」させまた「改良」すればよいのかと模索するところにあった。「破廉恥ナリ」はだから、一方で自分のようなアイヌ教員を「先覚者」として派遣しながら、同じ博覧会でアイヌを「見世物」にする構造のまやかしを鋭くついてもいるのだ。彼らにとってこの「破廉恥」構造は、絵画館の熊祭御覧絵画のモチーフにもつながるものではなかったろうか。

一方大正七年当時、バチェラーに影響を受けた本土知識人の言説としては、小説家宮本百合子（当時は中條姓）が参考になる。百合子は、本土知識人ともネットワークが広かったバチェラーとの縁で、大正七年三月から八月にかけてバチェラー宅に寄寓して、「民族的滅亡」に追い込まれているアイヌのこと」を作品に書き上げる。

〔アイヌの〕芸術味のある歌も、営利の為につまらぬ興業師などに利用されて、歌の上手な婦人で思わぬ不幸な運命に陥いる事があります。アイヌの歌を真に理解して、それに興を覚えて聞くならよいでしょうが、見世物のようにされては可哀想です。〔……〕彼等には文字のなかった事と、その生活を表現するだけの文明のない為に、だんだん亡びて行くような状態になったので、この種族を失う事はほんとうに惜しい事だと思います。［＊41］

消えゆく熊祭と消えた熊祭天覧絵画

バチェラーを介して、アイヌ側、そして和人側のイオマンテに対する態度を一瞥した。

大正一三年(一九二四)九月一〇日、北海道庁はついに「土人風俗矯正の取りしまり方」を通達。その目的は、和人が土人に踊りなどを踊らせて「見世物視」することを禁止するとともに、熊の虐殺のような残虐な「因習」を戒める目的があった[*42]。ここにおいて、熊送りの再現も、熊送りそのものも禁止されるべき風俗となる。五姓田たち絵画館特別委員が白老を訪ね、「熊祭」を描きたいので再現して欲しいと要請した大正七年とは、このような時代の流れのなかにあった。

イオマンテ供覧について反対の仕方に違いはあったが、上述のバチェラー、アイヌ教育者、本土知識人に共通するのは、彼らにとってイオマンテは「滅びゆく伝統」であり、またアイヌ自体が「滅びゆく民族」として理解されていることだ。アイヌ自身もイオマンテ上演にあたり、「古式」という言葉で、この「伝統」儀式と自身の生活がすでに離れたものであると認識している。絵画館に熊祭天覧絵画を展示しようという発想も、イオマンテをすでに過去のものとして対象化・客観化する同じ視点から可能になったものではないか。土人協会の活動で白老アイヌと深く交わってきた満岡が、絵画館絵画制作に積極的に協力したのも、その動機は『アイヌの足跡』を著したのと同じところにあるだろう。「アイヌ古来の特殊の風俗習慣は日に月に廃れ、今後数年ならずして全く其の足跡をも存せざるに至らんとするを惜み、後日自家の参考ともならんと順序もなく筆記し置けるもの、今回知友諸君の勧誘もあり、本道視察者其他一般の参考にもと之を公にす」。

これまで論じた「イオマンテをめぐる大正七年当時の状況」は、総じて「知識人」による伝統認識であり、イオマンテへの態度であった。しかし、実際の博覧会の状況を見るなら、熊送りを興行として展覧するという行為は、体制側の牽制があったにも拘わらず、まったく衰えてはいなかった。道庁が主催した博覧会会場では衛生館に、「土人の生活」として飲用植物などを陳列するに留まったが、北海タイムス社が同期間に開催した「児童博覧会」には「アイヌ館」があった。日高国沙流郡から呼び寄せたアイヌ酋長夫婦に、日常生活そのままの暮らしをしてもらうという趣向ながら、そこに「これは決して見世物ではない」とわざわざただし書きを施している。

また、見世物興行があふれていたのは、「風致を阻害する」という理由で会場からあぶれた売店や興行主を吸収するため、区の協賛会が設けた特設興行指定地だった。この特設会場では、馬の曲乗りや象使いとともに、「酋長ウレンバウタ外30余人」による熊送りの上演などで大層なにぎわいだったという。新聞が「昔から明治初年のアイヌの気分を観せるのである」と売り文句を伝えるごとく、これらの興行は「過去」と結び付けられることが多く、またアイヌの「異民族性」をことさらに強調する傾向があった[*43]。

このようなイオマンテを取り巻く状況を、阪谷はじめ奉賛会がどれほど認識していたのか、定かではない。しかしこれまでの考察から、イオマンテはいつでも「異」民族と「同」化、あるいは「かつて」と「今」のはざまを、当事者の思惑次第で揺れ動く存在であったことがわかる。この揺れ幅のどこにこの画題を位置づければよいのか、まさにその合意に欠けたことが絵画館絵画から「熊祭」が姿を消していく、ひとつの大きな要因になったのではあるまいか。

四　記念のかたち
——顕彰と忘却のメカニズム

白老村史の誕生

「白老熊祭御覧」は、結局絵画館に展示されなかった。明治天皇の偉業と明治の盛代を記念する八〇の画題のなかには選ばれなかった。このことは、地元白老において「白老熊祭御覧」という出来事に対する記憶形成にどのように関与しただろうか。

地域資料をたずねると、満岡伸一ら地元側が絵画館委員会の「画題考証過程」に関与していく、その行為が白老における新たな歴史編纂行為、歴史の顕彰行為を促す契機となっていく様子を窺い知ることができる。

満岡は、下絵の作成にあたって、明治一四年(一八八一)当時の関係者に直接聞き取りインタビューをしたことは、すでに述べた。管見では、当時の関係者の聞き取り(当日踊りを披露したアイヌを含む)インタビューが実行され、それが文字となって記録されたのは、大正七年(一九一八)の満岡の試みが最初ではなかったかと思われる。この満岡の行為は、絵画館絵画には反映されなかったが、ほかならぬ白老の歴史編纂に大きく寄与することになった。

満岡の『アイヌの足跡』が大正一一年に謄写版刷りで作成された翌年、当時の白老村長である志賀兼治編修による白老村最初の村史『白老』が発行された[＊44]。その序文に「平面的ニ白老村況ヲ記述セルニ止マリ」とことわっているとおり、八〇ページ足らずの小編だが、明治天皇の聖蹟を紹介した「名所旧跡」と「明治天皇御巡幸御誌料蒐録」の章に、ほぼ半分の紙幅を費やしていることは注目に値する。ここには、明治一四年七月に郡役所から白老役場へあてた「天覧に供する旧土人踊につき郡役所通達」などの当局資料から、当時の関係者への聞き取り内容、そして村内に四ヵ所存在する聖蹟とその由緒の説明までが、網羅的に収録されている。

この『白老』村史の記述は、満岡が絵画館画題調査にあたって収集作成した歴史考証史料を増補して編纂されたものではないかと推察できる。満岡は大正一一年版の『アイヌの足跡』で、自身が作成した「熊祭」の絵は、「宮内省より其筋を経て調査方依頼につき」、参考として作成した資料のうちの「一部」であると説明している[＊45]。とすれば、画題考証に端を発した調査成果の全体が、この村史にはじめて反映されたのではないだろうか。この『白老』の表紙には、村の情景を描いた簡単な線画とS.M.というイニシャルが刻まれているが、これは満岡伸一を示しているという。満岡は志賀村長による村史刊行に、編纂側として実質的に関わった人物だった[＊46]。そしてこの歴史調査の結果は、ほぼそのままの形で、白老町役場が本格的に編纂することになる町史『白老町史』『新白老町史』に引き継がれていく。

満岡の編纂成果は、白老町においてのみ還元されたのではなく、本土から白老を「視察者」として訪ねた多くのものに「案内書」として頒布された。満岡自身も、「アイヌの人々と親交があり研究者でもあることから」、「よき紹介者」として視察者を遇していた。すなわち、アイヌ見学地としての「白老」の成立に対する寄与という側面だ。大正一五年七月一四日付の『室蘭毎日新聞』によれば、白老村が村会議決で「アイヌ民族を保護し、遺風を永久に保存」するため、考古参考資料を収めるアイヌ民族の「考古参考館」を建設することを支庁に請願している。大正年間、白老という場所そのものが、「今はなき」アイヌの文化を偲び、永久に保存するための「記憶の場」として訪問客を集めることになる。

しかし、振りかえってみれば、アイヌを視察するために白老を訪ねるというスタイルは、明治一四年の行幸から始まったことではなかったか。巡幸経路になったことで、道路の改修などの村の整備につながった。ほかならぬ明治天皇がアイヌ視察に白老を訪れたことから、それが他の皇族や研究者、そして著名人の旅行視察へと繋がっていく。『新白老町史』が「観光白老のあゆみ」の冒頭に、明治天皇白老行幸をその嚆矢とあげ、これにより白老村がアイヌ民族居住地区として全国に知られるようになったと記すとおりである［＊47］。

コメモレーション――失われた時をもとめて

明治一四年（一八八一）の行幸は白老が観光地として発展するきっかけにはなったが、当地において「熊祭」天覧が大切な「思い出」としてつねに顕彰されてきたわけではなかった。むしろ白老はそれを忘れがちであった。

その記憶を忘却の彼方から取り戻す役割を果したのが、明治天皇に続いた大正天皇や昭和天皇の行幸啓だった（皇太子時代を含む）。記憶が顕彰をうながすのではなく、顕彰行為が記憶をうながすのだ。表3は、明治一四年以降大正期に白老に関連した皇族訪問行事と、白老でのおもな顕彰活動を一覧にしたものである［＊48］。

この表から明らかなことは、明治天皇がイオマンテを御覧になった行在所跡も含めて白老内四ヵ所の「聖蹟」はすべて、明治四四年の皇太子（のちの大正天皇）の行啓に合わせ、その直前に建立した記念碑であったということだ。つまり、皇太

表3：白老への行幸啓と顕彰事業のさまざま

	行幸啓	白老での行幸啓行事	聖蹟	出版
明治14.9.3-4	明治天皇行幸	9月3日「熊祭」天覧		
明治44.9.5	皇太子行啓（大正天皇）	9月5日 白老駅でアイヌ10余名が奉迎 白老第二尋常小学校に田内侍従を派遣してアイヌ授業視察	6－7月 社台、白老、敷生、虎杖浜の明治天皇聖蹟四ヵ所に記念碑を建立	
大正7.8	閑院宮載仁親王殿下、同妃殿下行啓	8月　白老駅でアイヌ民族古来の器具を陳列御覧		
大正11.7.22	皇太子行啓（昭和天皇）	7.22　白老駅でアイヌ奉迎	7月 社台碑再建	満岡伸一『アイヌの足跡』
大正12			9月3日 敷生で明治天皇巡幸記念会結成	白老村史『白老』
大正13				北海道庁『北海道史蹟名勝天然紀念物調査報告書』

出典：『白老』（志賀兼治編集発行、大正12年）、白老町史編纂委員会編『新白老町史』（白老町役場、平成4年）、小川正人「コタンへの「行幸」「行啓」とアイヌ教育」（『教育史学会』34、平成3年）他

子が明治天皇の足跡を再訪することになってはじめて、記念の「かたち」がそこに築かれたことになる。

社台の聖蹟は、昭和天皇が皇太子時代の行啓にあわせて再建され、また敷生では大正一一年(一九二二)の行啓時、「当日、明治天皇行在のなんら記念すべき催しなかりしを遺憾として」、毎年九月三日に明治天皇御巡幸記念会を開催し、「村民一同白老村における御駐蹕碑に詣で、古文書などにより当時の模様を偲び奉る」ことにしたという記録がある。このような一連の流れを見ると、満岡の『アイヌの足跡』や村史『白老』も、大正一一年の皇太子行啓にうながされるように出版されたのではないかとも推測される。というのも、満岡の著書を出版した三好竹勇という人物もまた、白老聖蹟の熱心な顕彰者であったからだ。昭和一一年、破損著しい白老熊祭天覧聖蹟の石碑を交換するため、「独力で碑石を仙台から取り寄せ」、新しい碑を建立したのもこの三好であった(ちなみに、その除幕式には満岡も列席している)。

白老熊祭御覧という出来事は、まず明治一四年から三〇年後、皇太子行啓を契機に聖蹟の顕彰がさかんになり、次に大正七年、絵画館絵画制作を契機にその歴史考証が進み、そして大正一一年の皇太子行啓と軌を一にして、ついに書籍化されるに至った。

『アイヌの足跡』はその後も版を重ねるが、各版を確認するうちにある重要な事実に気づかされた。

じつは満岡伸一は、昭和一六年発行の『アイヌの足跡』第六版増補版から、絵画館絵画制作のために実施した調査に関する記述部分を一切削除し、あくまで「明治天皇天覧熊祭」という史実の説明に文章を改めている[*49]。さらに、添付図版として書中に折り込み収録していた天覧の様子を描いた口絵の掲載もやめる。この時点で、かつて大正七年に熊祭御覧が絵画館画題の候補になったという歴史事実そのものが、『アイヌの足跡』の記載から消滅したことになる。

一方、歴史と記憶のゆらぎのなかでは、削除される史実もあれば、あいまいなままに歴史に付け加えられるものもあるようだ。一四年の行幸で明治天皇が愛でた「誉の松」にまつわる逸話がそれだ。

行在所となった大澤周次郎宅の庭には、見事なオンコ(水松・イチイ)があった。それを御覧になった明治天皇は、「御感一入にて　短冊に御製を認め」、それを水松の枝に掛けたのだという。この短冊は大澤家の家宝となっていたが、明治二九年に家屋が火事にあった際に惜しくも焼失してしまった。今は白老八幡神社に移植された水松だけが、「誉の松」として当時の記憶を伝えている――、というストーリーである。

この逸話は大正一一年版『アイヌの足跡』にも記されており、その後、『白老』『新白老町史』と続く［＊50］。興味深いことに、大正一三年に北海道庁がまとめた『北海道史蹟名勝天然紀念物調査報告書』では、はやくもこの「誉の松」の逸事を「伝説」と称し、その「真偽調査ありたし」という調査員の報告を書きとめている［＊51］。はたして明治天皇は白老の地でどのような御製をお詠みになったのか。誰もそれを知らない。

むすびに

本稿では、明治神宮外苑聖徳記念絵画館の成り立ちを、歴史編纂と歴史の視覚化というふたつの試みが交錯するプロセスとしてたどりなおした。歴史画題の選定から作画に至るまで、絵画館絵画の制作は、国の歴史編纂事業とも相互に関わる規模の大きな営みであった。具体的な考察の対象として、明治一四年（一八八一）の北海道行幸を素材とした作品をとりあげた。その画題が「熊祭御覧」から「屯田兵御覧」へと変更された事実に着目し、画題の考証とその変遷が実現をみた歴史的・地域的背景について検討した。天覧の舞台となった地域、白老には、東京からたしかに視察団が足を運び、画題考証のための調査を実施していた。さらに白老の調査協力者によって「熊祭御覧」の下絵が、絵画館のために実際に作成されていたこともわかった。その画題が「屯田兵御覧」へと変わっていく背景には、アイヌ・和人・異国の宣教師など、思惑を異にする人びとが取り巻く「熊祭」をめぐる諸相があった。最後に、鎮座地東京における「記憶の場」絵画館の造営事業は、同時に地域の側の歴史編纂および顕彰行為をうながす契機ともなったことを、北海道の地域資料を活用しつつ指摘した。

　これからの明治神宮史研究において、内務省神社局や明治神宮奉賛会といった、いわば「中央」の造営主体による資料に加え、「地域」資料からの視点を導入することで、さらなる議論の展開が期待できるのではないかという可能性について、ひとまずここに言及しておきたい。

　平成二三年（二〇一一）九月一一日。この日、天皇陛下が白老町を行幸、アイヌ民族博物館では古式舞踊が披露された。天皇陛下の白老行幸は、明治一四年以来じつに一三〇年ぶりのことだ［＊52］。北海道立アイヌ民族文化研究センター小川正人の報告によれば、明治天皇が行幸時に愛でたという、あの「誉の松」の聖蹟前には、この機会にあらたな顕彰碑が設置されたという［図7］。

　そして平成二六年六月の閣議において、白老に「民族共生の象徴となる空間」を創設することが決定された。この象徴空間とは、「アイヌ文化の復興」と「アイヌの人々の遺骨およびその副葬品の慰霊および管理」を目的とするもので、国際観光や国際親善にも寄与するため、平成三二年開催のオリンピック・パラリンピック東京大会にあわせて一般公開される予定だという［＊53］。同じ年、鎮座一〇〇周年を祝う明治神宮もまた、国内外から多くの参拝者を迎えることになるだろう。そのとき我々は、外苑がつなぐ記憶の場——絵画館と白老が織りなす「歴史的文脈」を、どのように語ることができるだろうか。

　「記憶の場」から「象徴空間」へ。筆者もまた白老に足を運び、いつかふたたび稿を重ねる機会を待ちたいと思う。

図7：白老にある明治天皇聖蹟「誉の松」。現在の様子。
小川正人撮影

註

＊1——今泉宜子『明治神宮——「伝統」を創った大プロジェクト』（新潮社、平成二五年）、三一一頁。

＊2——明治神宮奉賛会編『明治神宮外苑志』（明治神宮奉賛会、昭和一二年）、阪谷芳郎『阪谷芳郎明治神宮関係書類』（明治神宮所蔵）。絵画館絵画については、打越孝明『絵画と聖蹟でたどる明治天皇のご生涯』（新人物往来社、平成二四年）、絵画館設立の経緯については、水上浩躬「壁画題撰定ノ経過及其成果」（『明治神宮奉賛会通信』六六号附録、大正一〇年一一月）、同「絵画館壁画の消息」（同八〇号附録、大正一四年九月）、同「続壁画の消息」（同八三号附録、大正一五年六月）など参照。先行研究の詳細は、今泉前掲書第四章を参照いただきたい。

＊3——歴史編纂行為の三段階に関しては、ミシェル・ド・セルトー『歴史のエクリチュール』（法政大学出版局、平成八年）、ポール・リクール『記憶・歴史・忘却』上・下（新曜社、平成一六～一七年）の議論を参照した。

＊4——国史編纂事業に関しては、小西四郎「文部省維新史料編纂会・文部省維新史料編纂事務局小史」（大久保利謙・小西四郎編『「維新史」と維新史料編纂会』吉川弘文館、昭和五八年）、箱石大「維新史料編纂会の成立過程」（『栃木史学』一五、平成一三年）、堀口修「「臨時帝室編修局」と「維新史料編纂会」」（『古文書研究』五四、平成一三年）、岩壁義光「明治天皇紀編纂と史料公開・保存」（『広島大学史紀要』六、平成一六年）など参照。

＊5——阪谷前掲『阪谷芳郎明治神宮関係書類』第四部「明治神宮奉賛会絵画館画題に関する書類」（大正六～一一年）、宮内省臨時帝室編修局編『聖徳記念絵画館画題説明』宮内庁宮内公文書館所蔵（大正七年）。

＊6——明治神宮教学研究センター編『二世五姓田芳柳と近代洋画の系譜——近代の歴史画の開拓者』（明治神宮、平成一八年）など参照。

＊7——明治神宮所蔵『壁画謹製記録』（明治神宮編『明治神宮叢書』第一八巻、国書刊行会、平成一五年）。

＊8——阪谷芳郎『明治神宮奉賛会日記』（明治神宮編『明治神宮叢書』第一七巻、国書刊行会、平成一八年）、六四八頁。

＊9——「伏見鳥羽戦の壁画一揉め」（『東京朝日新聞』、大正一〇年四月一日）。

＊10——水上前掲「壁画題撰定ノ経過及其成果」二〇頁。

＊11——北海道巡幸絵画に関する議論は、今泉宜子 *Sacred Space in the Modern City: The Fractured Pasts of Meiji Shrine, 1912-1958* (Brill, 2013) 所収の議論を発展させたものである。

＊12——前掲『壁画謹製記録』六四六～六五五頁。

＊13——宮内庁『明治天皇紀』第五（吉川弘文館、昭和四六年）、四七四頁。明治一四年北海道巡幸に関しては、三木強「明治十四年天皇巡幸と北海道」（『北大史学』三八号、平成一〇年）、桑原真人「アイヌと天皇——一八七六、八一年の北海道巡幸を中心に」（『へるめす』六四号、平成九年）など参照。

＊14——「御聖徳御坤徳奉頌の明治神宮の画題——第一回成案として発表せるもの」（『小樽新聞』、大正七年三月一日）。

＊15——吉田巌『吉田巌日記』第九（帯広市教育委員会、昭和六二年）、一〇一～一〇二頁。

＊16——明治神宮奉賛会『明治神宮奉賛会通信』（第三〇号、大正六年六月）、一頁、同（第三一号、大正六年七月）、一頁。

＊17——「先帝の御遺跡を謹写の絵行脚」（『東京日日新聞』、大正七年六月九日）。

＊18——「遠く東北と北海道とに四つの聖跡を尋ねて」（『読売新聞』大正七年六月二三日）。

＊19——白老町での現地調査および地域資料の閲覧では、白老町立図書館の本間敬子氏にお世話になった。

＊20——引用は、満岡伸一『アイヌの足跡』(眞生堂・田辺眞男、大正一三年)、八九頁を参照。

＊21——前掲『明治天皇紀』第五、四七〇～四七二頁。

＊22——北海道開拓記念館編『近代のはじまり』(北海道開拓記念館、平成一二年)、四五～四六頁、同『開けゆく大地』、四二～四四頁。

＊23——前掲『明治天皇紀』第五、四七〇～四七二頁。

＊24——ちなみに二世五姓田芳柳は、絵画館画題考証図絵を完成させたあと、ふたたび屯田兵御覧を描いている。昭和六年、臨時帝室編修局から『明治天皇紀』の附図を依頼されてのことだが、興味深いことにこの画面にも、山鼻の街道沿いで明治天皇を出迎えるアイヌの姿がある。米田雄介編『明治天皇とその時代——『明治天皇紀附図』を読む』(吉川弘文館、平成一四年)、九二～九三頁。

＊25——ジョン・バチェラー『我が記憶をたどりて』(北海道出版企画センター、平成二〇年)。バチェラーに関しては、Imogen Reeves, "John Batchelor: Missionary and Ethnographer. A Critical Biography," MA. Diss. (University of London, 1992)、仁多見巌『異境の使徒——英人ジョン・バチラー伝』(北海道新聞社、平成三年)など参照。

＊26——阪谷前掲『阪谷芳郎明治神宮関係書類』第四部所収。なお原文中の［ ］内の語句は筆者が補ったものである。

＊27——小川正人「イオマンテの近代史」(札幌大学人文学部編集発行『アイヌ文化の現在』、平成九年)。本稿執筆にあたり、現在、北海道立アイヌ民族文化研究センター研究課研究課長小川正人氏に大変お世話になった。この場を借りてお礼申し上げます。

＊28——佐々木利和「イオマンテ考——シャモによるアイヌ文化理解の考察」(『歴史学研究』六一三号、平成二年)。

＊29——Richard Siddle, *Race, Resistance and the Ainu of Japan* (Macmillan, 1996). 北海道開拓記念館前掲『近代のはじまり』、四四頁。

＊30——北海道庁編『新撰北海道史』第三巻(北海道庁、昭和一一～一二年)、六四七頁。

＊31——小川正人「コタンへの「行幸」「行啓」とアイヌ教育」(『教育史学会』三四号、平成三年)。

＊32——当該博覧会については、山田伸一「拓殖館のアイヌ民族資料についての覚書」(『北海道開拓記念館研究紀要』二八号、平成一二年)、宇田啓子「『北海タイムス』とアイヌ問題——北海道博覧会の記事についての考察」(『地域と経済』七号、平成二二年)、宮武公夫『海を渡ったアイヌ——先住民展示と二つの博覧会』(岩波書店、平成二二年)など参照。

＊33——「アイヌ土人他郷に泣く」(『北海タイムス』、明治三六年七月八—九日)。

＊34——John Batchelor, *The Ainu of Japan: The Religion, Superstitions, and General History of the Hairy Aborigines of Japan* (Fleming H. Revell Company, 1892), 205 and 209.

＊35——ジョン・バチェラー「熊祭りに就いて反対する高遠な理由」(『北海タイムス』大正一四年一〇月七—八日)。

＊36——John Batchelor, *The Ainu of Japan*, 239.

＊37——Richard Siddle, *Race, Resistance and the Ainu of Japan*, 113 and 123.

＊38——小川正人「「北海道旧土人保護法」「旧土人児童教育規定」下のアイヌ教員——江賀寅三と武隈徳三郎を中心に」(『北海道アイヌ民族文化研究センター研究紀要』第二号、平成八年)。

＊39——小川正人「江賀寅三関係資料　目録と紹介」(『北海道立アイヌ民族文化研究センター研究紀要』第三号、平成九年)

＊40——小川前掲「「北海道旧土人保護法」「旧土人児童教育規定」下のアイヌ教員」、一一三頁。

＊41——中條百合子「親しく見聞したアイヌの生活」(『女学世界』、大正七年十月号)。宮本百合子のアイヌ理解については、格清久美子「隠蔽されたテクスト「風に乗って来るコロポックル」——一九一八年、宮本百合子とアイヌの表象をめぐって」(『近代文学研究』一六号、平成一〇年)、松木新「「風に乗って来るコロポックル」と「北海道旧土人保護法」——中島堅二郎「宮本百合子とアイヌ」批判」(『民主文学』四〇〇号、平成一一年)など

参照。
＊42——小川前掲「イオマンテの近代史」、二七二〜二七三頁。
＊43——「売店は上々景気」（『北海タイムス』、大正七年六月二日）、「アイヌの熊祭」（『小樽新聞』、大正七年八月五日）、「博覧会と興行」（『北海タイムス』、大正七年八月二日）。
＊44——志賀兼治『白老』（志賀兼治、大正一二年）。
＊45——満岡伸一『アイヌの足跡』（国立国会図書館所蔵、和装、謄写版刷、大正一一年）。
＊46——満岡伸一のイニシャルについては、北海道立アイヌ民族文化研究センターの小川正人氏にご教示いただいた。
＊47——白老町史編纂委員会編『新白老町史』下巻（白老町役場、平成四年）、三頁。
＊48——谷口浅男「明治天皇と記念碑」（『白老郷土文芸』七号、昭和六二年）ほか、前掲小川「コタンへの「行幸」「行啓」とアイヌ教育」、志賀前掲『白老』、白老町史編纂委員会『新白老町史』などを参照。
＊49——満岡伸一『アイヌの足跡』第六版増補（三好竹勇、昭和一六年）。
＊50——満岡伸一『アイヌの足跡』第四版増補（眞正堂・田辺眞男、昭和七年）、一五一—一五二頁、志賀『白老』四二頁、白老町史編纂委員会『新白老町史』下巻、九四—五頁。
＊51——北海道庁『北海道史蹟名勝天然紀念物調査報告書』（名著出版、昭和四九年［大正一三年］）、二頁。
＊52——白老町広報『げんき』（六一三号・六一四号、平成二三年）。
＊53——内閣官房アイヌ総合政策室「アイヌ文化の復興などを促進するための「民族共生の象徴となる空間」の整備及び管理運営に関する基本方針について」（平成二六年六月一三日、閣議決定）。

第7章

森林美学と明治神宮の林苑計画
——近代日本における林学の一潮流

上田裕文

はじめに

明治神宮の広大な鎮守の森が、全国から集められた一〇万本もの献木と青年団奉仕によって人工的につくられた森であることは多くの人が知るところである。その造営にあたっては、当時ドイツから最新の技術を持ち帰ってきた林学者たちによって「明治神宮御境内林苑計画」が作成され、原生植生や植生遷移といった現在でいうエコロジー（生態学的な概念）が導入された。神苑に相応しい森を人工的につくるため、多様な樹種を計画的に植栽し、自然の力で永遠に安定した森林へと成長させる思想と技術の背景には、当時のドイツ林学の中で議論されていた「森林美学」が大きな影響を与えている。また、明治神宮の境内林造営の新たな取り組みは、日本の近代造園学の創始と見なされており、その後の造園学の体系化と発展に大きな意味を持つことになる［＊1］。つまり言い方を変えると、ドイツの森林美学が、明治神宮造営という実践を通して日本の近代造園学を形成したと言っても過言ではないのである。林学と造園学とがどのように結びつくのか疑問に持つ方も多いかもしれない。本稿では、森林美学に焦点を当て、ドイツにおける森林美学の発展と日本への導入、そして明治神宮林苑計画における森林美学の影響とその後の造園学としての展開を順に紹介していきたい。

一　ドイツ林学の歴史と森林美学の展開

ドイツ林学の歴史を、大まかにまとめると三つの段階に分けることができる。一八世紀ごろにドイツ林学が誕生し、一九世紀に発展し、そして二〇世紀にある一定の完成を見るという流れである。具体的には、一八世紀にはフォン・モーゼルによって林業経済が体系化されることで、学問として林学が誕生する。そして一九世紀になって、経済林として針葉樹の人工林が拡大するのに伴い、美的な概念から批判が加えられ、一八八五年には、ザーリッシュの『森林美学』という著書が発表される。当時の議論は、人間がつくった人工の針葉樹林をどのように美しく整備するかであった。しかし、議論はしだいに、森林がもっているそもそもの美しさをいかに森づくりに利用していくかに移り、二〇世紀になると、現在ドイツで一般的になっている近自然型林業、森林の多面的機能やエコロジカルな視点を取り入れた林業が完成していく。

森林美学は、狭義の意味ではザーリッシュの『森林美学』という書籍を指す。より広い意味では、林業と美の概念、さらに違う言い方をすると、林業における「功利」と「美」の調和の議論の変遷を、ドイツにおける森林美学ととらえることが可能である。混乱を避けるために予め定義しておくと、本稿では、広義の意味での森林美学がどのように展開していったかをおもに追っていく。

ドイツ林学の誕生

ドイツ林学発展の三つのステップを、ハーゼルのドイツ林業史を参考にしながらひとつずつ順番にくわしく見ていこう[*2]。最初の一八世紀のドイツ林学誕生の背景としては、領邦君主による重商主義や重農主義が林業に導入された点が挙げられる。日本でも里山の例がわかりやすいように、農地と山は農作業を通して連続した空間として扱われ、切り離せない関係にあった。山の落ち葉を集めて畑の堆肥に使ったり、家畜の放牧を山で行ったりといった具合である。これはドイツでも同様で、森のなかでブタにドングリを食べさせる林内放牧のような利用が一般的に行われていた。領邦君主が、重農主義、重商主義という考え方にもとづいて、より効率よく地域資源から収益を得ようとするなかで、生産様式も効率化をめざして変化していく。農業と林業が分離し、純粋に山から多くの収益を生むための林業技術が発展していく。これが近代林業の端緒であり、学問としての林業経済の誕生につながっていく。

木材生産が過剰になり、一八〇〇年ごろには木材危機と呼ばれる状況に陥る。現在、ドイツの森林率は三〇パーセント程度といわれているが、当時の森林伐採で、森林率は二〇パーセントまで減少した。日本の森林率が六七パーセントであることを考えると、当時のドイツにおいて、木材危機によってほとんどの森が失われたという感覚を人びとに与えたことは容易に想像できる。その背景には人口増加だけでなく、海外からの木材需要の増加も影響していた。たとえば、一八〇〇年ごろのライン川で見られた筏の例を見てみよう[図1]。オランダに木材を輸出するために、ドイツの黒い森（シュバルツバルト）で伐採した木材は筏になって下流まで運ばれた。筏に木材を積んで運ぶのではなく、木材を組んで筏にして運ぶ方法で、その規模は長さが三〇〇メートル、幅が三〇メートル、その上で四〇〇人から五〇〇人が生活しながら川を下った。日本でも同様に、かつては木材を筏にして下流に運ぶのが一般的であった。たとえば、日本で最も歴史の古い林業地のひとつである奈良県の吉野林業にも筏組合があり、今でも以前筏に乗っていた方の話を聞くことができる。しかし、その規模はせいぜい数名で川下りを行うもので、まったく規模が異なることがわかる。

図1:1800年ごろのオランダ式筏の模型(ケルン市立博物館、筆者撮影)

ドイツ林学の発展

一九世紀に入って、木材不足に陥ったドイツでは、増大する木材需要に応えるため森林をできるだけ早く回復させる必要に迫られていた。そのため、成長の早い針葉樹が選ばれ、各地で盛んに植林が行われた。これがドイツ林学が発展する重要な契機となる。一九世紀に入ると資本主義による市場経済が発展し、それまでのように領邦君主が責任を持って自国の資源として木材を管理する状況とは異なり、商人たちが収益のみを重視して木材販売を行うのが一般化する。林業の最大の関心事は、より効率よく木材生産を行うための技術であった。こうして、生長した針葉樹に覆われる真っ暗な森と、木々が一斉に伐採されむき出しになった大地とが、モザイク状に広がる林業地が各地に見られるようになった[図2]。学問として発展する林学がめざしたのは、最も短い周期で最大の収益を上げるためのさまざまな数理モデルの確立であった。その背景にある思想が、「法正林思想」と呼ばれる考え方である。法正林とは、毎年の森の成長量に見合う量の木を伐採して、植林を繰り返すことで、持続的な森林経営を実現するための森の状態のことである[*3]。問題は、そのときの収益を最大化する施業期間と伐

図2:ドイツの人工の針葉樹林(ハルツ地方、筆者撮影)

採量のバランス計算である。これが当時発展した近代ドイツ林学だった。

しかしながら、このような森の姿に美的な概念から批判が加えられはじめる。収益を追求した針葉樹林をつくっていた当人たちですら、森林を木材生産量の数字としてだけ見ていたわけではなかった。たとえば、数理モデルの代表的な提唱者であるケーニッヒも、一九四八年の著書『森林撫育』のなかで、「林業的に最も完成された状態にある森が最も美しい状態でもある」そして、「森林は国土のもっともよい装飾である」と述べている。つまり、森の美しさに言及し、ある種の理想的な姿を追求していたと言える。このように、人工的につくられた針葉樹林をもっと美しくできるのではないかという視点から、多くの人が議論を始めたのである。そうした森林を美しくするための知見を学問体系としてまとめあげたのがザーリッシュだった。

森林美学の議論

ザーリッシュの『森林美学』は一八八五年に出版された。同書のなかで彼は、「美を考慮することは施業の誤謬を防ぐ」と述べる。美しさをめざすことで、森林施行は誤った方向に行かないというのが彼の主張である。また、「森林官の職務上の満足は管区の美と関係がある」、「森林の美なるため与えられた民衆の空間は種々なる意味において森林に役に立つ」と述べ、森林を美しくすることは、そこで働いている森林官にとっても、そこを訪れる民衆にとっても好ましいことであると考えた。つまり、森林の美を理解するのに知識や教育は必要なく、「近郊の森林の美に対する喜悦は民衆を定住せしめる」という彼の意見は、現在の地域づくりにもつながる考えである。よい森林があれば、多くの人がその地域に住みたくなるという、地域のなかでの森林の位置づけにまで言及した。

しかしながら、この段階で議論されていた「森林の美」とは、人工林の美しさであった。どのように人工の針葉樹林を美しく整備するかという限定的な森林の姿を対象に議論が行われていたのである。

その後、議論の対象は次第に施業林の美学から、より自然林の美学へと展開していく。自分たちがつくる針葉樹の人工林を芸術的に美しくするだけでなく、そもそも森林がもっている美しさを私たちはどのように利用できるかに関心が移っていった。造林学の祖といわれるガイヤーは「自然に帰れ」という考えのもと、『造林学』(一八七八年)のなかで混交林の理論を唱え、エコロジカルな視点を林業のなかに取り入れていく。混交林とは、針葉樹と広葉樹、いろいろな種類の樹木が混ざっている森林を言う。そして彼は、森林の自然的な取り扱いについては、天然更新の必要性を提唱した。つまり、人工的に植林するのではなくて、立っている既存の樹木から種が落ちて、自然に次の後継樹が生えてくるという天然更新を理想と考えたのである。後述するように、明治神宮の林苑計画の中心人物である本多静六は、このガイヤーから直接教えを受けており、この考え方は明治神宮の境内林造営にも大きな影響を与えることとなる。

林学の理論を実際の森づくりの実践に移すのは、庭園づくりとは比較にならないほど難しい。たとえば、樹木を植えて、それが森林に育つのにどれだけの時間を要するかを考えると、ひとりの人間の限られた一生では、理論を提唱し、その実証のために森づくりを行うことは不可能に近い。近代の造林学の祖と呼ばれるガイヤーですらも、混交林の理論を唱える一方で、その実践は択抜林施業に留まった。つまり、一斉にすべての木を伐採するのではなく、適度に間引くことで樹齢ごとに多層をなす森づくりが実践された。

森林美学の発展段階で、最後に登場するメーラーは、「最も美しき森は、最も収益多き森である」という考えのもと「恒続林思想」を提唱した。森林全体を有機体と見なして自然に適合した森の管理と経営を行うという思想である。それまでの林学では、森林は常に土地とその上に立つ林木の関係で議論されてきた。うわものを取ってしまって大地になったら、また木を植えて、うわものを取って売って、という木と土地という関係のみで林業が考えられてきた。メーラーは、森林は大地と樹木だけではなくて、いろいろな自然要素が複雑に絡み合った有機体であり、ひとつの生命体であるという考え方を主張した。そしてその実践として、一斉にすべての樹木を伐採することなく、多様な種類の樹木が混ざった混交林で、かつ、異なる高さの樹木が多層をなす状態の複層林をめざした。しかし、高い理想の一方で実証に欠ける思想に終わり、その理念だけが、第二次世界大戦に突入する時代背景において、ナチズム的な民族社会主義に利用されていったという負の部分も持つ。それでもなお、このメーラーの思想は、その後、ドイツ林業の本流を成すことになる。

ドイツ林学の完成

現在のドイツ林業の本流とは、森林の多面的機能の発揮がその基礎を成している。この考え方は近年の日本でも同様なので、聞いたことがある方も多いだろう。ただ、日本において森林の多面的機能は難しい専門用語のような扱いをされているのに対し、ドイツでは専門家であれ一般人であれ、Nutz（ヌッツ）、Schutz（シュッツ）、Erholug（エルホールング）この三拍子そろうのが多面的機能であるという認識である。それぞれ、「物質生産機能」、「保護機能」「保養回復機能」を指し、木材を生産すること、生物多様性など自然の保護、人びとのレクリエーション活動の三つがすべて等しく重要であるという考え方である［図3］。先ほどのガイヤー、メーラーに続いて確立されたこの考えの特徴は、木材生産機能を最優先とするのではなく、この多面的機能がすべて等しく重要であると強調する点である。自然科学の知見にもとづいて、森林を望ましい方向へ導きながらも、自然の生産力を決して制限してしまうことのない林業という意味で、近自然型と呼ばれる。こういった考え方にもとづいて、現在の近自然型林業がドイツの中で一定の完成を見る。

ここでもう一度強調したいことは、初めは森林美学の議論において、林業を通じて美と経済的な収益のバランスをどのように考えるかが論点だったのが、最終的にはすべての機能を同等のものと見て、森林の生態系すべてを含んだ林業として完成していった点である。これがドイツにおける広義の意味での森林美学の発展であると捉えることがで

図3：多面的機能を満たす森林（バイエルン地方、筆者撮影）

きる。そのため、現在ドイツ人に森林美学の話題で質問をしても、ほとんどの人がその存在すらも知らない。森林の専門家であっても聞いたことがある程度である。それもそのはず、森林美学とは、ドイツ林業が現在の近自然型林業として発展し確立するうえでの一通過点にすぎないのである。もはや森林美という概念を用いることなく、森林の多面的機能の発揮が実践として当然のように行われているのである。

二　近代化への批判と美的概念

ここでは、ドイツ林業になぜ美的概念が持ち込まれてきたのかを、歴史的な背景とともに見ていく［＊4］。先述のとおり、一八世紀後半からヨーロッパでは近代化が急激に進行した。その一方で、その近代化に対して多方面から批判が加えられていく。耽美主義や、ロマン主義、人文主義、愛国主義、社会主義、エコロジーといった側面からである。近代化が人びとの生活や環境に与えた影響はそれだけ大きく、立場や主張は違って何らかのかたちでこの近代化に抗うさまざまな動きが各地でまきおこったのである。

これらを美的概念に焦点を当て、三つの流れとして整理していく。ひとつめが、近代化への抵抗として積極的に景観を形成していこうという動きである。近代化で景観が変化し、自分たちの見慣れたその土地本来の景観が失われていくなか、その景観の美しさを自分たちでもう一度取り戻そうという積極的な動きといえる。ユートピア、国土美化運動、郷土保存運動に代表される。

ふたつめは、近代化の功利を享受しながら、残された景観や自然を愛護するという動きである。自分たちは近代化のなかで便利な生活を享受しながらも、非日常の余暇として自然を楽しむ。自分たちの生活空間の景観を積極的に形成するのではなく、生活空間の近代化は諦めつつも、その外側に残された自然を保護していこうとする動きである。近代化に対する消極的な抵抗と言えるだろう。

三つめは、ゲーテの自然観に通じる自然に関する敬虔さである。ひとつめとふたつめがいずれも人間中心的な自然のとらえ方、人が自然をコントロールするといういわばキリスト教的な考え方にもとづいているのに対して、三つめは自然そのものの価値を評価し、自然に対する敬虔さをもつという考え方である。この三つの視点がおもに近代化の批判として出てきた概念として整理できる。これらを順にくわしく見ていく。

近代化への抵抗としての景観形成

国土美化構想に代表される景観形成の動きは、過去になされた風景醜悪化後の、人間と自然との関係を再び美的に満足できるものにする、という考え方にもとづいている。領邦君主たちは、自分の城の周囲をユートピア的なロマン主義の視点から美しく整備していった。現在各地に残っているイギリス式庭園はその代表といえる。一方で、民衆たちはドイツ各地に景観美化協会をつくっていく。それが今日でいう「わが町を美しく」に代表される、自分たちの町を美化していく動きへと発展していく。さらに時代を経ると、このような考え方のなかで樹木そのものも、ロマン主義的な耽美主義の美しい自然の象徴として位置づけられていく。ドイツ人の森への愛情はこの時代に強化され、いびつな形の木が好んで絵画の対象として用いられるようになる[図4]。日本庭園や日本絵画のモチーフとしての松の木が、風雪に耐えたいびつな形として描かれるのに似ているといえるかもしれない。

その後、さらに郷土保護運動が展開する。これは先ほどの

図4:絵画や童話などにも登場する老木(ヘッセン地方、筆者撮影)

国土美化にも似ているが、国土の美化に留まることなく、自然や歴史のなかで育まれてきた特色あるドイツの郷土の保護、国内に自生する動植物世界を救うことが目的とされる。いずれにしろ、危機に瀕した森の風景に伝統的なドイツの特質を投影し、自分たちのアイデンティティを支える美意識や伝統意識を確認し強化していく動きがその背景にあるといえる。ナショナリズムが興隆する当時の時代背景においては、ドイツの社会体制の形成に、自分たちの郷土に対する愛着とアイデンティティの強化が利用されていった。この郷土保護運動には、森林美学の著者であるザーリッシュも加わっていく。先ほど、美しい森は、住民をそこに定住せしめるという彼の主張を紹介した。森と郷土の風景を一体として捉える見方は、この郷土保護運動と結びついている。

レクリエーションの普及

ふたつめの、消極的な近代化への抵抗と呼んでいた、新たな自然利用はレクリエーションの普及である。レクリエーションも、本来はロマン主義的な自然の捉え方から発展しているが、近代化の開発のなかで残った自然の美を余暇で楽しんだり、保護したりするのがおもな活動である。産業革命を通して仕事の分業化や都市化が進むと、人びとに余暇の概念が生まれた。こうした余暇を自然のなかで楽しむために、自然公園や国立公園(ナショナルパーク)が設置されていったのである。

後述するように、日本の森林美学の展開においては、このレクリエーションの普及が大きな役割を果たした。ドイツにおいて、森林美学の推進者たちが、積極的に国土の景観形成に関わっていったのとは、その対象範囲が異なる。この点が、日本において森林美学が造園学として発展する主要な要因のひとつとなる。

エコロジーの導入

三つめは新たに生まれてきたエコロジーの概念である。これが唯一、ほかの態度と違って、人間中心主義ではない自然自体がもつ価値を評価し、保存していくという動きへと展開していく。自然に対する敬虔さから始まり、自然を全体として捉える考え方は、さまざまな学問として発展していった。たとえば地理学や生物学、生態学といった、人間の主観ではなく、客観的に自然を分析していく姿勢である。この流れにあるのが、林学のなかでは、先述のガイヤーのエコロジカルな混交林思想である。その後の、メーラーの森林を有機体として捉える考え方、大地と樹木の関係だけではなく、森林全体がひとつの生命としての生態系であるという考え方も、森林美学がエコロジカルな思想として展開し、科学的な論拠を築いていった流れといえる。

美的概念が果たした役割

美的概念が近代化への抵抗に果たした役割を整理することで、森林美学の根本にある、美の特徴も浮き彫りになるだろう。

まず、高度な教育を受けた市民層に対しては、文化的な伝統が意思疎通手段となっただけでなく、共通の目標をも提供する役割を果たした点が背景にある。つまり、近代化への抵抗に立ち上がる人は、多くの場合、知識層に属する人びとだが、彼らとの意思疎通として、すでに定着している文化的な価値や伝統は共通言語になりやすく、また、共通の目標設定を容易にしたのである。その延長として、ロマン主義に染まった耽美主義的な風景描写は、国家統一や社会的平和を想起させる共通表現ともなった。美としての調和が、国家の統一や社会的な和平とうまく結びついたのである。

美からのアプローチは、知識層だけでなくあらゆる市民層に対しても有効であった。個人主義が拡大するなかで、法律や学問よりも、美的価値のわかりやすいアピールが、当時は最も効果的に人の理解に結びついたのである。一九世紀の市場経済の発達は、同時に自由主義や個人主義の拡大を助長した。それに対して、公共的な価値から個人の私的権利を制限するには、法律や学問的な説明よりも美的なアピールのほうが人の心を動かしやすかったと考えられる。

それだけでなく、美とは究極的には総合的なものの見方である。美的価値を重んじる風景の理想は、物事の全体を見渡す巨大なシステムをよりよく識別させ、環境の理解を一般に広める役割をも担った。一対一の因果関係というよりは、そこで起きている現象のすべてを、巨大なシステムとして表現することができる。この意味で、近代化がもたらす環境への影響を科学的な手段で識別できなかった時代においては、美の演じた役割は現代とは比べ物にならないほど大きかったと想像できる。逆を言うと、こうした理由から、かつて美が果たした役割は、時代とともに森林の多面的な機能や、自然界と人間社会を繋ぐ生態系の科学的なロジックとエビデンスによって置き換えられていったといえる。

こうした文脈から森林美学を見ると、その美の概念の持つ意味と、住民のアイデンティティやナショナリズムと結びついていった理由、そこから次第にエコロジカルな科学的な展開を見せた理由などが理解できるのではないだろうか。

三 日本における森林美学の導入

すでに見たように、ドイツ林学における森林美学は段階的に発展していった。日本では、明治に入りドイツから林学や林業技術を積極的に取り入れていった経緯があり、そのなかで森林美学の概念も導入された。そのおもな担い手は、ドイツへと留学した日本の若き林学者たちであり、また、ドイツから日本にやってきたお雇い外国人たちであった。

針葉樹の法正林の美

最初に近代化するドイツ林学を日本に導入したのが川瀬善太郎である。川瀬は林政学の講義で森林管理と森林の美を説いたといわれている。規則正しく秩序だったドイツの森林の姿を見て感動し、それを日本に持ち込んだ。いわゆる純粋な経済林を対象としている。当時は、明治維新の政治的混乱や近代産業の発展により日本の森林は過去最も荒廃した時期であった。木材危機を乗り越えて人工造林技術を発達させたドイツの秩序だった森林が、日本人の目には何よりも美しく映ったという意味で、ドイツにおける森林美学の概念からは外れるが、これが日本の森林美学を考えるうえで最初の段階と見なすことができる。

森林美学の導入

その後、ドイツで議論されていた森林美学が日本に導入され紹介される。その代表が、明治神宮の林苑計画において中心的な役割を果たした、本多静六や本郷高徳だった。本多は、留学前から、お雇い外国人として日本に滞在していたマイルの講義を受けていた。ミュンヘン大学在学中にはドイツの近代造林学の祖といわれるガイヤーに直接指導を受けている。ガイヤーは、ドイツにおける森林美学の発展段階で、その自然思想から重要な役割を果たした人物である。また、マイルは、日本からドイツ帰国後にミュンヘン大学にてガイヤーの後継者となる。本多は日本帰国後、『森林美学』の著者として知られるザーリッシュの支持者でもある、シュトゥッツェルの『森林美の育成』を翻訳し、日本で初めて「森林美学」という言葉を使って講義を行った。その後輩である本郷高徳は、留学前からすでにザーリッシュの『森林美学』にも触れており、ドイツ留学中は日本から帰国したマイルに師事している。日本に戻ってからは、本多とともに森林美学の講義を担当した。このようにドイツで発達した森林美学を、本多や本郷は直接ドイツで学び、それを日本に導入したのである[*5]。

シュトゥッツェルの『森林美の育成』やザーリッシュの『森林美学』の具体的な内容にここで簡単に触れたい。

シュトゥッツェルの『森林美の育成』では、まず森林美の本質として、森林によって風景を多様化する美的な効果があると述べる。ドイツ国民の伝統と森林によってもたらされる精神的休養や健康的な効果である。そのような森林美の育成の方法としては、森林美や精神的満足など、いわゆる非収益的な利益を考慮に入れた伐期を提案している。つまり、収益を最大にする伐採時期ではなくて、非収益的な美的な効果も考慮に入れて伐採時期を決める必要があるということを主張している。

ザーリッシュの『森林美学』では、森林美学の定義として、美の快感、自然美と芸術美について、色彩と地形の美について、森林を装飾する岩石、樹木や草本の美的な価値、森林動物の美などからなる森林美についての説明がなされている。そのような美を記述したうえで、芸術的経済作業として、森林の中の道路の設計等や、森林の区画、作業種、および樹種の選定、輪伐期の決定、実際にいかに作業を行うかという撫育についても記述している。さらに、美を目的とする施業林の装飾として、作業道の並木の育成、老樹の保護、下草の保護、岩石の応用といった具体的な方法についても説明している。こうした美の本質と風景装飾の手法とが学問的に整理された点が、後述するように明治神宮内苑の林苑計画や、その後の造園学としての応用へと発展していくのである。

四　森林美学の日本での実践

明治神宮林苑計画に関わった林学者たち

大学で造園学を専攻するものは、現在でも、近代ランドスケープ計画の嚆矢として明治神宮の森について学ぶ。

明治神宮では、ドイツから導入した森林美学をリアルタイムで実験的に試みた形跡とその成果を見ることができる点で、日本での森林美学の実践例として貴重であると考えられる。具体的には、その土地の気候風土に合わせた原生植生の概念、森林を構成木や風致木によって装飾する実践、エコロジカルな視点から天然更新によって森林を維持していく生態学的な理論、ナショナリズムやローカルアイデンティティと結びつけて森の美しさを語る文化機能的な議論や、公共空間としてのレクリエーション空間整備の実践などである。

この造営において中心的な役割を担ったのが東京帝国大学の本多静六、本郷高徳、そして当時学生だった上原敬二らである。彼らは森林美学にもとづくドイツ林業の科学的理論を日本の東京、代々木の地の特性に照らし合わせて応用し実践していった。そして、そこで得られた知見をもとに、造園学という学問が後に上原によって体系化されていくのである。

森林生態学的な視点

明治神宮の林苑計画において、幽邃深遠な風致の実現に伊勢神宮のようなスギの巨木林が想定されていたのは、秩序だった針葉樹林の美こそが鎮守の森にふさわしいと考えられていたからである。これに対して、本多らは、鎮座地である東京の気候風土、土壌に適した樹種であり、かつ、当時の東京で問題となっていた煙害に耐えうる樹種の選定が必要であると考えた。そこで選ばれたのが、シイ・カシ・クスといった常緑広葉樹(照葉樹)であった。当時の一般的な森厳な森の概念に対して、気候風土から導かれる原生植生という最新の生態学的な理論を持って、新たな鎮守の森のあり方が示された画期的な議論であったといえる。

また、その土地に適した森が、人の手を加えることなく、自然本来の力で天然更新を可能にすることで、森厳な林相を永遠に維持することができるという考えのもと、五〇年後、一〇〇年後、一五〇年後の林相を予想した植栽計画が策定された[図5]。造営当時の第一段階では、やせた土地に生育するマツ類を主木として上冠木を形成し、中間層に成長の早い針葉樹であるヒノキ・サワラなどを植栽、さらに下層木として、将来的に主木となる常緑広葉樹のシイ・カシ・クスや灌木のサカキ・ヒサカキなどを植栽しておく。第二段階では、ヒノキ・サワラの針葉樹が生長し、マツ類に並んで最上部の林冠を形成していく。次第にマツ類は針葉樹に置き換わっていく。第三段階では、シイ・カシ・クスの常緑広葉樹が生長し、針葉樹の大木との混成状態を成す。第四段階では、シイ・カシ・クスの常緑広葉樹が支配的となり、植生遷移の最終段階に至る。林内は鬱蒼とし、日光をめぐる生存競争の結果、針葉樹類が消滅、その土地に適した天然林相ともいえる安定的な極相林の状態となる。まさに森林生態学の理論にもとづく植生遷移のメカニズムを取り入れた、画期的な手法である。土地にあった樹種を選定し、自然に任せた森林の有機的な時系列変化を計画に加えていく、原生植生や植生遷移、天然更新といった生態学的視点は、ガイヤーやメーラーといった、ドイツで森林美学を発展させた研究者たちの理論の応用と実践に他ならない。

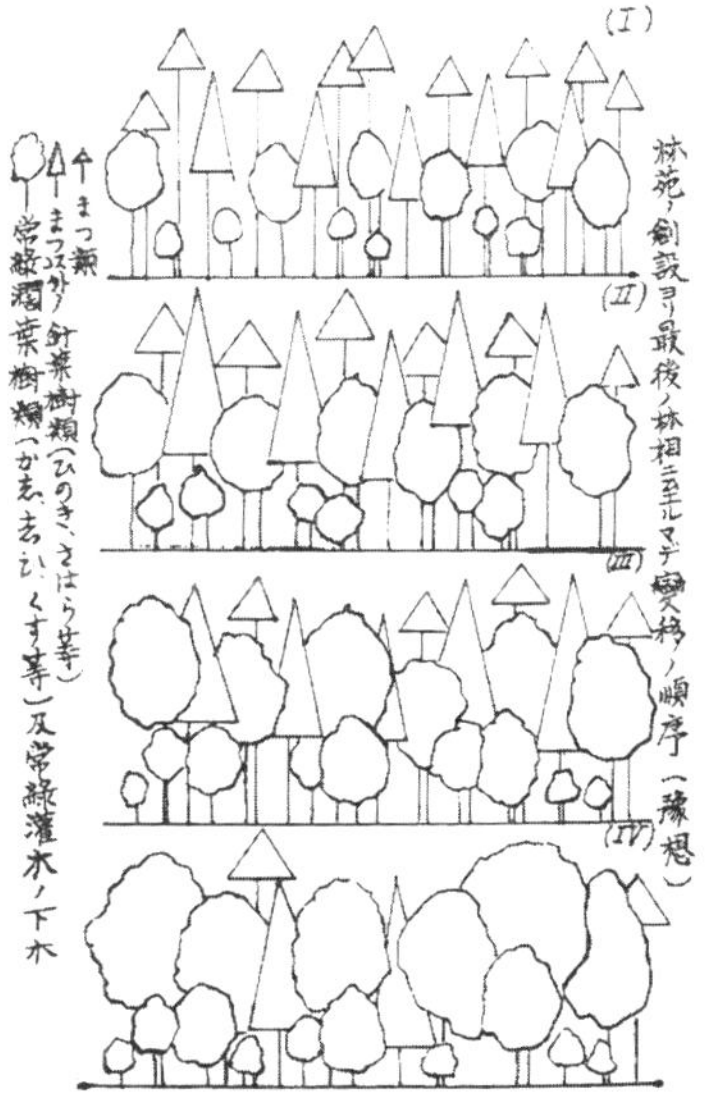

図5：明治神宮御境内林苑計画
出典：本郷高徳『明治神宮御境内林苑計画』1921年、明治神宮所蔵

森林の装飾

天然林相という森の姿に対しては、神宮の森を藪にするとは何事かという批判が当初加えられる。本多らはこれに対して科学的な実証をもって説得するだけでなく、構成木と風致木を組み合わせるという解決策を考案する。森林の主要部を占め天然林相を成す構成木と、参道沿いを中心に人の目に触れる部分を装飾する風致木とを適切に配置するという空間設計である[図6]。この考え方は、ザーリッシュが著書『森林美学』のなかで述べている、美を目的とする森林の装飾という考え方に共通しており、林道並木の装飾手法などを具体的

に応用し実践した例と見なすことができる。

公共空間としての明治神宮

森づくりの技術的な側面だけでなく、明治神宮内苑の文化的機能や公共空間としてのあり方についても、その後、本郷高徳や上原敬二らによって積極的に議論されていった［＊6］。本郷は、その地方を代表する清らかな最も自然な森こそが、神代ながら遺された自然林として鎮守の森にはふさわしいと、神社のもつ文化的な機能とともに、郷土の保存につながる議論を行っている。また、上原は、神社境内林は国民に向かって開放されるものであるとし、公共的な空間としてのレクリエーション利用について言及する。これらは、ドイツ林業のなかで森林美学の発展として議論されていた、森林の多面的機能の概念や、国土の景観形成や郷土保護、余暇空間の形成とレクリエーション利用などに拡大された美の概念とつながっている。

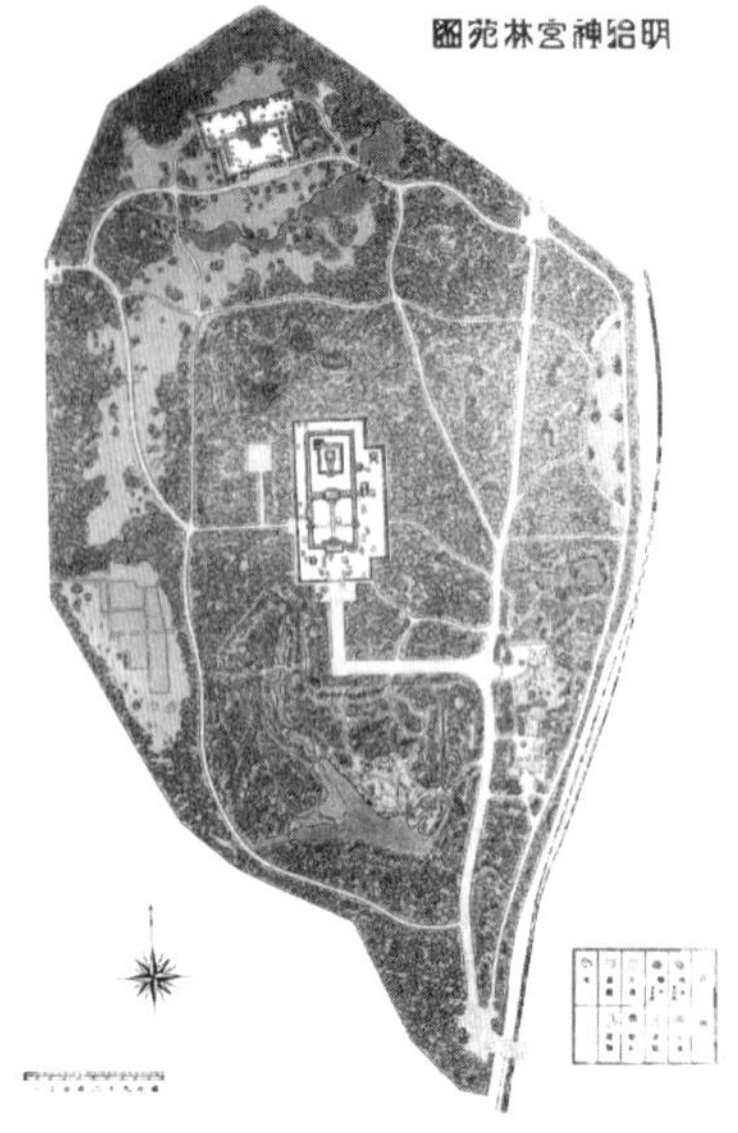

図6：明治神宮林苑図、出典：『明治神宮造営誌』内務省神社局、1930年

このように、明治神宮の林苑計画におけるさまざまな議論や技術的手法を見ると、ドイツにおける森林美学の発展に伴う議論の流れと重なる点を見てとることができる。明治神宮の森は、経済活動を目的とした施行林ではないが、最もドイツに近いかたちで森林美学の実践が段階的に試みられた最初の事例であったことは、疑いもない事実なのである。さらにいうと、この明治神宮の林苑計画を通して、森林美学は次章で見るように日本の造園学へと発展していくのである。

五　森林美学の日本での展開

森林美学の学問的体系化

ドイツの森林美学を導入し、日本で森林美学の講義を行いながら明治神宮の林苑計画に応用し実践したのが東京帝国大学農科大学の本多、本郷、上原だったのに対して、日本独自の森林美学を学問的に体系化しようと試みたのは北海道大学の研究者たちだった。新島善直とその教え子である村山醸造は、日本で『森林美学』という著書を一九一八年に発表した。新島もまた、東京農学校時代に日本滞在中のマイルの教えを受けており、ドイツのギーセン大学にも留学している。彼らの著書は、一八八五年に発表されていたザーリッシュの『森林美学』に影響を受けながらもその直接の翻訳ではなく、その後の森林美学の発展内容も含みつつ、独自の理論体系と調査研究にもとづくオリジナルの内容となっている。その背景には、天然林の保存や国設公園、または天然公園の設立、風致林、社寺林の造成という現実を前にして、林学の立場から、この現象の根底に横たわる原理原則と応用に応える森林美学の確立をめざす、という彼らの明確な目的意識があった。

この目的からもわかるように、ザーリッシュの森林美学は、林業経営を目的とした針葉樹の施行林においてどのように美を実現するかという森林美学であったのに対し、日本で新島らが体系化した森林美学は、天然林の保存、国設公園、天然公園、風致林、社寺林の造成といった、林業の現場以外での社会的な要請に応えるものであった。このことは、明治神宮内苑の造営と同様の文脈を持っており、日本の森林美学が林業よりも造園の技術や学問として発展していくことをより方向づけていったともいえる。

新島らの試みではとくに、北海道という地域的な特徴から、天然林の美も考慮に入れた研究が行われた。ザーリッシュは人工林の森林美だったのに対して、天然林の美についても考慮に入れて研究したのである。さらに森林をつくる人と見る人の両方にとっての美を対象にしたという点にも違いを見ることができる。ザーリッシュの理論が、森林をつくる立場での芸術的な理論であるのに対し、日本で体系化された森林美学では、森林を見る人の立場から森がどのように美しく見えるかという認識論の議論にまで踏み込んでいる。この点にこそ、ドイツと日本における美へのアプローチの根本的な違いが現れており、後述するように、きわめて日本的な森林美学の発展を見ることができる。

新島らの『森林美学』は志賀重昂の『日本風景論』や小島烏水の『日本山水論』と並んで、当時高い評価を得てベストセラーとなる。これらはいずれも、いわゆる日本の風景の美しさを科学的に分析して整理した書物であるという点で共通している。そして、その背景には外国との戦争を経験するなかでの、ナショナリズムの高揚を見ることができる。ドイツにおいて、国土美の概念が国家統一のために用いられたように、日本においても同様の時代背景において、森林の美しさが注目を集めていた点はたいへん興味深い。

森林美学から造園学へ

明治神宮の造営に関わった本多静六、本郷高徳の下には上原敬二だけでなく田村剛がいる。上原は、本多、本郷とともに明治神宮の造成に関わった後に欧米の造園学の現場を見聞し、帰国後は全国の公園設計に関わるだけでなく、日本における造園学の体系化をめざした。東京高等造園学校を自ら設立し初代校長となった上原は、「日本の造園学の創始者」と呼ばれる。これが、現在の東京農業大学の造園科である。まさに、ドイツから導入された森林美学を学び、明治神宮造営の実践と欧米渡航の経験を通して日本の造園学へと結実させたのが上原その人だったのである。一方で田村は、ザーリッシュの主張に共通する、林業における芸術的な施行林の装飾や、ガイヤーの提唱する森林の多面的機能としての風致という概念にもとづいて、それを日本の林業全体に応用しようと試みた。しかし、田村の試みは、林業界ではあまり受け入れられず、むしろ国立公園や保健風致林といった当時の社会的な要請に応えるかたちで実践されていった。

その典型的な例を、嵐山の風致施業に見ることができる[＊7]。もともと田村が主張した森林美は、最新のドイツ林業を応用した、植生遷移による経時変化を伴う自然的な美しさの育成であった。しかし、嵐山の風致施業では、これまで名勝として親しまれてきた森林景観を固定的に維持する計画が立てられ、実際にそのように整備が行われた。つまり、日本庭園のように、森林風景をその美しさのままで固定的に留めておくことが優先されたのである。ここに、先述したような、当時の日本で一般的に求められていた鑑賞対象としての森林美の例を見ることができる[＊8]。このことは、新島らが体系化した日本型の森林美学に、見る人の視点に立った森林の美の認識論的な議論が加えられた点とも重なる。ドイツと日本の森林美学の違いとして挙げた、森林の機能的な美と、森林の景としての美という、根本的なアプローチの違いが実践として顕著に現れた事例である。

そのような当時の日本においても、田村の功績は少なくなかった。社会的な観光開発の要請を背景に国立公園制度の確立に尽くし、そのなかで国立公園区内の森林に林業的視点や造園学的視点を加えていった。「国立公園の父」と呼ばれる田村によって、森林美学は実行可能な風致保健林造成の技術として位置づけられていったのである。そして、保護的な中核の風景と、それを取り巻く森林を一体として考えることで、保養地や自然公園におけるレクリエーションを進めた点も特徴である。田村は、森林の余暇利用に対して誰よりも情熱を注いでいったのである。

おわりに

ここまでの話を整理し、ドイツと日本の森林美学の違いをまとめる。ドイツにおける森林美学は、近代化における景観破壊への抵抗と連動するかたちで、耽美主義的な視点から発展した。ドイツの森林美学では、功利と美の調和の議論が行われるなかで、その両方を満たす機能的な美が追求されたと言える。しだいにそのような美的な視点は、森林の多面的機能の科学的な根拠や、より広い視点からの生態学的な理論へと移行し、現在ドイツで一般化した、近自然型林業として完成される。まさに、功利と美の調和としての機能美が環境のなかに体現されたと言ってよいだろう。そして、そのような美的視点は、森林の範囲に留まらず、国土の景観美化の動きとも連動し、ドイツにおける積極的な国土の美的保全の下地となり現代にも息づいている。一方、日本における森林美学は、近代化への批判から自発的に生まれてきたものではない［＊9］。ドイツから導入された概念は、社会に求められる状況に応じて、個別の実践技術として発展しながら現在の造園学へとまとめられていった。それらの技術が応用されたのは、林業経営の現場や日常生活の空間というよりは、当時整備が求められた近代国家としての公共空間や余暇空間における鑑賞対象としての自然景観が中心であった。つまり、経済的な功利と美の調和についての議論が行われることなく、環境の美的整備に重きが置かれた。土地の風土と鑑賞者の認識との調和から導かれる、風景美の概念と言ってよいだろう。

こうした違いを指摘するのは、筆者がこれまで行ってきた現在の森林観の比較研究結果が、両国の美の概念と重なると感じたからである［＊10］。研究のなかでは、日本人とドイツ人に森のイメージを絵に描いてもらい説明してもらう調査を行った。その結果、日本人とドイツ人では森を異なった描き方をし、そのなかに森に対する異なる見方を読み解くことができた。具体的には、ドイツ人は多くの人がステレオタイプとしての森の姿を共有していて、それに対して日本人は、人によってばらばらの森を描く。そのときに表現される森の美しさには、ドイツでは持続的な生態システムとしての調和が表現されるのに対し、日本では、景としての一時的な美しさが表現される傾向があった。わかりやすい例では、ドイツで森の機能として評価されていたのが、きれいな空気と、散歩の楽しみだったのに対し、日本では、木漏れ日の美しさであった。このように、一人ひとりの人間の森林の捉え方を見ただけでも、両国で森林を美化するときの視点が異なり、この違いは、両国の森林美学を支える美の概念の違いにも通じるものがある。

　このような、美の概念に対する文化的な違いがあるにもかかわらず、ドイツの森林美学から影響を受けた理論と技術が大正時代の明治神宮林苑計画に応用されたことの意義は計り知れない。日本において森林美学は、明治神宮を通して総合的に実践され、造園学へと昇華していったのである。

註

＊1——上原敬二『〈改訂新版〉人のつくった森——明治神宮の森［永遠の杜］造成の記録』東京農大出版会、二〇〇九年。

＊2——カール・ハーゼル著、山縣光晶訳『森が語るドイツの歴史』築地書館、一九九六年。

＊3——小池孝良「『森林美学』を考える」湊克之他編『森への働きかけ』海青社、二〇一〇年。

＊4——ヨースト・ヘルマント著、山縣光晶訳『森なしには生きられない』築地書館、一九九九年。

＊5——今泉宜子『明治神宮——「伝統」を創った大プロジェクト』新潮選書、二〇一三年。

＊6——畔上直樹「明治神宮内苑造営と「その後」——近代林学・造園学の「鎮守の森」論」『神園』五、二〇一一年。

＊7——清水裕子、伊藤精晤、川崎圭造「戦前における「森林美学」から「風致施業」への展開」『ランドスケープ研究』六九（五）、二〇〇六年。

＊8——小野良平「森林風景計画学研究の展開と課題」塩田敏志編『森林風景計画学』地球社、二〇〇八年。

＊9——赤坂信「森林風景とメディア」菅原聡他『遠い林・近い森』愛智出版、一九九五年。

＊10——Hirofumi Ueda, *The Image of the Forest*, Süedwestdeutscher Verlag für Hochschulschriften, 2010.

第8章

明治神宮外苑前史における空間構造の変遷
――軍事儀礼・日本大博覧会構想・明治天皇大喪儀

長谷川香

はじめに

明治神宮外苑造営前史の概要

東京・青山に位置する明治神宮外苑は、聖徳記念絵画館と運動施設を中心に整備され、幾何学的な配置計画がなされた広大な緑地である。一見、公園を思わせるが、実際は約一キロメートルほど隔てた代々木の内苑とともに、明治神宮を構成する区域である［図1］。

そもそも青山一帯は、近世においては幕府や御家人、町人、農民等の所有地が入り交じった地区であった［＊1］。近代に入り、それらの土地が陸軍省によりまとめて買い上げられ、明治二〇年（一八八七）に広大な青山練兵場が設置された。そして同三〇年代後半、日本で最初の万国博覧会として日本大博覧会（以下、大博）が企画され、青山練兵場は代々木御料地とともに、博覧会会場に充てられることとなった。しかし、両会場の配置計画や連絡通路建設が進められたにもかかわらず、同四四年には財政難により無期限延期が決定され、博覧会が実現することはなかった。そして翌四五年、明治天皇の崩御を受け、東京府を中心に天皇・皇后を記念する明治神宮の造営計画が持ち上がる。青山練兵場と

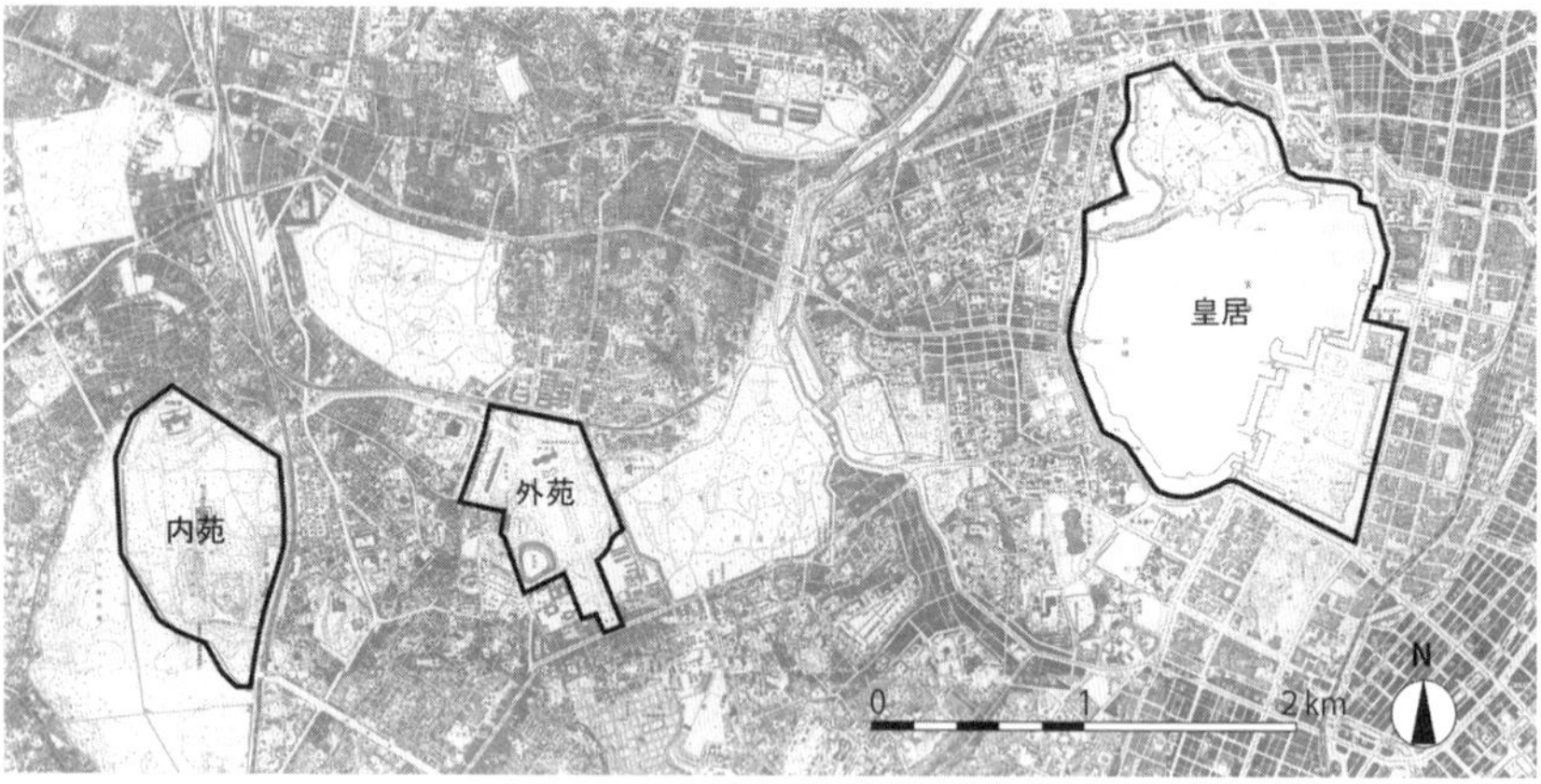

図1：明治神宮内苑・外苑の位置関係（昭和初期の様子）
出典＝貝塚爽平監督、清水靖夫編集『明治前期・昭和前期　東京都市地図』1〜3（柏書房、1995〜6年）をもとに筆者作成

代々木御料地は、再び一対の敷地として捉えられ、その造営地に選定された。こうして、大正一〇年（一九二一）に神社本殿を有する代々木の内苑が、同一五年に青山の外苑が竣工した。

広大な空地であった青山練兵場は、いかにして明治神宮外苑という都市施設へと姿を変えたのであろうか。本稿では、明治期の儀礼や祭典における青山練兵場の利用形態の分析を通して、明治神宮外苑前史における空間構造の変遷を解明する。

外苑に関する先行研究と本稿の位置付け

これまで、政治史や社会史、宗教史、都市史、造園史、建築史など多分野において明治神宮造営史の研究が進められ、そのなかで外苑の存在意義や造営過程が論じられてきた。山口輝臣は、明治天皇崩御から神宮造営に至るまでの経緯を詳細に検証し、対照的な性格を持つふたつの敷地が一体となってひとつの神宮を構成する「神宮＝内苑＋外苑」という形式は神宮造営時に創出されたものであり、神社の一部でありながら公園のような施設を備えた外苑の存在こそが「明治神宮の要」であると指摘した[＊2]。また、佐藤一伯は明治聖徳論研究の観点から明治神宮創建を論じた著書において、神宮造営計画の中心人物のひとりである阪谷芳郎の活動や思想を通して、外苑の中心施設である聖徳記念絵画館と体育施設の造営経緯を検証している[＊3]。さらに、今泉宜子によって神宮造営に尽力した運動体や林学、造園、都市計画、建築、美術各分野の専門家・技術者らの研究が進められ、外苑造営における伊東忠太、佐野利器、折下吉延らの功績が明らかにされている[＊4]。そして、造営された外苑そのものに関しては、都市史や造園史、公園史などの観点から、日本の近代的な緑地や公園の形成、神社境内のあり方に多大な影響を与えたことが指摘されている[＊5]。

このように、明治神宮造営史研究のなかで外苑の造営過程が解明され、その先駆的な計画が評価されてきた一方で、外苑造営以前の軍用地としての青山の歴史は、ほとんど注目されてこなかった。練兵場時代の青山は「一芝一草すら乏しく実に青山にあらずして禿山」であり、明治神宮の敷地を選定する過程では「神苑として不適当」という声も聞かれた[＊6]。軍事施設から祭祀施設の一部へという敷地用途の大幅な転換には、どのような背景があったのだろうか。

明治中期に練兵場が設置されて以降、青山練兵場では軍事儀礼が数多く行われ、明治末には大博構想の敷地となり、明治天皇大喪儀の際には葬場殿が営まれた。大博構想や大喪儀に関しては、おもに政治史や社会史の分野で研究が進められてきた［＊7］。また、これらの儀礼や祭典における青山練兵場の利用に関しては、近年、吉田律人や藤田大誠が論じている［＊8］。しかしながら、これらの先行研究や明治神宮造営史研究の成果を踏まえ、建築史・都市史的な観点から、外苑の造営前史が通史的に語られることはなかった。

そこで本章では、第二節にて明治中期から明治末にかけて催された軍事儀礼、第三節にて明治末の大博構想、第四節にて大正元年（一九一二）の明治天皇大喪儀、第五節にて大正期の明治神宮造営を取り扱う。周辺地域の開発も視野に入れて敷地の利用形態の変遷を追うことで、明治期における軍用地としての性質が、大正期に造営された外苑の空間構造の形成に及ぼした影響を考察する。

一　明治中期から明治末
──軍事儀礼と周辺整備

青山練兵場の設置と軍事儀礼の概要

明治初期において、兵舎や練兵場といった政府の軍事施設は丸の内や日比谷など皇居近辺に集中していたが、明治一〇年代ごろから、それらの軍事施設を皇居から離れた場所へと移転させる計画が持ち上がった［＊9］。当時、青山の一画には旧幕府所有の御硝煙場を転用した火薬庫が置かれていたが、陸軍省はその周囲の民有地をまとめて買い上げ、日比谷練兵場の移転先に充てることとした。こうして明治二〇年（一八八七）、官有地や住宅地、農地によって細分化されていた青山はひとまとまりの敷地となり、約四七ヘクタールの広大な青山練兵場が誕生した。

この移転にともない、明治初年以来日比谷練兵場で行われてきた陸軍の操練や儀礼は青山練兵場で行われることとなり、青山は天皇が頻繁に訪れる地となった。明治年間の陸海軍省文書や軍事関連の官報が収められた『明治軍事史──明治天皇御伝記史料』によると［＊10］、明治二〇年から同四五年までの間に、青山練兵場では計三四回の行幸があり、そのうち二九回が観兵式、四回が近衛満期諸兵除隊式（以下、除隊式と略す）、一回が軍旗授与式であった［＊11］。観兵式とは、天皇が練兵場に臨御し、軍隊の行進（分列式）を天覧する軍事儀礼であり、毎年一月の陸軍始、一一月の天長節に定期的に行われるほか、明治天皇・皇后大婚二五年祝典や日露戦争後の凱旋式などの際に臨時で催されることもあった。また、除隊式と軍旗授与式は参加する兵士がかぎられ、酒肴料の下賜や軍旗授与が行われるが、その他の手順は観兵式とほぼ同様であった。

このように、青山では練兵場の設置を機に、年に数回の軍事儀礼が行われるようになり、軍用地としての敷地の性格が形成されていった。本節では、明治中期から明治末にかけての軍事儀礼における練兵場の利用形態と、それにともなう周辺地域の整備について検証する。

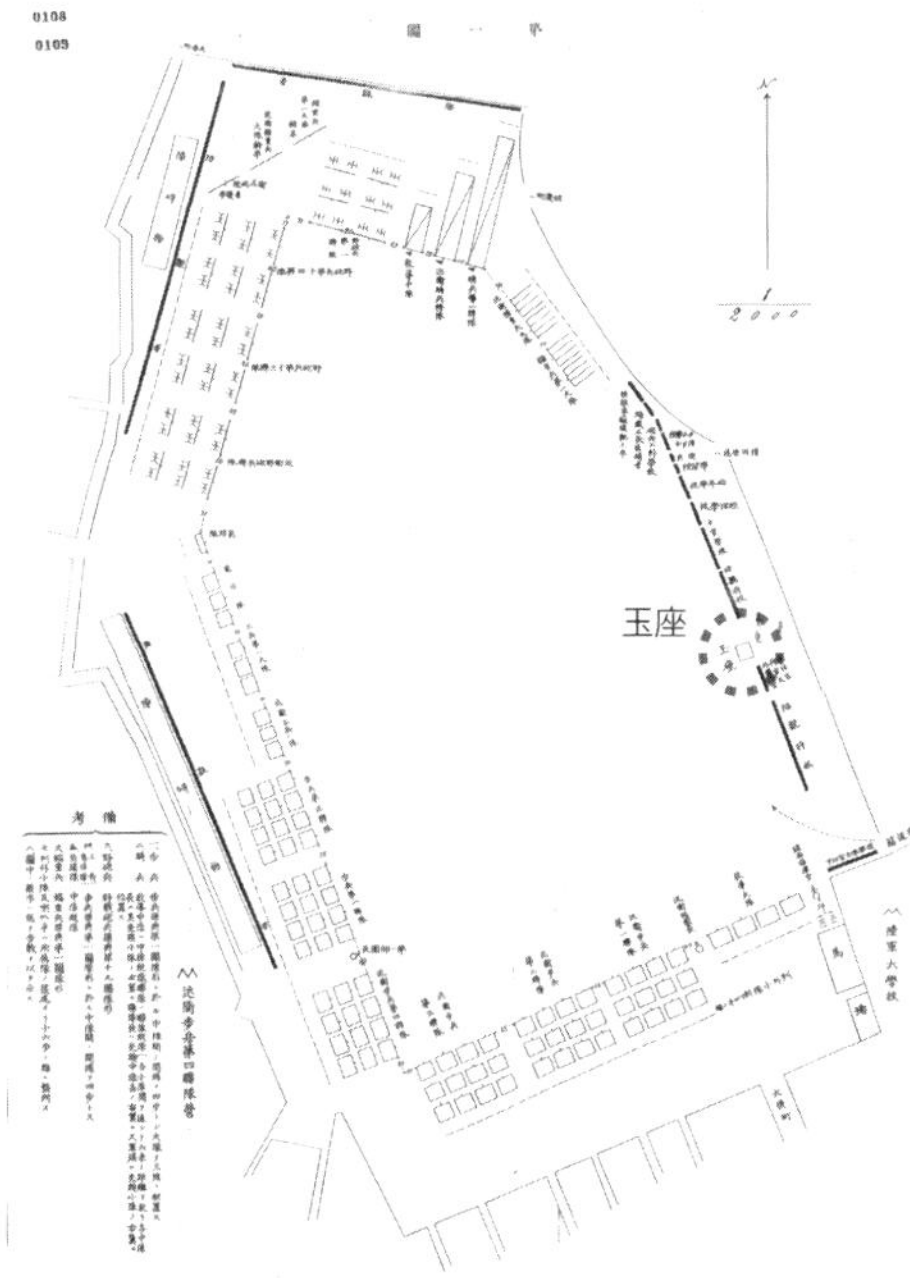

図2：観兵式における隊列図1
出典＝「観兵式」(『海軍省公文備考類』、1911年、防衛省防衛研究所所蔵、請求番号：海軍省公文備考-M44-10-1188)掲載の図に、玉座位置を筆者加筆

軍事儀礼の場としての利用形態

青山練兵場で開催された観兵式の様子は、当時の『官報』と陸海軍省文書に記録されており、式の手順とともに兵士らの配置を示す隊列図が附されている[＊12]。これらの史料を検証したところ、青山練兵場で観兵式が執り行われた二五年間で、式の手順、敷地の利用形態に変化はなかった。以下、陸海軍省文書の記録をもとに、式の次第を順に見ていく[＊13]。

まず兵士らは敷地外周に沿って整列し、臨御される天皇を奉迎する［図2］。そして、天皇が敷地東側の玉座に着くと、兵士らは外周に沿って反時計周りに行進し、玉座の前を順に南から北へと通過する［＊14］。最後に、諸兵らは南北方向に大きく二列の隊列を組んで天皇を奉送した後、自らも練兵場を退場して式は終了となる［図3］。このように、観兵式における隊形には外周に沿った形態と、敷地中央で南北方向に組む形態の二種類があり、それらの隊形と向き合うよう、玉座は常に敷地東側に設けられていた。

ここで、軍事儀礼が行われる際の行幸経路に注目したい。当時、『官報』の宮廷録事の欄で報じられた行幸経路を調査したところ、最初に行幸が行われた明治二〇年（一八八七）の軍事儀礼においては、青山通りを右折して青山口から入場する行幸経路をとっていた（図4にて点線で表記）［＊15］。続いて、翌二一年の観兵式の行経路を見てみると、青山北町の手前で青山通りを右折し、再び左折してわざわざ東口から入場するよ

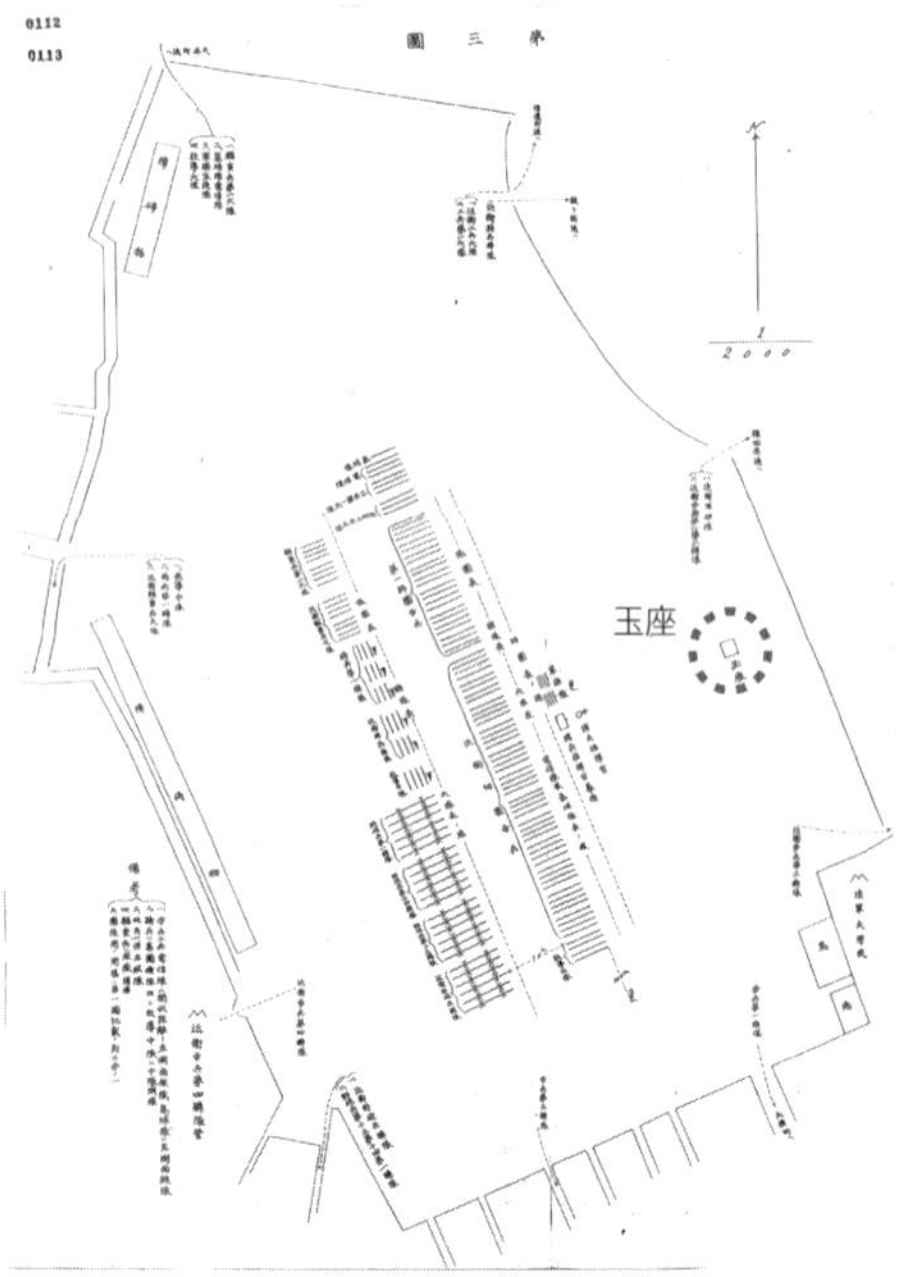

図3：観兵式における隊列図2
出典＝「観兵式」（『海軍省公文備考類』、1911年、防衛省防衛研究所所蔵、請求番号：海軍省公文備考-M44-10-1188）掲載の図に、玉座位置を筆者加筆。

うに変更されていた（図4にて実線で表記）［＊16］。そして、それ以降の軍事儀礼では、一貫して東口から入場する行幸経路がとられるようになった。

このように行幸経路が変更された理由は、青山口と青山通りの間に位置する青山北町内の通過を避けるためだったと考えられる。そもそも青山北町は、江戸時代には大山街道（現・青山通り）沿いの町屋が密集した地区であった。近世の敷地割は近代に入っても引き継がれ、とくに中央に位置する二丁目一帯は非常に込み入った住宅地となっていた［＊17］。おそらく、こうした環境が行幸経路としてふさわしくないと判断されたため、東口からの入場が選ばれたのだろう。

以上より、青山練兵場にて観兵式が行われる際は、天皇は東口から入場し、敷地東側に設けられた玉座から西に向かって隊列を眺めるという手順が定例化していたことがわかる。つまり、軍事儀礼を行う場としての青山練兵場は、東西方向に強い軸線を持っていたことが指摘できる。

図4：明治中期から後期にかけての青山周辺の様子（実線：東口を通る行幸経路、点線：青山口を通る行幸経路）
当時の地図（『明治前期・昭和前期　東京都市地図』1〜3）と『官報』（1869年、1888年）における行幸経路の記述にもとづき筆者作成。

青山周辺の整備

右に述べたように、青山練兵場における軍事儀礼の実施にともない、天皇は皇居から練兵場へと鹵簿《ろぼ》を引き連れて行幸した。当時の報道によると、式当日の練兵場付近や青山通り沿いは「人の山を築きたる有様にて一時は通行も為り兼ねし」ほどの混雑ぶりであったといい[＊18]、年に数回催される軍事儀礼は、青山一帯を巻き込んだ一大イベントであったことが窺える。以下、青山周辺の環境が軍事施設と関わりながらどのように変化したのか、明治年間の変遷を追う[図4]。

ここで、青山の周辺整備の歴史を考えるにあたり重要となってくるのが、その地形である。青山の大部分は武蔵野台地上の平坦な土地であったが、敷地東側の境界線付近は非常に起伏に富んでいた。とくに、六軒町一帯は千日谷と呼ばれ、最深さ約一二メートルほどの窪地となっていた。そして、この窪地は権田原町で一旦高くなり、青山御所の敷地内で再び低くなるため、敷地東側を利用するためにはこうした高低差を解決する必要があった。

まず、敷地周辺で整備が行われたのは、権田原であった。そのきっかけは、明治六年(一八七三)に皇居が炎上し、同二一年に明治宮殿が竣工するまでの間、権田原の南側に位置する青山御所に仮皇居が置かれたことにある。同一〇年に太政大臣宛てに出された宮内省伺によると[＊19]、当時、高台に位置する権田原から御所が見渡せることが問題となったため、宮内省は権田原町南部の民有地を買い上げ、皇室所有地に組み込んだ。

そして同二〇年の青山練兵場設置を機に、敷地周辺では交通網が整備されていった。まず、同二二年に八王子—新宿間を開通させた甲武鉄道が、新宿から東、つまり東京市内へと線路を延長させることを決定した。当初、新宿・飯田橋間のルートは経済性・施工性を重視し、起伏の少ない四谷通りの北側を通る予定であったが、計画途中で、青山練兵場に沿うよう四谷通りの南側を通るルートへと変更された。さらに、大番町(現新宿区大京町)に計画されていた停車場は練兵場近くの信濃町へと移動されたが、こうした一連の変更が行われた背景には、甲武鉄道を練兵場に近接させることにより、鉄道網を軍事輸送に利用したいという軍部の思惑があったという[＊20]。実際、開業間際の同二七年に日清戦争が勃発した際には、軍部の要請により急遽練兵場内に引き込み線と仮停車場が設置されることとなり、引き込み線から甲武鉄道、日本鉄道、東海道線を介して大本営の置かれた広島へと兵士や物資が送り出された。その後、新宿—牛込間の旅客輸送が開始されたのは、軍事輸送が一段落した同年一〇月のことであった。

また、明治三〇年代後半には東京市内で路面電車の運転が開始され、青山通りには市街鉄道会社線、練兵場と青山御所の間には電気鉄道会社線が開通した[＊21]。この際、電気鉄道会社線は千日谷を避けるように敷設されたため、線路が一部練兵場内に割り込む形となった。

このように、練兵場と青山御所に近接する青山一帯では、明治年間を通じて陸軍および皇室、さらに近隣住民と深く関わりながら周辺整備が進められていった。とくに、練兵場の三辺を取り囲むように鉄道が敷設されたことにより、公共交通網を利用して遠方からも多くの市民が訪れる地区になるとともに[＊22]、軍事上重要な輸送拠点となった。

二　明治四〇年代　――幻の日本大博覧会構想

大博構想の概要

二節で見たように、練兵場設置以降、青山練兵場では定期的に大規模な軍事儀礼が催されるとともに、周辺整備が進められていった。こうしたなかで、明治三〇年代後半、日本で最初の万国博覧会を開催すべく、大博構想が持ち上がった[＊23]。同四〇年（一九〇七）には農商務省内に博覧会事務局が設置され、明治天皇即位五〇周年（明治五〇年）の開催をめざし、本格的な準備が開始された。そして、会場敷地として複数の候補地が検討された結果、青山練兵場に第一会場、代々木御料地に第二会場を設営することが決定した。ふたつの敷地は国有地もしくは皇室所有地であるために土地の買収費用が最小限で済む、というのがその理由であった。こうして代々木と青山はともに会場敷地として農商務省の管轄となり、両地の間には甲武鉄道沿いに全長約一・三キロの連絡通路が建設されることとなった。

それにともない、練兵場周辺では土地の確保や整備が進められた[図4]。敷地東側の権田原町北部と六軒町、および南側の青山北町の住民は強制的に立退を強いられ、これらの地域はすべて政府により買収された[＊24]。また、敷地東側の権田原には会場の正門が置かれることとなり[＊25]、一帯では会場の表玄関として大道路の建設が計画されたが、その計画範囲に深い窪地である千日谷が含まれているため、建設作業は滞った[＊26]。一方、敷地西側から代々木へと通ずる連絡通路の建設は着実に進められていった。
また、当時、政府は軍備拡張のために広大な代々木練兵場(現・代々木公園)の造営を進めており、博覧会終了後、青山練兵場の軍事施設としての機能は代々木へと移行させ、その跡地は市の公園とする予定であった。そのため、青山第一会場は公園への転用を前提とした計画が進められ、会場内には仮設の博覧会建築とともに、博覧会終了後も公園施設として活用できる恒久の美術館が建てられることとなった。山口輝臣はこの点に触れ、後に造営される外苑の公園的な性格は、大博構想の際にすでに示されていたことを指摘している[*27]。

こうして会場と周辺地域の整備が進められていくなかで、明治四四年には大博会場を対象とした設計競技(以下、大博競技)が開催された。すでに農商務省内には大博工事に関する準備委員会が設置されており[*28]、必要とされる諸施設の内容や面積は決められていた[*29]。そのため、この競技で求められたのはふたつ合わせて約九五ヘクタールにもおよぶ会場の全体計画であり、博覧会事務局が指定する諸施設をいかにバランスよく両会場に配置するかが焦点となった[*30]。

大博競技は人びとの関心を大いに集め、最終的には一五五点の応募があった[*31]。それらのなかで、「とにかく群を抜き、他のものは云はば団栗の背競べ」とまで評され[*32]、審査員の全会一致をもって一等当選を果たしたのが、吉武東里

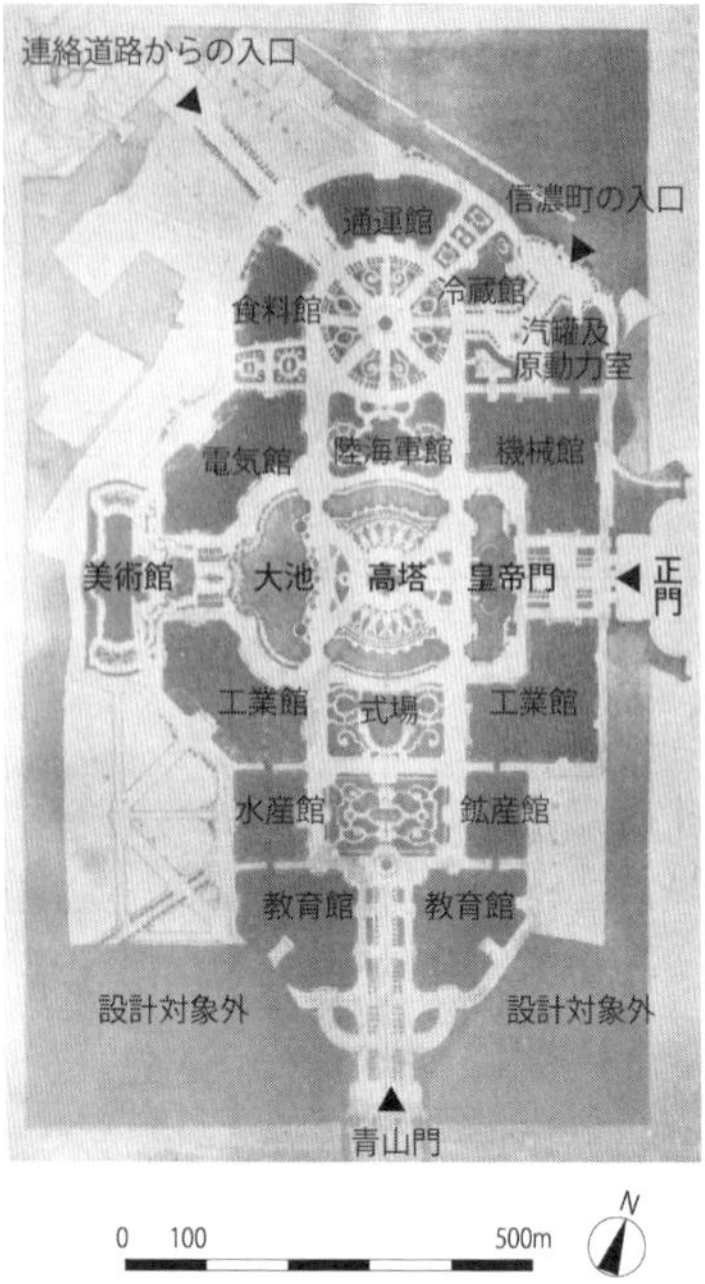

図5:吉武東里一等当選案 青山第一会場配置図
出典=『京都高等工藝学校初十年成績報告付録』
京都高等工藝学校、1913年
*施設名、出入口等を筆者加筆

であった［＊33］。吉武は、後に国会議事堂の意匠主任を務めた人物として知られるが、当時はまだ宮内省内匠寮《たくみりょう》の一技手であり、彼の一等当選は世間を驚かせ、無名の新人として一躍脚光を浴びることとなった。はたして、吉武の一等当選案はどういった計画だったのだろうか。以下、吉武が提出した両会場の配置図各一枚［図5、6］、青山第一会場の俯瞰図一枚［図7］の合計三枚の図面と、それらに添えられた説明文をもとに、一等当選案を検証する［＊34］。

図6：吉武東里一等当選案　代々木第二会場配置図
出典＝『京都高等工藝学校初十年成績報告付録』
＊施設名、出入口等を筆者加筆

吉武東里の大博競技一等当選案における全体の設計コンセプト

吉武の一等当選案の最大の特徴は、ふたつの会場をまとめ上げる全体の設計コンセプトにあった。吉武は、博覧会という一時的なイベントにおいては短時間で人びとの目を楽しませるよう変化に富んだ会場づくりが重要であり、青山会場で「人工的都会趣味」を満喫した観衆は、第二会場においては「天然的田園趣味ニシテ優美的」を求めるとして、ふたつの会場に相反する特色を持たせ、その差異を際立たせることとした[*35]。すなわち、青山会場は「西洋風」、「都会的」、「人工的」とすべく幾何学的な計画とし[図5]、代々木会場は「東洋風」、「田舎風」、「自然的」と称して、既存樹や曲がりくねった道を用いて田園趣味を前面に押し出した[図6]。

こうした吉武の設計コンセプトに対し、審査員を務めた伊東忠太は、「今回の大博覧会場配置の意匠で主眼とする所は、青山と代々木との両会場に変化を与える点及び両会場の結合点にある。……然るに第一等当選案はこれらの主眼とする点に対する思付きに於いて優に他の図案を抜き、これを一等当選とするのには審査員一同少しの異議もなく実に公平なものであったと思ふ」と述べ、他の参加者が皆一様に欧米の博覧会場を手本に両会場とも幾何学的な配置計画としたなかで、吉武がひとり、御料地内に残された武蔵野の自然を最大限に生かした代々木第二会場を提案し、西洋的な青山第一会場と対比させたことを高く評価した[*36]。敷地の現状を冷静に分析し、二項対立を用いて全体をまとめ上げた発想こそが、一等当選の要因であったといえる。

青山第一会場の利用形態

では、「人工的都会趣味」な青山第一会場とは具体的にどの

図7：吉武東里一等当選案　青山第一会場俯瞰図
出典＝『京都高等工藝学校初十年成績報告付録』

ような計画だったのだろうか[図5、7]。メインとなる出入り口は、指定された権田原の正門と敷地南部の青山門であり、会場全体はふたつの出入り口を通る東西方向、南北方向の二軸と中央部の楕円形の通路を基本として構成されている。楕円形の通路に囲まれた会場中央部は、四方を皇帝門、式場、陸海軍館、大池に囲まれた大庭となっており、その中心には東京湾からも確認できるという高さ約九〇メートルの高塔が設けられた。そして、その大庭を中心として敷地全体は幾何学的に分割され、楕円形の通路に沿うよう各施設が配置された。また、敷地西側は周囲より五メートルほど高くし、唯一の恒久建築である美術館が配置された。

ここで、権田原の正門から美術館へと至る東西軸に沿った並びに注目したい。小野良平によると、明治期の内国勧業博覧会の会場においては、天皇が臨御して勅語を賜うという儀礼が、その空間構成を規定する大きな要因となっていた[＊37]。そのため、「鹵簿の通行に対応したスケールの馬車道が、会場を正面から貫き、その到達先となる会場奥には、正面性を持って配置された美術館と、その前面に式場の開設可能な庭園的空地が確保されていること」が当時の会場計画の特徴であった。吉武の青山第一会場案においても同様の構成が採られていることから、吉武がそれらの会場計画を参照していたことが窺える。つまり、儀礼における天皇の行動によって、権田原の正門から皇帝門をくぐり、中央庭、大池を経て高台の美術館に至るという、東西軸が形成されていたことが指摘できる。

このように、青山は大博構想を通じて代々木と対をなす敷地として捉えられるようになり、「西洋風」の博覧会会場が計画された。そして博覧会終了後は、日比谷公園や新宿御苑に次ぐ、日本における最初期の洋式公園となる予定であった[＊38]。しかしながら、設計競技の結果発表から一〇日後、閣議にて財政難を理由に大博の中止が決定され、会場とその周辺の工事はすべて取りやめとなった。そのため、ふたつの敷地は引き続き練兵場と御料地として使用されることとなり、両者の間には未完成の連絡通路が残された。

三　大正元年——明治天皇大喪儀

明治天皇大喪儀の概要

大博構想の中止が決定された翌年の明治四五年（一九一二）、明治天皇は即位五〇周年を迎えることなく崩御された。それを受けて大規模な葬儀の準備が進められ、明治中期以降軍事儀礼の場として天皇が数多く訪れた青山練兵場には、仮設の式場が設営されることとなった。

そもそも、天皇・太皇太后・皇太后・皇后の葬儀は大喪儀と呼ばれ、古代以来仏教や神道の影響を受けながら儀礼の作法は変化したが、江戸時代には葬儀、埋葬とも京都の泉涌寺にて執り行うことが慣習化していた。そして近代に入り、皇居が東京へと移されると、大喪儀が部分的に東京で行われるようになり、大正一五年(一九二六)の皇室喪儀令制定以後は、葬儀、埋葬ともに東京で行われるようになった。そのため、明治三〇年の英照皇太后大喪儀と大正元年の明治天皇大喪儀は、近世から近代への制度の移行期にあたり、葬送儀礼が東京と京都にまたがって執り行われる特殊な事例となった[*39]。以下、先例として英照皇太后大喪儀を踏まえたうえで[*40]、明治天皇の葬送儀礼が練兵場で実施された背景を探るとともに、敷地の利用形態を検証する。

英照皇太后大喪儀の概要

英照皇太后は明治三〇年(一八九七)一月一一日、青山御所にて崩御された。三日後の一四日には大喪儀の事務・施工を管掌する臨時の省庁である大喪使が設置され、近代最初の大喪儀の準備は短期間のうちに進められていった[*41]。その際、古代における大喪儀への回帰が試みられ、儀礼の作法は仏教色を排して神道式へと改められたが、京都の泉涌寺で葬儀を執り行う点では近世の慣習が踏襲された。そのため、英照皇太后の御棺は崩御された青山御所から葬儀と埋葬が行われる京都へと、鉄道を用いて奉送されることとなった。当初は、新橋停車場から京都の七条停車場に向けて発柩する予定であったが、多くの奉送者や儀仗兵を収容するための充分な場所の確保が必要だと判断されたため、急遽青山練兵場に仮設の奉送所を設置し[*42]、敷地内の仮停車場を利用することが決定された[*43]。こうして、二月二日に皇后の御棺は葬送行列を組んで青山御所から隣の青山練兵場へと運ばれ、仮停車場から京都へと送り出される運びとなった。

英照皇太后大喪儀 奉送所の利用形態

当時の新聞報道によると、奉送所は皇太后の崩御からわずか一八日後に竣工しており[*44]、設計、施工ともごく短期間で行われたことがわかる。この設計を中心となって手がけたのは、大喪使事務官を務めた宮内省内匠寮技師・木子清敬であり、木子文庫には計八枚の奉送所関連図面が保管されている［＊45］。それらの図面をもとに、青山練兵場内における奉送所の配置計画を示したものが、図8である。まず、既存の仮停車場を取り囲むように全敷地の約六分の一（八ヘクタール）が矢来で囲われ、奉送所として利用されている。その内側には、甲武鉄道の引き込み線の上にT字平面を持つ御乗車場が設置され、その周囲に皇族や官吏らが参列するために五棟の小屋が建てられたが、これらはすべて木造の仮設建造物であり、奉送終了後には撤去され、敷地はもとの状態に戻された。

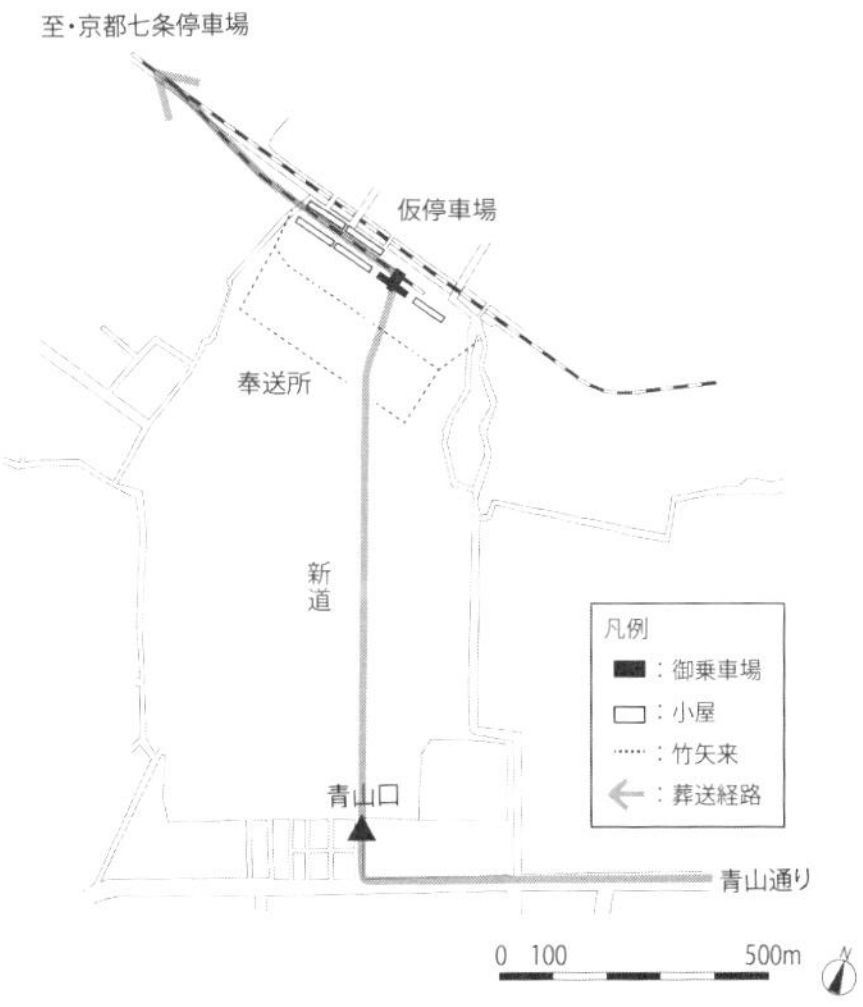

図8：英照皇太后大喪儀における奉送場の様子
木子文庫における奉送所関連図面（1897年）と『官報』（1897年）における葬送経路の記述にもとづき筆者作成。

ここで、奉送当日の青山御所から奉送所への葬送経路に注目すると、観兵式の行幸経路とは異なり、敷地南側の青山口から入場していることがわかる［＊46］。敷地北側に設置された仮停車場に正面から拝することができるよう、参拝の在り方を重視した結果、青山口が用いられたと考えられる［＊47］。

　このように、英照皇太后大喪儀は、青山練兵場が皇室の葬送儀礼に組み込まれた最初の事例であり、軍事儀礼における敷地の利用形態とは異なり、仮停車場を中心に敷地北側の一画が奉送所として使用され、葬送経路には南側の青山門が用いられた。

明治天皇大喪儀の概要

英照皇太后大喪儀から一五年後の明治四五年（一九一二）七月三〇日、明治天皇は皇居にて崩御された。そして、同日中には大喪使官制が公布され、近代最初の天皇の大喪儀の準備が進められていった。その際、大まかな手順は英照皇太后大喪儀に倣いつつも、葬儀は京都の泉涌寺ではなく東京の青山練兵場に仮設の式場（青山式場）を設置して執り行い、埋葬のみ京都で行うことが決められた。そのため、九月一三日に天皇の御棺は皇居から青山式場へと移され、葬儀終了後には青山仮停車場から京都の桃山御陵駅へと鉄道を用いて奉送されることとなった。

以下、明治天皇大喪儀全般を記録した当時の文献資料を参照するとともに[＊48]、国立公文書所蔵の『大喪儀関係文書・明治天皇大喪儀書類』のうち青山式場の工事記録や図面などが収められた薄冊五冊と[＊49]、工事を担当した宮内省内匠寮技師・木子幸三郎の講演会記録を用いて[＊50]、青山式場の利用形態を分析する。

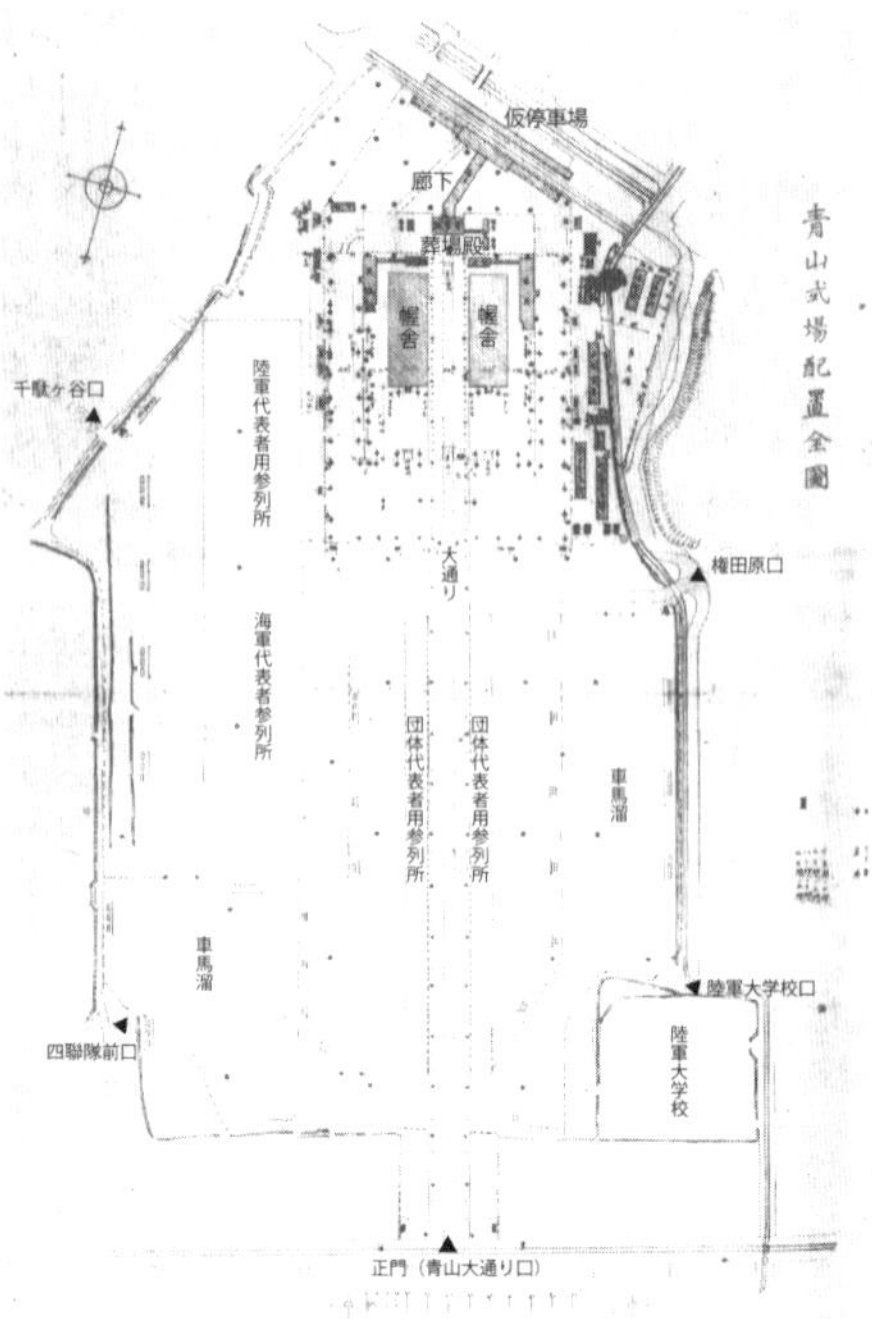

図9:「青山式場配置全図」
出典＝「出入　青山練兵場内公衆通行ノ為メ五カ所へ出入口開放ノ件元総務部残務取扱へ通知」『大喪儀関係文書・明治天皇大喪儀書類三十五ノ二・宮城及青山出張所取扱文書類集二冊之内二』国立公文書館所蔵。＊施設名、出入口等を筆者加筆。ただし、原図は青焼であるため、色調を反転させた。

明治天皇大喪儀——青山式場における利用形態

青山式場の設営は、大喪使のなかに設置された工営部が担当した。先の英照皇太后大喪儀の奉送所は練兵場の北側一画に設けられたのに対し、青山式場は敷地全体を用い、さらに電気、水道等の整備も合わせて行われたために、その工事は大規模なものとなった。そのため、わずか三六日の工期であったにもかかわらず、その間に動員された職工の出面は合計七二、六九七人にも及んだ。

具体的な配置計画を見てみると［図9］、式場の中心施設である葬場殿が敷地北側に設置され、皇族や官吏が参列する二棟の幄舎とともに練兵場の約五分の一が玉垣と竹垣で二重に囲われ、内廓とされている。そして、葬場殿の背面からは仮停車場へと廊下が延び、その前面からは正門の青山口へと幅約三六メートル、長さ約九〇〇メートルの大通りが敷かれた。さらに、その大通り沿いは団体代表者用の参列所、その外側は陸海軍兵の参列所、車馬溜等が設けられ、それぞれの境界は竹垣で区切られた。また、青山通りの正門付近では、大博構想の際に政府が買収した青山北町二丁目が一掃されたため、式場と青山通りは大通りで接続された。

このように青山式場では、南の正門から入場して北の葬場殿を参拝するという南北方向を軸とした配置計画がなされた。この際、葬場殿が正門から遠く離れた敷地北側に設置された理由は、既存の仮停車場と接続することにより、葬儀終了後に御棺の移動が迅速に行えるよう配慮したためであった［＊51］。英照皇太后大喪儀における奉送所と同様に、式場を設計する上で鉄道の存在が非常に大きな決定要因となっていたことが指摘できる。

葬儀終了後、式場は撤去されて練兵場は再び広大な空地へと戻されたが［＊52］、敷地には中央に敷かれた大通りと葬場殿の痕跡が残された。

四　大正期──明治神宮造営

明治神宮造営の概要

明治天皇崩御を受け、大規模な葬送儀礼が執り行われた一方で、東京府を中心として天皇を祀る神社や記念施設の創建を求める声が上がった。大正元年（一九一二）八月には東京商業会議所にて協議会が開催され、東京府内の代々木御料地と青山練兵場に明治神宮の造営を訴える「覚書」が可決された。その内容は次項で検証するが、この「覚書」こそが、明治神宮の基本的な造営方針を提示した最初の文書であった。そして、大正二年には内務省内に明治神宮造営に関する調査・審議を行う神社奉祀調査会（以下、調査会と略す）が設置され、協議を重ねた結果、鎮座地は代々木御料地と青山練兵場の二ヵ所に決定し、前者には社殿を有する内苑が、後者には天皇の頌徳記念施設を中心とする外苑が、それぞれ造営されることとなった。それ以後、調査会の内部に専門家からなる特別委員が設置され、建築は伊東忠太と関野貞、佐野利器、大江新太郎、園芸は福羽逸人、土木は近藤虎五郎、林学は川瀬善太郎、本多静六といったように各分野の技術者が結集し、内苑と外苑の構想が固められていった。また、同三年に明治天皇の妃であった昭憲皇太后が崩御したことを受け、明治神宮は明治天皇だけでなく、昭憲皇太后も合祀するよう改められた。

そして同四年、内務省内に明治神宮造営局（以下、造営局と略す）が置かれ、具体的な造営作業が開始された。ただし、国費によって建設される内苑に対し、外苑は民間有志で結成された明治神宮奉賛会（以下、奉賛会と略す）が造営主体となったため、資金面は奉賛会が運営し、設計・工事は奉賛会から造営局へと委託するかたちとなった。この造営局の職員には、先の調査会特別委員がほぼそのまま引き継がれるとともに、新たに建築では塚本靖、角南隆、土木では古市公威、日下部辨二郎、林学・造園では本郷高徳、折下吉延、上原敬二らが加わり、設計・工事が進められた。とくに、外苑における近代的な造園手法は、原熙と折下吉延によるところが大きかったという[＊53]。また、大博構想の際に未完のまま残された北側の連絡道路は裏参道として転用されることとなり、南側の表参道とともに整備された。こうして、同一〇年に内苑が、同一五年には外苑が竣工し、ふたつの離れた敷地によって構成される明治神宮が誕生した。

以下、明治神宮の造営記録である『明治神宮造営誌』[＊54]、『明治神宮外苑志』[＊55]とともに先行研究を参照し、外苑造営の造営計画の変遷を踏まえたうえで、その利用形態を分析する。

外苑の創出とその関係者

先に述べたように、東京府では早くから明治神宮造営を求める運動が見られたが、施設の内容に関しては意見が分かれていた。つまり、東京府を鎮座地とする点では意見が一致するものの、神宮を一大公園として整備すべきと考える者がいる一方で、神社と公園の性質は相容れず、両立させることは不可能だと論じる者もいた[＊56]。このようなさまざまな世論に応えるかたちで、神宮は内苑と外苑によって構成されるという基本構想が示されたのは、前述の「覚書」が最初であった[＊57]。山口輝臣は、神社本殿とは離れた敷地を設定し、そこに従来の神社とは相容れない公園と見紛うような記念施設を建て、それをも神社の一部とする「神宮＝内苑＋外苑」という発想は画期的であり、明治神宮において外苑の存在こそが重要であると論じた[＊58]。そして、こうした内苑と外苑からなる神宮の形式は明治末の大博構想における会場予定地を転用することによって生み出されたと考察し、その根拠として「覚書」の敷地設定を提案した角田真平、「覚書」作成の中心人物であった阪谷芳郎、渋沢栄一らが、理事官や評議員として大博構想に深く関与した人物であったことを指摘している。

ここで、「覚書」の内容に則り、具体的な外苑の設計に関わった建築家、土木工学者、造園家らに注目したい。前項で述べたとおり、内苑と外苑の造営作業を担ったのは造営局であったが、その際、外苑の工事・設計は古市公威を顧問として、伊東忠太、日下部辨二郎が中心となって行い、後に近藤虎五郎、塚本靖、佐野利器、川瀬善太郎、本多静六、折下延吉らが加わった。このうち、古市は大博構想の際に工事準備委員会委員長を務めた人物であり、伊東、日下部、近藤、塚本、川瀬は大博競技の審査委員であった。

以上のことから、大博構想と外苑の造営計画は、基本構想を練った政治家および実業家が一致していたのみならず、具体的な設計・工事に携わった技術者もその大半が一致していたことがわかる。

外苑造営における計画の変遷と利用形態

上述したように、外苑の設計に際しては、さまざまな分野から一流の技術者が集結し、計画案が策定された。その計画の変遷は今泉宜子、藤田大誠の研究にくわしいが、苑路や配

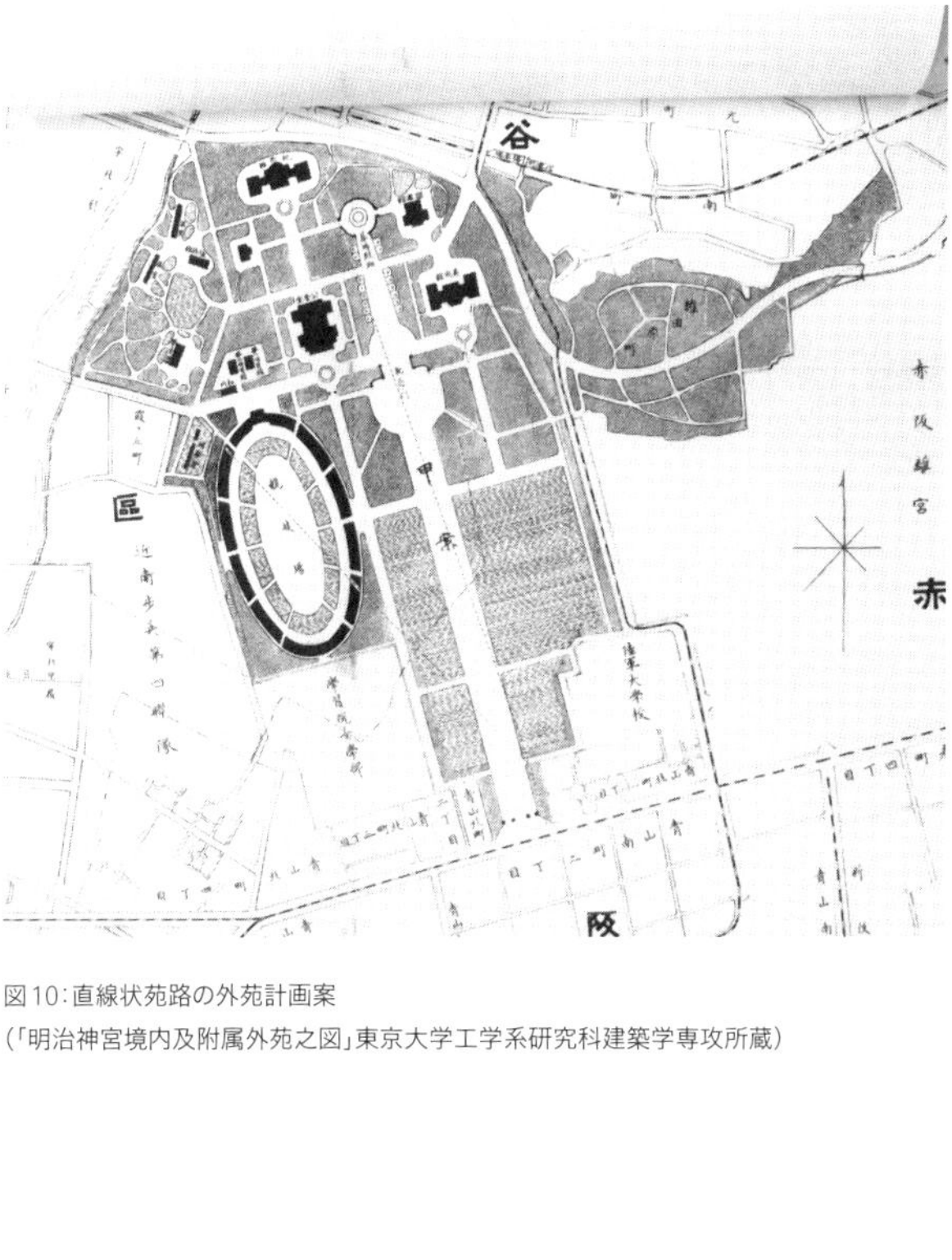

図10：直線状苑路の外苑計画案
（「明治神宮境内及附属外苑之図」東京大学工学系研究科建築学専攻所蔵）

置計画、記念物のあり方をめぐっては多くの議論があり、大正三年（一九一四）ごろから最終的な計画案が確定する同七年までの間に、複数の計画図が制作されている。とくに、苑路に関しては直線案［図10］と曲線案［図11］とが検討され、日本人の「国民性」や「趣味」が議論されたが、最終的には直線案が採用されるに至ったという［＊59］。また、設計の初期段階では葬場殿趾が重視され、絵画館とは別個に大規模な記念建造物が設置される予定であったが、計画を進める過程でその規模は縮小し、最終的には聖徳記念絵画館（以下、絵画館）が外苑の中心施設になったことが指摘されている［＊60］。では、こうした議論の末に計画された外苑は、具体的にはどのような施設だったのだろうか。以下、造営局が作成した「明治神

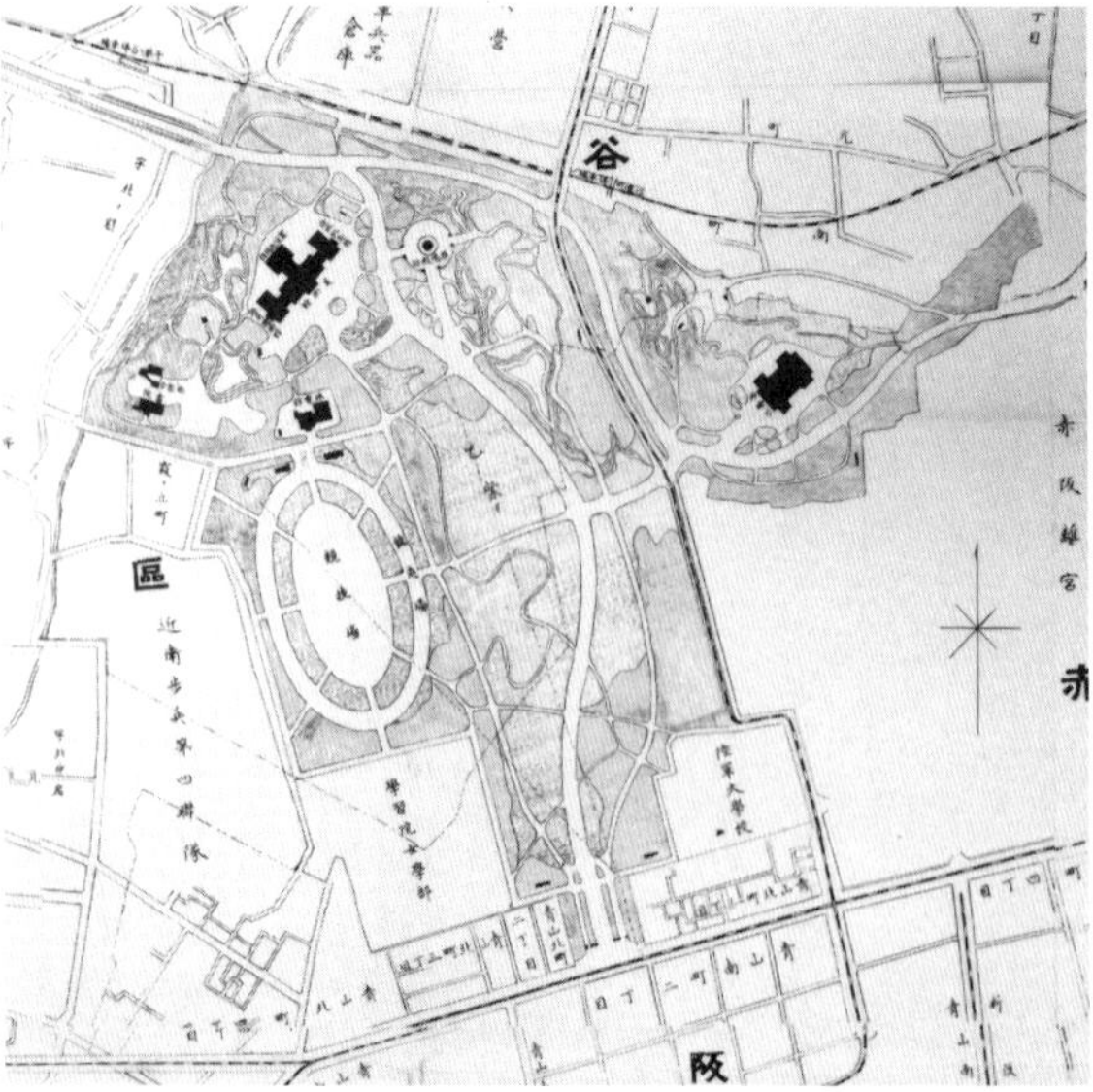

図11：曲線状苑路の外苑計画案
（「明治神宮境内及附属外苑之図」東京大学工学系研究科建築学専攻所蔵）

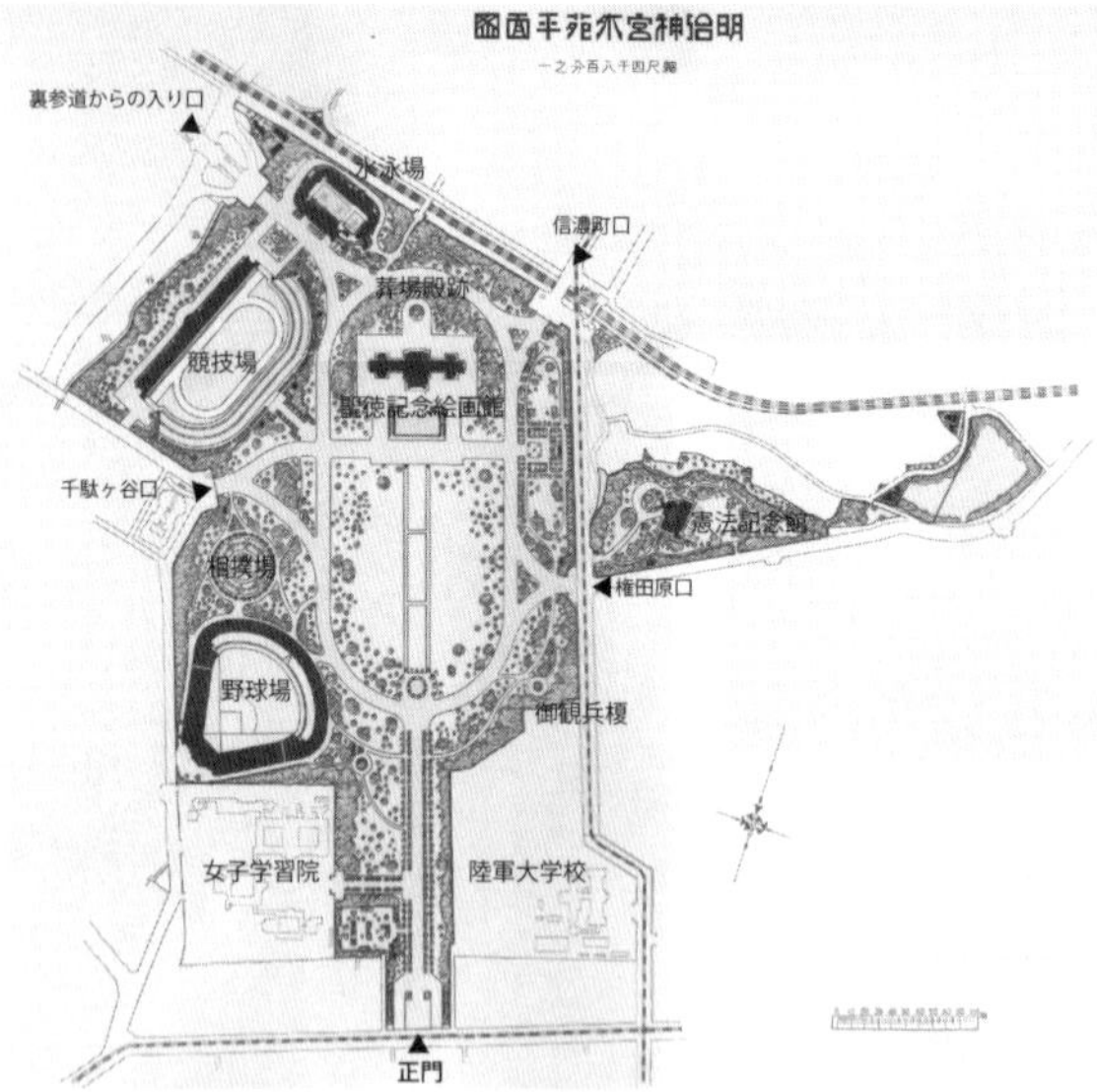

図12：「明治神宮外苑平面図」
出典＝『明治神宮外苑志』明治神宮奉賛会、1937年。
＊施設名、出入口等を筆者加筆

宮外苑平面図」［図12］を用いて、外苑が竣工した大正一五年から昭和六年（一九三一）にかけての敷地の利用形態を検証する［＊61］。

　まず、注目したいのは葬場殿址と絵画館である。先に述べたように、当初大規模な記念建造物が予定されていた葬場殿跡は、最終的には楠が植えられた直径約四・七メートルの円形広場となり［図13］、それに代わって絵画館が外苑の中心施設となった。その際、絵画館が葬場殿址の南方正面に配置されたため、青山通り側の正門から葬場殿へと至る大喪儀の大通り跡は、幅約三三メートルの苑内の主要道路（現・イチョウ並木）として引き継がれた。そして、敷地中央部には幅約一八メートルの楕円形の周廻道路が通され、そこから東の権田原口、北の信濃町口、北西の裏参道からの入口、西の千駄ヶ谷口に向かってそれぞれ通路が敷かれ、苑内の交通網が整えられた。また、敷地北部の既存の引き込み線は、外苑工事期間中に土砂や建材の運搬手段に利用された後、竣工前に撤去された。

　そのほか、苑内には緑地とともにスポーツ施設や記念施設

図13：葬場殿趾の楠と円形広場
（筆者撮影、2012年6月）

図14：御観兵榎と石碑
（筆者撮影、2012年6月）

が整備され、敷地北西には水泳場と競技場、南西には野球場と相撲場、東の権田原一帯には憲法記念館（現・明治記念館）が設置された。一方、軍事儀礼の際に天皇の玉座が置かれた場所には石碑とともに榎が植えられ、御観兵榎としてその歴史が刻まれた［図14］。

以上のように、大正期に造営された外苑は、近代的な施設を備えた洋風の幾何学庭園であり、天皇の業績を記念する絵画館を中心に南北方向を主軸とする配置計画がなされた。こうして、明治神宮という神社の一部でありながら、実質的には公園と見紛うような施設が誕生した。

五　外苑前史における空間構造の変遷

敷地の利用形態の変遷

ここで、これまで辿ってきた青山練兵場の利用形態の変遷を整理したい。

明治二〇年（一八八七）に練兵場が設置されて以降、青山練兵場では天皇臨御のもと、観兵式等の軍事儀礼が数多く執り行われた。その際、天皇が東口から入場し、東側に設けられた玉座から西に向かって式を眺めることにより、敷地には強い東西軸が存在した。その背景には、練兵場と青山通りとの間に立ち塞がる青山北町の存在があった。

そして明治三〇年代後半には、青山練兵場は代々木御料地とともに大博の会場予定地となり、ここで初めてふたつの敷地の間に関係性が生じた。この際、会場内配置計画の基本方針となるはずであった大博競技の一等当選案は、二項対立を用いてふたつの離れた敷地をまとめ上げており、メイン会場である青山第一会場は幾何学的な洋風庭園とされた。この配置計画においては、天皇が勅語を賜うという儀礼が重視され、東側の権田原の正門から西側の美術館へと至る東西軸が強く意識されていた。

しかしながら、大博構想は実現することなく翌年には明治天皇が崩御され、大正元年（一九一二）には東京と京都にまたがって大喪儀が行われた。その際、明治三〇年の英照皇太后大喪儀において奉送所が設置されたという先例もあり、青山練兵場には大規模な仮設の式場が設営されることとなった。この式場においては、鉄道との接続に配慮して葬場殿が敷地北側に設置されるとともに、青山北町二丁目を一掃して南側に入口が設けられ、南北軸に沿った参拝路が形成された。

その後、東京府を中心に明治天皇を記念する神社の造営計

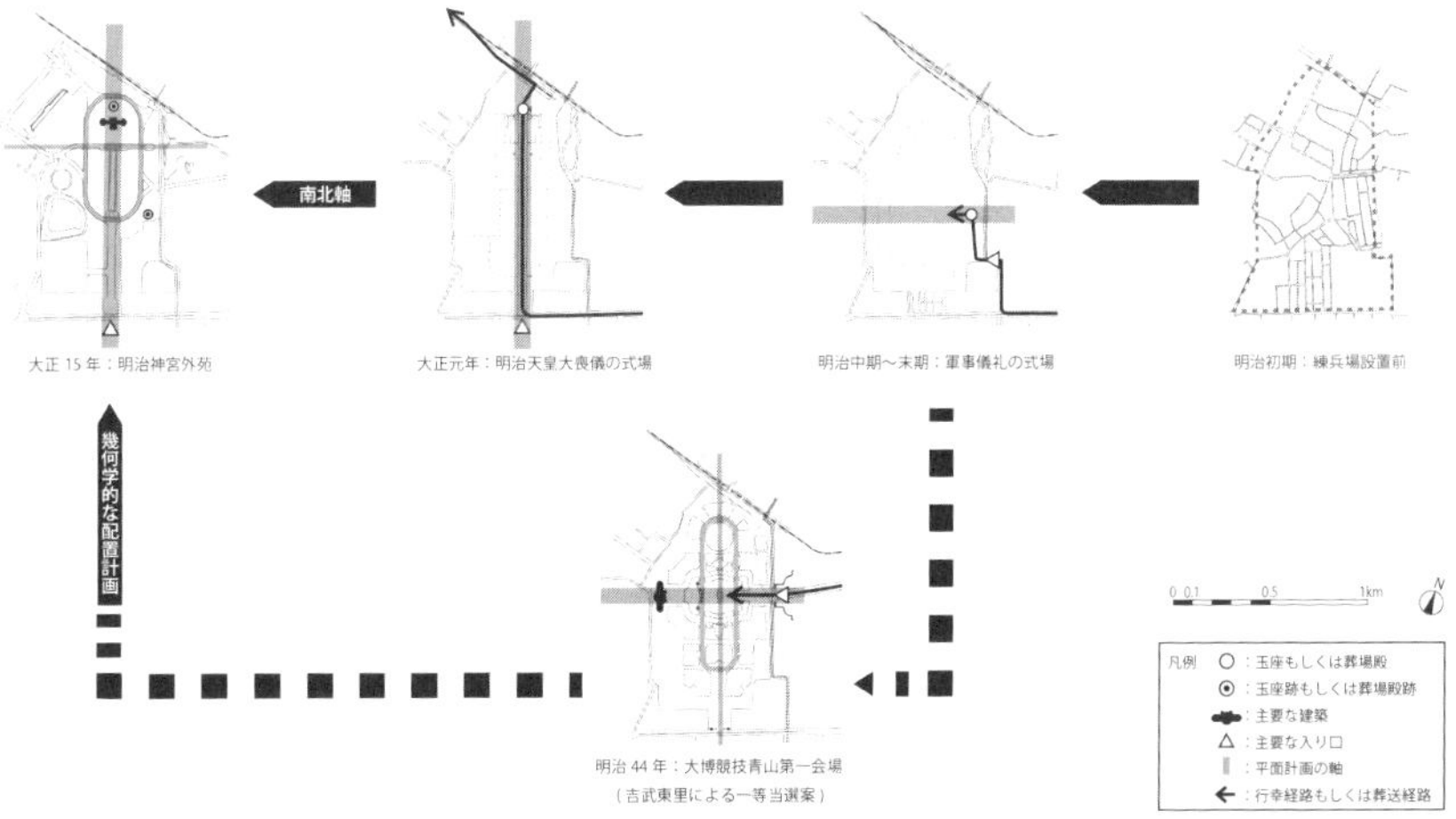

図15：青山練兵場における利用形態の変遷
当時の地図（『明治前期・昭和前期 東京都市地図』）にもとづき筆者作成。

画が持ち上がり、最終的に代々木御料地に内苑が、青山練兵場に外苑が設置された。外苑の主要施設は葬場殿趾から聖徳記念絵画館へと変化したが、大喪儀の際に敷設された南北方向の大通りは苑内の主要道路として引き継がれた。

以上の青山練兵場における利用形態の変遷を整理したものが、図15である。それぞれの利用形態を比較すると、大正期に実現した外苑は、明治末の大博競技一等当選案の幾何学的な配置計画と、明治天皇大喪儀における南北軸とが、重ね合わさった平面構成となっていることが指摘できる。最後に、第二節から第五節の分析を通して、大博構想と外苑の共通点、そして明治天皇大喪儀が外苑に与えた影響を考察し、本稿をまとめたい。

大博構想との共通点――幾何学的な配置計画

まずは、大博構想と明治神宮造営計画について整理したい。これまで先行研究において、

・両計画の敷地（代々木と青山）が一致していること
・博覧会終了後の青山は公園への転用が予定され、外苑と類似した施設（博物館、林泉等）が計画されていること
・両計画に関わった主要な政治家・実業家が一致していること

といった関係性が指摘されてきた［＊62］。さらに本稿での分析を通して、

・大博競技一等当選案と外苑の幾何学的な配置計画が類似していること

・大博競技一等当選案における二項対立を用いた設計コンセプトが、明治神宮の内苑・外苑という発想と類似していること

・両計画の設計に関わった主要な建築家・土木工学者・造園家が一致していることが明らかとなった。

ここで、両計画に関わった主要な建築家のなかでも、大博競技の審査員を勤めた伊東忠太に注目したい。伊東は先述のように審査終了後の所感において、吉武の一等当選案の、ふたつの敷地を対比させる設計コンセプトを高く評価していた［＊63］。そしてその六年後、大博構想と敷地を同じくする明治神宮造営計画に携わっていた伊東は、聖徳記念絵画館の設計競技の審査委員を務めた際に、「自分としては、青山の地に建つ可き此の聖徳記念絵画館建築に対する当初よりの理想があった……青山の外苑に建つ可き建築は、代々木の内苑に於ける夫とは趣を異にする所がある……神聖なる内苑より来つて気分を一新させるが為めに全く所謂日本趣味と異なる様式であった方が相応しい」と語り、日本的な神社が建てられる内苑に対し、外苑にはそれとは対照的な様式が採用されるべきだと論じた［＊64］。この主張は、吉武が大博競技の説明文のなかで用いた、「本案ハ変化及ビ対比ヲ以テ一般計画ノ主眼トシ……即チ青山会場ト代々木会場トヲ全クこんとらすとノ配置トス」、「青山ニ於テ充分ニ壮麗ヲ見聞シタルモ代々木ニ於テ田園的自由ヲ欲スルハ勿論ノ事ナリ」といった表現にきわめて類似している［＊65］。つまり、大正期に伊東が思い描いた明治神宮神宮の理想の姿には、明治末の大博競技における吉武の設計案との共通点が見出すことができる。

今泉宜子が指摘するように、伊東忠太をはじめとする明治神宮造営の関係者の多くが海外で学んだ国際人であり、西洋の知識を活かし、明治神宮という新たな日本の伝統をつくり上げた［＊66］。彼らの多くが明治末の大博構想にも関わっており、西洋技術と日本の伝統とが融合した吉武案を高く評価したことを考えると、大博構想と明治神宮造営の根底には共通する時代精神があったといえるだろう。そのため、博覧会場と祭祀施設というまったく異なる施設ではあるが、ともに西洋的・近代的という設計コンセプトのもと、類似した幾何学的な配置計画が採用されたと考えられる。

明治天皇大喪儀の影響——主軸の変化

先に述べたように、大博の青山第一会場案と外苑は、直行する二軸と楕円の通路を中心とした幾何学庭園であり、その配置計画はきわめて類似しているが、主軸の方向が異なっていることに気づく。すなわち、青山第一会場案においては東側の権田原の正門から西側の美術館へと至る東西軸が中心であったのに対して、外苑においては南側の正門から北側の聖徳記念絵画館および葬場殿趾へと至る南北軸が重視されているのである。ここで、再び図15に目をやると、明治中期から明治末にかけての軍事儀礼では天皇の玉座と隊列の位置関係によって敷地には東西軸が存在し、大博競技の青山第一会場案においても天皇が行う儀礼によって東西軸を重視した計画がなされたが、明治天皇大喪儀の際に強力な南北軸が形成され、それが外苑の造営計画へと引き継がれたという、主軸をめぐる一連の変化が見て取れる。ではなぜ、このような変化が生じたのか。二節から五節までの分析を通して、以下三点の周辺環境による影響が指摘できる。

まず第一点目として、敷地北側を走る甲武鉄道とその引き込み線の存在が挙げられる。そもそも、この引き込み線は日清戦争時に軍事輸送を目的として敷設されたが、それが英照皇太后大喪儀と明治天皇大喪儀においては、葬送儀礼の一部を担う重要な輸送手段として利用された。とくに、明治天皇大喪儀の際には、引き込み線の仮停車場に近接して葬場殿が設置され、大喪儀後もその跡地が残されたことにより、外苑における聖徳記念絵画館と中央の大通りの配置に強い影響を与えることとなった。第四節で述べたとおり、英照皇太后と明治天皇の大喪儀は、東京と京都にまたがって葬送儀礼が執り行われた特殊な事例であった。その際、中世来の仏教色を排して古式に則った儀礼の準備が進められるなかで、近代文明の象徴である鉄道の利用がどのような経緯で決定されたのか、残された史料からはその詳細は明らかでない。しかしながら、明治天皇の生涯にわたる行幸記録を収めた『明治天皇行幸年表』が青山式場から伏見桃山陵への奉送で締めくくられているように[＊67]、大喪儀における鉄道移動は、明治天皇の最後の行幸として捉えることもできる。近現代に行われた行幸啓において、鉄道が重要な役割を果したことを考えるならば[＊68]、大喪儀における移動手段としての鉄道の採用は、ある程度まで自然な流れとして理解できる。そして鉄道利用を前提として式場の設営地を選定するならば、東京府にあって大人数を収容するだけの広大な空地を有し、そして何より、敷地内に引き込み線を持つ青山練兵場は、最もふさわしい敷地であったに違いない。つまり、引き込み線の存在によって練兵場は式場の敷地に選ばれ、甲武鉄道との位置関係によって敷地には強力な南北軸が形成されたと言える。

そして第二点目として、練兵場と青山通りとの間に立ち塞がっていた青山北町の存在が挙げられる。青山北町一帯はもともと込み入った住宅地であったため、明治中期から末期にかけて行われた軍事儀礼の際には、町内の通過を避けるよう、わざわざ練兵場の東口へと迂回する行幸経路がとられていた。そして、明治末の大博構想の際にこの一帯は会場予定地として政府に買収され、明治天皇大喪儀を機に青山北町二丁目が一掃されたことにより、敷地と青山通りとが大通りで結ばれた。つまり、大博構想と明治天皇大喪儀を通じて青山北町の買収、整備が進められたことにより、外苑を造営する際に正門を南側へと設置する前提条件が整えられたと言える。

さらに、第三点目として、敷地東側に位置する千日谷の窪地の存在が挙げられる。大博構想の際、権田原に正門が設置されることとなり、千日谷の窪地の埋め立てが計画されたが、莫大な費用と労力を要するために計画は滞り、結局明治年間に工事が着手されることはなく、大正期に外苑が計画された際も、千日谷は依然として窪地のままであった。つまり、大博計画構想を通じて千日谷の整備が困難であることが明らかとなったために、外苑の正門を権田原に置くこと、すなわち外苑の主軸を東西軸とすることが避けられ、間接的に南北軸の形成が促されたと考えられる。

以上の分析により、青山練兵場と近接する甲武鉄道とその引き込み線の存在、そして青山北町と千日谷の変化を背景に、敷地の利用形態を決定付ける天皇の位置(玉座もしくは葬場殿)が敷地東側から北側へと移動し、それに伴い主軸が東西方向から南北方向へと変化したことにより、大博構想と類似した幾何学的な配置計画でありながら、南北方向を主軸とする外苑の空間構成ができ上がったと言える。

本稿においては、敷地の利用形態と周辺環境といった目に見える現象から空間構成の変遷を検証したが、そこには、それぞれの儀礼や構想、造営に関わった人びとの思想や、当時の時代精神が反映されていたものと考えられる。とくに、大正期における外苑造営には各分野における多くの専門家・技術者が関わっており、最終的な配置計画ができ上がるまでの過程はより詳細に検証する必要がある。今後、それらの点に関して調査を進め、前史から造営へと至る流れを実証的に解明することを課題としたい。

註

＊1――幕末に描かれた「青山渋谷絵図」(景山致恭、戸松昌訓、井山能知編『江戸切絵図』尾張屋清七出版、嘉永二年―文久二年、国立国会図書館所蔵)を見ると、青山一帯には青山下野守の下屋敷、御家人古賀組、御手先組、百人組などの組屋敷のほか、幕府直轄の御煙硝蔵と御鉄砲場、さらに社寺や町屋、農家が散在していたことがわかる。

＊2――山口輝臣『明治神宮の出現』吉川弘文館、平成一七年。

＊3――佐藤一伯『明治聖徳論の研究――明治神宮の神学』国書刊行会、平成二二年。

＊4――今泉宜子『明治神宮――「伝統」を創った大プロジェクト』新潮社、平成二五年。

＊5――佐藤昌『日本公園緑地発達史　下巻』都市計画研究所、昭和五二年、三五七～三八〇頁。
越澤明『東京都市計画物語』日本経済評論社、平成三年、五三～六八頁。

石川幹子『都市と緑地――新しい都市環境の創造に向けて』岩波書店、平成一三年、二一四～二二〇頁。

小野良平『公園の誕生』吉川弘文館、平成一五年、一八八頁。

永瀬節治「近代日本における参詣空間の創出に関する研究――明治期から昭和初期にかけての参詣をめぐる社会的文脈と空間づくり」(平成二一年度東京大学工学系研究科都市工学専攻博士論文)二〇一～二三一頁。

＊6――東京巣鴨村に住む巌本善治という人物が、大正三年三月に当時の東京市長・阪谷芳郎に宛てた意見書にて、青山は植生が貧しいため外苑には不適当だと述べている(明治神宮関係史料「明治神宮ニ関スル書類」抄録・東京都公文書館所蔵、小路田泰直監修『史料集　公と私の構造　第五巻　日本大博覧会と明治神宮』ゆまに書房、平成一五年所収)。

＊7――大博構想に関しては、古川隆久が皇室ブランドと経済発展を軸に近現代日本を捉えなおした著書のなかで詳細に検証している(古川隆久『皇紀・万博・オリンピック』中公新書、平成一〇年)。また、明治天皇大喪儀に関しては、中島三千男が国民統合といった視点から論じている(中島三千男「明治天皇の大喪と帝国の形成」『岩波講座　天皇と王権を考える』第五巻、岩波書店、平成一四年)。

＊8――青山練兵場の軍事利用に関しては、大山街道沿い(現・青山通り)に多数存在した軍用地のひとつとして、渋谷学の見地から吉田律人が論じている(「渋谷周辺の軍事的空間形成」上山和雄編『歴史のなかの渋谷――渋谷から江戸・東京へ』雄山閣、平成二三年)。また、明治期の大博構想における敷地利用に関しては、拙稿「明治神宮造営に関する一考察――明治四十四年日本大博覧会設計競技の分析を通して」(『日本建築学会大会学術講演梗概集』、平成二三年八月)にて検証した。さらに、明治天皇大喪儀が外苑造営に与えた影響に関しては、藤田大誠が指摘している(「青山葬場殿から明治神宮外苑へ――明治天皇大喪儀の空間的意義」『明治聖徳記念学会紀要』復刊第四九号明治聖徳記念学会、平成二四年七月)。

＊9――これらの皇居近辺の軍用施設が移転された理由は、明治一一年(一八七八)に近衛砲兵が起こした竹橋事件により、皇居近くに兵士を配することが危険だと認識されるようになったためだと考えられている(鈴木博之『日本の近代一〇　都市へ』中央公論社、平成一一年)。

＊10――陸軍省編『明治軍事史――明治天皇御伝記史料』上下巻、原書房、昭和四一年。

＊11――青山練兵場にて開催された計三四回の観兵式(陸軍始、天長節、その他)、満期近衛、諸兵除隊式、軍旗授与式は、以下のとおり。
観兵式(陸軍始)……明治二一年、同二二年、同二五年、同二六年、同

二七年、同三二年、同三六年、同三七年、同四〇年、同四二年、同四三年

観兵式（天長節）……明治二〇年、同二一年、同二二年、同二四年、同二五年、同二九年、同三二年、同三三年、同三六年、同三七年、同四〇年、同四一年、同四二年、同四四年

観兵式（その他）……明治二二年憲法発布記念式典、明治二六年墺国フランツ親王来日、同二七年大婚二十五年祝典、同三九年陸軍凱旋式

満期近衛諸兵除隊式……明治二〇年、同二二年、同二五年、同二八年

軍旗授与式……明治二九年

＊12――明治二〇年（一八八七）〜二四年（一八九一）に青山練兵場にて催された最初期の一〇件の観兵式に関しては、『官報』に次第書が掲載されている。明治二五年（一八九二）以降は、観兵式の実施にあたり陸軍省大将または中将により「観兵式ニ関スル命令」と題する次第書が作成されており、それらが『陸軍省大日記』もしくは『海軍省公文備考類』（ともに防衛省防衛研究所所蔵）に収められている。

＊13――陸海軍省文書に付された隊列図は、『官報』に掲載された簡単な模式図とは違い、敷地境界線や周辺道路も含めて描かれた縮尺二〇〇〇分の一または二五〇〇分の一の精度の高い図面のため、隊列や玉座の正確な位置を把握することが可能である。図2、図3においては明治四五年一月の観兵式の際に作成された図を用いた。

＊14――なお、陸海軍省文書に掲載された附図は計三枚であり、図2と図3の間に兵士らが外周に沿って玉座前を通過する図も存在するが、図2とほぼ同様の外周型であるため本稿での掲載は省略した。

＊15――『官報』第一二九九号、明治二年一〇月二六日。

＊16――『官報』第一五九八号、明治二一年一〇月二五日。

＊17――当時の新聞では、この一帯を「人家を以て立ち塞がって居る北町一丁目から三丁目」と表現している（『東京朝日新聞』明治四一年一月二七日朝刊）。

＊18――『読売新聞』明治二七年一月九日別刷。

＊19――「青山権田原町皇居接近地所当省へ引受度伺」（『公文録』、国立公文書館所蔵、請求番号：本館―二A―〇二五―〇〇・公副〇二三〇一〇〇、件名番号＝〇二七）。

＊20――菅原恒覧『甲武鉄道史市街線紀要』甲武鉄道株式会社、明治二九年、八頁（野田正穂編『明治期鉄道史資料』第二集第四巻、日本経済評論社、昭和五五年所収）。

＊21――林順信『東京市電名所図会』JTB、平成一二年。

＊22――敷地東側の電気鉄道会社線が整備された直後の新聞記事では、「……青山練兵場に於て大観兵式ありしため未明より多くの人々同練兵場を指して押出したれば街鉄青山線は朝来満員の札を掲げ又外濠線及び甲武電車の如きも常に見ざる乗客あり為に信濃町停車場付近より青山御所及び同所南北両町内は大いに賑ひたる……」と報じられており、鉄道網を利用して多くの見物人が訪れたことが窺える（『東京朝日新聞』明治三九年四月二九日朝刊）。なお、引用文中の「街鉄」、「外濠線」はそれぞれ市街鉄道会社線、電気鉄道会社線の俗称である。

＊23――大博構想の発端は、明治一〇年代後半に企画された「亜細亜大博覧会」にある。しかし、同博覧会は財政難により延期を繰り返し、結局「日本大博覧会」と称して再び計画が動き出したのは、日露戦争終結後のことであった（前掲『皇紀・万博・オリンピック』）。

＊24――当時の新聞記事には、権田原町六軒町の住民が「住馴れし土地を離るること遺憾の極なれど公益の為めには是非もなし」と述べ、立退を受け入れたと報じられている（『東京朝日新聞』明治四一年一一月九日朝刊）。

＊25――練兵場の敷地全体が東から西へと高くなるよう緩やかに傾斜していたことから、会場全体の見栄えを考慮して、敷地東側の権田原に会場の正門を設置することになったという（『東京朝日新聞』明治四一年三月二九日朝刊）。

＊26――当時の新聞記事によると、当初は権田原の正門前に幅約三六メートル、長さ約九〇〇メートルの道路を敷設し、千日谷の窪地には長さ約二一八

メートルの鉄橋を架設する計画が立てられたが(『東京朝日新聞』明治四一年四月一二日朝刊)、莫大な費用がかかるため、窪地は盛土で処理するよう変更された(『東京朝日新聞』明治四一年四月一四日朝刊)。しかし、外苑造営の際、この地帯は依然として最深四〇尺の窪地であり、大規模な埋め立て工事が行なわれたと記録されていることから(前掲『明治神宮外苑志』二一〇頁)、大博構想において、窪地の埋め立ては着手されなかったことがわかる。

*27――山口前掲『明治神宮の出現』九二～九五頁。

*28――土木工学者の古市公威が委員長を務め、建築家の片山東熊、辰野金吾、曾根達蔵、中村達太郎、鉄道技術者の増田禮作、電信電話技術者の五十嵐秀助らが参加した。

*29――募集規定は明治四四年五月一一日発行の『官報』第八三六三号に掲載されている。

そこに記された両会場に必要とされる建築とその建坪は以下のとおり。教育および学芸会館＝約二〇〇〇坪、美術館＝約一二〇〇坪、農業館＝約三〇〇〇坪、園芸館＝約七〇〇坪、家畜舎＝約一五〇〇坪、蚕業館＝約七〇〇坪、林業館＝約一五〇〇坪、水産館＝約一五〇〇坪、食料館＝約一五〇〇坪、冷蔵庫＝約四〇〇坪、鉱産館＝約一二〇〇坪、工業館：約一万五〇〇〇坪、機械及び電気館＝約七〇〇〇坪、通運館＝約二五〇〇坪、汽鉱及び原動室＝約一〇〇〇坪、式場＝約六〇〇坪、余興場地区＝約三万坪、外国特別館地区＝約三万坪、内国特別館地区＝約一万五〇〇〇坪、競技場＝約一万五〇〇〇坪。

*30――応募要項においては、計画の前提条件として、すでに事務局が決定していた両会場をつなぐ連絡通路や会場出入口の位置は変更しないこと、そして先に触れた恒久建築の美術館を青山第一会場に配置することが指示されていた。

*31――当時はまだ国内に設計競技が導入されてから日が浅く、このように広範囲を設計対象とする競技は初の試みであったこともあり、大博競技は人びとの関心を大いに集めた。日本における設計競技の歴史は近江栄『建築設計競技』(鹿島出版会、昭和六一年)にくわしい。

*32――伊東忠太「大博設計審査所感」(『読売新聞』明治四四年一一月一九日朝刊)。

*33――吉武東里(一八八六－一九四五)は大分県国東出身の図案家・建築家である。明治四〇年に京都高等工藝学校図案科を卒業した後、宮内省内匠寮技手を務めた。大正八年(一九一九)に国会議事堂の設計競技に参加して実力を見込まれ、その実施設計の意匠主任に抜擢された。晩年は、紀元二六〇〇年記念日本万国博覧会の会場設計や船内装飾を手がけた。吉武東里に関しては、拙稿「吉武東里に関する研究――近代日本における図案家という職能」(東京大学大学院工学系研究科建築学専攻平成二二年度修士論文)を参照されたい。

*34――吉武が大博競技の際に提出した図面は、「大博懸賞一等当選図」(『建築雑誌』第二六巻三〇一号、明治四五年一月)と吉武東里「明治五十年大博覧会敷地内配置懸賞計画一等図案説明」(『京都高等工藝学校初十年成績報告付録』京都高等工藝学校、大正二年)に掲載されている。しかしながら、図面は印刷する際に大幅に縮小されてしまっており、二枚の配置図からは施設名等の文字情報を読み取ることは難しい。そこで、図5、図6においては、説明文の記述をもとに各施設の位置を同定し、掲載された配置図に筆者が施設名称等を加筆した。

*35――吉武前掲「明治五十年大博覧会敷地内配置懸賞計画一等図案説明」。

*36――伊東前掲「大博設計審査所感」。

*37――小野良平「上野公園における公的儀式とその空間構成への影響」(『ランドスケープ研究』第六〇巻第五号、日本造園学会、平成九年三月)。

*38――吉武は実務においておもに室内装飾を手がけており、造園設計の経験はなかった。そのため、大博競技にあたっては、国内外の博覧会会場の図案とともに、当時国内で造営され始めた本格的な洋式庭園や公園の図案を参照した可能性は高い。とくに、フランス人造園家アンリ・マルチ

ネーによる新宿御苑（明治三九年竣工）の彩色された平面図や鳥瞰図等は、当時宮内省の技師らが参照していたことが知られており、また、審査員である福羽逸人がその整備に携わっていたことからも、吉武が大博競技案を作成するに際し、強く意識されたと思われる。

＊39――本稿では触れないが、大正三年（一九一四）の昭憲皇太后の大喪儀も葬儀場は代々木練兵場、埋葬地は伏見桃山東陵とされ、東京と京都にまたがって執り行われた。

＊40――英照皇太后大喪儀に関して、参照した文献資料は以下のとおり。
『英照皇太后大喪記事』（京都市会、明治三〇年）
『英照皇太后陛下御大葬写真帖』（玄鹿館、明治三〇年）

＊41――大喪儀としては英照皇太后大喪儀が近代最初の事例だが、それ以前にも有栖川宮熾仁親王の葬儀（明治二八年一月）と北白川宮久能親王の葬儀（明治二八年一一月）という二度の皇族の葬儀が行われている。小園優子・中島三千男が指摘するように、両親王の埋葬地は東京の豊島岡墓地であり、費用も英照皇太后と比べて大きく下回り、式の手順・規模ともに大喪儀とまったく異なるため、そのモデルにはなりえなかった（小園・中島前掲「近代の皇室儀式における英照皇太后大喪の位置と国民統合」『神奈川大学人文学会誌』第一五七号、平成一七年）。

＊42――当時の『官報』や新聞報道、図面では、青山練兵場に設置された施設に対して「奉送所」、「奉送場」、「仮停車場葬送場」などの名称が用いられている。本論では明治三〇年一月三〇日『官報』号外の表現に倣い、「奉送所」と表記した。

＊43――『東京朝日新聞』明治三〇年一月一九日朝刊。

＊44――『東京朝日新聞』明治三〇年一月二九日朝刊。

＊45――木子文庫（東京都立図書館所蔵）に含まれる全八枚の図面の名称及び資料番号は以下のとおり。なお、これらの図面においては、本論中の奉送所が「仮停車場葬送場」と表記されている。
［木〇七四―三―〇四五］英照皇太后大喪青山練兵場仮停車場葬送場立面図
［木〇七四―三―〇四六］英照皇太后大喪青山練兵場仮停車場葬送場断面図
［木〇七四―三―〇四七］英照皇太后大喪青山練兵場仮停車場乗車場・葬送場平面図
［木〇七四―三―〇四八］英照皇太后大喪青山練兵場仮停車場乗車場断面図
［木〇七四―三―〇四九］英照皇太后大喪青山練兵場仮停車場乗車場断面図（中仕切）
［木〇七四―三―〇五〇］英照皇太后大喪青山練兵場仮停車場乗車場・葬送場立面図（側面）
［木〇七四―三―〇五一］英照皇太后大喪青山練兵場仮停車場乗車場・葬送場立面図（正面）
［木〇七四―三―〇五二］英照皇太后大喪青山練兵場仮停車場乗車場・葬送場配置平面図

＊46――『官報』号外、明治三〇年一月三一日。

＊47――古代天皇の葬送儀礼においては、葬儀施設の南側正面に鳥居を設け、南側から出入した事例が知られている（小松馨「後一条天皇の葬送儀礼」『歴史手帖』一七巻二号、昭和六四年、名著出版）。英照皇太后の大喪儀では古代への回帰が重視されたことから、こうした古代の葬送儀礼を参照して、奉送場の経路が選択された可能性も考えられる。

＊48――明治天皇大喪儀に関して、参照した文献資料は以下のとおり。
大阪朝日社編『大喪儀記録』（朝日新聞合資会社、大正元年）
大喪使編『明治天皇御大喪儀写真帖』（審美書院、大正元年）
東京市編『明治天皇御大葬奉送始末』（東京市、大正二年）

＊49――『大喪儀関係文書・明治天皇大喪儀書類三十四ノ一・明治天皇大葬青山式場設備工事施工書類三冊ノ内一』国立公文書館所蔵、請求番号：本館3A―〇二一―〇〇・喪〇〇〇六三一〇〇、件名番号：〇〇一―〇〇六

『大喪儀関係文書・明治天皇大喪儀書類三十四ノ二・明治天皇大葬青山式場設備工事施工書類三冊ノ内二』国立公文書館所蔵、請求番号：本館3A−○二一−○○・喪○○○六四一○○、件名番号：○○一−○○四
『大喪儀関係文書・明治天皇大喪儀書類三十四ノ三・明治天皇大葬青山式場設備工事施工書類三冊ノ内三』国立公文書館所蔵、請求番号：本館3A−○二一−○○・喪○○○六五一○○、件名番号：○○一−○一一
『大喪儀関係文書・明治天皇大喪儀書類三十五ノ一・宮城及青山出張所取扱文書類集二冊之内一』国立公文書館所蔵、請求番号：本館3A−○二一−○○・喪○○○六六一○○、件名番号：○○○−○四五
『大喪儀関係文書・明治天皇大喪儀書類三十五ノ二・宮城及青山出張所取扱文書類集二冊之内二』国立公文書館所蔵、請求番号：本館3A−○二一−○○・喪○○○六七一○○、件名番号：○○○−一七一

*50—木子幸三郎「青山御大葬場殿建築談」（『建築雑誌』二六巻三一二号、大正元年）。

*51—木子前掲「青山御大葬場殿建築談」。

*52—九月一三日に青山式場における葬儀が終了した後も、仮設建造物はすぐには撤去されず、一般市民が参拝できるよう保存された。当初、その期間は一ヵ月とされたが、全国からの参拝者が途絶えることがなかったために急きょ二ヵ月に延長された。その後、仮設の建造物は東京市に下賜され、式場からは撤去された。

*53—佐藤昌によると、外苑の「構成及び園路その他の造園的細部は、原熙及び折下吉延の指導が大であった」という（佐藤前掲『日本公園緑地発達史下巻』都市計画研究所、昭和五二年）。

*54—『明治神宮造営誌』内務省神社局、昭和五年。

*55—前掲『明治神宮外苑志』。

*56—前者の意見を主張した人物として政治家・大隈重信、後者の意見を主張した人物として数多くの公園を手がけた造園家・長岡安平や歴史学者・黒板勝美らがいる（山口前掲『明治神宮の出現』五○頁、八八〜八九頁）。

*57—「覚書」の内容は以下のとおり（註三六前掲書、三頁〜四頁）。
「神宮ハ内苑外苑ノ地域ヲ定メ内苑ハ国費ヲ以テ外苑ハ献費ヲ以テ御造営ノ事ニ定メラレ度候
神宮内苑ハ代々木御料地外苑ハ青山旧練兵場ヲ以テ最モ適当ノ地ト相シ候　但シ内苑外苑間ノ道路ハ外苑ノ範囲ニ属スルモノトス
外苑内ヘハ頌徳記念ノ宮殿及ビ臣民ノ功績ヲ表彰スベキ陳列官其他林泉等ノ設備ヲ施シ度候
以上ノ方針ヲ定ツテ後諸般ノ設計及ビ経費ノ予算ヲ調製シ爰ニ奉賛会ヲ組織シ献費取纏メノ順序ヲ立テ度候
国費献費ノ区別及神宮御造営ノ方針ハ速ニ決定セラレ其国費ニ関スル予算ハ政府ヨリ帝国議会ヘ提案セラルル事ニ致シ度候
青山ニ於ケル御葬場殿ハ或ル期間ヲ定メ之ヲ存置シ人民ノ参拝ヲ許サレ候事ニ致度候
前項ノ御葬場殿御取除ノ後モ該地所ノ清浄ヲ保ツタメ差向東京市ニ於テ相当ノ設備ヲ為シテ之ヲ保管シ追テ神苑御造営ノ場合ニハ永久清浄ノ地トシテ人民ノ参拝ニ便ナル設備ヲ施シ度候」

*58—山口前掲『明治神宮の出現』八○〜九五頁。

*59—今泉前掲『明治神宮——「伝統」を創った大プロジェクト』。

*60—藤田前掲「青山葬場殿から明治神宮外苑へ——明治天皇大喪儀の空間的意義」。

*61—「明治神宮外苑平面図」には水泳場と野球場外野部分も描かれているが、これらの施設は外苑が竣工した大正一五年時点では完成しておらず、昭和六年にでき上がった。そのため、敷地の利用形態を検証する対象時期を大正一五年（一九二六）から昭和六年（一九三一）までとした。

*62—山口前掲『明治神宮の出現』、古川前掲『皇紀・万博・オリンピック』。

*63—伊東前掲「大博設計審査所感」。

*64—伊東忠太「聖徳記念絵画館及葬場殿址紀念建造物意匠懸賞競技審査員

評」『建築雑誌』第三二巻第三八二号、大正六年一二月。
＊65——吉武前掲「明治五十年大博覧会敷地内配置懸賞計画一等図案説明」。
＊66——今泉前掲『明治神宮——「伝統」を創った大プロジェクト』。
＊67——明治天皇聖蹟保存会編『明治天皇行幸年表』大行堂、昭和八年。
＊68——原武史は、明治初期から昭和初期に行われた天皇・皇太子による行幸啓を分析し、鉄道を利用した視覚的支配の実態を詳細に描き出した（原武史『可視化された帝国——近代日本の行幸啓』みすず書房、平成一三年）。

追記——本稿は、長谷川香「明治神宮外苑の成立過程に関する研究——軍事儀礼・日本大博覧会・明治天皇大喪儀」（『建築史学』第六一号、二〇一三年）に加筆・修正を加えたものである。

第9章

明治神宮林苑から伊勢志摩国立公園へ
――造園家における明治神宮造営局の経験と意味

水内佑輔

はじめに

明治神宮と造園学

造園の學としての研究につき最も強いそして直接的な素因となつたのが、大正初頭に於ける明治神宮の造営工事である。

これは近代造園学を支えたひとりである田村剛によるものであるが[＊1]、明治神宮造営をきっかけに造園学が生み出されたという見解が示される。では、なぜ明治神宮造営を機に生み出されたのだろうか。そもそも、明治神宮造営が生み出したとされる造園学とはいったいどういった学問であるのだろうか。

造園学を「公園を操作する専門性」と表現することは決して正確なものではないが、一般的な理解としてはあながち間違いではないだろう。現在に至るまで、都市公園行政や、国立(自然)公園行政に多数の造園学徒の姿を確認できる。その造園学が操作対象とする公園に関していえば、明治六年(一八七三)年の明治六年太政官布告第一六号をきっかけに各地に公園が生まれており、明治三四年には本多静六らの手によって近代都市公園として日比谷公園が開園している。

このように、明治神宮造営以前にすでに公園などの公共造園空間は誕生しているにもかかわらず、明治神宮造営が造園学の誕生のエポックとされるのは、その造営が科学的知見によって行われたこと、またそれ以上に、造営に携わった人物および、そこで養われた人的ネットワークが造園の学問的構築に大きな貢献をしたからであろう。冒頭の田村剛もそのひとりである。

多少、牽強付会に論を飛躍させた感はあるが、本稿は、国立公園の指定という造園学の領域の核心ともいえる作業のなかから、明治神宮造営が造園界にもたらした知見および、人的ネットワークとその展開を確認するものである。伊勢志摩国立公園の区域内には、伊勢神宮が鎮座するが、本稿の関心は、伊勢志摩国立公園の成立に当たっての、造園家による伊勢神宮の扱い方にあり、国立公園に深く関わった田村剛、石神甲子郎という明治神宮造営を経験したふたりの造園家に焦点を当て確認していく。そして、これらから、明治神宮造営の造園界への作用を改めて考えることとしたい。

「生態学的神社風致論」

明治神宮造営では数多くの知見が造園学にもたらされているが、そのひとつとして『明治神宮御境内林苑計画』に示される生態学的発想をベースにした神社の空間デザイン手法がある。畔上直樹は、その生成と展開に着目し、その神社の空間デザイン手法である「生態学的神社風致論」に関して一連の論考を発表しているが、本稿はその畔上による指摘[*2]を前提としている。

まず、本稿に関わる部分でこれらの整理を行っておく。明治神宮境内林苑は、カシやシイ、クスなどの常緑広葉樹林が天然更新を繰り返す極相林とする計画が本多静六、本郷高徳、上原敬二によって策定されている。当時の社会的通念や、それ以前の「本多流神社風致論」では伊勢神宮等をモデルに[*3]スギやヒノキを中心とする針葉樹が神社林として適切とされていたが、それらの生育が困難であると想定された明治神宮への対応策として、煙害に強い常緑広葉樹による森を構想した。しかし、この計画による神社林は、従来の社会的通念とは対立するものであるために、この新たな神社林造成手法を科学的知見、すなわち「潜在自然植生」を用いてその論拠を強化していく。さらに、上原はこの理論に自然–人工といった理念を付与し、造園学のなかで「生態学的神社風致論」が一般化していく過程が畔上によって指摘される。上原は、神社を「神代ながら」の空間と解釈し、神社林は元来禁足地かつ禁伐であったとする。であるからこそ、その操作にあたっての空間像を原生自然空間と設定し、具体的には、潜在自然植生林が天然更新を繰り返す極相林が神社として相応しい空間像であるとするものである。

畔上はこの「生態学的神社風致論」は、明治神宮の立地によって偶発的に生まれたが、にもかかわらず、それが一般化され、明治神宮に留まらず各地の神社に広がっていく様相から、神社の空間デザイン思想の転換点として明治神宮を位置づける。その作業のひとつとして造園学徒である田阪美徳や富岡丘蔵によるものや、府県レベルの神社林苑行政の言説を示している。同時に、それ自体が近代日本における社会構造から生じたものとして、空間のデザイン手法の転換と捉えるだけではなく、近代期に生じた事象として動的に把握する必要性を指摘する。

一　造園学の人的ネットワークからみる国立公園

すでに多くの研究が伝えるように、明治神宮造営は、園芸学の原熙《ひろし》を筆頭とする農学系の人材と、林学の本多静六を筆頭とする林学系の人材が直接的に出会うきっかけとなり、造園学を構築していく機会となった。「農林対立」といった言葉が存在はするものの、その後、一般的に農学系が都市公園、林学系が国立公園といったように領域を棲み分け、造園学を確固たるものにしていく。この棲み分けの経緯そのものもトレースする必要があるが、ひとまず明治二一年(一九四六)に伊勢志摩国立公園が指定されるまでの国立公園の沿革を、その人的ネットワークに着目しながら、本稿に必要な部分のみをかいつまんで示したい[＊4]。

田村剛と国立公園

「国立公園の父」とも言われる田村は明治四五年(一九一二)に東京帝国大学農科大学林学科に入学、本多静六や本郷高徳らの指導を受け、造園学を志す。大正四年(一九一五)七月に卒業後、大学院へ入学、そして二年間明治神宮造営に携わったとされるが[＊5]、田村がどのように関与したかはあまりわかっていない。まず簡潔にそれに触れていきたい。

田村本人の記述によれば[＊6]、大正四年七月の卒業と同時に嘱託として造営に参加、外苑の設計に関して本多と原の間で議論がまとまらず、最終的に建築家(佐野利器か?)の選択により、本多案が採用されることとなり、その原案作成に携わったことが記されている[＊7]。この議論は大正六年九月から一〇月の間のものと考えられる。また、外苑に関する論考を著している[＊8]。しかし、管見では田村と明治神宮造営に関して、これ以上のものは把握できない。この前後の田村の足跡としては、大正五年に林学科の課外授業として本多が「景園学」を開講し、本多が総論、本郷が西洋景園史を、田村が東洋景園史を担当した。その後授業名を「造園学」と改めている。大正六年三月から七月にかけて、朝鮮半島から中国へ出向き、おもに庭園に関する調査を行っている。朝鮮金剛山へも出向き、その成果を「金剛山と其風景開発」として『大日本山林會報』に投稿している[＊9]。大正六年一〇月からは本郷高徳の後を受けて、千葉県立高等園芸学校で講師として「庭園論」を週三時間担当した。

大正七年に著した『造園概論』[＊10]中の本多静六による序

文によれば、三年間の大学院在学中、「文科大学、工科大学に出入りして、哲学・心理学・史学から美学・美術史・絵画史・建築史等を修め、尚ほ一方では建築材料、構造、意匠は勿論、土木に関しては材料・石工・道路・都市計画等の書籍を渉猟」するなど、造園の関連分野を学び、「特に欧米諸国の造園に関する名著に至つては、殆ど読破しないものはない」とあるように、海外の造園事情の把握を行っている。そして、「我国の名園を首とし朝鮮支那にも再三漫遊して遍く踏査見学し、一方又各地の公園や庭園の設計にも参与して、造園の実地研究をも忽にしない」と記されるように、文献と実地調査や設計を熱心に行っている様子が窺えるが、明治神宮造営に関する記述は見えない。千葉県立高等園芸学校での講義に関しても、本郷が造営局で多忙となるために田村と交代しており、一年先輩の上原敬二と比較すれば、それほど深く明治神宮造営とは関わっていない可能性が高い。

また、田村への「生態学的神社風致論」の影響を確認しておく。田村はわが国初の造園学の体系書である「造園概論」の執筆をはじめとし、数多くの論考を発表している。以降、『造園学概論』[＊11]、『造園学教科書』[＊12]など造園学に関するまとまったものや『森林風景計画』[＊13]などを著している。しかし、これらのいずれにおいても神社林を造園学の学域とは示すものの、詳細な操作手法については記述されておらず、田村の態度からは「生態学的神社風致論」の重視は確認できない。こういった各造園家の「生態学的神社風致論」への態度は、明治神宮林苑への関与の度合いとも関わってくるのだろう。以降、田村の足跡をたどりながら、林学系の人材と国立公園行政の展開をみていくこととする。

内務省衛生局での国立公園行政と林学系造園学

この当時、公園は明治六年太政官布告第一六号によってのみその法的根拠を支えられており、基本的に内務省衛生局の管轄のもと府県が選定・管理を行っていた。そういった状況に対して、大正九年（一九二〇）八月に田村は公園制度の調査を進めるために内務省衛生局嘱託に任命され、大正一〇年六月の上高地を皮切りに調査を行い、以降「国立公園」へ傾斜していく。この調査は田村と同じく嘱託の中越延豊によって行われるが、中越も本多門下であり、大正六年七月に卒業後、明治神宮造営に携わり、この後一貫して衛生局にて「国立公園」に携わっている。

この調査と並行して、田村はいわゆる「国立公園」に関する論考を発表しているが、とくに一九二〇年代前半の田村の「国立公園像」に関しては[＊14]、自然風景の「保護」と「利用」といった枠組みのなかで、同時代的にも、現在においても批判的にみられている傾向がある。田村の正確な意図がどうであれ、とくに地域社会に対しては、国家による郷土の観光開発として受け止められている傾向がある。神社と関連する事例を挙げれば、鹿児島県の霧島の公園化の際には、地域の有力者でもある玉利喜造農学博士に、皇祖発祥の霊地霧島、霧島神宮にふさわしくないと批判されている[＊15]。もっとも、この国家による郷土の観光開発といった、地域社会での国立公園の受容のされ方が、国立公園法成立のひとつの原動力になったことは否めない。

昭和五年（一九三〇）一月には国立公園調査会設置が閣議決定、これに伴い嘱託が増員され、小坂立夫、黒田新平が嘱託として加わった。小坂も本多門下であり、大正元年（一九二六）に卒業後、上原の紹介で東京市公園課に就職、井下清の下で震災復興五二小公園に携わっている。小坂によって、昭和五年の嘱託任命以前に、昭和四年一二月に本多、田村による勧誘があったことが伝えられており[＊16]、当時の林学系のネットワークの一端が窺える。

昭和六年四月一日に国立公園法が公布、一〇月一日に施行され、一二月八日より、国立公園の選定に議論は入っていく。この間、昭和六年九月には加藤誠平、千家哲麿が嘱託として国立公園行政に参加する。この際にも、田村から直接声がけがなされている[＊17]。そして、翌年には小坂、加藤が、小林義秀が技手となっていることが確認できる。そして、国立公園の正式候補地が決定し、区域調査をする段階になった昭和八年にはその人員が大幅に増加している。管見で確認できるもののみだが[＊18]、石井勇（昭和六年林学卒）、稲垣竜一（昭和七年林学卒）、森蘊（昭和八年農学卒）[＊19]、石原耕作（昭和八年林学卒）、渡部紫朗（昭和八年林学卒）、池ノ上容（昭和八年林学卒）らが加わっている。このように、林学系の人材が国立公園行政に関わっており、それは本多や田村からの直接の関与によるものであろう。

戦時体制下の国立公園行政と計画思想

この国立公園成立には、自然風景の保護と利用を主眼としつつも、外客誘致を中心とした観光促進や、地方農村での郷土愛と経済効果の浮揚を狙ったなど、複数の要因・社会的要望／要求の相互関係のもとに生まれたとされ、〃伝統的〃な景勝地、または原生的な山岳風景地が国立公園に指定されているとされる。また、わが国の国立公園の特徴として、地域制を採っていることが挙げられ、私有地であっても国立公園として指定することが可能である。そして、その選定に関する理論構築は基本的に田村が行い、「風景型式」という科学的知見を用いて、いくつかの例外を除き、基本的には科学「的」なまなざしで、各国立公園を選定していった。

しかし、社会状況は戦時体制下に入っていき、昭和一三年(一九三八)には厚生省が設置されるなかで、国立公園は体力局に組み込まれ、田村、小坂、加藤らは施設課技手として国立公園の他公園運動場、登山地、スキー地、海水浴場を管轄することとなった。こういった社会下で、観光レクリエーション施策が存続することは難しく、施設課の主力予算は都市の児童公園や運動公園に向かい、田村は国立公園像の方針転換に迫られる。

こういった国立公園行政の苦境は人事面にも反映され、国立公園から技術者の流出が進んだこともあり[*20]、内務省の都市計画課と技術官人事の交流を図ることとなった。この結果、昭和一三年一一月に神奈川県都市計画課より石神甲子郎[*21]が厚生省へ参入し、入れ替わりに小坂立夫が神奈川県へ向かった。

石神は大正一〇年(一九二一)四月に東京帝国大学農学部農学科に入学し、原煕の指導を受け、大正一四年三月に卒業後、四月より明治神宮造営局嘱託、九月からは技手として、折下、田阪の下で外苑造営に携わる。昭和二年四月より明治神宮林苑係となり、合計一〇年間明治神宮に携わる。その後、昭和一〇年四月より、都市計画愛知地方委員会技師として、名古屋市の都市計画に従事、昭和一三年六月には、神奈川県都市計画課に転任といった経歴を辿り、厚生省体力局施設課へと参入している。当初は、運動場の設計などに関わっており、この人事交流もそういった点が背景にあったと考えられる。実際、厚生省内においても石神は運動場関係を担当し、総合運動場や児童運動場の設計を行っており、国立公園には直接携わっていなかった可能性が高い[*22]。

国立公園の空間整備は、紀元二千六百年記念式典によって若干の充実を見るが、昭和一五年二月に江山正美(昭和六年林学卒)が技手として加わるものの、以降は大卒の採用は中止、昭和一六年三月には行政機構の簡素化により、国立公園委員会が廃止される。八月には体力局は人口局に改変、国立公園は体練課の所管となる。こういった状況のなか、一九四一年に国立公園協会内に「国土計画対策委員会」を設置、政府内でなくこのなかで国立公園に関する議論を行うこととした。

翌昭和一七年に田村は『国土計画と休養地』[*23]を発表

し、国立公園の利用率や人口分布等、またアメリカの国立公園の再考察を行い、従来の山岳や森林等の原始的風景地に偏った国立公園ではなく、海岸島嶼や史蹟、保健地等を考慮し、都市圏から一二〇キロ圏内、一泊で行くことが可能な国立公園を国土に適正配置することを提唱する。このように、田村は国立公園を野外休養や団体訓練の場として位置づけ、また愛郷心や愛国心を養うという精神的な意義を主張していく。そして、国民の利用の機会を均等にするべく、国立公園の国土上の適正配置を構想する。このように、戦時体制に適合した新たな国立公園の必要性を訴える。そして、従来は基本的に風景の質によって国立公園を選定していたが、適切な地理条件にあるならば国立公園として適するという、戦時体制に適合した新たな国立公園像を提唱、候補地を選定していく。

最終的に以下の六ヵ所が国立公園の候補地として整理され、昭和一八年八月七日には厚生省によって、国立公園候補地として正式にリストアップされた。

・秩父国立公園候補地
・大島天城国立公園候補地
・志摩国立公園候補地
・琵琶湖国立公園候補地
・金剛高野国立公園候補地
・耶馬溪英彦山国立公園候補地

しかし、昭和一九年七月には国立公園行政が完全に停止、江山をはじめとするスタッフも応召され、昭和二〇年六月には田村も退職した。そして、石神も終戦後の八月に内閣総合計画局戦災復興部公園主任技師として転出した。

このように、戦時体制下において国立公園行政は粛々と縮小に向かい、昭和二〇年には完全に機能を停止していた。

戦後における国立公園行政の再開

戦後の国立公園行政の復活は、昭和二〇年(一九四五)一一月一二日の「美術品・記念物及び文化的歴史的地域の保護保存に関する覚書」というＧＨＱからの覚書に始まる。国立公園を含む文化的歴史的宗教的重要性を一般に認められた作品と地域との保護保存に関し、必要な一切の手段を講じ、その管理に任ずべきこととされ、戦後国立公園行政が再開する。しかし、当時の行政機構にはすでに国立公園担当官は一切おらず、石神を厚生省に戻すことが決定された。この際に、厚生次官の亀山孝一と北村徳太郎の間に折衝があったことが伝えられている。そして、ＧＨＱ民間情報教育局記念物課のウォルター・ポパム(Walter Popham)を主任官として、翌昭和二一年（一月か？）には、国立公園行政はＧＨＱの管理下で進めること、また全国の風景地の維持管理指令、現状調査報告指令が石神に申し渡された。

このようなかたちで、国立公園行政が再開するなかで、石神とポパムによって日本の国立公園行政が主導されることとなった。そして、石神は既存の国立公園や、候補地の情報の整理や現地調査を行っていく。

このように簡潔に国立公園の史的経緯を整理してきたが、造園者・田村剛が国立公園を支える論理を構築し、また林学系の人材を組み込みながら、国立公園行政を進めていった。しかし、戦時体制下による行政所管の組み換えや、戦後の人材不足の結果、厚生省内においても都市公園畑を歩んできた農学系の石神が国立公園行政を主導することとなる。

また、農学系が都市計画行政の分野で技官や技手として各地へ赴任していったのと比較して、国立公園行政が本格始動した際に戦時体制下に入っていったこともあり、身分は嘱託のままとされる場合もあり、不安定であったことが指摘できる。

さて、このような中央の国立公園行政に対して、地域社会ではどのように国立公園に対峙していったのであろうか、以下それに触れたい。

二　地域社会における国立公園の受容と伊勢神宮

伊勢志摩国立公園がどのような社会的文脈のなかに成立したかを整理するために、地域社会における国立公園を取り巻く様相に触れておく。伊勢志摩国立公園は三重県の志摩半島の大部分を占めており、現在の伊勢市、鳥羽市、南伊勢町に広がっている。その名が示すように、これらは大きく伊勢地方（度会郡）と志摩地方（志摩郡）に区分できる。

伊勢地方

伊勢地方は、伊勢神宮の参宮客の存在によって鉄道をはじめとするインフラ整備が進み、またその都市空間も「国家の聖地」としてその空間整備がなされて、また伊勢神宮はその空間整備の論拠とされる。

昭和二年（一九二七）の都市計画指定の際にも国家の聖地であること、参宮客の多いことに注目される。昭和八年には宇治山田市会によって「大神都特別都市計画」が提唱され、昭和一五年には「神宮関係特別都市計画法」が交付され、国家による空間整備が行われることとなった。

神宮の参拝客[＊24]については、明治三二年(一八九九)で内宮約六八万人・外宮約七七万人であったものが、その後漸次数を増やし、大正六年(一九一七)には内宮約一四五万人・外宮約一七七万人、昭和一二年(一九三七)には内宮約二五五万人・外宮約二九九万人、そして昭和一四年から一九四二年までは毎年内宮・外宮総計七〇〇万人を超えていた。この参宮客の存在により、早くより鉄道ネットワークの整備が進み、伊勢から鳥羽までの主要観光地を結びながら地域内の鉄道が整備される。また、一九三〇年代には伊勢電気鉄道、参宮急行(現在の近畿日本鉄道株式会社)の進出によって、伊勢地方は大阪・名古屋と二時間以内で結ばれている。

このように、伊勢神宮の存在により、「国家の聖地」という特殊な位置づけを付与され、地域社会もその特徴に適合した発展を遂げようと試み、空間整備にもそれが反映されていた。

伊勢神宮

伊勢神宮そのものも近代以降大きな変遷を遂げている。元来、式年遷宮のための用材は、神路山、島路山、高倉山などの神宮の後背林から切り出され、これらは御杣山と呼ばれていた。しかし、これらの森林の荒廃もあり、徐々に美濃や木曽へと御杣山は移っていった。また、近世には薪炭林として利用されており、その慣行は近代でも継続された。そして、上地令によってこれらの神領地は御料地に組み込まれ、伊勢神宮の手を離れた。

しかし、大正七年(一九一八)の豪雨により、五十鈴川の氾濫等が原因となり、森林の環境の保全である風致の保護増進と五十鈴川の水源涵養のためには、神宮の直接管理が最適であると考えられ、神宮の宮域に編入された。そして、一九二三年に川瀬善太郎や本多、本郷が携わり「神宮森林経営計画」が決定された。この計画では神宮宮域林のゾーニングを行い、第一宮域林は神域の背景として風致林として設定され、基本的には生木の伐採は行われない。第二宮域林は、水源涵養と御造営用材備林を目的とするものとして位置づけられ、ヒノキを主材木とする計画が立てられた。また、この林相は針広混交林であったとされる[＊25]。

さて、このゾーニングをGISを用いて検証を行った。内宮の境内、御手洗場、宇治橋を視点として設定し、そこからの可視区域を検出した。その可視区域はほぼ第一宮域林に含まれている[図1]。このように、視覚を重視する風景計画的なゾーニングがなされていることが確認された。

以上のように、伊勢神宮の後背林は鎌倉期までは御杣山として、またそれ以降は薪炭林として利用されてきているように、決して禁足地ではなかった。また、神宮宮域林編入後、一部の区域は禁伐的取扱いがされるものの、決してそれは全域に及ぶものではなく、理念的な自然性の重視以上に、人間による眺めを重視する風景計画的なゾーニングがなされている。

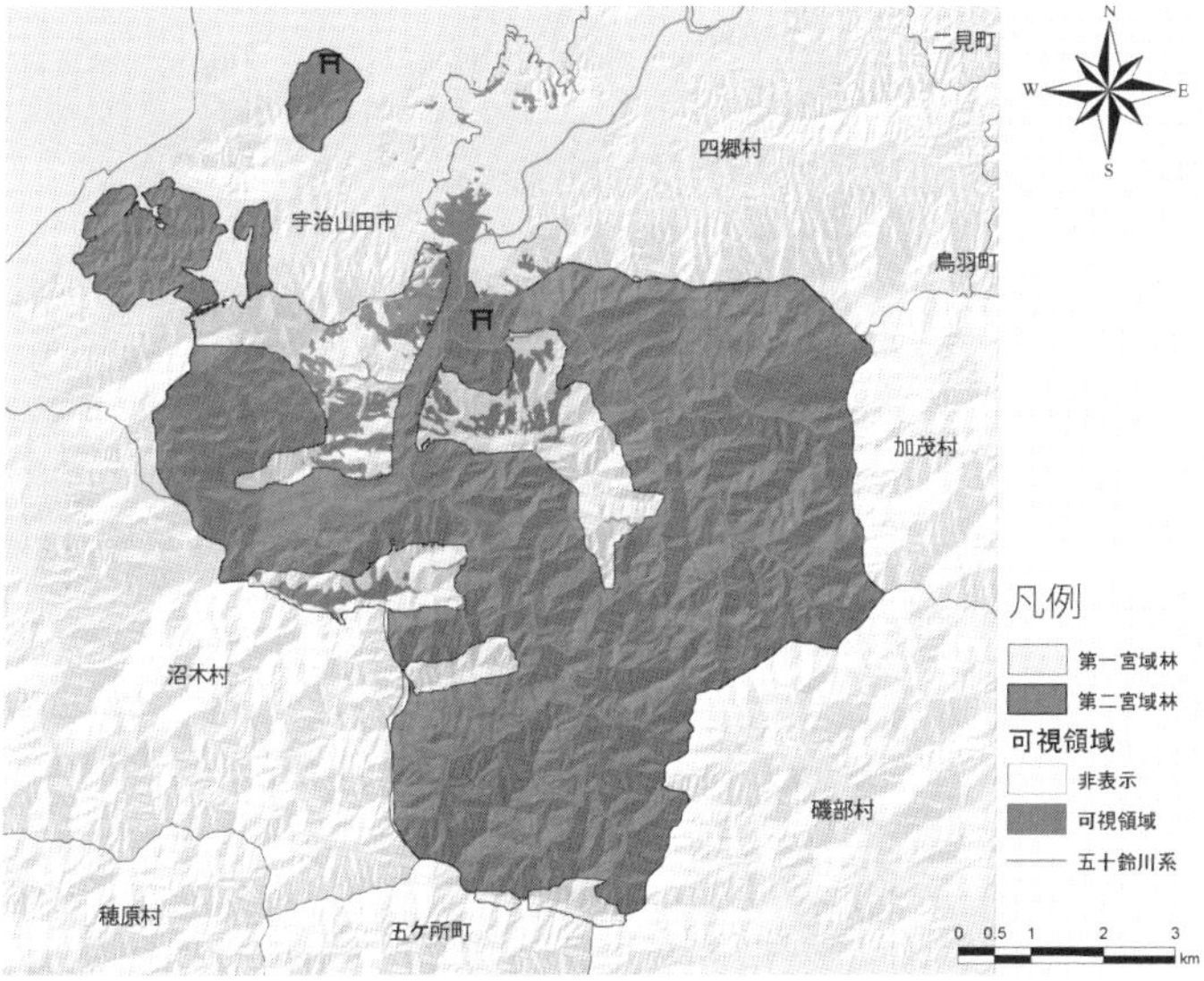

図1：神宮宮域林ゾーニング図
国土地理院の基盤数値地図の10mメッシュを用いてDEMを作成し、Esri社のArc Map10.2のSpatial Analystを用いて可視領域を算出した

志摩地方

伊勢地方では交通ネットワークをはじめとする、近代的空間整備がなされる一方で、主要な産業に乏しい奥志摩地方への鉄道敷設は苦難の道をたどっていた。その状況の打破のため、関係町村長や御木本幸吉ら地域の有力者らは官民一体となって鉄道敷設に動く。その結果昭和四年（一九二九）に志摩電気鉄道によって鳥羽から賢島間が結ばれることとなった。しかしながら、現実的には産業や資源に乏しい志摩地方での鉄道経営は困難を極めた。この志摩電鉄の経営向上をめざし、国立公園誘致運動が発生する。

伊勢志摩地方と国立公園

上述したように、志摩電鉄の経営安定が国立公園誘致運動へと直截結びついたと考えられ、昭和六（一九三一）一月には、御木本幸吉や宇治山田市長代理宮崎一雄、三重県会議長中川庄九郎らを筆頭に関係町村長や県会議員らの連名で、安達謙蔵内務大臣に国立公園陳情書を提出している。この時点では宇治山田市、朝熊山を中心として志摩、度会から北牟婁に至る海岸一体を国立公園とする計画であった。また、その国立公園誘因の根拠として、伊勢神宮に近接しているという利点を述べている。

昭和六年三月には奈良県の吉野地方を中心とする国立公園指定運動と結びつき、奈良県、和歌山県、三重県が一丸となった近畿国立公園運動期成会同盟が組織された。この時には大台ケ原、吉野群山、朝熊山を包含した区域を想定している。一二月には県会議長石原円吉を中心として関係町村長らの連名で潮恵之輔内務大臣へ、志摩地方と吉野熊野国立公園との海の風景の連続性の意趣をもって吉野熊野国立公園への編入の意見書を提出している[*26]。昭和一一年一二月の三重県会で吉野熊野国立公園への編入の意見書が採択されているが、実際に編入されることはなかった。

しかし、上述したように戦時体制下における国立公園像の転換により、昭和一六年には志摩地方が国立公園の候補地として検討される。この中央行政の動向を受け、昭和一七年八月一日には「志摩国立公園期成同盟」が結成された。そして、田村による志摩の視察がなされている。

昭和一八年三月一日の第八一回帝国議会衆議院請願委員会では「志摩郡一圓、度曾群一部ヲ國立公園ニ指定ノ請願」が可決されている。この請願の文言では、なによりもまず、伊勢神宮との関係が強調され、次に海景を中心とした風景の記述がなされ、いくつかの山地の記述がなされる。さらに、健康増進に適しており、すでに交通も整備されており、利便性が高いという記述がなされる。六月二日には、再び田村が視察に訪れ、七日には関西急行も国立公園運動に積極的に加わっていく。しかしながら、国立公園行政停止に伴い、志摩が国立公園に正式指定されることはないまま終戦を迎えた。

このように、官民一体となって国立公園誘致運動へ邁進し、その旗印として伊勢神宮が掲げられるものの、伊勢神宮側自体は国立公園運動には距離を置いていた。少なくとも、伊勢志摩地方においての国立公園は観光や地域の発展と深く結びついて文脈で受け止められており、それらとの結びつきに対して伊勢神宮は積極的ではなく、また、国家から手厚い保護を受ける伊勢神宮にはその必要性もなかった。そのため伊勢神宮宮域林の国立公園指定には難色を示していた。

三　伊勢志摩国立公園の誕生

昭和二一年(一九四六)一一月二〇日に伊勢志摩国立公園と

して正式に国立公園指定が行われるが、この国立公園指定にはいくつかの特異点が指摘されている。たとえば、三一国立公園中、唯一国立公園委員会の審議を経ずに指定されている点。私有地が九六パーセント(国立公園の平均は二五・六パーセント)を占める点。また、その区域決定手法が他の国立公園とは決定的に異なっており、指定および区域設定の目的が不明であるとされ、従来これはGHQとの関係によって説明されてきた。このような特殊な伊勢志摩国立公園が成立した背景を石神と伊勢神宮の関係から追いかけていきたい。

戦後の伊勢神宮

上述したように、伊勢神宮は近代国家のなかで特殊な立ち位置を獲得し、その恩恵を受けていたが、終戦後は必然的に困難に直面する。昭和二〇年(一九四五)一二月一四日には内務省より昭和二四年の式年遷宮御造営中止が告示され、一五日には神道指令が出される。国庫供進金の廃止、また治安維持法も廃止されたために神宮は国家からの一切の保護を失った。

そして、GHQの伊勢神宮の土地所有に関する基本方針は、境内地や山林なども必要最小限のみにとどめるとし、内宮、外宮とも、神殿の敷地と参道と若干の尊厳保持に必要な森林さえあれば他は必要ないというものであり、神宮と宮域林の分離がなされようとしていた。

さらに戦前に国体の象徴とされていた反動により、国内からも旧体制の象徴として、共産党など革新勢力からの風当たりは強くなっていく。実際に外宮の池沼の鴨は尽く密猟され、式年遷宮御用材や神宮神域の老杉林を伐採し、戦災復興へ供給せよとの圧力が加わった。そして、それを見聞きしたものによる盗伐、また、五十鈴川の魚を網で攫い、食用にするなど、伊勢神宮は内外から物心両面で圧力に晒されることとなった[*27]。こういった伊勢神宮のあり方の変化は、宇治山田市にとっても大きな問題である。宇治山田市は伊勢神宮の立地による多数の参宮客を前提に交通網など都市インフラが整備されており、外部からの観光客を想定する都市形態として発展してきた。その根幹資源である伊勢神宮を戦後体制においてどのように位置づけるかは宇治山田市にとって大きな問題である。実際、一九四七年の市長選挙では伊勢神宮のあり方がひとつの焦点であり、伊勢神宮に依存しない共産党系の候補者と、伊勢神宮擁立派の北岡善之助とで争われ、最終的に北岡が僅差で打ち勝った。

このような戦後復興における伊勢神宮を巡る諸相のなか

で、昭和二一年四月二日に石神甲子郎が志摩国立公園候補地の視察に訪れる。この視察を前にした三月二七日に、地域の有力者間で「志摩国立公園打合せ会」が二見町で開かれた。伊勢神宮も参加したが、宮域の国立公園化の提案に対しては戦前と同様一蹴していた。四月四日には石神を交えて宇治山田市で「国立公園懇談会」が開かれ、ここにおいて伊勢神宮側と石神の間に話し合いが持たれる。依然として、伊勢神宮側は神域の国立公園化には懸念を示していたが、神域での盗伐や密猟に対して石神に相談を持ちかけたとされる。これに対して、石神は国家側からの保護は国立公園の特別地域に指定することのみであるとして、国立公園化を提案したとされる[＊28]。

この石神との邂逅を転機として、伊勢神宮側は国立公園への認識を改め、公園区域編入を検討しはじめる。また、当時宮崇敬者総代かつ宇治山田市議会議長であった北岡に相談したところ、北岡も神宮宮域の国立公園化に賛成し、四月二二日には市議会で宇治山田市、沼木村を志摩国立公園に編入するよう決議し、県に陳情を行った。五月二〇日には志摩から伊勢志摩へ名称を変更し、三重県が国立公園指定と区域追加を厚生省に申請している。

石神甲子郎と伊勢神宮

この伊勢神宮の国立公園編入へ向けた急転換の要因は以下のように解釈することが可能だろう。地域社会において、国立公園は観光資源や観光開発を促進する制度として受容されており、国立公園編入はそういった「俗」的な観光化の誘因になるとして、一貫して伊勢神宮側は国立公園に対して距離を置いていた。

一方で、四月四日に石神から提示される国立公園像は、空間の保護を行うものであり、それは土地所有を選ばないこと。つまり、現状を維持しながら、宮域（林）の保護が可能である、と同時に、戦後体制における伊勢神宮の存在が担保され、かつその実効的な保護が可能な制度である。また、そういった国立公園化を提示する石神は、明治神宮造営局に奉職しており、神社界に明るく、伊勢神宮側からは信頼度の高い人物である。こういった点が伊勢神宮の国立公園編入へと方針転換する要因になったと考えられる。

他方、石神はなぜこのようなイレギュラーな国立公園指定を行ったのであろうか。彼の言動をもとにこれをたどりたい。管見では、石神と伊勢神宮間の言動に若干の不整合があるがその点も含めて検証を行う。

石神によれば、厚生省に高倉篤麿大宮司他一名が訪れ、伊勢神宮の国立公園化による保護を求めたとする。この申し出を受け、石神は「GHQの国家神道撲滅の方針に反して、神宮保護のために国立公園指定を行えば、免官され琉球流しは免れない」と考えたが、明治神宮に奉仕の経験を鑑み、これを実現することを決意した。そして、その指定理由として、当時米軍人間に人気のあった真珠のネックレスに着目し、その生産環境の保護を理由のひとつとしてGHQに申請したとする。その腹積もりをもって、昭和二一年(一九四六)三月に三重県に視察に向かい、県庁や御木本幸吉と会談したとされる。そして、伊勢志摩のみを申請した場合、不許可になる恐れを考え、他の候補地とともに申請することとし、ポパムを伴い各地の視察を行った。八月には伊勢志摩の視察を行うこととなり、神嘗祭に合わせて伊勢神宮へも訪れた。この視察の後に、ポパムより呼び出され、伊勢志摩国立公園のみの指定許可、他の候補地に関しては、アメリカの国立公園局のリッチー(Charles Richey)技師の来日と指導後になされることが通達された。そして、一一月二〇日に正式に指定が完了する。石神本人の記述によれば、伊勢志摩国立公園指定には以上の経緯があったとされる。

このように、伊勢神宮の保護を目的として、伊勢志摩国立公園が指定されたことは明確に判明する。では、石神は伊勢神宮に何を見出したのだろうか。ここでは石神を含めて指定を行うことに着目し、石神の神宮林に関わる言説をみていきたい。

石神は「神宮林の真価は神様の宿らせられる森……生命の続く限り年古りたる緑の大自然林…神宮林に於て最も大切なものは、神の林としての使命であるべき…従って、神宮林は民族信仰を現す理想的の姿であらねばならない」とし、第二宮域林で行われる式年遷宮用材のためのヒノキ・スギ・マツの植林を批判する。そして、この用材は他の地域からでも供給可能であるとし、神宮林全域を特別保護地区に指定し、禁伐とすべきとする。さらに、「杉、桧は暖帯地方の郷土木」でないために、災害等によって折損する可能性が高い。それらの跡地には、「伊勢志摩地方の古来よりの植生である常緑広葉樹の暖帯林を育成すべき……郷土古来の樹種である常緑広葉樹林を育成して、うっそうとし密閉した神宮林を造成することが適当である」と主張する[*29]。このように、石神の神社林へのまなざしには「生態学的神社風致論」の影響が確認でき、また、神社という空間においてそれをとくに特権的に扱っている。

結果としては、神宮宮域林は昭和二三年に大蔵省より神宮へ所有が移され現在に至るが、もしこれが許可されなかった場合には払い下げなどによる開発が行われることはありえる。しかし、国立公園の特別地域に指定を行った場合には、基本的には現状の保護が行われるために、伊勢神宮の所有でなくても、「神の林」としての使命を果たし続けることが可能である。当時、約五五〇〇ヘクタールにわたる広大な地域の保護は国立公園の特別地域による以外ありえなかった。

また、正確な時期は不明であるが、国立公園行政に関する折衝の際に、石神はポパムを明治神宮内外苑に案内したところ、ポパムは日本の造園技術を信頼し、以降国立公園行政における交渉も円滑に進んだとされる[＊30]。このポパムの尽力は大きく、昭和二一年六月六日に国立公園とは別に文化財の視察のために伊勢神宮を訪問している。その際に、伊勢神宮側から伊勢神宮の抱える問題を相談したところ、ポパムも国立公園指定による保護を提唱し、また国立公園指定へ向けて便宜を図ることを約束したとされている。

ＧＨＱによる国立公園の基本方針は、リッチーの来日後に行うこととなっており、実際、戦中期に志摩地方とともに候補地とされたいくつかの国立公園はリッチーによる指導の後に正式指定されている。現在、伊勢志摩国立公園は「ＧＨＱの深い関わりの中で指定」[＊31]されたと説明され、またこれに付随して、造園界には上述の真珠の逸話が伝わっており、これが伊勢志摩国立公園の指定理由として説明されてきた。しかし、伊勢志摩国立公園の指定はＧＨＱにとっても異例であり、真珠の逸話のみではなぜ、他の国立公園に先駆けて指定されたかに関して説得力に欠ける。伊勢志摩国立公園の指定の背景には、造園家石神甲子郎の神宮林への強いまなざしが存在し、ＧＨＱの国立公園担当官ポパムによる理解によって、伊勢神宮の保護を目的として成立したとするのが妥当な見解であり、真珠の逸話は副次的なものにすぎないだろう。

このように、明治神宮造営によって造園界と神社界に養われた人的ネットワークとそこで生まれた「生態学的神社風致論」による神社林へのまなざしが、伊勢志摩国立公園指定の原動力となる。こういった点を踏まえれば、伊勢志摩国立公園の成立も、明治神宮造営が生み出した産物のひとつである。そして、この伊勢志摩国立公園の指定は、各地で国立公園誘致運動を再燃させ、戦後国立公園行政の大きな足がかりとなった。同時に、戦後体制下に伊勢神宮を法的に担保したことによって、宇治山田市の展開に影響を及ぼす。

国立公園としての妥当性

一方で、伊勢神宮の保護を目的とするようなイレギュラーな指定は国立公園としての問題を抱えることでもある。実際に、昭和二三年(一九四八)の第二回国立公園中央審議会[*32]において議論の対象となり、このなかで、建築学の岸田日出刀委員は「伊勢神宮が寂れたから伊勢志摩を敗戦後の混乱時代に無理して作られたのも純粋の意味でい々ことではないと思ひます」と疑問を示す。これに対して、飯島稔国立公園部長は、伊勢神宮の保護を目的としたことを認めつつも、あくまで志摩国立公園候補地の延長線上に、伊勢志摩国立公園を指定したと説明する。

とはいえ、この志摩国立公園候補地に関しても若干の問題がある。国立公園の選定はいわゆる選定標準とよばれる「国立公園選定ニ関スル方針」をもとに、国立公園委員会による承認のもと指定されることとなっていた。

しかし、志摩の候補地指定の議論を行った機関は正式な国立公園委員会ではなく、国立公園協会内に設けられた国土対策委員会であった。また、戦時体制下に適合するために、国立公園の主目的である風景の質ではなく、人口密度や利用距離によって決定されているため、その選定基準が他の国立公園と異なっており、「我が国を代表する自然風景」という国立公園の適性を欠くのではないかという点である。

実際、一九四〇年代の田村は、志摩地方のリアス式海岸への眺めを重視した区域を設定しており、またその、志摩地方の風景自体の評価は決して高いものではなく、京阪神や中京圏からの利用距離などが重視されている。伊勢神宮そのものが難色を示していた点も考えられるが、宮域林を含めた一帯は国立公園の対象外となっており、風景としても評価されていない。

そのうえ、伊勢志摩国立公園の指定に関しては、もちろん国立公園委員会による承認得ておらず、調査も不十分であった。その調査の不十分さは、伊勢志摩国立公園の区域に表出している。そもそも、国立公園にとっての区域とは、その国立公園がどのような風景を対象とするかを示す極めて根源的なものであり、少なくともそれ以前の国立公園の区域決定は、風景を基準に設定されるものであった。しかし、伊勢志摩国立公園の区域に関しては、時間的制約のために、宇治山田市の一部の市街地を除くのみ[*図2破線部]で、基本的には行政区域によって区域決定されており、従来の区域とはまったく異なっている。こういったイレギュラーな国立公園の存在は、国立公園全体の管理統制を考える際には問題となることが想定される。にもかかわらず、石神は伊勢神宮の保護のために、国立公園指定を急いだ。

しかしながら、国立公園指定のみでは、空間の実質的な保護は担保しえないのである。それは公園計画の策定によって実現されることとなっている。伊勢志摩国立公園の公園計画は昭和二七年に策定されており、それまで、基本的には強力な法的効力を持ちえなかった。この点を石神は人員や財源不足と説明しているが、指定までの特異な状況を鑑みれば、必要であるなら、公園計画・保護計画も策定可能であったのではないだろうか。しかし、これらは後回しにされている。とすれば、実質的な保護以上に、戦後体制下における法的な保護が求められていたのではないかと考えたい。

このように、伊勢志摩国立公園の成立は、石神の「生態学

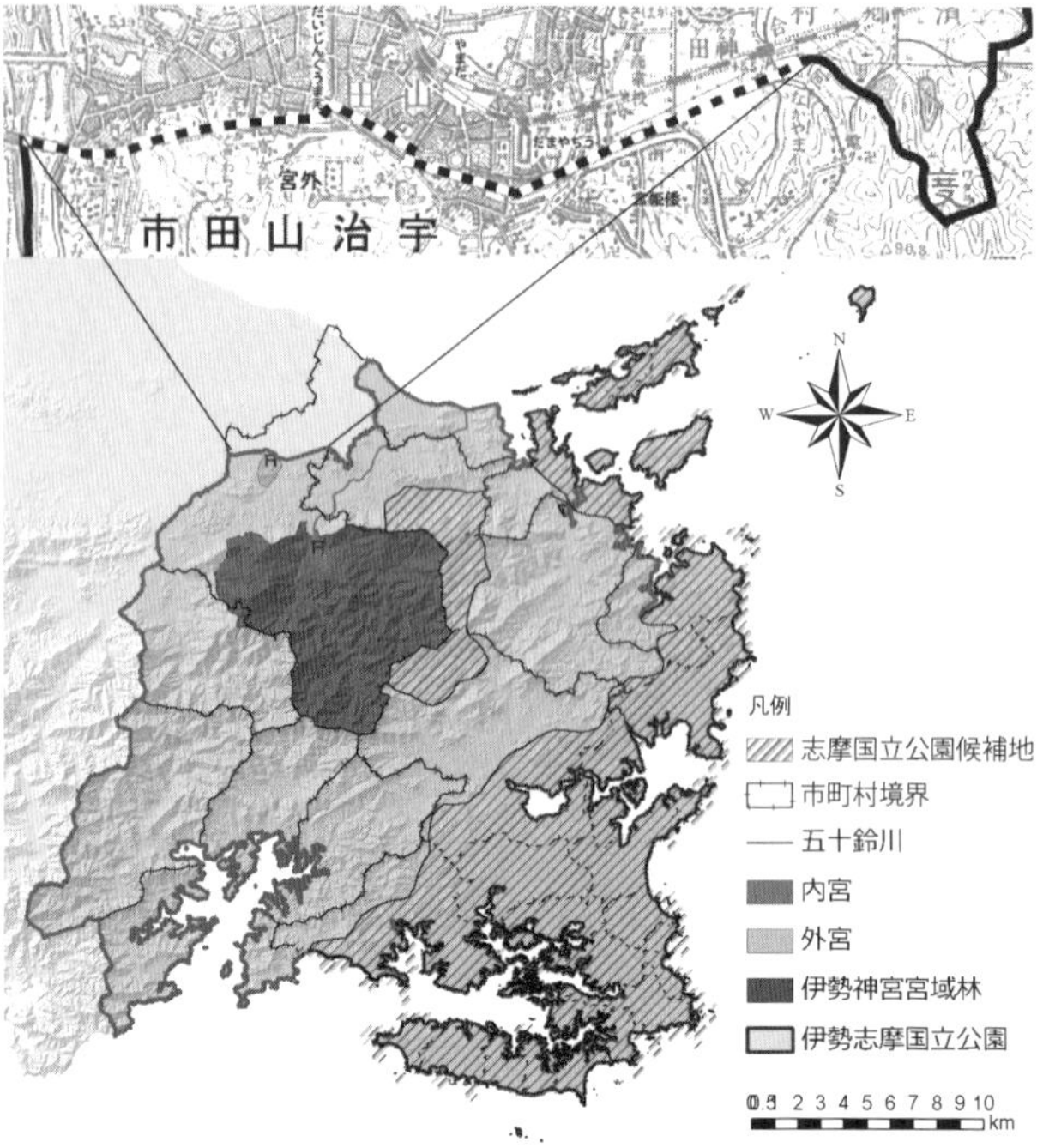

図2：伊勢志摩国立公園区域図
伊勢志摩国立公園区域は厚生省「伊勢志摩国立公園計画」（1952年）を参考に作成した。志摩国立公園候補区域は、国立公文書館所蔵の「国立公園調査一般・昭和16年」を参考に作成した。拡大部分は陸地測量部発行の「五万分一地圖　宇治山田」（1932）を参考に作成した。市町村協会は、国土交通省提供の国土数値情報ダウンロードサービスより、1950年の行政区域データを用いた。

的神社風致論」をもとにした神宮林へのまなざしに大きく依存し、それは既存の国立公園指定の論理を上回っていたと言えるだろう。一方で、国立公園という制度の一貫性から見た場合には伊勢志摩国立公園は鬼子的存在であり、であるからこそ伊勢志摩国立公園の指定理由が不明とされてきたのではないかと考える。

これらを念頭に、どちらが国立公園指定を持ちかけたかという伊勢神宮側と石神の間の齟齬を検討したい。伊勢神宮側の記述によれば、一九四六年四月四日、宇治山田市での「国立公園懇談会」にて、境内や神苑の保護を相談したところ、宮域林を含めた国立公園による保護を勧められたとする。他方、石神のほうは記述ごとに若干のずれが生じている。まず、時期に関して、ひとつは昭和二一(一九四六)一月の風景地の維持管理指令、現状調査報告指令数日後というもの[＊33]、もうひとつは四月ごろというものである[＊34]。また、来訪者は大宮司と小宮司が来たもの、大宮司と秘書課長が来たものの二種類がある。石神の論考に共通する点は、伊勢神宮側から、国立公園指定の要望があったと記述される点である。石神の記述内容が複数存在すること、日付が明確でないこと、また、国立公園として異例の指定を行ったことが後に問題となっていることを考慮し、本稿では、四月四日に石神より伊勢神宮側へ、国立公園指定を提案した。これを受けて、改めて伊勢神宮側が石神のもとに陳情へ向かったのではないかと考えたい。

国民公園の創出

このように、伊勢志摩国立公園が石神とポパムによって生み出されたが、彼らが造園界にもたらしたものはもうひとつある。国民公園である。現在、環境省が所管する皇居外苑・新宿御苑・京都御苑など旧皇室苑地がこれにあたる。この設立の経緯に関しては、西田にくわしいが[＊35]、昭和二二年(一九四七)一二月のGHQおよび片山哲首相の意向を受け、これら旧皇室苑地の戦後処理のために、石神とポパムが主導し、「国民公園」という制度を創出した。従来、このような都市部の公園(苑地)の管轄は国立公園行政では行っていなかったが、アメリカの国立公園体系では国家記念物を扱っていたこと、加えてポパムと石神の関係もあって、一二月二三日に片山首相より厚生省に打診された。しかし、日本とアメリカの国立公園体系はたとえば土地所有の関係において大きく異なっていることもあり[＊36]、厚生省内では消極的な意見もあったが、石神はこれを抑え、積極的に動いていった。そして、建設省の都市公園行政との調整に奔走したことが伝えられている。

このように、明治神宮造営は造園学徒・石神甲子郎を養い、それは戦後混乱期において伊勢神宮、皇居外苑、京都御苑、新宿御苑といった皇室所縁の空間の公園化による保護へと結びついていったと言えよう。

おわりに

以上のように本稿では、伊勢志摩国立公園の成立が、明治神宮造営によって造園学にもたらされた神社界とのネットワーク、構築された神社の空間デザイン手法によってもたらされる「神社林へのまなざし」に大きく依存していることを確認した。その指定の主体となった人物は、造園家・石神甲子郎であり、その際に生まれた石神とGHQのポパムの関係は、皇室所縁の空間を国民公園化していく。

「公園」とはいったいいかなるものであるのだろうか、明治六年(一八七三)以降に出現した通称太政官公園は、土地所有を明確にする近代化に際して、その所有が明確でない空間を土地制度上に処理するために生まれたという指摘がある。つまり、旧時代のものを、新たな時代に適合させるための制度であり、空間である。木下剛[*37]はこういった公園の性格を「都市のゴミ箱」と表現する。しかしながら、近代においては制度や空間は、その機能や目的が科学的知見によって定義されるかたちをとり、「造園学」は「公園」を科学的に構築していった。

内務省衛生局―厚生省においては、田村剛を筆頭に林学系の造園家によって「公園」の論理が組み上げられてきたわけである。しかし、戦時体制をはじめとするいくつかの事象の積み重ねの結果、戦後、農学系の石神が国立公園を主導することとなる。そして、石神はこれまでに、林学系の造園家が構築した論理を超えて、伊勢神宮や皇室所縁の空間を、国立「公園」や国民「公園」といった「ゴミ箱」に投げ入れるのである。この背景には、明治神宮造営によって養われた神社界とのネットワークや「生態学的神社風致論」をはじめとする知見の影響が確認される。とはいえ、これらはあくまで戦後の混乱期に行われたものであり、林学系や農学系の思想の違いといった文脈で説明することは適切ではないと考える。しかし、田村と石神における明治神宮や「生態学的神社風致論」への距離が大きく影響しているだろう。

同時に、造園学の立場に立てば、こういった「ゴミ箱」としての役割も、公園の本質的なものかもしれず、それを踏まえて改めて考える必要があるだろう。

　また、御杣山からの用材によって式年遷宮を行うという「伝統的」なサイクル（このこと自体はより慎重に議論する必要があるが）や、明治神宮造営以前には、伊勢神宮が神社の空間デザインのモデルであったことに対して、明治神宮造営によって生み出された「生態学的神社風致論」は、その出自を忘却して、伊勢神宮に注がれるのである。それは、伊勢神宮の保護につながったかもしれないが、少なくとも近代学問による科学的な知見が、その地域の秩序を超える正しいものとして扱われたことには、空間を操作する学問としては留意すべき点であろう。

　以上、本稿の結論を述べてきた。しかし、とくに本稿が典拠する石神の神社林に関する言説は一九七〇年代のものであり、その妥当性の検証を行ったものの、伊勢志摩国立公園指定時に「生態学的神社風致論」を伊勢神宮へ適合しようとしたかに関しては議論の余地があると考える。とはいえ、少なくとも石神が明治神宮造営の経験によって、伊勢神宮の保護を行うために伊勢志摩国立公園を成立させたことの蓋然性は高く、それは戦後の造園学にも少なくない影響を及ぼした。

註

＊1――田村剛「我国に於ける造園学の発祥」『造園研究』四、一九三二年。
＊2――畔上直樹「戦前日本における神社風致論の構造転換と『村の鎮守』」「明治神宮造営局林苑課構成員にみる近代造園の系譜」『帝都東京における神社境内と「公共空間」に関する基礎的研究』（科学研究費補助金（基盤C）研究成果報告書、二〇一三年）所収。
＊3――本稿では便宜上伊勢神宮と表記する。
＊4――田村剛編『日本の国立公園』（国立公園協会、一九五一年）や、厚生省国立公園部「國立公園調査会設立ヨリ今委員会廃止ニ至ル迄ノ経過概要」『国立公園審議会一般第2冊』などを参考にした。
＊5――日下部甲太郎「国立公園の父」『ランドスケープ研究』六〇（一）、一九九六年。
＊6――田村剛「我国に於ける造園学の発祥」『造園研究』四、一九三二年。
＊7――田村剛「造園と林学出身者」『大正・昭和林業逸史・上巻』（林業経済研究所、一九七一年）
＊8――日本庭園協会編『明治神宮』嵩山房、一九二〇年。
＊9――田村剛「金剛山と其風景開発」『大日本山林會報』四〇八、一九一六年。

*10――田村剛『造園概論』成美堂出版、一九一八年。
*11――田村剛『造園学概論』成美堂出版、一九二五年。
*12――田村剛『造園学教科書』西ヶ原刊行会、一九二五年。
*13――田村剛『森林風景計画』成美堂出版、一九二九年。
*14――これに関しては拙稿にくわしい。水内佑輔、古谷勝則「大正期における田村剛の示す国立公園の風景とその変遷」『ランドスケープ研究』七七(五)、二〇一四年。
*15――玉利喜造「霧島遊園地開設の議に就いて」一九二八年、鹿児島県立図書館所蔵
*16――樋渡達也、布施六郎、熊谷洋一「小坂立夫氏に聞く」『造園雑誌』五〇(四)一九八七年。
*17――前野淳一郎ほか「千家哲麿氏に聞く」『造園雑誌』四九(三)、一九八六年。
*18――『国立公園』五(七)、一九三三年に国立公園のスタッフ名が掲載されており、そこに掲載される人物は『東京帝国大学一覧』を照合した。
*19――森は農学科出身であるが、田村の造園学の講義から、日本庭園研究を志しており、この時点で田村との交流は深かったと考えられる。
*20――たとえば、池ノ上は中国・大同の都市建設局の土木科長となっている。もっともこれも田村のネットワークによる差配のようである。熊谷洋一、油井正昭「池ノ上容氏に聞く」『造園雑誌』五六(四)、一九九三年。
*21――石神甲子郎編『土と水と生命』学生社、一九六八年。
*22――石神甲子郎「體錬緑地擴充」『造園雑誌』九(三)、一九四〇年、石神甲子郎「體錬緑地敷地問題」『造園雑誌』一〇(二)、一九四三年、といった論考がある。
*23――田村剛「国土計画と休養地」『国立公園』一四(二)一九四二年。
*24――伊勢市編『伊勢市史』第四巻、二〇〇七年。
*25――神宮司廳編『神宮便覧』一九二八年。
*26――伊勢志摩国立公園二十年史編集委員会編『伊勢志摩国立公園二十年史』(伊勢志摩国立公園協会、一九六八年)。
*27――神宮司庁編『神宮・明治百年史』神宮文庫、一九六八年。
*28――同
*29――石神甲子郎「伊勢志摩国立公園の自然保護対策について」伊勢志摩国立公園協会、一九七〇年。
*30――石神甲子郎『自然より学ぶ』大昴社、一九七四年。
*31――環境省HP、伊勢志摩国立公園紹介 http://www.env.go.jp/park/iseshima/intro/index.html(閲覧日、二〇一四年七月三一日)。
*32――厚生省『第二回国立公園中央審議会議事録』一九四八年。
*33――石神甲子郎『自然より学ぶ』(大昴社、一九七四年)や、伊勢志摩国立公園二十年史編集委員会編『伊勢志摩国立公園二十年史』(伊勢志摩国立公園協会、一九六八年)。
*34――神宮司庁編前掲『神宮・明治百年史』。
*35――西田正憲「国民公園の発足、公園化とその計画原理等の観点からみた京都御苑の戦後の変遷」『ランドスケープ研究』六二(五)、一九九九年。
*36――日本の国立公園は、私有地を含めて指定を行う地域制を採っているが、アメリカの国立公園は公園当局が所有権など土地の権限を取得することにより指定する営造物制を採用している。
*37――木下剛「公園――遺伝子型と表現型」『ランドスケープ批評宣言』(INAX出版、二〇〇一年)。

第III部

近代における神社境内の変遷と神社行政

第10章

神田神社境内の変遷と神田祭
——祭祀・祭礼空間の持続と変容

岸川雅範

はじめに

明治二年（一八六九）三月二八日、明治天皇が東京に着御し東京城を「皇城」と定められ、東京奠都は完成した。それ以前、明治元年三月一三日、祭政一致の制に復し天下の神社神職は再興された神祇官に属することとされ、日本全国の諸神社は明治初年より一連の神社政策により大なり小なり変容した。

神田明神は社名を神田神社に改め、皇城守護のための准勅祭社そして後に東京府社に定められた[＊1]。その後、神職の世襲廃止と精撰補任、氏子区域の制定、祭祀・祭式制度の統一、祭神改変などを経て、神田神社は近代化を遂げた。その祭礼・神田祭も、江戸幕府公式の年中行事・天下祭から東京の氏神祭礼へと変化していった[＊2]。

本稿の目的は、帝都東京に鎮座する神田神社が江戸から明治そして大正時代へと変遷するとともに、神田祭がどのように自らの歴史を資源として活用し、新たな要素を盛り込みつつ変容していったのかを明らかにすることである。

明治以降の神田神社および神田祭の持続と変容を捉える前提として、まず江戸時代の同社と同祭礼について概観する。そして神田神社の近代を見て、そのうえで明治から大正時代までの神田祭の変容を考察する。

一　江戸時代の神田明神と神田祭

江戸時代の神田明神

神田明神は天平二年（七三〇）武蔵国豊島郡芝崎村に創建され、延慶二年（一三〇九）に平親王将門公霊が合祀され、以後江戸時代を通じて二柱を祭神として祀る神社であった[＊3]。徳川家康により江戸幕府が開かれた後、慶長八年（一六〇三）ごろに一時期駿河台に仮遷座し、さらに元和二年（一六一六）に湯島（現社地・千代田区外神田二丁目）へ遷座し、江戸惣鎮守と称されるようになった[＊4]。

文政一〇年（一八二七）、神田明神が幕府に提出した書上「神田明神地誌調」によると、神田明神の境内地は計九五六六坪余あり、境内が三六〇〇坪余、門前町屋が二三三四坪余、宮地が約六六一坪余、神主構が約二九〇〇坪余、その他昌平橋外代地三三坪あった[＊5]。

天正一九年（一五九一）、徳川家康より黒印で社領三〇石を寄進され、さらに元和三年一一月一三日に秀忠より朱印で三〇石を安堵され、それ以後、代替わりごとに朱印状が出された[＊6]。この朱印状により安堵された社領は、神主、社家、巫女などの収入源のひとつとされ、また年中行事や日供神饌等の経費に充てられたりした[＊7]。

　氏子町々は、江戸城の御曲輪内、小川町、下谷、三昧塚場辺まで、本郷、番町、内神田、外神田、日本橋、京橋、幸橋外辺まで、両国本所辺までであった[＊8]。江戸幕末期の社家のひとり・木村信嗣による記録では、神田日本橋を中心に二四二町が氏子の町として挙げられていた。これらの町々は神田祭に関連してふたつの町に分類できる。ひとつは山車や附祭を出した町々で「専ラ神田部内ノ殊ニ旧町ノミニテ、所謂宮元ノ町」[＊9]であり、江戸後期から幕末期ころには大伝馬町と南伝馬町を除く神田の町々四五町を指した。もうひとつは「江戸総鎮守ノ縁由ニ依テ古来祭祀ノ初穂ヲ納ムル町々」[＊10]で日本橋を中心とする町々を指した。

　境内建造物の造営は元和三年徳川秀忠により命じられ、土井利勝の見立てにより社殿はじめ楼門や鳥居などが建立された。これ以降、社殿の造営や修復、境内建造物の造営や修復は、原則として江戸幕府が行うことになった[＊11]。

　神田明神の神職は古くは不明であるが、室町時代以降、芝崎家が神主を世襲し、江戸時代以降その下に四家の社家がいた。芝崎家は文安年中（一四四四～四九）に神主となった初代・式部少輔から続く家で、二代・越後守の時より江戸山王権現も兼務していた[＊12]。一四代神主好善による系図に「芝崎越後　平姓諱不知　天文六年丁酉三月朔日卒、将門之苗裔也」[＊13]と記載されており、将門公の子孫であることが記されている[＊14]。社家四家は、木村家、甫喜山家、月岡家、早川家[＊15]であった。

　神主と社家は、江戸初期から中期にかけて京都吉田家より神道裁許状を授かり、神社での作法も吉田家の宗源御法や大護摩法を執行したり、また神社の縁起を作る際にも吉田家当主に相談したりと、吉田神道の影響を大きく受けていた[＊16]。

江戸時代の神田祭

　神田祭は、徳川家康入国頃まで船渡御が毎年行われていたが後に陸での渡御となり、天和元年（一六八一）に江戸山王権現の祭礼・山王祭と隔年で行うため二年に一度の執行となった[＊17]。

　元禄元年（一六八八）に祭礼行列が江戸城・内曲輪内へ入り以後それが通例化し、宝永三年（一七〇六）には将軍が上覧した。天下祭と称された神田祭は、元禄元年の大祭化より慶応三年（一八六七）江戸時代最後の祭礼まで二年に一度約九〇回にわたり定期的に執り行われた［＊18］。

神田祭の祭礼行列は以下のような巡行路を練り歩いた。九月一五日当日暁丑の刻、氏子町々の山車や附祭が湯島聖堂前桜馬場に集合して出発し、昌平坂周辺で神輿行列と合流する。その後、筋違橋御門から江戸城・外曲輪内へ入り、さらに田安御門より内曲輪内に入って朝鮮馬場に至って昼食。なお元禄元年当初は神田橋御門より内曲輪内に入った。田安御門を通る時、御雇祭の行列が合流。休憩の後、馬場周辺にある上覧所を通り竹橋御門を経て、大手橋・神社旧跡地にて奉幣の儀を執り行い常盤橋御門から江戸城を出る。山車や附祭、御雇祭などの行列はここで解散しそれぞれの町へ行ったりする。神輿行列のみは大伝馬町、小舟町、南伝馬町の御仮屋を渡御し、戌の刻頃に帰社［＊19］［図1］。

神田祭では、幕府と神社主導による神輿二基とそれに付随する行列、氏子町々による山車三六番四五本前後や附祭、幕府と氏子外の町々による御雇祭、氏子諸侯による神馬や警固が出された。

元和三年（一六一七）、江戸幕府より神輿二基をはじめ二三の祭礼道具が寄付され、これ以降、社殿同様に原則として神

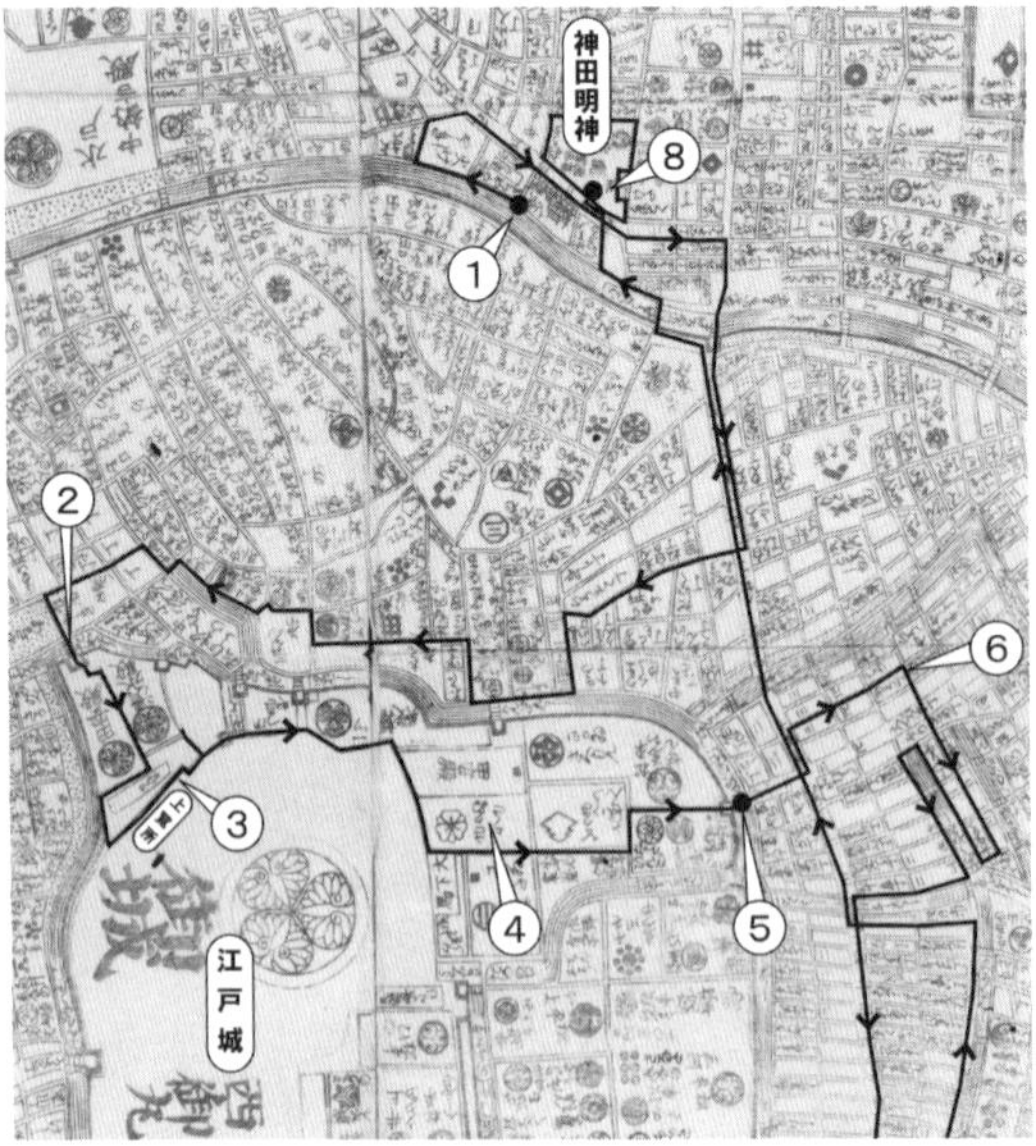

図1：江戸時代後期の神田祭巡行路
『泰平御江戸絵図』（天保期版、神田神社蔵）に、神田祭の巡行路を筆者が書き入れた図。地図上の番号の場所では以下のことが行われた。
①勢揃いした山車や附祭が湯島聖堂前・桜の馬場を出発し、神輿や諸大名が出す警固役や神馬などの行列が昌平坂で山車や附祭と合流。
②田安御門より江戸城・内曲輪内に入り、上覧所前を通過。
③上覧所で将軍、御台所、大奥たちが上覧。
④神田明神がかつてあった旧跡地で奉幣の儀。
⑤常盤橋御門から江戸城・内曲輪を出ると山車、附祭、御雇祭が解散。これ以後は神輿のみの渡御になる。
⑥大伝馬町、小舟町、南伝馬町の各所で休憩、神事。
⑦京橋で一の宮神輿と二の宮神輿の順番が入れ代わり、二の宮神輿を先頭に神輿が渡御。
⑧神社への帰途、路次では町々の人びとが競って提灯を掲げ神輿の帰りを出迎えた。戌ノ刻頃、神社へ帰社する。

図2：江戸時代の神田祭行列
出典：歌川芳員『神田祭出しづくし』（安政6年）、神田神社蔵

輿をはじめ祭礼道具は、幕府により新調と修復が行われたり、修復料が下されたりした[＊20]。神輿担ぎ、獅子頭持ちほか神輿行列に供奉する人足は、南伝馬町と大伝馬町が国役として奉仕し手配した[＊21]。

神田祭で出された山車は、三六番に分けられた神田を中心とした氏子町々より四五本前後出された。吹貫型、笠鉾型、一本柱万度型、岩組型、江戸型（迫出し型）、船型などの山車があった。山車の規模はおおよそ江戸型山車で八メートルの大きさで人形は約二メートル半あった。文化および弘化ごろの神田祭によると、山車行列は警固役や世話人、町人や囃子方など合わせて約一五人に牛が二疋で構成され、各氏子町が主要経費を負担した[＊22]。

附祭は享保、寛政、天保の三大改革により規模や内容が規制されたが、江戸後期は踊台、底抜け屋台（潜台、かつぎ日覆）、花万度、引物、地走踊、練物などにより構成された。神田祭では、天保二年ごろより附祭の当番町は鬮引により決定された[＊23]。多くの場合、附祭に加わったのは氏子町内外の子女や音曲を生業とし歌舞伎などに関わった芸人たちで、町師匠が請負人として附祭の内容を制作し演出した[＊24]。経費はおおよそ各当番町が負担したが、嘉永七年（一八五四、安政元）の山王祭の資料によると、惣氏子町より一部助成金も出されていた[＊25]。

御雇祭は天下祭にのみ出された行列で、当初は太神楽やこま廻しなどの祝福芸の類が出されていたが、一時これらに替わる品替御雇祭も出された。太神楽は熱田派太神楽で鏡味氏、菊田氏が中心となり演じ、こま廻しはおもに浅草寺奥山において歯磨売りを渡世とした香具師・松井源水がつとめた。太神楽やこま廻しは、江戸幕府より経費が出され氏子外の町々が世話番となった[＊26]。

品替御雇祭は、享和元年(一八〇一)の神田祭の際、こま廻しに替わる出し物を幕府より命じられ「業平あづま下りの学び」を出したのに始まり、文政八年(一八二五)まで続いた。この御雇祭はおもに御台所や大奥女中の希望が反映されたもので[＊27]、江戸幕府により経費が負担される出し物に加え、氏子外の町々が世話番町となり経費を負担した附祭同様の出し物も出された。

神輿や山車、附祭や御雇祭の他に、氏子の諸侯(大名や旗本)が神馬や長柄、社家が乗る馬、提灯などを出しており、乗馬の社家の装束もこれら諸侯が提供していた[＊28]。また各氏子町名主、町年寄や月行事も祭礼取扱掛や世話人となり、町奉行や寺社奉行も検使役などとして、さらに町火消らも警固役として加わるなど、江戸幕府公式の年中行事として江戸の多くの人びとが関わり大規模に行われた[＊29]。

以上見た神田祭の行列の規模や内容について、弘化四年(一八四七)を事例に表にしたものが表1である。

二　神田明神の近代

准勅祭社、東京府社への列格

明治に入り、神田明神は神田神社と改称した。明治元年(一八六八)一一月八日、神祇官から東京府へ、神田神社を含め同府内の神社一〇社を神祇官直支配の准勅祭社と定めることが達せられた[＊30]。そして同一六日に神田神社へ神祇官判事植松雅言が官幣使として参向した。

准勅祭社は、明治天皇の御東幸に際し東京城(後の皇城)を守護するために選ばれた神社で[＊31]、皇軍の勝利と賊軍の退治を期待された。皇城守護の役目はおもに祈禱と祓玉串献上であった[＊32]。その後、三年九月二八日に准勅祭社の社格は廃止され、一〇社に関する祭祀をはじめとするすべての諸事が各府県管轄へと移行された[＊33]。五年五月八日、神田神社は芝大神宮と日枝神社とともに府社に列格し、六年一

表1：弘化4年神田祭行列の規模と内容

番組	町名		題目	内容
棒突 太鼓 御幣 御榊 社家馬上 神馬 社家馬上 長柄 小旗10本				
1番	大伝馬町	山車 吹貫	鶏太鼓	警固6人（浅黄袖無羽織着）、町人5人（麻上下着）
2番	南伝馬町	山車 吹貫	猿	警固4人（木綿羽織着）、町人12人（麻上下着）
3番	旅籠町一丁目	山車	翁人形	警固8人（麻上下着）、世話役5人（羽織袴着）、荷ひ茶屋1荷
4番	旅籠町二丁目	山車	和布苅人形	警固6人（麻上下着）、世話役3人（袴着）、荷ひ茶屋1荷
5番	鍋町	山車	神功皇后人形	警固4人（麻上下着）、世話役5人（袴着）、荷ひ茶屋1荷
6番	通新石町	山車	歳徳神人形	警固2人（麻上下着）、世話役14人（袴着）、荷ひ茶屋1荷
御雇祭	本材木町一、二、三、四丁目 弥左右衛門町 新肴町		太神楽	万度持1人（烏帽子素袍着）、神楽師1人（鳥甲半切大口着）、太神楽：獅子舞2人（黒袷小袖着）、曲太鼓打2人（同断）、囃子方4人（同断）、太平踊（但惣人数）、神楽台、町人2人（麻上下着）、世話役8人（内、4人袴着）、荷ひ茶屋1荷
7番	須田町一丁目	山車 笠鉾	住吉明神人形	警固6人（内、1人麻上下着、5人袴着）、荷ひ茶屋1荷
8番	須田町二丁目	山車	関羽人形	警固9人（内1人麻上下着、8人袴着）、荷ひ茶屋1荷
9番	連雀町	山車	岩組に牡丹	町人10人（袴着）、荷ひ茶屋1荷
10番	三河町一丁目	山車	岩組に牡丹	町人2人（麻上下着）、警固5人（袴着）、荷ひ茶屋1荷
神輿一之宮行列		神輿		長柄、社家馬上、太鼓、獅子、田楽、社家馬上、御鉾、社家馬上、神馬、社家馬上、御太刀、社家馬上、御太刀、社家馬上、長柄、鼻高面、御幣、素袍、大拍子、神輿、社家馬上
神輿二之宮行列		神輿		鼻高面、御幣、素袍、大拍子、神輿、社家馬上、白張、素袍、神主、社家馬上、長柄、突棒
11番	豊島町	山車	武蔵野	警固6人（麻上下着）、世話役4人（袴着）、荷ひ茶屋1荷
11番	金沢町 湯島町	山車 笠鉾	武蔵野	警固6人（麻上下着）、世話役7人（袴着）、荷ひ茶屋1荷
12番	岩井町	山車	安宅の関	警固7人（麻上下着）、荷ひ茶屋1荷
附祭	鍋町		三韓凱陣の学び	「三韓凱陣の学び」幟1人（木綿陣羽織着）、三韓凱陣の学び練物：女子供4人、男武者の形、同4人女武者の形（張抜鎧袷陣羽織着、木太刀帯梅の折枝を持つ）、同1人大矢田宿禰の学び（袷衣裳小袴、張抜鎧冠袷陣羽織着、木太刀帯造り物弓矢を持つ）、同1人姫武者の学び（下げ髪装束同断、鎧着木太刀帯長刀を持つ）、囃子方13人（袴着、内7人日傘差し掛け）、かつぎ日覆1荷、鉄棒女子供2人（袷立付着） 「玉嶋川鮎の貢」幟2人（半纏着）、玉嶋川鮎汲の学び地走り踊女子供5人：郷士の形1人（大紋烏帽子着、木大小帯中啓を持つ、後引抜太神楽道具持の学び、袷衣類着）、同徒者の形2人（素袍侍烏帽子着、木脇差し箙を持つ、後引抜1人は恵方参りの男の形、袷衣類着、1人は太鼓打の形、福面を持）、鮎汲女学び2人（袷模様衣類黄糸腰蓑掛釣竿を持つ、後引抜、1人は太神楽男の形、木脇差し籠鞠を持つ、1人は丁稚の

番組	町名		題目	内容
				形、包みを背負い盆を持つ)、岩に浪の台2つ(後に土手に変わり松の造り物を置く、台にて所作、日傘差し掛け)、囃子女子供20人(袴着、内13人日傘差し掛け)、かつぎ日覆1荷 鉄棒引女子供2人(袷立付着)、神功皇后、武内宿禰の学び踊女子供2人・踊台(内1人は下げ髪袷模様直垂大口、引抜鎧着木太刀帯団扇を持つ、後引抜、若衆船頭の形、引抜、火縄箱を持つ、1人は衣類同断鎧烏帽子着、木太刀帯皇子の人形を抱き、後引抜、茶屋女の形、竹に都鳥造物を持つ)、後見女2人(袷小袖着)、囃子方15人(袴着、内7人は日傘差し掛け、かつぎ日覆)、鉄棒引4人(立付着)、警固6人(袴着)、世話役6人(同断着)、荷ひ茶屋1荷
13番	橋本町一丁目	山車	二見浦	町人14人(袴着)、荷ひ茶屋1荷
14番	橋本町二丁目	山車 笠鉾	浦島太郎人形	警固10人(袴着)、荷ひ茶屋1荷
15番	佐久間町一、二丁目	山車	龍宮波に珊瑚珠	警固8人(袴着)、荷ひ茶屋1荷
16番	佐久間町三、四丁目 富松町	山車	岩組に牡丹	警固5人(麻上下着)、世話役2人(袴着)、荷ひ茶屋1荷
17番	久右衛門町一、二丁目	山車	花籠に牡丹	警固8人(麻上下着)、世話役2人(袴着)、荷ひ茶屋1荷
18番	多町一丁目	山車	石台に稲穂	警固2人(麻上下着)、世話役3人(袴着)、荷ひ茶屋1荷
19番	多町二丁目	山車	松に剱冠	警固4人(麻上下着)、世話役12人(袴着)、荷ひ茶屋1荷
御雇祭			こま廻し 枕の曲	こま廻し、枕の曲1人、手替わり3人、世話役3人、荷ひ茶屋1荷
20番	永富町	山車	龍神人形	町人8人(麻上下着)、警固8人(袴着)、荷ひ茶屋1荷
21番	竪大工町	山車	棟上人形	警固5人(麻上下着)、世話役3人(袴着)、荷ひ茶屋1荷
22番	蝋燭町 関口町	山車	松に盃	警固5人(内、4人麻上下着、1人袴着)、荷ひ茶屋1荷
23番	明神西町	山車	武蔵野	警固6人(内、4人麻上下着、2人袴着)、荷ひ茶屋1荷
24番	新銀町	山車	武蔵野	警固8人(麻上下着)、世話役2人(袴着)、荷ひ茶屋1荷
25番	新石町一丁目	山車	牡丹	警固6人(内、1人麻上下着、5人袴着)、荷ひ茶屋1荷
26番	新革屋町	山車	弁財天人形	警固4人(内、2人麻上下着、2人袴着)、荷ひ茶屋1荷
附祭	新革屋町		十二類見立	「十二類見立」幟2人(烏帽子白張着)、鉄棒引女子供2人(立付着)、小松引の学び練物:女子供4人(子の見立男形衛士の形造物根松を持つ、後引抜、辰の見立、龍の画襦袢着、水手踊を持つ、内2人は福の字の丸面を持つ、2人は寿の字の丸面掛道化、内4人衛士の形、袷衣類着、造物根松を持つ、何れも手踊日傘差し掛け)、囃子方15人(袴着、内8人は日傘差し掛け)、かつぎ日覆1荷 乗合船の学び地走り踊:女子供6人(1人は卯の見立鹿嶋踊の形、万度と鈴を持つ、2人は亥の見立越後獅子の学び、袷衣類、獅子頭をかぶり太鼓を掛ける、1人は丑の見立黒木売の形、手甲・脚半着、牛を引く、男1人木綿縫くるみ牛の形造物をかぶる、1人は牛の見立女馬士の形、袷衣類着、1人は戌の見立若衆伊勢参の形、笠、柄杓を持つ、犬の形男子供1人縫くるみ着造物をかぶる、船の造物1つは2つに分け地車で引く)、囃子方13人(袴着、内6人は日傘差し掛け)、かつぎ日覆1荷 鉄棒引女子供2人(袷立付着)、頼政猪隼太の学び踊女子供2人・踊台(内1人は袷模様衣類狩衣烏帽子張抜半具足着、木太刀同短刀帯、造物弓矢を持つ、後引抜、未の見立女形、紙碪の学び、紅袷襷をかけ碪を持つ、1人は袷着込陣羽織、張抜鎧侍烏帽子着、木短刀を帯び扇を持つ、後引抜、酉の見立酉の市参りの学び、造物熊手と手掛を持つ)、鵺の

番組	町名		題目	内容
				造物1つ、後見女2人(袷小袖着)、囃子方15人(袴着8人、日傘差し掛け)、かつぎ日覆2荷、警固12人(袴着)、荷ひ茶屋3荷　※踊台:正面翠簾下げ、引抜所作の時に雲の木綿幕を下ろす
27番	鍛治町一,二丁目	山車	小鍛治人形	警固7人(内6人麻上下着、1人袴着)、荷ひ茶屋1荷
28番	元乗物町	山車	石台に牡丹	警固4人(袴着)、荷ひ茶屋1荷
29番	横大工町	山車	武蔵野	警固4人(麻上下着)、世話役2人(袴着)、荷ひ茶屋1荷
30番	雉子町	山車	雉子	警固2人(麻上下着)、世話役10人(袴着)、荷ひ茶屋1荷
31番	三河町四丁目	山車	岩組に牡丹	警固4人(麻上下着)、世話役(袴着)、荷ひ茶屋1荷
32番	御台所町	山車	石橋人形	警固6人(麻上下着)、世話役8人(袴着)、荷ひ茶屋1荷
33番	皆川町	山車	武蔵野	警固6人(内2人麻上下着、4人袴着)、荷ひ茶屋1荷
附祭	塗師町		松竹梅の学び	「松竹梅」幟2人(木綿綿入着)、雀踊の学び地走り踊:女子供7人(袷衣類編笠着、四ッ竹と菊の造花を持つ、日傘差し掛け)、囃子方13人(袴着、内7人日傘差し掛け)、かつぎ日覆1荷 梅屋敷見の学び練物:女子供1人若衆駅売の学び(袷衣類着造物植木荷をかつぐ)、同2人□想□売の学び(袷半素袍烏帽子着□を下げ造花折枝を持つ)、同3人□売の学び(袷振袖着□籠手掛を持つ)、同2人若衆梅見物の学び〈袷衣類股引着造物まゆ玉と福の面を持つ)、同1人禿の学び(袷振袖着、羽子板を持つ、造花付の四手駕籠に乗る)、駕籠舁男2人(綿入着)、茶屋女の形男1人(袷前垂掛け団扇、手掛を持つ)、田舎侍の形男1人(袷衣類、木大小を差し狐と虎と蛙の紙面を下げ、造物折枝を持つ)、医師の形男1人〈十徳着、木脇差しを差し扇を持つ)、三味線の形男1人(袷衣類着、三味線と扇を持つ)、囃子方12人(袴着、内6人は日傘差し掛け)、かつぎ日覆1荷 鉄棒引女子供2人(縞立付着)、老松の学び踊女子供2人・踊台(内1人は袷衣類唐装束着、団扇を持つ、後引抜、田舎男の形、草駕籠を背負い熊手と中尉の面を持つ、1人は唐女の形、下げ髪装束着、造物香爐・香台を持つ、後引抜、田舎娘の形、箒と姥の面を持つ)、後見女2人(袷小袖着)、囃子方12人(袴着、内6人は日傘差し掛け)、かつぎ日覆2荷、鉄棒引2人(立付着)、警固12人(袴着)、荷ひ茶屋3荷
34番	塗師町	山車	猩々人形	警固4人 (袴着)、荷ひ茶屋1荷
35番	白壁町	山車	恵比寿人形	警固2人(麻上下着)、世話役4人(袴着)、荷ひ茶屋1荷
36番	松田町	山車	頼義人形	警固6人(内5人袖紋付着、1人袴着)、荷ひ茶屋1荷

『弘化四未年九月　神田明神祭礼一件　分冊ノ一』(国立国会図書館蔵)をもとに作成。

月、三府社より三区域に分けた郷社へ諸伝達をするという効率化が図られた[＊34]。

同四年正月五日、版籍奉還に伴う施策として太政官より社寺領上知令が布告され、朱印地や境内の除地が官有地とされることになった。上地された社寺領は一般民有地、社寺の境内保管林、国有林などに利用された[＊35]。

神田神社では、上知令以前の二年五月、表裏門前や西町などの門前町屋が合併して神田宮本町ができ、同町と代地の旅籠町の一部が上地された。さらに六年六月、神主構と社家邸地が宮本町に編入し境内から離れるなどした。これらの上地により江戸時代にあった境内地計九五六六坪余は、三七四三坪七合五夕となり、神社への収入面に大きく影響した[＊36]。この時期「本社収入物の追々薄く式供日饌の漸々古格に違ひ闕典あらん事を憂慮して明治六年二月氏子内の有志者を結合して神饌講社を設立す」[＊37]という状況であった。また国幣社及び府県郷社の神社造営や修繕費等の官費による支給も廃止されるなど[＊38]、神社を維持していくうえで江戸時代よりも不利な環境になっていった。

神職の変遷

明治四年（一八七一）五月一四日、神社は国家の宗祀につき、神官一人一家のものではないという旨の太政官布告が通達され、神職の世襲制を廃止し精選補任されることとなり、さらに同日、官社以下定額・神官職制が太政官より布告された。この布告を受け五年二月二五日に官社以下府県郷社神官給禄の定額が公布され、府社祠官の月給は官費より五両、郷社祠官は民費より四両の給禄と定められた。そして同年五月八日に府社と郷社が定められるとともに世襲神職が免ぜられ、東京三府社において新たに祠官と祠掌が任命された[＊39]。

神田神社では、神主・芝崎好定をはじめ社家が職を免ぜられ、同日、祠官に宣教使少講義生や教部省一三等出仕をつとめた神代名臣が任命され、祠掌には改めて元神主・芝崎好定が任命された。他の神社でも祠官は新たな人物が選ばれ、祠掌には多く旧神主や還俗した旧別当が任命された[＊40]。これ以降、神田神社の祠官は神代名臣、大崎昌庸、本居豊穎、祠掌には芝崎好定、村瀬光晴、鶴田常義、木村信嗣、和田重雄、宮西邦維、井上司、深川波穂などが任命された[＊41]。

六年七月三一日に府社祠官の官費支給が、同年二月二二日には郷社祠官の民費支給がそれぞれ廃止され、以後神職の給録などは人民の信仰帰依によるものとされた。一二年には府県社以下祠官祠掌の等級を廃して、一寺住職同様の身分の取り扱いとされることになった[＊42]。その後、二七年二月二七日、勅令で府県社以下神社に祠官祠掌に代わり社司社掌が置かれることになり判任官待遇とされた［＊43］。この時、社司に平田篤胤の曾孫・平田盛胤が就任した。

二三年、神祇官興復運動で府県社の公費供進が訴えられ、三九年四月に府県郡市町村より神饌幣帛料を供進できるとする「府県社以下神社神饌幣帛料供進制度」が制定された。大正七年（一九一八）五月には無格社を除く府県社以下神社の経費への公費補助を認める通牒が出され、一三年度の神田神社への神饌幣帛供進として、祈年祭に一六円、新嘗祭に一六円、例祭に三〇円供進されることが決められた［＊44］。

祭祀祭式制度の統一

明治以降、官国幣社を中心に祭祀祭式制度の統一化が図られ、祭祀の整備・復興・興隆がめざされた。二月の祈年祭、一一月の新嘗祭をはじめ、大祓、紀元節祭（神武天皇祭）、天長節祭、伊勢両宮遥拝式、元始祭、孝明天皇祭、春秋二季皇霊祭などが次々と定められ、五節供が廃止された［＊45］。

神田神社では、祈年祭や新嘗祭などは江戸時代には行われておらず新しい祭祀の導入と言え、さらに紀元節祭や天長節祭といった明治時代に創出された祭典も年中行事に組み込まれていった。先に述べたとおり、江戸時代の神田明神は吉田神道の影響を色濃く受けており、吉田家指導のもと宗源御法や大護摩法が行われ、社殿内幣殿には神道壇が置かれていたが［＊46］、明治に至り吉田家の神職管理が廃され、その祭祀祭式も廃された［＊47］。

大祓は明治四年（一八七一）六月二五日に太政官よりその復興が布告され、さらに翌年、教部省より東京府へ六月二九日執り行う旨が達せられた。江戸時代の神田神社において、六月晦日の夜に夏越祓の神事が神主と社家により奉仕されていた［＊48］。しかし復興された大祓は旧儀の再興であり、江戸時代に行われた夏越の祓とは違う神事であるとされた［＊49］。神田神社はじめ三府社では、発布後の翌五年六月二九日に東京府官員参列のもと行われることが東京府より達せられた［＊50］。

神田神社では、さらに江戸時代より行われてきた年中行事への一部変更も加えられた。そのひとつが四月二一日に行われた「太々神楽」への変更であった。太々神楽は拝殿で四方幣礼舞ほか九の舞が横笛や大拍子、太鼓などの演奏で舞われた［＊51］。その始まりは不明であるが、江戸時代には永代講という講社が奉仕してきた。それを明治六年八月二一日の太々神楽の時、当時の祠官・大崎昌庸が式部寮より許可を得て伶人を招き、万歳楽・延喜楽、陵王・納曾利の二番の舞楽が演奏された[＊52]。

八年四月一三日、式部寮より「神社祭式」が達せられ全国統一的な祭祀・祭式の基本制度が示され、明治維新から模索された祭祀制度の一応の結実を見た。この祭式は官国幣社を対象とした祭式で、府県社以下の諸社には同年八月一二日に教部省よりこの祭式を準拠として祭典を執行するよう達せられた[＊53]。その後、一七年五月九日に官国幣社の大祭と公式の祭祀が制定され府県社以下の神社はこれに準ずることとされた。四〇年六月二九日には神社祭式行事作法が制定、さらに大正三年(一九一四)一月二四日に官国幣社以下神社祭祀令、同年三月二七日に同神社祭式が制定された[＊54]。これら祭祀祭式制度の統一が神田神社の祭典における祭祀祭式に影響を与え、その影響が神田祭へも及んだことは想像できよう。

氏子区域の制定と町々の変貌

明治四年(一八七一)七月四日、氏子区域に関する「郷社定則」と「大小神社氏子取調規則」が太政官より布告された[＊55]。そして翌年に東京府で「氏子町名同人員帳」の作成が完了し、東京府内の神社の氏子区域がほぼ確定された。神田神社の氏子町は「氏子町名同人員帳」に、武家地が新開町として町地化した町々も氏子町に組み込まれ記載された。その代わり南伝馬町など日本橋より南側は神田神社の氏子町から別の神社の氏子区域となった[＊56]。

この氏子区域の制定は、後に官費民費による給録支給が廃止される府県郷村社にとって、神社の運営費および祭祀執行料、神職俸給が氏子を中心とする人民の信仰帰依に委ねられることになったため、非常に重要であった。一四年氏子総代の制度が制定され、相応の財産を持ち衆望もある町の人士三名以上を公選することになった。氏子総代は神社の運営に関わり、願伺届など公的書類への連署、神社の収入財産と神官の私有財産との混合を防ぐ役割などを役目とした[＊57]。

明治維新後、元年七月一七日に江戸を東京とする詔が出され東京府が設置され九月に府庁がつくられたことにより、氏子町々に変化が見られるようになってきた[＊58]。二年正月、江戸の町政を担った町年寄が免職となり、三月には町名主の制度も廃止された。同年、朱引内五〇番組(五十区)が設けられ、一区に旧町名主の役割を担う中年寄一人と添年寄一人が各区で任命された。その下に町年寄(三年四月廃止)、五区ごとに中年寄世話掛一人、その上に旧町年寄格の世話掛肝煎二人、武家地に武家触頭、寺社地に寺社触頭が置かれた。

四年四月四日に戸籍法が太政官より布告され、それにともない一一月に五〇番組制から東京六大区制へと変更された。各一大区に一六小区（一大区のみ一七小区）とされ、中年寄と添年寄が廃止され戸長と副戸長が新任された。神田神社の氏子町々は第一大区、四大区、五大区にそれぞれ振り分けられた。その後、五年に旧中年寄世話掛に代わり大区御用掛さらに戸長世話掛、翌年戸長世話掛に代わって区長が置かれた。同年三月四日、六大区制から一一大区制となった。

一一年七月二二日、郡区町村編制法、府県会規則、地方税規則のいわゆる三新法の発布にともない、東京は一五区六郡となり、区役所と郡役所が設置され区長と郡長が任命された。神田神社の氏子町々はそれぞれ神田区、日本橋区、下谷区、麹町区に振り分けられた［表2］。

小木新造氏によると、二二年以降、他府県より東京へ流入してくる寄留人口が激増したため文化文政期以来の小商人、諸職人、雑業層による地縁的人間関係で成り立っていた町内完結社会が崩壊したという。それは江戸根生いの江戸っ子意識の薄弱化と新しい文化生活の導入を意味しており、それにより神社への信仰や祭礼へも大なり小なり影響したことは十分考えられる［＊59］。

先にも触れたが、武家地は明治以降町地化していき神社の氏子町となっていった。明治二年以降、江戸城近辺の武家地に公家華族が屋敷を構えるようになった。公家華族は屋敷の内側に住み、表部分の長屋や通り沿いの部分を商人たちに貸し与え、多くの商店が営まれ新開町と言われる繁華街が形成されていった。このような繁華街となった新開町のなかには神田神社の氏子町も多くあり、表裏神保町、猿楽町、神田錦町、小川町、蛎殻町、浜町などが特に繁昌したという［＊60］。

同三三年二月二二日、東京府令第一六号が出され各町に衛生組合を設置することが義務づけられたが、これら衛生組合が、後に明治後期から大正昭和初期にかけて結成された町会のもととなった。明治後期以降に結成されていった町会の事業目的の中には、町内の親睦や衛生、防火や学事に加え祭事・祭典への参加も記載されており、以後、この町会が中心となって神社や祭礼へ関わっていくようになったと推測される［＊61］。

祭神改変——平将門霊神と少彦名命

明治初期、神田神社の境内空間で起こった出来事として今ひとつ挙げるべきは、祭神に関する事件と後に言われた祭神改変であった。ご祭神の一柱・平将門霊神は古代に新皇を称

表2:神田神社の氏子区域

【神田区】
三河町一丁目、同二丁目、同三丁目、同四丁目、美土代町一丁目、同二丁目、同三丁目、同四丁目、雉子町、神田新銀町、同関口町、同蝋燭町、旭町、皆川町、神田松下町、永富町、鎌倉町、千代田町、西今川町、神田塗師町、新石町、神田堅大工町、同多町一丁目、同二丁目、同佐柄木町、連雀町、須田町、通新石町、神田鍋町、同鍛冶町、同柳原町、同黒門町、同紺屋町、同上白壁町、同下白壁町、東紺屋町、松田町、美倉町、南乗物町、北乗物町、西福田町、東福田町、東今川町、神田材木町、元岩井町、神田松枝町、同大和町、岩本町、東龍閑町、豊島一丁目、同二丁目、同三丁目、神田富松町、久右衛門町、江川町、橋本町一丁目、同二丁目、同三丁目、神田錦町二丁目、同三丁目、同淡路町一丁目、同二丁目、小川町、表神保町、裏神保町、猿楽町一丁目、同二丁目、同三丁目、裏猿楽町、神田宮本町、同台所町、同佐久間町一丁目、同二丁目、同三丁目、同四丁目、同花房町、同花田町、同相生町、同松永町、同仲町一丁目、同二丁目、同旅籠町一丁目、同二丁目、同三丁目、同末広町、金沢町、神田山本町、田代町、神田松富町、同栄町、同元佐久間町、同五軒町、同平河町、同和泉町、同元久右衛門町一丁目、同二丁目、同八名川町、餌取町
【日本橋区】
本町一丁目、同二丁目、同三丁目、同四丁目、岩附町、本石町一丁目、同二丁目、同三丁目、同四丁目、同十軒店、金吹町、本革屋町、駿河町、元両替町、北鞘町、品川町、同裏河岸、本銀町一丁目、同二丁目、同三丁目、同四丁目、室町一丁目、同二丁目、同三丁目、伊勢町、本船町、本小田原町、長浜町、安針町、大伝馬町一丁目、同二丁目、通旅籠町、通油町、鉄炮町、大伝馬塩町、小伝馬町一丁目、同二丁目、同三丁目、小伝馬上町、亀井町、馬喰町一丁目、同二丁目、同三丁目、同四丁目、田所町、新大坂町、元浜町、弥生町、富沢町、長谷川町、新葭町、堀江町一丁目、同二丁目、同三丁目、同四丁目、小舟町一丁目、同二丁目、同三丁目、蛎売町一丁目、同二丁目、同三丁目、通塩町、横山町一丁目、同二丁目、同三丁目、米沢町一丁目、同二丁目、同三丁目、吉川町、薬研堀町、元柳町、新柳町、橘町一丁目、同二丁目、同三丁目、同四丁目、村松町、久松町、若松町、菖蒲町、矢之倉町、浜町一丁目、同二丁目、同三丁目
【下谷区】
練塀町
【麹町区】
大手町一丁目、同二丁目、道三町、銭瓶町、永楽町二丁目、神田橋内元衛町

『神田神社明細并履歴書』(明治12年、神田神社蔵)、『神田神社明細』(明治13年、東京都公文書館蔵)をもとに作成。

し自ら天皇になろうとした史上唯一の叛逆者と近代において位置づけられ、ゆえに神に祀ることは許すべきでなく祭神から除却すべきであるという言論が一部の間に起こった。ことの発端は、当時の神田神社祠官・本居豊頴によって明治六年(一八七三)一一月二三日に東京府へ提出された願書であった[*62]。

願書には、以下のことが書かれていた。数百年来、平将門霊神は庶民より崇敬されてきたので、いまさら祭神を廃置することはできない。しかし、もともと別社に奉祀していたし、大己貴命(大穴牟遅大神)と合祭することも憚るべきことなので、旧に復して別社を造立のうえ将門霊神を奉祀したい。将門霊神移遷後、本殿には大己貴命と由縁深い少彦名命を合祭したい。両神は天下経営から医業まで定めた神々で、さらに外国交際についてもこの両神の神徳を仰ぐべきである。

これ対して七年二月八日『新聞雑誌』第一九八号に「府下神田神社平将門ノ霊位除却ノ事ニ付教部官員某議案」が掲載された[*63]。教部官員某は将門公が非望にも神器を覬覦した日本史上唯一の叛逆者であり、皇城のある帝都・東京において絶対に神として祀るべきでないことを主張。また平将門霊神創祀の中核のひとつであった御霊信仰についても、文明開化の時代にそぐわないものとして否定した。断然神として祀るべきではないという強硬な内容であった。

この議案を受けて、教部省と東京府は神田神社側に再考を促した。それに対して神田神社神職一同は今日まで奉祀してきた祭神を忽然と廃することは決し兼ねると、祭神除却に対して難色を示し、次の三案を挙げた[*64]。

①朝議をもって祭神除却の御達があればそれに従う。
②先に提出した願書の通り、別社奉祀を聞届けてくれるならば末社の内に合祭する。
③以上二件のどちらも不可とし決定し兼ねるようならば、従来通りつまり神田神社の祭神としてに大己貴命とともに奉祀する。

三案のうち、どれでもよいから御指揮くださいと、教部省と東京府の指揮を仰いだ。そして同年六月に教部省と東京府が出したのは、将門霊神別社奉祀の許可であった[*65]。

同年八月一二日に平将門霊神は神田神社境内の大国主神祠に仮遷座した。ちなみに同年九月一九日、明治天皇陛下が板橋蓮沼村での陸軍演習の還幸の際、神田神社にご小憩のためお立ち寄りになり、御親拝されたことが『明治天皇紀』には見られる。そして神田神社本殿には新治県(現茨城県)大洗磯前神社より少彦名命の分霊が迎えられ、八月一七日に本殿へ遷座した。その後、将門霊神は、一一年一一月一三日に氏子からの寄付によって新たに建立された将門神社に遷座し摂社とされ、祭日は九月一五日に定められた[*66]。

三　明治時代も持続した山車祭

明治初期の神田祭

明治時代、初の神田祭は、東京奠都後、明治二年(一八六九)九月一五日に行われた。強力な支援母体であった江戸幕府が崩壊し、江戸時代に出された山車や附祭なども出されず神輿渡御のみの祭礼であった。山車や附祭が出されなかったのは、東京府および神祇官より山車や附祭を出すことを禁じられたためでもあった[*67]。この年の神輿渡御では、慶応三年(一八六七)の最幕末期の道筋が採用され、神田橋御門から入って常盤橋御門から城外へ出た。江戸時代と明治時代との狭間に行われたいわば臨時の形態であったと言える[*68]。

神田祭に大きな変化が見えはじめてくるのは、三年からであった。まず延宝年間以前の古儀に復して毎年行うことになった[＊69]。三年以降の巡行路は、氏子町を二分し三年と四年の二年間ですべての町を神輿が渡御する道筋とされた。この時期の巡行路は氏子区域が制定される以前であり、元武家地を巡行しなかったり、後に他の神社の氏子区域となる町々を巡行したりした[＊70][図3]。この年より江戸時代の時のように江戸城・内曲輪内へ入る一大パレード的な巡行路から、氏子町々を細目に巡行する祭礼になり、江戸時代の祭礼とはその意味も目的もまったく違う祭礼として行われるようになった。

　四年の社寺領上知令後の神田祭について、当時の祠官・本居豊頴は以下のように述べている。

> 神領門前地とも上地の後ハ無禄の神社となり伝馬町の役も廃せられ氏子の大小名も散乱して遂に渡御の祭式ハ行ハれ難きに明治元年十一月社格昇登して　勅祭神社に准ぜられし故に神事も専ら厳粛ならしめんと同二年の渡祭式には東京府区々の中年寄の心配によりて町々の寄附を募り神輿を修復し祭器を改良し行装を改正して執行し氏子町々の出し印練り物等ハ止めて町年

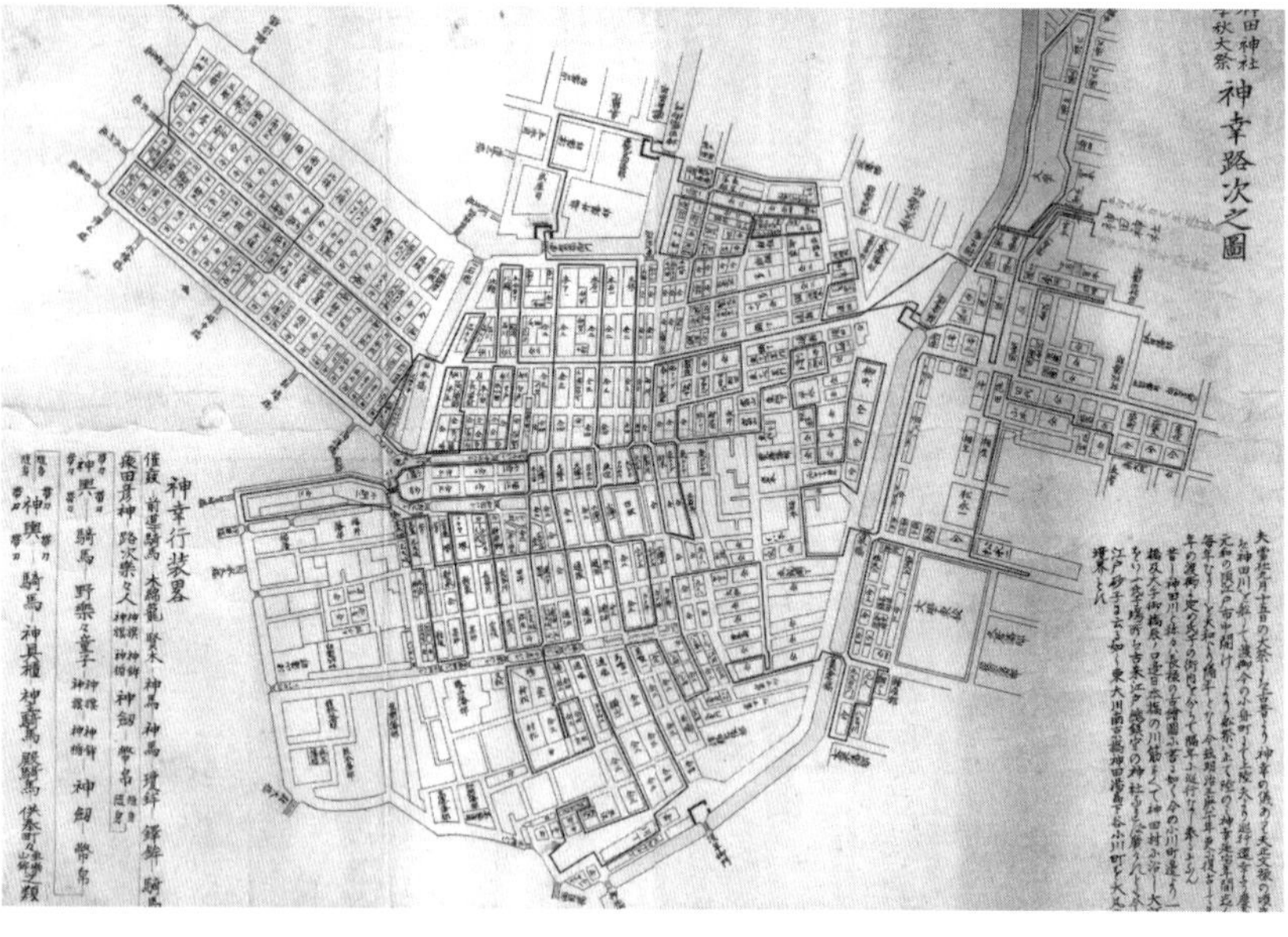

図3：明治3年から5年までの神田祭巡行路
『明治三庚午年神田神社季秋大祭神幸祭路次之図』（神田神社蔵）

寄の輩神輿の護衛として供奉す[＊71]

五年の神田祭は、東京府社として新しく任命された祠官・祠掌により行われ、さらに氏子区域制定後の祭礼であった。この年より再び隔年執行となり、二分された氏子区域を二年ごとに交互に神輿が巡行することとされた。この時、氏子町々より山車三五本と附祭（踊屋台三台、地走踊など）が出され、江戸時代の神田祭に近い賑やかな祭礼が行われた[＊72]。

この年さらに、神田祭の神輿行列に、江戸時代にはなかった錦蓋、翳、五色旗、雅楽などが新たに加えられた。また鼻高面（猿田彦命）を神官がつとめるなど、神職を中心とする神社主導の行列へと変化していった。年中行事と同様に、明治政府による祭祀祭式制度が統一されていくなかで、神田祭の行列にも変更が加えられていったのである[＊73]。

明治初期、神田明神だけでなく、日枝神社、富岡八幡宮、亀戸天満宮、芝大神宮、市谷八幡宮、赤城神社、浅草神社、小野照崎神社など、東京の各神社でも神輿や山車、踊台を引き出し賑やかに氏子町を渡御した[＊74]。これら各神社の神輿や山車の渡御には、明治五年の氏子町名同人員帳の作成に向け、各神社が氏子区域を確保することを意図としたと推測される。

七年の神田祭は、平将門霊神と少彦名命の祭神改変の直後に行われた祭礼であった。氏子たちは将門霊神の祭神改変を不服に思い、その怒りを神田祭に向け、そのため氏子町々よりの出銀も大幅に減少した。その影響で行装も省略され氏子町より山車や附祭も出されず非常に寂しい光景であったという[＊75]。

さらにそれに加えてこの時期、文明開化や国際化に反する風俗など当時の生活全般への規制を目的とした違式詿違条例も、祭礼縮小へ影響したと推測される[＊76]。この条例のなか、「違式罪目」の第六一条として、六年六月一八日に祭礼の寄付に関する「神仏祭礼之説世話人等強テ出費ヲ促ス者」が加えられ九年に五人が処罰された[＊77]。また祭礼弊害取締（明治六年）、祭礼飾取締（明治七年）、神輿巡行取締（同年）、諸社祭礼祝取締（同年）、祭礼開帳等の風俗取締（明治九年）など、祭礼に関する取締事項が多く達せられ、祭礼風俗が規制された[＊78]。

九年、氏子から東西隔年だと神輿渡御が、ある町では五年目になり不都合だという声があがり、この年より九月一五、一六日の二日間で、全氏子区域を一度に神輿が渡御することになった。そのため道筋もより細密となり、御仮屋が雉子町の黒住宗篤講社に設置されることになった[＊79]。九月一五日当日は雨天のため延期となり、実際には一七、一八日の巡行となった[＊80]。またこの年の神田祭は八年に神社祭式が達せられた後の祭礼であり、九月一四もしくは一五日に社殿内において神事・例大祭が行われるようになった。例大祭の祝詞では皇室及び明治政府と氏子区域の人びとの無事安全が祈願された[＊81]。

一三年、神輿渡御が一四日から一六日の三日間に増え、好景気も手伝って氏子町より山車が一四本、附祭(踊屋台)が二荷出された[＊82]。山車を出した町々のなかには、神保町四ヵ町など新開町が多く含まれていた。一五年、同年に流行したコレラの影響により一〇月一五日から一七日に延期されたが、山車が氏子町より三二、三本、踊屋台も出され非常に賑わった[＊83]。

一三年から一六年にかけて、神田祭をはじめ日枝神社、品川神社、亀戸天満宮、富岡八幡宮、浅草神社、四谷須賀神社、市谷八幡宮、白山神社、赤坂氷川神社などの祭礼で、山車や踊屋台を出した賑やかな祭礼が行われたことが各新聞で報道されている[＊84]。特に日枝神社の山王祭は同一六年に日枝神社が官幣中社に列格したこともあり、三〇本以上の山車や日本橋の芸者による手古舞行列や踊屋台が出され賑わった[＊85]。

明治一七年、明治最大の神田祭

明治一七年(一八八四)の神田祭は、明治時代のなかで最大の賑やかさを誇り、新聞で連日報道されたり錦絵のテーマとして多く描かれたりした[図4]。山車が四六番四六本と番外二本の計四八本、踊屋台も五荷出された[＊86][表3]。この年は九月一四日から一六日の巡行を予定しており、数日にわたるため日本橋区本船町河岸と同区・両国米沢町二丁目に御仮屋を設置することとなった。両国はこのころ、新たに氏子に加わった町であった[＊87]。神輿、町々の山車や踊屋台の動向は『読売新聞』に以下のように詳細に報じられている。

■神田祭礼

来る十四十五両日ハ神田明神の祭礼なるが氏子中大気張にて山車の数ハ四十六本手踊り屋台飾物等も数多しと先づ十四日ハ各町の山車ハ其近所を思ひ〳〵に曳き廻り十五日ハ午前五時に各町の山車ハ神田宮本町へ順序を立て勢揃ひをなし夫より練出す其の順路ハ師範学校の前より神田松住町、旅籠町、相生町、松永町、佐久間一、二丁目より万世橋を入りて連雀町、多町一、二丁目、竪大工町、新石町、千代田町、永富町、旭

図4：明治17年神田祭の模様
『東京神田祭礼之図』歌川芳藤、明治17年、神田神社蔵

町、皆川町、三河町一丁目、美土代町一丁目、三河町二丁目、蝋燭町、新白銀町、雉子町、佐柄木町、淡路町一、二丁目夫れより大通りへ出で今川橋、紺屋町一、二丁目、塗物町、白壁町、松田町、東松下町、東紺屋町、福田町、松枝町、大和町、岩本町、東龍閑町、元岩井町、小伝馬上町、亀井町、橋本町、豊島町、富松町、久右衛門町、馬喰町一、二、三丁目、通り塩町、橘町、村松町、久松町、浜町一丁目、矢の倉町、薬研堀町、吉川町、米沢町、若松町、横山町、通り油町、通り旅籠町、大伝馬町、本町一、二、三丁目、室町、小田原町一、二丁目、伊勢町、本舟町、品川町、北鞘町、両替町、駿河町、十軒町、白銀町三丁目にて終り是より各町々へ曳き戻る都合なりと（中略）神輿ハ十四日神田神社を出で万世橋を入りて連雀町より須田町通り江戸橋まで西側の氏子を残らず渡りて本船町の御旅所に納まり十五日ハ本船町の仮屋を出て荒布橋を渡り小舟町より大伝馬町馬喰町通両国へ曲り南手の氏子を残らず渡りて両国の御旅所へ納まり十六日ハ右の仮屋を出て柳原堤を富松町へ下り豊島町松枝町等内神田の氏子を巡りて泉橋を渡り外神田の氏子の町々を漏なく渡りて還輿になる事に取極められたり（以下略）[＊88]

この記事から、江戸時代の神田祭のように神輿と山車、附祭などが揃って巡行路するのではなく、神輿と山車の巡行路、巡行した日が違うことがわかる［図5-1、図5-2］。おそらく明治時代以降の神田祭は、神輿と山車とで道筋も時間も違ったことが推測される［*89］。

当日、大暴風が起こり、その影響により、三七番の春日龍神と三八番の弁財天の山車は町内に据え置かれるのみで、実際には出されなかった［*90］。また、同じく大暴風により神輿渡御もできず、一九日まで両国に設置された御仮屋に奉安された。

同一九年七、八月にコレラが流行し、各神社の祭礼は中止を命じられた。神田祭も翌年に延期となり、二〇年に行わ

表3：明治17年の神田祭行列

	御幣		
	太鼓		
	榊		
	こま廻し　松井源水		
	太神楽		
1番	大伝馬町		諫鼓鶏
2番	新石町		戸隠明神
3番	皆川町		武蔵野
4番	多町一丁目		稲穂
5番	旭町		龍神
6番	蝋燭町、関口町		盃に桜
7番	千代田町		弁財天
8番	美土代町		石台に牡丹
9番	三河町		鞍馬山
10番	竪大工町		飛騨の内匠
11番	雉子町		雉子
13番	白壁町		恵比寿
14番	神保町4ヶ町		猿田彦
12番	新銀町		鶴岡
15番	鍋町		蓬莱
附祭	紺屋町	踊台	つり狐の学び
16番	福田町		大国
附祭	塗師町	踊台	さやあて学び
17番	鍛冶町		小鍛治宗近
附祭	鍛冶町	踊台	内裡模様源氏紫
18番	紺屋町三		珊瑚樹
19番	松田町		源頼義
20番	通新石町		歳徳神
附祭	通新石町	踊台	三ツ其姿花図絵
21番	佐柄木町		神武天皇
22番	須田町		関羽
23番	連雀町		熊坂長範
24番	多町二丁目		鍾馗
25番	佐久間町一、二		素戔嗚尊
26番	豊島町		豊玉姫
27番	小伝馬上町		戸隠明神
28番	亀井町		浦島太郎
29番	小伝馬町		日本武尊

れた。山車四一番四一本と番外一本、踊屋台四荷が出され賑やかに行われた［＊91］。この年は九月一四日より一七日の四日間を予定していたが、一四日は大暴風雨のため順延し、一五、一六日で巡行が行われた［＊92］。二二年は、前年同様に九月一四日から一七日までの四日間を予定していた。当時の新聞では、山車が一四番出されると報じられ賑やかに行われたことが推測される［＊93］。

神田神社の氏子町々の山車は、一〇年の内国勧業博覧会、二二年の東京開市三〇〇年祭と憲法発布祝祭、三一年の奠都三十年祭や神田市場創始二百年祭、三八年の日露戦争凱旋祝賀祭などで引き出されたり飾られたりした。［＊94］。

30番	岩本町		日本武尊
31番	薬研堀町		桃太郎
32番	浜町一		獅子の子落とし
33番	龍閑町		龍神
34番	元岩井町		菊慈童
35番	大和町		橋弁慶
36番	松枝町		日の出に鶴
附祭	湯島町		常磐津　蜘蛛の糸
37番	駿河町 品川町 鞘町 魚河岸		春日龍神
38番	安針町 小田原町一、二		弁財天
39番	本船町		龍神
40番	相生町		相生の松
41番	宮本町		大国神
42番	台所町		鈴
43番	両国柳町		和藤内
44番	山本町		猩々
45番	松永町		松に日の出
附祭	金沢町	踊台	六歌仙の内、文室康秀
46番	末広町		徳川家道具
番外	旅籠町		花
番外	村松町		宝づくし

『明治17年9月15日　神田神社御祭礼番附』（濱田吉五郎・出版、神田神社蔵）をもとに作成。

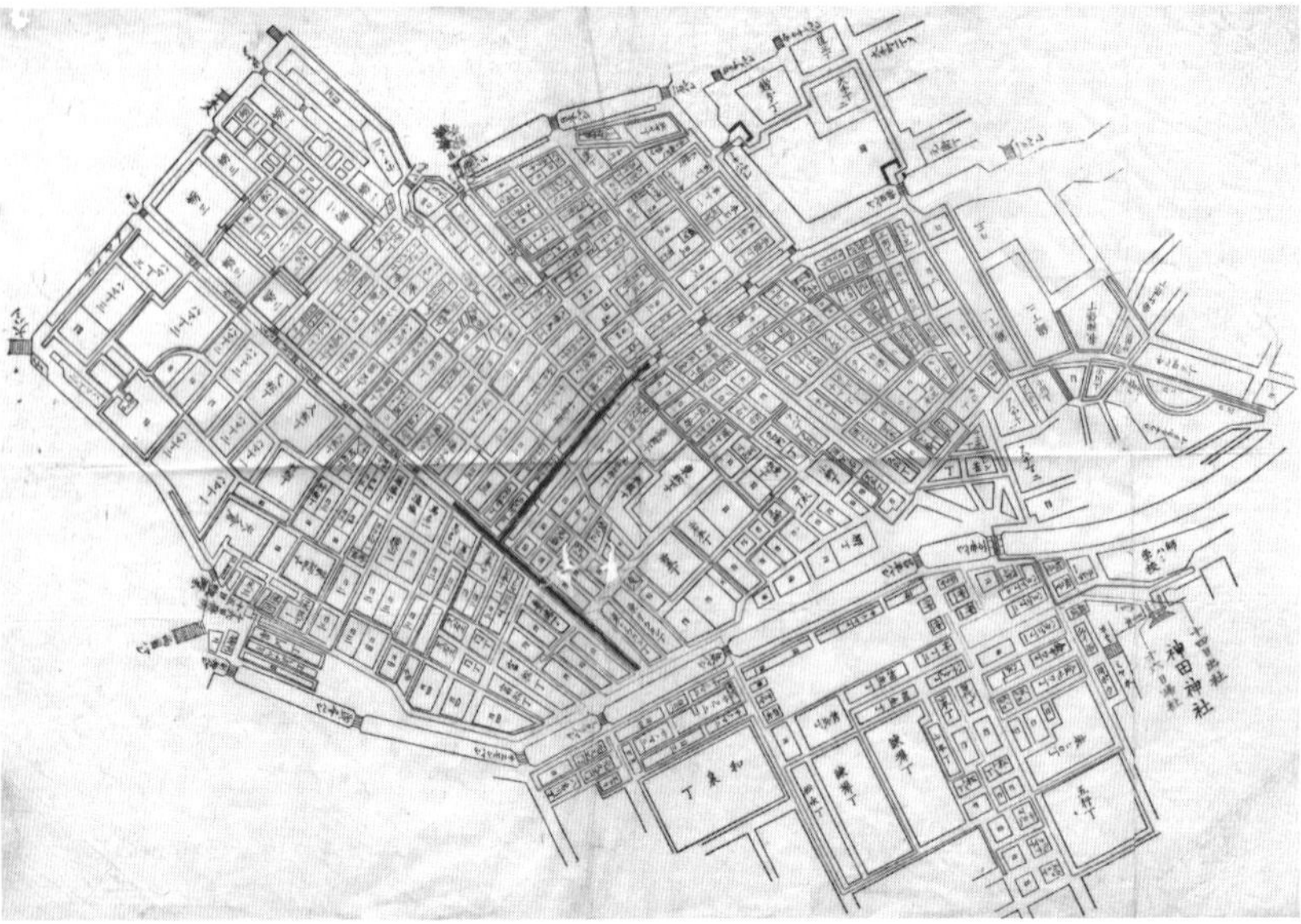

図5-1：明治17年神田祭、神輿巡行路（神田神社蔵）

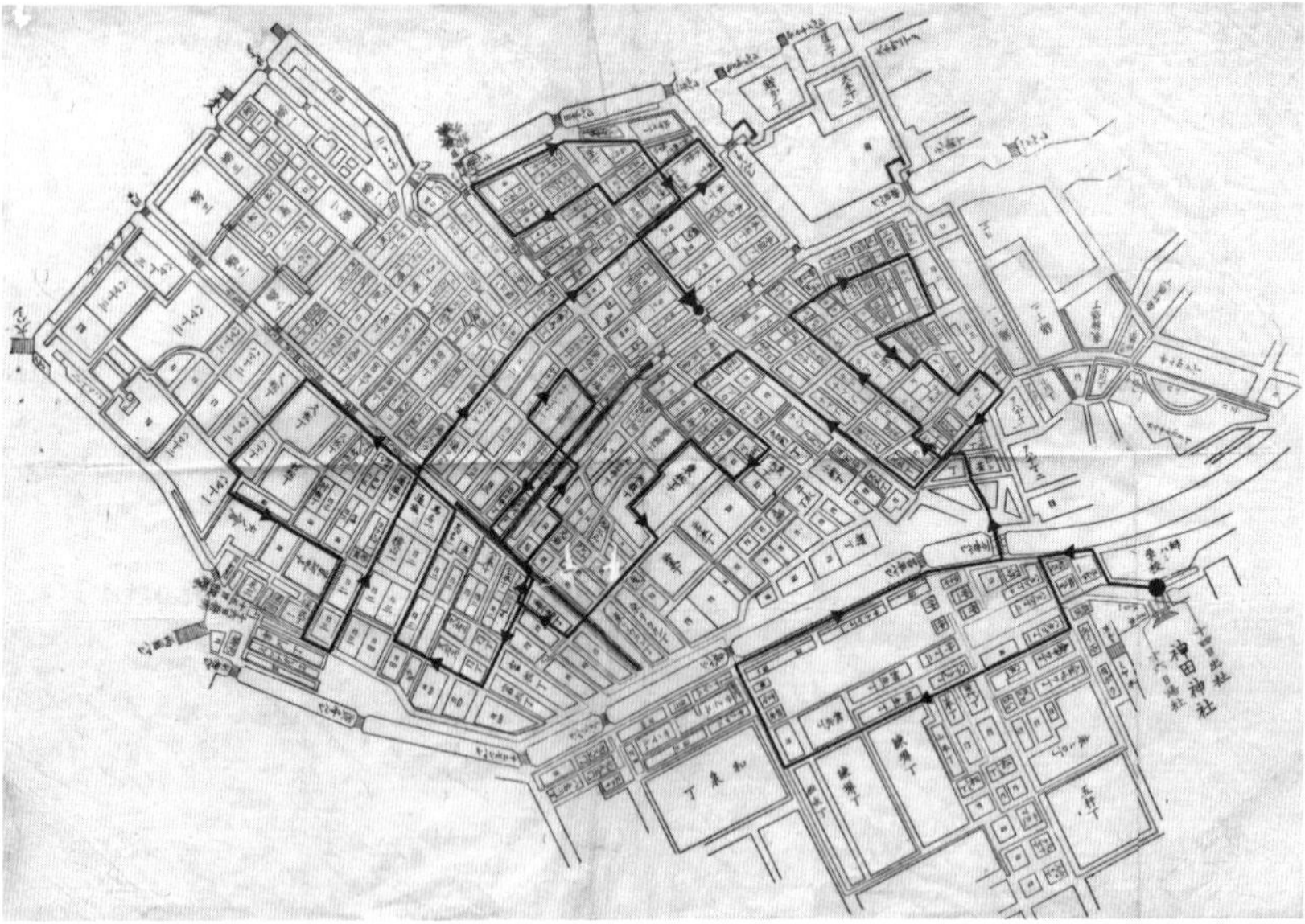

図5-2：明治17年神田祭、山車巡行路
神輿巡行路に筆者が山車の巡行路を書き入れた図。神輿とはほとんど違う道筋を巡行していたことがわかる。

神田祭、九月から五月へ変更

明治二四年（一八九一）、日枝神社の山王祭と交互に祭礼を行うという旧例に戻すため、翌二五年に神田祭を行うことになった[＊95]。さらに祭礼月の九月が改暦の影響もあり季節的に大暴風雨が多く疫病も流行しやすい時期であったところから、神輿や山車の渡御を五月に変更することになった[＊96]。なお例大祭は、通常どおりに九月一四、一五日に行うこととされた。氏子町中に出された神社よりの案内に、五月への変更の理由が以下のように記された。

当社は慶長八年まで今の神田橋内の大蔵内務両省の地に在り徳川氏江戸入城より鬼門除の神社として府内第一等の地三面隔絶清浄の当所神田の台を選んで永世不転の神境と定められ元和二丙辰年四月社殿造営成りて遷座ありたる本社の由緒特別の月柄にて則ち新暦の五月に相当す殊に夏季の始め好時節なれば旧慣の神賑にも便宜なり旁以て本社中興の祝祭月紀念として改めたるもの也[＊97]

明治二四、五年の東京の各神社祭礼は、日枝神社、富岡八幡宮、神田神社摂社・大伝馬町および小舟町両八雲神社、下谷神社、鳥越神社、五条天神社、浅草神社などの祭礼で山車や踊屋台が出され賑やかに行われたことが各新聞で報道された[＊98]。

当初の予定では二五年の神田祭も、各町山車を出して賑やかに行われるはずであった。例えば氏子町のひとつ・鍛冶町では江戸時代から引き出していた小鍛冶宗近人形の山車を修復改造し行列に加えるなど、各町でも同様の支度が行われていた[＊99]。しかし同年四月一〇日午前〇時ごろに神田区猿楽町より出火した神田の大火により、小川町、表神保町、錦町など神田明神の氏子町々が多く類焼した[＊100]。神田区長や氏子総代からの説諭もあり、この大火で被災した町々があるのに近傍の町が賑やかに祭を行うことはできないであろうという配慮から、山車や屋台を出さず質素に行うことが各町で決められ、結果的にほとんど山車などは出されなかった[＊101]。

明治以降、神田祭において山車や踊屋台の数は一定しなかった。山車は、五年は三五本、七年はなし、一三年は一四本、一五年は三二本、一七年は四八本、二〇年は四二本、二二年は一四本と一定しなかった。また山車を出す氏子町も同じ町が出すというわけではなく順番も一定していなかった。各年の山車を出した氏子町を見ると、神保町や小川町など繁華街により潤沢な費用があった新開町や、小伝馬町など日本橋の町々も山車を曳き出すようになっていった。これは、神田祭が氏神祭礼へと変化し、江戸幕府からの規定も解除されたため、各氏子町の経済状況などにより山車や附祭を出したり出さなかったりするようになったからと推測する。

四 新しい祭礼文化の創造

江戸の山車祭のゆくえ

明治三三年(一九〇〇)の神田祭では、各新聞によると神田の旭町や神保町、日本橋の浜町などが山車の準備をして各氏子町でも踊屋台を用意していると報じられており賑やかに行われたことが推測される[*102]。

三〇年代から四〇年代頭にかけて行われた東京の神社祭礼は、数こそ減ったものの氏子町より山車や踊屋台が引き出され、江戸時代に行われた山車祭の形をまだまだ残していた。日枝神社、富岡八幡宮、四谷須賀神社、浅草神社の祭礼などで山車や踊屋台が出され、また亀戸天満宮では菅原道真公一千年祭で山車や踊屋台が出され賑わった[*103]。

その一方、神田明神では氏子町の間で山車の今後の取り扱いに関する話し合いが行われていた。明治三一年の神田祭の時に『読売新聞』では以下の記事が載せられた。

■明神の祭礼と山車

今回の神田明神祭礼にハ有名なる山車ハ悉く曳き出し盛に大祭を執行する計画ありしが目下の不景気と電信線の障害とより遂に相談纏らず漸く飾付をなして町内に備附たる黒門町の和藤内鍛冶町の小鍛冶旭町の龍神のみなり彼の連雀町の熊坂長範須田町の関羽多町の鍾馗ハ保存費用も中々少なからざるより来る九月十五日之れを曳き出して明神社へ納め付けとなすよしにて既に其筋の許可を得し由(以下略)[*104]

不景気と電信線の障害により、山車は各町内に飾りつけられることになった。三三年の神田祭では豊島町と旅籠町の山車、三五年では鍋町や小伝馬上町、旅籠町の山車が各町内に飾りつけられた[*105]。また三八年の日露戦争凱旋の祝勝行事の一環で、鍛冶町、豊島町、須田町、多町二丁目、通新石町、佐柄木町、連雀町の山車が万世橋袂に飾りつけられた[＊106][図6]。四五年五月八日の『東京朝日新聞』では、「神田明神は今年本祭とて十三日より十八日に渡る六日間各町共に造花、軒提燈を掲げ鍛冶町の小鍛冶を始め各町保存の山車を飾り付け踊屋台に揃ひの浴衣と中々の意気込みなるが(以下略)」[＊107]と、四〇年代になると、山車は各町に飾りつけられるものとして考えられていった。

三八年、氏子より戦捷記念として「神田明神記念博物館」もしくは山車が観覧できる施設のついた倉庫を建立し氏子町の山車を展示し保存しようという議案が出され、残された山車が散逸しないようにと話し合われたが、結局博物館や倉庫の建立は実現しなかった[＊108]。

山車のなかには、各地方に売買や譲渡されたり外国へ輸出された山車もあった[＊109]。現・東京都青梅市森下町が所有するかつて神田祭で出された武内宿禰の山車は、明治四年頃に同町が神田三河町四丁目から購入したものであった。現・千葉県鴨川市での山王講が所有する山車は、四二年に新石町一丁目の山車と白壁町の山車人形・恵比寿を購入して組み合わせたものであった。鴨川市の諏訪講では明治四三年に神田鍋町の神功皇后の山車、大正期に松田町の源頼義の山車を購入している[＊110]。

樽神輿、子供神輿、町神輿

三〇年代ごろより若者の担ぐ樽神輿が乱暴をはたらいたという報道が目立つようになってきた。樽神輿とは、薦包みの酒樽を神輿風に飾りつけたもので、本来子供が担いで楽しむものであった[＊111]が、若者がこれを奪い祭りに協力しなかった者の家などに乱入し暴れたりした。そのため「揉みに揉む者もあれバ尻押をする者もあり得て悶着の起り易きハ樽神輿なり」[＊112]と喧嘩騒動の原因として警察も警戒しているほどであった[＊113]。

樽神輿の騒動は、宮神輿の担ぎ手への規制からきていたと推測される。明治一六年(一八八三)の山王祭で本社神輿を担ぐには白丁を着て粛々と担ぐことが義務づけられたり、三七年の赤坂氷川神社大祭で宮神輿を担ぐ者が白丁の人夫にかぎられたことを若者が不満としたとの記事が見られる[＊114]。神田祭でも三〇年代より宮神輿は有馬組が手配した白丁の人夫が担ぐように決められていった[＊115]。

樽神輿の乱暴と同時期に子供神輿も徐々につくられていくようになった。三五年の浅草神社の三社祭では山車や子供山車とともに子供神輿が担がれ、三九年の神田祭では旭町、紺屋町など六ヵ町の氏子町で子供神輿が担がれた[＊116]。

図6：日露戦争凱旋祝勝行事で万世橋袂に飾られた山車
絵葉書『凱旋紀念神田名物花車習合』神田神社蔵

三九年の神田祭では、宮神輿はじめ神職の装束や大太鼓が新調された。この時期、東京各神社の祭礼を報道した新聞には、神輿の写真や挿絵が山車よりも多く掲載されるようになった[＊117]。

四二年八月一四から一六日まで、富岡八幡宮・深川八幡祭りが永代橋墜落一〇〇年目の大祭として賑やかに行われることになった。この大祭では山車が五本出されることになっていたが、氏子町による町神輿は大小合わせ山車の一〇倍の五四基出されることになり、各新聞でも大々的に採り上げられた[＊118]。この深川八幡祭りのメディアへの登場後、各神社の氏子町で多くの町神輿が制作されていくようになり、東京の神社祭礼は、山車祭から町神輿渡御へと変容していくのであった[＊119]。

新しい祭礼文化の創造

大正時代に入ると、ますます町神輿は隆盛していった。大正四年（一九一五）の山王祭で神酒所が六〇余所つくられ、深川八幡祭りで神輿三九基が担がれた[＊120]。

九年一一月の明治神宮創建の時、その奉祝として千駄ヶ谷、原宿、青山、渋谷、淀橋、幡ヶ谷といった周辺の町々より二五基の神輿が出され神宮外苑などで担がれた[＊121]。このころには東京都心部だけではなく、その周辺にも神輿が浸透していたことが推測できる。かつて奉祝行事では町々より山車が引きだされていたが、大正時代に入ると山車に代わり神輿が担がれるようになっていった。

神田祭でも大正時代以降、町神輿が徐々に各町でつくられるようになった。神田神社に所蔵する古写真に、一〇年に皆川町が神輿新始祭を行っている写真があったり、また一三年に作られた千社札のなかに日本橋の両国米沢町の町神輿が描かれていたりしている。一〇年の神田神社摂社・江戸神社の江戸祭の時にも佐柄木町の町神輿が担がれており、その古写真が残されている［＊122］［図7］。また一五年に新調された現・神田末広町町会の神輿は修復が行われつつ今もなお現存している［＊123］。

山車は出されても「山車と云つても松永町の石橋の子供山車位」［＊124］と子供山車が出される程度で、どの神社の祭礼でも各町に飾りつけられるのみとなった［＊125］。

六年六月一三日から一七日まで行われた山王祭は、四年に日枝神社が官幣大社に列格後初の祭礼であった。この時に氏子総代の議案により、京都の神社に倣い従来の神輿の形とは違う鳳輦を制作することになった。高田商会に依頼し威儀物を増やしたり駕輿丁の装束も新調するなど、山王祭の行列は新たな形式へと一新されていった［＊126］。

神田明神でも、一一年の神田祭で宮神輿二基に代えて大鳳輦一基を新調することになり、威儀物も含め鳳輦を三万円を費やし京都に注文した［＊127］［図8］。大鳳輦は、今日残された古写真類より男山八幡宮、鞆淵八幡神社や北野天満宮などの鳳輦の形態を参考に制作されたと推測される。また神職の装束や楽人の楽器、御盾や御鉾、錦蓋や菅蓋なども新調されたが、これら威儀物は関保之助により考査されたうえで制作された［＊128］。この大鳳輦は、冠装束以外の者は担げないこと、所役の他は大鳳輦に触れてはいけないことが、神社側より氏子各町々に注意事項として告知された［＊129］。

大鳳輦への変更は、江戸の神社祭礼の伝統ではなく、京都を中心とした神社の古式あるいは「古代の式」［＊130］に倣ったのであり、新しい祭礼文化の創造であったと言える。その一方で一一年の神田祭で新調された社司が乗った輿は、江戸時代の神田祭で神主が乗った神主輴の形に似たものがつくられ、江戸時代の神田祭の歴史が文化資源として活用されたのであった［＊131］。

大正期以降、神田神社や日枝神社では鳳輦をつくり京都を手本とした古代的な行列を志向し、駕輿丁も烏帽子に装束を着て静々と担ぐことが義務づけられた。その一方で、氏子

図7：佐柄木町町神輿
『大正十年江戸天王祭写真帖』神田神社蔵

図8：神田神社の大鳳輦
『神田神社鳳輦其他写真 大正一一年五月』神田神社蔵

町々はそれぞれ各町で町神輿をつくり、揃いの半纏あるいは浴衣姿で掛け声をあげながら賑やかに神輿をもみ担ぎするという形態をかたちづくっていった。この鳳輦と町神輿という、江戸時代の神輿と山車そして附祭を中心とした行列とは違う、東京独自の新しい祭礼文化が大正期に創造されていったのであった。

結びにかえて

本稿では、明治以降の神田神社の近代化と、それに伴い天下祭と言われた神田祭が帝都の氏神祭礼となり、山車祭の縮小、樽神輿、子供神輿、町神輿への変容、さらに大正時代、東京独自の祭礼として、宮神輿の鳳輦化、町神輿の渡御が行われるようになったことを明らかにした。今後、社会的状況や文化的影響との関連性を含め、より詳細な祭礼の持続と変容を明らかにしていく。

関東大震災で神田神社の社殿や大鳳輦が焼失したが、昭和元年(一九二六)には神田祭が復活し、葱華輦一基が制作され

図9:鉾、手鉾、幟半などの祭具
神田神社蔵

渡御した。その後、昭和九年、社殿が鉄骨鉄筋コンクリート造で再建され、その奉祝大祭とし神田祭は行われた。この時新たに二の宮神輿が加わり五日間渡御したが、土地区画整理や町名変更などの影響により巡行路が大幅に変更された町もあった。また氏子町々では焼け跡整理や自警、配給などのために急激に町会が組織されるようになり、それにより町神輿も多くつくられるようになった［＊132］。

神田神社には昭和九年神田祭の古写真が数点残っているが、図9のような祭具の写真も残されている。真ん中の鉾と左右の手鉾には神田神社の神紋・三つ巴が入っているが、左右の幟半には卍紋が入っている。卍紋は当時の社司・平田盛胤の家紋であった。つまりこの幟半は、平田盛胤の個人的要因や意図により神田祭に加えられたことが推測される。今後、神田祭の歴史の文化資源化とその創造的な活用を詳細に考察することで、神田祭のどの面が持続され、どの面が変容したのかを明らかにしていく。その時、歴史エスノグラフィーをとり入れ、統一された意思をもたない各個人の意図とひらめきと、それぞれどのように相互作用しあい、神田祭の具体的な持続と変容に反映されたかを論じることにする［＊133］。

註

＊1――本稿では、江戸時代の事項に関して論じる時には神田明神を使用し、明治時代以降の事項に関しては神田神社を使用する。

＊2――東京奠都後から明治一三年（一八八〇）までの神田祭の変遷については、岸川雅範「東京奠都と神田祭――明治初年の神田祭の変遷を素描する」（『明治聖徳記念学会紀要』復刊第四六号、平成二一年）ですでに考察しているのでくわしくはそちらにゆずった。

＊3――享保一五年（一七三〇）発行の荒井嘉敦『江府神社略記』に「社家伝説曰、当社ハ人皇四十五代聖武天皇御宇、天平二年《○紀元一三九〇年。》鎮座也」（東京市役所編『東京市史稿』宗教篇第一、東京市役所、昭和七年、六五九頁）とある。神田明神については、『神田明神記録』（國學院大學図書館・黒川文庫蔵）、「神田明神地誌調」（『寺社書上　湯嶋神社書上、一』文政一〇年、国立国会図書館蔵）、神田明神史考刊行会『神田明神史考』（神田明神史考刊行会、平成四年）、沼部春友「神田明神の創祀と平将門公奉斎の問題」（『國學院雑誌』第八一巻第一一号、昭和五五年一一月）等を参照。

＊4――『神田明神記録』および「神田明神地誌調」に、寛文元年（一六六一）の社殿の棟札が書写されており、そこに「武州豊嶋郡江戸惣鎮守」と記されている。また「神田明神地誌調」に書写された天明二年（一七八二）の棟札には「御府内物鎮守」と記されている。

＊5――「神田明神地誌調」（『寺社書上　湯嶋神社書上、一』）。

＊6――「神田明神地誌調」、木村信嗣「神田神社」（『将門関係書類』一三、流通経済大学祭魚洞文庫蔵）、国立史料館『寛文朱印留　下』（史料館叢書二、国立史料館、昭和五五年）参照。

＊7――『神官配当禄書類・社寺』（明治一四年、東京都公文書館蔵）、本居豊穎『神田神社由緒略記』（神田神社社務所、明治二五年）参照。

＊8――前掲＊5と同じ。

＊9――木村信嗣前掲。江戸時代の神社の氏子は一町に一社ではなく、一町が複数の神社の氏子である場合がほとんどであった。神田明神と江戸山王権現との間でも多く見られ、初穂を奉納した町々はほとんど重複しており、山車を出した町々さえも多くの町々――大伝馬町、南伝馬町、神田鍋町、神田鍛冶町、連雀町、元乗物町、新革屋町、新石町、須田町、通新石町、鎌倉町、三河町一丁目――が重複していた（「神田明神地誌調」、『日枝神社史　全』（日枝神社御鎮座五百年奉賛会、昭和五四年）参照）。神社祭礼の観点から見ると、主要な氏子は神社祭礼で山車もしくは附祭を引き出す町々と考えられていたようで、現在の氏子町々と少し意味が違っていた。

＊10――前掲＊9と同じ。

＊11――『神田明神記録』、「神田明神地誌調」参照。時代が降り明和五年（一七六八）になると、修復料が下される形式へと変わっていった（高柳眞三、石井良助『御触書天明集成』（岩波書店、昭和一一年）参照）。

＊12――その後、六代・宮内大輔勝吉の時に勝吉の弟・右衛門を日吉氏に改めさせ江戸山王権現社の神主職を譲った（「神田明神地誌調」（『寺社書上　湯嶋神社書上、一』）等参照）。

＊13――「神田明神地誌調」。

＊14――「神田明神地誌調」、木村信嗣「神田神社」（明治三三年、『将門関係書類』

一三)、羽倉敬尚「神田明神神主芝崎家系」(『神道及び神道史』第七号、昭和四三年八月)、同「江戸神田明神譜代祠官芝崎家考」・「荷田東丸と神田明神」(『近世学芸論考――羽倉敬尚論文集』明治書院、平成四年)等参照。

＊15――木村家は元禄八年(一六九五)ごろより初代・師勝、甫喜山家は元禄九年ごろより初代・浦鬼家左門重尚(後に甫喜山へ改名)、月岡家は延宝ごろより、初代・小寺五左衛門勝政(後に月岡へ改名)、早川家は延宝ごろより、初代・内匠手船(後に小林へ改名)がそれぞれ社家になり代々続いた。なお甫喜山家はかつてもう一家あった。初代・浦鬼刑部光名から八代続き、天明三年(一七八三)一〇月、八代光明の時に八十堀稲荷神社専任神主となり神田神社社家を辞職した(木村信嗣「神田神社」(『将門関係書類』一三)参照)。また神主、社家の他に、巫女職として万治三年(一六六〇)より森田家が代々継承し、神社門前に住み神社のことに務めた神人一八人もいた。

＊16――梵舜『史料纂集　舜旧記』第二(続群書類従完成会、昭和四八年)、「神田明神地誌調」、『神田神社記録』(國學院大學図書館・黒川文庫蔵)、「神田大明神縁起」(『将門関係書類』八、流通経済大学図書館・祭魚洞文庫蔵)参照。

＊17――「神田明神地誌調」、太田南畝「異本　武江披砂」(『太田南畝全集』第一七巻)。

＊18――江戸時代の神田祭の歴史等については、岸川「天下祭の原型と変容――神田祭を中心に」(『國學院大學伝統文化リサーチセンター研究紀要』第一号、平成二一年三月)参照。

＊19――最も資料が揃っている江戸後期の――文政、天保、弘化ごろ――の巡行路を中心に概観した。「神田明神地誌調」、木村信嗣「神田神社」(明治三三年、『将門関係書類』一三、斎藤月岑・著、朝倉治彦・校注『東都歳事記』2(原本は天保九年発行、平凡社、昭和四五年)、芝崎好定『神田御社祭礼次第記(神田御社御祭礼次第是迄仕来候振合書)』(明治二年、東京都立中央図書館蔵)参照。

＊20――修復料が不足した場合でも、町名主により山車を出した氏子町々より小間割で寄付があり、その他の氏子の武家や町人からの寄付も集まった。拙稿「江戸後期における神田祭の神輿行列に関する一考察」(『國學院大學伝統文化リサーチセンター研究紀要』第二号、平成二二年三月)、芝崎好定『神田御社祭礼次第記(神田御社御祭礼次第是迄仕来候振合書)』参照。

＊21――前掲岸川「江戸後期における神田祭の神輿行列に関する一考察」、芝崎好定『神田御社祭礼次第記(神田御社御祭礼次第是迄仕来候振合書)』参照。両町は神輿が一時留まる場所でもあり、そこで神主や社家、警固役たちの休憩場所を提供し赤飯などを振る舞ったりした。

＊22――『神田祭礼(文化四年丁卯九月神田祭礼番附)』(宮内庁書陵部蔵)、『弘化四未年九月　神田明神祭礼一件　分冊ノ一』(国立国会図書館蔵)、作美陽一『大江戸の天下祭り』(河出書房新社、平成八年)、千代田区教育委員会『続・江戸型山車のゆくえ――天下祭及び祭礼文化伝播に関する調査・研究報告』(千代田区文化財調査報告書一一、千代田区立四番町歴史民俗資料館、平成一一年)参照。神田祭をはじめ江戸の神社祭礼に出された山車は、当初は一本の柱に各町にちなんだ人形や飾りを載せた物を数人で担いだり、あるいは幟のようにひとりで持って歩いたりしたが、時代が降るにつれ大型化が進み、車輪をつけて牛や人が引く形態へと変わっていった。

＊23――東京大学史料編纂所・編『大日本古記録　斎藤月岑日記(一)』(岩波書店、平成一一年)参照。附祭については岸川「附祭・御雇祭の展開に関する序論――江戸・神田祭に焦点を当てて」(『明治聖徳記念学会紀要』復刊第四七号、平成二二年一一月)参照。

＊24――西形節子「幕末期の町師匠と踊り子たち――山王祭附祭を中心に」(『演劇学』二五号、昭和五九年三月)、竹ノ内雅人「江戸祭礼の表象」(『別冊都市史研究　江戸とロンドン』山川出版社、平成一九年)等参照。

＊25――『山王御祭礼年番御用留』(西尾市岩瀬文庫蔵)参照。

*26——御雇祭については、拙稿「附祭・御雇祭の展開に関する序論——江戸・神田祭に焦点を当てて」、同「江戸幕府と神田祭——御雇祭について」（『國學院大學伝統文化リサーチセンター紀要』第四号、平成二四年三月）参照。

*27——鈴木裳三、小池章太郎『近世庶民生活史料　藤岡屋日記』第一巻（三一書房、昭和六二年）参照。

*28——前掲岸川「江戸後期における神田祭の神輿行列に関する一考察」参照。

*29——都市と祭礼研究会『天下祭読本——幕末期の神田明神祭礼を読み解く』（神田明神選書Ⅰ、雄山閣、平成一七年）。

*30——『府治類纂・三一・戊辰、己巳・社寺〈記録科編脩記〉』東京都公文書館蔵。准勅祭社制定の経緯については、東京都神社庁『東京都神社史料』第五輯（東京都神社庁、昭和四三年）、東京都北区教育委員会事務局生涯学習推進課文化財係『王子村　大岡家文書　調査報告書Ⅱ』（文化財研究紀要別冊第一五集、東京都北区教育委員会事務局生涯学習推進課文化財係、平成一五年）、東京都品川区『品川区史』続資料編（二）（東京都品川区、昭和五一年）参照。なおこの時、府中六所神社（大国魂神社）と鷲宮神社も准勅祭社に定められた。

*31——『東京都神社史料』第五輯、『王子村　大岡家文書　調査報告書Ⅱ』参照。

*32——『東京都神社史料』第五輯、『王子村　大岡家文書　調査報告Ⅱ』、『品川区史』続資料編（二）参照。東京城守護の他に一〇社は神祇官より府内各所における神仏混淆の取調べも命じられたりした（『王子村　大岡家文書　調査報告書Ⅱ』）。

*33——『東京都神社史料』第五輯参照。准勅祭社廃止後もこの月次祈禱と玉串献上は続けられたが、明治三年閏一〇月より年始・六・一二月にまとめて玉串献上のことが行われることとなり、祈禱については従前通り毎月行うこととされた。

*34——『記事類纂・辛未、壬申・社寺・附神官・祭礼開帳〈記録科編脩記〉自明治四年至明治五年』（東京都公文書館蔵）。これら近代神社制度の整備過程については、阪本是丸『国家神道形成過程の研究』（岩波書店、平成六年）、『東京都神社史料』第五輯、東京都神社庁『東京都神社廳史』前編（東京都神社庁、昭和五六年）参照。

*35——大蔵省管財局『社寺境内地処分誌』（大蔵財務協会、昭和二九年）、国文学研究資料館史料館『社寺明細帳の成立』（史料叢書七、名著出版、平成一六年）等参照。

*36——『神社明細簿・乾・自第一大区至第六大区　明治七年一月〈社寺課〉』（東京都公文書館蔵）、木村信嗣「神田神社」（『将門関係書類』一三）参照。なお『神田神社明細幷履歴書』（明治一一年、神田神社蔵）では、境内地として「二千八百四十八坪六合五夕　内崖地千三百十八坪八合九夕」と記載されている。

*37——本居豊頴『神田神社由緒略記』本居豊頴、明治二五年、三頁。

*38——府社・郷社神官の処遇の顛末については阪本是丸前掲書、安丸良夫・宮地正人『宗教と国家』（日本近代思想大系五、岩波書店、昭和六三年）参照。

*39——阪本是丸前掲書、安丸良夫・宮地正人前掲書、『秘書＊進退録　冊ノ一（明治五年）』（東京都公文書館蔵）参照。なお四年五月一四日より五年五月八日までの期間、元准勅祭社の一社・王子神社では神主・大野家等へ浦和県より「神官新任迄当分王子社奉仕申付候事」（『王子村　大岡家文書　調査報告書Ⅱ』、一七一頁）と申し渡されている。おそらく他の神社も神職は据置きであったと思われる。

*40——日枝神社、芝大神宮の祠官には、神田息胤や常世長胤など神祇省・教部省出身の人物が就任し、祠掌は元神主樹下資政と大野義等（元別当・金剛院等海が還俗）が就任した。

*41——神田神社の祠官・祠掌については、岸川「神田神社（神田明神）神職について」（『神道研究集録』第一七輯）参照。

*42——安丸良夫・宮地正人前掲書参照。

*43——長谷川千則『府県郷村社神職必携　前編　全』（報光社、明治三二年三版）参照。

＊44――岡田莊司『日本神道史』（吉川弘文館、平成二二年）、『①社寺＊宗教法人雑件　神社祠宇四の一』（東京都公文書館蔵）参照。

＊45――阪本是丸前掲書、安丸良夫・宮地正人前掲書、『日枝神社史　全』、長谷晴男『神社祭祀関係法令規程類纂』（国書刊行会、平成元年）、『王子村　大岡家文書　調査報告書Ⅱ』、『品川区史』続資料編（二）参照。

＊46――『神田神社記録』、『江戸神田明神社殿平面図』（神田神社蔵）参照。

＊47――安丸良夫・宮地正人前掲書参照。

＊48――「神田明神地誌調」（『寺社書上　湯嶋神社書上、一』）。また斎藤月岑が編纂した『東都歳事記』の六月晦日条にその次第が見られる。「〇夏越の祓　閏月あれば閏月に行ふ。橋場神明宮社前の川辺に於て執行あり。諸人群集す。亥の半刻に終る。佃島住吉明神社　芝神明宮（酉上刻）　神田明神社（戌上刻）　新川太神宮　鳥越明神社　五條天神宮（下谷）　飯田町世継稲荷神社（酉上刻）　其外諸神社にあり。神前祝詞を奏し、神輿興行あり。神事終りて参詣の輩茅の輪を越さしむ。河辺に隔りたる所には、盥に水をもりて、身曾貴川に比するなり。〇此日庶人紙を以て衣類の形に切て撫ものとし、川へ投ず」（斎藤月岑・著、朝倉治彦・校注『東都歳事記』2（原本は天保九年発行、平凡社、昭和四五年、一三八～九頁））。

＊49――長谷晴男『神社祭祀関係法令規程類纂』参照。

＊50――『王子村　大岡家文書　調査報告書Ⅱ』参照。

＊51――木村信嗣「神田神社」（『将門関係書類』一三）参照。

＊52――明治六年の太々神楽は八月に延期された。明治六年の太々神楽については、木村信嗣「神田神社」（『将門関係書類』一三）、斎藤月岑著・今井金吾校訂『定本　武江年表』下（筑摩書房、平成一六年）、「神田神社大神楽執行ノ件」（『壬申正院御用留』明治五年、東京都公文書館蔵）、南谷美保「明治四年から五年にかけての東儀文均の生活――『楽所日記』にみる明治初年の伶人の日々」（『四天王寺大学紀要』第四七号、平成二一年三月）を参照。その後「四月ノ神楽ノ節、又ハ九月ノ大祭ノ節等ニ舞楽或ハ東遊ナト雅楽師参向ニテ奏セラル、事アルナリ。」（木村信嗣「神田神社」（『将門関係書類』一三））と、九月の神田祭の際にも舞楽が行われた。

＊53――長谷晴男『神社祭祀関係法令規程類纂』参照。明治八年神社祭式の制定過程等については、阪本是丸前掲書、高原光啓「式部寮達「神社祭式」の制定過程」（『神道宗教』第一九三号、平成一六年一月）参照。

＊54――長谷晴男『神社祭祀関係法令規程類纂』参照。

＊55――内閣記録局『法規分類大全』第二六巻、社寺門（第一編）（明治二四年、原書房、昭和五四年）、安丸良夫・宮地正人前掲書参照。

＊56――『東京都神社史料』第五輯参照。

＊57――内閣記録局『法規分類大全』第二六巻参照。

＊58――以下、東京府及び氏子町の変遷については、東京都『区政沿革』（東京都、昭和三三年）、吉原健一郎『江戸の町役人』（吉川弘文館、平成一九年）、片倉比佐子『大江戸八百八町と町名主』（吉川弘文館、平成二一年）、人文社編集部『江戸から東京へ　明治の東京』（人文社、平成八年）参照。

＊59――小木新造『東京庶民生活史研究』（日本放送出版協会、昭和五四年）参照。

＊60――松山恵『江戸・東京の都市史――近代移行期の都市・建築・社会』（東京大学出版会、平成二六年）、『新編　千代田区史』区政史資料編（千代田区、平成一〇年）参照。

＊61――東京市日本橋区役所『日本橋区史』第二冊（大正五年）、中村薫『神田区史』（神田公論社、昭和二年）、日本橋二之部町会連合会『日本橋二之部町会史――町の礎』（日本橋二之部町会連合会、昭和四一年）参照。

＊62――『講社及教院遷座遥拝《並》私祭社堂葬儀〈社寺掛〉』明治七年、東京都公文書館蔵。将門公の祭神問題については、拙稿「将門信仰と織田完之」（『國學院大學大學院紀要――文学研究科』第三四輯、平成一五年三月）参照。

＊63――『新聞雑誌』第一九八号、明治七年二月八日参照。

＊64――『新聞雑誌』第二二一号、明治七年三月二六日参照。

＊65――『神田神社明細帳　附《並》　附属神社明細帳』（明治二五年、神田神社所蔵）、『講社及教院遷座遥拝私祭社堂葬儀　第四編』（明治七年、東京都公文書館蔵）、『東京日日新聞』明治七年八月一七日参照。

*66——本居豊穎『諄辞集』(会通社、明治二八年)、『読売新聞』明治一一年一一月一四日、『神田神社明細帳　附　附属神社明細帳』参照。明治天皇陛下の御親拝については、拙稿「東京奠都と神田祭——明治初年の神田祭の変遷を素描する」参照。

*67——「神田明神祭礼調」『順立帳・明治二年・三一』東京都公文書館蔵。神田神社の氏子町・雉子町の町名主をつとめた斎藤月岑の日記の明治元年一一月にも「一一、祭踊等差止昨日御沙汰付相達し候。(中略)十二、(中略)踊出し差止御受書出す。」(西山松之助「斎藤月岑の明治」『史潮』第一〇六号、昭和四四年三月、四八頁)という記事が見られる。明治二年の神田祭について、斎藤月岑『武江年表』に「〇同一五日、神田大神祭礼。晴天にして五半時出輿、夕八半時還輿あり(町々、車楽・附まつり等これなし)。道筋は一昨年に同じ。」とある(斎藤月岑著・今井金吾校訂『定本武江年表』下、二一五頁)。

*68——今井金吾『定本　武江年表』下参照。

*69——『神田神社季秋大祭神幸路次之図』(神田神社蔵)参照。なおもう一つの天下祭である日枝神社の山王祭は、二年より八年まで毎年行われた(『日枝神社史　全』参照)。

*70——今井金吾『定本　武江年表』下参照。

*71——本居豊穎『神田神社由緒略記』二頁。

*72——今井金吾『定本　武江年表』下、『東京日日新聞』九月一六日参照。

*73——木村信嗣「神田神社」(『将門関係書類』一三)、『神田神社季秋大祭神幸路次之図』参照。

*74——今井金吾『定本　武江年表』下、青木宏一郎『明治東京庶民の楽しみ』(中央公論新社、平成一六年)参照。

*75——本居豊穎『神田神社由緒略記』、西山松之助「斎藤月岑の明治」、「郵便報知新聞」明治七年九月一四日、「官准教会新聞」明治七年九月一九日(安丸良夫・宮地正人『宗教と国家』)参照。

*76——違式詿違条例については、東京都『東京市史稿』市街編・第五三(東京都、昭和三八年)、小木新造前掲書、百瀬響『文明開化　失われた風俗』(吉川弘文館、平成二〇年)参照。

*77——東京都『東京市史稿』市街編・第五五(東京都、昭和三九年)参照。

*78——東京都『東京市史稿』市街編・第五五、同・第五六(東京都、昭和四〇年)、同・第五八(東京都、昭和四一年)、東京都神社庁『東京都神社史料』第五輯参照。

*79——『祭典開帳境内観物小屋掛奉納・丙』(明治九年、東京都公文書館蔵)参照。

*80——『東京日日新聞』明治九年九月一六日、『郵便報知新聞』同参照。

*81——本居豊穎『諄辞集』(会通社、明治二八年)参照。なお江戸時代において、所見の記録を見るかぎり社殿における例大祭のような神事は、前日の一四日に斎夜神事であった。斎夜神事では、神主と社家が布衣、白丁等の徒者とともに社殿にて祝詞を奏上し神楽を執り行っていた(木村信嗣「神田神社」『将門関係書類』一三、斎藤月岑・著、朝倉治彦・校注『東都歳事記』二参照)。

*82——『明治十三年九月十五日　神田神社御祭礼番附』(神田神社蔵)、『読売新聞』明治一三年九月一六日参照。

*83——『郵便報知新聞』明治一五年一〇月一六日。

*84——『読売新聞』明治一三年八月一一日、明治一六年六月一五日と一七日、七月八日、九月二二日、『郵便報知新聞』明治一四年五月一二日、八月一五日と一六日、明治一五年九月二七日参照。

*85——『読売新聞』明治一六年六月一五日、一七日参照。

*86——『明治十七年九月十五日　神田神社御祭礼番附』(神田神社蔵)参照。

*87——『回議録・社寺雑件(社寺掛)明治十七年一月』(東京都公文書館蔵)、『郵便報知新聞』明治一七年九月五日、『読売新聞』明治一七年九月五日参照。

*88——『読売新聞』明治一七年九月一一日。

*89——江戸時代の浅草三社権現の三社祭では、三月一七、一八日に氏子町々の山車や附祭が巡行し、一八日神輿が渡御しており、ほとんど別の道筋を

巡行した（網野宥俊『浅草寺志』下巻（浅草寺出版部、昭和一七年）、松浦静山・著、中村幸彦、中野三敏・校訂『甲子夜話　二』（平凡社、昭和五二年）参照）。天下祭以外の多くの江戸の神社祭礼では、三社祭のように神輿と山車附祭の巡行路が違ったのではなかろうか。そして明治以降の神田祭の巡行路に影響を与えたのかもしれない。両者の関連性を明らかにすることは今後の課題としたい。

*90——『東京日日新聞』明治一七年九月一七日参照。

*91——『御届明治二十年九月　日　神田神社御祭礼番附』（神田神社蔵）参照。

*92——『時事新報』明治二〇年九月一三日参照。

*93——『東京朝日新聞』明治二二年九月一四日、『読売新聞』明治二二年九月一四日参照。この年の神田祭でも雨にたたられ、九月一四日に雨が降ったため、一五日より神輿渡御が始められ、一八日まで延長された（『東京日日新聞』明治二二年九月一七日参照）。

*94——木下直之、福原敏男『鬼がゆく　江戸の華　神田祭』（平凡社、平成二一年）、花涙生「神田市場創始二百年祭」（『風俗画報』第一七四号、明治三一年一〇月）、木下直之『戦争という見世物　日清戦争祝捷大会潜入記』（ミネルヴァ書房、平成二五年）等参照。

*95——本居豊頴『神田神社由緒略記』、『往復録・社寺〈第三課〉』（東京都公文書館蔵）参照。

*96——『庶政要録・種合ノ部〈第五課社寺掛〉』（東京都公文書館蔵）参照。

*97——『東京朝日新聞』明治二五年四月一日。

*98——『読売新聞』明治二四年六月一四日、八月一二日、二五年六月六日、『東京朝日新聞』明治二六年五月一〇日、六月七日、六月二五日、『都新聞』明治二七年五月一七日参照。

*99——『東京朝日新聞』明治二五年三月一八日。

*100——畑市次郎『東京災害史』（都政通信社、昭和二七年）、『東京朝日新聞』明治二五年四月一二日参照。

*101——『東京朝日新聞』明治二五年五月一三日。この年の神田祭は、一四日に雨が降ったため、一日延長された（『東京朝日新聞』明治二五年五月一五日）参照。

*102——『読売新聞』明治三三年五月一二日、一四日、一六日、『東京朝日新聞』明治三三年五月一三日参照。

*103——『都新聞』明治三二年八月一〇日、『東京朝日新聞』明治三四年六月六日、一〇日、一二日、明治三五年三月一五日、明治三六年六月一六日、明治三九年五月九日参照。

*104——『読売新聞』明治三一年九月一五日。

*105——『読売新聞』明治三三年五月一四日、一六日、『東京朝日新聞』明治三五年五月一五日参照。

*106——木下直之、福原敏男前掲書参照。

*107——『東京朝日新聞』明治四五年五月八日。

*108——『読売新聞』明治三八年一〇月一二日、『東京朝日新聞』明治四一年九月一六日参照。

*109——前掲注105と同じ。

*110——江都天下祭研究会神田倶楽部『四〇〇年目の江戸祭礼——その風景と情熱の人々』（武蔵野書院、平成一六年）参照。

*111——平出鏗二郎『東京風俗志』（八坂書房、平成三年、原本は明治三一年）参照。

*112——『東京朝日新聞』明治三三年五月一七日。

*113——『読売新聞』明治一一年八月一六日、明治二九年八月一八日、明治三二年六月一一日、『東京朝日新聞』明治二九年八月一八日、明治三一年五月一七日、同九月二一日、明治三二年六月一五日、明治三三年五月一七日、明治三五年九月一七日、明治三九年八月一七日参照。

*114——『読売新聞』明治一六年六月一五日、『東京朝日新聞』明治三七年六月一四日参照。

*115——『東京朝日新聞』明治三一年五月一七日参照。

*116——『東京朝日新聞』明治三五年五月一七日、明治三九年五月一三日参照。

＊117――『読売新聞』明治三九年五月九日、明治四一年五月一四日、明治四五年五月一五日参照。
＊118――『東京朝日新聞』明治四二年八月一一日、『読売新聞』明治四二年八月一一日、八月一四日、八月一五日参照。
＊119――『読売新聞』大正四年一一月一四日、松木伸也『富岡八幡宮の御祭神と深川八幡祭り』（平成二四年）参照。
＊120――『読売新聞』大正四年六月一五日、一一月一四日参照。
＊121――『読売新聞』大正九年一一月六日、『東京朝日新聞』大正九年一一月六日参照。
＊122――『神田神社年中行事　大正九年一月～一二年四月』（神田神社蔵）、『江戸祭礼集（千社札張込帖）』（神田神社蔵）、『大正十年江戸天王祭写真帖』（神田神社蔵）参照。
＊123――江都天下祭研究会神田倶楽部『明神様の氏子とお神輿』（武蔵野書院、平成一三年）参照。
＊124――『都新聞』大正七年五月一五日。
＊125――『読売新聞』大正四年六月一五日参照。
＊126――『都新聞』大正六年六月八日参照。
＊127――『読売新聞』大正一一年五月九日、『都新聞』大正一一年五月一五日参照。
＊128――『神田神社鳳輦其他写真　大正一一年五月』（神田神社蔵）参照。
＊129――『御神幸に付御注意』（大正一一年五月、神田神社蔵）参照。
＊130――『都新聞』大正一一年五月一五日参照。
＊131――前掲注128と同じ。
＊132――『昭和九年神田神社大祭神輿渡御路次図　第一日～第六日』、『昭和九年五月神輿巡行日割』、『昭和九年五月神田神社渡御祭行列』、『昭和九年五月　本殿遷座祭渡御祭　両儀ノ概要』（ともに神田神社蔵）、伊藤裕久、本田友一郎、山野信彦「江戸・東京の祭礼空間」（『GLASS & Architecture』winter2000、平成一二年）、伊藤裕久「江戸・東京の祭礼空間――伝統都市の文節構造――」（『年報都市史研究』一二、平成一六年）、同「神田祭の変遷とコミュニティ」（『都市問題』一〇四巻九号、平成二四年）、江都天下祭研究会神田倶楽部『明神様の氏子とお神輿』参照。
＊133――タカシ・フジタニ『天皇のページェント――近代日本の歴史民族誌から』（日本放送出版協会、平成六年）、小田博志『エスノグラフィー入門――〈現場〉を質的研究する』（春秋社、平成二一年）参照。

第11章

明治初年の東京と霧島神宮遥拝所

松山 恵

はじめに

本章では、〝明治神宮以前〟の、近代東京におけるあらたな宗教施設の誕生について考える。

かつて筆者は、明治初年[＊1]の東京で日本各地の神社遥拝所（「諸神社遥拝所」）が一般の私有地に数多く誕生する現象について検討を加えた。

以下しばらくこの拙稿[＊2]（以降、先稿と記す）の概要を述べると、右の現象は、明治新政府・教部省が民衆教化運動の一翼を担わせるために、既存神社の「分社」などと並立するカテゴリーとして「遥拝所」を積極的に位置づけなおした結果であった。「諸神社遥拝所」は、こうした宗教施設の制度上の序列のなかで比較的低位に置かれる一方で、見た目や機能は既存神社と大差はなく教化運動に活用可能なものであって、明治初年の東京でそれが簇生した背景のひとつには当時教部省で実権をにぎったいわゆる薩摩派の関与が疑われた。他方、これらの遥拝所が現実に姿を現すにはさまざまな民間のかかわりが必須であり、地元では民衆教化というよりも、幕末維新の変動によって大量に放出された武家地（跡地）を再開発するツールとしてとらえ返されることも多かったとみられる。こうした種々の期待を集めつつ「諸神社遥拝所」は簇生したものの、公権力にとっては結局のところ民衆教化に効果的な手段とはならず、教部省行政の終盤の時期にはその整序が図られていく。そこでは、神社そのものの性格をどのように定義するのか（具体的には「邸内神社」と「公共神社」の弁別）といった本質的な問題も提起されており、これら「諸神社遥拝所」盛衰の流れのなかに、近代神社の特質をくわしく明らかにする手がかりがあるのではないか、と論じた。

もっとも、先稿では、以上のような大まかな見取り図を描くにとどまり、史料的な制約もあって精査できていない事柄も多かった。本章では、「諸神社遥拝所」のうち霧島神宮遥拝所を素材に、当該地所のあり方にこだわる定点観測的な方法[＊3]をとることで、その誕生をめぐる政治的・社会的な動き、またそれらの都市史的意義について考察することにしたい。

一　三田四国町一番地について――薩摩藩邸・救育所・霧島神宮遥拝所

本格的な検討に入る前に、本節では、ケーススタディの対象とする霧島神宮遥拝所の概略をおさえておきたい。

霧島神宮遥拝所は、明治六年（一八七三）七月二七日に福島嘉兵衛と石神喜平次・石神豊民［＊4］の三名によって福島の所有する東京府下第二大区八小区三田四国町一番地（当時）への創建が東京府に申請され、教部省での裁可を経て同年八月二九日には公許が下りるものであった［＊5］。

三田四国町という町は江戸期には存在しない。これは明治に入り、身分制の解体によって武家地や町人地などの地域割が廃止されるにともない、明治五年にあらたに一帯の武家地を合併して誕生したものであり［＊6］、現在のＪＲ田町駅の北側、港区芝二丁目～同五丁目にまたがる広域のエリアに相当する［図1］。幕末期には、薩摩・徳島・挙母・鳥取新田の、以上四藩の大名屋敷ばかりによって占められていた［図2］。三田四国町のなかでも一番地はその大半を占め［図3］［＊7］、とくに薩摩藩が江戸期を通じて屋敷をかまえたところを主とするものだった。つまり、霧島神宮遥拝所は、前近代から本社（霧島神宮）の中心的な崇敬主体である島津氏の江戸－東京におけるゆかりの地に創建されるものだったことがわかる。

しかしながら、幕末から明治期にかけて、薩摩藩ないし島津氏自身がこの地を利用する状況がそのまま継続したわけではなかった。当該地所は、江戸幕府の打倒を目指して種々の挑発行動を起こす薩摩藩浪士組に対し、市中取締の庄内藩士らが襲撃して焼失させた、いわゆる薩摩藩邸焼き討ち事件（慶応三年一二月二五日）のまさにその現場にあたる。これらの事件を直接の引き金として幕府は討薩を上表し、まもなくの翌慶応四年（一八六八）一月には京都に進軍を始め、一連の戊辰戦争へとつながっていくことは周知のとおりである。明治維新をへてもふたたび当該地所が薩摩藩・島津氏の利用に復

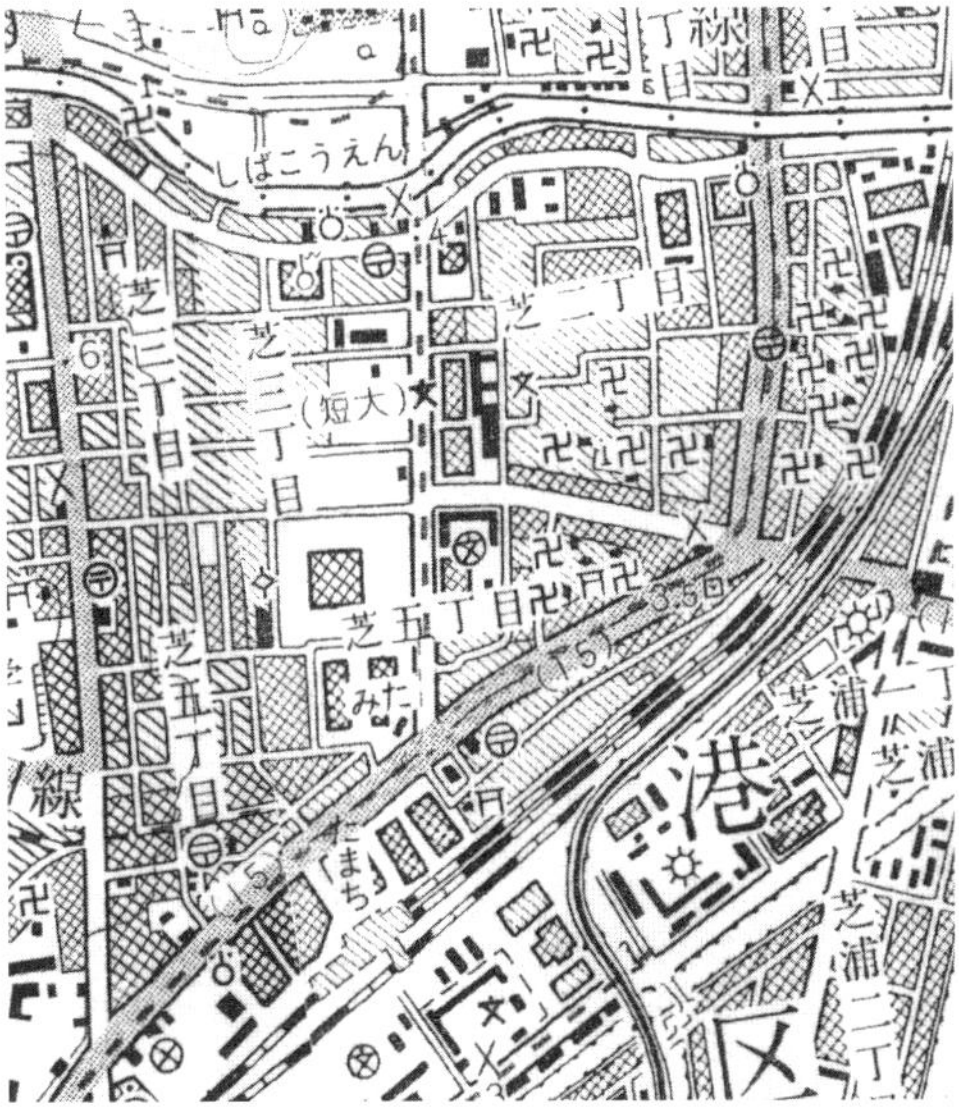

図1：旧三田四国町一帯の現在の様子
図の範囲は、後掲図2・図3とほぼ同じ。
二万五千分一地形図「東京西南部」・「東京南部」、国土地理院

することはなく、双方の深いかかわり（地縁）は途切れることとなった。

さらに、霧島神宮遥拝所が創建される以前の明治二年四月から同四年一〇月にかけて、じつのところここには東京府が「救育所」を設置していた。救育所とは貧窮民を収容するための施設であって[＊8]、たとえば当該期の東京府から正院への上申によると、市中には「脱籍漂泊之徒・乞食」が二〜三ヵ月の間にあらたに「数百人」も流入してくる状況が起きていた[＊9]。ここからは、幕末維新の変動にともない大名やその陪臣の多くがこの地を離れていったのとは裏腹に、江戸―東京の外部からも生活の手段を失った人びとが続々と移住してくるという、殺伐とした明治初年の東京の姿がみてとれよう。なお従来、明治初年の貧窮民の受け皿については明治五年一〇月創立の養育院に主たる関心がはらわれる一方で、救育所については史料上の制約もあり未詳な点が多く、たとえば救育所の廃止から養育院創立までの貧窮民対策の空白をいかに評価するかに関して、これまでは当時喫緊の政治課題であった戸籍編成が一段落したことで中途で放棄され、

図2：幕末期における（のちの）三田四国町とその周辺
図中、「松平修理大夫」「松平阿波守」「内藤山城守」「松平伊勢守」のところがそれぞれ、薩摩・徳島・挙母・鳥取新田の藩邸にあたる。
「芝三田二本榎高輪辺絵図」文久元年。ここでは『嘉永・慶応江戸切絵図』（人文社、2000年）所収のものを使用した。

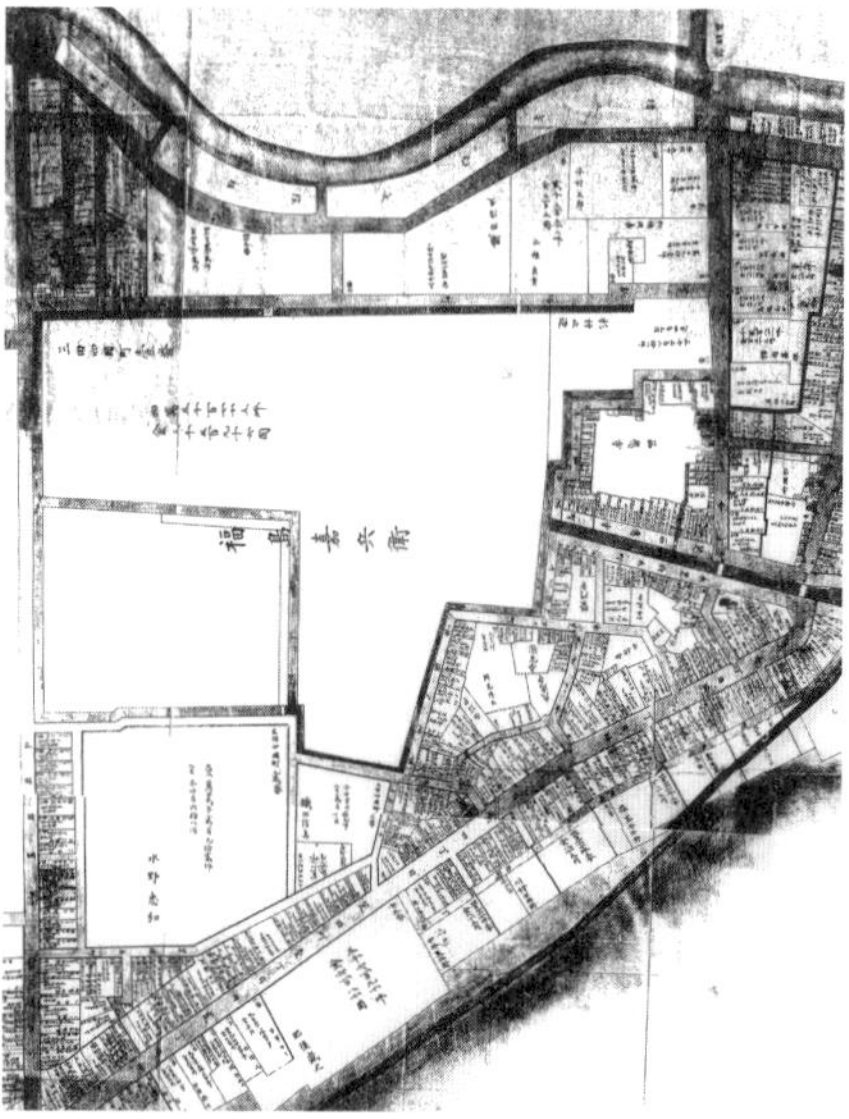

図3：明治初年における三田四国町一番地と周辺
図中央の「福島嘉兵衛」区画全域が一番地となる。「六大区沽券図」明治6年、東京都公文書館所蔵

そうした機能を負う施設も東京からは一時消滅したかのようにイメージされてきた［＊10］。しかし事実上の東京遷都のなかで、こうした貧窮民対策もまたきわめて重要な政治課題・社会問題だったことに変わりはなく、くわしくは次節で述べるように、この間にはじつは固有の受け皿が存在していた。こうした近代初期の貧窮民施策の舞台としても、当該地所は因縁深い。

ところで、霧島神宮遥拝所創建の申請・公許のなされた明治六年時点でこの土地を所有していたのは、さきにもふれたように願人のひとりである福島嘉兵衛だった（前掲［図3］）。申請書では、残り二名の願人（石神喜平次・豊民）が「数十代島津家旧臣ノ者」であるとともに、福島についても「旧薩州邸地主福島嘉兵衛儀モ是又旧恩ノ者」とされ［＊11］、創建に関わることの正当性が強調されていた。

しかしながら、じつに四万五千坪あまりにも及び、また一旦は東京府の救育所でもあった当該の地所を、この福島はいかにして手に入れることができたのだろうか。また他のふたりのように直属の家臣ではないまでも、旧薩摩藩邸を所有し、かつ霧島神宮遥拝所の創建を申請するに足りうる、彼と薩摩藩のあいだで築かれていた「旧恩」関係とはどのような性格のものなのであろうか。

二　福島嘉兵衛という人物

本節ではこの福島嘉兵衛の性格を明らかにすることを通じ、明治初年東京における「諸神社遥拝所」誕生の背景——政治的・社会的基盤——にせまることにしたい。

戊辰戦争における活躍

〈史料1〉［＊12］（傍線部筆者、以下同じ）は、薩摩藩士の樺山休兵衛が著した、戊辰戦争における薩摩藩小荷駄方の出軍記録の一部である。このなかで「人足頭福島屋嘉兵衛」と記される人物こそが、じつはのちに霧島神宮遥拝所創建を願い出る福島その人となる［＊13］。

〈史料1〉

去年（慶応四年—引用者註）正月三日晩、京ゟ伏見・鳥羽口戦争相始り、当夜御所江御供ニ而翌未明ゟ右両所斥候役致承知、砲戦中江混入、同五日ニは八番隊監軍ニ而淀辺ゟ関門台場迄致進撃居候処、御用有之、急速致帰陣候様承知、夜寅刻過迄罷帰、翌朝一役之小荷駄奉行被仰付、即刻ゟ東寺辺迄差越、種々手を廻し候処、人足頭福島屋嘉兵衛名前之者尋当り、則ち夫・卒曳集淀口江列越、弾薬・兵食等之運送は勿論、諸分捕之大・小砲兵器等邸中江持運、同九日大坂城進撃ニ付而も諸所江滑迦居候川船五六拾艘致探索、諸隊送出致下坂候処、疾城（大坂城―引用者註）内之賊兵致退散居候故、著陣、東本願寺江差入宿陣割立、夫丸屯所等相定手伝召仕、諸所残賊尋方旁手を付候処追々相分り、且古来御出入之政田屋も寄来候故双方（福島屋と政田屋―引用者註）之人夫も許多相集……福島屋夫・通夫四拾人余被召付、則ち旗旌・合符・挑灯等誂、其外日用の雑具差当所持之品取合軍旅之用度相調（以下略）

戊辰戦争の緒戦となった鳥羽・伏見の戦いの幕が慶応四年（一八六八）一月三日に切って落とされたのち、薩摩藩では同五日に前線の監軍樺山をあらたに呼び戻し、次の大坂進攻にむけて兵器や食糧の前送・補給といった兵站業務、および輸送手段の確保などをつかさどる小荷駄奉行に任じる。いうまでもなく、戦争は戦闘行為だけで成り立つものではなく、こうした裏方の働きこそが勝敗を決する重要な条件であった。樺山は、それらの遂行に必要な多くの人夫を確保するため、京都の東寺辺りでさまざまな手を尽くして福島を探し出す。くわしくは後述するように、彼は単純な肉体労働に従事する人びとの供給を請け負う特殊な商人であって、その本来的な職能として江戸の市中はもちろん、江戸と京都、あるいは大坂にまたがる人夫調達のネットワークをもっていたと考えてよい。

こうした福島の存在を抜きにしては樺山、ひいては薩摩藩は戦いをうまく運べなかったといっても過言ではないだろう。史料1からは弾薬・兵食等の運搬はもちろん、幕府軍側から奪い取った大砲や小砲（小銃）などの兵器類の持ち運びなどの下働き一切を、福島以下、彼の手配した人夫らが行っていたことがわかる[＊14]。

さらに、鳥羽・伏見の戦いののち、岩倉具視の次男・具定を総督、板垣退助を参謀として組織された新政府の東山道（中山道）軍においても、福島の手下あるいは調達の通日雇たち（「福島屋夫」「福島屋大・小差」、「福島屋通夫」など）が一〇名から数十名の単位で頻繁に加わっていたことも確認できる[＊15]。

前節のおわりで述べた「旧恩」関係とは、以上のような戊辰戦争における福島嘉兵衛の働きや功績に起因するものだったことが考えられよう。

「薩州元締」――六組飛脚屋仲間・番組人宿

もっとも、このような福島と薩摩藩のつながりは、戊辰戦争以前の、近世後期の江戸にまでさかのぼるものであったことが推察される。

そもそも近世巨大都市江戸では、数多くの人足・奉公人が必要とされた。たとえば参勤交代制は直属の家臣団以外にも、国許と江戸を往復する間の荷物を運搬するおびただしい数の人夫を要し、そうした人びとの供給を請け負う商人は「六組飛脚屋仲間」とよばれたが、福島屋嘉兵衛は安政三年(一八五三)にその大芝組への新規加入を果たしている[＊16]。また、それからまもなくの安政六年には、親戚関係にある政田屋甚兵衛[＊17](芝南新門前一丁目代地・家主)の休業に際してその「跡」を「引受、家業相続」したことで、これ以後、より広い方面にわたる労働者周旋を行う「番組人宿」(七番組)も兼帯したことが確かめられる[＊18]。

この間、福島の居所は、西久保同朋町(店借)および芝湊町市右衛門店(地借)と、一貫して薩摩藩邸の位置する芝地域にあって[＊19]、彼は薩摩藩の主たる出入りであったことが疑われる。事実、慶応四年(一八六八)三月のいわゆる江戸無血開城の直前に市中の偵察を行った薩摩藩士の述懐には、「江戸の地理情況に精通し、かねて薩州の御用聞をしている江戸の福島屋嘉兵衛という人足扱いの部屋の若い者四、五名をつけ」てもらったこと、また偵察の際には福島屋の拠点のある芝界隈で嘉兵衛その人に手引きをしてもらったことなども書き残されているのである[＊20]。

さらに、福島は他の六組飛脚屋仲間や人宿がまたそうであったように、江戸以外の都市にも拠点をもっていた。やや時期の下る明治初年の記録[＊21]になるが、少なくとも大坂には「手代」(土佐堀一丁目嶋屋久蔵)がおり、また幕末維新期の一時期[＊22]には嘉兵衛自身も大坂に居所(江戸堀南通五丁目上原市蔵方同居)を有していたことがわかる。そしてたいへん興味深いことに、彼がこの時期作成した証書には、みずからの肩書を「薩州元締」と記しているのであった。なお、この時期、大坂・川口居留地では福島屋によって供給されたと見られる人足が居留外国人のもとで働いていたことも確認できるのである[＊23]。

「小義社」というミッシングリンク
――もうひとつの貧窮民施策の流れ

さて、以上のように、福島の性格を幕末維新期にかけて活躍した人宿=人夫の調達や供給に長け、また薩摩藩と固有の関係を築く人物として把握できてくると、明治初年に三田四国町一番地でたどられた紆余曲折は少なからず理解しやすいものとなってくる。すなわち、霧島神宮遥拝所が創建される以前、当該地所に救育所が設置されていたことについては前節で触れたが、救育所が経済的問題から廃止されたのち、じつのところ、その数百人にのぼる入所者（貧窮民）を受け入れる主体に福島自身がなるのである。

このことに関して、現時点で筆者が把握できている内容を表1に示した。一見して明らかなように、救育所の廃止と養育院創立までの間には一年あまりの空白期間があった。そしてこの期間、福島は廃止される高輪および三田の両救育所の地所、またその添地を無代にて拝借するなどの助成が公認されることによって、救育所に収容されていた人びとの養育（「撫育」）を全面的におこなっていく。

ここで福島が無代で拝借をゆるされた土地というのは、のちの三田四国町一番地（元三田救育所、前掲［図3］）だけでなく、幕末には川越藩下屋敷であった元高輪救育所、および両救育所の添地＝のちに三井倶楽部などが立地することになる三田綱町の旧会津藩下屋敷と二本榎屋敷（場所未詳）の、じつに一一万四千坪あまりにも及ぶものであった［＊24］。また、彼は引き受けた元入所者のうち壮健な者を市中の下水浚や土手の草取りにあたる人足として派遣するといった、いわば人宿本来の職能を発揮することも公認、期待されていく。また、併行して東京市中であらたに取り押さえられた「無籍人」の収容も、福島は一定程度引き受けてさえいたと見られるのである（表1のうち明治五年九月二〇日のところを参照）。

明治初期の東京で刊行された『新聞雑誌』の記事である史料2［＊25］からは、福島はこれらの事業を「小義社」と唱え、無代拝借する（のちの）三田四国町一番地をはじめとする土地において大々的に不動産業を展開し、また金融業もおこすことを企図していたことがわかる。さらに、この史料のおわりの方でも若干触れられているが、当時江戸－東京近郊農村向けの肥料として莫大な利潤を生んだ下肥の市中一般における汲取や消防事業にも実際に関わるとともに、米売買市場の新設（ただしこれは案にとどまる）などにいたるまで、多方面にその勢力を伸張していくのである。なお、これらの福島の行為や動向は、当然ながら種々の方面に波紋・軋轢を生じさせており、当時の都市社会の実態を明らかにするうえでも精査すべき内容を多数含んでいる。ただし、本章の趣旨からは外れるためここでは以上の簡単な指摘にとどめ、予定の別稿でくわしく論じることにしたい。

表1　福島嘉兵衛による貧窮民養育事業などの概略

		救育所の開設・廃止や養育院創立に関する動き	福島嘉兵衛による貧窮民養育事業など（抜粋）
明治2年	4-9月	4月6日、芝に貧院が設置され、4月24日には三田救育所と改称。のち、同年9月14日には麹町・高輪にも救育所が開設。	
明治3年	6月3日	高輪救育所の窮民のうち、「土方稼ノ人夫ヲ市中望ノ者ニ特定賃金ニテ提供スル旨」が布告。	
明治4年	9-10月	9月29日に三田と麹町、10月7日に高輪の救育所廃止が決定。10月13日に正式に廃止。	
	10月19日		高輪救育所廃止を受けて、入所者の引受・養育を福島が願出し、認められる。そのための助成として、救育所の土地および添地が無代で貸与、また市中一般の「大小便掃除汲取方」なども福島に請け負わせる。
	11月中		上記に次いで、元三田救育所の地所（のちの三田四国町一番地等）も無代にて福島への拝借が認められる。さらに、三田救育所に入所していた窮民のうち、働けない者199名は高輪の方へ移動させ、残り62名については三田に残して産業にあたらせる。救育所の諸器械なども福島は払い下げを希望、東京府は3年賦で返済させる方針。
明治5年	1月		窮民養育の助成の一環として福島が請け負う便所掃除（前出）に関して、今後、その進め方について福島と示談するようにとの東京府から各区御用掛へ指示。
	7月		当月（明治5年7月）現在、福島が引き受けた窮民の数は374名にのぼる。なお、「窮民助成積金」の運用（史料2参照）が図られ、浅草諏訪町にその取集所が開設。また、福島は池上弥七という人物とともに、市中の乞食らのさらなる受け入れを目的とした、米売買市場取建についても東京府に上申。
	9月20日		これまで東京市中で「無籍人」を取り押さえた場合、福島に引き渡すこともあったが、今後は停止する方針（東京府から警保寮への上申）。
	10月	ロシア皇子来訪にともない、東京市中から「乞食浮浪」の一掃が計画。東京府知事から営繕会議所（かつての町会所）にその方法に関する諮問がなされ、「日雇会社」設立などのいわゆる「救貧三策」が答申される。	
	10月15日	上記・皇子来訪のため、急遽、本郷の旧加賀藩邸内に「窮民・乞食ノ徒」らを収容。これが養育院の濫觴となる。なお、収容者の実際の取り扱いは旧非人頭の車善七（長谷部善七）が行う。のち浅草溜に移転。	
	10月29日		第4大区2小区は、区内の下水浚について、福島および長谷部善七へ依頼する考えを東京府に上申。
明治6年	2月4日	養育院が上野公園内（護国院跡）に落成。浅草溜から収容者を移動させる。	

	2月		日吉町出火の際、福島の手下63名が消火にあたり、東京府から消料を受領。当月頃から福島の人足が市中各所で営繕会議所による下水浚にたびたび従事。
	3月	元救育所の貧民のうち、「町内預ケ」になっていた者たちに対する米銭支給を廃止し、うち「極貧ノ者」については養育院に入所願を提出させる旨の布達(3月31日)。	
	5-10月		三田四国町1番地(元三田救育所)の土地払い下げ交渉が進展し、10月8日に正式に福島が所有者となる。この間、福島の手下(元救育所入所者)によって複数の路地が開発(後掲図4参照)。
	9月12日		市ヶ谷陸軍省の下水浚方御用を福島が請け負う。
明治7年	2月3日	会議所が行う市中の道路補修には、前出の「日雇会社ノ窮民」を使用することが決定される。	

注9・24の東京都公文所館所蔵史料などから作成

〈史料2〉

今般、福島嘉兵衛ナル者発起ニテ、上村扶公、五十川央、河田守善、松田利夫、長尾喜内、船橋権右衛門等申合セ出願イタシ東京三田元救育所、其他地所数区ヲ拝借シ、小義社ト唱ヘ、窮民救育ノ為メ長屋幷金銭ヲ貸附各見込ノ職業ヲ営マシムル由。家賃ハ一月銭六百文ニテ之ヲ三十日ニ割合セ、一日二拾文宛世話方ノ者集ム。又貸附金利息ハ一両ニ付一匁二分ニテ、初メ貸附ノ節一匁二分ヲ引、銭五拾八匁八分ヲ渡シ、日々銀二匁宛三十日ニ取立テ、此余十両迄右ニ準スト云。別ニ同社ヨリ府下所々ニ於テ両便所ヲ取立或ハ府下ノ塵芥ヲ取集メ救助ノ手当トナセリ。仕法規則書等アリテ頗ル精密ナリ。此挙追々繁盛ニ赴カバ府下ノ窮民活計ヲ得ル者定テ多カルベシ。

新政府や東京府の官職に就く人物でもない福島が、当時喫緊の政治課題でもあった貧窮民対策を全面的に担っていたこれらの事実には、率直にいって驚くほかない。しかも、それはたんなる篤志にもとづくものではなく[*26]、かつ、担い手の性格や次節で検討する現場の実相などからして、養育院創立までの経過措置的なものというよりも、むしろまったく別系統の貧窮民施策の流れとして把握するべきものといえよう[＊27]。

明治初年の東京と薩摩藩出身者

以上のようなことをなぜ福島嘉兵衛が行えたか、別のいい方をすれば福島に白羽の矢がたった理由を考えるとき、その背景のひとつにはさきに明らかにしたような幕末以来の薩摩藩との関係があったことは確実であろう。

そもそも、福島がこうした救育所のいわば民営化を担った時期（明治四年一〇月〜）というのは、東京府の府政において薩摩藩出身者がいちじるしい台頭をみせた時期であった。明治四年（一八七一）七月の廃藩置県の前後より、東京府でも政治情況の余波を受けた官員（奏任官以上）の大幅な移動が行われ、そのうち知事職こそは旧政権への慕情をもつ一般の人びとへの配慮から幕臣出身の大久保一翁などが据えられたものの、上層官員は薩摩系によって固められ、その強い影響力は治安部門（たとえば東京の邏卒制度が薩摩藩出身者数千名を主たる担い手として始まったことはよく知られる）にとどまらず、府政の多方面にわたっていたことが指摘されている[＊28]。

福島の活躍の背後に、具体的にどの薩摩藩出身者がいたのか、またいかなる意向にもとづくものだったかは現時点では特定できないものの、以下いくつか断片的なエピソードを紹介しておきたい。

たとえば、〈史料3〉[＊29]は、当時のいわゆる留守政府の参議・西郷隆盛が、東京府参事の職にあった黒田清綱に送った書翰（明治五年三月二〇日付）の一部となる。

〈史料3〉

郷田儀、福島嘉兵衛と申す者の屋敷内へ移転の由、右に付いては、市中抔にては、嘉兵衛策を以て郷田を取り込み候抔と、風説もこれあり候。若しや、風説通り嘉兵衛より貰い受け候事共これありては甚だ以て相済まず……得と御探索成し下されたく、是又御願い申し上げ候。当分薩摩芋の評判、市中にて宜敷御座候処に乗じ、其の際賄賂相受け取る次第共相行われ候ては取る処もこれなく候に付き、何分此の儀は大切の儀と存じ奉り候間、三島君（三島通庸のこと—引用者注）へも御談合成し下され、事実慥かに相分り候様、御手を付け下されたくと願い奉り候（以下略）

右の内容そのものは「郷田」（薩摩藩出身者、邏卒）が福島に籠絡されているとの風説に関し、これが薩摩藩出身者に依然根強い反感をもつ東京の人びとのあいだに波紋を生じさせるものとならないよう、西郷が心配した内容となるが、逆にいえば、福島の邸内で、しかも正式払い下げ（後述）以前の三田綱町の屋敷に薩摩藩出身者が居住するという、彼と薩摩閥の間の親密さを窺わせるものといえよう［＊30］。他方、こうした両者の親密な関係は、後述する霧島神宮遥拝所創建に関して明治六年（一八七三）七月一七日、この約半年前まで東京府参事をつとめ府政の主導的立場にあった三島通庸（教部省大丞）が福島らの申請予定の件をわざわざ先回りをして、府参事らに「御心得」とした事前申し入れを行っていたエピソードからも確認できる［＊31］。

当時の東京の人びとは、薩摩藩出身者および彼らが互いに縁故を駆使してその勢力を都市社会の多方面へと伸張する状況に対し、「薩摩芋」（なお、史料3で西郷はこの表現を逆手に使用している）や「薩摩の芋づる」などと非難したが［＊32］、ここまでみてきた福島嘉兵衛の活躍や台頭もまさにそうした基盤のうえに成り立つものであったのではなかろうか。江戸の民衆世界に通じ、人足などの差配にも長ける福島は、東京の実情に疎い薩摩閥らがこの巨大都市を支配していくにあたり、少なくとも当初の一時期には欠くことのできない人物だったともいえるのかもしれない。

ひるがえって、今後、明治初年（とくに明治四年～）の東京の変容に関し、とりわけこの時期払い下げなどがなされた武家地（武家地跡地）の空間や社会の再編問題を考察するにあたっては、薩摩藩関係者、あるいはそれとの関係を駆使した人物の影響という視点からも検討していく必要があろう。

三　霧島神宮遥拝所の空間と社会

さて、以上のような政治的・社会的な土壌のもと、旧薩摩藩邸（三田四国町一番地）に創建される運びとなった霧島神社遥拝所とは一体どのような実態や機能を有するものであったのだろうか。本節では現時点で筆者が把握できている史料をもとにそれらを素描することにしたい。

三田四国町一番地の開発過程

まず三田四国町一番地の当初の姿について、明治五年（一八七二）六月に「窮民引請人・小義社」とその肩書きに記す福島嘉兵衛から第二大区役所に提出された書類［＊33］によると、当該地所には二八棟(総建坪二六六四坪七合五勺)と比較的多くの建物が存在していたことがわかる。薩摩藩邸焼き討ち事件の際には邸内の建物のほとんどが焼失されたことをふまえれば[*34]、これらは救育所であったときに入所者らの収用のために建設されたものと考えられる。ただし、第二大区役所から東京府地券掛への上申書では福島がこの間に「少しも開墾不仕」ことが述べられる一方で、付された当該地所の図面によるとほぼ中央には芝居小屋(「芝居」)が当時存在していたことがみてとれる。これが救育所開設時にあったとは考えにくいことから福島が拝借したのちの半年あまりの間に設けられたものとなろう。三田四国町一番地の当初の光景は、貧窮民らの生活する複数の家屋のかたわら、外部から人びとも出入りして観劇の場が並存するという、かなり独特なものだったといえよう[*35]。

ところで、この時期(明治五年六月)は、東京府下一般でも武家地(跡地)の処分が進み、旧大名藩邸で「元来、救育所之名義」の拝借地である当該地所においても地券の交付、およびそれに並行して貧窮民らの処遇が問題となった。

以上の事柄について東京府が作成した記録がいくつか残されている。東京府の方針案は、福島嘉兵衛が拝借している土地のうち三田四国町一番地(四五一七五坪)についてはあらたに福島への払い下げ行い、また三田救育所の添地だった三田綱町の地所(三五三七五坪)についても「窮民生産場」や「嘉兵衛住宅」が現存することを理由に同様の処置をとる考えであった[*36]。これらの地所運用など(「収納高」)をもとに福島には引き受けの元入所者らを養育していくことが期待される一方、同じく彼の拝借する高輪救育所とその添地は上地が適当とされた[*37]。なお、元入所者らの今後の処遇に関しては明治五年七月現在、その数は三七四名にのぼったが、うち「老幼」には「復籍」(元々の町への預け)の処置などが図られつつも、労働力となりうる残りの一五七名については福島の「手人」、すなわち手下へと位置づける考えであったことが注目される。

以後、明治六年五月から一〇月にかけて、東京府と福島あるいは第二大区役所の間で数度のやりとりが経られたのち、基本的に以上のような府の方針案にもとづく整理が行われていった。ただしこの数ヵ月の間に、福島はみずからの手下に位置づけられた元入所者を使役して三田四国町一番地の開墾を行い、内部には多数の路地が規則正しく通されたことがわかる[図4]。このことは当該地所の払い下げ交渉にも影響し、福島はこうした開墾実績を理由に低廉な価格を要望、東京府も「開墾拝借地払下之代価ニ準」じることを決定する。つまり、当該地所がいわゆる桑茶令によって開墾された武家地跡地と同様とみなされることによって、三田四国町一番地については三〇七四円と、通常の算段（近隣の武家地との比較である「土地比隣払下」）をした場合の五〇二三円よりも、かなり低廉な価格で福島に払い下げられるという便宜が図られたことも確認できる［＊38］。

遥拝所創建にともなわれた動き
――霧島神宮出張所・三田小教院

以上のような旧救育所の地所や添地の払い下げ交渉、および入所者らの処遇と並行して、霧島神宮遥拝所の創建にむけた動きも着々と進められていた。

三島通庸の事前の働きかけ（後述）ののち、明治六年（一八七三）七月二七日に福島および石神豊民・石神喜平次［＊39］から東京府に対し遥拝所創建が申請、ついで府から教部省への上申をへて、まもなく認可は下りていた。一方、三田四国町一番地の地所も同一〇月八日には名実ともに福島の所有に帰したことが確かめられる［＊40］。

翌明治七年に入ったころから、遥拝所の創建にまつわるヒトやモノの出入りがあわただしくなり、さまざまな関係が築かれていくことになる。

たとえば同年一月末、福島は、霧島神宮とともに霧島山のいわゆる霧島六社権現を構成する霧島東神社の社宝である「霧島山天逆鉾」を遷座させることを東京府に申請した［＊41］。この間、霧島東神社の宮司などからも東京への遷座を申し出る書類が提出されて、まもなく認可が下りている。この際にも遥拝所創建の申請時と同様、福島が「島津家旧恩ノ者」であって「旁有縁訳ヲ以」ての申請であることが述べられていた。

さらに、翌二月には、浅草八幡祠官の望月光政という人物が「遥拝所中」に「小教院取立」ることで「盛大ニ仕度」との願書を東京府に提出している。それによると、遥拝所（「御社」）は二〇間×一八間の大きさであって、そのすぐそばに小教院を一〇間×八間の規模で取り立てる考えが示され、これについてもまもなく認可が下りていた。もっとも、ここに述べられるような建物がいつの時点で完成したかは定かでない。というのも、福島から府知事への上申（同三月中）によると、遥拝所はいまだ営築中とされる一方で、興味深いことに「今般右遥拝所、霧島神宮出張所ニ相成候間、官許之逆鉾出張所へ相渡度」旨があわせて報告されている。

建築の実態はつまびらではないものの、ここにいたり、旧薩摩藩邸＝三田四国町一番地には、霧島神宮遥拝所の創建と

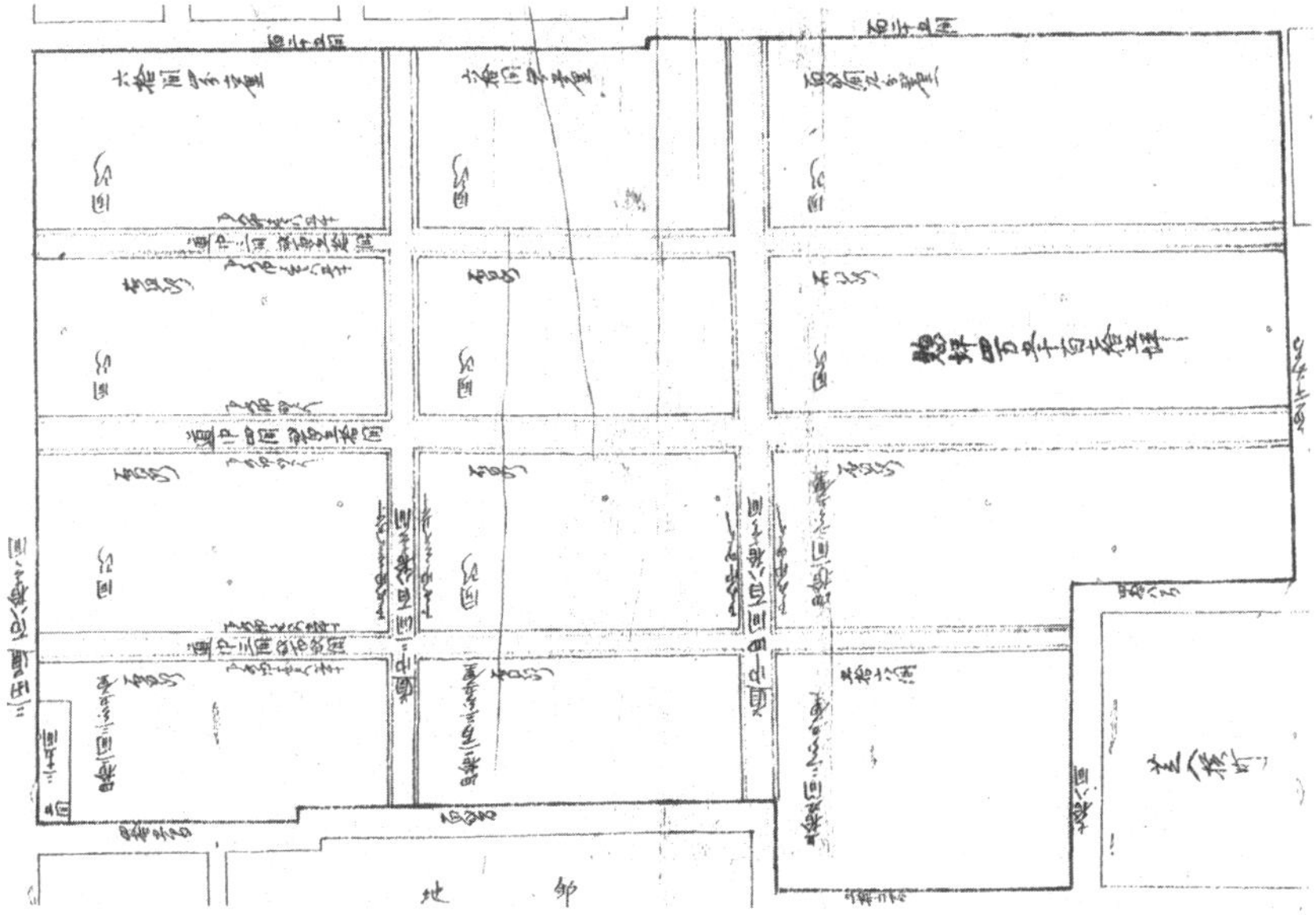

図4：三田四国町一番地にあらたに通された路地の様子
「管民願伺届・第四部〈土木〉」明治6年、東京都公文書館所蔵

いう動向を足がかりとしながら同遥拝所に加えて「霧島神宮出張所・三田小教院」という、東京における霧島神宮そのものの拠点および三田界隈の民衆教化を担う、複合的かつ地方との接点をもつ場が生成したことは注目すべき動向といえよう。

そのうち、霧島神宮本体の東京における拠点としての役割については、明治七年三月九日に霧島神宮少宮司・村山松根からも府知事に対し、遥拝所を霧島神宮の東京出張所（「本宮出張」）とし、「時々代理人」を差し出す予定であることが申請され、以後さまざまな人びとがこの遥拝所を核として形成された複合的な場に関係していくことになる。これらについて、現時点で把握している内容を表2に示した。他の神社の宮司や大名華族（関長克・内藤政憲）の教導職が業務にあたっていたことが確認できる。流動性の高さは気になるものの、霧島神宮本体の指示のもと一定の活動実態があったことはたしかといえよう。

「天逆鉾」の東照宮遷座について

前述の、天逆鉾についても以下述べておきたい。

東京への遷座が明治七年（一八七四）三月八日に公許が下りたのち、同二八日までには東京に到来していたことが確認できる。ただしすでにこの時点で、遥拝所がいまだ「営繕中」であることを理由に上野の「東照宮境内江仮屋相立」て「諸人参拝」させることが、「霧島山遥拝所並本宮（霧島神宮—引用者註）出張所兼三田小教院事務取扱」とその肩書きに記す鶴田［表2］から府知事あてに願書が提出され、実際に認められた。なお、この際あわせて提出された書類には、東京のおもだった場所（日本橋南詰・上野黒門前・両国広小路・芝新橋・浅草寺雷門前・四谷大木戸・駒込追分町・千住宿）に図5のような立札がたてられ、天逆鉾の東京遷座が市中の人びとに周知されたこともわかる。

ところで天逆鉾が座した上野東照宮といえば、いうまでもなく徳川家の菩提寺であるとともに、戊辰戦争の際には彰義隊と薩摩藩、長州藩を主体とする新政府軍の間で激烈な戦（上野戦争）の舞台となったことで知られる。それから数年しか経っておらず、いまだほとんど荒地のまま残される当地に、新政府軍側（薩摩藩）と深いつながりをもつ「霧島山天逆鉾」は一時的であれ鎮座することになった。それは、かつての東照宮の総門（通称黒門、上野戦争で焼失）から少し左手に入ったところに、あらたに一〇間×六間の規模で設けられた「拝所」へとおさめられた。しかも、その「拝所」においては、この数ヵ月前（明治七年二月一五日）に官幣大社に位置づけられた「本宮（霧島神宮—引用者註）之通」にいったんは「菊御門幕・提灯等相用」いるという装飾が施されたのである。

こうした天逆鉾の東照宮遷座、および人びとに縦覧させる試みは、当初一ヵ月間（明治七年四月一六日〜同五月一六日）の予定であったのが、まずは六〇日間、さらには同八月一五日までの日延べも認められており、一定の盛況をみたものと考えられる。

おわりに

最後に、本章の要点を簡単にまとめておきたい。

霧島神宮遥拝所の創建申請（明治六年七月）においては、当該地所がかつての江戸・薩摩藩邸の位置にあたり、またそれを薩摩藩「旧恩ノ者」（福島嘉兵衛）が所有していることが重要な根拠とされていた（先稿）。ただし、幕末維新の変革により当該地はいったん東京府用地（三田救育所）となっていたのであって、上記の申請が行われるまでにいかにこの広大な土地を福島が所有するにいたったのかが当該遥拝所、ひいては明治初年の東京に簇生した「諸神社遥拝所」の成立基盤を考え

表2:霧島神宮遥拝所、および霧島神宮出張所・三田小教院の運営等にかかわった人びと

		肩書き等	氏　名	内　容
明治6年	7月17日	教部大丞	三島通庸	東京府参事に対し、ほどなく霧島神社遥拝所建立の出願が行われることを「御心得」として事前に申し入れる。
	7月27日	第二大区小九区三田綱町一番地・平民	福島嘉兵衛	霧島神宮遥拝所の創建を願出。理由としては、これまで他県に霧島神宮遥拝所があることを聞いたことがなく、とりわけ東京の地に創建することを重視し、「旧薩摩邸、当分福島嘉兵衛御払下地所」(=三田四国町一番地)に決定。なお、石神は「数十代島津家旧臣ノ者」で、福島も「島津家旧恩ノ者」であることも強調。
		日向国都農神社権宮司兼権中講義	石神喜平次	
		海軍軍医助	石神豊民	
明治7年	1月27日		福島嘉兵衛	霧島山天逆鉾を、あらたに三田四国町の霧島神宮遥拝所に鎮座させ、一般の人びとに参詣させることを願出。
	1-3月	浅草八幡祠官	望月光政	三田四国町一番地内に、霧島神宮遥拝所に隣り合うかたちで小教院(8間×10間規模)を建設することを願出。
	2-3月	鹿児島県管下加治木・平民	森山長行	前出の福島による請願につづき、森山・押領司の両名からも、天逆鉾(「霊鉾」)を東京の人びとに参拝させる目的で、霧島神社遥拝所への遷座の願出。
		宮崎県管下・霧島山東神社祠掌	押領司篤行	
	3月9日	霧島神宮少宮司	村山松根	霧島神宮遥拝所を、霧島神宮の東京出張所(「本宮出張」)とし、「時々代理人」を差し出す予定である旨の届出。
	3月15日	事比羅神社祠掌	鶴田丹堂	今後、事比羅神社の「神務之余暇」で三田小教院の事務を行う旨の届出。
	3月27日	大講義	関長克	今後、三田小教院の事務取扱を行う旨の届出。
	3月		福島嘉兵衛	天逆鉾はすでに到来したものの、いまだ遥拝所が営築中で、また「今般右遥拝所、霧島神宮出張所」になったので、逆鉾は出張所の方に渡す旨の届出。
	3月28日	霧島山遥拝所並本宮出張所兼三田小教院事務取扱・権中講義	鶴田丹堂	上記・福島の申請に関し、すでに上野東照宮境内に仮屋を建設してそこに天逆鉾を鎮座させることの了解が関係者の間で得られており、遥拝所が営築中の間は東照宮で人びとに参拝させる旨の届出。
		同・大講義	関長克	
	3月28日	上野東照宮祠官	杉浦勝雅	上記について、霧島神宮三田出張所よりすでに連絡があり、承諾の旨を届出。
	3月28日	霧島神宮三田出張所並小教院事務取扱	鶴田丹堂	天逆鉾を東照宮にて一般の人びとに参詣させる旨の立札(後掲図5)、およびそれを日本橋南詰などの東京各所に立てることの願出。
	4月	浅草須賀神社祠掌	大田喜春成	霧島神宮からの指示のもと、多忙な鶴田(既出)に代わり、浅草須賀神社の仕事と兼務で三田小教院の事務取扱を行う旨の届出。
	4月8日	官幣大社霧島神宮三田出張所事務取扱・大講義	関長克	天逆鉾を、同4月14日に三田出張所から上野東照宮境内へと遷座させる道順を届出。
	4月25日	霧島神宮三田出張所事務取扱・大講義・従五位	関長克	天逆鉾の縦覧に際し、その上野東照宮拝所において「先規本宮之通、菊御紋幕・同提灯等」を用いることを届出(ただし、しばらくのち使用停止)。
	4月30日	第二大区三小区・華族・従五位	関長克	大講義を罷免されたため、霧島神宮出張所事務取扱いに今後は関係しないことを届出。
	8月15日	小教院掛・大講義・従五位	内藤政憲	昨日(明治7年8月14日)大教院に出頭し、三田小教院掛兼務を罷免されたので、今後は小教院および霧島山天逆鉾など関係しない旨の届出。
明治8年	4月25日	寒川神社宮司	石神喜平次	昨年(明治7年)9月に上京して、霧島神宮遥拝所で勤務していたが、同10月に寒川神社の宮司に任命されたため、除名の願を届出。

明治6年7月17日の項をのぞき、「内容」欄における願出や届出の宛所はいずれも東京府知事となる

るうえで、重要な糸口となる。

本章では右の過程を可能なかぎりくわしく把握することにつとめたが、そこからは、明治初年（明治四年～）の東京府行政において薩摩藩出身者が台頭し、またそれと縁故のある人物が当該期東京の都市社会のなかで勢力を伸ばす構図が浮かび上がる。近世後期以来、薩摩藩の出入りであった人宿の福島が、廃止された救育所の入所者数百名の養育事業を引き受けるとともに、当該地所を含めた旧救育所用地（武家地跡地）一一万四千坪あまりを無代で拝借（のち八万坪あまりは廉価での払い下げを受けて所有）するなどの恩恵を得ていた事実は、そうした構図の生成を前提としなければ理解できないものである。以上のような政治的、社会的な動向にからむ人びと、および土地の存在が、遥拝所簇生の下地となる［＊42］。

他方、霧島神宮遥拝所そのものについては、霧島神宮本体の指示のもと複数の教導職らが実際に一定の活動をし、また霧島神宮出張所および三田小教院との並存状況なども今回明らかとなった。とりわけ、ここを拠点に実現された天逆鉾の東京・上野東照宮遷座は、江戸―東京の地がもはや幕府のおさめるところではなく、外部からの移住者によっておもに構成される明治新政府――その要人には薩摩藩出身者が多数含

図5：東京各所に設けられた「天逆鉾」の立札
「講社及教院・遷座・遥拝・私祭・社堂並葬儀〈社寺掛〉」明治7年、東京都公文書館所蔵

まれる——のいわば「植民地」となったことを人びとに示した、ひとつの象徴的な出来事として注目されよう。

先稿では「諸神社遥拝所」一般における教導職ないし本社側のかかわりが十分明らかにならず、（民衆教化政策の一環としての）遥拝所失敗の要因をそれらの希薄さに求められるかのように指摘した。しかしながら霧島神宮遥拝所の実態はこうした見立てに再考の余地があることを示しているといえ、先稿で指摘した「公共神社」の生成をはじめとする、「諸神社遥拝所」の衰退にともなわれた動向・論点については他日を期したい。

註

*1——明治初年という時期に関して、先稿ではおもに教部省が宗教行政を司った時期（明治五〜同一〇年）としたが、本章ではそれ以前の時期も含む明治一桁代として扱う。

*2——松山恵「明治初年東京における「諸神社遥拝所」の簇生について——教部省教化政策の実像に関する一考察」（『駿台史学』一四二号、駿台史学会、二〇一一年三月）。のち、拙著『江戸・東京の都市史——近代移行期の都市・建築・社会』（東京大学出版会、二〇一四年）所収。

*3——こうした取り組みの先駆には、鈴木博之『東京の「地霊」』（文藝春秋、一九九〇年）がある。

*4——ともに薩摩藩士で、石神喜平次は明治に入り都農神社の権宮司や寒川神社の宮司（表2）、のちに大物忌神社の宮司などもつとめている（『公文録』明治一七年、第二〇六巻）。他方、石神豊民（良策）は文政三年（一八二〇）生まれで、薩摩藩の命により長崎で西洋医学を学んだのち、戊辰戦争の際には東山道軍で傷病兵の看護に従事、その後兵部省出仕、海軍軍医助などをつとめて、明治八年（一八七五）に死去している（『明治過去帳　物故人名辞典』東京美術、一九七一年、五七頁）。東京慈恵会医科大学の創設者である高木兼寛の師としても知られる。霧島神宮遥拝所へのかかわりに関しては、このように早期に亡くなったため、次男である石神忠正がその跡を継いでいたことが確認できる（『講社及教院・遷座・遥拝・私祭・社堂並葬儀〈社寺掛〉』明治七年、東京都公文書館所蔵）。なお、この石神両名と福島嘉兵衛との関係については未詳だが、うち豊民とは東山道軍への従軍（上述）がひとつの接点だった可能性はあろう。

*5——詳細については、先稿の表1および図1を参照。

*6——『東京府志料』二巻（東京都都政史料館、一九五九年）、三九頁。なお、三田四国町一番地の所有の移り変わりについては、注3前掲『東京の「地霊」』でも言及されているが、本章で論じる明治初年の時期のことは検討されていなかった。

*7——本図については、前掲注2の拙著・第六章でも使用したことがある。

*8——救育所をはじめとした、明治初年（元〜四年）の東京における貧窮民施

策の枠組みについては、北原糸子「明治初期の窮民授産――都市窮民対策の展開」(『都市と貧困の社会史――江戸から東京へ』吉川弘文館、一九九五年所収)。

*9――「官省往復・庶務本課ヨリ引継ノ分〈戸籍掛〉」明治五年、東京都公文書館所蔵。

*10――北原糸子「明治初年東京府における窮民授産」(『明治国家の展開と民衆生活』弘文堂、一九七五年)。

*11――先稿の表1を参照。

*12――「城州鳥羽ヨリ奥州会津迄出軍略記」(『東山道出軍小荷駄方日記(三)』、東京大学史料編纂所所蔵)。この史料については、すでに保谷徹氏が『戦争の日本史18 戊辰戦争』(吉川弘文館、二〇〇七年、二二頁)で紹介されており(ただし福島嘉兵衛の性格までは検討されていなかった)、また本章における当該史料の解釈についても右記を参考としたことを銘記しておきたい。

*13――史料1の「福島屋嘉兵衛」が、のちに霧島神宮遥拝所創建を願いでる福島嘉兵衛と同一人物であることは、『東山道出軍御荷駄方日記(一)』(前掲注12参照)で福島屋嘉兵衛の本拠が「江戸芝浜町」であるとの記述などから比定できる。福島の表記に関しては、同一の史料のなかでも「福嶋(屋)」と記されることもあるが、本章では福島(屋)嘉兵衛で統一した。なお、幕末期薩摩藩の出入り商人に関するすぐれた論考に、岩淵令治「藩邸」(『伝統都市3 インフラ』東京大学出版会、二〇一〇年)があるが、ここで使用された史料のかぎりでは、福島の名前は登場しない。彼が出入りのなかでどのような位置・役割を占めたかなどの詳細は、ひとえに今後の課題である。

*14――前掲注13『東山道出軍御荷駄方日記(一)』の冒頭部には出軍した人びとの一覧がかかげられており、そこでは「右同(小荷駄方付―引用者注)福島屋通夫」という一項目がたてられ、「親方嘉兵衛」以下、「小差」四名、「主取」八名、「助夫」一名、三五名(とくに肩書き無し)の、以上四九人の名前が記されている。

*15――前掲注13『東山道出軍御荷駄方日記(一)』。

*16――「諸問屋名前帳」六組飛脚屋之部(国立国会図書館所蔵)。

*17――政田屋甚兵衛にとって福島嘉兵衛は「従弟」にあたる。なお、藤村潤一郎「通日雇について」(『史料館研究紀要』七、一九七四年三月)によると、政田屋甚兵衛という名前は、安芸・厳島神社の銅灯籠を寄進した江戸の人物(道中人足方請負仲間)のなかにみえ、有数の人宿であった可能性がある。

*18――前掲注16「諸問屋名前帳」人宿之部。

*19――前掲注16・注18を参照。

*20――有馬藤太著、上野一郎編『私の明治維新――有馬藤太聞き書き』(産業能率短期大学出版部、一九七六年)、三九～四二頁。

*21――「各裁判所府県往復留〈庶務課〉」明治五年、東京都公文書館所蔵。以下、本段落の内容の典拠は、とくにことわりのないかぎり当該史料による。

*22――前掲注18によると、福島(屋)嘉兵衛は、慶応三年一二月一五日に番組人宿を休業し(ただし別のところでは慶応三年七月中より休業という記述もあり)、のち明治四年一〇月一二日に「再業願」が聞き届けられており、この間は拠点を江戸から大坂などに移していた可能性がある。当該期、幕藩体制の解体にともなう武家社会の変動によって人宿も請負先の消滅などを余儀なくされており(松本良太「人宿」、『岩波講座日本通史』一五巻、岩波書店、一九九五年)、この休業をたとえば請負先の拡張や開拓ととらえられるのか、興味深い事実といえよう。

*23――菅野和太郎「大阪開港当初外国商人の不正行為」(『経済史研究』一五号、一九三一年一月、四六～二七頁)。

*24――「官省進達往復留〈常務掛〉」明治五年、東京都公文書館所蔵。なお添地のうち「二本榎」については、福島は明治五年七月現在、「四谷角筈元京極上ケ邸」の「田尻伝作殿」屋敷への拝借替えを願い出ている。

*25――『新聞雑誌』明治五年二月第三〇号(『東京市史稿』市街編五二巻、

二四四頁）。

*26—これまでにも、高輪救育所が福島嘉兵衛という名前の人物の預かりになった事実自体は一部で知られていたが、三田救育所もまたそうであったことや、福島の性格については明らかでなく、たとえば後者の点について『都史紀要7 七分積金』（東京都、一九六〇年、一五八頁）は民間の篤志家としていた。

*27—具体的には、明治五年設立の養育院は、幕臣出身の東京府知事・大久保一翁が営繕会議所（旧町会所）に貧窮民対策を諮問するなどの流れから生まれたのに対して、福島による救育所のいわば民営化事業は、後述のように東京府ないし新政府内の薩摩藩出身者が主導したものであったことが考えられる。詳細は今後の課題としたい。

*28—小泉雅弘「明治初年東京府の勅・奏任官員構成」（『駒澤史学』四三号、一九九一年九月）。とくに、後述する黒田清綱と三島通庸は当該期（明治四〜五年）における府政の指導的な立場にあり、また明治六年以降も薩摩系の影響力は少なくなかったとされる。

*29—『西郷隆盛全集』三巻（大和書房、一九七八年）、二五〇〜二五一頁。

*30—なお、史料3を素直に読むと、西郷は福島のことをよく知っていたとは考えにくいが、じつはその一方で、先稿で取りあげた別の「諸神社遥拝所」（下谷西鳥越町二番地の皇大神宮宮殿）の創建を願い出た中西源八とみられる人物とは面談を重ね、東京府大参事・黒田清綱に東京の事情に精通しているとして推薦していたことが確認できる（前掲注29『西郷隆盛全集』三巻、一三三〜一三四頁）。

*31—「講社・配符・教院・遷座・遥拝所・私祭・社堂・葬儀〈社寺掛〉」明治6年、東京都公文書館所蔵。

*32—前掲注29『西郷隆盛全集』三巻、二五〇頁

*33—前掲注24「官省進達往復留〈常務掛〉」。以下、本項（三田四国町一番地の開発過程）における内容の典拠は、とくにことわりのないかぎり、当該史料による。

*34—奈倉哲三「『復古記』不採録の諸記録から探る江戸情勢（一）」（『跡見女子大学文学部紀要』第四九号、二〇一四年三月）。

*35—明治初中期の東京の武家地（跡地）では、その再開発の手法として芝居小屋などが立地し盛り場化（「新開町」の形成）する展開がひろくみられたが、そうした一面を、旧薩摩藩邸などから成る当該地所も有していたことになろうか。「新開町」については前掲注2の拙著、第七章を参照。

*36—なお、救育所時に設置された器械類については、福島にその費用を三年賦で返済させて払い下げる計画であった。

*37—うち、旧高輪救育所の地所については明治六年一一月一八日、三分割するかたちで、佐賀県士族ら三名に払い下げられている（「既決簿・市街地理・乙〈租税課〉」明治六年、東京都公文書館所蔵）。

*38—前掲注37「既決簿・市街地理・乙〈租税課〉」。

*39—なお、この時点における石神たちの居所は「愛宕下町五番地旧柳生屋敷」とされている。

*40—前掲注37「既決簿・市街地理・乙〈租税課〉」。

*41—前掲注4「講社及教院・遷座・遥拝・私祭・社堂並葬儀〈社寺掛〉」。以下、本節の内容（後掲表2を含む）に関する典拠は、とくにことわりのないかぎり、当該史料による。

*42—なお、「諸神社遥拝所」のなかでも霧島神宮遥拝所は薩摩藩出身者とのかかわりという点で特別な位置を占めていたことはたしかだろうが、この他の事例（中西源八・皇大神宮宮殿、折田年秀・湊川神社遥拝所）にも特定の関係が窺えるものはある。前掲注30、先稿の注19を参照。

第12章

近代神戸の都市開発と湊川神社
――一九〇一年境内建物立ち退き問題から

吉原大志

はじめに

楠木正成を祀る湊川神社（現・神戸市中央区）は、明治五年（一八七二）に創建された。明治期、その境内には多くの営業店舗が存在していたことが知られている。たとえば明治中期のものとして『湊川神社六十年史』に掲載されている湊川神社境内の図を見ると、神社正門を入って左右両側にいくつかの建物が立地しており、それに「茶店」という説明が入っている［図1］。こうした境内に立地した店舗の内容については、明治一九年の段階で「芝居寄席、大弓、揚弓等の遊戯場、洋酒・氷・善哉其他の飲食店、蒲鉾・小間物・竹細工・売薬等の商店・写真・歯抜営業」など約六〇軒にのぼったという。しかしこうした境内における営業店舗の存在は境内の森厳を害するとして、明治三一年および明治四〇年の本殿修理と、大正八年（一九一九）以降の境域改修のなかで「神域浄化」のために店舗の撤去が進められていき、昭和一〇年（一九三五）の境域改修完了によって「森厳極みなき神域」が生み出されることとなる［＊1］。

本稿の目的は、盛んになされていた湊川神社境内の店舗営業が、神社との関係のなかで、いかなるしくみによって成り立っていたのかを明らかにすることである。それは、湊川神社境内の変遷を考える際の基本的視座を得るための前提作業でもある。その際に本稿では、神社境内のなかだけで考えるのではなく、神社周辺地域の形成史のなかで考えることを重視したい。このように考えるのは、さきに引用した『湊川神社六十年史』が、神社境内の店舗営業のにぎわいを、次のように捉えているからである。

> 神社当局は御社頭の殷賑を招来する一策として境内地を衆庶に貸下げ店舗を開くものには許可を与へた。かくて境内は漸く賑ひを呈しはじめたがやがて本社に対する崇敬の念が市民の間に年と共に盛んとなり御社頭が市民生活に不可欠の地となる一方、神戸市自体の飛躍的な発展があり、為に本社を中心とする一帯の地域の繁華は日に月に目ざましきものがあり、境内店舗もその数を漸次増加し（傍点筆者）

ここからは、まず神社境内での店舗営業が、湊川神社の側の方策として誘致されたものであることがうかがえる。さらに、境内のにぎわいを、「本社を中心とする一帯の地域の繁華」と、境内のみならず、湊川神社周辺地域とのかかわりのなかで捉えていることがわかる。以上のことから本稿では、湊川神社境内のみならず、周辺地域の形成についても言及することとする。

なお、湊川神社境内の店舗営業や、それによる境内のにぎわいについては、湊川神社禰宜であった西山幸夫による「湊川神社境内変遷の記」がある[*2]。西山は、湊川神社創建から境内の拡張、境内の変遷について述べており、そのなかでは、境内地を借りて営業していた店舗の存在が、借地料など具体的なデータをともなって記述されているのが興味深い。また岸百艸は「明治四〇年前後のはなし」として、湊川神社境内で営業していた露店・香具師について、その営業形態の種類にも注意しながら記している[*3]。岸の文章のなかで興味深いのは、湊川神社境内における露店営業のみに着目するのではなく、湊川神社西側の地域(西門筋)における寄席や飲食店舗の立地など、湊川神社周辺地域のようすも含めて叙述している点である。

このような、周辺地域とのかかわりも含めて湊川神社を捉えようとする際、大槻洋二の研究が参考になる。神戸においては、一九〇〇年代から一九七〇年代ごろまで、湊川神社の西に位置する湊川新開地という地域が、神戸最大の娯楽空間として大きなにぎわいを呈していた。大槻の研究は、この湊

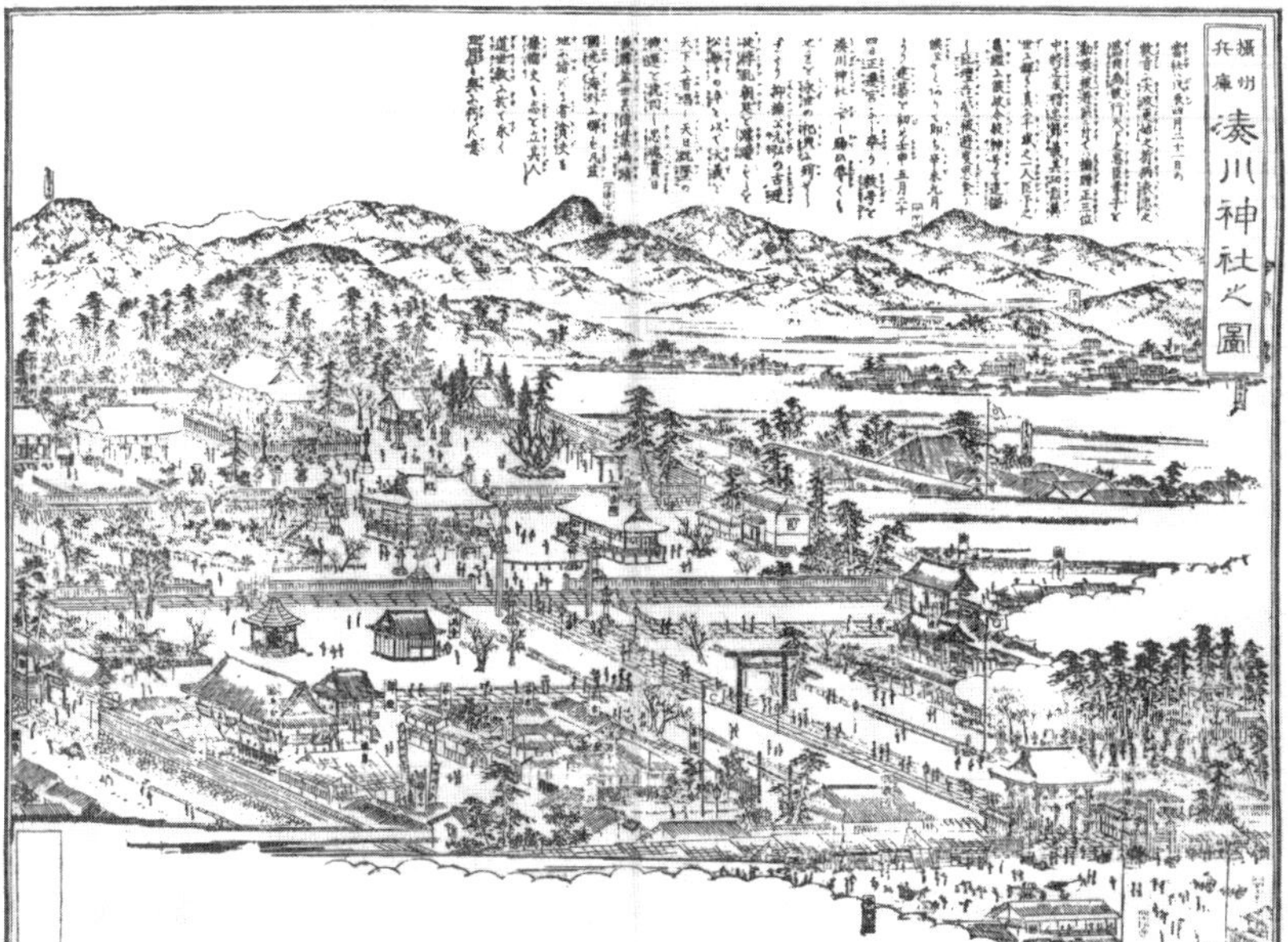

図1:明治中期の湊川神社(『湊川神社六十年史 本文編』湊川神社、1939年)

川新開地の形成を論じるなかで、湊川神社およびその周辺のにぎわいの場を「小規模な歓楽的な場」としたうえで、「恒久的な空間を獲得できないことから、その存立基盤が不安定であり（中略）常設化を果たせる空間の登場を待っていた」と、湊川新開地へのにぎわいの集積を展望している［＊4］。

本稿では、以上のようなこれまでの成果に学びつつも、そこで言及されることのなかった、湊川神社境内における店舗営業のしくみや、それと神社とのかかわりを、できうる限り具体的に明らかにしたい。その際、手がかりとするのは、明治三四年から翌年にかけて問題となった湊川神社境内建物立ち退き問題である。

一　湊川神社境内のにぎわい

本節では、湊川神社境内においてどのような営業がなされていたのかを概観する。その際、『神戸又新日報』（以下、『又新』と略記）に掲載された「楠社の二十四時」という記事を素材とする。この記事は「楠社の二十四時（上）」（『又新』一九〇一年八月二四日）、「楠社の二十四時（下）」（『又新』一九〇一年八月二五日）の上下二篇によって構成されたもので、『又新』の記者が午前一時から二四時間、湊川神社境内の様子をレポートしたものである。このなかには、境内営業の内容やその数、さらに後述する境内営業をめぐる諸関係についての言及もあり、この時期の湊川神社境内における店舗営業について知る恰好の素材である。

まず湊川神社境内に存在した営業の種類とその数を示せば表1のようになる。飲食関係や小売・販売関係など多様な営業がなされていたことがわかる。また見世物・落語・女義太夫・浮かれ節などの興行場や玉突場の存在も確認できる。これらの諸営業は、境内という場で営業するという点においては共通しつつも、業種や営業形態によって出店のしかたや営業時間にはちがいがある。営業形態については後に詳細に見るが、ここでは「楠社の二十四時」をもとに出店のしかたや時間について確認しておこう。

湊川神社には正・東・西の三つの門があったが、それらは夜一二時ごろに閉ざされ、午前五時に開放された。午前六時から七時になると徐々に営業の準備が始まり、午前一〇時ごろには「社内の各店は大抵店を出して、サア何時でもお買ひなさいといふ塩梅式に構へて居る」ようになる（「楠社の二十四時（上）」。引用した史料の原文にない句読点を筆者が適宜補った。以下同様)。その後、午後になると人出も多くなり、午後四時ごろから帰宅時間になると「夜の客を目当ての店屋は追々に荷を持運んで、店出し準備にかゝる」。午後六時ごろからは植木屋・瀬戸物店・金物店・洋杖店など露店の数が増えていき、午後八時には「社内の店といふ店は残らず出揃って悉く火が点じられた為めに、万点の星が一時に天から降ったやうで目も眩むばかりの光景」になったという。このにぎわいは午後一〇時ごろまで続き、「第一番に帰るのが団扇店で殿りは上酣屋」で、午後一二時ごろに各興行物の観客が帰り、再び門が閉じられる(「楠社の二十四時(下)」)。

このように業種によって出店時間などは微妙に異なっていたのであるが、午後八時から午後一〇時ごろに最もにぎわいを呈していたことがわかる。ところで、「楠社の二十四時(上)」には興味深いことが記されている。それは、境内に居住する営業者の存在である。

> 三方の門を締切って通行を杜絶する為め、社の境内に居住する者の外、人の気配なく、さしも雑閙を極めた境内も丁度野分跡の野原の如く俄に森閑として、(中略)勧商場側なる煙草屋前田商店の女将らしき女が戸外に出て空を仰ぎ、天気が落ちたなと独言して少時見て居たが、やがて内に這入って表戸を締めた

神社の門が閉ざされた後も「境内に居住する者」が残っていることが述べられている。同じ記事のなかで午前七時の様子を記した部分では「境内に寝泊りするものは大抵起きる」とあり、複数の境内居住者がいたことがうかがえる。またこ

表1:湊川神社境内営業店舗の種類・数

氷店(5)	果物店(2)	上酣屋(3)	甘酒屋(1)	飴湯(2)
観世物(1)	覗眼鏡(1)	洋食店(1)	煙草店(4)	団扇店(3)
小間物店(5)	襯衣店(6)	瀬戸物店(2)	袋物店(4)	菓子店(4)
玩具店(2)	鮓屋(2)	餅屋(1)	鰌汁屋(1)	饅頭屋(1)
活版印版店(2)	金物店(3)	洋杖店(2)	古道具店(16)	古本店(2)
大弓店(2)	玉突場(2)	落語席(1)	女義太夫席(1)	浮かれ節席(1)
勧商場(3)	蚩売(2)	尺八売(1)	植木屋(13)	鉛筆売(1)
硝子切売(1)	膏薬売(1)	写真屋(2)	桶店(1)	

( )の数字は店数。「楠社の二十四時(下)」(『又新』1901年8月25日)をもとに筆者作成。

うした境内居住者の存在があったことから、明け方に神社の門が開放されるまでは「左の手に角灯を提げて右の手で樫棒」を持った「社内の夜廻番人」がいたという(「楠社の二十四時(上)」)。このように境内に居住する営業者の一方で、「露店では西門のおでんやが先頭第一で、(中略)道具を宅から運んで居る」(「楠社の二十四時(上)」)と述べられていることから、露店の多くは神社の外に居住しながら境内に出店していたことがわかる。

要するに湊川神社境内で営業する者のなかには、さきに引用した史料中にある煙草屋前田商店のように境内に居住しながら営業する者と、おでん露店のように神社の外に居住して境内に出店する者という、ふたつのタイプがあったことがわかる。ここでは便宜上、前者を「居住型」、後者を「出店型」と呼ぶことにする。

以上のように湊川神社境内は、居住型営業者たちの、職住が一体となった生活空間でもあった。そして業種によって出店時間が異なっていたことは、居住型と出店型という営業形態のちがいによっても規定されていたものと考えられる。

このことを確認したうえで次節以下では、まず湊川神社のにぎわいを支えた条件として、その周辺地域の形成過程について論じる。そして前述のふたつのタイプに分類されうる境内営業者たちの具体的な営業のしくみはいかなるものであったのかを、明治三四年(一九〇一)から翌年にかけて生じた湊川神社境内建物立ち退き問題を素材にしながら、考えることとしたい。

二 開港後の神戸と湊東地域の市街地形成

開港後神戸における都市構造の変容

市制施行時(明治二二年)の神戸市域は、そのほぼ中心部を流れる湊川によって大きくふたつの地域に分けて捉えられる。湊川以東の「神戸」地域と、湊川以西の「兵庫」地域とである。湊川の水量は普段は多くはなかったものの、大雨の際などには一気に増水した。付け替え前の湊川は高さ約六メートルほどの天井川となっており、神戸と兵庫とは、はっきりと分断されていたということになる。

開港までの時期には、古くから港湾都市として栄えた兵庫に対し、神戸には小規模な街場が形成されている程度であるが、両地域の関係は、慶応三年(一八六八)の神戸開港をきっかけに大きく変化していくこととなる。ここでは、開港後神戸における都市構造の変容を、湊川を境とした両地域の関係のなかから見ていこう。

神戸の側では、居留地造成工事が進み、同時に雑居地も設定されたことから、居留地を核に新たな市街地が形成されていった。たとえば居留地の西側における清国人街や、海岸通の日本人経営商社・銀行街、西に向かって商店が立ち並ぶ元町通、さらに居留地東北側に居留地の外商が経営する工場も立地していた。開港によって神戸は、居留地を核として貿易・商工業が重点的に展開する地域となったのである。

これに対し兵庫の側は、神戸開港によって港湾機能が相対的に低下していったが、古くから国内流通の拠点であったことから、対外貿易拠点としての神戸に対して国内の物資集散拠点としての性格を強めていくこととなった。さらに明治二〇年代ごろからは、近世以来の市街地の外側に新市街が拡大していくとともに、後述するように当時神戸の主要輸出品であるマッチ工場が多く設立されるなど、工場が集中的に立地する地域となった。すなわち開港後の兵庫は、近世における一大市街地から、輸出品生産・国内流通の拠点としての性格を有するようになったということができるだろう。

以上のような開港を契機とした都市構造の変容と、表2に見られるような明治二〇年代を通じての急激な貿易額増大のなかで、開港場としての神戸がその機能を有効に発揮するためには、生産・国内流通拠点としての兵庫と、対外流通・商業活動拠点としての神戸との円滑な連絡が不可欠であった。しかしその両地域は湊川によって隔てられていたから、明治二〇年代を通じて、湊川は開港場・神戸の発展を阻害する要因として、その付け替えが求められるようになるのである。

こうして、明治三〇年(一八九七)から湊川の付け替え工事が始まり、明治三四年に竣工する。もともと湊川が流れていたところは、付け替え後の開発を通じて、「新開地」と呼ばれる神戸最大の娯楽空間となる。

表2:横浜・神戸両港の貿易額

年	輸出額		輸入額	
	横浜	神戸	横浜	神戸
1873年	16	3	20	6
1874年	13	3	17	5
1879年	19	6	24	7
1884年	22	7	19	8
1889年	42	20	34	26
1894年	73	29	51	57
1899年	108	75	76	120
1904年	170	88	136	175
1909年	205	101	131	184
1914年	269	168	179	282
1919年	1,019	443	689	1,015
1924年	672	580	636	1,177
1929年	782	702	582	882

石塚裕道『日本近代都市論』
(東京大学出版会、1991年)231頁より。
単位:100万円(典拠:『日本貿易精監』1935年)

湊川神社と湊東地域の位置

以上のような開港後の神戸の都市開発のなかで、湊川神社が地理的にどのような位置を占めるのかを概観しておきたい。

本稿が対象とする時期の神戸市域は、第一次市域拡張（明治二九年）を経た後で、林田区、湊区、湊西区、湊東区、神戸区、葺合区の六つの区に分かれていた［図2］。湊川神社は市内中心部のうち、旧湊川東側の湊東区に位置していた。同区の東西を分かつ境界は、西が旧湊川、東が宇治川であり、この宇治川は雑居地の西の境界であった。

ここではまず、湊川神社のある湊東地域が、神戸市内においてどのような位置を占めていたのかを、開港後の神戸の産業や貿易、あるいは人口構成の面からおさえておきたい。

表2を見ると明らかなとおり、明治期の神戸港は一貫して輸入主体の貿易港であり、その品目を時期ごとに示せば次のようになる［＊5］。まず開港から明治一六年（一八八三）ごろまで綿織物が輸入の三割前後を占めていたのにかわって、その後は綿織糸の輸入が急増した。それが明治二六年ごろからは、国内紡績業の進展をうけるかたちで、原料である綿花の輸入が増え続け、神戸港の主要な輸出品目となる。

次に神戸港の輸出品についても、同じく時期ごとの推移を

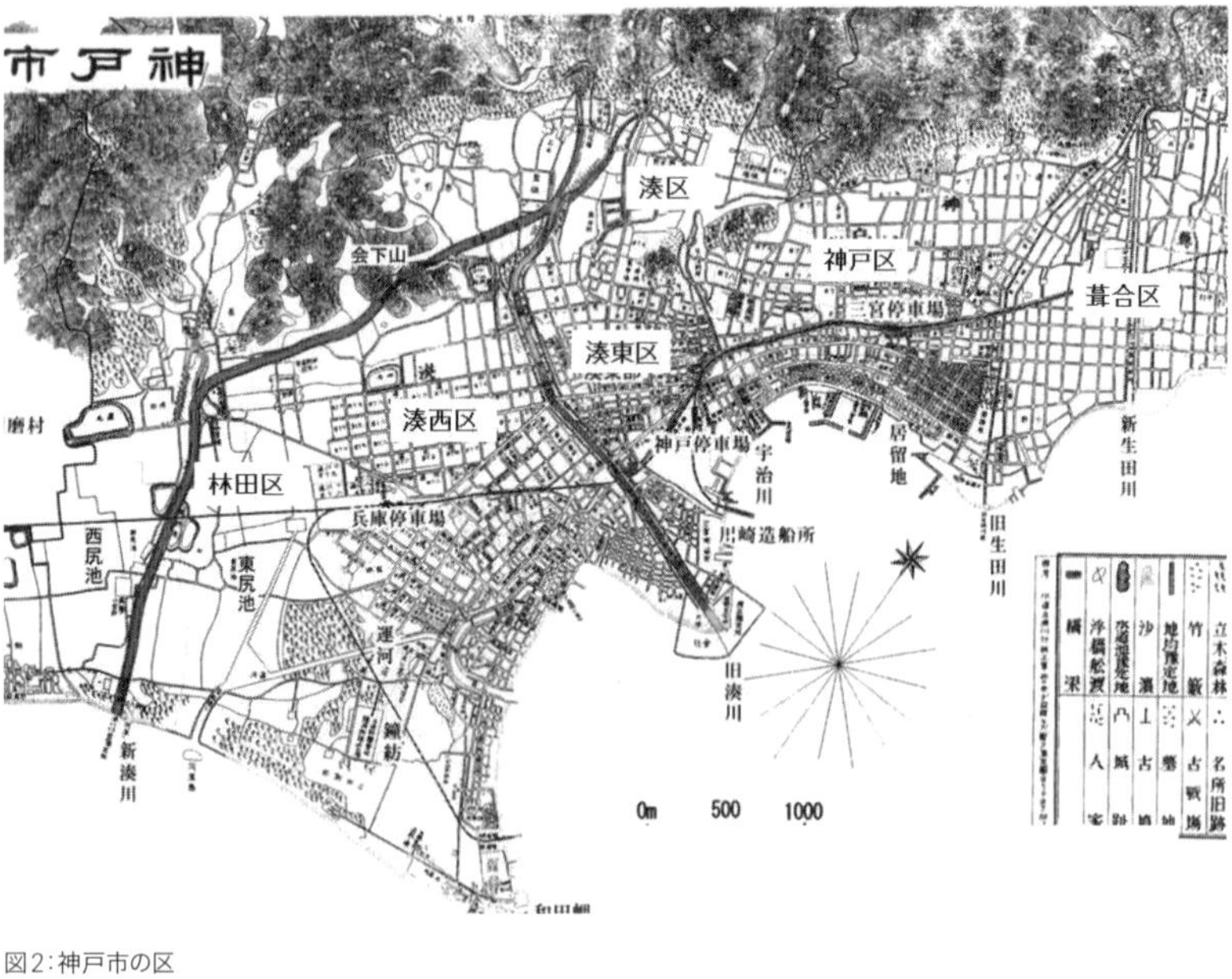

図2：神戸市の区
水内俊雄ほか『モダン都市の系譜』（ナカニシヤ出版、2008年）所収の地図に筆者加筆。原典は『神戸開港三十年史』（1898年）。

示そう。開港後当初は、米と茶が主要な輸出品であったが、明治二六年ごろからは、マッチをはじめとした労働集約的な加工品の輸出が拡大した。さらに日清戦争後になると、大阪周辺の綿紡績・織物生産の進展をうけ綿製品の輸出も増えていくことになるが［＊6］、第一節で述べたような、明治二〇年代以降のマッチ工場を軸とした兵庫の工業化を考えると、神戸市におけるマッチ産業の地域的展開をおさえておく必要があろう。

そのために、神戸港の主要輸出品であるマッチの製造地域を確認しておきたい。表3は、明治二八年現在における神戸市内に立地する工場・製造所の設立時期ごとの数について、所在地域の傾向を示したものである。この表からは、日清戦争前後における湊西地域での工場立地が際立っており、その多くがマッチ関連工場であったことがわかる。つまり、前章で述べた兵庫の工業化とは、湊西地域におけるマッチ関連工場の集中的立地によるものであった。明治三〇年代以後には、鐘ヶ淵紡績、三菱造船所、川崎造船所兵庫分工場等、湊西地域への大規模工場の立地が進展するようになるが［＊7］、いまだ市内の大規模工場が川崎造船所ぐらいしかないこの時期においては、マッチ産業を基軸として兵庫の工業化が進展し、それがこの時期における神戸港の輸出を支えていたということができるだろう。

以上のような明治二〇年代のマッチ産業の地域的展開を見たうえで問題となるのが、こうしたマッチ工場で働く人びとの受け皿となる住宅地の形成である。それを神戸市の人口構成から考えることにする。

表4は、神戸市の現住人口のうち入寄留者の比率を示した

表3：神戸市内地域別工場・製造所の設立時期（1895年現在）

地域	不明	-1870	1871-	1876-	1881-	1886-	1891-	計
葺合						4(1)	12(7)	16(8)
神戸		1	1	1(1)	2	5	5(1)	15(2)
湊東					1	6(3)	7(4)	14(7)
湊西		1		2(1)	5(2)	8(5)	37(35)	53(43)
林田	2				1			3
計	2	2	1	3(2)	9(2)	23(9)	61(47)	101(60)

（　）の数字はマッチ関連工場の数。地域名は、出典に記載されている工場・製造所の所在地をもとに、1896年4月以降の区名にしたがって筆者が分類したもの（出典：『神戸開港三十年史』）。

ものである。これによると、各年とも三割強の入寄留者の存在が含まれており、神戸市の一貫した人口増加が、他地域からの人口流入に支えられながら進んだものであることがわかる。次に湊川水害との関連で言えば、同時期の市内の地域別人口構成を示す必要があるが、それを具体的に示した統計資料が見当たらないため、仮に市制施行時と明治三〇年の人口を比較したのが表5である。近世以来の市街地である兵庫津を含む湊西地域の人口が最も多く、市内中心部である神戸・湊東・湊西の各地域がゆるやかな人口増加率を示したのに対し、周辺部に位置する葺合地域は明治三〇年代の市街地開発の結果を反映して、二倍以上の増加となっている。つまり市内中心部では、市制施行時点ですでに市街化が進んでいたことが推測される。

それでは市中心部の人口増加はどのように支えられたのであろうか。このことを考えるため、表6に、市制施行時と明治三二年の神戸市内における一里四方の人口密度を示した。神戸市全体の人口密度は、明治二九年の市域拡張によって減少しているが、人口増加の傾向と同様、葺合地域が最も高い増加率を示している。これに対し、神戸・湊東の両地域の増加率は低いものの、特に湊東地域は市内で最も高い人口密度

表4：神戸市内人口の推移

年	本籍人口	入寄留人口（A）	現住人口（B）	A/B
1886	65,262	35,969	95,908	37.5%
1887	72,649	35,523	102,841	34.5%
1888	77,308	43,017	114,760	37.5%
1889	89,363	52,044	134,704	38.6%
1890	92,986	50,904	136,012	37.4%
1891	95,861	54,956	141,393	38.9%
1892	98,984	56,562	148,220	38.2%
1893	101,763	58,865	153,055	38.5%
1894	105,819	61,216	158,692	38.6%

出寄留人口数は省略した（出典：『神戸開港三十年史　下』）。

表5：神戸市内地域別人口

	1889年	1897年
葺合	10,000	24,134
神戸	40,000余	48,088
湊東	40,300	48,406
湊西	44,000	58,545

1889年の人口は『神戸市史　本編各説』（神戸市役所、1924年）、1897年の人口は『新修神戸市史 歴史編IV』（神戸市、1994年）より。

を示す地域であったことがわかる。このことからは、湊東地域においては住宅地が外延的に拡大したのではなく、既成市街地の内側に多くの裏店をともなうかたちで人口増加を支えていたのではないかと考えられる。

以上を要するに、市内中心部（湊東・神戸）の市街化は早い段階で完了しており、人口増加の受け皿としては周辺部（湊西の一部を含む）の役割が大きかった。しかし同時に、工業化が進む湊西地域に隣接し、湊川河口部に川崎造船所という屈指の大工場を抱える湊東地域においても人口の増加を受け止めねばならず、その結果として湊東地域は、一里四方に四五万人が住むような高い人口密度をもつ地域として形成されてきたと言えるだろう。

それでは、市内最大の人口密集地域である湊東地域は、どのような過程を経て形成されたのであろうか。その開発過程をたどることにしたい。

表6：神戸市内地域別1里四方の人口密度

	1889年	1899年
葺合	21,100	61,800
神戸	97,100	143,100
湊東	321,300	457,600
湊西	122,600	275,000
林田	-	19,400
湊	-	10,800
神戸市	122,500	100,000

単位：人（出典：『神戸市史　本編各説』神戸市役所、1924年）

人口密集地域としての湊東地域

湊東地域の開発は、明治三年（一八七〇）に神戸停車場（現・JR神戸駅）の設置計画がなされたことに、その起点を求めることができる。この年の神戸停車場設置計画は、「東は宇治野川、西は湊川（中略）北は相生町南側より、南は海岸より東川崎町の地」を停車場敷地として設定し、この区域の住民の移転をともなうものであった。移転対象とされた住民たちが移転地の確保を求めた結果、移転先の「新市街」として選ばれたのが、「雑居地々界宇治野川より西湊川を限り、県庁近傍一帯の地」であるというから、まさに湊川神社周辺の地域である。その開発は、後に湊川付け替え事業を主導する小曽根喜一郎らが請け負い、移転は明治四年から開始された。このとき「新市街に移るもの陸続として移転」し、明治五年の湊川神社造営の前後には「人家日に増殖」していった。同年二月の段階で総戸数は七六九戸に及んだという。明治六年一一月には、「新市街」の整備が進んだことから、上橘通・橘通・多聞通・中町（仲町）通・古湊通といった東西に走る道路に沿った新たな地名が付されることとなった［＊8］。

このような経緯で市街地形成が進められた湊東地域がその後、どのような過程を経て人口密集地域となっていったのか詳細は明らかでない。しかし以下に見るように、明治一九年に兵庫県が発布した宿屋営業取締規則と、それに続く営業区域規制が、ひとつの重要な契機となったことは間違いないだろう。

同規則は、宿屋を旅人宿・下宿屋・木賃宿の三種に分類し、営業取締人の設置、警察の監督に属する組合の設立、宿泊人・貨物の取り扱い方法や宿泊料の一定化、客間の構造や待遇などに関して規定したもので、違反者には罰金を課すことになっていた[＊9]。なお、宿屋の分類については、旅人宿が「一泊の賄料を得て行旅者を宿泊せしむるもの」、下宿屋が「一か月の賄料・座敷料等を約定して下宿せしむるもの」、木賃宿が「飲食を客の自弁に任せ止宿せしむるもの、その他安泊りの類」と定義されている[＊10]。この取締規則に続いて明治二〇年には、木賃宿営業区域の規制が行われ、神戸区内においては北長狭通一丁目、古湊通一〜四丁目、門口町、今出在家町、以上四つの区域での営業に限定されることとなった[＊11]。このうち古湊通一〜四丁目が湊東地域に含まれる。この木賃宿の営業区域規制をひとつの契機として、湊東地域への人口の密集が進んだと見てよいだろう。

ここまで見てきたように湊東地域は、一般的な人口密集地域というよりも、裏長屋や木賃宿の集中をともないながら形成された市街地であるということができる。そしてこうした市街地形成の過程を背景にして、湊川神社境内のにぎわいが成り立っていたのであった。

以下では、この境内のにぎわいを支えていた店舗営業のしくみについて、明治三四年(一九〇一)から翌年にかけての境内建物立ち退き問題を素材に考えてみたい。

三　境内営業のしくみ

湊川神社境内建物立ち退き問題

明治三四年(一九〇一)八月一七日付の『又新』に、「楠社内建物の取払ひ」と題する記事が掲載された。その内容は、湊川神社境内のうち「東側の部分」での営業者に対して、九月かぎりで立ち退くよう内務省からの命令があったことを報じるものであった。

記事によれば、以前から境内に「諸商店又は諸興行物定席等が軒を並べ、不体裁甚だしき処から久しく攻撃を受けて居た」ことに加え、「近頃は各国将官が清国から帰途、日本軍の勇武を慕ひ、態々我国に来遊する者多く、是等は神戸から上陸するを常として居るが、楠社は日本で名高い忠武の神を祭って居る所であるから、上陸後は第一に之を参詣するのが慣はし」であるにもかかわらず、興行場のような境内の様子では「楠社内の不浄は我国の体面を汚すもの」であるとして、内務省がその立ち退きを求めるに至ったという[＊12]。

これ以後、立ち退き命令に接した境内営業者と、立ち退き計画とのかかわりをめぐって、『又新』にはこの問題の続報がいくつか掲載されていくこととなる。筆者が『又新』で確認できた立ち退き問題に関するおもな記事をまとめたものが表7である。以下、本章ではこの立ち退き問題を中心にしながら、そこから読み取れる境内営業のしくみを明らかにする。なお、表7にまとめた記事を引用する場合には、表中の資料番号を文中に記すことで出典を示す。

境内営業の経緯

そもそも湊川神社境内で何らかの営業がなされるようになったのは、明治六年(一八七三)ごろからで、この時期にすでに神社から土地の貸し下げを受けている者があるという[＊13]。この後、芝居小屋などの建築も見られ、湊川神社および兵庫県当局はこれらの営業・興行に対して何回かの規制を行っていたようであるが、この点についてはすでに整理がなされているのでここでは深く立ち入らない[＊14]。ただし、本稿とのかかわりから借地料の問題について触れておきたい。

当初、境内を営業地とする場合の借地料は兵庫県が徴収していたようであるが、明治一九年一二月、湊川神社宮司の折田年秀は県知事内海忠勝にむけて、「境内借地料下渡及保護方願」と題する願書を提出した。その内容は、「借地料ハ建物修繕及苗木等ノ諸費ニ下渡可相成御達ニ候処、(中略)一社保

表7:『神戸又新日報』に掲載された湊川神社境内建物立ち退き問題に関する記事

資料番号	タイトル	掲載年月日
①	楠社内建物の取払ひ	1901.8.17
②	楠社内建物取払続聞	1901.8.19
③	楠社内建物取払続聞(つゞき)	1901.8.20
④	楠社氏子総代と芳賀宮司	1901.10.10
⑤	楠社内の建物全部取払に決す	1901.11.9
⑥	楠社内建物の一部取払ひ	1901.11.13
⑦	楠社内昨日の模様	1901.11.14
⑧	其後の楠社内建物取払一件	1901.11.15
⑨	楠社内建物第二回取払事件	1902.3.29
⑩	楠社内建物取払事件愈落着	1902.4.6

存金同様三井銀行ヘ利倍増貯法ヲ以テ相預ケ、（中略）然ラハ本社非常ノ蓄積金ト相成儀ニ候」というものであった。つまり湊川神社宮司の折田は、徴収した借地料を神社経営の資本として貯蓄することを兵庫県知事に求めたのである。そしてこの願書は知事からの認可を得たといわれている［＊15］。

　以上のように、湊川神社が境内の土地を営業地として貸し下げたのは、西山幸夫の言うように「賃料による収入の増加」という神社側のねらいが大きかったと考えられる［＊16］。神社経営とのかかわりから境内の土地が店舗営業地として貸し下げられていたことをここでは確認しておきたい。

境内店舗営業をめぐる社会関係

　本章冒頭で引用した『又新』記事の表題にもあるように、内務省の命令によって立ち退きが命じられたのは、「楠社内建物」であった（傍点筆者）。一つひとつ引用することは省略するが、第一章で取り上げた「楠社の二十四時」のなかでは、深夜の境内の様子を描写する部分で、複数の建物の存在が描かれている。また図1を見ると、境内にいくつもの建物が立地していたことがわかる。こうした建物に居住する営業者がいたことから、境内営業者に居住型と出店型の二類型があったことはすでに述べたが、立ち退き対象となったのはまさしく居住型営業者の店舗兼住居であった。

　このような居住型営業者の存在を受けてであろうか、火事を起こしてしまった建物は必ず取り払わねばならないといった「種々申合せ」が、（おそらくは神社と居住型営業者との間で）なされていたという。これに対して居住型営業者の側では、たとえばさきに述べたような、深夜の境内を夜廻りする番人を設置したり、消火器具の整備をするなどして、「種々風俗上や衛生上等に苦心」していたらしい。居住型営業者にとって湊川神社の境内とは、職住が一体となった生活空間であっただけに、これら境内秩序を維持するための取り組みは、「借地の永続せられん事を希ひ」ながら行われたものであった（以上、②）。

　そしてこうした居住型営業者に関しては、「是迄社内の商家建物に就ては毎三ヶ月即ち一ヶ年四期に分けて営業の継続願を其筋に差出しては許可を得て来た」らしい（①）。この三ヵ月に一度の更新に際しては、次のような願書を湊川神社宮司に対しても提出する必要があった。

　　借地使用継続願
一借地使用住所氏名　何町何番何の誰
一同使用目的　　　　何々

一借地料金　何円何十銭
一借地坪数　何十何坪何合
右は明治何年自何月至何月使用の儀御許可相蒙居候処、尚引続本年自何月至何月向ふ三ヶ月間使用継続借用仕度、尤御社則は堅く遵守仕、若地所返上且停止等の御沙汰有之候節は速に返上又は停止可仕は勿論、如何なる労費且損害有之候共其償等は毫も申立間敷候、万一返地相怠り候節は御取毀ち木石等御勝手の御処置相成候共一切故障申立間敷候、別紙借用地図面相添保証人連署を以て此段奉願上候也
年月日
住所　右願人　何の某
住所　右保証人　何の某
湊川神社宮司何の誰殿③

境内の借地を使用する目的・坪数・借地料に続き、社則を遵守することや、借地返上・停止の場合でもその補償を申し立てないことなどが明記されている。筆者がここで注目したいのは、この「借地使用継続願」のなかで、借地使用者の住所氏名と、継続願を提出する願人の住所氏名との両方を記している点である。なぜならばここからは、境内の土地を借りる者と、それを使用する者とが必ずしも一致するわけではない、ということが読み取れるからである。

この点をくわしく見ていこう。神社経営とのかかわりから境内地が賃貸されていたことはさきに述べたが、その結果、境内地の利用においては「建家の家主といふ者が楠社の地面を借りて其所へドン〳〵家を建てゝ他人へ貸すので、少しも普通の借家と変った事がない」状況になったという②。すなわち「建家の家主」が神社から境内地を賃借しそこに建物を建て、それをさらに第三者へ転貸しているのである。

これに関連して、内務省からの立ち退き命令を受けた箇所の建物は、「植田いと、衣笠武一郎、大橋いと、山本松次郎、本城あい、長田半助、馬島直七等の所有建物で、山本松次郎(玉突の双龍軒)、本城あい(義太夫席の菊の亭)、衣笠武一郎(写真屋)の外は悉く住人が其家を借り受けて」いたらしく②、一部では借地人と利用者が一致する場合もあったようである。しかしこれは逆に言えば、「建家の家主」自身がそこに居住しない場合には、家主は神社の外側に居住していることになる。たとえば立ち退き対象となった東門一画の建家群のうち、建武堂一帯の家主は「市内栄町六丁目真島」という人物であった⑧[*17]。こうした境内に不在の家主たちからすれば、湊川神社の境内地は借家経営の場と捉えられていたこと

になる。

そうであるとすれば、湊川神社境内の店舗営業は、神社と、境内地を借りた者という両者間の単純な関係のなかでのみ成り立つのではないことがわかるだろう。境内地を借りた者はそこに建家を建造し、それを転貸する。そしてこの転貸を受けた者が実際の営業を担っていたからである。

以上のような境内店舗営業をめぐる諸関係を踏まえれば、第一節で明らかになった居住型と出店型という境内営業の形態は、さらに分類することが可能だろう。すなわち建家営業を基本とする居住型営業者は、自身が建家の家主である形態と、家主から建家を賃借する形態とである。

ここまで見てきたことを要約しよう。湊川神社境内の店舗営業は、以下の四者によって構成されていた。

【A】神社……境内地を所有し賃貸する。

【B】家主……神社から境内地を借り受け、建家を建造し賃貸する。賃貸せず自身が建家で居住・営業する者もある。

【C】店子……家主から建家を賃借し、そこに居住しながら営業する。

【D】露店……神社の外に居住しながら境内に出店する。

実際の営業の局面においては、建家営業の場合、〈神社―家主〉で完結する場合もあれば、〈神社―家主―店子〉の三者関係で成り立つ場合もある。これに出店型＝露店営業を加えれば、より複層的な境内営業の実態が窺えるであろう。

こうした境内店舗営業をめぐる諸関係をおさえたうえで、再び本章冒頭に立ち返って考えれば、内務省からの境内建物立ち退き命令とは、神社―家主―店子を基礎に構成される建家営業の解体を意味するものであった。それは居住型営業者からすれば、生計・居住の場を失うということであり、同時に境内不在の家主からすれば、建家営業の解体は、自身の借家経営そのものの解体を意味する。そのため、この立ち退き問題を、単に「不浄」な境内の改善問題とのみ位置づけることはできない。むしろ本章で見たような、境内営業を構成する社会関係の再編にかかわる問題として捉えなければならない。こうした境内店舗営業をめぐる社会関係を踏まえたうえで次節以降では、立ち退き問題の展開を確認することにする。

四　神社経営と立ち退き問題

立ち退き問題の概要

立ち退き問題のきっかけとなった内務省の命令では、「東側の部分即ち建武堂（名物の菓子屋）から万盛庵（饂飩屋）までの一画と、東門入口左手の氷屋から衣笠写真屋迄の一画。其れから其前に横はって居る菊廼亭一画」を明治三四年（一九〇一）九月かぎりで立ち退くものとされていた［図3］。しかし「軍人会の一画に附属した大弓屋や菊廼家や其他」は立ち退きの対象外となっていたらしい（以上、①）。この対象設定のしかたは、「社前の体裁」を整えるためであったというが（①）、その詳細は不明である。いずれにせよ、境内の一部区画が立ち退きを求められたことによって、対象区画の家主「大橋、山本（松次郎）、本城（あい）、永田、馬島、衣笠、上田」からは反発が生じ、営業継続を求めて県・内務省に対して請願運動が行われることとなった（②・⑤）。

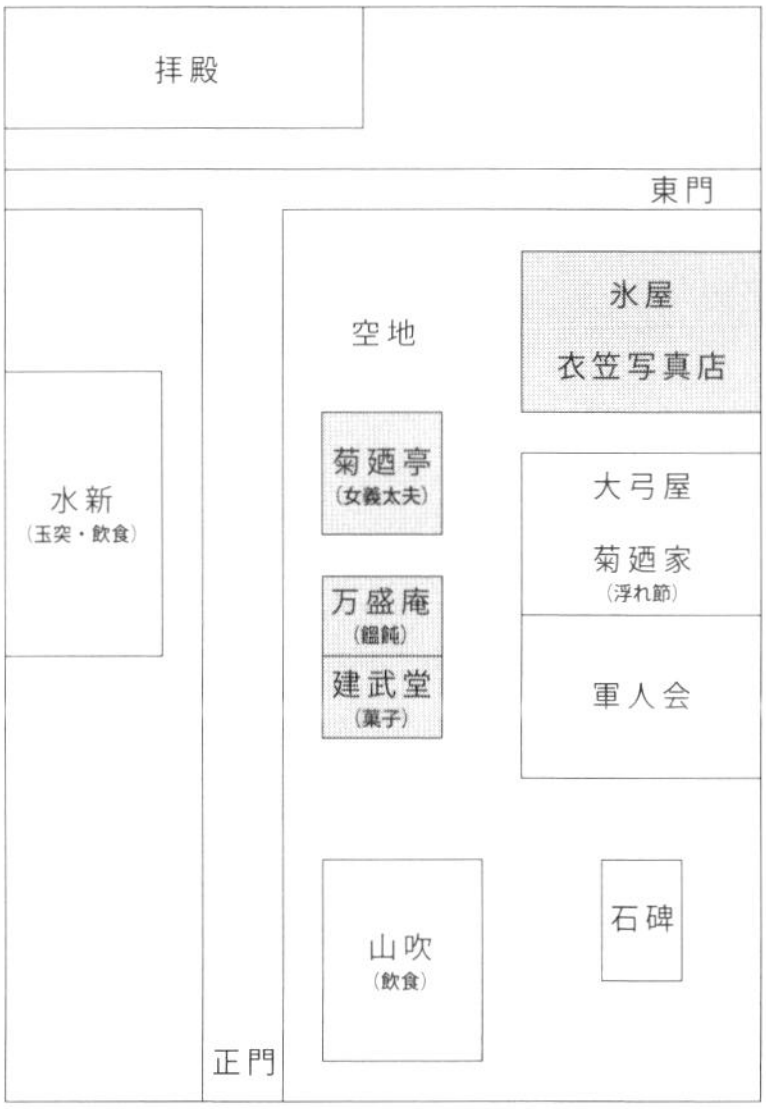

図3：湊川神社東門付近の営業店舗
『神戸又新日報』1901年8月17日をもとに筆者作成。
網掛け部分は第１次立ち退き対象とされた建物

しかし彼らの請願は認められず（⑥）、さらに立ち退き方針の変更があり、当初は対象とされていなかった「水新、湊亭、勧商場山吹等」の建物もすべて立ち退きを命じられることとなった（⑤）。つまり境内で営業を行う建物を複数回にわけて立ち退かせる方針となったのである。このことに関して『又新』は、「当局者に於ても建造物を悉く取払ひ、一時に社内を清掃したいのは山々であるのだけれども、維持費の財源を見出す事が出来ない為めに躊躇して居るので、今度の取払命令はまづ第一着のものと見て可いのだ。是から漸次継続使用の期限が尽る度毎に部分〳〵の取払ひを命じて、遂には地域を貸して置いた建造物を一も残さず取払ふ考へであらうと思ふ」と推測している（③）。さきに神社経営とのかかわりから、境内の土地が店舗営業地として貸し出されたと述べたが、境内で営業する店舗が立ち退けば、その分だけ神社側の借地料収入は減少する。それを受けて境内建物の立ち退きは一挙には果たされなかったのである。

この過程で立ち退き期限も変更されたようで、第一次立ち退きの期日は明治三四年一一月一三日であった。一二日の時点で、多くの営業者は店舗の片付けをなし、一三日には建物の解体も進んだらしい⑥・⑦。この際、真島直七という家主のみは、自身が所有する建物の店子に対して営業を継続するよう「気の強い」姿勢を見せたとのことであるが⑥・⑧、この点については後述する。ちなみにこの一連の立ち退き問題のなかで、露店については立ち退き対象とされていない⑤。

この後、明治三五年三月かぎりで他の建物も立ち退くよう定められ、四月にかけて一部建物の立ち退きが実行され、境内にいくつか存在していた寄席などは移転する予定となった⑨・⑩。最終的には図4に見られるとおり、正門左側の「料理店」「勧商場」といったいくつかの建物のほかは立ち退きが完了しており、本稿が対象とした立ち退き問題で焦点となった東門付近の建物はすべて取り払われていることがわかる。

「借家主義の弊害」

ここまで湊川神社境内における店舗営業のしくみを、立ち退き問題を素材に考えてきた。しかし、なぜ、境内建物が立ち退きを命じられたのかについてはまだ論じきれていない。『又新』は、各国の将官が多く湊川神社を参詣するにもかかわらず、「楠社内の不浄は我国の体面を汚すもの」であるか

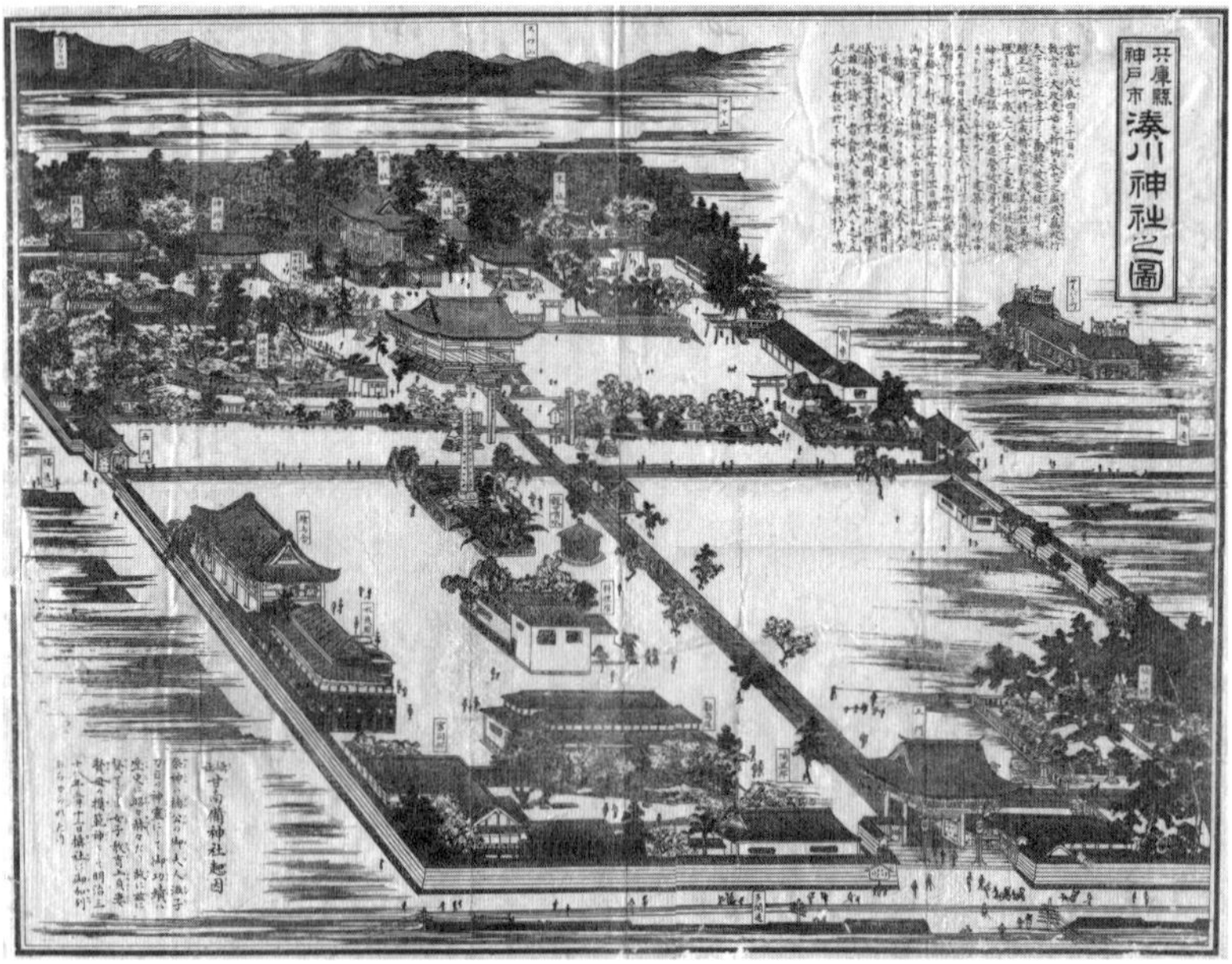

図4：兵庫県神戸市湊川神社之図（1905年11月7日）

ら、内務省から立ち退きが命じられたと報じている(1)。たしかに、さきに引用した「楠社の二十四時(上)」のなかでも「水新の店へ西洋人が三人来て麦酒か何か飲み始めたが、社内にぶら付いて居た多くの者は水新の前に群って、西洋人の飲食するのを見凝て居る」と、外国人の存在が描かれているし、立ち退き問題と同時期には外国人の参詣が行われていたらしい[*18]。また、さきに湊川神社が雑居地に隣接したところに位置していることを述べたが、外国人とのかかわりのなかで神社境内の「不浄」が問題とされる背景として、明治三二年(一八九九)に居留地制度が廃止されたことで、市内における外国人との接触の機会が増加したことも視野に入れる必要があるかもしれない[*19]。

筆者はこれらの点について決して否定するわけではないが、この内務省からの命令を『又新』の記事以外ではいまだ確認できていない。そこで本稿で論じきれていない立ち退き問題の背景を、外国人参詣の問題とは異なる視角から考察しておきたい。それは、境内店舗営業のきっかけのひとつであった神社経営とのかかわりである。焦点となるのは、立ち退きに際して「神社にとりても全然出店を撤去せしむる策を執ることが出来ない事情」である[*20]。

この立ち退き問題以前、すでに明治三一年には、氏子総代たちが、境内店舗や露店への営業規制のほか、「従来地代は中間に於ける周旋人に於て社務所貸付け代価の外に貪る」との改善を図る「改良策」を計画していた[*21]。さらに、これと連動したものかどうかはわからないが、明治三二年八月二九日付の『大阪毎日新聞』には、「芳賀湊川神社宮司の社内改革談」という記事が掲載されている。これによると、詳細は不明であるが、芳賀が「社内にある不潔物を一掃」する計画を有しており、「氏子及び当地の紳士」からの協力をもとに「改革」を進めることを考えていたという。その内容は、「改革に着手する迄は先づ現今境内にある寄席、露店、茶店等に成るべく改良を加へ、例へば落語の如きは軍談に代へ、矢場の如きは射的に改め、女義太夫の如きは能、若くはてりは狂言に改め、特に不具の観物の■〔判読困難〕きは成るべく興行せしめざるの方針を取り、暫次改良を加へん」というものであった[*22]。ここからは、境内店舗の立ち退きを命じる内務省からの通達以前に、湊川神社の宮司や氏子の側から「社内改革」が提起されていたことがわかる。

もともと、神社経営とのかかわりから境内の土地が店舗営業地として貸し出されていたことはすでに述べた。それでは、この時期になって神社側から境内営業についての規制を強化するようになった理由は何だろうか。そのことかかわって、『又新』による次の指摘を見ておきたい。

> 楠社は別格官幣社で、毎年国庫より金八百円宛下付せらるゝのであるが、彼の宏壮な社殿其他は迚も此下付金丈では維持し切れないので、境内の地所を貸し付けて、其料金を徴して不足を償うて居たのである(②)

湊川神社のような官幣社については、その経費が一部国費支給されていたが、明治二〇年以降は、官国幣社保存金制度が導入された。これは国費から保存金を官国幣社に配布し、その一部を各神社で積み立てることによって、将来的には国費からの援助なしで神社を経営させることを目的としたものであった。この保存金の額が別格官幣社に対しては八〇〇円であったから、『又新』が述べる国庫から下付される八〇〇円とは、保存金のことを指すのであろう。しかし保存金はその一部を積み立てねばならないため、実質的に使用できる額はかぎられていた。保存金制度自体、明治二三年には積立金の割合を低く抑えることで神社経費に充当できる額を増加させようとしたが、保存金のみでは神社経営の維持は困難であった[＊23]。

そこで湊川神社の場合は境内を営業地として賃貸していたのであるが、その結果、境内地の転貸が頻繁に行われ、複層的な境内地の利用形態が構築されたことはさきに述べたとおりである。このことを『又新』は「弊害」と表現し(②)、立ち退き問題の背景には「借家主義の弊害」があるのではないか、との関係者の言葉を紹介している(③)。それでは、境内地が転貸されることは、具体的にどのようなかたちで湊川神社にとっての「弊害」となるのであろうか。

明治三四年一一月一三日、境内建物の第一次立ち退きが実行される当日、多くの営業者が店舗の片付けを行うなか、「随分気の強い家主」がいた。建武堂一帯の建物の家主である真島直七である(⑥・⑧)。彼は立ち退き当日においても店子に対して営業を継続するよう呼びかけていた。真島がこのような強気の姿勢で立ち退き問題に臨んだのはなぜか。これについて『又新』は次のように報じている。

> 探聞せし所に拠れば、建武堂一帯の棟に住む店子等が他の店子が商売を休み、何れも他に引移るにも拘らず依然商売を続け居るは深き訳のある事にて、此の家主は市内栄町六丁目真島方にて、同人は曽つて楠社の前宮司小野田が在職中の借財一件に関し其尻を埋めたる残金二百円の貸あり(社務所に対して)。其れは証文とし

て受取り置けるが、文面には「借地料に振り替へるべし云々」といふ文句あるより、扨てこそ之を楯にして店子等に向ひ、来年二月二十六日の第二部取払ひ期日迄は大丈夫、商売を続けて差支へなしと吹込みしかば、建武堂以下の店子は平気にて商売をなし居るなりとぞ▲真島の要心《ママ》而して社務所より曩に借銭の二百円を真島方に返済せんとて持行きし事ありしが、要心《ママ》深き真島は遂に言を左右に托して之を受けず、万一斯る事件の起りし時の要意《ママ》に其金を収めざりしとか⑧

これによれば真島は、湊川神社の「借財」に関して補填した見返りとして、境内での営業を継続してきたという。これに対して神社側は真島に補填分の返済を行おうとしたが、真島はそれを受けなかったとも報じられている。要するに真島は、神社経営にとって境内地の賃貸が不可欠であることを利用し、境内での借家経営を正当づけているのである。

このことと関連して、『又新』には立ち退き問題について「市会議員中の某々等は（中略）取払はるべき家屋を自身等が貸金の抵当として取って居るとのことである」との投書が寄せられていた［＊24］。このことが事実かどうかは検討の余地があるが、境内地の頻繁な転貸と借家経営にともない、神社―家主―店子を基礎に構成される境内営業をめぐって複雑な利権がかたちづくられていたことは間違いない。「借家主義の弊害」とは、神社経営にとって境内地の賃貸が不可欠であるがゆえに、湊川神社境内が家主たちにとっての賃料収入の場へと化し、神社が直接に境内地の管理を行うことが困難となることを指しているのではないだろうか。そして神社側から境内の「改良」を提起したことの背景は、このあたりにあったと考えられる。

こうした家主たちの借家経営に依存した神社経営を抜本的に変革するためには、神社財政を支える制度的基盤が必要となる。立ち退き問題に前後する時期には、神社財政をめぐる制度にはいくつかの改変が見られた。明治三三年には、国庫から支出される保存金のうちから神社独自に使用できる割合が大きく増加し、さらに翌年には神社関係議員から「官国幣社国庫支弁ニ関スル法律案」が提出されている。この後、明治三九年に「官国幣社経費ニ関スル件」が発布、翌年に施行されることで保存金制度は廃止されることとなる［＊25］。つまり立ち退き問題が発生したのは、まさに神社財政が制度的に強化されようとしつつある時期であった。

さらに付け加えれば、湊川神社は明治三三年に楠木正成関係史料の収集と編纂を計画しており［＊26］、『又新』も神戸の歴史のなかに楠木正成と湊川神社を組み込むために湊川神社の荘厳化を主張していた。たとえば「楠公祠前」と題する社説のなかでは、「神戸に光彩を与ふるは天然の良港に非ず。荘麗なる旧居留地に非ず。二十五万の人口に非ず。実に湊川神社あるが為なり」と明確に神戸の中心に湊川神社を位置付けたうえで、「漸次境内を改良修補して之に近づからしむるは市民の宜しく努むべき所にして、殊に神戸が霊場所在地として益其光彩を発現するの道を講ぜざるべからざるなり」と、境内建物の立ち退きに賛成しながら湊川神社境内の荘厳化を主張している[＊27]。このようななか、神社境内が借家経営を通じての家主たちの賃料収入の場となり、神社が直接に境内管理をできない状況が、湊川神社にとって桎梏であったことは言うまでもない。

以上を踏まえ仮説的に述べれば、湊川神社境内建物の立ち退きは、直接的には外国人将官の参詣に対応した境内浄化の取り組みであったかもしれないが、神社財政を支える制度的基盤が確立されようとする当該期の動きのなか、家主たちの借家経営に依存する神社運営のあり方そのものからの脱却をめざす取り組みと位置づけることができるのではないだろうか。

むすびにかえて

本章では、明治三四年（一九〇一）に発生した境内建物立ち退き問題を素材に、湊川神社の境内営業のうち、とくに建家営業に焦点を絞って、その営業のしくみや、神社とのかかわりを明らかにしてきた。神社境内のにぎわいを構成していたのはおもに出店型営業者による露店と、居住型営業者による建家営業であった。とくに建家営業については、神社−家主−店子を基礎に構成されており、境内の店舗営業は決して境内のみで完結するわけではなく、神社外に居住する家主によって境内建家の借家経営がなされることで成り立っていた。そしてこうした境内のにぎわいの成り立ちには、当該期における湊川神社周辺地域の市街地化が基礎的な条件としてあった。

また、湊川神社の側では、神社経営とのかかわりから境内地を賃貸していたが、そのことがこうした境内営業をめぐる複層的な社会関係を構築するきっかけとなり、境内地は家主たちによる借家経営の場と化したのである。そして明治三四年の境内建物立ち退きは、このような借家経営に依存した神社運営の方法から脱却するための取り組みであったと考えられる。
　こうしたことを考えれば、本稿が対象とした時期の境内営業を考える際、露店に代表されるような非常設的なもののみを想定するのは不十分なのであって、神社を取り巻く社会関係全体のなかで捉えねばならない。冒頭に引用した大槻洋二は、湊川神社とその周辺のにぎわいを、恒久的空間を持たず不安定なものであり、常設化を求めていたと述べていた。しかし湊川神社境内にかぎって言えば、本稿で明らかにしたように、建家営業は家主—店子という通常の借家・店借と同様の社会関係を基礎に成り立っていたのであり、さらに湊川神社も神社経営とのかかわりからこうした営業を不可欠としていたのであった。その意味で、境内営業を一般的に存立基盤が不安定で非常設的なものとして捉えることはできないと筆者は考える。たしかに境内建物の一部は立ち退かざるをえなかったが、それは境内営業一般の不安定で非常設的な性格に起因するものなのではなく、神社経営の基盤が制度的に強化されようとする特定の歴史的段階において果たされたものであった。

　湊川新開地へのにぎわいの集積についても、こうした湊川神社の経営や、境内営業の重層性を念頭において論じなければならない。そして本稿が対象とした時期に続く湊川神社境内の改修事業について考える際にも、神社境内をめぐって人びとがかたちづくっていた社会関係のなかで捉える必要があるのではないだろうか。

　以下、その後の展望と課題を述べておきたい。本稿が取り上げた立ち退き問題以降、建家営業の数は大きく減少するが、すでに述べたように露店営業は継続し、湊川神社境内のにぎわいも露店を中心に構成されていくこととなる。しかし明治三五年以降は、湊川付け替え跡地においても「興行物の掛小屋が夥しく設けられ、飲食物より日用携帯品其他種々雑多なる小店も出来、（湊川神社の—筆者注）西門の向を張って兵庫から来る人足を番所で喰ひ止めようの意気込みにて」（『又新』一九〇四年四月二一日）、あるいは「湊川新開地に活動写真館が設立されてから久しく賑ふた楠社の露店も人気も吸収して」（『又新』一九一二年三月一四日）と報じられるように、近接する湊川新開地のにぎわいが増すなかで、湊川神社境内の露店営業は幾分かの打撃を受けたであろうことが推測される。

　そして大正八年（一九一九）から着手される境域改修事業の過程で、露店の営業継続も困難なものとなるであろう［＊28］。本稿では境内営業のうち、建家営業に焦点を絞ったが、露店営業については、業種ごとの営業者の存立形態や、境内での場割り、地料をめぐる社会関係など、おそらく建家営業以上に複雑な営業のしくみが構築されていると考えられる。境内営業の実態とその変容を捉えるためには、こうした露店も含めて明らかにする必要がある。

そして本稿では、神戸市の歴史意識をめぐる問題についてはまったく触れることができなかった。境内の荘厳化や楠木正成の顕彰など、神戸の近現代史のなかで湊川神社を捉えるのであれば、こうした歴史意識の問題は不可欠となるだろう。論じきれなかった課題は多いが、別稿を期したい。

註

*1――以上、『湊川神社六十年史　本文編』湊川神社、一九三九年、二五四～二五八頁。
*2――西山幸夫「湊川神社境内変遷の記」（『歴史と神戸』一四号、一九六四年）。
*3――岸百艸「湊川神社繁昌記」（『歴史と神戸』一三号、一九六四年）。
*4――大槻洋二「神戸・新開地の空間形成と歓楽街成立の契機――近代都市の歓楽街形成に関する史的研究その一」（『日本建築学会計画系論文集』四九六号、一九九七年、一九九頁）。
*5――以下の記述についてはとくにことわらないかぎり、『新修神戸市史　産業経済編Ⅲ』（神戸市、二〇〇三年）四六～五八頁を参考にした。
*6――石塚裕道「近代日本における大都市の発展」（『ヒストリア』一三〇号、一九九一年）七七～七八頁。内海孝「産業資本確立期における神戸築港問題」（『神戸の歴史』七号、一九八二年）六～七頁。
*7――神戸・阪神間の工場立地については、辻川敦「臨海工業地帯の歴史地理――神戸と尼崎の比較研究――」（辻川敦・大国正美編『神戸～尼崎海辺の歴史』神戸新聞総合出版センター、二〇一二年）による整理が参考になる。
*8――以上、『神戸開港三十年史　上』（原書房、一九七四年。原著は一八九八年）四三九～四四一頁。
*9――前掲『神戸開港三十年史　上』四一四頁。
*10――『兵庫県警察史　明治・大正編』（兵庫県警察本部、一九七二年）四五六頁。
*11――前掲『神戸開港三十年史　上』四一四～四一五頁。
*12――以上、『又新』一九〇一年八月一七日。
*13――前掲西山「湊川神社境内変遷の記」四頁。
*14――前掲西山「湊川神社境内変遷の記」および森田康之助『湊川神社史　鎮座篇』（湊川神社社務所、一九八七年）を参照。
*15――前掲西山「湊川神社境内変遷の記」五頁。前掲森田『湊川神社史　鎮座篇』五一三頁。
*16――前掲西山「湊川神社境内変遷の記」四頁。
*17――なおこの「真島」という人物は、②のなかで境内建物の所有者として名前の挙がっている「馬島直七」のことであろうと推測される。
*18――前掲森田『湊川神社史　鎮座篇』二九七～三〇〇頁。
*19――ただし、神戸の場合は居留地造成とともに雑居地が設定されていること

から、居留地制度廃止のインパクトは、単に外国人と接触する機会の増加という側面だけでは捉えきれないことには注意する必要がある。
*20――前掲『湊川神社六十年史 本文編』二五六頁。
*21――『又新』一八九八年二月一〇日。
*22――『大阪毎日新聞』一八九九年八月二九日。この史料については、高木伸夫氏よりご教示を得た。
*23――以上、阪本是丸『国家神道形成過程の研究』(岩波書店、一九九四年)、三八〇頁。
*24――『又新』一九〇一年八月三〇日。
*25――以上、前掲阪本『国家神道形成過程の研究』三八〇～三八三頁。
*26――『歴史地理』第二巻第五号、一五二～一五三頁。福島幸宏「戦前における楠氏研究――郷土史の位置」(『新しい歴史学のために』二三八号、二〇〇〇年、三〇頁)も参照。
*27――『又新』一九〇二年五月一四日。この点に関しては、奥村弘「みなとの祭りから神戸まつりへ――「モダンな都市」神戸の成立」(歴史資料ネットワーク編『歴史のなかの神戸と平家』神戸新聞総合出版センター、一九九九年、二三五頁)も参照。
*28――湊川神社の境域改修事業については、前掲森田『湊川神社史 鎮座篇』五二九頁以降を参照。
追記――本稿は、吉原「湊川神社境内の店舗営業――一九〇一年境内店舗立ち退き問題を手がかりに」(『歴史と神戸』五二巻二号、二〇一三年)をもとに加筆・修正を加え改稿したものである。

第13章

法令から見た境内地の公共性
――近代神社境内における神社林の変遷と公園的性格

河村忠伸

序

明治維新後、社寺境内は大きな変化を遂げる。明治四年(一八七一)の上知令はそれまでの封建的社寺領を解体し、続く近代社寺制度と近代的土地所有制度の成立過程において「祭典法用ニ必需」な空間としての社寺境内が再構築されていく。これは法制度史の観点から見れば現代の宗教法人にまで続く近代的境内地の創出でもある。この近代境内地制度に関する研究は早く明治期より始められていたが、それはつねに制度上の課題解決を目的としていた。戦前においては社寺領解体と境内外区画の妥当性の検討であり、戦後は国有境内地処分を専ら研究動機としていた。そのためか、国有境内地処分が一段落して以降は制度史の一環として扱われることはあっても、主たる研究対象とされることは稀になった。

では今日において明治維新から終戦までの神社境内地に関する制度を研究する意義はどこにあるのか。筆者は四つの意義があると考える。第一は宗教法人制度研究のためである。現在の宗教法人制度は戦後に無から生み出されたものではなく、戦前の制度と連続している。そのためとくに税制や境内地の公益性といった議論に際しては戦前の制度変遷を踏まえる必要がある。第二は現在の神社景観を築いた背景を知るためである。近代における神社景観の創出過程、設計を研究するうえで境内、神社林にどのような制度的制約が課せられていたか、神社行政がどのような志向性を持っていたかを明らかにすることは不可欠である。第三は戦前期における国家と神社の関係を明らかにするためである。維新以降、神社は「国家ノ宗祀」として位置づけられ、山野路傍の神祠も公的な祭祀を営む「神社」となる途を与えられた。行政上「神社」は公法人にして財団法人たる「営造物法人」の唯一の実例として理解されていた。この「営造物法人」の財産で最も大なるものは社殿および境内であることは申すまでもない。そのため、近代の神社境内が法制上どのように扱われたかを研究することは「営造物法人」たる神社を研究するうえで不可避であり、「営造物法人」たる神社の性質を明らかにせずして国家と神社の実態に迫ることも不可能である。第四は神社の本質を知るためである。社寺境内は悠久の歴史のなかで神聖な土地として扱われてきた。近代的な土地所有制度に組み込むに際し、信仰上の神聖性をどのように扱うか。これは社寺制度近代化全般に通じることであるが、近代化に際し当時の人びとが何に普遍的価値を見出したかを考究することは今日および将来の社寺にとって大いに益のあることである。

本章ではかかる問題意識を基盤として、戦前期、おもに明治神宮御創建ころまで行政が神社境内にどのような機能、公共性を期待し、そのための制度を構築していったかを法令から考察していく。

一 維新から上知令まで

維新後、政府が社寺領に対し真っ先に行ったのは社寺領・社寺林の現状把握であった。まず明治二年（一八六九）七月一〇日民部省より府県に官林総反別、三年三月には御林帳の提出が達せられたが[＊1]、これは未提出も多かったため大蔵省に引き継がれ、明治五年にも御林帳の提出が各県に求められている[＊2]。神社境内に対しては明治四年七月四日太政官達[＊3]において林の反別、木数、太さや払代の相場まで調べている。以上の調査方法から政府が竹木を財産と認識し、一連の調査が経済的な視点からなされていたことは明らかである。

明治二年版籍奉還が断行されたが藩主が藩知事として残ったため、全国統一的な制度構築には至っていなかった。これが解消されるのが明治四年七月の廃藩置県によってである。上知令が明治四年正月五日太政官布告[＊4]として公布された時期はまさしく中央集権的な行政機構の構築に着手したころである。上知令の主たる目的は版籍奉還に伴う封建的領土の否定であり、それは本文に「各藩版籍奉還之末社寺ノミ土地人民私有ノ姿ニ相成不相当」と明記される。したがって上知令は版籍奉還ののちも継続していた封建的領土である社寺領を完全に解体することで中央集権的な行政機構の確立の準備を図ったものである。

このように上知令の主眼は封建的社寺領の否定であって、近代的な境内地形成ではなかった。社寺領が封建的領土のみで構築されていれば、その解体は税の徴収権が府県に移管することで完了する。当時の政府は社寺境内地を原則として元公領地であったものを朱黒印状などにより社寺に知行権を付与したものであると認識し[＊5]、公議所でも社寺地における「高内引」や「見捨地」といった免税地すべてへの批判的な意見があった[＊6]。しかし中田薫[＊7]が指摘するとおり、朱印地除地のなかには社寺が購入、または開墾した土地に対し免税した事例もあり、免税地が公有地であるとはかぎらない。他にも社寺、神官僧侶が自費にて開墾した土地や家屋もある。そのため上知令を完遂させるには知行権を取り上げることに留まらず、土地の帰属を判定していく必要があった。

そこで政府では新しい境内（以下、「新境内」と称する）の区画基準を提示しなくてはならなかった。上知令では「社寺領現在ノ境内ヲ除ク外一般上知被仰付」とあるのみであった。明治四年五月二四日太政官達[＊8]では寺院境内に関し「従前ノ坪数反別ニ不拘相当ノ見込ヲ以テ境内ノ区別相定」とし、さらに同年七月四日太政官達[＊9]でも神社境内に関し「境内地ヲ不論本社及建物等現今ノ地形ニヨツテ相除其他総テ上地可致」としたように、景況で判断せよという地方官の裁量に大きく依存するものであり明確な基準提示は難航した。これは新しい土地制度そのものが未定であったことが大きい。

したがって上知令そのものの主眼は文言どおり封建的領土の解体であったが、複雑な社寺領を整理するためには土地の帰属を明確にする必要があり、その完遂に区画は不可避であった。そのため上知令からはじまる社寺領の明治維新には封建的領土解体の「上知」と近代的土地所有判定のふたつがあったと評価できる。法令の文言からいって後者の施行に際しては改めて別の法令が出されるべきであったが、上知令にもとづき一連の事業として推進されていく。そのため後者は上知令に内包されていたものが、近代的土地制度の確立により顕在化し、地租改正中の区画事業により完了したと理解するより他ない。後者の区画事業により社寺から切り離された境内については知行権によるものではないので本稿では「上地」と表記する。即ち上知令は近代的な土地制度の確立のなかで「上知」から「上地」へと変質していったのである。

二　地所名称区別と地租改正

明治四年（一八七一）五月一四日太政官布告第二三五号[＊10]、同年七月四日太政官第三二一号[＊11]により官国幣社以下村社の制が立てられた。当初社格による境内地上の相違は未分であったが、明治六年三月二五日第一一四号布告「地所名称区別」[＊12]、翌年一一月七日に太政官布告第一二〇号「改正地所名称区別」[＊13]により地種、租税が定められるとそこに明確な区別があらわれる。「改正地所名称区別」を見ると神宮官国幣社府県社および民有にあらざる社地は官有地第一種に、民有地にあらざる堂宇敷地および墳墓地は同第三種に、官有寺院地は同第四種に、人民数人および一村或いは数村所有の確証ある社寺は民有地第二種に、民有の確証ある墳墓地は同第三種に分類される。租税については、

神宮・官国幣社・府県社―地租地方税ともに賦課せず
官有寺院境内―地租地方税ともに賦課せず
民有郷村社―地租地方税を賦課する
　→地租地方税を賦課しない
　（明治八年七月二日太政官布告第一一四号）［＊14］
民有無格社―地租地方税を賦課する
　（のちに地租のみ賦課し、地方税は賦課せず）
民有寺院境内―地租地方税を賦課する

となっている。官有地であるがゆえに非課税であるというのが原則であるが、郷村社以上は民有地でも賦課されないようにのちに変更されている。郷村社以上が明治四年五月一四日太政官布告第二三四号［＊15］以後、公法人（営造物法人）と位置づけられていたことによるものと思われ、その方針は法令により確認される［＊16］。

税制が定まったことにより区画の受け皿はできた。次に必要なのは境内地の定義であり、それは明治八年六月二九日地租改正事務局達乙第四号「社寺境内外区画取調規則」［＊17］（以下、「取調規則」と略す）第一条に「祭典法用ニ必需ノ場所」と示され、その後の境内地の定義として終戦まで用いられることとなる。明治六年四月二三日租税頭陸奥宗光より東京府知事大久保一翁へ出された「公園取扱心得」のなかに「公園内ニ存在セル社祠堂塔、及祭祀法務ニ必用之建物等ハ祠官寺僧ニテ進退可為致事」［＊18］とあることから、「祭典法用」という規定は行政実務のなかから生まれたものと推測される。

区画基準から見れば税制、境内の定義が定められ、地租改正が断行されたことで上地事業は完遂されたといえる。しかしより大局的な視点から見た場合、この時期の政策は相互に関連し営造物法人「神社」の制度を構築していったと評価できる。とくに「改正地所名称区別」の官有地第一種の規定は象徴的で、実質的に神社境内を私有することが禁じられた。これは明治四年五月一四日太政官布告第二三四号［＊19］に掲げられた「神社ノ儀ハ国家ノ宗祀ニテ一人一家ノ私有ニスヘキニ非サルハ勿論ノ事」を土地制度上で具体化したものと理解するのが妥当である。これ以降、明治九年一二月一五日教部省達第三七号［＊20］で山野路傍の神祠仏堂の扱いが定めら

れ、明治一一年九月九日内務省達乙第五七号「社寺取扱概則」[＊21]等で神社明細帳の制度が設けられた。一連の法令、特に神社財産に関する法令における「神社」とは世襲社家の所有物ではなく、神職、氏子崇敬者からなる社団の所有物でもなく、国家の営造物として扱われている。したがってこの時期に営造物法人という表現こそされていないものの、明治四年太政官布告第二三四号の「国家ノ宗祀」が営造物法人「神社」の発端であり、土地制度その他でそれが補完されていった。

三　山林上地

このようにして営造物法人たる近代「神社」境内の原形は「祭典法用」の場所として地租改正のなかで創出されたのであるが、その過程において神社林がほとんど境外に区画されている。現代でも「鎮守の森」と称される神社林が神社から切り離されることの信仰上の衝撃は計り知れない。前述のとおり政府は神社林を経済面から財産として捉えていた。明治四年（一八七一）七月四日太政官達「神社禄制々定ニ付境内区別方ノ件」[＊22]に至っては、木の目通や払代の相場まで調べている。この竹木の本数まで調査する方針は「取調規則」でも継承され、京都府では法令を遵守した上地がなされている[＊23]。竹木管理は厳格化し、明治一二年六月三〇日内務省達乙第三三号[＊24]により半年ごとに伐採理由を明記して報告することと定められた。

上地事業中、神社林のうち神社・神職の植林したものという明確な証拠のあるものについては所有権が認められたが、社寺の山林管理に強い不信感を抱いている政府[＊25]は、原則官有地化で上地事業を推進した。社寺林を境外とする根拠となった法令が明治六年八月八日太政官布告第二九一号[＊26]である。同法令には「境内外ノ区別速ニ取調旧境内ハ田畑ヲ除之外平地山林共凡テ官有地ニ相定伐木払下等不相成候」と明記している。その後の「取調規則」には境内外区画報告書の雛形を添付しているが、そこでは区画前を「旧境内」としたうえで区画後の土地を「現境内」、「共有墓地」、「私墾地」、「（神官人民）居住地」、「山岳」、「林」、「竹林」、「荒蕪地」と分けている。この「山岳」・「林」・「竹林」の後に「是者癸酉二百九十一号布告ニ依リ存置見込ノ分」とある。ここでいう「存置」とは官有地化を意味する。したがって両法令を遵守した場合、社寺林は官有とする以外の方途がないのである。

四　風致

「祭典法用」用地として新境内は区画され、さらに税制上の保護を受けたことから、政府の考える社寺空間の第一の目的は「祭典法用」という本来の活動であったことは疑いようがない。しかし地租改正直後の新境内が非常に狭隘なものであったことは京都府の史料が明確に記しており、信仰・景観上の問題があった。社寺からは返還の請願がなされるが、そこで議論されるのが境内の「風致」という概念である。社寺境内の風致維持を命じた法令として早いものは、明治八年(一八七五)四月一九日内務省達乙第四九号[*27]「神社境内旧社人居屋敷処分方ノ件」である。そのなかに「右居屋敷境外ニ引分候テハ社地ノ風致ヲ損シ差支候場所ハ当分拝借地ニ取計置」と、旧社人等個人の所有に帰する部分であっても「風致」を損なう場合は境内に留めるという規定がある。この法令の趣旨は明治九年(一八七六)三月二九日地租改正事務局指令「社寺境内地処分心得書」[*28]の第二章第三条に継承されている。ここでは「尤社寺地ノ風致ヲ損スルカ又ハ祠堂ノ建続或ハ一宇ノ内ヲ区分シ居住セル等祭式方法用必需ノ場所ハ境内ニ据置クヘシ」と「祭典法用」と並記されるような扱いを受けている。このように「風致」が境内地に関する法令に見られるようになった当初はおもに上地事業中の払い下げに関する規程で用いられている。そこでは「祭典法用」の用地たる新境内周辺が俗化しないための防止弁として機能していた。

上地区画完了後の明治一五年八月二日内務省達番外「社寺境内伐木取扱概則」[*29]では「社寺境内ハ修繕用材培植之地ニ無之数百年来之古木一朝地ヲ払ヒ遂ニ風致ヲ毀損スル向モ不少候」とその趣旨を明記したうえで、竹木の目通りを基準に四種(目通りにて一丈以上、五尺以上、一尺以上、一尺未満)、さらに風致木(寸法限定せず)を加えて計五種に分類し、伐採について規定しているが、「風致」の内容に関しては詳細な基準がない。

上地事業は断行されたのであるが、社寺にとっては非常に不満が残り、全国神職会発足に際してその目的のひとつに挙げられ、請願から帝国議会での審議へと展開していくことになる[*30]。議会では信仰または「風致」向上という理由からではなく、法律と経済上の問題として議論が進められた。法案提出者である今井磯一郎や出水弥太郎の主張は大きくふたつに大別でき、第一に上地事業そのものが不当な処分であったこと、第二に社寺の維持のために山林を還付するというものである。このうち第一について出水は「法要祭典ノ用ニ供スル必要ノ小部分ヲ、現境内地ト称シテ従前ノ如ク除地ノ儘其社寺ノ用ニ供シ、其他ノ大部分ヲ境外林ト称シ、上地ノ処分ヲシタノハ、甚ダ穏カデナイ処置デアル」[*31]と述べている。政府は上地事業の不当性については認めず、議会でも社寺の経済的な維持を図るなかで社寺林還付の議論が進められていく。この法案は何度か提出されることとなり、政府としても下戻申請が永続することは国有林の運営に多大なる障害となることが懸念されることから一応の決着を図る必要があって、明治三二年に次の三法令にて妥結することとなる。まず明治三二年三月二三日法律第八五号「国有林野法」[*32]で風致林野の境内編入の途を確立し、四月一七日法律第九九号「国有土地森林原野下戻法」[*33]にて下戻申請を三三年六月末日までに制限、さらに「国有林野法」を受けて、八月二日勅令第三六一号「社寺保管林規則」[*34]にて保管林制度を整備した。一連の議論が風致面ではなく経済面で展開していることは当時の社寺林観を理解するうえで重要な特徴であろう。

行政における「風致」という概念は上地事業中と「国有林野法」制定の二期に発達時期を分類できる。条文を見ると、過度の景観破壊の防止弁から比較して「風致林野」の規程はより風致面の保護へ進んだと評価できるが、政府の神社林への理解は帝国議会を見るかぎり経済に重きを置くものであった。境内坪数を制限したこと[*35]も踏まえるならば、政府の方針は神社境内を拡充し荘厳にせしめようとするよりも、経済的・税制上の観点から制限する傾向にあった。また、神社林の「風致」について当局が明確な条件や理想像を提示した法令が見られないことからも政府の神社林に対する態度が窺い知れる。

五　太政官公園

このようにして「祭典法用」、「風致林野」という要素が確立し、爾後の神社行政の概説書ではこのふたつを用いて境内地の性質を解説している。しかしながら戦前期の境内地の歴史を概観する時、もうひとつ公園的性質を考慮する必要がある。

我国の公園制度は明治六年（一八七三）一月一五日太政官布告第一六号[*36]により発足した。その時、東京府で誕生した公園は芝公園（三縁山増上寺）、浅草公園（金龍山浅草寺）、上野公園（東叡山寛永寺）、深川公園（富岡八幡宮）、飛鳥山公園（飛鳥山・幕臣領地）と五ヵ所であって社寺が多い。さらに布告そのものにも公園地化する場所として社寺を例示している。

三府ヲ始人民輻湊ノ地ニシテ古来ノ勝区名人ノ旧跡等是迄群集遊観ノ場所（東京ニ於テハ金龍山浅草寺東叡山寛永寺境内ノ類京都ニ於テハ八坂社清水ノ境内嵐山ノ類総テ社寺境内除地或ハ公有地ノ類）従前高外除地ニ属スル分ハ永ク萬人偕楽ノ地トシ公園ト可被相定ニ付府県ニ於テ右地所ヲ擇ヒ其景況巨細取調図面相添大蔵省ヘ可伺出事

この法令の目的についてはさまざまな学説が唱えられてきたが、丸山宏は陸奥宗光の東京府知事宛文書[＊37]を根拠に「地租改正という急激な政治的社会的変革期には、そのために生じる破壊・乱伐等の弊害を回避するため、いわば地租改正を補完するための布告・達が出されている」[＊38]と土地制度改革から景勝地を保存することが目的であったと指摘している。

過日御出省ノ節、松方租税権頭ヘ御談有之候公園ノ儀逐一致承知候、見込ノ通迚モ現今ヨリ欧米諸国ノ体裁ニ相傚候儀者難出来、元来有名ノ勝地無故取壊候儀無之様致度本旨ニテ、鄭重ノ入費ヲ人民ヘ賦シ、更ニ風景ヲ装飾致候趣意ニ無之候間、御見込ノ如ク箇便ノ御処置有之度、猶見込ノ趣者別紙ヶ条書ヲ以テ及御達候間、先是ニ御参酌適宜之方則御取調、今一応御申出有之候様存候此段申入候也

明治六年四月廿三日　租税頭　陸奥宗光

東京府知事大久保一翁殿

明治六年という時期に着目すると、明治五年四月一二日大蔵省達第五三号「古来声誉ノ名所古蹟等保存ノ件」[＊39]がすでに出ており、明治八年には「賀茂御祖神社外十二社建造古制永存」[＊40]にて神社建築の古式保存が指示されている。維新に伴う制度改革により社寺のもつ文化的価値が喪失しかねないという危機感を政府が認識し、施策を打ち出した時期であった。

六　東京府の神社境内の公園化

東京府の公園の方向性を決定づけたのは、社寺参詣がレクリエーションとして成立していたことと東京が人口密度

の高い都市であったことである。参詣者が集まる社寺には当然商売も集まり「盛り場」を形成する。当然、人口密度が高まればその経済規模も大きくなる。維新直後の「盛り場」形成を示す事例として秋葉原の地名の由来となった鎮火社がある。そこでは御鎮座以来、周囲住民より植樹や楊弓など各種事業許可の請願があって、さながら植物園、遊園地化していた[*41]。

東京府の公園計画が他県に異なっていたのは西洋風公園の設置を模索していたことである[*42]。これは横浜との地理的な関係や政治の中枢であったこと、そして西洋事情を理解した人材が集まっていたことに起因する。つまり名所景勝地を公園設定することで保護しようとする政府に対し、東京府は新たな公園の創出を構想していたのであって、前出の陸奥の文書はその相違点を指摘するものである。

公園創設計画で問題となったのが費用の問題であり、東京府では西洋風公園を最終目的としつつも当面その実現は困難であると判断し、折衷案として半公園半借地を発案した。これは借地部分を商業用地とし、そこからの借地料にて運営費を賄うという考えである。公園運営は採算のある事業であると見られていた。例えば一連の議論を推進したのは当時の財界人である営繕会議所であり、明治六年(一八七四)から八年にかけて民間から公園運営を請負いたいと申請がなされている[*43]。また東京府の初期五公園のうち社寺ではない飛鳥山がその当時から桜の名所であったことからも観光性を重視した場所選びであったことがわかる。

東京府の当初の意図からすれば、この費用面を借地料で賄うという発想は西洋風公園設置へむけた手段にすぎない。しかし明治七年九月西洋風公園が政府の承認を得られなかったため[*44]、東京府の公園設置方針は借地料を運営費に充てることを前提とした近代的な「盛り場」創出へと転換していく。

公園制度発足以降、東京府では神社境内を積極的に公園化していった。これにはいくつか理由が推測できる。まず借地料の確保の問題がある。借地料収入が減少することで運営費用が捻出できないことを東京府は明治九年九月の深川公園の事例で痛感しており、それに対処すべく出稼出願の奨励を実施した[*45]。これ以降より人の集まる場所を志向するようになり、当時の遊興観光事情から社寺地の公園化が進んだと考えられる。次に候補地確保がしやすい点。神社は営造物法人であるうえに、社寺周辺には上地事業により境外とされた官有地があるため、民有地を買い上げるより確保しやすい。また独自の理由として、帝都であり、人口密集地であるがゆえに、他県に比べ公園設置の必要性が高かった点も考慮しなくてはならない。

公園化は社寺にとっても利点があった。境内の一部若しくは周辺が公園地化することで官費による整備を受けられるうえに、公園と相乗効果で参詣が増えることも期待できた。例えば湯島天満宮は明治二三年四月の公園化に際しそれまで神社収入としていた借地料相当の損失補填を受けている[*46]。こうした事情から明治二一年ごろの東京市区改正委員会[*47]において公園を増加すべく候補地が議論された際も社寺境内がほとんどであり、公園候補地として定着していたといってよい。

しかし神社にとって利点ばかりであったわけではない。これについては赤坂の日枝神社の事例が顕著である。本件公園化は神社側の意志であり、明治一四年四月に「日枝神社境内地公園御開設願」[*48]が祠官総代連署で提出された。その請願理由としては「一ノ遊園ニ創築セバ、一ハ以テ人々ノ健康ヲ養ヒ、一ハ以テ宮殿維持ノ道モ相立、旁ラ将来ノ福祉ヲ植ル、何ノ洪慶カ之ニ加ヘムヤ」とあるように、周辺住民への公園提供と境内の維持運営である。これを受けて東京府知事松田道之はその可否を内務卿松方正義宛に伺い[*49]、明治一四年六月一日に公園地として承認されている。

公園設定後、日枝神社境内は整備が進められ、崖の崩壊修理や植樹がなされた。ここまでは順調であったのであるが、次第に公園であることにより神社の尊厳維持に問題が生じるとの声が上がるようになる。この点についてはとくに官幣中社、官幣大社へと昇格したことがその思いを強めたと推測できる。日枝神社では大正九年(一九二〇)八月に宮司宮西惟助を始め氏子総代連署にて内務大臣、東京府知事、東京市長に宛てて「麹町公園ヲ官幣大社日枝神社境内地ニ復旧セラレタキ件陳情書」[*50]を提出した。陳情書では公園化が「国家ノ神社ヲ宗祀スルノ趣旨ト相副フモノニ非ズ」と主張し、具体的な弊害として、本殿付近での昼寝や掛茶屋における放歌弦声、常住営業者の洗濯物、共同便所の設置を挙げる。この時点における日枝神社、宮西惟助の公園化に対する理解は「然ルニ明治十四年四月、本社ノ社格府社タリシトキニ於イテ、境内地ヲ挙テ公園地ニ編入セラレタルハ、当時神社制度不備ノ際、充分ノ考慮ヲ欠キシモノニシテ、本来神社境内地ト公園トハ根本ニ於テ其ノ性質ヲ異ニシ、荘重森厳ナラザルベカラザル神域ノ施設ト、散策遊楽ヲ目的トスル公園ノ設備トハ、決シテ両立スルモノニ無之」とそもそも神社境内と公園とは根本的に異なる存在であるというものであった。

七　社寺公園の聖と俗

東京府の公園事情は先述のとおり特殊な経緯があるのであるが、同時に明治維新直後、財政上の理由からインフラ整備のため、社寺境内が学校用地などに積極的に活用されようとした点も失念してはならない[＊51]。そのため社寺公園には財政難の時代における代用公園としての役割ももっていた。しかし日比谷公園起工式に於いて造営委員長・東京市助役吉田弘蔵が「概スルニ古神社仏格《ママ》ノ境内ニシテ真ニ公園トシテノ適格ヲ備フルモノアル事ナク」[＊52]と述べたことが象徴するように、社寺公園があくまで代用公園であるとの認識は高まっていた。行政の考えが社寺の公園化よりも純然たる公園を志向していくなかで境内と公園の機能の区別の問題が顕在化してくる。日枝神社の事例がまさにそれである。同神社では昇格に伴う自覚が解除運動へと発展したのであるが、社寺公園全体から見ても転換期を迎えていた。そもそもこの事態は太政官布告の想定外の事態である。太政官公園の対象地は上地事業により境外無税地とされた箇所であって、「祭典法用」の場所たる「新境内」と公園が混在するという事態は想定していなかった。両者を混在させることは問題にこそなるが、行政上の利点はなかった。

こうした状況に神社行政の側から是正措置が図られる。明治二八年一一月二六日内務省訓令第八三二号「公園地内ノ境内区域更正ノ件」[＊53]で祭典に必要な区域を区画する旨訓令が出される。しかし本訓令は、同年一一月二六日通牒社甲第四一号「公園地内ノ境内区域更正取調方ノ件」[＊54]に「尤モ本件ハ種々ノ関係モ有之儀ニ付貴庁限リ調査セラレ候儀ト御心得有之度依命此段及通牒候也」とあって強制力を伴わず、全面的な是正には至らなかった。なお、公園設置後に社寺仏堂が建設された事例もあったようでそちらも調査するよう明治二九年一月一五日通知秘別第一五七号「公園設置後建設ノ寺院仏堂境内区域取調ノ件」[＊55]が出されている。

ここで強制力の伴う措置を採ることができなかった理由は三点想定される。第一に帝都東京の特殊事情である。東京は前述のとおり特異な経緯により借地料による公園運営をしていた。これは終戦まで継続し、財政上の理由から東京としては反対せざるをえなかった。事実、昭和八年の神社制度調査会第三六回特別委員会[＊56]において委員より神社公園の是正について質問された際に児玉九一は東京市が財政上の理由から承知しないため解決しないと説明している。第二に公園用地の不足の問題がある。人口密集地である東京では明治二一年ごろも神社公園を推進しており、代用公園と批判しつつもそれを解除して新たな用地を準備できなかった。第三に社寺公園は件数も限られ、行政上の優先順位が低かったものと推測される。先の法令を始め、当局には是正を徹底しようとの意志は見受けられない。この問題は児玉九一の説明にあるように都市部固有の問題として考察していく必要があると思料する。

公園と関連し考慮すべき点として、社寺境内若しくはその一部が道路整備など公益目的に必要とされた場合に「祭典法用」と公益どちらが優先されるかという問題がある。時期的に近代化が進められるなか、道路拡張や電線設置などは喫緊の問題であった。これについては「祭典法用」が絶対であるとの見解が優勢であったが、明治三六年一一月二〇日内務省令第一二号「社寺仏堂境内地使用取締規則」第一条[＊57]が契機となり、公益目的が考慮されるようになった[＊58]。

八　明治神宮御創建

明治神宮御創建以前における神社境内の行政上の性質は「祭典法用」、「風致」、「公園」という三つの大きな要素からなっていた。このうち前二者は制度上その地位を確立し、最後の「公園」については「祭典法用」との関係について議論があった。前二者についても行政上検討課題が残されていたことは「風致」の基準を明示できなかったことから明らかである。

神社を創建するためには建築・造園上のことはもちろんであるが、法制度上どのように位置づけるかも考慮しなくてはならない。むしろ境内に関する設計上の制約という点ではこちらの方が前提となってくる。しかし明治神宮御創建の経緯及び規模を考えた場合、初めから既定の神社制度の枠内で計画されたというよりも国民の熱誠に押され、明治天皇を奉斎するのにふさわしい施設を創建しそれを「神社」として運営したと評価すべきであると考える。維新以降、政府が境内規模について坪数制限を設けて「制限」する方針であったことを考えれば、明治神宮の規模は「異例」であり、そもそも大正二年（一九一三）に「神社奉祀調査会」設置が閣議決定されたという御創建までの経緯からして他の「神社」創建とは異なっている。

明治神宮がなぜ「神社」なのかについて、すでに大正元年八月に渋沢栄一や阪谷芳郎が提出した「覚書」時点にて「神宮」と記載され、その後も「神社」という路線で進められていく。この問題については信仰・思想面からも考察が必要となるが、法制度から見て当時「神社」以上に安定した運営形態はなかった。当時「公的性格」・「永続性」・「基本財産の保全」を条件とする法人形態としては「営造物法人」以上に適したものはない。逆に寺院・教会については昭和一四年(一九三九)四月八日法律第七七号「宗教団体法」が定まるまで法律上の地位は曖昧であり、同法によって初めてその財産の管理保全の制が確立された。とくに寺院境内地が法律上不安定な状態であったことについては同法及び第一次国有境内地処分法制定過程において明らかである。

九 神社制度上に於ける明治神宮御創建の影響

明治神宮御創建には伊東忠太、大江新太郎、佐野利器、角南隆、本多静六、本郷高徳、上原敬二と建築・造園分野の最高の人材が集められた。そして彼らのなかには後年、神社行政上で各専門分野を指導していく者もあった。これは建築・造園という分野の専門性を行政上に認めさせたということになろう。古来、大きな社寺には専属の技術集団が存在していた。石清水八幡宮に『男山考古録』[*59]という御祭神、社殿、摂末社について考証した文書があり、現在に於いても第一級の参考書となっている。しかし同書は宮大工によるものであって当時の宮大工の専門性の高さを窺い知ることができる。しかし宮大工も明治維新により社家同様に身分保障を喪失し、安定した技術伝承ができなくなった。明治神宮御創建はこれら江戸期に培われた専門家が不在となる時期に当たり、制度的に専門家を確保する必要が生じ始めていた。

伝統的な建築様式の護持については専門家育成の問題の他に、価値観の変化、コンクリートや電気といった新しい技術へどう対応するかという問題もあった。一般家屋の様式も変化するなかで、廉価で建造することを追求しそれまでの伝統を無視した神社建築が生まれる可能性は十分あった。その点で角南隆といった専門家が神社行政に携わったことが神社建築の伝統護持に果たした役割は大きい。

内苑の創出が神社林に及ぼした影響は絶大なものがある。行政上の境内地の三大要素のうち「風致」は行政上確立した要素として認知され、法令上も風致維持を命じていたが、具体的な「風致」の内容については提示されていなかった。例えば大正二年四月二一日内務省令第六号[*60]はそれまでの神社制度に関する法令を集約したもので、終戦まで「神社法」と呼ぶべき地位を有したものである。その第一六条に「境内地ノ木竹ニシテ由緒アルモノ及風致ニ必要ナルモノハ之ヲ伐採スルコトヲ得ス」とあるものの「風致」とは何かは規定していない。制度上それまでの「風致」とは乱伐を制限することであって、あるべき神社景観は提示されなかった。しかし本多、本郷、上原の学問は神社林のあるべき姿について具体的に論じ、それは後述するように神社行政に採用されていく。

とくに明治神宮の設計に使用された技法であるゾーニングはそれまで聖俗分離に関し議論のあった公園的性格の問題について解決の指針を提示することになった。ゾーニングとは神聖度を階層的に設計することである。休憩所を本殿から離して設置すれば日枝神社のような事態は防げることは誰しも経験的に発想できるが、これを理論的体系的に整理し、かつ実地に適用するのは困難であり、重大な発明である。

また行政における神社林そのものの評価を高めた面も看過できない。上原敬二は実務の傍ら神社林について研究を進めたが、そのなかで神体山に関して調査を実施し、「神体林に就て」[＊61]を発表している。上原はすべての神社林苑について単なる神社所有の山林ではなく、神体山がもつような神聖さを求めており、そのための設計・施業・管理を理論構築していく。こうした神社林に特有の「神聖さ」を求めることは本郷などにも共通して見られる。これは一面において造園学の視点から神社林のもつ信仰面の再発見であり、「神体林」は戦後岡田米夫[＊62]が「神体山」を定着させるまでのミッシングリングとして再評価する必要がある。

こうした上原・本郷の神社林に対する考え方は実際の行政に採用され、京都府及び滋賀県でそれにもとづいた指導がなされていたことが確認できる[＊63]。例えば滋賀県では神聖区域（御敷地）、神厳区域（神聖区域の外周、内域）、清厳区域（神厳区域に連なる区域）、清雅区域（神苑等）、自由区域（外苑等）と境内をゾーニングして説明しているが、明治神宮を想定した理論であることは一目瞭然である。『神社協会雑誌』[＊64]などの境内に関する議論においても内苑外苑は注釈なしに使用されている。このように明治神宮御創建で培われたものがその後の神社行政においてひとつのモデルとして定着していった[＊65]。

同時にモデルであるがゆえに安易な模倣による弊害も生じた。御創建直後より全国の神社で神苑という名称で、公園的施設が増加し、それに対し上原・本郷らが神社と公園との混同、神境の俗化として『神社協会雑誌』上で批判している。

以上の点から明治神宮御創建が神社境内に与えた影響は大きく、神社境内を論じるうえでのモデルとなっていった。このように具体的に法令が改正されたわけではないが、御創建により神社境内に関する理論は各段に進歩したのであって、神社行政上の画期であったといえる。

結び

明治維新以降、神社は「国家ノ宗祀」と位置づけられ、諸制度が整備されてきた。そのなかで境内地については営造物法人の主たる財産であり、「祭典法用」、「風致」、「公園」という三つの要素が行政上認められた。しかし「風致」は具体性に欠き、「公園」も「祭典」との関係性をどうするか問題視されていた。そうした状況で御創建された明治神宮は当時最高の技術の結集であるだけではなく、神社に関する制度上の問題点についても再考する機会となった。とくに「風致」については上原・本郷の学問によりあるべき神社林について具体的な議論が進展した。「公園」についてもゾーニングという解決策が提示された。御創建により新たな法令が出されたわけではないが、実地に則した経験・技術・知識が行政上蓄積された。その蓄積は専門家とともに神社行政に採用されたことで、その恩恵は全神社に及んだといえる。

しかし神社境内の性質に関する問題がすべて解決したのではないことは、大正一三年（一九二四）ごろに「社寺開放論」［＊66］という議論が起こったことからもわかる。これは境内全域を公園的に開放すべしとする東京市社会局と従前どおり「神社の尊厳」を優先すべしとする内務省神社局との意見対立であるが、神社人においても意見は分かれた。神社局では大正一三年七月に「神社に関係ある公園の経営に関する協議会」［＊67］を開催し、次の二点の徹底を主張したのである。

一、神社を主とする公園は其の設備に十分考慮し形式内容共に神社の尊厳を保持する様、工夫改良を加へ所謂「神社公園」として恥しからぬものとすること。

二、又神社を背景として設けられて居る公園は神社と公園との区域を截然明かにすること。

帝国議会でも青少年の思想善導のために社寺に図書館などの公的施設の設置を期待する議論が交わされたが［＊68］、「祭典法用」を犠牲にしてでも思想善導に当たるべしという話ではなかった。かつ経済的な理由から公園的施設を設置できる社寺ばかりでないことも行政上理解されていた。

このように性質について議論はあったものの戦前期の税制上、公的施設の有無が免税の条件にならぬことから、行政が社寺の本来の活動たる「祭典法用」に一貫して社会的存在価値を置いていることが確認できる。神社行政を通史で考察し、行政の期待した境内地の機能に優先順位をつけるのであれば「祭典法用」、「風致」、「公園的性格」の順であり、とくに経済重視から「風致」尊重へ進化する間に明治神宮御創建が及ぼした影響は大きい。

意見が分かれたのは「公園的性格」である。これは議論が積み重ねられたが、理想形への到達ではなく、神社行政とともに終止符を打った。昭和二〇年（一九四五）一二月の神道指令［＊69］のなかで「公園ニ設置セラレタル神社」も財政的援助が許されない旨明記され問題となった。そこで昭和一四年四月八日法律第七八号を改正し、「社寺等に無償で貸し付けてある国有財産の処分に関する法律」（所謂「第二次境内地処分法」）［＊70］が制定され無償で貸し付けていた国有地を譲与、または払い下げることとなった。これに先立ち内務省では昭和二二年三月六日内務省発令第一三四号通牒「公園地内にある社寺等の境内地処置について」［＊71］を出し、公園上にあった社寺の公園設定を解除し、一旦国有地を貸し付けてある状態にし、そのうえで譲与又は払い下げを受けさせた。これにより日枝神社もようやく復旧されることになるのである。

未完成だったのは「神社公園」だけではない。「宗教団体法」が昭和一四年、「神社法」が制定されていないことを考えれば、戦前期の神社・宗教行政は完成形に至っていなかったと評価せざるをえない。しかし未完であったものの、神社のあり方について真剣に議論され、ゾーニングなど現代でも通じる優れた成果を残している。現行法制度との連続性だけではなく、現在、吾人の理解する「神社」のイメージ、とくにその管理運営について近代以降の神社行政により醸成されたものは大きい。したがって現在の「神社」を正確に理解するには近代神道史が前提として必要になる。しかし業績が蓄積されているものの不明な点も多く残されており、近代神道史に関する実証的研究の深化が一層必要になってくる。

註

＊1——大蔵省営繕管財局国有財産課編『社寺境内地ニ関スル沿革的法令集』(以下『法令集』と略す)、大正一五年、大蔵省、二〇四～二〇五頁。
＊2——『法令集』二一〇頁。
＊3——前掲同書、六～九頁。
＊4——前掲同書、四～五頁。
＊5——大蔵省管財局編『社寺境内地処分誌』(以下『処分誌』と略す)、大蔵財務協会、昭和二九年、一四四頁。
＊6——大竹秀男「近代的土地所有権の形成——明治初期における社寺地処分の観察を通じて」(高橋幸八郎編『日本近代化の研究　明治編』所収、東京大学出版会、昭和四七年)。
＊7——中田薫「御朱印寺社領の性質」(『法制史論集』第二巻所収、岩波書店、昭和一三年、初出は『国家学会雑誌』二一巻一一・一二号、明治四〇年)および「徳川時代に於ける寺社境内の私法的性質」(前出『法制史論集』第二巻所収、初出は『国家学会雑誌』三〇巻一〇・一一号、大正五年)。
＊8——『法令集』六頁。
＊9——前掲同書、六～九頁。
＊10——阪本健一編『明治以降神社関係法令史料』(以下『法令史料』と略す)神社本庁、昭和四三年、三〇～三三頁。
＊11——前掲同書、三四頁。
＊12——『法令集』一八〇～一八一頁。
＊13——前掲同書、一八一～一八四頁。
＊14——前掲同書、一八七頁。
＊15——『法令史料』二九～三〇頁。
＊16——『法令集』二八頁。
＊17——前掲同書、二一～二四頁。
＊18——東京市編『東京市史稿』遊園篇四、臨川書店、昭和四九年、五一五頁。本書は東京市より昭和七年に刊行されたものの復刻である。
＊19——『法令史料』二九～三〇頁。
＊20——神祇院總務局監輯『最新神社法令要覧』京文社、昭和一六年、三二四頁。
＊21——『法令集』一三三～一三五頁。
＊22——前掲同書、六～九頁。
＊23——京都府立総合資料館所蔵『社寺境内外区別原図』、『社寺境内外区別図』、『社寺境内外区別図面』、『社寺境内外区別取調帳』。
＊24——文部省文化局宗務課監修『明治以降宗教関係法令類纂』(以下『法令類纂』と略す)第一法規出版、昭和四三年、五七三～五七八頁。
＊25——国立公文書館所蔵。件名「社寺ノ資金ヲ以栽植セシ樹木ハ神官僧侶ニ下附セス」。太政類典・第二編・明治四年～明治一〇年・第二五三巻・教法四・神社二。【請求番号】本館-2A-009-00・太00476100【件名番号】034。『処分誌』、一三〇～一三一頁。本件において内務省は太政官に対し社寺に下付することで山林が材木として「禿尽」される懸念を述べている。
＊26——『法令集』一三頁。
＊27——前掲同書、一八頁。
＊28——前掲同書、三七～四〇頁。
＊29——『法令類纂』三〇九～三一〇頁。
＊30——山口輝臣『明治国家と宗教』東京大学出版会、平成一一年。
＊31——第一三回帝国議会衆議院国有林野法案外三件審査特別委員会速記録(第五号)、明治三二年二月二一日。本稿では神社本庁総合研究所編『帝國議会(衆議院)委員會神社関係議事速記録』(近代神社行政史研究叢書Ⅶ、神社本庁、平成一二年、一三四頁)を参照した。
＊32——『法令集』二六〇～二六二頁。

*33―前掲同書、二四三〜二四四頁。
*34―前掲同書、二六二〜二六四頁。
*35―前掲同書、三三〜三六頁。
*36―前掲同書、一二頁。
*37―前掲『東京市史稿』遊園篇四、五一四頁。
*38―丸山宏『近代日本公園史の研究』思文閣出版、平成六年、三一頁。
*39―『法令集』二〇五頁。
*40―国立公文書館所蔵。太政類典・第二編・明治四年〜明治一〇年・第二五五巻・教法六・神社四。【請求番号】本館-2A-009-00・太00478100【件名番号】019。
*41―河村忠伸「東京府における太政官公園の成立と近代社寺境内の形成」(『神道文化』第二五号所収、神道文化会、平成二五年)参照。
*42―前掲『東京市史稿』遊園篇四、四九一〜四九二頁。
*43―前掲同書、五九〇〜五九三頁。
*44―前掲同書、六〇四頁。
*45―前掲同書、九〇三〜九〇四頁。
*46―東京市編『東京市史稿』遊園篇六、臨川書店、昭和四九年、八〇七〜八一一頁。本書は東京市より昭和一一年に刊行されたものの復刻である。
*47―東京都編『東京市史稿』市街篇七五、臨川書店、昭和五九年。
*48―日枝神社編『日枝神社史』日枝神社御鎮座五百年奉賛会、昭和五四年、二四一〜二四三頁。
*49―前掲同書、二四四〜二四五頁。
*50―前掲同書、二五八〜二五九頁。
*51―『法令集』、一二頁。
*52―東京都建設局編『東京の公園――その90年のあゆみ』昭和三六年、四五頁。
*53―『法令集』、三三四頁。
*54―前掲同書、三三四〜三三五頁。
*55―前掲同書、三三五頁。
*56―神社本庁編『神社制度調査会議事録②』近代神社行政史研究叢書II、神社本庁、平成一二年。
*57―『法令集』、三四一頁。
*58―河村忠伸「近代神社行政における神社境内の公園的性格」(明治聖徳記念学会編『明治聖徳記念学会紀要』復刊第四九号所収、平成二四年)。
*59―藤原尚次著、嘉永元年成立。『石清水八幡宮史料叢書』第一巻(石清水八幡宮社務所、昭和三五年)所収。
*60―『法令史料』、一八七〜一九三頁。
*61―上原敬二「神体林に就て」(『神社協会雑誌』第一六年 二号、大正六年)。
*62―岡田米夫「三輪山の神体山信仰について」(大神神社史料編修委員会編『大神神社史料』第三巻研究論説篇、昭和四六年、五五七〜五六七頁)。初出は『神道史研究』第九巻第六号、昭和三六年。
*63―京都府社寺課林苑係『社寺林苑計画並管理経営』昭和期、滋賀県学務部社寺兵事課編『神社林苑提要』昭和一七年。
*64―本稿では『神社協会雑誌』全三七巻(国書刊行会、昭和五九年〜六〇年)および復刻神社協会雑誌編纂委員会編『別巻神社協会雑誌総目次・総索引』(国書刊行会、昭和六〇年)を参照した。
*65―青井哲人『植民地神社と帝国日本』吉川弘文館、平成一七年。
*66―『皇国』二二〇号(大正一四年八月)、二二一号(同年九月)に関連記事。「解放論」とは行政上の正式名称ではなく、神社関係者が議論の都合上付けた名称である。
*67―『皇国』二二一号、大正一四年九月、三頁。
*68―『帝国議会貴族院委員会速記録』一七、臨川書店、昭和六〇年、三八頁他。
*69―『法令史料』二六二〜二六五頁。
*70―『処分誌』、一七四〜一七八頁。
*71―前掲同書、一二九〜一三〇頁。

第14章

近代神社行政の展開と明治神宮の造営

――神社関係内務官僚の思想と系譜から

藤本頼生

はじめに

明治維新以降、昭和二〇年（一九四五）の終戦に至るまで神社に関わるさまざまな行政施策が実施されてきたなかで、その行政法令を策定してきたのは、いうまでもなく近代以降、先の大戦終結までの間、神社を管轄してきた内務省であり、内務官僚である。とくに神社関係の内務官僚の系譜や相関を考えるうえでは、明治一〇年（一八七八）の教部省廃止以後、設置された社寺局の神社課、明治三三年四月に設置された神社局の局長以下、同局に在籍した内務官僚の神社観とその施策を窺うことが、近代以降の神社というものをいかに考え、取り扱おうとしてきたのか、あるいは人びとにとって神社がどのような存在としてあるべきなのかを明らかにする手掛かりのひとつであると考える。

そこで本章では、神社局設置以後、最大の神社行政施策であり、かつ神社行政にとってもひとつの転機[＊1]であったともされる明治神宮の創建・御造営前後の内務官僚を取り上げ、各人の事績や本人の回顧、人物の相関関係を窺うことで、神社関係の内務官僚の特徴やその系譜、「国家ノ宗祀」とされた神社をいかに考えていたのか、明治神宮創建・御造営との関わりのなかで述べてみたい。

一　神社関係内務官僚の特徴と系譜

まず、神社関係内務官僚の特徴について述べておきたい。この点については、かつて阪本是丸が「内務官僚の立場からいうならば一旦内務省に入省したならば否が応でも神社界とは密接な付き合いをせざるをえない可能性が生じることを意味する」と、内務官僚と神社界との関わりの特徴を指摘している[＊2]。この指摘は、内務官僚でとくに高等文官試験出身者ならば、必然的に各府県の地方長官や郡長（大正末年まで）、地方事務官・部長、課長クラスでの異動、内務省内での異動によって神社行政にも何らかのかたちで携わることが多いことを意味しており、たとえば、京都府知事や岡山県知事などを務めた佐上信一は、大正一三〜一四年にかけて神社局長を務めているが、内務省内では地方局を皮切りに土木局を中心とした経歴であり、神社局には書記官時代含め、勤務経験はない。しかし、佐上は自ら、神社局長就任以前に内務省の文書課長時代にも所管の仕事として二年半ほど神社行政を知っていたと述べており、さらには地方官時代にも府縣で地方自治に関連して神社行政に五年ほど携わっていたと述べている[＊3]。さらにはその後、神社局長よりも先に明治神宮造営局参事に就任している。もちろん、このようなキャリア形成は、すべての内務官僚に当てはまるわけではなく、他の神社局長や課長などを経験した内務官僚の異動事歴だけを見れば、神社局との関わりは一見してあまり深くないようにも見える[＊4]。しかし、かつて拙著で指摘したように[＊5]、一例として掲げた佐上のキャリアはもとより、省内の文書課長や秘書課長、次官、あるいは地方局、衛生局、地方官では社寺兵事課のみならず、内務部長や警務部長、視学官、郡長や文教関係の事務官では神社行政に関与することが多く、そのようなキャリア形成のなかで神社行政との関わりが深い官僚が神社局へと異動していくこともひとつのルートであり、内務官僚と神社界との関わりの特徴として挙げられよう。加えて、後述する吉田茂の経歴などに見られるように、とりわけ敬神の念が篤く、その後の神社関係の関連団体の役職などを兼務することでさらに神社界との関わりが深くなっていくことも特徴として挙げられる。なお、大正期に神社局とは別に設置された明治神宮造営局に関していえば、神社局を中心とした内務官僚から選任、兼任されていることも付言しておきたい。

次に神社奉祀調査会の設置以降、神社局にとって転機とされる明治神宮創建前後から戦後神祇院の廃止後、明治神宮の復興までの内務官僚（技官クラスをのぞく）を掲げてみる。

創建前の神社局局長クラス・課長クラスでは、社寺局・神社局設置直後に活躍した中川友次郎（神社局第一・第二課長）[＊6]や中川望（神社局書記官、第一課長・のち山口県知事）などの人物も挙げられるが、明治神宮創建以後に神社局および明治神宮の造営に関係した人物としては、水野錬太郎、井上友一、塚本清治、佐上信一、田澤義鋪、吉田茂、飯沼一省（神社局長、神祇院副総裁）、児玉九一（神社局長、のちに明治神宮外苑部長、外苑運営委員）、湯澤三千男（衛生局長、内務大臣・明治神宮総代・責任役員、明治神宮復興奉賛会理事長）、葛西嘉資（神祇院教務局調査課長、元明治神宮総代、神宮〈伊勢〉崇敬者総代、厚生事務次官）が中心的な人物として挙げられる。

では、その相関関係についてであるが、この点については、すでに藤本頼生著『神道と社会事業の近代史』第一部第一章のなかで、その相関の概要を述べており[＊7]、そのため、本章では重複を避けるが、とくに水野錬太郎以降、内務官僚中、神社関係官僚に一筋の流れがあることを明らかにしており[＊8]、その流れとは、水野−井上、井上−佐上や塚本、塚本―吉田、佐上、吉田―飯沼というものである。これらの人物は各部局での上司と部下といった関係でも接点があり、まさに「神社関係内務官僚」というべき人びとでもある。

二 神社関係の主要内務官僚の略歴

前節では、神社関係内務官僚の系譜・相関の概略を述べたが、本節では、とくに明治神宮の御造営に関与した井上友一から吉田茂までの五人の主要な神社関係の内務官僚の略歴について触れておきたい。

井上友一（いのうえ・ともいち）

井上友一は、旧金沢藩士井上盛重の長男として明治四年（一八七一）四月一〇日に金沢市馬場五番町に生まれた。生後二ヵ月で生母の国友を失ったため、後に陸軍中将となる井上一次は異母弟であった。明治二〇年（一八八七）に石川県専門学校、二三年七月に第四高等学校を卒業。明治二六年七月に東京帝国大学法科大学法律学科（英法）を卒業し、同年八月に内務省試補、内務属として県治局に勤務。その後、明治二八年一月に県治局市町村課長、三〇年九月に県治局府県課長となる。三一年一一月には地方局長事務取扱を命ぜられ［＊9］、三〇年一〇月から三六年七月まで兼ねて内務大臣秘書官を務める。三一年一一月には県治局が改編され地方局府県課長となり、三三年四月にはフランスのパリにおいて開催された万国公私救済慈善事業会議に委員として出席。同年六月から三四年三月まで命を受け、欧米各国に事情視察のため出張、欧米各国の地方自治制度の実情を知る。

この出張により井上は、健全な地方自治の確立こそが国力の基本であると考えるようになる。三五年一一月には行政裁判所評定官を兼任、三八年には中央報徳会の設立に参加［＊10］、翌三九年報徳会を設立し、『斯民』誌を発行する。同年一一月には勅任の内務参事官兼内務書記官となり、三二年に窪田静太郎、桑田熊蔵や小河滋次郎、留岡幸助、原胤昭らを中心に設立された貧民研究会の創立委員に加わり、四一年一〇月の中央慈善協会の発会にも携わった。前後して四一年七月六日には高等官二等［＊11］に叙され神社局長となるが、前任であった水野錬太郎によれば、地方局の仕事を懇願して引き続き兼ねて地方局府県課長となり［＊12］、平田東助内務大臣の下、日露戦後の疲弊した国内を道徳的教化によって立て直すべく地方改良運動を主唱し、地方自治行政の整備に尽力するとともに感化救済事業を企画、府県課長の兼任は大正元年一一月までにいたる。そのため、約四年にわたって神社局と地方局両局を兼務していた[＊13]。局長以外の神社関係の役職としては、神社局長就任前の明治三五年三月に神社協会が設立されたが[＊14]、設立時より同協会の委員に就任しており、東京府知事就任後も留任している。

井上の神社局長としての経歴は、局長就任後に造神宮副使を任命され、第五七回の神宮式年遷宮の諸祭の準備に携わるとともに明治四一年七月九日には神職高等試験委員を命ぜられ、同四二年三月九日に古社寺保存會委員、大正二年（一九一三）一一月二二日に神社奉祀調査会幹事[＊15]、同四年四月に明治神宮造営局長の兼任を命ぜられており、井上は初代の造営局長でもある。井上は、明治神宮の創建、御造営に関する役職に就き、神社奉祀調査会の委員兼幹事として、明治神宮御造営に関する諸準備・調査においても庶務上の中心的役割を担っている。

また井上は、大正天皇の御大礼の諸準備にも関与しており、大正三年一月に大禮使事務官を仰せつけられ、同年四月に一旦造神宮副使兼任となった後、翌年四月に大禮使事務官、典儀部勤務を命ぜられている。なお神社局長については、社寺局、神祇院時代を通じて歴代局長のなかで最長の七年間を務めた[＊16]。井上の在職中は神社祭祀令をはじめとして在任期間中の法令等公布、改正、官国幣社昇格、調査会設置などの事項件数は歴代局長のなかでも群を抜き、五六件の事項を取り扱っている[＊17]。また、神社局長在任中の明治四二年五月には『自治要義』を著し、同年五月に『救済制度要義』、同一一月には『都市行政及法制（上・下）』で法学博士の学位を取得[＊18]。大正四年七月には東京府知事へ転任し、風水害への対応、東京府慈善協会や府救済課の設立、米騒動への対応、救済委員制度の実施、府立商工奨励館の設立、府立工業高校の設立を行うなど社会事業面での功績を残すなどしたが、八年六月一一日に帝国ホテルでの会合中に倒れ、翌一二日に四八歳で急逝した。知事の死を嘆いた東京府民からは東京府葬が発議され、六月一三日の臨時府議会で満場一致にて府葬が可決、初の府葬が営まれた。

この経歴だけを見ると、井上が青年団活動などの社会教育とは関わりがないように見えるが、後述する田澤義鋪同様、青年団活動に対しても造詣が深く、成田久四郎は「大日本報徳会青年部、青年団中央部の創始に参画し、日本の青年団運動の黎明期における中心的立役者であった」と評している

［＊19］。事実、中央報徳会から青年部を設立させ、青年団中央部の事業を日本青年館に移管させる基礎をつくったのは井上であり、自治の訓練のためには青年団の役割が重要だと考えていた［＊20］。井上は東京府知事時代の大正五年八月に「青年団体指導経営の実際」と題する講義を行い、各地方の事例をすくい上げ、それをもとに講習の成果を高めるような試みも実施している。

社会事業に対しては一般的な認識の薄かった大正初期にあって、現職の東京府知事が自ら青年団運営について講義をすること自体が当時としては異例である。

井上は、青年団を全国的に普及させて町村自治体の健全なる後継者を養成しようと考えており、青年団体に関する内務・文部の訓令なども井上の発想がもととなっているとされる。補習教育の奨励を行っている点では、後の田澤義鋪『補習教育と実業学校』の著述の基礎、先駆けともなる論でもある。

次に井上と明治神宮との関わりでいえば、東京市長を務め、明治神宮の創建に深く関与した阪谷芳郎が「私は永年の友人で、殊に大蔵省時代、地方行政の改革、又は慈善救済事業などの公務上接触する機会が多かったのであるが就中最も記憶に残っているのは、明治神宮奉建に就いては、当時神社局長として居られた関係もあるが、単にそればかりではなく、非常に熱心に盡力されたことは著しき事実であって、後世明治神宮が崇高な神社として永久に残ると共に、井上博士の盡力も永久に記念されるであろう」と、井上の明治神宮創建に対する熱意を讃えている［＊21］。加えて、近年の研究では、井上は明治神宮内苑の植林計画にも関与したことが知られており、佐藤一伯が「国民の誠意を有形に記念する「献木」のシステムを考案」したと指摘するように［＊22］、現在の明治神宮の内苑をかたちづくる基盤ともいうべき樹木の献納を創案した人物であることも明らかとなっている。

塚本清治（つかもと・せいじ）

兵庫県出身。漁業をしていた河田九右衛門の次男として明治五年（一八七二）一一月五日に出生、塚本清三郎の養子となる。兵庫県尋常中学、第三高等学校を経て、明治三五年（一九〇二）七月に東京帝国大学法科大学法律学科（英法）を卒業。

明治三五年七月に東京府属となる。同年一一月に文官高等試験に合格、三六年六月に内務属、同年一二月に福井県参事官、三八年二月に神奈川県参事官、四月に神奈川県事務官、三九年七月に滋賀県事務官、四〇年一二月に神奈川県事務官・警務部長、明治四一年三月に内務省参事官・衛生局保健課長（局長は窪田静太郎）、同年七月兼内務大臣秘書官（平田東助大臣、次官は一木喜徳郎）、大正二年（一九一三）六月に京都府内務部長、四年七月に内務監察官、四年一〇月に内務省神社局長、九年一〇月に兼内務省地方局長、一〇年四月に専任内務省地方局長、一一年一一月に社会局長官、一二年九月に内務次官、一三年一月に依願免本官、一三年六月〜一四年八月まで法制局長官（加藤高明内閣）、一四年八月〜昭和二年四月に内閣書記官長（加藤高明内閣および第一次若槻礼次郎内閣）、大正一五年一月から昭和二〇年七月の逝去まで貴族院議員を務める。塚本は、井上友一直系の内務官僚であり、井上逝去後、水野錬太郎とともに実質上、神社関係内務官僚の重鎮的存在でもあった。一方、佐上信一が神社局長時代に推し進めようとしていた神社法制定には、一貫して反対の立場をとったことでも知られる。全国神職会幹事長を大正九年八月〜同一二年四月まで務め、同一二年一〇月から一五年一〇月まで協賛に就任。大日本神祇会でも理事、調査部長を務めた。昭和二〇年七月一一日に七二歳で逝去。

佐上信一（さがみ・しんいち）

佐上兵次郎の長男として、明治一五年（一八八二）一二月一九日に広島県佐伯郡五日市にて出生。広島県立第一中学、第一高等学校を経て、明治四三年（一九一三）七月に東京帝国大学法科大学法律学科（独法）を卒業、同年一〇月に東京府属兼内務属として内務省地方局勤務となる。同年一一月に文官高等試験に合格、同四四年四月に東京府試補となり、翌四五年一二月に鳥取県事務官となる。大正二年（一九一三）六月に同県理事官、翌七月に視学官となり、一二月には長男正弘が出生。同四年一月に熊本県理事官・視学官、翌五年四月に内務書記官、土木局道路課長となり、八年四月の旧道路法制定にも関与している。

大正九年四月に欧米各国への出張を行い、帰国後の一〇年一二月に土木局河川課勤務となる。一一年七月には都市計画東京地方委員会臨時委員となり、同一一月には水野錬太郎内務大臣のもと、内務省参事官兼内務大臣秘書官兼鉄道書記官、大臣官房文書課長、兼ねて土木局道路課長（翌年一〇月まで）となる。さらには明治神宮造営局参事に就任している。一二年一二月には兼ねて内務監察官となり、一三年五月に内務省神社局長となり、併せて内務省参事官、内務大臣秘書官を兼任している。

一四年九月には岡山県知事へと転じ、昭和二年五月に長崎県知事、三年五月に内務省地方局長、翌四年四月に京都府知事、六年一〇月には北海道庁長官、一一年四月に願いに依り本官を免じられ、昭和一三年から一八年一一月二九日に六〇歳で逝去するまで、日本防空協会常務理事を務めた。

佐上の著作は戦後、関係者の回顧談とともに編まれた『佐上信一』のなかに掲載された各種論文のほか、おもに講演録の類が多く、「地方自治の改善」（大正三年）［＊23］、自身が制定に深く関与した「道路法概要」（大正一一年）［＊24］、「農村社会教育振興策」（大正八年）［＊25］、「北海道道治の現況に就いて」（昭和九年八月）など、地方自治や社会教育、道路行政に関するものや、北海道庁長官時代の講演録などもあるほか、「神社の社会上に於ける位置と其の奉仕者の責任」（『神社協会雑誌』）［＊26］、「考古的歴史的遺物の地方分在政策に就て」（同）［＊27］、「神官神職の教養問題」（同）［＊28］、「神官神職の奉務精神の拡充に就て」（同）［＊29］、「神部署職員の任務に就て」（同）［＊30］、「神社法制定の必要」（同）［＊31］、など神社局長時代の講演録や著述もある。

田澤義鋪（たざわ・よしはる）

田澤は、旧鍋島藩士の田澤義陳の長男として明治一八年（一八八五）七月二〇日、佐賀県に生まれる。鹿島中学校、第五高等学校を経て、明治四二年（一九〇九）七月に東京帝国大学法科大学政治学科卒業。同年一一月に文官高等試験合格。翌四三年四月に静岡県属・内務部地方課勤務となり、同八月に静岡県安倍郡長、大正三年（一九一四）九月に静岡県理事官となる。

大正四年七月に明治神宮造営局書記官兼内務書記官に任ぜられ、同月二七日に造営局総務課長となり、同八月には修養団第一回天幕（テント）講習会を開催。同八年六月、神社局第一課長（九年一一月まで）に就任。一〇月には明治神宮の御造営に青年団員の奉仕を提案。前任地であった静岡県安倍郡青年団の実験的実施に成功し、青年団の奉仕を全国的に拡大、青年団運動の拡大発展の端緒となる。

大正九年八月〜一二年四月まで全国神職会幹事長に就任（以後全国神職会では協賛として、大正一二年一〇月から一五年一〇月まで就任）。大正九年一一月に斎行された明治神宮鎮座祭にあたり、内務・文部両省主催全国青年団明治神宮代参者大会開催。皇太子殿下が代参者大会出席の青年団代表を高輪御所に召して令旨を下賜し、日本青年館建設の議が起こる契機となる。九年一一月の明治神宮鎮座祭を機に神社局を辞す（この間、八年一一月に協調会創立のための準備委員の三人のうちのひとりとなり、一二月に協調会設立）。

九年一一月に財団法人協調会常務理事に就任（〜一三年八

月まで)、教育と社会事業を担当、社会政策に携わる。大正一〇年八月からは田子一民、近衛文麿、赤司鷹一郎らとともに創立時の財団法人日本青年館理事となり、同一三年一一月に大日本連合青年団理事(大正一五年七月から常務理事、昭和九年一一月から一一年四月まで日本青年館と大日本連合青年団理事長)。大正一一年一〇月～一二年三月 欧州出張(第四回国際労働会議〔ジュネーブ〕に労働代表として出席、八時間労働、紡績女工の住居改善など労働者保護の主張のため)。

大正一三年一〇月～一五年六月に東京市助役(永田秀次郎市長、中村是公市長)に就任。一四年一一月には、明治神宮御鎮座五年にあたり、「明治神宮御造営の思い出」がラジオで全国に放送される。

昭和八年(一九三三)一二月～一九年一一月まで貴族院議員(勅選)。昭和一〇年五月に選挙粛正中央連盟理事に就任、一一年七月に選挙制度調査会委員、社会制度調査会委員に就任、一二年一月、選挙粛正中央連盟理事長に就任。

昭和一五年二月～一九年九月、財団法人協調会常務理事を務める(再任)。昭和一八年九月に明治神宮外苑管理評議委員に就任したが、一九年一一月二四日に五九歳で逝去。

田澤は、香坂昌康や後藤文夫らとともに財団法人日本青年館を設立し、日本の青年団運動の父・育ての親としても知られる。内務省神社局時代の同僚・後輩であった吉田茂とは、青年団運動にも吉田が協力するなど(吉田も大日本連合青年団理事を務め『青年』誌などにも数多く寄稿)、交遊・経歴の上でも「水魚の交わり」「莫逆の友」(秋岡保治の言)ともされるほど、懇意であったことが知られている[*32]。

田澤は、明治神宮御鎮座一〇年を迎えた昭和五年一一月三日(明治節)にも午前一〇時よりJOAK(日本放送協会東京中央局)ラジオの記念講演に出演し、明治神宮御造営について回顧している。その講演内容は「明治神宮御造営の思い出」として『田澤義鋪選集』に収録されている[*33]。

講演のなかで明治神宮の創祀および鎮座祭の概要、経緯について事細かに解説を加える田澤の講演内容からは、明治神宮の御創建に対する田澤の並々ならぬ思いを窺い知ることができる。なお、田澤に関しては、下村湖人の『この人を見よ』など、その事績を小説化したものや日本青年館の田澤義鋪記念会、佐賀の田澤義鋪顕彰会の関係で数多くの研究がなされている。とくに近年では、神道学の立場から佐藤一伯「明治神宮造営と明治聖徳論の展開」(『明治聖徳論の研究—明治神宮の神学—』平成二二年)、掛谷昇治、打越孝明、平野重徳らの言及(『明治神宮創建を支えた心と叡智』平成二一年)もあり、大村章仁の政治教育からの観点の研究や木村勝彦の戦前の公民教育の観点からの研究などもある。その研究は明治神宮のみならず、社会政策、青年団研究、公民教育、選挙制度、政治史研究など幅広い。

吉田茂（よしだ・しげる）

吉田は、明治一八年（一八八五）九月二日に大分県北海郡臼杵町海添（臼杵市）にて出生。父の転勤により小学校就学前に上京。東京市麹町区の番町小学校高等科、府立城北中学（のちの府立四中、戸山高校）を卒業。第一高等学校の独法科を経て、明治四四年（一九一一）七月、東京帝国大学法科大学法律学科（独法）を卒業。同年一一月、文官高等試験合格。石川県試補となる。

大正三年（一九一四）三月に石川県警視。同五年三月に三重県理事官、視学官、社寺兵事課長となる。大正六年八月に明治神宮造営局書記官・外苑課長となり、八年六月に内務書記官兼明治神宮造営局書記官・神社局第二課長となる。八年九月には田澤義鋪の後任として神社局第一課長兼明治神宮造営局総務課長となる。

大正一一年五月〜一二年五月に第一次世界大戦後の海外事情視察のため、欧米へ渡航。一二年六月に内務省を一旦辞して永田秀次郎東京市長の下で東京市助役に就任。一二年九月〜一三年九月まで焼土と化した関東大震災後の都心復興、罹災者救援、治安維持の実務を指揮する。大正一三年九月に復興局書記官、長官官房文書課長兼監理課長へと転じ、一四年一二月に復興局整地部長となる。

昭和二年（一九二七）七月一九日に内務省神社局長に就任、造神宮副使として四年一〇月に斎行される第五八回の神宮式年遷宮の諸準備に携わる。

昭和四年七月二三日には神社局長から社会局長官（浜口雄幸内閣）に就任し、労働災害扶助法を策定する。昭和六年五月には財団法人協調会常務理事（会長水野錬太郎）に就任。この時期に吉田のもとで、勝間田清一（内閣調査局、企画院調査官のち戦後は日本社会党委員長）や町田辰次郎、稲葉秀三、和田博雄（農林大臣、経済安定本部総務長官、日本社会党左派書記長）らが育つ。昭和七年一月には安岡正篤の金鶏学院を母体として新官僚派の結合組織である「国維会」が結成され、その中心メンバーとなった（この時期、吉田は後藤文夫や松本学らとともに「新官僚」「革新官僚」の中心的な人物のひとりであった）。

昭和九年一〇月に内閣書記官長（岡田啓介内閣）となり、昭和一〇年五月〜昭和一一年一二月に初代内閣調査局長官（のちの企画院総裁＝岡田内閣、広田弘毅内閣）に就任する。石黒忠篤等とともに、新穀感謝委員会を創設、新穀感謝祭を行うよう計画、実施した。かつて拙稿でも指摘したように、この新穀感謝祭が現在の新穀感謝祭（伊勢神宮・明治神宮）の起こりとなる[＊34]。

昭和一二年一月に貴族院議員（勅選）となり、昭和一三年二月二一日〜昭和二一年二月まで、財団法人皇典講究所専務理事に就任、國學院大學の経営にあたる。この間、昭和一五年一月〜七月に厚生大臣（米内光政内閣）、昭和一六年に農村工業協会会長、労務報国会会長。昭和一八年七月に戦時下においていわゆる「九州探題」の長たる役職とされた福岡県知事兼九州地方行政協議会会長（特賜親任官待遇）に就任。

しかしながら、九州にて同地方の地方長官のトップたる立場として親任官待遇で赴任した福岡県知事の職にありながらも皇典講究所専務理事には留任する（神社界とのかかわりは絶ちたくないという自身の強い意志あり）。

昭和一九年一二月〜二〇年四月に軍需大臣（小磯国昭内閣）に就任する。

終戦後、昭和二〇年八月〜昭和二一年二月には、同姓同名の吉田茂らとも話した上で、公職追放前の昭和二〇年八月の終戦直後から二一年二月の神社本庁設立までの間、私人の資格ではあったがGHQ民間情報教育局のバンス大尉（のち宗教課長）との単独交渉を行い、全国神社の護持復興のため意見を述べる。宮内省や神祇院、終戦連絡事務局などにも神社界の代表として出向き、種々の交渉を行った（『神社本庁五年史』『神祇院終戦始末』など）。さらには神祇関係民間三団体の代表者をはじめ、葦津珍彦や宮川宗徳、藤巻正之、伊達巽らとともにその後の神社維持の構想を審議することとなった。また宮川宗徳、葦津珍彦らとともに神社連盟案を元にした神社本庁の設立に大きく尽力しており、吉田は「神社本庁」の名称の考案・決定者でもある（『神社本庁十年史』）。

昭和二一年二月三日には神社本庁が設立、吉田は顧問に就任したが、その直後、公職追放される（昭和二一年九月〜二六年八月まで）。しかし、その折にも大村清一内務大臣（昭和二一年五月〜二二年一月）に今後の内務行政のことについて尽力を惜しまない旨の書簡を送っている。

昭和二六年四月に身体障害者雇用促進協議会会長に就任、二八年六月には神社本庁事務総長（第五代）に就任。同庁設立に尽力した神社新報社主筆の葦津珍彦とともに憲法問題、神社のあり方、政教、皇室典範問題に取り組む意欲を見せる。併せて日本宗教連盟常務理事兼理事長、神宮崇敬者総代、國學院大學理事にも就任。

また、この時期、富士山の八合目以上を富士山本宮浅間大社の境内地とすべく、昭和二二年法律第五三号の国有境内地払下げの申請に関わって境内地返還のための尽力を行う。昭和二九年二月には安藤正純らと諮り、財団法人日本文化放送協会を設立、理事に就任しており、同七月には株式会社日本短波放送（現ラジオ日経）監査役就任、財団法人日本宗教放送協会常務理事にも就任。また、日本宗教連盟理事長としてはアッツ島の遺骨奉遷に尽力。

　昭和二九年八月一五日に明治神宮宝物殿前にて「国民総お詫び行事」を実施。神社本庁事務総長として挨拶を行うが直後に体調を崩し、八月二五日、東京都新宿区の慶応病院に入院。一二月九日に食道癌にて六九歳で逝去。正三位勲二等、旭日重光章。一二月一二日には青山斎場にて葬儀（本廳葬は神式、高階研一斎主、後藤文夫［元内務大臣］葬儀委員長）一二月二一日に東京都新宿区榎町七七の済松寺境内墓地に埋骨。

　吉田は、この他、財団法人日本宗教連盟理事長、神宮責任総代、橿原神宮総代、学校法人國學院大學理事、明治神宮復興奉賛会副会長並びに理事長、日本文化放送協会理事、日本宗教放送協会常務理事に就任していたことでも知られる。

三　明治神宮の御造営と内務官僚
——吉田茂の述懐から

當時はまださう云ふ状態であつたのでありますが、明治神宮御造營と云ふことが機縁となりまして、先程から御話のありますやうな、國民の間に神社崇敬の本當の熱意と云ふものが、全國的に發揚せられて來たと私は考へるのであります。今日から回顧致しますると、洵に相濟まないやうなことでありますが、それ迄は各神社とも申さばほんの形骸だけを止めて居つて國民崇敬の魂と云ふものの上に於いては、大いに缺くる所のあるやうな點もあつたではないか、それが明治神宮の御造營と云ふことを契機としまして、民心が明治天皇の御聖徳に依つて、敬神尊皇の至誠を現實に現すやうな機運が、力強く開けて參つたのであります。從つて神社行政も明治神宮の御造營と云ふことを一つの轉機として、今日のやうな振興を見る基が打ち立てられたやうに思ふのであります。

それから後、專任書記官が置かれ、考證官が置かれ、建築技師も置かれ、又神社の供進金の如きも從前から見ると非常な増額を見るやうなことになつて、申さば今日の神祇院の實質的基礎と云ふものが、明治神宮の御鎮座と云ふことに依つて築かれたやうに私は考へるのであります。今日から考へると想像の出來ないことでありますが、荻野さんも能く御記憶になつて居ると思ひますが、明治神宮が御鎮座になつて、果して國民が十分明治神宮に崇敬の誠を捧げ、多くの參拜者があるだらうかどうかと云ふことは、當事者一同も當時に在つては、確とした見當が付かなかつたと云ふのが、事實ではあるまいかと思ひます。と申しますのは、今迄は民社から官社に御昇格になると云ふと、却つて一般國民の崇敬が衰へる、別格官幣社には餘り御參りがないと云ふやうなことが事實として現れて居つたのでありましたから、明治神宮を御鎮祭申上げて、御神徳顯揚の上に十分ならざるものがあるやうでは、誠に相濟まぬことだと云ふことは、恐らく當事者一同の深い心配であつたと思ふのであります。

（中略）

明治神宮の御鎮座なり、續いて執り行はれました神宮の式年の御遷宮等の事に依りまして、國民の肚の底からの敬神の思想と云ふものが力強く現れて爾後今日に及び、更に現在の重大時局に當面致しまして、神德を仰ぎ奉ると云ふことの正しい意味が、一般の人々に理解せられるやうになり、其の風潮に依りまして、尚ほ且水野先生、高山先生其の他の諸先輩の永年の御苦心が實を結び、こゝに神祇院と云ふものが出來まして、神國日本の實を擧げようと云ふ正しい切掛けが出來たやうに思ふのであります。此等の時勢の運行の第一段階としては、明治神宮の御鎮座と云ふことではないかと思ふのであります。

（吉田茂「明治神宮の御鎮座と敬神思想の徹底」神祇院教務局調査課編『神社局時代を語る』昭和一七年）

吉田は、明治神宮の御造営を契機として神社行政のうえでも神祇制度や神社観などにも変化が起こり、国民の神社への評価も、神社崇敬や敬神尊皇の至誠にも変化が出てきたものと述べているが、その一方で明治神宮創建に至るまでは、神宮の鎮座をするのはいいが、明治天皇の御神徳の宣揚が本当にできるのか、内務官僚の側では不安、見当がつかなかったという感想も漏らしている。とはいえども、官制のうえでは筆頭であったが、実際は内務省内では三等局にすぎなかった神社局（衛生局と同じ位置）が、神祇院という外局として独立できるまでに気運が盛り上がり、発展できたのは明治神宮の創建があったという評価も述べている。

また、吉田の行った政策や神社観を語るうえでは、明治神宮をのぞいて考えることはできない。たとえば、「自分は困ったことがあると明治神宮に参って決断をするんだ。君たちもわからなくなったときは、大まえに出ておがめ。そうするとちゃんと暗示をいただけるんだ」と述べており［＊35］、さらには明治神宮へ暇をみては禊へと参向していることでも知られていた。禊後に白衣に改服後、神宮大前へ参拝。神職講習会でも禊を取り入れて先頭をきって実施、禊後必ず白衣に改服、大前に参進、参拝していた。さらにこうした明治神宮への篤い信仰心は、周囲が吉田を「戦後の明治神宮復興の精神的支柱」［＊36］とさせたことへもつながっており、自身も「明治神宮の復興は君（筆者注―のちの伊達巽宮司のこと）に寄付募集はさせない。わしがやってやろう」といった言葉にもそうした吉田の心の一端を垣間見ることができる。吉田は、神社局関係のキャリアのうえでも明治神宮との関わりが一番深い。三重県の社寺兵事課長の経歴もあるが［＊37］、実質的には明治神宮造営局が神社局でのキャリアのスタートであり、「神社局の一般事務よりは明治神宮の方の関係をよく見ておられたことは事実［＊38］」（神社局技師であった角南隆の言）であり、なかでもとくに力を入れたのが外苑の造営でもあった［＊39］。また禊は、内務省主催の神職講習会（於明治神宮）の発案実施にもつながることとなった。秋岡保治が「おそらく吉田先生があれだけの敬神家になり、一生を通じて神様のことを考えられたのは、明治神宮御鎮座というものが大きかったことからじゃないかと思う」と後に述懐しているように［＊40］、吉田は、明治神宮御造営を通じ、単なる内務官僚から地方青年の指導をする過程で敬神の念が篤くなっており、さらには明治神宮の創建と戦後復興という、二度にわたる御造営に第一線で関与するなど、神宮の生みの親のひとりでもある。それゆえ、吉田自身の信仰の深さ、心情、熱意に一戸・有馬両宮司をはじめ、秋岡など周囲の神職も吉田を信任、尊敬していたことを窺い知ることができよう。

こうしたなかで、吉田の内務官僚・政治家としての評価は、創建に向けて御造営の進む明治神宮の鎮座から御造営の完遂に至るまで内務官僚の事務方の実務担当者として指揮を執った点と戦後の復興に向けての崇敬会の組織整備と奉賛の足がかりをつくった点にあり、かつ、その並々ならぬ信仰心と相俟って、明治神宮の維持復興の精神的主柱ともなった点である。戦後は、神祇院の廃止などもあり、神社界への責任を自身はとみに感じており「自分は天皇のお守りか神様のお守りかどちらかをやりたい」などという発言にも見られるように[＊41]、神社界の中心、先頭に立って神宮・神社の護持発展に尽力している。とくに明治神宮へは、第一回の明治神宮崇敬者大祭から崇敬者総代の代表として参拝をしているだけでなく、「明治天皇の御聖徳」、「昭憲皇太后の御徳を偲び奉りて」などのタイトルで同神宮で幾度も講演しており、造営局時代から、家庭内では食卓を囲んでしきりに明治神宮造営の話題をしていたことにも象徴されよう。これ以外にも吉田は、明治神宮を会場として実施した新穀感謝祭の生みの親（昭和一〇年〜）でもあり、明治神宮をはじめとする都内初詣会の実施（会員二万人）を実施したり、戦後、明治神宮の将来に関する懇談会（昭和二一年二月一五日）を主宰、戦後の明治神宮規則（昭和二一年五月一五日・神社本庁承認）、明治神宮崇敬会規則についても宮地直一とともに協議、策定をしている。さらには自身の身を削ることともなった「国民総お詫び行事」（昭和二九年八月一五日）も明治神宮宝物殿前にて行っており、本章では詳述しないが、この行事自体、ある意味神社界としての先の大戦に関する総括、評価、平和運動的な意味合いを持つ最初の行事である。神社界の先の大戦に関する考え方を窺ううえでも興味深い行事でもある。

なお、吉田の明治神宮関係の役職就任は次のとおりである。

明治神宮造営局書記官（大正六年六月二五日〜）
明治神宮造営局幹事（大正六年九月一九日〜）
明治神宮鎮座祭総務部副部長（大正九年八月〜）[＊42]
明治神宮例祭奉祝委員会委員（昭和三年一〇月一〇日〜）
明治神宮総代（昭和二一年五月一三日〜二九年一二月九日）
明治神宮崇敬会常務理事（昭和二四年一一月一日〜二九年一二月九日）
明治神宮復興奉賛会副会長兼理事長（昭和二八年七月二七日〜二九年一二月九日）

加えて吉田は、戦後、神社本庁設立や明治神宮関連以外にも神社界の中心にあって、主導的な役割を多数果たしており、たとえば、昭和二八年の浅間大社の境内地払下げの申請（衆議院行政監察特別委員会に参考人として出席）に関しては明治神宮外苑の例を取り上げて、返還を求めており、のちの八合目以上の境内地返還にかかわる足がかりをつくっている。また、二九年四月には、米国のビキニ環礁水爆実験の中止を神社界を代表して駐日大使を通じ要望している。こうした評価から、戦後、神社界をはじめとして保守論壇に影響力をもった葦津珍彦は吉田を「神社にもっとも縁故の深かった政治家・官僚」と評価しており[＊43]、のちに阪本是丸も「決して市井の一無名の民ではなく、それこそ敗戦前においてはかの宰相吉田茂に匹敵、あるいはそれを凌駕するほどの地位と名望のあった人物」と[＊44]、革新官僚としての吉田の評価も踏まえつつ、「目白の吉田」と「大磯の吉田」を対比するかのように、戦前は内務官僚吉田茂の方がむしろ著名であったとしている[＊45]。実際に官僚研究のうえでも戦前期の革新官僚研究では、吉田茂関連の論考が多く、保守・右翼・左翼政治家、神職を包含する政治家、官僚としての吉田の幅の広さを示すものでもある。高橋彦博は、革新官僚の集まりでもあった国維会を組織した吉田を「国維会の中心」人物としてその事績を評価している。その一方、吉田は葦津耕次郎、珍彦親子をはじめ、高山昇、今泉定助、秋岡保治・斉藤英夫・西高辻信稚ら、神社人との深い交わりをもっており、特に葦津耕次郎は親友ともいうべき存在ともなっている[＊46]。また、吉田は神社局長にも就任するため、神社エリート官僚の育成にも力を入れており、のちの神社局長、最後の官選東京都長官となった飯沼一省を重用するなど、神社行政関係の内務官僚の系譜にも影響を与えている。

おわりに

以上、簡単ではあるが、神社関係の内務官僚の系譜とその概略、略歴を述べつつ、とくに明治神宮内苑・外苑の創建に深く携わった内務官僚吉田茂の述懐、関係者の吉田の評価などにも触れながら、神社局に在籍した内務官僚の特徴と明治神宮との関わりを窺おうと試みた。

内務官僚の神社観や系譜については、拙著でもすでに指摘してきたところではあるが、本章では、おもに神社局設置以後、国民と神社、神社局の関係を考えるうえでひとつの転機であったともされる明治神宮の創建・御造営、鎮座前後に関与した内務官僚を主に取り上げてみた。ついては、神社関係の内務官僚の系譜のなかには、一定の特徴や系譜に一筋の流れが見られることが、再確認できたといえよう。

また、本章では、吉田茂の明治神宮に対する思想や実践を窺うなかで、近代における神社行政の振興・発展は、まさに明治神宮の創建がひとつの画期であり、さらには外苑の整備を通じて井上友一や田澤義鋪などの活動にも見られるように、社会教育関係の振興・青年団活動の発展などにも繋がってきたことも指摘した。

神社関係の内務官僚の一部は、吉田茂の履歴に見られるように、戦後もまさに「明治神宮の藩屏」、「神社界の藩屏」ともいうべき活躍を見せており、戦後、靖國神社崇敬者総代も務めた館哲二、飯沼一省ら神社局長経験者をはじめ、葛西嘉資や宇佐美毅など宮内庁や厚生省において活躍した人物を含めて、単に戦前期の行政施策との関わりのみならず戦前・戦後の連動性のなかでその位置や役割を考える必要性もあるものと考える。その意味においては本章ではあくまで明治神宮史における内務官僚の位置や役割の一端を明らかにしたにすぎない。

ゆえに、今後も神社の場としての公共性や宗教性を考えるうえでも、あるいは人びととの神社への崇敬、神社とは何か、その概念を明確にしていくという根本的な問題を、明治神宮をはじめとする近代の神社行政、制度の変遷などを通じて、さらに問い直していきたい。

註

*1――神祇院編『神社局時代を語る』昭和一七年。

*2――阪本是丸「吉田茂」(『悠久』第三〇号、昭和六二年七月、一二二～一二三頁)。

*3――『皇國』第三一一号(大正一三年一二月一五日)に掲載された「全國神職會協議會議事速記録」(大正一三年一〇月二六日[午後の分]での佐上の発言。三六、四五頁。

*4――藤本頼生『神道と社会事業の近代史』弘文堂、平成二一年、一〇八～一一一、一二九～一三一頁。

*5――前掲藤本『神道と社会事業の近代史』二〇一頁。

*6――中川友次郎は、平沼騏一郎元首相の兄の平沼淑郎元早稲田大学総長の娘と結婚しており、平沼赳夫(平沼騏一郎の養子)の祖父にあたる。晩年は元金沢藩主の前田侯爵家に仕えた。

*7――前掲藤本『神道と社会事業の近代史』弘文堂、平成二一年、一一～五二頁。

*8――前掲藤本『神道と社会事業の近代史』三八～四一頁。

*9――井上は県治局府県課長時代の明治三一年一一月一日から同月一一日までの間、地方局長事務取扱として局長の職務を務めている。

*10――報徳会は報徳思想による国民教化を企図する半官半民の団体。明治三九年四月に発足し、大正元年に中央報徳会と改称された。雑誌として『斯民』誌を刊行し、井上も多くの著述を残している。

*11――当時、官吏には高等官と判任官があり、高等官は任命の形式により勅任

官と奏任官に分けられるが、高等官一、二等は狭義の勅任官、三－九等が奏任官であった。広義の勅任官にはさらに公式令により天皇が親ずからが親署、任命する親任官が含まれていた。高等官二等の官名としては通常、内閣、各省の局長がこれにあたる。百瀬孝も述べているように神職もその職務においては国の官吏ではあったが、俸給は神社の経費から支弁されていたこともあって実質的には国家公的祭祀執行のための営造物法人の職員と考えられており、身分においても官吏待遇であった。伊藤隆監修、百瀬孝『事典 昭和戦前期の日本 制度と実態』平成二年二月、吉川弘文館、九三－九四頁。

＊12――水野錬太郎「井上友一君」（松波仁一郎編『水野博士古稀記念 論策と随筆』、昭和一二年六月、水野錬太郎先生古稀記念祝賀会、六八九－六九二頁）。

＊13――井上は省内の序列では各下となる地方局府県課長の職を懇願し、明治末年までその職を兼務していたが、実際に地方局と神社局長とどちらのポストに仕事の比重を置いていたかといえば、地方局であった。

＊14――神社協会は明治三五年に内務省神社局の主導により組織された。活動としては機関誌である『神社協会雑誌』（明治三五年三月－昭和一三年八月）が挙げられる。森岡も述べているように内務省の実質的な代弁組織であった神社協会の『神社協会雑誌』から「神社を中心とせる地方自治」（第六年七号、明治四〇年七月）が出されており、これが行政の意見を代弁、もしくは表明しているものの最初のものであろう。

＊15――当初、井上は幹事であったが、大正三年四月二九日の神社奉祀調査会で井上ほか阪谷芳郎、福羽逸人、三上参次、荻野由之、伊東忠太、関野貞、荻野仲三郎が特別調査委員に任命されている。

＊16――井上の在任期間は七年であり、次に在任期間の長い神社局長は神祇院副総裁時代を含めた飯沼一省の五年八ヵ月、その次が社寺局長時代の櫻井能監の五年七ヵ月で、その次に井上局長時代の神社局にも在籍経験があり、実質上の井上の後任となった塚本清治の五年六ヵ月である。ちなみに水野錬太郎は四年六ヵ月、戦後に神社本庁事務総長を務めた吉田茂は二年、戦後に東京都知事を務めた内務官僚鈴木俊一の舅である石田馨は三年七ヵ月であった。その他の神社局長の在任期間は二年から一年以内が平均的な在任期間で一年以内の異動というのも二一人の歴代神社局長のなかで四例あり、神社局長が三等局の閑職としての扱いであったことがわかる。

＊17――前出の『神社局時代を語る』一三五－一六四頁の「神社局時代重要事項年表」による。

＊18――『救済制度要義』の昭和一一年の井上會による再刊版の末尾にある井上友一博士著書目録によれば、井上の博士論文は「救済制度要義」、「都市行政及法制（上・下）」とされている。

＊19――成田久四郎『社会教育者事典』昭和五八年、四一頁。

＊20――前掲『社会教育者事典』四一－四三頁。

＊21――阪谷芳郎「適時適所に置かれた適材」（『斯民 井上友一君追悼号』第一四編第七号、大正八年七月、三六頁）。

＊22――佐藤一伯「明治神宮造営と明治聖徳論の展開」（『明治聖徳論の研究――明治神宮の神学』一三五－二四一頁）。

＊23――洛陽堂刊、大正三年九月。

＊24――帝國地方行政学会、大正一一年一一月。

＊25――『斯民』大正八年八月。

＊26――『神社協会雑誌』第二十三年第七号、大正一三年一一月、一一－一七頁。

＊27――『神社協会雑誌』第二十四年第五号、大正一四年五月、二－五頁。

＊28――『神社協会雑誌』第二十四年第四号、大正一四年四月、二－一四頁。

＊29――『神社協会雑誌』第二十四年第三号、大正一四年三月、四－一九頁。

＊30――『神社協会雑誌』第二十四年第二号、大正一四年二月、一－七頁。

＊31――『神社協会雑誌』第二十四年第一号、大正一四年一月、一－三頁。

＊32――吉田茂伝記刊行編輯委員会編『吉田茂』昭和四四年、二八八頁。

＊33――田澤義鋪「明治神宮御造営の思い出」（『田澤義鋪選集』財団法人田澤義鋪

記念会、昭和四二年、四五四―四六三頁)。
*34――前掲藤本『神道と社会事業の近代史』、二一七―二七三頁。
*35――『吉田茂』、三〇二頁。
*36――伊達巽の言『吉田茂』三〇一頁。
*37――吉田にとっては、三重県での社寺兵事課長での経歴が明治神宮以外にもとくに伊勢の神宮に対しても篤い信仰を寄せるきっかけともなっており、第五八回、第五九回と二度の神宮式年遷宮への奉仕(二度目は正宮の遷御に際して供奉できる立場にあるにもかかわらず夜警備を自ら志願している)を経験している。
*38――『吉田茂』二八八頁。
*39――『吉田茂』二九一頁。
*40――『吉田茂』二九一頁。
*41――『吉田茂』一一五頁。
*42――部長は田澤義鋪であり、田澤と吉田との間は水魚の交わり・莫逆の友(『吉田茂』二八八―二八九頁)ともいうべきものとされる。
*43――葦津珍彦「総長選挙で吉田派、平田派紛糾す」(『創刊十周年紀念出版　神社新報編集室記録』神社新報社、昭和三一年、八六―九一頁)。
*44――前掲阪本「吉田茂」一二二―一二三頁。
*45――尚、『国史大辞典』などでも両者が併記されている。両者の関わりを見る上では、吉田茂「同姓同名物語」(『文藝春秋』二八―一七、昭和二五年)が参考となる。
*46――『吉田茂』二九六頁。

第15章

近代神社の空間整備と都市計画の系譜
——地域開発・観光振興との関わりから

永瀬節治

はじめに——神社の両義性と空間計画

洋の東西を問わず、古来、信仰の中心としての宗教施設は都市形成と密接な関わりを持つ。しかし都市空間との関係性を捉えた場合、市街地内に包摂されるのが一般的な教会、モスク等に対し、自然信仰を源流とする神社は、集落や市街地から一定の距離をおいた山裾や水際に、森や社叢に抱かれて鎮座するものが多い。このような神社の立地は、自然と結びついた日本の都市空間形成を象徴するものとして捉えられてきた[*1]。

本稿は、このような神社境内と集落・市街地との関係を、近代において西洋から導入された空間計画技術としての都市計画がいかなるかたちで改変・整序していったかを論じるものであり、以下のふたつのことに着目する。

第一に、神社はいわゆる「国家神道」の制度体系を通じて、近代天皇制国家のイデオロギーを支える存在として管理された。本稿は国家神道そのものを扱うものではないが、少なくとも当時の日本社会における神社が、仏教寺院やキリスト教会とは一線を画した公的施設として位置づけられていた点は、都市計画との関係を捉えるうえで重要である。第二に、庶民にとっての神社は、前近代から続く社寺参詣の文化的伝統のうえに成立していた。しばしば名所旧跡の物見遊山をともなう江戸時代の社寺参詣は近代の国内旅行の下地となり、明治期以降の鉄道の敷設は、そうした大衆の潜在的需要を喚起した。

すなわち、近代に成立した国家神道は、神社(とりわけ官社)の聖性を強めるように作用する一方で、国内旅行を促す鉄道は、神社の俗性(物見遊山＝観光の対象としての側面)に働きかける。近代の神社をめぐって相克するこれらの社会的作用に対し、西洋から移入された近代都市計画は、両者の関係性を整序する役割を担うこととなる。

結論から言えば、森厳なる緑に覆われた神社境内(およびその隣接領域)は、空間計画の観点からは「保全」の対象となる一方で、そのアプローチである参道(およびその延長としての参詣道)は神社周辺の交通体系に連なる道路(街路)空間として「整備」の対象となった。大正八年(一九一九)の旧都市計画法制定を機に、欧米から移入された計画論の影響を受けながら、両者はより統合的に計画されるようになる。「風致の保全・創出」と「交通網の整備」は戦前期における観光地(観光都市)の基本的な空間計画手法であったが、近代の神社をめぐる空間計画はそれらの先駆をなすものであったとも言える。

一　鉄道敷設と近代参詣空間の創出

「参詣路線」の開業

地域の近代化を牽引した鉄道は、近代の社寺参詣とも密接な関わりをもって発展している。宇田正が指摘するように[＊2]、近代産業社会への発展途上にあった明治期の鉄道は、専ら物資輸送に大きな役割を果たしており、地域間を移動する旅客は現在のように多くはなかった。そうしたなかで、鉄道事業者が着目したのが、社寺参詣や名所旧跡巡りといった、近世以来の庶民の遊覧・行楽需要であった。こうして国家が経済や軍事上の目的から重視した基幹路線とともに、大都市近郊や地方都市、山間部などの著名な社寺へ向けて、「参詣路線」とでも言うべき鉄道、軌道、鋼索線（ケーブルカー）が全国的に敷設されていった[＊3]。さらに大正期以降の都市化の進展とともに郊外電車が発達するなかで、大都市近郊の社寺や行楽地へも電車が開通する。大正期から昭和初期にかけては山岳部に鋼索線や空中索道（ロープウェイ）が敷設されるようになるが、多くは山岳霊場等の参詣客輸送を目的としたものであった[＊4]。

このような「参詣路線」の敷設、とりわけその到達点となる駅の立地は、従来の参詣道に沿って形成された門前町の空間構造に多大な影響を与えることとなる。参詣客の流入動線が変わることは、彼らを相手とする商業者にとっては死活問題であり、門前町を構成する地区の間で、しばしば駅の誘致合戦が起こった。また従来の参詣道から離れて立地した駅からは新たな道が整備され、駅前には新興の商業地が成立することになる。

以上は社寺の別に関わりなく進行した、いわば神仏習合期の参詣文化の延長線上にもたらされた事象である。一方で、国家神道下の神社政策のもとで重視された神社（官社）に関しては、神社の公的性格が、周囲の空間形成にも影響を及ぼすこととなる。

伊勢の神苑会による施設整備

近代の神社整備のいわば雛形となったのが、国家神道のもとで全国の神社の頂点に据えられた伊勢神宮である。伊勢神宮においては、明治中期に神社境内が整序され、猥雑な近世的空間が浄化されるとともに、「神苑」と呼ばれる境内に隣接する苑地が整備され、全国の主要な神社に普及する。

一方で鉄道敷設との関わりからは、駅から神社までの参道（参詣道）を、近代的かつ神社の公的地位にふさわしい道路として整備する動きが見られる。代表的な例は、伊勢の内宮・外宮を連絡するように整備された御幸道路であるが、これは道路単独で整備されたのではなく、明治一九年(一八八六)に発足した神苑会による神宮周辺の空間整備事業に関連して実現している。

「神苑会」は、その名のとおり伊勢の両宮に神苑を設けることを目的として、宇治山田町(現・伊勢市)に設立された民間組織であるが、有栖川宮熾仁親王を総裁とし、地元の名士のみならず、中央官界・政界・学界・実業界から錚々たる顔ぶれが名を連ねる等、実態としては半官半民の組織であった[*5]。東京にも事務所を開設し、全国から大々的に寄付金を集めた同会は、神苑のみならず、両宮の間に位置する倉田山に農業館(明治三八年)、徴古館(明治四二年)といった展示施設を整備している。その際に開設された倉田山へ至る道路の一部が、後に国道用地の一部として三重県に寄付され、明治四〇年から同四三年にかけて整備されたのが御幸道路である。これは山田市街地から倉田山の北東を回って宇治橋へ至る総延長四八町の近代的道路であり、幅員八間で歩車分離がなされ、沿道には御木本幸吉の寄贈により桜と楓が交互に植樹され、風致が添えられた[*6]。

神苑会の事業で中心的な役割を果たしたのが、同会幹事をつとめた宇治山田町の実業家・太田小三郎である。太田は津と山田を結ぶ参宮鉄道(明治三〇年に山田駅開業)や、山田と二見、宇治(内宮)を結ぶ市街電車(後の三重交通神都線)の設立にも携わり、神宮関連の施設とともに交通インフラの整備を進めている。「神苑会規則」の第一條には「一大神苑ヲ開キ、普ク天下ノ奇観ヲ蒐集シ、以テ公衆ノ遊覧ニ供スルヲ主旨トス」と記され[*7]、神苑をはじめとする一連の施設整備は、全国からの遊覧客誘致による宇治山田の地域振興を企図したものであったことが窺える。

市区改正事業が東京においてようやく進展を見る明治後期において、地方都市の市街地整備は、鉄道駅や官公庁・学校などの公共施設の開設と、それにともなう局所的な道路整備にとどまる場合が多かったが、伊勢神宮を擁する宇治山田においては、来訪者を受け入れるための公共的かつ総合的な空間整備が神苑会を中心に展開され、後の「神都計画」立案の素地が築かれたのであった[図1]。

出雲大社における近代参詣空間の創出

伊勢の影響を受けながら、出雲大社においても、明治末期から昭和初期にかけて独自の近代参詣空間が創出された。ここでも鉄道・参道・神苑が連動するかたちで整備されるが、

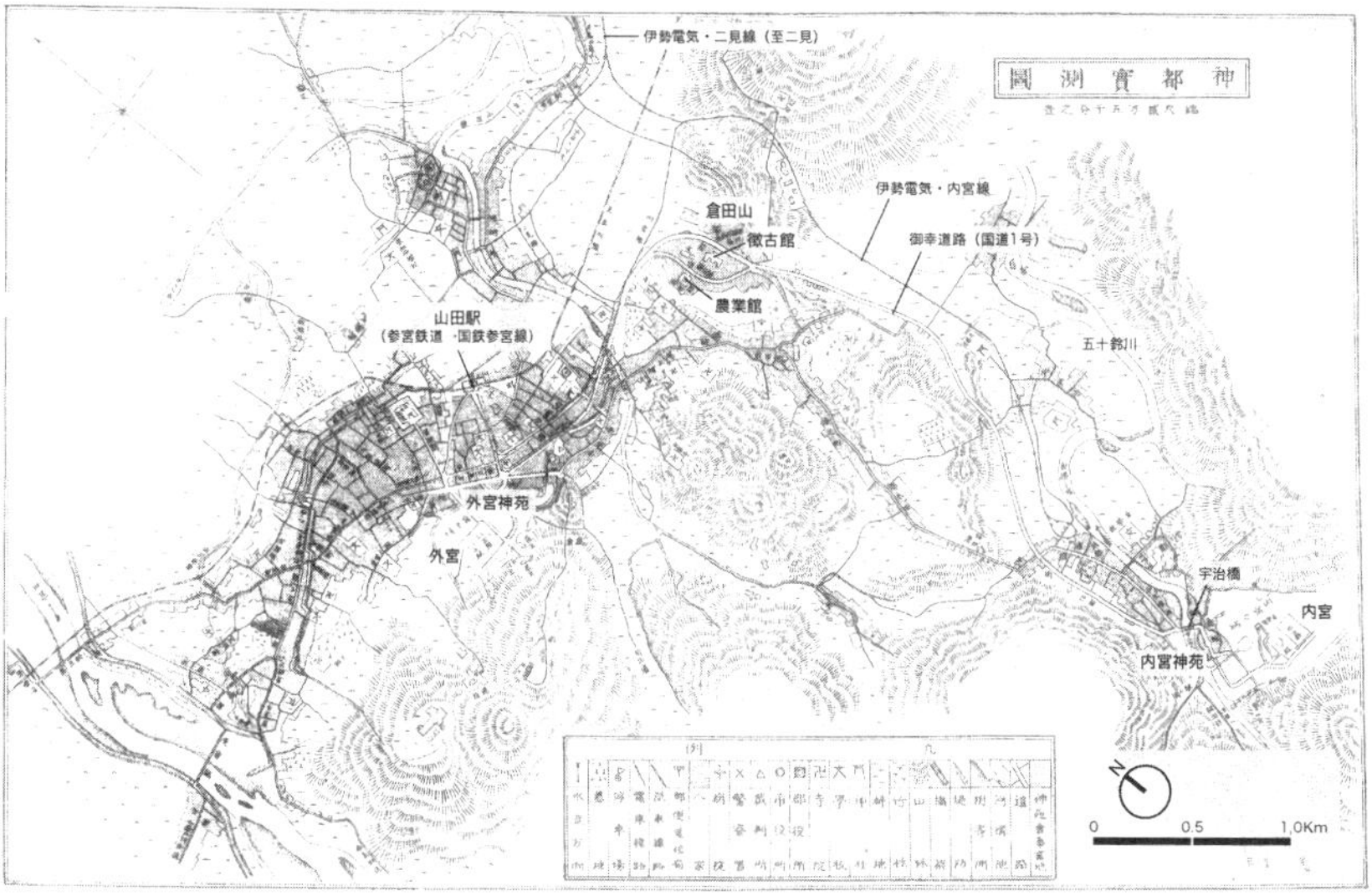

図1：明治末年の宇治山田市街図
『神苑会史料』（1911年）所収の「神都実測図」に筆者加筆。

発端となったのは国鉄大社線の敷設である。国鉄山陰線の出雲今市（現出雲市）から分かれて大社に至るこの路線は、支線でありながらも本線と同時期に同規格で着工され、大社駅は京都から続く山陰線の実質的な終着駅として、明治四五年（一九一二）に開業する［＊8］。

官幣大社である出雲大社に神苑を設置する動きもこの時期に具体化するが、出雲大社に関わる初期の構想を押し進めたのは、大社線敷設が進められた明治四四年に島根県知事に着任した高岡直吉であった。郷土出身知事であった高岡の重要な功績のひとつが、大社駅から出雲大社の正面玄関にあたる「勢溜」までの新たな参詣道の整備である。大社駅は門前町をなす東西二地区の誘致争いの末、旧来の参詣道から離れた原野に建設され、開業時には駅から既存の道に至る応急的な道路整備が行われていた。このような状況に対し、高岡は、鉄道開通により参詣客が増加するなかで、駅から大社へ至る道も、全国的な知名度を有する出雲大社にふさわしい立派なものにすべきであると考え、県の直轄による新たな参詣道の整備を計画する。これは、大社駅から勢溜へ至る直通道路（整備区間は約八〇〇メートル）であり、当時の県道としては破格の六間の幅員を備えていた。そのための土木費は、大正元年（一九一二）の県会において審議される。その際、地元の商業者からの陳情を受けた一議員から、旧来の道があるにもかかわらず、多額を費やして来訪者のための道路を築造することに対し反対意見が出されるものの、知事の考えに賛同する議員が過半を占め、予算は原案どおりに可決される[＊9]。

こうしてでき上がったのが、後に「神門通り」と呼ばれる一直線の道路である。正確には、堀川から出雲大社の正面入口にあたる「勢溜」までが直線区間であり、堀川から南では駅方向に緩やかにカーブしている。この直線区間は、勢溜から北側へ続く出雲大社参道（松の馬場）の軸線を南進させた形をとり、堀川に架けられた橋が起点となっている。擬宝珠付きの欄干が施されたこの橋は、参道の軸線に合わせ、川に対しては斜めに架けられている点に特徴がある。

この橋を「宇迦橋」と名づけた高岡は、ここを出雲大社への「関門」として明確に位置づけているが[＊10]、新たな参道は、宮内技師・市川之雄による初期の神苑構想と同時期に計画されたものであった[＊11]。高岡が転出した後、大正四年の御大典に際し、県内出身の実業家・篤志家の小林徳一郎は、沿道の松並木と、宇迦橋北詰に鉄筋コンクリートの大鳥居を寄進する。これを機に、宇迦橋から勢溜までの直線道路には「神門通り」の名が与えられるが、この段階で「神苑の延長」としての景観を整えたと言える[＊12]。

ただし市川による神苑の設計案は、大正三年に出雲大社を訪れた神社奉祀調査会の一行から否定的な意見を得たことで、同会の委員でもあった建築家・工学博士の伊東忠太に再委嘱され[＊13]、準備が具体化していった。その後も用地買収が進められるとともに、事業資金については、国庫補助と皇室からの下賜金に加え、大正一〇年に設立された神苑会が全国から寄付金を募ることで準備を整える[＊14]。神苑は一二年に入ってようやく着工されるが、翌年には神苑の整備にあわせるように大社駅が社殿風の駅舎に改築され、玄関口の装いも一新される。昭和一〇年（一九三五）にかけて行われた神苑の工事は、参道の改築、河川の付替、林苑の植樹、浄の池や勢溜の広場の整備、さらに勅使館、社務所等の建築、外苑（運動場）の整備を含む大がかりなものであった。明治末年の大社線開通より四半世紀、大社駅から神門通りを経て神苑・境内に至る、近代の参詣空間が完成するのであるが、商店等の家屋が集積しつつあった神門通り沿いには、昭和五年に一畑電鉄の大社神門（現出雲大社前）駅が開業し、新たな市街地のメインストリートとして発展していった。出雲大社を拠り所とした空間計画が、独特の景観を備えた近代的市街地をもたらしたと言える[図2]。

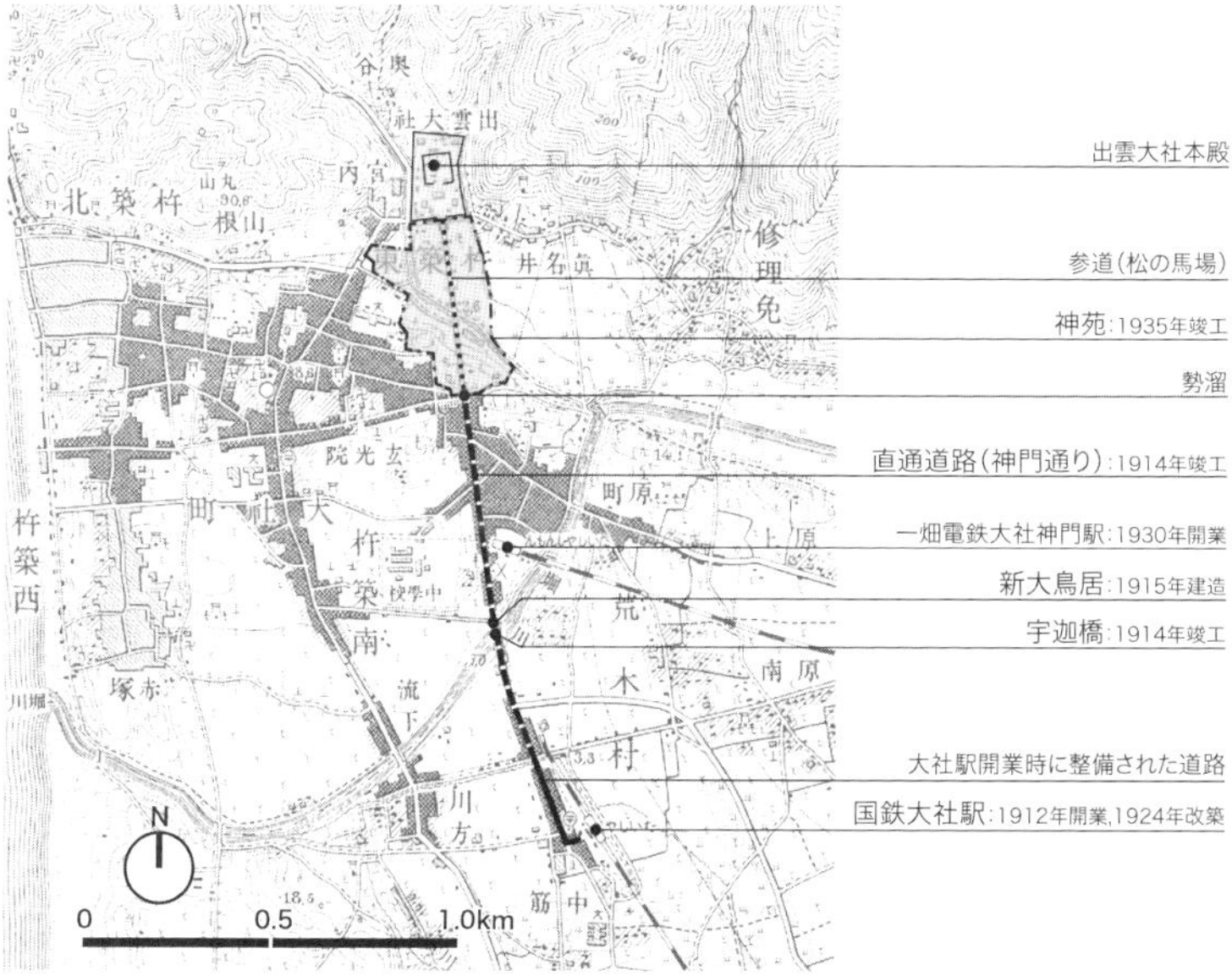

図2:出雲大社神苑と神門通りの関係
昭和9年測図の2万5千分の1地形図(『大社』)の一部に筆者加筆。

その他の神社参詣空間の実現例

近代に神社の参詣道が整備・改築された事例は各地に存在する。例えば明治半ばに官幣大社に昇格した香椎宮では、大正一一年（一九二二）の皇后参拝、さらに一三年の勅使参向の実現を記念し「一層の神威を仰」ぐため、神苑の拡張とともに香椎駅方面からの参道（香椎参道）の大規模な改修が行われ、沿道には楠の並木が植えられた［＊15］。また明治後期の社殿・神苑の造営に際し整備された宮崎神宮の表参道においては、昭和初期は増加する参拝客に対応して拡幅工事が実施され、後にナギの並木が植えられている［＊16］。

また民間資本により参詣地の新市街地が整備された例として、越後鉄道による弥彦の例が存在する。同社の弥彦支線（現・JR弥彦線）は、彌彦神社の参詣客輸送を想定して敷設された典型的な「参詣路線」であるが、越後鉄道は単に路線を敷設するだけでなく、社殿風駅舎を整備するとともに駅前に市街地を造成し、さらに遊覧客のために弥彦遊園を整備するなど、当時の地方鉄道事業者としては意欲的な空間整備を行っている［＊17］。

近代に新たに造営された創建神社の場合は、鎮座地の選定から境内・社殿の構築、参道の整備までが一体的に行われることになるが、橿原神宮のように、創建時から徐々に規模を拡張していった例や、平安神宮のように第四回内国勧業博覧会（および平安遷都一千百年祭）に際して、同会場の一部として計画された事例など、多様な事例が存在する。なかでも次節で述べる明治神宮については、帝都東京に創建された国家的神社という特殊な条件のもと、内苑と外苑、表参道、内外苑連絡道路が一体のものとして計画され、米国からパーク・システムの概念を導入することで、日本の近代都市計画の発展にとっても画期をなす空間を実現している。

一方、台湾、朝鮮といった外地の創建神社は、庶民の社寺参詣の文化的伝統がない土地において、植民地統治の一翼を担う存在として創出された点で、内地とは異なる文脈が存在する。これらの事例を詳細に検討した青井哲人は、境内の造営とともに、勅使の参向を想定した計画的な道路整備が行われた点を指摘している［＊18］。

勅使にかぎらず、天皇をはじめ皇室関係者の参拝への対応は、内地の神社においても重要事項であり、最寄りの鉄道駅と神社へのアクセス道路（参詣道）の整備は、そうした公的役割を動機として進められたのも事実である。しかしこれらの整備は、必ずしも国家からの要請により進められたわけではなく、国家的神社を擁する地方の人びとの郷土意識が後押ししたものと見ることができる。より現実的には、鉄道開通を機に各地から訪れる参詣客（遊覧客）の増加が想定されていたのであり、神社の知名度や国家的地位（社格）にふさわしい一連の空間（および景観）の実現が、外からのまなざしに触れることを動機として指向されたとも言える。

二　明治神宮をめぐる都市計画

明治神宮の造営と表参道

明治神宮の造営にともなう空間整備の、とくに都市計画史における重要性については、これまでも越沢明［＊19］、石川幹子［＊20］などが指摘している。前節で触れたように、明治神宮は鎮座地を「内苑」と位置づけ、それとは別に公園的機能を備えた「外苑」を設け、両者を馬車道付きの並木道（内外苑連絡道路）で結ぶかたちをとり、これが日本におけるパーク・システム（park system／公園系統）導入の嚆矢とされている。米国で考案されたパーク・システムは、都市内の複数の公園・緑地を並木道でネットワーク化する、当時としては先進的な都市計画の手法であった。それが神社において導入された点に、日本の風土との関わりが見出されるのであるが、明治神宮への参拝客への対応という視点からは、内外苑連絡道路に先立って築造された表参道の成立過程に目を向ける必要がある。

明治神宮は、近代国家の礎を築いた明治天皇を顕彰する神社として、当時の東京市郊外の代々木の地に造営された。鎮座地選定の経緯については山口輝臣[＊21]が明らかにしているが、代々木御料地（内苑用地）と青山練兵場跡地（外苑用地）は、もともと「明治五〇年」の開催に向け準備が進められていた日本大博覧会の敷地として確保され、両敷地をつなぐ道路用地もこの時点で計画されていたものであった。これらは財政事情の悪化と明治天皇の崩御により、そのまま神宮関連用地へと転用されるとともに、新たに表参道の計画が加わることとなる。

神宮造営の全体計画を策定したのは、大正二年（一九一三）一二月の官制により設置された神社奉祀調査会である。表参道に相当する道路は、翌年七月に開催された第七回調査会の決定事項のうち「境外道路ニ関スル件」として、内外苑連絡道路とともに地方団体で新設する道路として定められた。ただしこの時点では、幅員は一二間であり、外苑付近の青山通りから緩やかに分岐して内苑南端へ向かうルートとなっていた[＊22]。

神社奉祀調査会による計画案を受け、当時の東京市内から豊多摩郡千駄ヶ谷町に至る内外苑連絡道路、同郡渋谷町に至る表参道については、東京府との協議を経て東京市が築造することとなり、このうち連絡道路については当分延期され、表参道から着手されることとなった[＊23]。

表参道の設計内容の変遷

東京市に委ねられた表参道は、市区改正事業の枠組みのなかで検討が進められた。大正七年（一九一八）二月の市区改正委員会において、青山六丁目を起点とする幅員一五間、両側歩道各四間半の一等二類街路の計画案が提出され、議論の末に可決される[＊24]。同案は当時としては相当余裕のある歩道幅員（歩車道の幅員比＝三対四対三）を確保している点に特徴がある。その理由について、東京市区改正委員会幹事をつとめた池田宏は「道路敷ニ植樹体（原文ママ）其ノ他相当ノ設備ヲ為シ、以テ神宮ノ森厳ヲ保ツコトハ最モ緊要ノコトナリト思料ス」と述べ、将来の交通を鑑みた十分な車道幅員とともに、植樹のために通常の設計よりも歩道幅員を広く確保したことを説明している。委員からは、歩道を削減し車道を広くとるべきではないかという意見が出されるが、池田は「市民ノ一般ハ寧ロ歩道ノ広キヲ望ミ居ル

とっている。

しかし自動車社会の到来が予見されるなかで、車道を広げるべきという論調はその後も衰えず、同年五月の市会において、内務大臣に幅員二〇間への設計変更を求める「明治神宮ノ参宮道路ニ関スル意見書提出ノ建議」が可決される[＊25]。これを受け、あらためて設計内容や財源等が調整され、翌大正八年七月の市区改正委員会において、幅員二〇間、両側歩道各四間の一等一類街路として確定する。

その後、用地買収や予算調整等の難航から事業は翌九年に及び、一一月一日の鎮座祭に間に合わせるべく、工事は急ピッチで進められた。ところが鎮座祭の直前に、幅員四間の歩道を三間で施工する手違いが発覚する。これを機に東京市関係の土木工事の不正が次々と明らかになり、当時の田尻市長や市会議長が辞任に追い込まれる大疑獄事件へと発展していった[＊26]。これらの顛末は、後の表参道の改修をめぐる議論にも影を落とすこととなる。

多数の参拝者が通行する歩道は、あるべき幅員を欠くとともに砂利道であり、植樹も施されていなかったことから、竣工後に改修計画が立てられる。この機会に、庭園協会理事会は独自の改良案を作成し、大正九年一二月に東京市長および内務大臣宛に提出している。

同建議案の内容は、翌年一月の『庭園』に掲載されている[＊27]。「欧米に於て見る所の公園道路又は並木大路 Parkway or Boulvard（ママ）に比す可きもの」と位置づけられた表参道の改良案は、車道を減じ、中央に参拝者のための有効幅員三間歩道を設け、その両側に「神苑の崇高なる森林の延長」となるケヤキの植樹帯が設けられる。また両側歩道は沿道居住者用として三間のまま維持し、三角楓またはエンジュを植えることにより、動線と景観的効果を棲み分けながら、参道空間を内包したブールヴァール像を提示している。しかしながら、車馬道幅員を大胆に削減した同案が容れられることはなかった。

翌春の大正一〇年三月に開かれた都市計画委員会において、当初設計のとおり、歩道を幅員四間に改築し、舗装と植樹を施す改修計画が審議される。表参道の施工手違いを発端に公共事業の不正が次々と発覚したのを受け、市当局にその経緯と改修意義に対する説明を求める場となった[＊28]。

審議に先立ち、東京市助役の立場で臨席した池田宏は、一連の事態の経緯を説明したうえで、改修計画の意義を力説している。池田は、これは単に三間の歩道を四間にするということではなく、舗装工事により「数十萬ノ参拝者ノ為ニ心持良ク其誠意ヲ達スルコトノ出来ルヤウニ」するとともに、植樹を施すことで「夏ノ炎天焼クガ如キ時デアリマシテモ、参拝スル所ノ人々ガ、幾ラカデモ日陰ヲ辿リツツ楽ニ参拝ノ出来ルヤウニシタイ」という考えから「実質ノ意味ニ於テ尚仕事ガ残ツテ居」ると述べる。結果的に改修計画は異議なく承認されることとなるが、ここで強調されたのは、当初の「森厳ナル道路」といった神宮にふさわしい形態を求める観点よりも、舗装の実現、緑陰の確保による多数の参拝者への配慮であり、その必要性は、不完全ながらも実際に表参道の供用を開始することで実証されることとなった。

多数の参拝者の通行が想定される「参宮道路」の計画に際しては、植樹帯と歩行者空間を重視する専門家の意図が介在し、当初は幅員一五間のうち両側各四間半を歩道とする意欲的な設計（幅員比＝三対四対三）が施された。しかしながら車両交通を重視する論調が優勢ななかでは、幅員二〇間、両側各四間（幅員比＝一対三対一）へと後退せざるをえなかった。

とは言え、当時としては異例の四間の幅員が確保されたことでケヤキの植樹が可能となり、表参道は欧米のブールヴァールにも例えられるような、近代的な並木道として実現することとなった［図3］。

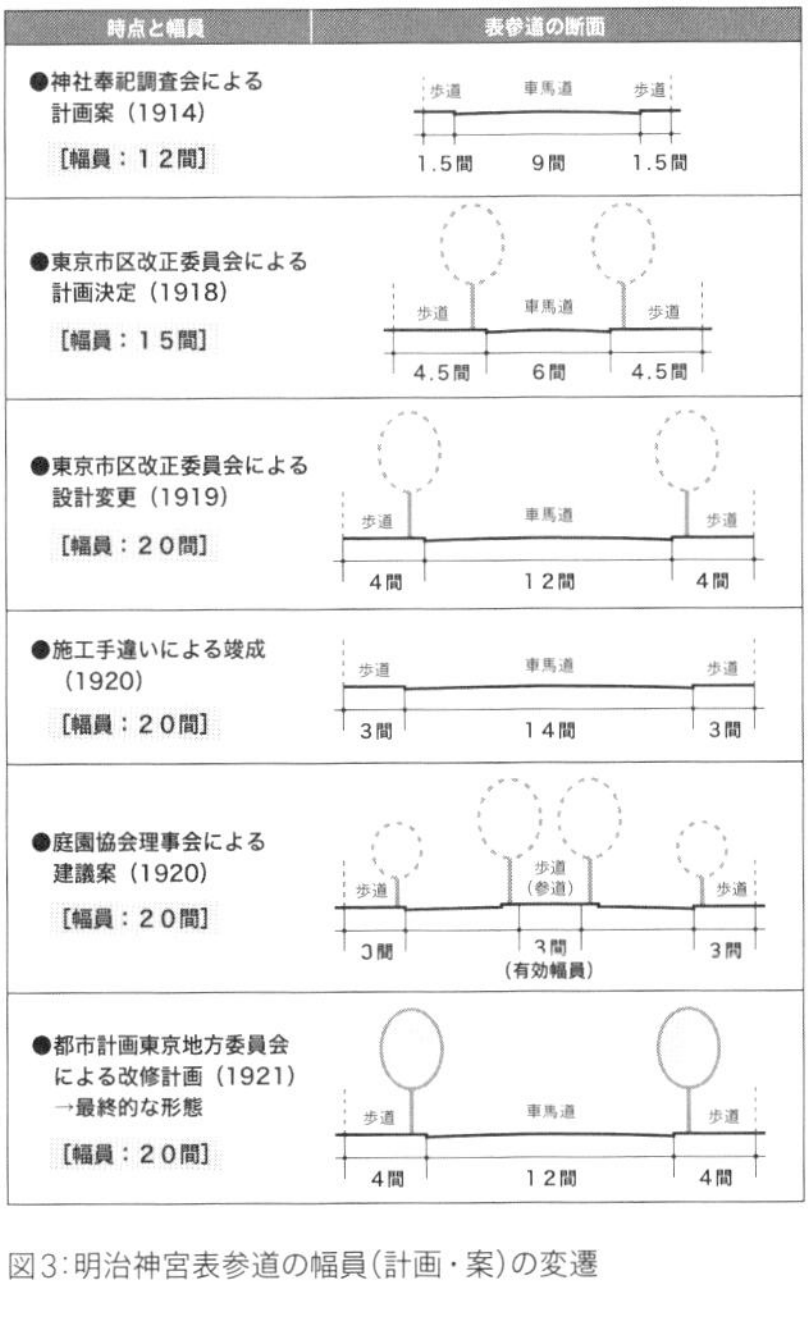

図3：明治神宮表参道の幅員（計画・案）の変遷

ケヤキ並木の導入をめぐって

表参道を特徴づける要素のひとつがケヤキ並木である。『東京市道路誌』には、「当時本参道に植栽すべき並木には如何なる樹種を用ふるかに就て種々考究し遂に欅を最適として之を植栽するに決し」、東京府の希望により府費を以て二〇一本が植樹されたと記されるが［＊29］、表参道以前において、ケヤキを街路樹として用いることは一般的なものではなかった［＊30］。高木であるケヤキの植樹に際しては、相当の幅員を有する歩道が必要であり、市区改正期の街路整備状況を踏まえれば、実用的な樹種と見なされなかったものと考えられる。

歩道への植樹は、大正八年(一九一九)に公布された道路法にもとづく街路構造令により正式に規定されるようになるが、さらに一二年の関東大震災がもたらした帝都復興事業が、東京における街路樹拡大の契機となった。東京市技手の三木謙吾は、大正一四年の『庭園と風景』に掲載された論考[*31]において、歩道と車道の間に植樹帯を設ける型式を掲げながらも、当時の東京市の大半の道路においては、幅員が狭いために歩道部分に植樹される現状を指摘している。

街路樹としてのケヤキに関する記述は、同年の『街路樹(都市講話第一冊)』[*32]に見られ、表参道に植えられているとしたうえで、「この樹は住宅区域には適するかと思って居ります。しかし商業街とか工業街に於きましては相当な整枝をすることが困難であるのと、強い反射熱や悪い空気に堪へないのではないかと思います、目下は実験中なのであります」とあり、ケヤキの都市環境への適応性はまだ実証されておらず、実験的な植樹であったことがわかる。

前述のように、本格的な植樹帯こそ確保できなかったものの、表参道における幅員四間の余裕ある歩道空間は、ケヤキのような高木を植樹するうえでも必要不可欠のものであり、そこには、欧米のブールヴァールに匹敵する街路空間を実現しようとする計画者の意図を読み取ることができる。

一方、表参道の街路樹の選定に際しては、明治神宮の参宮道路である以上、参道並木としての適否が当然ながら検討されたものと考えられる。明治神宮造営局、外苑管理署を経て内務省神社局技師となった田阪美徳は、昭和一四年(一九三九)の『公園緑地』に掲載された論考[*33]において、参道並木の樹種としては松、杉等の常緑の針葉樹や、カシ類、クス等の常緑広葉樹がふさわしく、四季を通じて風景を変化させる落葉樹は、街路樹としては理想的であるものの、「参道並木としては適当なるものとは云ひ難い」としている。ただし「落葉樹中より強いて参道並木樹を求むれば先づケヤキを可」とし、「関東地方の如くケヤキの適地に於て、雄大長喬に生長し得るケヤキは、その樹姿の壮麗なる」ことから適当なものと捉えている。一方で表参道については、「その植栽手法、近代道路としての表参道に街路樹的取扱を為したるもので、ほんとうの意味に於ける参道並木とは見做し難い」とし、参道にブールヴァールとしての性格が結合したものである点を指摘している。

参道樹は、神社の森と同様、本来的にその土地の風土に根ざした存在と言えるが、ケヤキは武蔵野の風土を特徴づけるものとしても捉えられていた［＊34］。すでに関東には、府中の馬場大門（大国魂神社参道）、大宮の氷川神社参道、雑司ヶ谷の鬼子母神参道など、ケヤキ並木を備えた名高い参道が存在していた。東京への神宮誘致運動を発端とする造営経緯を鑑みても、表参道へのケヤキの導入は、参道並木としての適性に加え、それが東京・武蔵野の郷土性を体現する点においても、根拠を有していたと言える。

こうしてケヤキ並木により森厳な風致を備えた表参道は、同じく明治神宮に関連して整備された内外苑連絡道路、外苑入口、府県道代々幡神宮線とともに、大正一五年に旧都市計画法にもとづく初の風致地区指定を受けることとなる。結果のみを捉えるならば、国家の意向を受けた道路整備のうえに風致の創出・保全が課されたと捉えられなくもないが、表参道の整備に関して見れば、記念碑的な神宮造営により全国からの参拝客が見込まれるなかで、将来にわたって誇れるような道路整備のあり方をめぐって、（市長や市会に代表される）東京市と都市計画技術者の互いの意図が交錯した末に、郷土性を備えた壮麗なブールヴァールが実現されたと言える。

三　遊覧都市と神都計画

風致地区指定の広がり

大正八年（一九一九）の旧都市計画法の施行を受け、大正後期以降、法定都市計画は地方都市へと普及する。神社との関わりから、第一に指摘できるのは、社叢などの樹林地や参道並木などを「風致地区」に指定する例が広がりを見せる点である。

社寺を取り巻く風致を保全する考え方や施策は、旧都市計画法の制定以前から見られるものであった。西村幸夫［＊35］によれば、明治一五年（一八八二）に公布された「社寺境内伐木概則」において、「風致」の維持を軸とした境内地保全策が完成をみたとされる。国家神道下の神社に「森厳な風致」が求められる一方で、前近代まで神仏習合のもとで成立してきた神社と寺院の境内は、ともに樹林地に囲まれた共通の立地環境にあるものが多く、風致保護の観点からは共通する部分もあると思われる。なお文化財保護の面からは、明治三〇年に古社寺保存法が制定され、国家にとって重要な歴史的建造物としての価値は神社・寺院の区別なく同様に評価された［＊36］。また林野行政においては、名所旧跡に対しても風致保護の視点が導入され、同年に公布された森林法において「社寺、名所又ハ旧蹟ノ風致ニ必要ナル箇所」を要件とする風致保安林の制度が定められた[＊37]。

やがて大正八年の旧都市計画法において「風致地区」が定められることで、都市計画にもとづく風致の保全が図られるようになるが、同時に史蹟名勝天然紀念物保存法も制定され、風致地区は同法を補完する制度としても期待された。同年に定められた風致地区の指定標準は「一　強度の建築利用化を期待せざる土地　二　地方古来よりの遊覧勝区　三　土地の利用化が風致より招来さるる場所　四　歴史的意義ある土地」というものであったが、昭和八年(一九三三)の決定標準は「イ　季節に応ずる各種の風景地　ロ　公園、社寺苑、水辺、林間、其の他の公開慰楽地　ハ　史的又は郷土的意義ある土地　ニ　樹木に富める土地　ホ　眺望地　ヘ　前各号の附近地にして風致維持上必要ある地帯」となり、自然公園的な位置づけを持つようになる。

最初の風致地区指定は大正一五年の明治神宮関連のものであるが、京都では昭和五年から七年にかけて市街地内外の山地や緑地が広範に指定され、社寺境内をはじめ、一般的に名勝・景勝地とされる場所のすべてが風致地区内に取り込まれた[＊38]。地方都市においてもこの頃から風致地区の指定が進み、昭和一五年の段階で一〇八都市の三一八地区が指定されるに至る。

明治神宮関連の指定理由書に「環境ノ風致ヲ維持シ神宮崇敬ノ意ヲ完フセムトスル」こととあるように、神社周辺に指定された風致地区に関しては、森厳な神域を保護するため、いわばその緩衝地帯(バッファーゾーン)としての役割を果たすことが意図されたと見ることもできるが、全国で指定が進んだ風致地区には、先の決定標準からも窺えるように、公園的利用を含む多面的な役割が期待されていた。戦前の風致地区の位置づけについて検討した原泰之ら[＊39]は、池田宏の風致地区構想、風致地区と史蹟名勝天然紀念物保存、さらに昭和前期の東京緑地計画との関わりを検討し、興味深い考察を行っている。そこでは、第一に、都市計画法制の設立に中心的な役割を果たした池田は、フランスに範をとった自由空地の概念に加え、社寺境内や史蹟名勝等の尊厳や神聖さを維持する観点からも風致地区を構想していた点、第二に、史蹟名勝天然紀念物保存法と相互補完的な役割を果たすものと考えられていた風致地区は、同法に期待された郷土風景保存の役割も担うようになっていった点、第三に、日本初の本格的な広域計画である東京緑地計画への布石として風致地区が構想されていた点が指摘され、一見位置づけの曖昧な風致地区制度をめぐっては、当初から意識的に柔軟な運用が構想されていたという見方が示されているが、これは風致地区に含まれた社寺が置かれていた状況を推察するうえでも示唆的である。

昭和初期における風致地区指定は、市街地内や近郊に散在する社寺や景勝地等の多さを反映するとともに、都市化の影響を受けつつあった社寺境内や郷土風景の保存を図ろうとするものであったことが窺えるが、同時にそのような場を自然公園化することで、市民の保健・衛生に資する空間として、さらには行楽・観光地として整備を図ろうとする地方都市の政策とも結びついていたと考えられる。

「遊覧都市」の空間計画と「神都計画」

都市計画法の適用都市が増加するとともに、社寺周辺に風致地区や史蹟名勝等の指定が進められる昭和初期は、「観光」を通じた地域振興への期待が全国を席巻する時代でもあった。主要な契機は、昭和恐慌後の経済活性化を企図して政府が打ち出した外客誘致政策であり、その一環として、昭和五年(一九三〇)に鉄道省国際観光局が設立され、これと連動するかたちで翌六年に国立公園法が制定される。

こうした流れのなかで、社寺や名所旧跡などの旧来型の観光資源に恵まれた地方都市では、昭和初期の観光熱の興隆のなかで「遊覧都市」としての発展を指向するものが現れる。そうした考え方は都市計画にも反映されていくが、その際の基本的手法は、社寺や史蹟名勝、それらを含む公園・風致地区等を街路網で結びつける考え方であり、パーク・システムは行楽・遊覧型の都市計画手法として応用されていった。

例えば善光寺を擁する長野では、昭和二年に「仏都」から「遊覧都市」をめざす基本方針が打ち出され、計画内容においては、街路計画と関連させて、周囲の寺社仏閣・史蹟名勝等と関連させた公園計画が立案され、これらのネットワーク化が構想された[*40]。琵琶湖の風光と古社寺や旧跡に恵まれた大津では、昭和七年の街路網計画において、湖岸の埋立計画と一体となった「湖岸逍遥遊覧ノ目的ヲ達成シウベキ快適ナル道路」として湖岸道路が立案されたのをはじめ、市街地を取り巻く社寺や史跡名勝へのアクセスを図る道路網が計画された[*41]。さらに近郊の社寺や景勝地に対しては、同一二年に八ヵ所の風致地区を指定している。また宍道湖に臨む水都・松江でも、都市計画法の適用を受けるなかで、城山公園や「小公園式遊覧道路」としての湖岸道路の整備等が着手され、遊覧都市としての基盤整備の萌芽が見られた[*42]。

昭和五年以降、市街地周辺の社寺や名所旧跡を包含する広大な風致地区を指定した京都では、さらに将来のモータリゼーションを予測し、同一二年以降は東山・大文字・叡山・三尾の四大ドライブウェイ（遊覧道路）の計画が進められた［＊43］。その他、同一四年に成案を見た東京緑地計画を構成する「景園地」と「行楽道路」の関係も、これらの系譜に位置づけることができよう。

このように「遊覧都市（観光都市）」の拠り所となったのは、主として自然に囲まれた社寺や景勝地といった伝統的な観光資源であり、それらの保全と利用を図るための空間施策が、旧都市計画法のもとで進められていた。そうした流れのうえに、皇国史観が強く打ち出されることで、「神都計画」と呼ばれる、国家的神社を拠り所とした都市計画が描かれる。

「神都計画」は、宇治山田市の壮大な都市計画の別名として知られる。その詳細については越沢［＊44］が明らかにしているが、国家神道の最大の支柱であった伊勢神宮を中心に、宇治・山田の市街地のほぼ全域を含む同計画は、両宮の拡張、鉄道の移転、街路整理、境域拡張や新たな公共用地の取得にともなう大規模な家屋移転のための土地区画整理、新たな両宮連絡道路によるパーク・システムと沿道の帯状緑地の指定、また昭和一一年の風致地区に続き、同一四年には美観地区・高度地区の指定がなされた点などにおいて、きわめて先進的な内容を備えたものであった。

昭和一五年の特別法により着手され、終戦により未完に終わったという結果のみを見れば、戦時体制下の国家の意向に従って実施された特異な計画であったという印象を受けるが、これは、すでに取り上げた明治期の神苑会の設立以来、「神都」を標榜して展開された誘客施策の延長線上に構想されたものでもあった。国家神道の「聖地」であることを建前とし、国のバックアップを得ながら近代的なインフラ整備と地域振興を図ろうとする地域の強かな意図が窺える。

「神都計画」と呼称された都市計画は、他にも宮崎と橿原（畝傍）で立案されている。いずれも近代ににわかに重視された神武天皇を祭神とする官幣大社（宮崎神宮、橿原神宮）の鎮座地の計画であるが、前者は宮崎市全体の都市計画に対し、その策定に携わった技師が与えた呼称であり［＊45］、後者は次節で見るように、紀元二千六百年祝典記念事業にともなう市街地計画として立案され、具現化している。重要な点は、いずれも大きく見れば人口集積地や国土軸の周縁に位置する、いわば近代化の後進地域であった点である。「神都」の呼称は、国家的神社を拠り所として地域振興を図るうえでの旗印であったと言える。

橿原神宮を中心とした神都計画

奈良県の橿原神宮は、記紀神話において神武天皇が即位し「橿原宮」を築いたとされる畝傍山の東南麓に、明治二三年(一八九〇)に創建された官幣大社である。付近には幕末期に造営された神武天皇陵があり、明治期には畝傍山の御料地化が進められたが、神宮の創建は、地域における宮趾保存や国への請願の動きを経て実現する[*46]。明治三〇年代には奈良県により神苑設置の検討が行われるが、明治四五年に奈良県知事を総裁とする「橿原神宮付属講社」が組織されることで、境域拡張が具体化する。請員からの浄財に加え、全国各地からの寄付金、御下賜金や国庫支出等を得て、勅使館、社務所等の建築、造園・植栽などの整備が大正後期にかけて進められた[*47]。

境域の拡張事業が完了しつつあったころ、俗化の徴候が現れる。大正三年(一九一四)に大阪・奈良間を開通させた大阪電気軌道(現近鉄。以下、大軌)が畝傍線(現近鉄橿原線)を敷設し、一二年三月に橿原神宮前駅(旧駅)を開業させたのである[*48]。同年一二月には吉野鉄道(後の大軌吉野線、現・近鉄吉野線)も橿原神宮前に乗り入れ、昭和四年(一九二九)には西側から大阪鉄道(大鉄、現近鉄南大阪線)が路線を延ばし、神宮南東の吉野線久米寺駅に乗り入れるとともに、その手前に大鉄橿原神宮駅を開業させる。大阪方面から吉野へ至る行楽ルート上に取り込まれたことで、橿原神宮への参拝客は増加していった。一方、神域の正面に鉄道駅が設置されたことで、周辺には商店等が建ち並ぶようになる。

こうした状況を予想し、大正一一年には第二回の境域拡張事業が内務省に申請されるが、翌年発生した関東大震災により同事業への国費支出が中止される。そこで奈良県では、拡張用地の一部となる神宮東側(大軌駅前と境内の間)に公園の設置を計画し、神宮側がその費用を寄付することで、同年三月に県営畝傍公園(外苑)が竣成する[*49]。本格的な拡張を求める建議案は昭和六年の帝国議会にも提出されるが、まもなく「紀元二千六百年」という実現の好機が訪れることとなる。

紀元二千六百年祝典をめぐる政治過程を検討した古川隆久[*50]は、民間や地域の側の「皇室ブランド」を利用した経済振興の流れを捉えているが、これは奈良県橿原(当時は畝傍町)への記念事業誘致の動きにも顕著に見出すことができる[*49]。「奉祝記念事業」が国政の場で議論されはじめる昭和八年以降、奈良県においても橿原神宮の境域を拡張して大祭を挙行し、奈良・橿原間の自動車道路を整備し観光産業の活性化を図ることをめざして運動が進められた結果、一一年一一月の紀元二千六百年祝典評議委員会の第二回総会において、国の奉祝記念事業の第一に「橿原神宮境域並畝傍山東北陵参道ノ拡張整備」が掲げられ、一三年四月に計画概要が決定する。

事業の中核をなす神宮境域と神武天皇陵の陵域については、両者の境界が定められるとともに、前者は内務省(神社局)、後者は宮内省に、用地買収については奈良県に委嘱される。神宮については既存の本殿を継承しつつ、神門、翼廊、勅使館などが新たに整備され、規模の拡大が図られた。さらに社殿付近に植樹を行うことで「森厳なる境内林苑」とし、苑地、参道(表参道・裏参道)、橋梁、苑路、広場、河川・山林整理などの造苑事業が行われ、御陵参道の築造工事や、整備区域内に含まれる桜川の流路付替・改修も行われた。御料地となっていた畝傍山では、山中の畝傍山口神社が山麓へ移転され、一般の登山を禁止するとともに「真に崇高なる霊山たらしむる」よう植林を施し、灌漑用水や養魚等に利用されていた深田池についても付近の民有地とともに買収され、境域の一部として「風致保持に努むる」こととされた[*51]。

さらに境域拡張と連動して、参拝道路の築造をはじめとする都市計画街路事業と土地区画整理事業を含む「畝傍都市計画」が大正一三年五月に告示され[*52]、これが橿原の「神都計画」の骨格となる。

街路事業の中心となる参拝道路は、奈良と橿原を結ぶ国道一五号線から分岐し、神宮表参道前を経て新設の橿原神宮駅前へ至る延長約二六〇〇メートルの二等大路第一類街路(幅員二二メートル)である。その他、参拝道路に連絡する七路線が定められ、事業区域内を走る府県道の付替も行われた。自動車に対応した参拝道路は、歩道を備え路面舗装が施された高規格道路であることに加え、その線形も優美な曲線を描くように設計された。さらにルートが樹木に覆われた境域のなかに通されたことで、パークウェイとしての性格を備え、途中七ヵ所には「各趣を異にせる植樹帯」を備えた広場が設けられるなど、特色ある設計が施された。

一方の土地区画整理事業については、境域等の拡張区域を中心とした家屋の移転を円滑に進めるとともに「整然タル市街地ヲ造成シ、旧市街地ノ移転先ニ之ヲ充当シ交通・衛生・保安等環境ノ整備ヲ併セテ行ヒ、同地方ノ統制アル発展ニ資スル」ことを目的とし[*53]、奈良県施行により行われた。これに伴う移転家屋は、境域等拡張区域内の一九四戸、区域外の四六戸の計二四〇戸であり、二ヵ所の共同墓地の移転も併せて行われ、施行区域の面積(宅地、公共用地含む)は約三二万坪に及んだ。

一連の都市計画の実施に際しては、以前から懸案となっていた鉄道線路の移設を実現している。これは大軌畝傍線・吉野線を約三〇〇メートル東方に移設し、旧橿原神宮前駅を廃止して両路線と大鉄線が合流する旧久米寺駅を総合駅（橿原神宮駅）として改築するものであり、旧畝傍御陵前駅も移設された。なお新設された橿原神宮、畝傍御陵前の両駅は、「大和地方古来ノ民家形式」である「大和棟」を基調として設計され、とくに建築家・村野藤吾の考案による前者においては、「最モ純粋ナル神社建築」様式である神明造りの印象が付与され、独特の駅舎建築となっている[＊54]。

さらに、事業区域内に含まれた県営畝傍公園（外苑）に替わるものとして、紀元二千六百年奈良県奉祝会の記念事業として、境域東側の約三万八千坪の敷地に「橿原道場」が整備された。これは大運動場、大講堂、野外公堂、八紘寮（青年や参拝者等の修養宿泊施設）、橿原文庫（国史関係の文献資料を中心とした図書館）、弓道場、相撲道場（野外公堂の中央に組立式で設置）、大和国史館（拡張工事に際して出土した考古学史料の展示施設。現橿原考古学研究所の前身）、橿原農園、紫光館（休憩所・小会議室）といった施設で構成され、付近に立地していた建国会館も同敷地内に移築された[＊55]。

境域拡張にともなう一連の都市計画は、畝傍山を控えた自然緑地と市街地が融合した空間計画である点も特筆される。既述のとおり、林苑と市街地の間に配された参拝道路がパークウェイとして設えられたのに加え、隣接して設けられた外苑にも境域との調和を意識した造苑が実施され、外苑を貫く裏参道にはケヤキの街路樹が植えられるとともに、橿原神宮駅から神宮一の鳥居までの参拝道路と、畝傍御陵前駅から御陵への参道には、東京府からの献木により、それぞれイチョウ、エンジュの街路樹が植えられた[＊56]。

また空間設計に地域性が考慮された点も着目される。駅舎に大和棟の形態が用いられたのはその象徴的な例であるが、林苑においては「橿原」の由来とされるカシ類が積極的に植えられた[＊57]。

一連の工事は昭和一三年五月の起工式をもって本格的に開始されるが、鉄道線路の移設と橿原神宮駅等は一四年に、参拝道路や境域等の施設整備は一五年に完成し、同年一一月に橿原神宮境内において竣功奉献式が挙行された。翌一六年三月には残りの造苑工事および土地区画整理事業が完了し、一連の事業は着工から約三年で終了することとなる[＊58]。

これらの壮大な「神都計画」を実現へと導いた立役者は、当時の畝傍町長・小松茂作であった。小松は昭和九年二月の帝国議会での建議以降、同一一年八月までの間に計八回上京し、祝典関係者等に奉祝記念事業に関する陳情・請願を行っているが、その書面には、橿原神宮における事業促進とともに、「神都都市計画」の実現が掲げられている［＊59］。宇治山田の市是調査会は六年一二月に「大神都特別聖地計画」案を作成し、八年二月の市会において「大神都特別聖地計画実施に関する意見書」が採択されていることを踏まえれば［＊60］。小松は宇治山田の動向を参照しつつ、紀元二千六百年という好機を捉え、「神都計画」の具現化に成功したと言える。

一方、境域拡張にともなう一連の事業に際し、周辺住民とともに協力を強いられたのが鉄道会社である。とくに大がかりな移設を求められたのが大阪電気軌道であるが、古社寺や名所旧跡に恵まれた奈良県を中心に路線網を拡充し、参宮急行電鉄を設立して昭和五年に伊勢への乗り入れを果たした同社は、戦時色が強まるにつれ、「聖地巡拝」路線としての社会的意義を全面に押し出した旅客輸送を行うようになる。また奈良を経営基盤とする同社と観光振興を推進する奈良県は重要なパートナーでもあった［＊61］。さらに昭和一五年は同社の創立三〇周年にも重なっていたことから、橿原道場への建設費寄付を含む独自の記念事業が企画・実施される等［＊62］、県側との協調姿勢が見出される。

紀元二千六百年を迎えた橿原神宮では、正月三が日の参拝者は前年の二〇倍となる一二五万人に達し、年末までにのべ八〇〇万人以上が県内各地の「聖蹟」を巡ったとされる［＊63］。当時の都市計画技術を結集して創出された「神都橿原」は、一時的にではあるが、全国から来訪者を迎え入れる遊覧都市としての実相を示すとともに、「聖地巡拝」を建前とする遊覧交通網の拠点となったのであった。

明治神宮の造営を契機として本格的に築かれた神社と都市計画の関係は、より面的かつ包括的な橿原の神都計画へと発展していった。近代の神社をめぐる空間形成に要求された、風致（緑地）の保全・創出と交通空間の整備というふたつの命題に対し、都市計画はパーク・システムを応用しつつ、両者の統合を試みた。国家神道の影響下で実現したとは言え、来訪者の受け入れを動機として、地域性を考慮した緑豊かな回遊型の都市空間を指向した点で、「神都計画」は戦前における遊覧都市（観光都市）の空間計画の到達点を示したと見ることもできるのである［図4］。

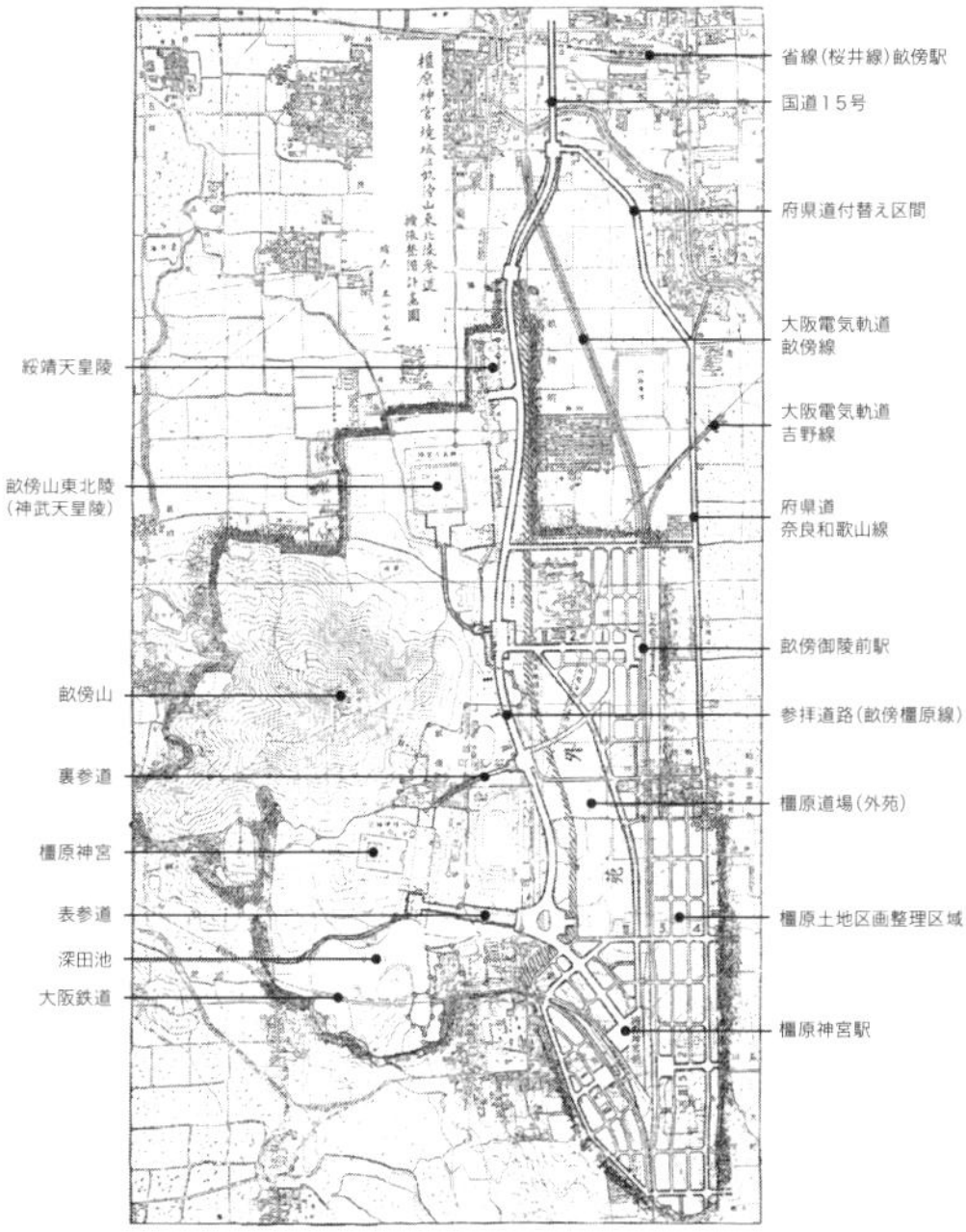

図4:橿原神都計画図
藤田宗光『橿原神宮と建国奉仕隊』(1940年)所収の図に筆者加筆。

註

*1――例えば、槇文彦「奥の思想」(槇文彦他『見えがくれする都市』鹿島出版会、一九八〇年)など。

*2――宇田正「本邦鉄道発達の文化史的考察――柳田國男の所見を中心に」(『鉄道日本文化史考』思文閣出版、二〇〇七年、一五七～一七二頁)。

*3――明治中期以降の初期の例として、琴平への讃岐鉄道(明治二二年)、日光への日本鉄道(明治二三年)、伊勢・山田への参宮鉄道、成田山への成田鉄道、豊川稲荷への豊川鉄道(以上、明治三〇年)などが挙げられる。

*4――大正期の早い例では、生駒鋼索鉄道(大正七年)、信貴生駒電気鉄道(大正一一年)、筑波山鋼索鉄道、朝熊登山鉄道、京都電燈鋼索線(以上、大正一四年)などが挙げられる。

*5――高木博志「近代神苑試論――伊勢神宮から橿原神宮へ」(『歴史評論』五七三号、一九九九年、一六～二七頁)。

*6――『宇治山田市史 上巻』宇治山田市役所、一九二九年、七九六～七九七頁。

*7――藤井清司編『神苑会史料』神苑会清算人事務所、一九一一年、一五～一六頁。

*8――国鉄山陰線は明治四五年三月の兵庫県内の区間の完成をもって京都・出雲今市間が開通するが、同年六月一日の大社線開業にあわせて、鳥取市内で「山陰鉄道開通式」が挙行されている(日本国有鉄道編『日本国有鉄道史』第六巻、日本国有鉄道、一九七二年、一一五～一一八頁)。

*9――『第廿九回島根県会議事速記録』第五号、大正元年、島根県議会蔵。

*10――出雲神話に因って「宇迦橋」と命名した高岡は「此橋は実に史的神聖地に入る第一歩の関門なる意味を取りて、かくは名付られたるなり」と述べている(『山陰新聞』、大正三年四月一八日、三面)。

*11――高岡が転任する大正三年の『知事引継書』によれば、高岡は大社神苑の設計を宮内技師の市川之雄に委嘱し、すでに三案ができ上がっていた。当時の神苑の計画図は見つかっていないが、直線の参詣道は神苑と一体のものとして計画されていたものと考えられる。

*12――大正四年一一月七日の大鳥居落成式に参列した西田杵築町長は「直線道の両側に松樹を植栽し風致を添へられましたは所謂賽路の延長にして大社神苑の拡張せられたるものと同一意義となる」という認識を示している(『山陰新聞』、大正四年一一月八日、三面)。

*13――井上神社局長と伊東忠太ら神社奉祀調査会の一行を迎えた大社側は、この機を捉え、市川の描いた神苑計画に対する助言を求めたところ、井上局長は「古代の風致を存する境内と調和せない」と断じたとされる(『大阪朝日新聞 山陰版』大正一二年五月二日)。また、社務所の報告には「同氏は外国の庭園に造詣深き人なるを以て、之が設計は本社の現況と調和せず」とあり、欧米を範とする近代造園の第一人者であった市川による設計は、西洋式の内容を備えていたことが推察される(出雲大社社務所「大社神苑工事に就いて」『島根評論』二巻八号、一九二五年、三八～四一頁)。

*14――神苑の整備については、前掲「大社神苑工事に就いて」(三八～四一頁)、千家尊統『大梁灰儿一家言』(出雲大社社務所、一九七八)による。

*15――『糟屋郡志』糟屋郡役所、一九二四年、五八一頁。

*16――宮崎県企画局編『宮崎県経済史』宮崎県、一九五四年、五七〇～五七一頁。

*17――永瀬節治「越後鉄道による地方参詣地・弥彦の新市街と遊園計画をめぐる試論――大正6年の弥彦支線開業日の新聞記事から」(『日本建築学会大会学術講演梗概集』F1、二〇一〇年、五九七～五九八頁)。

*18――青井哲人『植民地神社と帝国日本』吉川弘文館、二〇〇五年、八三～八九頁。

*19――越沢明「日本における広幅員街路とブールバールの計画・設計思想史」(『国際交通安全学会270プロジェクト報告書』、一九八九年、一二一～五七頁)。

*20――石川幹子『都市と緑地』岩波書店、二〇〇一年、二一六～二一九頁。

*21――山口輝臣『明治神宮の出現』吉川弘文館、二〇〇五年。

*22――なお表参道の位置決定に際しては、南面する社殿に対し、裏側にアクセスする連絡道路は参道としては不向きであると考えられ、一方で、内苑に隣接する代々木練兵場で実施される観兵式行幸のための道路整備も要請されていたことから、両者を兼ねるものとして青山通りから内苑南端に至る道路が計画されたとされる(内務省神社局編『明治神宮造営誌』、内務省神社局、一九三〇年、五七～五八頁)。

*23――前掲『明治神宮造営誌』五九頁、三四九頁。

*24――この間の経緯は、『東京市区改正委員会議事録第一七七号』(藤森照信監修『東京都市計画資料集成(明治・大正篇)』第二六巻所収、本の友社、一九八七年)による。なお原案の準備段階では、起点については青山四丁目(神社奉祀調査会案)と青山六丁目(現起点)が、幅員については一二間、一五間、一七間が検討された。起点が後者になった理由として、用地買収の困難や道路新設に要する費用等が考慮された結果、全長を短縮するとともに、「起点より百五間の区間は公道に沿ひて取廣げ」(前掲

『明治神宮造営誌』三五三頁）ることで築造できる現ルートに落ちついたものと推察される。

＊25――東京市会事務局『東京市会史　第四巻』東京市会史事務局、一九三五年、一一八五～一一八六頁。

＊26――東京都編『都史資料集成 第三巻』東京都公文書館、二〇〇一年、一五三～一五四頁（原文は田尻先生伝記及遺稿編纂会『北雷田尻先生伝記』、一九三三年）。

＊27――庭園協会理事会「建議案　明治神宮参道の改修に就て」（『庭園』日本庭園協会、三（一）、一九二一年、二二～二三頁）。

＊28――以下の記述は都市計画東京地方委員会編『都市計画東京地方委員会議事速記録第三号』（東京市政調査会、一九三二年、市政専門図書館蔵）による。

＊29――東京市編『東京市道路誌』東京市、一九三九年、四六三～四六四頁。

＊30――東京市内の「街路樹調書」（明治三七～三八年）によれば、計六四四八本のうち、柳三四二四本、桜一三三六本、松二一六本、楓九九本、梧桐四五本、その他三二八本となっている（前掲『東京市道路誌』四五四～四五五頁）。また東京市における街路樹整備の基礎となったのは、明治四〇年に子爵・福羽逸人と林学博士・白澤保美により提出された「東京市行道樹改良按」であるが、この時に街路用樹として選定されたのは篠懸木、百合木の外国産種二種、公孫樹、梧桐、七葉樹、三角楓、槐、水木、木岑、赤芽柏の在来種八種に従来からの柳、桜の二種を加えた一二種であり、欅は含まれていない（同上、四五七～四五八頁）。

＊31――三木謙吾「街路並木の話（第二回）」（『庭園と風景』七（三）、日本庭園協会、一五～一六頁）。

＊32――東京市制調査会編『街路樹（都市講話第一冊）』東京市制調査会、一九二五年、四二頁。

＊33――田阪美徳「神社の参道並木」（『公園緑地』三（七）、日本公園緑地協会、一九三九年、七～八頁）。

＊34――例えば白澤保美は、大正七年に創刊された郷土雑誌『武蔵野』に寄稿した論考において、家屋の周囲に欅を仕立てる武蔵野の村落の特色を挙げ、「武蔵野の村落と「ケヤキ」並樹とは必ず離るべからざるもの」であると述べ（白澤保美「武蔵野の森林並其特長」『武蔵野』（三［三］、一九二〇年、一八～二五頁）所収）、三木謙吾も、旧幕時代に人工的に植えられたものでありながらも、「武蔵野の景色を説明するには、なくてはならぬものの一つ」であると述べている（三木謙吾「武蔵野に生ふる木（其の三）」（『武蔵野』七［二］、一九二四年、四七～五〇頁））。

＊35――西村幸夫「土地にまつわる明治前期の文化財保護行政の展開――「歴史的環境」概念の生成史 その三」（『日本建築学会計画系論文報告集』日本建築学会、三五八、一九八五年、六五～七四頁）。

＊36――古社寺保存法の準備段階で制定された「古社寺保存金出願規則」（明治二八年七月一二日）では、保存金を下付すべき「古社寺」の範疇に、「全国著名の神社寺院」のうち「歴代の皇室皇族竝に武門武将に深厚の由緒ある物」「国史上顕著明晰なる物」を掲げており、神社・寺院にかかわらず、皇国史観を体現する点が価値基準のひとつとなっていた。（西村幸夫『都市保全計画』東京大学出版会、二〇〇四年、六八～六九頁）。

＊37――森林法の草案は明治一五年にまとめられ、そのなかで制定された九種類の「保存森林」のひとつに、「社寺公園又ハ名所旧蹟ノ風致ヲ装飾スル林」が掲げられていたとされる。また大正四年に国有林を対象として設けられた「保護林」制度においても、その八種類のうち四つが「風致」に関わるものであったとされる（小野良平「森林風景計画学研究の展開と課題」（塩田敏志ほか編著『現代林学講義八　森林風景計画学』地球社、一二三～一二五頁））。

＊38――福島信夫ほか「京都市における風致地区指定の変遷に関する研究――風致地区が歴史都市京都の保全に果たした役割」（『都市計画論文集』日本都市計画学会、四三‐三、二〇〇八年、六六七～六七二頁）。

＊39――原泰之ほか「戦前期における風致地区制度の位置付けに関する歴史的考察」（『ランドスケープ研究』六九（五）、日本造園学会、二〇〇六年、

八一三〜八一六頁)。

*40——浅野純一郎「長野都市計画と山田博愛——1920年代から1930年代の長野都市計画に関する研究」(『日本都市計画学会学術研究論文集』日本都市計画学会、二〇〇二年、八七七〜八八二頁)。

*41——都市計画滋賀地方委員会編『大津都市計画街路網並埋立設計概要』都市計画滋賀地方委員会、一九三二年。

*42——上野富太郎、野津静一郎編『松江市誌』松江市、一九四一年、一三〇七〜一三一八頁。

*43——大菅直「街路はいかに造られたか——戦後を中心とした京都市街路建設事業史」(『京まちづくり史』、二〇〇三年、一〇〇頁)。

*44——越沢明「神都計画——神宮関係施設整備事業の特色と意義」(『日本都市計画学会学術研究論文集』日本都市計画学会、一九九七年、七三〜七八頁)。

*45——都市計画宮崎地方委員会の地方技師・藤田宗光は、昭和一二年の『都市公論』誌上で宮崎市の都市計画を「神都計画」と表現し、「日向の特色たる史蹟伝説の神都」としての固有の地域性に根ざした、遊覧都市と産業都市を兼ね備えた都市像を提示している(藤田宗光「宮崎県下に於ける都市計画事業」(『都市公論』二〇[一]、都市研究会、一九三七年、五二〜五三頁))。

*46——直接の契機となったのは、明治二一年二月の奈良県高市郡出身の県会議員・西内成郷による「橿原御宮趾保存之儀ニ付建言」であったとされる(高木博志「近代における神話的古代の創造——畝傍山・神武陵・橿原神宮、三位一体の神武「聖蹟」」(『人文学報』八三、京都大学人文科学研究所、二〇〇〇年、一九〜三八頁))。

*47——『橿原神宮規模拡張事業竣成概要報告』橿原神宮、一九二六年、一〜六頁。

*48——『大阪電気軌道株式会社三十年史』(一九四〇年)によれば、大軌は当初より「大和、河内の平原に亘り所在に点在する幾多の名勝旧跡を連ねんとする電鉄網」の形成を掲げていたが、その二番目の路線となった畝傍線の敷設陳情書においては、地域の産業振興を第一目的に掲げつつ、次いで大阪市民の橿原神宮(及び隣接する神武天皇陵)への参拝を容易にし、「敬神思想の喚起」に交通機関が貢献するという点が強調されている(野田正穂ほか編『大正期鉄道史資料』第II期第一一巻、日本経済評論社、一九九二年)。

*49——田阪美徳「官幣大社橿原神宮境域拡張整備史」(『公園緑地』五(一)、一九四一年、一三〜一四頁)。

*50——古川隆久「紀元二千六百年奉祝記念事業をめぐる政治過程」(『史学雑誌』一〇三(九)、史学会、一九九四年、一〜三六頁)。

*51——田阪美徳「官幣大社橿原神宮並畝傍山東北陵を中心とせる紀元二千六百年紀念事業概観」(『公園緑地』五(二)、一九四一年)、および田阪「官幣大社橿原神宮並畝傍山東北陵を中心とせる紀元二千六百年紀念事業工事概要」(『公園緑地』五(三)、一九四一年)による。

*52——畝傍都市計画の内容については、『公文雑纂』纂二三九七(昭和一三年)による。

*53——『紀元二千六百年祝典記録』第七冊上(『紀元二千六百年祝典記録』一三、ゆまに書房、二〇〇二年、一一一〜一一二頁)。

*54——『紀元二千六百年祝典記録』第七冊下(『紀元二千六百年祝典記録』一四、ゆまに書房、二〇〇二年、二二八頁)。

*55——前掲田阪(一九四一年、二九〜三〇頁)。

*56——坂田静夫「橿原神宮外苑に於ける造苑の実際に就て」(『都市公論』二三(八)、一九四〇年、一二一〜一二四頁)。

*57——田阪美徳によれば、それまで畝傍山一帯には松林が多かったが、橿原の由来であるカシ類は周辺の社寺境内において立派に生育しており、また樹林を自然林態へ誘導し、風致を確保するうえで針闊混淆林が理想的であったことから、林苑には常緑闊葉樹であるシラカシ、アラガシ、イチ

イガシ等を中心に植樹が行われた(田阪美徳「官幣大社橿原神宮境域畝傍山東北陵陵域拡張整備事業に於ける神宮参道及造苑施設に就きて(其二)」『公園緑地』五(六)、一九四一年、六〜八頁)。

*58――なお、おもに奈良県担当の工事の実施に際しては、大阪朝日新聞社の協賛により「建国奉仕隊」が組織され、関西を中心とした自治体、学校、企業等からのべ一二〇万人以上が集まり、勤労奉仕を行った。

*59――例えば一一年五月の請願書においては、事業の三項目に「橿原神宮並ニ畝傍山ヲ中心ニ一大神都計画ノ実施」とあり、「従来ノ既成城郭都市、寺院都市ニ非ズ。皇国精神ヲ基調トセル我ガ国独自ノ神社都市計画ヲ実施スルコト」を要請している(前掲『紀元二千六百年祝典記録』一三、六九〜七四頁)。

*60――『伊勢市史』伊勢市、一九六八年、五一八〜五二二頁

*61――奈良県観光連合会が発刊した『観光の大和』の創刊号(昭和一三年)に寄せて、大軌の種田社長は「我社に於きましても、大和宣揚は其の使命とする処でありますから、奈良県とは形影相伴ふが如くお互いに協力して、汎く観光の大和を識らしめ、橿原神宮参拝の旅客誘致に努めまして、国民精神作興に資し度いと思ふのであります」と述べている。

*62――『大阪電気軌道株式会社三十年史』大阪電気軌道株式会社、一九四〇年、四七八〜四八二頁(野田正穂ほか編『大正期鉄道史資料』第Ⅱ期第一一巻所収、日本経済評論社、一九九二年)。

*63――奈良県議会史執筆委員会『奈良県議会史』第二巻、奈良県議会、一九九五年、五九七〜五九八頁。

第Ⅳ部

基礎的史料としての近代神社関係公文書

第16章

基礎史料としての東京府神社明細帳
──「東京府神社関係文書」目録解題

北浦康孝

はじめに

本稿では東京府の神社関係文書のなかでも基礎的な史料である神社明細帳について論じる。神社明細帳をそのように位置づけるのは、神社明細帳が国家に公認された神社をすべて登載して、神社の実態を把握するための基本的な情報を集約したものであることによる。章末には資料として、東京府の神社関係文書の目録を掲載したが、神社明細帳は、これらの文書に記された神社行政の対象を定めたものといえよう。神社行政を管轄する内務省の見解を反映させた『神社行政法講義』は、神社明細帳を「神社の過去現在に亙れる事実を記し、之に依りて神社の公認と否とを確定すること、恰も人にしては戸籍簿ともいふべきもの」としている[*1]。

神社明細帳のほかに寺院明細帳などを含めた社寺明細帳とは、各神社・寺院について、決められた項目の調査を行わせ、社寺ごとに基本情報を列記した明細書を作成、区や郡ごとにまとめて編綴した簿冊(群)である。内務省(寺院は後に文部省へ移管)と各府県に備えて管理され、公認されたすべての神社・寺院の基本情報がまとめられている。廃合や移転・改称など各社寺の異動情報は管轄の府県に報告されたが、各府県はそれを取りまとめて内務省や文部省へ報告した。これによって、中央庁と府県は情報を共有することになったのである。近代日本の神社・宗教行政はもちろん、戦前の社寺のあり様とその変化を知るうえで貴重な史料といえよう。現在まで残されている社寺明細帳は、おおむね中央庁本(内務省・文部省管理分)が国文学研究資料館に、府本・県本(府県管理分)が各都道府県の公文書館などに所蔵されている[*2]。

ところで、戦前において仏教や教派神道は宗教とされたが、神社とそこで行われる祭祀を中心とした神道は「国家ノ宗祀」として宗教ではない(非宗教)とされた。そのため、その相違に対応すべく、それまで神社と寺院をともに管轄していた内務省社寺局は明治三三年(一九〇〇)に神社局と宗教局に分離され、さらに大正二年(一九一三)に至って宗教行政は文部省の管轄となった。したがって、神社明細帳は終戦直後まで内務省が管理、機能したが、寺院明細帳は文部省の管理に移り、その後昭和一五年(一九四〇)の宗教団体法施行によってその機能を失った。つまり、神社明細帳と寺院明細帳は異なる経緯をたどったのである。東京府の場合は中央と違い、社寺を併せて管掌する組織形態が続く[表1]が、それでも明細帳の現存状況は両者で大きく異なっている。

本稿は神社明細帳について考察したものであるが、第一節では、神社を中心にしつつも、社寺明細帳という範疇で論じている。それは、その成立過程において、社寺は一括して捉えられていたためである。他方、第二節では、東京都公文書館の所蔵状況について、神社明細帳に限定して論じた。

一　社寺明細帳の調製

社寺明細帳の定義

本節では社寺明細帳の定義とその調製の過程を明確にして

表1：東京府における神社・宗教行政管轄組織の変遷

慶応4年(1868)9月～	市政局社寺方
明治2年(1869)2月～	社寺方
明治2年(1869)7月～	常務局社寺掛
明治3年(1870)7月～	常務局〔掛など一部不明〕
明治4年(1871)2月～	常務局社寺掛
明治4年(1871)8月ヵ～	常務掛
明治5年(1872)6月～	社寺掛
明治6年(1873)2月～	庶務掛社寺取扱
明治8年(1875)12月～	庶務課社寺掛
明治9年(1876)4月ヵ～	第一課社寺科
明治9年(1876)10月～	庶務課社寺科
明治11年(1878)11月～	庶務課社寺掛
明治19年(1886)1月～	庶務課社寺部
明治19年(1886)7月～	第一部庶務課社寺掛
明治23年(1890)10月～	内務部第三課社寺掛
明治26年(1893)12月～	内務部第五課社寺掛
明治30年(1897)3月～	内務部第三課社寺掛
明治31年(1898)10月～	内務部第三課
明治32年(1899)(月不明)ヵ～	内務部第一課
明治38年(1905)4月～	第二部社寺兵務課
明治40年(1907)7月～	内務部社寺兵務課
大正2年(1913)11月～	内務部庶務課
大正6年(1917)4月～	内務部学務兵事課
大正15年(1926)7月～	学務部社寺兵事課
昭和17年(1942)11月～	内政部教学課社寺係
昭和18年(1943)7月～	(東京都)教育局庶務課社寺兵事係
昭和19年(1944)4月～	(東京都)教育局庶務課社寺教化係
昭和19年(1944)6月～	(東京都)教育局総務課社寺係

・『東京府史』行政篇第1巻(東京府、昭和10年)・『東京都職制沿革』(東京都、平成3年)・東京都公文書館ホームページ(東京都組織沿革＊)、および東京府の訓令・処務規程・処務細則などを参照して作成した。
　＊http://www.soumu.metro.tokyo.jp/01soumu/archives/0702enkaku.htm(平成26年8月4日確認)
・組織改廃の施行日、組織の改廃をともなわない部課内での管轄の異動、係名など、明らかでない部分がある。

おきたい[＊3]。定義については、文化庁文化部宗務課編『明治以降宗教制度百年史』に端的に述べられている。すなわち、「明治政府は、神社・寺院の実態をつかむため、早くから社寺の明細書上げをやらせ、いくたびかの経過のあげく、明治十二年ようやく所期に近いものを録上せしめえた。これが神社明細帳・寺院明細帳でいずれも国家の公簿」とある[＊4]。それ以前にも社寺の基本情報を網羅的に記した明細書の作成が指示され、台帳も作成されていたが、その内容は全国的にみれば統一を欠き、不備の多いものとされた。

内務省は明治一一年(一八七八)九月の達乙第五七号・社寺取扱概則において、永続財産や「地所建物社寺ノ体」を要件とした社寺の創建や再興・復旧、移転、廃合、改称について書類の出願規則を定めた[＊5]。そして、翌一二年六月の内務省達乙第三一号により神社・寺院などについて明細帳の内容・書式の統一と同年一二月末までの提出を府県に進達した[＊6]。これにもとづいて公証性をもった台帳として成立したのが社寺明細帳である。

本稿ではこの内務省達にもとづいて公簿として調製・再調製された社寺台帳を「社寺明細帳」と定義し、おもにそれ以前に作成された社寺台帳と区別しておきたい[＊7]。社寺明細帳の書式は、一二年に神社・寺院・境外遥拝所・境外招魂社・境外祖霊社の五種類、神社に関しては大正二年(一九一三)の改正に際して官国幣社・府県社以下神社・招魂社・遥拝所・官修墳墓について、示されている[＊8]。このように明細帳の書式・掲載項目については一部変更されたが、その後も国家の公簿との位置づけは変わらない。

以下、内務省達乙第三一号にもとづいた明細書の書式を「一二年書式」と表記し、この書式にもとづいて調製・編綴された明細帳を「一二年明細帳」と称する[＊9]。一二年書式の神社部分を左記する[＊10]。

(別紙)　(△印ハ朱書)

△神社明細帳書式

何府県管下何国何郡何町村字何

社格何

某神社

一祭神

一由緒

一社殿間数

一境内坪数並地種

一境内神社幾社

某神社

祭神
　由緒
　建物
一境内某遥拝所
　由緒
　建物
一境内招魂社
　由緒
　建物
一境内祖霊社
　由緒
　建物
　共有人員
一境外所有地
　耕地段別　何町村字何
　　地価金額
　山林段別　何町村字何
　　地価金額
　宅地段別　何町村字何
　　地価金額
一氏子戸数
一管轄庁迄ノ距離里数
　以上

社寺明細帳の調製と邸内社堂

社寺明細帳に登載されることは公的に神社・寺院と認められることである。再び『神社行政法講義』から引けば、「主務官庁に備ふる神社台帳即ち神社明細帳に登録せられ、茲に始めて公認神社として取扱はるゝに至り、公に祭典を執行し公衆をして参拝せしむることを得る」とある[＊11]。

さて、明細帳の調製を指示し、その書式を示した内務省達乙第三一号には、「明細帳取調方心得」として、明細書作成時の留意点が列記されているが、そのなかに次のような条文がある[＊12]。明細書作成に際して、「山野路傍存置ノ神祠」と「衆庶参拝ヲ許可セシ人民私邸内ノ神祠」は「一社」と扱われていると読める。

一山野路傍存置ノ神祠並衆庶参拝ヲ許可セシ人民私邸内ノ神祠ハ並ニ一社トシ其神社境内ヘ移転セシ者ハ境内神社ノ項下ニ記スヘシ

神社・宗教行政の整備過程において、「山野路傍」の小祠や「人民私邸内」で自祭される社堂と、神社・寺院との線引きは、ひとつの課題であったと考えられる。「山野路傍」の小祠については、森岡清美が、明治九年（一八七六）一二月の教部省達書第三七号が永続方法を要件として、可能なものは神社として公認したことを指摘している［＊13］。しかしながら、東京府においては、公文書に残された記録を見るかぎり、「人民私邸内」の社堂（邸内社堂）処分のほうが課題として顕著に現れたように思われる。そこで、本稿ではこの問題を通して、社寺明細帳登載の意味を確認しておきたい［＊14］。

東京府は明治九年六月に教部省に「府下華士族平民私有地内へ神仏社堂ヲ建設シ無願ニ而衆庶参詣為致居候者近来増殖候」として、その対処について伺を出している［＊15］。そのような状況を踏まえてであろう、教部省は同年一二月に第三八号達書を出し、個人の邸内社堂への公衆の参拝（衆庶参拝）は原則的に禁止されることとなった。内務省の達は以下のとおりである［＊16］。

従来人民私邸内等ニ自祭スル神祠仏堂へ衆庶参拝為致候向モ有之自然一般社寺同様之姿ニ相成不都合候条自今総テ参拝可差停候尤其建物等更ニ信向人共有之筋ヲ以尚参拝之儀願出候ハ、永続方法並神官僧侶之受持等夫々取調為申出候上管轄庁見込相立可伺出此旨相達候事

但従前願済之分ト雖モ建物等一己私有ニ属スル向ハ本文ニ準シ詳細取調処分方可伺出事

衆庶参拝を認めるためには、建物等を共有とし、神官・僧侶を定め、社寺の経営を永続させうる資金を持つことなどが求められたのである。そうしたなかで一二年に先の「明細帳取調方心得」が示される。ここにおいて、要件を備えて衆庶参拝が認められた「人民私邸内」の社堂は、明細帳に登載されて公認の神社・寺院となる。一家のみで自祭すべき邸内社堂とは、公簿たる明細帳登載の有無を境として、制度上明確に区別されるのである。

一例として華族である大岡忠敬・忠明家の邸内社に即してみておこう。邸内社への衆庶参拝許可願を受け取った東京府が内務省へ諮った文書である［＊17］。

府下赤坂区一ツ木町壱番地大岡忠敬邸内ニ鎮祭有之稲荷秋葉之二神参拝ヲ望ミ候者追々増殖ニ付更ニ共有ニ引直シ衆庶参詣為致度旨別紙之通願出候右ハ別段支障之筋無之ト視認候間願意聞届可然哉何分之御指揮有之

度此段相伺候也

明治十五年一月十四日

東京府知事松田道之㊞

内務卿山田顕義殿

これに対して、内務省は「書面伺之趣聞届候条十二年当省乙第三拾壱号達書式ニ準シ明細書取調可差出事」と応えている。邸内社を共有へと引き直して衆庶参拝を求める願は容れられ、一二年の内務省達にもとづく明細書の提出が指示されているのである。

しかしその八年後、明治二三年には、同社から、信徒の減少と維持困難のため、「諸人ノ参拝ヲ止メ旧約ニ依リ社殿及地所什器共大岡忠明へ返付シ同家ノ私祭ニ復シ度」との願が出される。そして「情願ヲ許シ神社明細帳ヲ刪除」として邸内社へと戻すことが許可されている[＊18]。

公認の神社（寺院）になるには明細帳への登載が求められ、邸内社（堂）は明細帳から除外された。そして前者は神社（宗教）行政の対象となるのである。

明治一八年における社寺明細帳の再調製

以上のように、明治一二年（一八七九）の社寺明細帳の調製は神社・宗教行政の対象を定めるものであった。一方で、明細帳には社寺の基本情報を集約することが求められていた。しかしながら、東京府は明治一八年四月に次のような伺案を作成している[＊19]。

府下社寺明細帳之儀ハ明治十年中書式ヲ示シ各社寺ヨリ差出サセ又十二年中内務省達ニ依リ尚徴集シテ次々進達セリ然レトモ右両書式中ニ掲ケサル永続資金等ヲモ記入スヘキ旨追々内務卿指令之趣モ有之且祠堂金及古来所伝之什器等処分之節ハ明治六年第二百四十九号公布ニ依リ内務卿へ可伺出成規ニ候得ハ予テ明細帳へモ記載シ置カサレハ処分方出願之際鑒照スヘキ帳簿無之又明治十五年八月内務省番外達社寺境内伐木条規之趣モ有之候得ハ類ヲ分チ置方可然旁両度之書式ハ不完全ノモノニテ執務上差支不尠候〔……〕

社寺明細帳などが永続資金・什器・境内立木の管理といった面で十分に機能しないことを理由に、新たな明細書の作成を進達しているのである。監督を行うため、とりわけ府県本には各神社の情報を集約する機能が求められた[＊20]が、神社・宗教行政の進展にともない、東京府では一一年明細帳やそれ以前の社寺台帳では実務上、支障を来たすようになったのである。

同年五月には東京府達丙第六六号で、境内立木・什器・永続資金の項目を追加し、「境内略図」を添付した明細帳の調製が達せられた［＊21］。『法規分類大全』には「東京府其部内ノ社寺明細帳ヲ再申セシム」とあるから［＊22］、この明細帳再調製は東京府独自の取り組みであったことがわかる。東京府における明治一八年の再調製（これにもとづく明細帳を「一八年明細帳」と称す）は、社寺の基本情報を集約するという明細帳の役割を果たすべく求められたものであった。

以上のように、東京府においては、明治一二年と一八年に社寺明細帳が調製された。東京府が昭和一二年（一九三七）に発行した『東京府史』行政篇第五巻は神社について、「明治十二年に出来た府下神社明細簿（筆者注＝神社明細帳）はその後本府の神社台帳として、明治十八年迄使用されてゐる。明治十八年には府下諸社の詳細なる調査を行ひ、この時調製された神社明細簿は現在に於いても本府の神社原簿となつてゐる」と記している［＊23］。実際には、一二年明細帳には明治末期から大正初期の神社整理の影響やそれ以降の追記・訂正も散見されるので、『東京府史』のいうように、一二年明細帳が即座に一八年明細帳にとって代わられたとは考えにくい。しかし、一八年明細帳が昭和一〇年代において府本として機能していたことを示す同時代の証言と捉えておくことはできるであろう。

ところで、大正二年（一九一三）には神社行政の抜本的な改正が行われ、神社明細帳については書式が改訂された［＊24］。しかし、従来の書式にもとづいた明細帳を継続して使用することも認められたため、『東京府史』の記載や後述する現存状況からして、東京府では同改訂以降に明細帳を新たに調製し直すことはなかったと考えられる。

ただし、これは府本についてのことであって、中央庁本については大正二年の書式にもとづいた明細帳を内務省に提出している。現在、国文学研究資料館に所蔵されている明細帳がそれに該当する［＊25］。

二　神社明細帳の現存状況
——府本について

それでは、東京府の神社明細帳は現在、どのくらい残されているのであろうか。ここからは対象を神社明細帳に限定して論じる。ともに完全に残されているわけではないが、府本は東京都公文書館（以下、都公文書館）に、中央庁本は国文学研究資料館に所蔵されている。本節では、府本である都公文書館の神社明細帳について、その所蔵状況と特徴を述べたい。

公簿として機能したと考えられる神社明細帳の一覧が表2である。簿冊名は『神社明細帳・一』から『神社明細帳・一一』である。これは編綴時に付されたと思われる表紙（以下、「表紙」はこれを指す。各簿冊には補修のためにこの上に別に表紙が付されている）に、通番でそれぞれ「壱」から「拾壱」の貼り紙がなされているのに対応している。この貼り紙が簿冊の編綴と同時期に貼付されたとは考えられず、いつごろなされたかは不明であるが、この一一件がある時期において神社明細帳というひとつの史料群として把握されていたことは確かである。以下、表2の「本文表記」欄に示したように、通番と区郡名を使って各明細帳を〈一麹町他〉・〈二麻布他〉・〈三豊多摩〉・〈四荏原〉・〈五北豊島〉・〈六南葛飾〉・〈七南足立〉・〈八北多摩〉・〈九南多摩〉・〈一〇西多摩〉・〈一一島嶼〉と表記する。また、適宜〈一麹町他〉＝〈一〉のように略記する。

表2には、簿冊の情報として簿冊名・登載区郡・請求番号と前述の本文表記を記載し、その右側に一二年書式の項目（①～⑪）と一八年に東京府が追加的に掲載を求めた項目（⑫～⑭）を設けた。また、境内略図の有無（⑮）と編綴された明細書の特徴（原本・浄書）（⑯）の欄を作成した。原則的にその項目が調査対象となっていると判断した場合は○、調査対象となっていない場合は×、両者の混在が顕著な場合は△とした［＊26］。

〈一麹町他〉・〈三豊多摩〉～〈七南足立〉には表紙に「明治十二年」との記載があり、表2からしても、これらが一二年明細帳であることは明らかである。また、〈八北多摩〉・〈九南多摩〉は西多摩郡とともに明治二六年（一八九三）に神奈川県から編入された郡で、表紙に「明治十二年」の文字こそ確認できないが、その調査項目から、やはり一二年書式にもとづいた明細帳と判断される。〈八北多摩〉のほうは、氏子・神官などが作成した明細書が神奈川県まで上げられ、浄書されずにそのまま綴じられている（原本綴）［＊27］。

一方、〈二麻布他〉（市制施行後に東京市となる一五区のうち七区を登載）は表紙に「明治十八年」とあり、境内立木・什器・永続資金を立項、境内略図も付されており、東京府達に準じている。〈一一島嶼〉はそれぞれ明治一一年と一三年に東京府に編入された伊豆七島と小笠原諸島の明細帳である。明細書の

項目 ① 鎮座地	② 社格	③ 社号	④ 祭神	⑤ 由緒	⑥ 社殿間数等	⑦ 境内坪数・地種	⑧ 境内神社等	⑨ 境外所有地	⑩ 氏子・信徒数	⑪ 管轄庁迄の距離	⑫ 境内立木	⑬ 什器	⑭ 永続資金	境内略図（⑮）	編綴明細書（⑯）
○	○	○	○	○	○	○	○	○	○	○	×	×	×	×	浄書
○	○	○	○	○	○	○	○	○	○	○	○	○	○	○	原本

○	○	○	○	○	○	○	○	○	○	○	×	×	×	×	浄書
○	○	○	○	○	○	○	○	○	○	○	×	×	×	×	浄書
○	○	○	○	○	○	○	○	○	○	○	×	×	×	×	浄書
○	○	○	○	○	○	○	○	○	○	○	×	×	×	×	浄書
○	○	○	○	○	○	○	○	○	○	○	×	×	×	×	浄書
○	○	○	○	○	○	○	○	○	○	○	×	×	×	×	原本
○	○	○	○	○	○	○	○	○	○	○	×	×	×	×	浄書
○	○	○	○	○	○	○	○	×	○	×	×	×	×	×	浄書
○	○	○	○	○	○	○	○	○	○	○	△	△	△	○	混在

項目 ① 鎮座地	② 社格	③ 社号	④ 祭神	⑤ 由緒	⑥ 社殿間数等	⑦ 境内坪数・地種	⑧ 境内神社等	⑨ 境外所有地	⑩ 氏子・信徒数	⑪ 管轄庁迄の距離	⑫ 境内立木	⑬ 什器	⑭ 永続資金	境内略図（⑮）	編綴明細書（⑯）
○	○	○	○	○	○	○	○	○	○	○	○	○	○	○	原本
○	○	○	○	○	○	○	○	○	○	○	○	○	○	○	原本
○	○	○	○	○	○	○	○	○	○	○	○	○	○	○	原本
○	○	○	○	○	○	○	○	○	○	○	○	○	○	○	原本
○	○	○	○	○	○	○	○	○	○	○	○	○	○	○	原本
○	○	○	○	○	○	○	○	○	○	○	○	○	○	○	原本
○	○	○	○	○	○	○	○	○	○	○	○	○	○	○	原本
○	○	○	○	○	○	○	○	○	○	○	○	○	○	○	原本

表2:神社明細帳としてまとめられた簿冊

簿冊名	登載区郡	請求番号	本文表記
神社明細帳・1	麹町区・神田区・日本橋区・京橋区・芝区・麻布区・赤坂区	633. C 4.01	〈一麹町他〉
神社明細帳・2(1)	麻布区・赤坂区・四谷区	633. C 4.11	〈二麻布他〉
神社明細帳・2(2)	牛込区・小石川区	633. C 4.12	
神社明細帳・2(3)	本郷区・下谷区	633. C 4.13	
神社明細帳・3	東多摩郡・南豊島郡(豊多摩郡)	633. C 4.02	〈三豊多摩〉
神社明細帳・4	荏原郡	633. C 4.03	〈四荏原〉
神社明細帳・5	北豊島郡	633. C 4.04	〈五北豊島〉
神社明細帳・6	南葛飾郡	633. C 4.05	〈六南葛飾〉
神社明細帳・7	南足立郡	633. C 4.06	〈七南足立〉
神社明細帳・8	北多摩郡	633. C 4.07	〈八北多摩〉
神社明細帳・9	南多摩郡	633. C 4.08	〈九南多摩〉
神社明細帳・10	西多摩郡	633. C 4.09	〈一〇西多摩〉
神社明細帳・11	伊豆七島・小笠原諸島	633. C 4.10	〈一一島嶼〉

表3:一八年明細帳と位置づけられる簿冊

簿冊名	登載区	旧郡名	請求番号	本文表記
神社・1	豊島区・滝野川区・荒川区	北豊島郡	633. C 6.01	〈A豊島他〉
神社・2	向島区・城東区	南葛飾郡	633. C 6.02	〈B向島他〉
神社・3	品川区・目黒区	荏原郡	633. C 6.03	〈C品川他〉
神社・4	蒲田区	荏原郡	633. C 6.04	〈D蒲田〉
神社・5	荏原区・大森区	荏原郡	633. C 6.05	〈E荏原他〉
神社・6	世田谷区	荏原郡	633. C 6.06	〈F世田谷〉
神社・7	王子区・板橋区	北豊島郡	633. C 6.07	〈G王子他〉
神社・8	葛飾区	南葛飾郡	633. C 6.08	〈H葛飾〉

内容にはばらつきがあり、伊豆七島の一部では一社について二種類の明細書が綴じられているが、全体的に見れば、一八年の書式に準じて作成されているものが多い。〈二〉・〈一一〉は一八年明細帳と位置づけられるであろう。

また、東京府が調製した一二年明細帳（〈一〉・〈三〉〜〈七〉）は、氏子・神官などの作成した明細書そのままではなく、浄書したものを編綴した簿冊（浄書綴）であるのに対して、〈二〉と〈一一〉は原本綴である（ただし、〈一一〉はばらつきがある）。そのため、氏子・信徒惣代や神官の署名・印などが残されている。原本綴は一八年明細帳の特徴であるといえる。

最後に西多摩郡の明細帳＝〈一〇西多摩〉であるが、これは一二年・一八年明細帳のいずれとも異なる。文面から判断するに、同明細帳は大正一〇年代かそれ以降の調製と考えられるからである。

さて、前述したように東京府は大正二年（一九一三）の新書式にもとづいて中央庁本を再調製し、内務省に提出している。〈一〇〉はこの動きと関係していないだろうか。そこで、中央庁本と〈一〇〉とを比較したい。

中央庁本について分析を行った『社寺明細帳の成立』に拠って比較すれば、〈一〇〉と中央庁本との共通点は①表紙下方の「匣〇」（〇にはアラビア数字）という捺印、②明細書の罫紙（柱題に府県名）と追記・訂正の朱印、③境外所有地・管轄庁までの距離（［表2］⑨・⑪）の項目廃止など、相違点は①目次の罫紙・段組、②編綴順序（〈一〇〉は中央庁本と異なり、町村よりも先に社格で分類）が挙げられる［＊28］。

断言はできないが、〈一〇〉、すなわち都公文書館の西多摩郡神社明細帳が中央庁本か、その調製時に何らかの目的で作成されたものである可能性は十分に考えられる［＊29］。いずれにしても、その書式から「大正二年明細帳」と位置づけられよう。

以上、現在、神社明細帳としてまとめられている史料群は、①一二年明細帳（区部の一部・西多摩郡を除いた郡部＝〈一〉・〈三〉〜〈九〉）、②一八年明細帳（区部の一部・島嶼部＝〈二〉・〈一一〉）、③大正二年明細帳（西多摩郡＝〈一〇〉）というように、調製時期と内容を異にする史料から構成されていることが明らかになった。

そのため、〈一〉（一二年明細帳）と〈二〉（一八年明細帳）は、ともに区部（一五区）を二分して簿冊を編綴しているが、作成時期が異なるために掲載区に重複と欠落が生じ、麻布区・赤坂区の神社は両明細帳に登載されている一方で、浅草区・本所区・深川区はどちらにも残されていないという状況が生じている。

さて、『東京府史』は昭和一〇年代において一八年明細帳が府本として使用されていると述べていた。表2にあるとおり、一二年明細帳は完全でないとはいえ、かなりの程度現存しているが、一八年明細帳については〈二麻布他〉・〈一一島嶼〉以外に残されていないのであろうか。

そこで、表3を参照いただきたい。表の構成は、旧郡名の欄を設けた以外、表2と同じである。これらは『神社・一』から『神社・八』と題された簿冊（以下、〈A豊島他〉・〈B向島他〉・〈C品川他〉・〈D蒲田〉・〈E荏原他〉・〈F世田谷〉・〈G王子他〉・〈H葛飾〉と表記。適宜〈A〉などと略記）であるが、そこに綴じられている明細書の形式は〈二麻布他〉・〈一一島嶼〉と共通している。すなわち、①境内立木・什器・永続資金の立項と境内略図の添付、②原本綴、③多くの追記・訂正などである。明細書（原本）に記された作成年も明治一八年が多い。〈A〉〜〈H〉も一八年明細帳と位置づけられるのではないだろうか［＊30］。

登載区からわかるように、〈A〉〜〈H〉は昭和七年（一九三二）に新たに東京市となった地域のもので、新区を単位として簿冊が編成されている［＊31］。これは、それまで郡ごとに編綴されていた一八年明細帳が、市域拡張による行政区域の変更（新区の成立）にともなって、新区を単位に編成し直されたのではないだろうか。

これらが一八年明細帳である例証を挙げれば、昭和一一年に北多摩郡から世田谷区に編入した砧・千歳地域の神社明細書は〈八北多摩〉から外されて、〈F世田谷〉に綴じ直されている。〈F〉に綴じられている明細書は「神奈川県管下」の罫紙を用いて明治一二年に神奈川県知事宛てに書かれた原本であるから、〈八〉から移動させられたものと考えて間違いない。〈F〉は明細帳として機能していたと考えられるのである。

以上の点から、〈A〉〜〈H〉についても、一八年明細帳と判断してよいであろう。一八年明細帳も完全でないとはいえ、一二年明細帳同様に一定程度現存しているのである。一八年明細帳には、ほぼ昭和一〇年代に至るまで数多くの追記・訂正が加えられている。内容は境内施設に関するものが多く、他にも神饌幣帛料供進社への指定、氏子数や例祭日の変更などが書き込まれているものもある。近代における神社の変化を追ううえで、一八年明細帳は多くの情報を与えてくれるのである。

おわりに

本稿では第一節で、明治一二年(一八七九)の内務省達にもとづいて調製された社寺明細帳が国家の公簿であり、それ以前に作成された社寺の台帳とは性格を異にすることを論じた。明細帳に登載されることは神社・宗教行政の対象となり、府県を通じて国家の監督を受けるということである。非宗教とされた神社は仏教や教派神道などと区別され、神社行政の対象となった。

また、行政対象を確定するという明細帳の機能について、邸内社堂の問題を通して確認した。各家の自祭でありながら、許可を得て公衆の参詣が認められていた邸内社堂は、明細帳に登載されて衆庶参拝の認められた社寺と、明細帳には登載されない私的な邸内社堂に区別されていく。その際、明細帳に登載されて神社・宗教行政の対象となる社寺には地所・建物の共有や永続資金、神官・僧侶などを定めることが求められた。

東京府は、一二年明細帳の内容では社寺の監督に不十分であると判断し、一八年に新たに明細帳を調製し直す。これが一八年明細帳である。明細帳には基本情報の集約が求められたのである。

以上の点を踏まえて、東京府の神社明細帳(府本)の所蔵状況について論じたのが、第二節である。都公文書館には、①一二年明細帳、②一八年明細帳、③大正二年明細帳(中央庁本の可能性)と、成立の背景を異にする明細帳がそれぞれ部分的に現存することを述べた。また、神社明細帳と位置づけられている史料群の外に、一八年明細帳と考えられる史料群が存在することを明らかにした。一八年明細帳は一二年明細帳以上に神社の変化を跡づけている点でも貴重な史料である。

神社明細帳を基礎史料として、以下の目録に示した公文書や私文書と照らし合わせることで、近代の神社のあり様とその変化の相はより明確なものとなるであろう。

註

＊1――宮尾詮・稲村貞文『神社行政法講義』増訂再版、集成堂、明治四五年、七九七頁。

＊2――「中央庁本」・「府本・県本」との表現は、国文学研究資料館史料館編『社寺明細帳の成立』（名著出版、二〇〇四年）の「解題」（青木睦）にしたがった（一八頁）。

＊3――社寺明細帳に関する先行研究・解題のうち、おもなものを挙げておく。ただし、紙幅の関係もあり、初出表記や東京以外の解題については一部を除いて省略した。前掲『社寺明細帳の成立』、藤田定興「神仏分離と寺社整理」（『寺社組織の統制と展開』名著出版、一九九二年・第二編第一章）、「解説」（群馬県立文書館編『群馬県行政文書件名目録』第五集・第六集、平成四年・平成五年）、丑木幸男「上野国神社・寺院明細帳解説」（丑木幸男編『上野国寺院明細帳』第一巻（群馬県文化事業振興会、平成五年）、圭室文雄「廃仏毀釈と近代寺院の実態――明治初年の寺院明細帳について」（『国家と仏教――自由な信仰を求めて』平凡社、二〇〇〇年）、櫻井治男「明治初期の「神社」調べ」・「明治初期の「神社」調べと地域神社――明治四年鳥羽藩『神社取調』の分析から」（『地域神社の宗教学』弘文堂、平成一二年。第一編第二章・第三章）。東京については、おもなものとして、「社寺の概要」（『府中市の社寺明細帳』府中市、昭和五五年）、「解題」・「解説」（『神社明細』・『寺院明細Ⅰ』・『寺院明細Ⅱ』杉並区教育委員会、平成二・四・六年）、小泉雅弘「「神社明細帳」作成の背景」（足立風土記編さん委員会・足立区立郷土博物館編『神社明細』足立区教育委員会、平成五年）、川口康「明治初期の宗教政策と「寺院明細帳」の作成」（同『寺院明細』足立区教育委員会、平成七年）、加藤陽子「解説「神社明細」について」（荒川区立荒川ふるさと文化館編『あらかわ神社明細』荒川区立荒川ふるさと文化館、平成一七年）がある。

＊4――文化庁文化部宗務課編『明治以降宗教制度百年史』（文化庁、昭和四五年）一〇一頁。

＊5――『法令全書』明治一一年、二四六～二四七頁。

＊6――『法令全書』明治一二年、五九八～六〇四頁。

＊7――福島県は内務省達以前から後に社寺明細帳となる台帳の調製をはじめており、独自にまとめたものを国に進達したいとの伺いを立て、聞き入れられている（前掲『寺社組織の統制と展開』三〇八―三〇九頁）。調製時期は先んじているわけであるが、その後改めて国の許可を必要としている点に、国家の公簿＝本稿の定義する意味での明細帳としての性格が表れているとみるべきであろう。また、目録の「（一）台帳」にみられるように、東京府において「社寺明細帳」の他にも社寺台帳は数多く作成されている。これらは近代移行期の社寺に関する貴重な史料であるが、本稿では対象外とした。今後の課題としたい。

＊8――内務省達乙第三一号（前掲『法令全書』明治一二年）および内務省令第六号（『法令全書』大正二年・省令、六一～七一頁）。また、明治一五年（一八八二）には境外遥拝所・招魂社・祖霊社の書式は廃止された（内務省達乙第五九号（『法令全書』明治一五年、三六三～三六四頁））。

＊9――本稿では、定められた書式にもとづいて各社寺について記した文書を「明細書」、それらを区や郡単位にまとめた簿冊（群）を「明細帳」と表記する。

＊10――内務省達乙第三一号（前掲『法令全書』明治一二年）。

＊11――前掲『神社行政法講義』（増訂再版）三二二頁。

＊12――内務省達乙第三一号（前掲『法令全書』明治一二年）。

＊13――森岡清美「明治初年における小祠処分と無格社」（下出積與編『日本宗教史論纂』、桜楓社、昭和六三年）。

*14――近代の邸内社堂に関する研究としては滝島功「明治初年の社寺地処分と神祠仏堂」(『地方史研究』第二八四号、二〇〇〇年)、近代を視野に入れた近世史研究には岩淵令治「武家屋敷の神仏公開と都市社会」(『国立歴史民俗博物館研究報告』第一〇三集、平成一五年)がある。また、神社と邸内社の法的性格の区別については、河村忠伸の研究がある(「邸内社の法的性格」(『神道研究集録』第二〇輯、平成一八年))。

*15――「府下邸内神社処分之義ニ付伺」(『講社取結・教院設置・邸内社堂・甲』東京都公文書館所蔵：六〇七・D五・〇五)。

*16――『法令全書』明治九年、一三一九～一三二〇頁。

*17――「邸内社共有引直願之儀ニ付伺」(『回議録・廃合社寺創建参拝社寺号改称・全』東京都公文書館所蔵：六一一・A五・〇七)。

*18――「稲荷秋葉合社長秋神社復旧願」・「長秋神社復旧願」(『庶政要録・移転廃合本寺換ノ件』東京都公文書館所蔵：六一八・B四・一二)。

*19――「社寺明細帳之儀ニ付御達案伺」(『回議録・雑件・甲ノ部』(東京都公文書館所蔵：六一五・A三・〇五)。

*20――後年になるが、明治三一年九月に内務省社寺局から東京府に対して、境外所有地の異動報告を不要とする件について、「本省へ御報告ニ不及候得共御庁ニ於テハ異動ヲ生スル毎ニ厳重記帳シ取締方一層御注意相成度」と達せられており、実質的に中央庁本と府県本で求められる機能が異なることがうかがわれる(「社甲第三六号」(『文書類纂・神社宗教(第四〇類)例規(第四七類)雑件・第一巻』東京都公文書館所蔵：六二二・A七・〇三))。

*21――『法規分類大全』第一編社寺門一神社一、一九〇～一九四頁。

*22――前掲『法規分類大全』一九〇頁。同じく、「明細帳書式ノ創定ハ十二年六月内務省達乙第三十一号ヲ以テ令スル所上ニ載ス」ともあり、この明細帳再調製があくまで一二年明細帳を踏襲したものであることを示している。

*23――『東京府史』行政篇第五巻(東京府、昭和一二年)五六九頁。

*24――内務省令第六号(前掲『法令全書』大正二年・省令)。

*25――東京府の中央庁本は、『東京市葛飾区・城東区・向島区・江戸川区神社明細帳』(三六―一)、『東京市麹町区・麻布区・神田区・赤坂区・日本橋区・四谷区・京橋区・牛込区・芝区神社明細帳』(三六―二)、『東京市荏原区・大森区・蒲田区・世田谷区・品川区・目黒区神社明細帳』(三六―三)、『東京市小石川区・浅草区・本郷区・本所区・下谷区・深川区・杉並区・淀橋区・中野区・渋谷区神社明細帳』(三六―四)、『東京市板橋区・足立区・王子区・豊島区・滝野川区・荒川区神社明細帳』(三六―五)、『八王子市神社明細帳』(三六―六)、『官幣大社日枝神社明細帳』(三六―七)が所蔵されている(『宗務課引継文書』、国文学研究資料館)。

*26――個々の明細書レベルでみれば、その神社が記載すべき内容を欠くために立項を省略したと思われる場合も多い。特に境外所有地・永続資金などにそれは顕著である。また、台帳として長期にわたって利用されたために、異なる書式の明細書が簿冊中に混在するのは当然である。したがって、判断は簿冊全体を通じた原則的な傾向を捉えて行った。

*27――「原本綴」との語は『社寺明細帳の成立』を参考とした(前掲『社寺明細帳の成立』一六頁)が、定義を異にしている。また、同書では対として「編纂綴」との語が用いられているが、本稿では、氏子・神官などの作成した明細書がそのまま編綴されているか、浄書(その場合、情報の整理・取捨選択がなされることは重要である。また、郡など中間段階で浄書される場合もある)したものが編綴されているかの違いを重視して、「原本綴」に対して「浄書綴」とした。

*28――前掲『社寺明細帳の成立』二〇～二一頁。

*29――同様に島根県立図書館・高知県立図書館には神社明細帳の中央庁本が、京都府立総合資料館には寺院明細帳の中央庁本が残されている(前掲『社寺明細帳の成立』二三～二六頁)。

*30――加藤陽子は荒川区について〈A豊島他〉が明細帳に該当する可能性があると指摘している(前掲「解説「神社明細」について」一〇頁)。

＊31――東京市（一五区）周辺の五郡八二町村の東京市編入により新たに二〇区が成立し、計三五区となる。その後、昭和一一年に北多摩郡の砧村と千歳村が世田谷区に編入された。

東京府神社関係文書目録(東京都公文書館所蔵)

・東京都公文書館所蔵の神社関係文書を掲載した。基本的に東京府の公文書であるが、(6)・(7)で東京市などが作成した公文書も掲載した。

・特に(4)以下については、神社に関する資料がまとめて編綴された簿冊を掲載した。

・簿冊情報は原則的に東京都公文書館にしたがった。ただし、簿冊名に記載された保存年限や作成主務課に関する情報は省略した。また、年代や簿冊名などで明らかに誤りと思われるものについては適宜訂正した。

・簿冊の種類や保存年限など東京府の文書管理については、『明治期東京府の文書管理』(東京都公文書館、平成25年)の「調査研究編」(岩橋清美)が詳しい。

(1)台帳

・簿冊年度は台帳の作成年度である。本論の分析にもとづいて作成年度を推定したものについては〔 〕を付した。

簿冊年度	簿冊名	作成主務課	請求番号
明治5(1872)	千住口、神社取調書上帳明治5年壬申歳5月	社寺掛	【633.C3.05】
明治6(1873)	神器届簿　明治6年3月	社寺取扱	【633.C5.06】/【633.C5.07】
明治7(1874)	神社明細簿・乾・自第一大区至第六大区 明治7年1月	社寺掛	第1大区～第6大区【633.C2.01】
明治7(1874)	神社明細簿・坤・第七大区至十一大区 明治7年	社寺掛	第7大区～第11大区 【633.C2.02】
明治7(1874)	神社明細簿・天・従第二大区至第六大区 明治7年	社寺取扱	第2大区～第6大区【633.C2.03】
明治7(1874)	神社明細簿・地・従第七大区至第八大区 明治7年	社寺取扱	第7大区～第8大区【633.C2.04】
明治7(1874)	神社明細簿・人・従第九大区至第十一大区 明治7年	社寺取扱	第9大区～第11大区 【633.C2.05】
明治7(1874)	(神社明細帳・第一大区～十一大区) 明治7年		第1大区～第11大区 【633.C2.06】
明治10(1877)	府社明細簿　明治10年2月調	社寺掛	【633.C2.07】
明治10(1877)	郷社明細簿　明治10年2月調	社寺掛	【633.C2.08】
明治10(1877)	村社明細簿　明治10年2月調	社寺掛	【633.C2.09】
明治11(1878)	新田神社組合神社明細帳　明治11年	社寺掛	【633.C3.04】
明治12(1879)	神社明細帳・1・東京府武蔵国麹町神田日本橋京橋 芝麻布赤坂区　明治12年		麹町区・神田区・日本橋区・ 京橋区・芝区・麻布区・赤坂区 【633.C4.01】
明治18(1885)	神社明細帳・2・麻布、赤阪、四谷、牛込、小石川、 本郷、下谷のうち(1) 麻布、赤坂、四谷　明治18年		麻布区・赤坂区・四谷区 【633.C4.11】
明治18(1885)	神社明細帳・2・麻布、赤阪、四谷、牛込、小石川、 本郷、下谷のうち(2)(牛込、小石川)麻布、赤坂、 四谷　明治18年		牛込区・小石川区【633.C4.12】
明治18(1885)	神社明細帳・2・麻布、赤阪、四谷、牛込、小石川、 本郷、下谷のうち(3)本郷、下谷　明治18年		本郷区・下谷区【633.C4.13】
明治12(1879)	神社明細帳・3・東多摩南豊島郡　明治12年		東多摩郡・南豊島郡【633.C4.02】
明治12(1879)	神社明細帳・4・荏原郡　明治12年		荏原郡【633.C4.03】
明治12(1879)	神社明細帳・5・北豊島郡　明治12年		北豊島郡【633.C4.04】
明治12(1879)	神社明細帳・6・東京府武蔵国　明治12年		南葛飾郡【633.C4.05】
明治12(1879)	神社明細帳・7・南足立郡　明治12年		南足立郡【633.C4.06】
明治12(1879)	神社明細帳・8・北多摩郡　明治12年		北多摩郡【633.C4.07】
明治12(1879)	神社明細帳・9・南多摩　明治12年		南多摩郡【633.C4.08】
〔大正10(1921)頃以降〕	東京府西多摩郡神社明細帳・10		西多摩郡【633.C4.09】

〔明治18(1885)以降〕	神社明細帳・11・伊豆七島小笠原島　明治26年		伊豆七島・小笠原諸島【633.C4.10】
明治13(1880)	日枝神社組合明細・全　明治13年	社寺掛	【633.C2.10】
明治13(1880)	事比羅組合明細帳・甲　明治13年	社寺掛	【633.C2.11】
明治13(1880)	事比羅組合明細・乙　明治13年5月	社寺掛	【633.C2.12】
明治13(1880)	神田神社明細・乙　明治13年	社寺掛	【633.C2.13】
明治13(1880)	上野東照宮組合明細・甲号　明治13年	社寺掛	【633.C3.01】
明治13(1880)	深川八幡組合明細・完　明治13年	社寺掛	【633.C3.02】
明治13(1880)	亀戸神社組合明細・甲号　明治13年	社寺掛	【633.C3.03】
〔明治18(1885)〕	神社・1・豊島区、滝野川区、荒川区		豊島区・滝野川区・荒川区【633.C6.01】
〔明治18(1885)〕	神社・2・向島区、城東区		向島区・城東区【633.C6.02】
〔明治18(1885)〕	神社・3・品川区、目黒区		品川区・目黒区【633.C6.03】
〔明治18(1885)〕	神社・4・蒲田区		蒲田区【633.C6.04】
〔明治18(1885)〕	神社・5・荏原区、大森区		荏原区・大森区【633.C6.05】
〔明治18(1885)〕	神社・6・世田谷区		世田谷区【633.C6.06】
〔明治18(1885)〕	神社・7・王子区、板橋区		王子区・板橋区【633.C6.07】
〔明治18(1885)〕	神社・8・葛飾区		葛飾区【633.C6.08】
	第二大区社寺地検査簿・乾		【633.C7.02】

(2)神職名簿

・簿冊年度は名簿の作成年度である。

簿冊年度	簿冊名	作成主務課	請求番号
明治8(1875)	神官明細簿・11月調	社寺取扱	【607.B4.01】
明治10(1877)	官幣社及府社以下神官名簿	社寺懸	【633.C3.08】
明治24(1891)	明治24年9月調・神官人名簿	第三課社寺掛	【633.C3.10】
	神職名簿・旧区		【633.C3.11】
	神職名簿・新区		【633.C3.12】
	神職名簿・郡区		【633.C3.13】

(3)神社・宗教行政管轄組織

・神社・宗教行政を管轄した組織の神社関係文書を掲載した。宗教や学事・兵事に関するものは除いた。

・同年度・同種の簿冊はまとめて掲載した。*を付したものについては、内容を損なわない範囲で、簿冊名や作成主務課名の統一を行った。

・必要な情報は適宜〔　〕を付して補った。

簿冊年度	簿冊名	作成主務課	請求番号
明治3(1870)	社寺雑録	社寺掛	【605.B4.14】/【605.B4.15】/【605.B4.16】
明治4(1871)	葬儀	社寺掛	明治4年従正月至10月【605.C5.08】
明治4(1871)	鎮火社	常務掛	1【605.C5.16】/2【605.C5.17】 3【605.C5.18】/4【605.C5.19】
明治5(1872)	社寺諸達	社寺掛	【605.D7.04】
明治5(1872)	雑		1【605.D7.09】
明治5(1872)	氏子町名同人員調帳	社寺懸	【633.C3.14】
明治5(1872)	諸社格調并請書	社寺課	明治5壬申ヨリ甲戌ニ至ル【633.C5.04】
明治5(1872)	社寺改正諸綴込	社寺掛	【633.D6.03】

明治4-明治5(1871-1872)	社寺興廃神社及什器	社寺掛	第7編・第1節・社寺合併興廃並神仏躰及ヒ什器処分之部・完【605.C5.09】
明治6(1873)	講社、配符、教院、遷座、遥拝所、私祭、社堂、葬儀	社寺掛	【606.C3.01】
明治6(1873)	社寺興廃、社格改称、紛失、類焼之部	社寺掛	【606.C3.02】
明治6(1873)	雑録	社寺掛	【606.C3.03】
明治6(1873)	各境内住所旧神官自費有無調書	社寺掛	【606.C3.04】
明治7(1874)	祭典及観物小屋掛	社寺掛	【606.A4.09】
明治7(1874)	講社及教院、遷座、遥拝、私祭、社堂並葬儀	社寺掛	第4編・第1節、講社取結并配符・第2節、教院設置説教所遷座遥拝所・第3節、私祭社堂建廃之部外二葬儀之部【606.A5.01】 第4編・第1節、講社取結並配符・第2節、教院設置説教所遷座遥拝所・第3節、私祭社堂建廃之部【606.A5.02】
明治7(1874)	社寺興廃、社格改称、紛失類焼	社寺掛	第7編・第1節、社寺合併興廃・第2節、社格並改称氏子経界檀家改宗、第3節、紛失類焼之部【606.A5.03】
明治7(1874)	雑録・第八編理事彙輯	社寺掛	【606.A5.04】
明治7(1874)	雑録・雑書	社寺掛	第8編・第1節、雑録【606.A5.05】
明治5-明治7(1872-1874)	諸社葬儀取扱届	社寺掛	完【606.A8.07】
明治6-明治7(1873-1874)	明治6、7年社号改正届・社格調書類	社寺取扱	【633.C5.05】
明治8(1875)	御墓所・墓地	社寺掛	【607.B3.02】
明治8(1875)	講社取結、教院設置説教所等、私祭社堂建廃、葬儀	社寺掛	〔第4編・第1節・講社取結並配符・第2節・教院設置説教所遷座遥拝所・第3節・私祭社堂建廃之部・第4節・葬儀之部〕【607.B3.03】 〔第4編・講社取結並配符・第2節・教院設置説教所遷座遥拝所・第3節・私祭社堂建廃之部・第4節・葬儀之部〕従7月至12月【607.B3.04】
明治8(1875)	社寺合併興廃、社格、改称、紛失類焼	社寺掛	〔第7編・第1節・社寺合併興廃並神仏体什器処分・第2節・社格并改称氏子経界檀家改宗・第3節・紛失類焼〕【607.B3.05】
明治8(1875)	雑録	社寺掛	【607.B3.06】
明治8(1875)	社寺廃合取調帳	庶務課社寺掛	【607.B4.03】
明治8(1875)	地籍簿	社寺掛	【607.B4.04】
明治9(1876)	祭典開帳境内観物小屋掛奉納	社寺掛	甲【607.D5.01】/乙【607.D5.02】 丙【607.D5.03】/丁【607.D5.04】
明治9(1876)	講社取結・教院設置・邸内社堂	社寺科	甲【607.D5.05】/乙【607.D5.06】
明治9(1876)	御墓所墓地葬儀	社寺掛	甲【607.D5.07】/乙【607.D5.08】 丙【607.D5.09】
明治9(1876)	社寺格併合並興廃氏子経界、壇家、改正、紛失、類焼	社寺掛	甲【607.D6.01】
明治9(1876)	雑録	社寺掛	乙【607.D6.02】/丙【607.D6.03】
明治9(1876)	調査済綴込	社寺掛	【607.D6.04】
明治元-明治9(1868-1876)	社寺事務取扱	社寺掛	【633.D6.04】
明治8-明治9(1875-1876)	火葬一件	社寺科	明治8・9年【608.D7.07】

明治10(1877)	社寺合併興廃社格并改称氏子経界	社寺掛	【608.B7.04】
明治10(1877)	境内拝借	社寺課	【608.B7.05】
明治10(1877)	邸内神仏参詣	社寺掛	乙・公許無分【608.B7.06】
明治10(1877)	葬儀・墓所・講社・寺院・説教所・遥拝所	社寺科	【608.B7.07】
明治10(1877)	社寺・地所・建物・什器・抵当・売却・寄附	社寺科	【608.B7.08】
明治10(1877)	雑録	社寺掛	【608.B7.09】
明治10(1877)	神官住職進退、社寺明細表、原稿綴	社寺掛	【633.C3.09】
明治10(1877)	邸内社堂綴込	社寺科	【633.C5.01】
明治11(1878)	理事彙輯	社寺	【609.C5.10】
明治11(1878)	回議録・第3類・合併興廃社格改正改称、氏子区域墓所葬儀、講社教院遥拝所		【609.C6.01】
明治12(1879)	回議録・第3類・合併、興廃、社格、改正、改称、氏子、御墓所、葬儀、講社、教院、遥拝所	社寺掛	【610.C4.03】
明治12(1879)	理事彙輯	社寺掛	【610.D2.13】
明治12(1879)	各課、郡区役所、教院・往復書・社寺	庶務課社寺掛	明治12年1月起【610.D6.05】
明治13(1880)	回議録彙輯	社寺掛	【610.A3.14】
明治13(1880)	回議録・地所、建物、什器、寄附、伐木等ニ係ル件	社寺掛	【610.A6.07】
明治13(1880)	回議録・御墓所、社寺興廃、教院設置等ニ係ル件	社寺掛	【610.A7.01】
明治13(1880)	邸内神仏許否	社寺掛	【611.B3.10】
明治11-明治13(1878-1880)	回議録・邸内社堂許可	社寺掛	明治11年〜明治13年【611.B8.10】
明治14(1881)	理事彙輯	社寺掛	【611.C3.10】
明治14(1881)	回議録・第5類・寺付地所交換売買地所物品寄附	社寺掛	明治14年1月【612.D6.07】
明治14(1881)	回議録・社寺廃合、創建改称	社寺掛	明治14年1月【612.D6.08】
明治14(1881)	神官進退住職進退社寺創建合併教院、神官住職病死	社寺掛	明治14年7月起【612.D6.11】
明治14(1881)	神官配当禄書類	庶務課社寺掛	【612.D6.12】
明治14(1881)	神仏参拝願	社寺掛	【612.D6.13】
明治15(1882)	回議録・神官進退	社寺掛	【612.A5.01】
明治15(1882)	回議録・社寺雑件	社寺掛	明治15年1月【612.A5.04】 明治15年7月【612.A5.05】
明治15(1882)	回議録・社寺境内伐木堂宇建物ニ係ル件	社寺掛	【612.A5.06】
明治15(1882)	回議録・廃合社寺創建参拝社寺号改称	社寺掛	全・明治15年1月【612.A5.07】
明治15(1882)	回議録・社寺付地所交換売買寄附物	社寺掛	全・明治15年1月【612.A9.01】
明治16(1883)	回議録・神官進退	社寺掛	明治16年1月【613.B5.09】
明治16(1883)	回議録・廃合創建参拝改称	社寺掛	全【613.B6.03】
明治16(1883)	回議録・社寺雑件・2冊	社寺掛	1月(ヨリ6月)【613.B6.04】 7月ヨリ12月ニ及【613.B6.05】
明治16(1883)	回議録・教導職試補	社寺掛	【613.B6.06】
明治16(1883)	回議録・地所交換売買寄附物品	社寺掛	明治16年1月【613.B6.07】
明治16(1883)	回議録・伐木建物御墓所	社寺掛	【613.B6.08】

明治16(1883)	回議録・社寺境内伐木堂宇建物ニ係ル件	社寺掛	【613.B7.01】
明治17(1884)	回議録・神仏教院講社各宗教導職	社寺掛	明治17年1月【614.C3.08】 明治17年7月【614.C3.09】
明治17(1884)	回議録・地所変換売買寄附物品	社寺掛	明治17年1月【614.C3.10】
明治17(1884)	回議録・境内伐木堂宇建物ニ係ル件	社寺掛	明治17年1月【614.C3.11】 明治17年7月【614.C3.12】
明治17(1884)	回議録・廃合創建参拝改称	社寺掛	明治17年1月【614.C3.13】
明治17(1884)	回議録・社寺雑件	社寺掛	明治17年1月【614.C4.02】
明治18(1885)	回議録・神仏教院	社寺部	【615.A2.15】
明治18(1885)	回議録・神官進退	社寺部	【615.A2.16】
明治18(1885)	回議録・社寺建物伐木(上)	社寺掛	明治18年従1月至6月【615.A3.01】
明治18(1885)	回議録・社寺境内伐木堂宇建物ニ係ル件(下)	社寺掛	【615.A3.02】
明治18(1885)	回議録・社寺境内地変換、同所有地交換売買抵当、同地所物品寄附	社寺部	【615.A3.03】
明治18(1885)	回議録・廃合社寺創建移転、参拝社寺改称	社寺部	【615.A3.04】
明治18(1885)	回議録・雑件	社寺部	甲ノ部【615.A3.05】/乙ノ部【615.A3.06】 丙ノ部【615.A3.07】
明治19(1886)	稟議録	庶務課社寺掛	【615.B2.34】
明治19(1886)	願伺届録・地所、財産	庶務課社寺掛	【615.C5.10】
明治19(1886)	願伺届録・境内地及伐木	庶務課社寺掛	全【615.C5.12】
明治19(1886)	願伺届録・創建移転改称廃合	庶務課社寺掛	完【615.C6.01】
明治19(1886)	願伺届録・社寺建物	庶務課	上【615.C6.02】/下【615.C6.03】
明治20(1887)	定例文書回議簿	庶務課社寺掛	明治20年1月起【616.C4.15】
明治20(1887)	願伺届録・社寺地所及財産	庶務課社寺掛	【616.C5.10】
明治20(1887)	願伺届録・社寺建物	庶務課社寺掛	明治20年上半年分【616.C5.11】
明治20(1887)	庶政要録	庶務課社寺掛	【616.D5.13】
明治20(1887)	庶政要録・社寺創立移転廃合改称	庶務課社寺掛	【616.D5.14】
明治21(1888)	法律命令録	庶務課社寺掛	【616.A3.07】
明治21(1888)	稟申録・社寺境内分割	庶務課社寺掛	全【616.A5.19】
明治21(1888)	稟申録・雑	庶務課社寺掛	【616.A6.01】
明治21(1888)	願伺届録・社寺	庶務課	【617.A3.15】
明治21(1888)	願伺届録・社寺建物	庶務課社寺掛	1【617.A3.19】/3【617.A3.20】
明治21(1888)	願伺届録・神官進退、神官死亡、社寺事務受渡、社寺伐木、社寺財産、社寺境内	庶務課社寺掛	【617.A4.01】
明治21(1888)	庶政要録・社寺移転廃合改称、雑	庶務課社寺掛	【617.A7.07】
明治22(1889)	稟申録・社寺境内地分割	庶務課社寺掛	【617.C4.20】
明治22(1889)	稟申録・社寺創立復旧再興(之部)、雑件	庶務課社寺掛	完【617.C4.21】
明治22(1889)	往復録・開申録	庶務課社寺掛	【617.C6.07】
明治22(1889)	庶政要録・社寺	庶務課社寺掛	完【617.C7.22】
明治22(1889)	願伺届録・社寺建物	庶務課社寺掛	1(ノ部)・第1巻【617.C8.14】 2(ノ部)・第2巻【617.C8.15】
明治22(1889)	願伺届録・社寺教会所ノ2	庶務課社寺掛	【617.C8.16】
明治22(1889)	願伺届録・社寺所有地	庶務課社寺掛	全【617.D2.01】
明治22(1889)	願伺届録・境内伐木、仏像開帳、永続資金、寄附品、境内地、諸居	庶務課社寺掛	完【617.D2.02】

明治23(1890)	願伺届録・伐木ノ部	第三課社寺掛	【618.A4.07】
明治23(1890)	庶政要録・建物の件	第三課社寺掛	2冊ノ内第1【618.B4.09】 2冊ノ内第2【618.B4.10】
明治23(1890)	庶政要録・地所ノ件	第三課社寺掛	【618.B4.11】
明治23(1890)	庶政要録・移転廃合本寺換ノ件	第三課社寺掛	【618.B4.12】
明治23(1890)	庶政要録・社寺・雑件	社寺掛	【618.B4.13】
明治23(1890)	稟申録・地所ノ部	第三課社寺掛	【618.B6.04】
明治23(1890)	稟申録・雑ノ部	第三課社寺掛	【618.B6.05】
明治23(1890)	社寺境内貸渡簿	第五課社寺掛	1月改【618.B8.03】
明治24(1891)	庶政要録・社寺・建物之部	第三課(社寺)	【619.A6.08】
明治24(1891)	庶政要録・社寺・地所之部	第三課(社寺)	【619.A6.09】
明治24(1891)	庶政要録・社寺・移転廃合等之部	第三課(社寺)	【619.A6.10】
明治24(1891)	庶政要録・社寺・雑之部	第三課(社寺)	【619.A6.11】
明治24(1891)	稟申録・社寺・境内分割ノ部	第三課(社寺)	【619.B2.02】
明治24(1891)	稟申録・社寺・雑ノ部	第三課(社寺)	【619.B2.03】
明治24(1891)	往復録・社寺	第三課社寺	【619.B2.12】
明治24(1891)	願伺届録・社寺・神官進退ノ部	第三課(社寺)	【619.B3.09】
明治25(1892)	庶政要録・社寺建物ノ部	第五課社寺掛	乾【619.C4.18】/坤【619.C4.19】
明治25(1892)	庶政要録・社寺地所ノ部	第五課社寺掛	【619.C5.01】
明治25(1892)	庶政要録・社寺移転廃合ノ部	第五課社寺掛	【619.C5.02】
明治25(1892)	庶政要録・社寺総代人ノ部	第五課社寺掛	【619.C5.04】
明治25(1892)	庶政要録・種合ノ部	第五課社寺掛	【619.C5.05】
明治25(1892)	往復録	第五課社寺掛	【619.C5.14】
明治25(1892)	稟申録	第五課社寺掛	【619.C6.09】
明治25(1892)	願伺届録・神官住職進退ノ部	第五課社寺掛	【619.C6.16】
明治25(1892)	願伺届録・境内地使用ノ部	第五課社寺掛	【619.C6.17】
明治25(1892)	願伺届録・境内地樹木ノ部	第五課社寺掛	【619.C6.18】
明治25(1892)	願伺届録・雑ノ部	第五課社寺掛	【619.C6.19】
明治26(1893)	閣省訓令録・社寺		【620.D2.09】
明治26(1893)	申報録・添申録・往復録・社寺	社寺掛	【620.D3.02】
明治26(1893)	開申録・社寺	社寺掛	【620.D3.03】
明治26(1893)	稟申録・社寺		【620.D3.13】
明治26(1893)	庶政要録・社寺建物ノ部	第五課社寺掛	3冊ノ内1【620.D7.05】/3冊ノ内2【620.D7.06】 3冊ノ内3【620.D7.07】
明治26(1893)	庶政要録・社寺・地所ノ部	第五課社寺掛	【620.D7.08】
明治26(1893)	庶政要録・(社寺)・樹木之部	第五課社寺掛	【620.D7.09】
明治26(1893)	庶政要録・社寺・補遺		【620.D7.10】
明治26(1893)	願伺届録・社寺		【620.D8.03】
明治26(1893)	願伺届録・神官住職進退ノ部	第五課社寺掛	【620.D8.04】
明治26(1893)	願伺届録・社寺境内地使用ノ部	第五課社寺掛	【620.D8.07】
明治27(1894)	第五課文書類別・社寺・神社祠宇、教会講社、社寺保存、神官進退ニ関スル書類	第五課	完【620.A4.11】
明治27(1894)	第五課文書類別・社寺・神社祠宇ニ関スル書類	第五課	完【620.A4.14】

明治27(1894)	第五課文書類別・社寺・社寺保存、神官進退、住職進退ニ関スル書類	第五課	完【620.A4.15】
明治22-明治27(1889-1894)	古社寺保存金年末計算帳	社寺掛	自明治22年至明治27年【620.A6.03】
明治26-明治27(1893-1894)	各神社収入支出明細表目録	第五課社寺掛	自明治26年至明治27年【620.A6.13】
明治28(1895)	第一課文書・社寺補遺・官房	内務部第五課社寺掛＊	第1巻【621.A3.08】／第2巻【621.A3.09】 第3巻【621.A3.10】／第4巻【621.A3.11】 第5巻【621.A3.12】／第7巻【621.A3.13】
明治28(1895)	第五課文書類別・社寺(共2冊ノ1)・神社祠宇・教会講社・神官進退ニ関スル書類	内務部第五課社寺掛	完【621.B3.14】
明治28(1895)	第五課文書類別・社寺(共2冊ノ2)・社寺保存ニ関スル書類	内務部第五課社寺掛	完【621.B3.15】
明治28(1895)	第五課文書・社寺・補遺	内務部第五課社寺掛	第9巻【621.B3.19】
明治29(1896)	第五課文書類別・社寺(全)・神社祠宇・社寺保存・教会講社・神官進退ニ関スル書類	内務部第五課社寺掛	完【621.D4.13】
明治29(1896)	第五課文書類別・社寺(共7冊ノ1)・神社祠宇・神官進退ニ関スル書類	内務部第五課社寺掛	完【621.D4.14】
明治29(1896)	第五課文書類別・社寺(共7冊ノ2)・社寺保存ニ関スル書類	内務部第五課社寺掛	2冊1・自1至6【621.D4.15】
明治29(1896)	第五課文書類別・社寺(共7冊ノ3)・社寺保存ニ関スル書類	内務部第五課社寺掛	2冊2・自7至12【621.D4.16】
明治29(1896)	第五課文書・社寺・社寺補遺・神社祠宇・寺院仏堂・神官進退	内務部第五課社寺掛	【621.D5.03】
明治25-明治29(1892-1896)	官幣社日枝大国魂両神社保存金報告書	(第三課)社寺掛	明治自25年至29年【621.D7.04】
明治30(1897)	第三課文書類別・社寺(共2冊ノ1)・神社祠宇、寺院仏堂ニ関スル書類	第三課	完【622.D8.12】
明治30(1897)	第三課文書類別・社寺(共2冊ノ2)・神官・教会講社、戦死者墳墓、社寺保存ニ関スル書類	第三課	完【622.D8.13】
明治31(1898)	文書類纂・神社宗教(第41類)神社祠宇	内務部第三課	第1巻【622.A6.05】／第2巻【622.A6.06】 第3巻【622.A6.07】／第4巻【622.A6.08】 第5巻【622.A6.09】
明治31(1898)	文書類纂・神社宗教(第43類)教会講社(第44類)神職・(第45類)僧侶(第46類)教師・(第47類)・雑件	内務部第三課	第1巻【622.A7.02】
明治31(1898)	文書類纂・神社宗教(第40類)例規(第47類)雑件	内務部第三課	第1巻【622.A7.03】
明治31(1898)	社寺仏堂調(31年訓令第34号ニヨリ郡市役所進達)・社寺	社寺・内務部第三課	【633.D5.01】
明治32(1899)	第一課文書・社寺・神社祠宇	第一課(官房)	第1巻・(自1月7日至6月19日)【623.B2.07】 第2巻・(自6月20日至11月2日)【623.B2.08】 第3巻・(自11月6日至　月　日)【623.B2.09】
明治32(1899)	第一課文書・社寺・神官進退	第一課(官房)	第1巻・(自1月12日至11月8日)【623.B2.10】 第2巻・(自11月27日至　月　日)【623.B2.11】
明治32(1899)	第一課文書・社寺・戦死者墳墓	第一課(官房)	第1巻【623.B2.16】
明治32(1899)	第一課文書・社寺・雑件	第一課(官房)	第2巻・(自9月25日至　月　日)【623.B2.17】

明治32(1899)	第一課文書・社寺・社寺保存＊	第一課(官房)	第1巻・(自1月9日至5月9日)【623.B3.05】 第2巻・(自5月17日至33年5月3日)【623.B3.06】 第3巻・(自33年7月3日至　年　月)【623.B3.07】
明治33(1900)	文書類纂・第一課文書・社寺・第33類・社寺宗教例規	第一課	第1巻【624.D3.01】
明治33(1900)	文書類纂・第一課文書・社寺・第34類・神社祠宇	第一課	第1巻【624.D3.02】／第2巻【624.D3.03】 第3巻【624.D3.04】／第4巻【624.D3.05】 第5巻【624.D3.06】
明治33(1900)	文書類纂・第一課文書・社寺・第37類・神職	第一課	第1巻【624.D3.13】／第2巻【624.D3.14】
明治33(1900)	文書類纂・第一課文書・社寺・第40類・社寺宗教第5種＊	第一課	第1巻【624.D3.16】／第4巻【624.D3.17】
明治34(1901)	文書類纂・神社宗教・第37類・例規	第一課	第1巻【624.A2.27】
明治34(1901)	文書類纂・神社宗教・第38類・神社祠宇〔第1種〕	第一課＊	第1巻【624.A2.28】 第2巻【624.A2.29】
明治34(1901)	文書類纂・神社宗教・第38類・神社祠宇〔第2種〕	第一課	第2巻【624.A2.30】
明治34(1901)	文書類纂・神社宗教・第41類・神職	第一課＊	第1巻【624.A3.07】／第2巻【624.A3.08】 第3巻【624.A3.09】／第4巻【624.A3.10】
明治31-明治34(1898-1901)	第一課文書・社寺・古社寺保存金計算書	第一課	明治31年～明治34年【625.A6.19】
明治35(1902)	文書類纂・神社宗教・第40類・例規	第一課	第1巻【625.B3.01】
明治35(1902)	文書類纂・神社宗教・第41類・神社祠宇〔第1種〕	第一課	第1巻【625.B3.02】／第2巻【625.B3.03】 第3巻【625.B3.04】／第4巻【625.B3.05】
明治35(1902)	文書類纂・神社宗教・第41類・神社祠宇〔第3種〕	第一課	第4巻【625.B3.06】
明治35(1902)	文書類纂・神社宗教・第44類・神職	第一課	第1巻【625.B3.14】／第3巻【625.B3.15】
明治35(1902)	文書類纂・神社宗教・第47類・雑件	第一課	第1巻【625.B3.18】
明治36(1903)	文書類纂・神社宗教・第40類・例規	第一課	第1巻【625.D2.30】
明治36(1903)	文書類纂・神社宗教・第41類・神社祠宇	第一課	第1巻【625.D2.31】／第2巻【625.D2.32】 第3巻【625.D2.33】
明治36(1903)	文書類纂・神社宗教・第44類・神職	第一課＊	第1巻【625.D3.08】／第2巻【625.D3.09】
明治36(1903)	文書類纂・神社宗教・第47類・雑件	第一課	第1巻【625.D3.10】
明治37(1904)	文書類纂・神社宗教・第40類・例規	第一課	第1巻【626.C3.01】
明治37(1904)	文書類纂・神社宗教・第41類・神社祠宇	第一課	第1巻【626.C3.02】／第2巻【626.C3.03】
明治37(1904)	文書類纂・神社宗教・第44類・神職	第一課	第1巻【626.C3.10】
明治37(1904)	文書類纂・神社宗教・第47類・雑件	第一課	第1巻【626.C3.12】
明治38(1905)	文書類纂・神社宗教・第40類・例規	内務部第一課・第二部 社寺兵務課	第1巻【626.A2.18】
明治38(1905)	文書類纂・神社宗教・第41類・神社祠宇	内務部第一課・第二部 社寺兵務課＊	第1巻【626.A2.19】／第2巻【626.A2.20】 第3巻【626.A2.21】
明治38(1905)	文書類纂・神社宗教・第44類・神職	内務部第一課・第二部 社寺兵務課＊	第1巻【626.A3.02】／第2巻【626.A3.03】
明治38(1905)	文書類纂・神社宗教・第47類・雑件	第一課	第1巻【626.A3.04】
明治39(1906)	文書類纂・神社宗教・第25類・例規	第二部 (社寺兵務課)	第1巻【627.C3.07】

明治39(1906)	文書類纂・神社宗教・第26類・神社祠宇	第二部 (社寺兵務課)	第1巻【627.C3.08】/第2巻【627.C3.09】 第3巻【627.C3.10】/第4巻【627.C3.11】
明治39(1906)	文書類纂・神社宗教・第29類・神職	第二部 (社寺兵務課)	第1巻【627.C4.05】/第2巻【627.C4.06】
明治39(1906)	文書類纂・神社宗教・第32類・雑件	第二部 (社寺兵務課)	第1巻【627.C4.08】
明治40(1907)	文書類纂・社寺・第1類・例規	第二部 社寺兵務課	第1巻【627.D8.06】
明治40(1907)	文書類纂・社寺・第2類・神社祠宇	第二部 社寺兵務課・ 内務部 社寺兵務課*	第1巻【627.D8.07】/第2巻【627.D8.08】 第3巻【627.D8.09】
明治40(1907)	文書類纂・社寺・第5類・神職(第1種)	第二部 社寺兵務課・ 内務部 社寺兵務課	第1巻【628.D3.03】/第2巻【628.D3.04】
明治40(1907)	文書類纂・社寺・第5類・神職(第3種)	第二部 社寺兵務課・ 内務部 社寺兵務課	第1巻【628.D3.05】
明治41(1908)	文書類纂・社寺・第1類・例規	内務部 社寺兵務課	第1巻【628.B3.01】
明治41(1908)	文書類纂・社寺・第2類・神社祠宇	内務部 社寺兵務課	第1巻【628.B3.02】/第2巻【628.B3.03】 第3巻【628.B3.04】/第4巻【628.B3.05】 第5巻【628.B3.06】/第6巻【628.B3.07】 第7巻【628.B3.08】/第8巻【628.B3.09】 第9巻【628.B3.10】/第10巻【628.B3.11】 第11巻【628.B3.12】
明治41(1908)	文書類纂・社寺・第5類・神職	内務部 社寺兵務課	第1巻【628.B4.08】/第2巻【628.B4.09】
明治41(1908)	文書類纂・社寺・第8類・雑件	内務部 社寺兵務課	第1巻【628.B4.11】
明治42(1909)	文書類纂・社寺・第1類・例規	内務部 社寺兵務課	第1巻【629.B2.12】
明治42(1909)	文書類纂・社寺・第2類・神社祠宇	内務部 社寺兵務課	第1巻【629.B3.01】/第2巻【629.B3.02】 第3巻【629.B3.03】/第4巻【629.B3.04】 第5巻【629.B3.05】/第6巻【629.B3.06】 第7巻【629.B3.07】/第8巻【629.B3.08】 第9巻【629.B3.09】/第10巻【629.B3.10】 第11巻【629.B3.11】/第12巻【629.B3.12】 第13巻【629.B3.13】/第14巻【629.B3.14】 第15巻【629.B3.15】
明治42(1909)	文書類纂・社寺・第5類・神職	内務部 社寺兵務課	第1巻【629.B4.14】/第2巻【629.B4.15】
明治42(1909)	文書類纂・社寺・第8類・雑件	内務部 社寺兵務課	第1巻【629.B4.16】
明治43(1910)	文書類纂・社寺・第1類・例規	内務部 社寺兵務課	第1巻【629.D3.01】
明治43(1910)	文書類纂・社寺・第2類・神社祠宇	内務部 社寺兵務課	第1巻【629.D3.02】/第2巻【629.D3.03】 第3巻【629.D3.04】/第4巻【629.D3.05】 第5巻【629.D3.06】/第6巻【629.D3.07】 第7巻【629.D3.08】
明治43(1910)	文書類纂・社寺・第5類・神職	内務部 社寺兵務課	第1巻【629.D4.03】/第2巻【629.D4.04】 第3巻【629.D4.05】

明治43(1910)	文書類纂・社寺・第8類・雑件	内務部 社寺兵務課	第1巻【629.D4.06】／第2巻【629.D4.07】
明治44(1911)	文書類纂・社寺・第1類・例規	内務部 社寺兵務課	第1巻【630.C4.01】
明治44(1911)	文書類纂・社寺・第2類・神社祠宇〔第1種〕	内務部 社寺兵務課	第1巻【630.C4.02】／第2巻【630.C4.03】 第3巻【630.C4.04】／第4巻【630.C4.05】 第5巻【630.C4.06】／第6巻【630.C4.07】 第7巻【630.C4.08】
明治44(1911)	文書類纂・社寺・第2類・神社祠宇〔第2種〕	内務部 社寺兵務課	第1巻【630.C4.09】
明治44(1911)	文書類纂・社寺・第5類・神職	内務部 社寺兵務課	第1巻【630.C6.01】／第2巻【630.C6.02】 第3巻【630.C6.03】
明治45/大正元(1912)	文書類纂・社寺・第1類・例規	内務部 社寺兵務課	第1巻【630.A5.06】
明治45/大正元(1912)	文書類纂・社寺・第2類・神社祠宇	内務部 社寺兵務課	第1巻【630.A5.07】／第2巻【630.A5.08】 第3巻【630.A5.09】／第4巻【630.A5.10】 第5巻【630.A5.11】
明治45/大正元(1912)	文書類纂・社寺・第5類・神職	内務部 社寺兵務課	第2巻【630.A6.06】
明治45/大正元(1912)	文書類纂・社寺・第8類・雑件	内務部 社寺兵務課	第1巻【630.A6.08】
大正2(1913)	例規		冊の1【301.B4.13】
大正2(1913)	神社祠宇		冊の8【301.B8.11】／冊の9【301.B8.12】 冊の10【301.B8.13】／冊の10の2【301.B8.14】
大正2(1913)	神職		冊の2【301.C1.15】／冊の3【301.C1.16】 冊の4【301.C1.17】
大正2(1913)	雑件		冊の23【301.C2.02】
大正3(1914)	神社祠宇		冊の10【301.D7.03】／冊の11【301.D7.04】 冊の12【301.D7.05】／冊の13【301.D7.06】 冊の14【301.D7.07】
大正3(1914)	神職		冊の9【301.D7.08】／冊の15【301.D7.09】
大正3(1914)	雑件		冊の16【301.D7.10】
大正3(1914)	例規		冊の1【327.E4.09】
大正4(1915)	神社祠宇		冊の6【327.E4.14】／冊の11【301.G1.09】 冊の13【301.G2.01】／冊の14【301.G2.02】
大正4(1915)	神職		冊の16【301.G2.05】
大正5(1916)	神社祠宇		冊の9【302.E2.17】／冊の10【302.E2.18】 冊の11【302.E2.19】／冊の12【302.E2.20】 冊の13【302.E2.21】／冊の14【302.E2.22】 冊の15【302.E2.23】
大正5(1916)	神職		冊の18【302.E3.01】／冊の19【302.E3.02】 冊の20【302.E3.03】
大正6(1917)	神社祠宇		冊の9【302.C1.20】／冊の10【302.C1.21】 冊の12【302.C1.22】／冊の13【302.C1.23】 冊の13【302.C1.24】／冊の14【302.C2.01】
大正6(1917)	神職		冊の16【302.C2.03】
大正7(1918)	神社祠宇		冊の19【303.B2.02】／冊の20【303.B2.03】 冊の21【303.B2.04】／冊の22【303.B2.05】 冊の23【303.B2.06】／冊の24【303.B2.07】 【303.B2.08】

大正7(1918)	神職		冊の26【303.B2.13】
大正7(1918)	雑件		冊の28【303.B2.15】／冊の33【303.B2.16】 冊の34【303.B2.17】
大正8(1919)	例規		冊の10【303.C3.23】
大正8(1919)	神社祠宇		冊の4【303.D1.10】／冊の7【303.D1.11】 冊の18【303.D1.12】
大正8(1919)	神職		冊の6【303.D2.05】／冊の16【303.D2.06】
大正9(1920)	神社祠宇		冊の6【303.F1.03】／冊の7【303.F1.04】 冊の8【303.F1.05】
大正10(1921)	例規　宗教法人・神職・教師・雑件		冊の1【304.F3.17】
大正10(1921)	神社祠宇		冊の2【304.G7.05】
大正11(1922)	神社祠宇		冊の3【304.D7.16】
大正12(1923)	神職		冊の5【305.A6.15】
大正12(1923)	雑件		【305.A6.17】
大正12(1923)	神社祠宇		冊の3【305.A6.18】
大正13(1924)	宗教法人　雑件　神社祠宇		冊の1【305.E1.01】
大正14(1925)	社寺・雑件	学務兵事課	冊の1【305.G7.09】
大正14(1925)	社寺　社寺祠宇　第25類		【327.E5.23】
大正15/昭和元(1926)	社寺・神社祠宇・寺院仏堂	学務兵事課	冊の1【307.E5.17】
大正15/昭和元(1926)	神社祠宇・寺院仏堂	社寺兵事課	冊の3【307.E5.18】
大正15/昭和元(1926)	社寺・寺院・仏堂・神職	学務兵事課	冊の2【307.E5.19】
昭和2(1927)	神社祠宇	社寺兵事課	冊の1【309.D6.17】
昭和3(1928)	神社祠宇	社寺兵事課	冊の3【310.C3.04】／冊の4【310.C3.05】 冊の10【310.C3.06】
昭和4(1929)	神社祠宇	社寺兵事課	冊の12【312.B8.02】／冊の13【312.B8.03】
昭和4(1929)	史蹟名勝・天然記念物	社寺兵事課	【327.E6.21】
昭和5(1930)	神社祠宇	社寺兵事課	冊の7【313.E1.13】
昭和6(1931)	神職	社寺兵事課	冊の4【314.D7.18】
昭和8(1933)	神社祠宇	社寺兵事課	冊の2【327.E7.02】／冊の18【316.C8.05】 冊の19【316.C8.06】
昭和9(1934)	神社祠宇	社寺兵事課	冊の1【317.D8.12】
昭和10(1935)	神社祠宇	社寺兵事課	冊の8【318.C1.17】
昭和10(1935)	雑件	社寺兵事課	【318.C8.17】
昭和10(1935)	史蹟名勝天然記念物	社寺兵事課	冊の9【318.C8.18】／冊の10【318.C8.19】 冊の11【318.C8.20】／冊の12【318.C8.21】
昭和11(1936)	神社・祠宇	社寺兵事課	冊の4【319.D8.14】
昭和12(1937)	雑件	社寺兵事課	冊の5【320.D4.13】
昭和13(1938)	雑件	社寺兵事課	冊の6【321.B7.17】
昭和15(1940)	神社祠宇	社寺兵事課	冊の34【322.A6.23】／【322.A6.24】
昭和16(1941)	神社祠宇	社寺兵事課	冊の1【323.E8.07】／冊の2【323.E8.08】 冊の9【323.E8.04】／冊の14【323.E8.05】 冊の15【323.E8.06】
昭和16(1941)	雑件	社寺兵事課	【323.F1.15】／【323.F1.16】

昭和15-昭和16 (1940-1941)	雑件	社寺兵事課	【323.G1.01】／【323.G1.02】
昭和17(1942)	神職	社寺兵事課	【324.B1.05】
昭和17(1942)	雑件	社寺兵事課	【324.B1.06】
昭和17(1942)	神社・祠宇(第1種)	社寺兵事課	冊の5【324.B3.01】／冊の7【324.B3.03】
昭和17(1942)	神社・祠宇(第2種)	社寺兵事課	冊の5【324.B3.02】
昭和15-昭和17 (1940-1942)	雑件	社寺兵事課	【324.B2.13】
昭和16-昭和17 (1941-1942)	雑件	社寺兵事課	【324.B1.07】
昭和16-昭和17 (1941-1942)	神社・祠宇	社寺兵事課	【324.B3.04】
昭和18(1943)	神社及神職教会及教師	教学課	冊の5【325.D6.01】
昭和18(1943)	雑件	社寺兵事課	【325.D6.05】

(4)その他行政管轄組織

・社寺地に関するものを中心に、神社・宗教行政管轄組織以外の神社関係文書を掲載した。

簿冊年度	簿冊名	作成主務課	請求番号
明治9(1876)	回議録	地租改正科	第十一大区・社寺上地下渡・朱引外【607.C7.01】
明治9(1876)	社寺上地処分伺附達御届指令留・回議録	地租改正科	全・朱引内【607.D6.07】
明治9(1876)	社寺上地処分判決留・回議録	地租改正科	全・朱引内【607.D6.08】
明治9(1876)	社寺上地下渡伺簿・回議録	地租改正科	2・朱引内・第一、二大区【607.D6.09】 3・朱引内・第三大区【607.D6.10】 4・朱引内・第四大区【607.D6.11】 朱引内・第五大区【607.D6.12】 全・朱引内・第六大区【607.D6.13】
明治9(1876)	社寺上地下渡願書	地租改正科＊	(朱引)外・第七大区二小区【607.D7.01】 (朱引外)・第七大区二小区【607.D7.02】 (朱引)外・第七大区四小区【607.D7.03】 第七大区六小区【608.D6.16】 (朱引)外・第七大区七小区【607.D7.04】 (朱引)外・第十大区一小区【607.D7.05】 (朱引)外・第十大区二小区【607.D7.06】 (朱引)外・第十大区五小区【607.D7.07】 第十大区【607.D7.13】 (朱引)外・第十一大区一小区【607.D7.08】 (朱引)外・第十一大区二小区【607.D7.09】 (朱引)外・第十一大区五小区【607.D7.10】 (朱引)外・第十一大区六小区【607.D7.11】
明治9(1876)	社寺上地下渡伺簿	地理課	朱引内・(第六大区)人民願書指令控綴込【607.D7.12】 朱引外・第九大区・人民願書指令控綴込【607.D8.01】
明治9(1876)	第八大区社寺上地払下願	地理科	六小区ヨリ八小区マデ【608.D6.03】
明治6-明治9 (1873-1876)	戦死者墳墓		自明治6年至同9年【608.D7.08】
明治7-明治9 (1874-1876)	戦死者墳墓取調書		自明治7年至同9年【608.D7.09】
明治10(1877)	回議録・社寺上地処分	地租改正科 地理課	【608.B6.07】

明治10(1877)	回議録	地租改正課	朱引内・3・第二大区社寺上地下渡【608.C7.03】 朱引内・6・第三大区社寺上地下渡【608.C7.04】 朱引内・4・第四大区社寺上地下渡【608.C7.05】 朱引内・7・第五大区社寺上地下渡【608.C7.06】 朱引内・2・社寺上地処分伺・附達御届【608.C7.07】
明治10(1877)	社寺下渡図面	地理課製図部	麹町区、神田区、日本橋区、京橋区【633.C7.04】
明治9-明治10(1876-1877)	回議録	地租改正課	朱引外・第八大区社寺上地下渡【608.B8.01】
明治9-明治10(1876-1877)	明治9、10年分・社寺上地下渡計算簿	地租改正課	朱引内・全【633.C7.03】
明治11(1878)	回議録・各大区社寺上地渡	地理課	朱引外【609.C3.07】
明治11(1878)	各大区社寺上地下渡願書	地理課	朱引外【609.C4.05】
明治8-明治11(1875-1878)	回議録・社寺上地処分	地租改正科	朱引外・自明治8年ヨリ至同10年【609.C8.11】
明治8-明治11(1875-1878)	開申録・各大区社寺上地下渡	地租改正課	朱引外・明治8年ヨリ11年ニ至ル【609.D4.04】
明治10-明治11(1877-1878)	回議録・各大区社寺上地入札払＊	地租改正科	朱引内・明治10年ヨリ11年マテ【609.C8.12】 朱引外【609.C8.13】
明治12(1879)	社寺禄仕払証書	会計課	【610.B5.03】
明治12(1879)	回議録・社寺境内下渡	地理課	郡ヨリ区へ入部【610.C3.01】
明治12(1879)	稟議録・社寺境内下渡	租税課	5【610.D3.04】／6【610.D3.05】
明治12(1879)	回議録・社寺境内之部	租税課	【610.D8.10】
明治9-明治12(1876-1879)	稟議録・各大区社寺上地	地理課	朱引内・明治9年ヨリ同12年【610.B7.14】
明治9-明治12(1876-1879)	回議録	地租改正科	朱引外・第九大区社寺上地下渡・明治9年〜明治12年【610.C8.01】
明治11-明治12(1878-1879)	稟議録・社寺境内下渡	租税課	4・明治11年至同12年【610.B7.10】
明治13(1880)	稟議録・社寺境内下渡	租税課	4【610.A5.01】
明治13(1880)	回議録・社寺之部	地理課	第1号【611.A3.02】／第2号【611.A3.03】
明治12-明治13(1879-1880)	回議録・郡村之部・郡村社寺境内下渡	租税課	全・自明治12年至同13年【610.B8.03】
明治12-明治13(1879-1880)	稟議録・社寺境内下渡	租税課	明治12年〜明治13年【611.B7.01】
明治12-明治13(1879-1880)	社寺境内地下渡請書	租税課	下谷区、浅草区、深川区・全・明治12〜13年【611.B7.05】
明治14(1881)	回議録・社寺境内之部	地理課	明治14年7月起【611.D3.08】
明治14(1881)	回議録・社寺之部	地理課	第1号【611.D4.01】
明治9-明治14(1876-1881)	稟議録	地理課	朱引内・各大区社寺上地・明治9年ヨリ同14年至【612.D8.05－01、02】
明治15(1882)	回議録・社寺境内貸渡ニ係ル	地理課	第1号【612.B3.05】／第2号【612.B3.06】
明治15(1882)	稟議録・社寺境内下渡ノ件	地理課	【612.C3.12】
明治16(1883)	回議録・社寺境内貸渡ニ係ル	地理課	第1号【613.B2.06】／第2号【613.B2.07】
明治14-明治16(1881-1883)	回議録・地理・社寺地	地理	明治14年〜明治16年【613.C8.23】
明治17(1884)	回議録・社寺境内＊	地理課	第1号【614.D6.01】／2号【614.D6.02】
明治16-17(1883-1884)	指令録・(社寺境内)		明治16、17年【614.C8.17】
明治18(1885)	回議録・社寺境内	地理課	第1号【614.A5.07】

明治18(1885)	回議録・社寺境内貸渡ニ係ル	地理課	【614.A5.08】
明治19(1886)	願伺届録・社寺	庶務課地籍掛	2【615.C4.11】/3【615.C4.12】
明治20(1887)	(拝借地願)東京府文書断片		【616.B6.15】
明治20(1887)	神社費書類	精算掛	20年度【616.C4.12】
明治26(1893)	殉難死節者取調書	知事官房	【620.C7.11】
明治27(1894)	第二課文書類別・地理・御料地、社寺地、墓地、山林原野、地種目変換、民有道路、雑件ニ関スル書類	第二課	完【620.B3.17】
明治27(1894)	第二課文書類別・地理・御料地、社寺地、墓地、公園ニ関スル書類	第二課	完【620.B3.18】
明治28(1895)	第二課文書類別・地理(共5冊ノ5)・御料地・山林原野・社寺地・鉄道敷地・雑件ニ関スル書類	内務部第二課地理掛	完【621.A4.12】
明治28(1895)	第二課文書類別・地理(共8冊ノ8)・御猟場、地所名称、地種目変換、民有道路、山林原野、社寺地、市有地、雑件ニ関スル書類	内務部第二課地理掛	完【621.A4.13】
明治29(1896)	第二課文書類別・地理(共9冊之9)・墓地・社寺地・埋立地ニ関スル書類・雑	内務部第二課地理掛	完【621.C4.02】
明治29(1896)	第二課文書類別・地理(共5冊之2)・御料地・公園・民有道路・鉄道敷地・墓地・社寺地ニ関スル書類	内務部第二課地理掛	完【621.C4.08】
明治30(1897)	第二課文書類別・地理(共10冊ノ内10)・社寺地、埋立地、民有道路、鉄道敷地、雑件ニ関スル書類	第二課	完【622.D4.18】
明治31(1898)	文書類纂・地理(第28類)社寺地	内務部第二課	第1巻【622.A4.13】
明治32(1899)	第二課文書・地理・社寺地	第二課(官房)	第1巻【623.B3.13】
明治33(1900)	文書類纂・第二課文書・地理・第10類・社寺地	第二課	第1巻【624.D4.16】
明治34(1901)	文書類纂・地理・第10類・社寺地	第二課	第1巻【624.A4.09】
明治35(1902)	文書類纂・地理・第28類・社寺地	第二課	第1巻【625.B5.09】
明治36(1903)	文書類纂・地理・第28類・社寺地	第二課	第1巻【625.D4.15】
明治37(1904)	文書類纂・地理・第28類・社寺地	第二課	第1巻【626.C4.18】
明治38(1905)	文書類纂・地理・第28類・社寺地	内務部第二課・第一部土木課	第1巻【626.A4.16】
明治39(1906)	文書類纂・地理・第81類・社寺地	第一部(土木課)	第1巻【627.B4.16】
明治40(1907)	文書類纂・地理・第4類・社寺地	第一部土木課・内務部土木課	第1巻【627.D4.01】
明治41(1908)	文書類纂・地理・第4類・社寺地		第1巻【628.C4.07】/第2巻【628.C4.08】
明治42(1909)	文書類纂・地理・第4類・社寺地	内務部土木課	第2巻【629.A4.01】
明治43(1910)	文書類纂・地理・第4類・社寺地	内務部土木課	第1巻【629.C4.07】
明治44(1911)	文書類纂・地理・第4類・社寺地	内務部土木課	第1巻【630.D4.21】
明治45/大正元(1912)	文書類纂・地理・第4類・社寺地	内務部土木課	第1巻【630.B5.13】/第2巻【630.B5.14】
大正2(1913)	社寺地		冊の5【301.B5.17】
大正3(1914)	社寺地		冊の5【301.D4.10】
大正4(1915)	社寺地		冊の17【301.F7.12】
大正5(1916)	社寺地		冊の26【302.F5.14】

昭和3(1928)	国有地籍	土木課	【310.D6.17】

(5)法令類纂・府治類纂その他

・法令や規則・行政文書などを整理・編集した簿冊のうち主なものを掲載した。

簿冊年度	簿冊名	作成主務課	請求番号
明治元-明治10(1868-1877)	(第1)法令類纂・巻之17・社寺部・上		【632.B1.20】
明治元-明治10(1868-1877)	(第1)法令類纂・巻之18・社寺部・中		【632.B1.21】
明治元-明治10(1868-1877)	(第1)法令類纂・巻之19・社寺部・下		【632.B1.22】
明治元-明治10(1868-1877)	(第1)法令類纂・巻之20・祭典部		【632.B1.23】
明治元-明治10(1868-1877)	(第1)法令類纂・巻之21・教導之部		【632.B1.24】
明治11-明治15(1878-1882)	第2法令類纂・巻之14・社寺部・上		【632.B5.20】
明治11-明治15(1878-1882)	第2法令類纂・巻之15・社寺部・下		【632.B5.21】
明治11-明治15(1878-1882)	第2法令類纂附録・巻之4・社寺部		【632.A1.21】
明治16-明治18(1883-1885)	第3法令類纂・巻之10・社寺部		【632.A3.09】
明治19-明治20(1886-1887)	第4法令類纂・巻之6・儀式部・巻之7・服制部・巻8・社寺部		【632.A5.16】
明治21-明治22(1888-1889)	第5法令類纂・巻之17・社寺第1・社寺第2		【632.A7.07】
明治元-明治2(1868-1869)	府治類纂・31・戊辰、己巳・社寺		【634.A4.31】
明治3(1870)	記事類纂・庚午・社寺・附神官僧侶、陰陽家、天社神道、祭礼開帳・明治3年		【634.A5.17】
明治4-明治5(1871-1872)	記事類纂・辛未、壬申・社寺・附神官僧侶、祭礼開帳・自明治4年至明治5年		【634.A5.18】
明治6(1873)	(明6・)記事類纂・社寺・附神官僧侶、教院教職、祭礼開帳・明治6年		【634.A6.07】
明治7(1874)	(明7・)記事類纂・社寺・附神官、僧侶、教院、教職・明治7年		【634.A6.33】
明治5(1872)	府志類稿・15止・社寺願伺・(明治5年)2月ヨリ		【634.B6.15】

(6)東京府以外の文書(明治神宮関係)

簿冊年度	簿冊名	作成組織	請求番号
大正元-大正3(1912-1914)	明治神宮ニ関スル書類・全1冊	東京市	【327.D3.06】
大正5(1916)	明治神宮　全1冊	東京市	【302.E6.01】
大正9(1920)	明治神宮乃木邸尼港事変　4冊の1	東京市	【303.F4.23】
大正13-昭和9(1924-1934)	聖徳記念絵画館壁画奉納ニ関スル書類　全1冊	東京市	【305.E7.16】

(7)東京府以外の文書(その他)

簿冊年度	簿冊名	作成組織	請求番号
明治8(1875)	社寺取調帳	埼玉県	【633.D5.05】
明治13(1880)	官有地神社地学校地寺院地調・明治13年5月	麹町区	【631.A6.11】
明治45/大正元(1912)	神社ニ関スル書類　明治45年	北多摩郡	【633.C4.14】
大正4(1915)	神社調査書・地　箱根組合・福生組合・西多摩菅生組合　大正4年	西多摩郡	【633.C3.06】

第17章

山野路傍の神々の行方
――「阿蘇郡調洩社堂最寄社堂合併調」一覧解題

柏木亨介

はじめに

一般的に神社と聞けば、樹木で覆われた境内と木造の社殿を思い浮かべることであろう。しかしながら、日本全国津々浦々を眺めてみると、神々の祭場にはさまざまな形態があることが判明する。民俗学の調査によれば、田畑や山林中の小区画の樹叢が地元住民によって神聖視され、同族や地縁集団単位で祀られている事例が数多く報告されている。民俗学ではこれを祭場の外観や地元での呼称をふまえて「森神」という術語で呼んでいて、同族の祖を祀る屋敷神の一種で、社殿成立以前の祭祀形態に由来するものと考えている[＊1]。現在の私たちがイメージする「神社」の成立以前においては、森神は一般の人びとにとって馴染みある祭祀形態だったのかもしれない。

そこで本章では、近代神社行政上の公簿である「神社明細帳」作成時における神社と非神社の区別に着目し、資料解読と民俗調査による分析を通して一地域社会における両者のあり方を整理していく。この作業によって、近代神社の特徴の一端を折出させることができるだろう。

一　「阿蘇郡調洩社堂最寄社堂合併調」の概要

明治一〇年代の熊本県阿蘇郡では、明治九年(一八七六)一二月二五日教部省達書第三七号「山野路傍の神祠・仏堂処分の件」[＊2]にもとづき、山野路傍に祀られた神々を最寄りの神社に合祀する動きが見られた。明治一二年様式の「阿蘇郡神社明細帳」(熊本県庁私学文書課所蔵)を見ると、当時、多数の神々が神社本殿に配祀されたり、境内社として配置されたりしたことが朱字の追記から読み取れる。社殿もなく野晒しで路傍に祀られる神々が、「神社明細帳」という公簿への登記を通して公認「神社」の祭神となったわけだが、山々に囲まれた阿蘇郡ではそのすべてを把握することが難しかったらしく、「神社明細帳」調製後もしばらくのあいだは多くの神々がそのままの状態で山野路傍に祀られたままだった。

そのことは「阿蘇郡調洩社堂最寄社堂合併調」という簿冊の存在によって判明する[＊3]。これは先の第三七号達の段階では遺漏し、明治一七〜一八年の実査によって新たに判明した神々の一覧である。二六行の官用界紙(罫紙)に同一の筆跡で町村別に書き上げられ、版心下部に「熊本縣」と印字されていることから、熊本県庁で編冊されたことが窺える。表紙の付箋には「此分明細帳記入ノ上主任へ返ス筈　此ハ二十年甲一七局ノ三水沼主任　此外六冊アリ不用ノ分ニ付水沼此手ニアリ」とあるので、「神社明細帳」への追記に供され、内務省に送られたものとみられる。また、この資料に載っている神々は、その由緒欄には、「明治十八年十二月実査ニ当リ発顕」との記載があり、さらに「阿蘇郡神社明細帳」のほうでこれらを確認すると「仝廿年七月本社へ合併」と追記されていることからみて、本資料は明治一八年一二月から同二〇年七月までのあいだに調製されたと考えられる。明治一七～一八年の実査を命じた法令・通達がどのようなものであったか現段階ではわからないため、その経緯や方法については不明であるものの、本資料とともに「阿蘇郡合志郡社堂明細帳正誤調」なる簿冊[＊4]の存在や、「阿蘇郡神社明細帳」には明治二〇年と二二年に新規の無格社が大量に登記されていることからみて、明治一〇年代半ば、熊本県では各種「明細帳」の記載内容を総点検したと考えられる。

　本資料の記載項目は、鎮座地、社名、祭神名、由緒、社殿、境内坪数と土地種別、合併先神社の順で記されている。そこに記載された神々の多くが「森」と称し、樹木・石・水源などの自然物を神体とし、由緒欄はすべて「創立年月不詳」となっている。このことから、これらは神仏、社寺の判別がつきにくいもので、地域住民が日常生活のなかから次第に育んできた民間信仰の神々だったことが窺える。「阿蘇郡神社明細帳」の調製当初、これらの神々が漏れてしまった理由は、人里離れた山中に祀られているため見逃されたか、あるいは「森」とは単なる祭場のことであり神が鎮まるところとは見なされなかったためとも考えられる。

　資料は後欠のため、この時期に合祀された神々の全情報を知ることはできないものの、「阿蘇郡神社明細帳」によって鎮座地、社名、祭神の三点ならば補足可能である。それによると、山野路傍の神々のなかには、「明治一九年一二月稟議ノ上仝二〇年従来ノ侭存置」の許可を受け、無格社として登記された「神社」の存在も確認できる。第二七号達によれば、社殿の維持管理方法と神官による定例の祭祀の執行が確保されていれば、「山野路傍の神祠」も「神社」として公認されることができた。裏を返せば、路傍の樹木や石を神体とし、特定の管理者も祭日も定まっておらず、地元住民が任意に拝んでいるような神々は最寄りの神社に合祀され、「阿蘇郡調洩社堂最寄社堂合併調」にまとめられるに至ったのである。

　後欠が生じた理由として「阿蘇郡神社明細帳」から窺えることは、じつは後欠分の神々の合祀先神社自体も後年の実査によって判明したものなので、新規「神社」の頁を作成する際に合祀する神々も併せて書き込んだため、あえて本資料側にそれらを記載する必要がなくなったという便宜上の理由からだと思われる。

二　資料からみる山野路傍の神々の特徴

「阿蘇郡調洩社堂最寄社堂合併調」には神体の様態が記されているため、近代以前の神々の状況を復元できる点で貴重な資料といえる。そこで本節では資料内容の分析を通して、近代神社行政のもとで廃れた山野路傍の神々のすがたを描き出すことにしたい。

本資料の記載内容は章末にまとめておいた［表1］。これによると、四三六ヵ所中、少なくとも三九六ヵ所に社殿や祠といった建造物がなく、その多くが樹木（三一七ヵ所）、石（二九ヵ所）、水源（五ヵ所）などの自然物を神体とし、神体無しは四五ヵ所にのぼる［表2］。そして、神体の状態を反映するかのように三一七ヵ所で「森」を称している。社殿を設ける一六ヵ所中に「森」を称するところはなく、神社、社、宮等の一般的な社号が付いている。神社と称していても自然物を神体とするところがあったり（No.104など）、祠を置く「森」もあったりするが（No.64, 103）、これらはごく少数の例外的事例である。神社名は全部で六四種見られるが、そのなかでも荒神、山神、天神が突出して多い［表3］。これらの祭神名には一般的によく知られた神名が当てられている。

神々の分布をみると、阿蘇外輪山の山間部によく見られるが（西原村一〇、小国町四六、南小国町九四、産山村四八、波野村三六、高森町六八、蘇陽町七二、清和村三ヵ所）、カルデラ火口原の平地部では少なくなっている（長陽村五、阿蘇町三、一の宮町九、久木野村八、白水村八ヵ所）。清和村は山間部に位置するわりには数が少ないように思われるが、本資料は清和村分から後欠しているため、実際はより多くの数が見込まれる。外輪山上の村々は谷間に形成された集落が多く、「森」と称する神々は集落から離れた山林に祀られていたと考えられる。

社殿付きの神々の分布には偏りがあるように見えるが（南小国町一、産山村六、波野村一、高森町七、蘇陽町一ヵ所）、「阿蘇郡神社明細帳」によれば他町村でも明治一七年（一八八四）～一八年の実査で多数把握されている。ちなみに本資料の社殿の規模は最小のもので二尺×二尺（No.302）、最大のもので縦九尺×横一丈二尺六寸（No.246）で、いずれも拝殿を設けておらず、神殿と拝殿を設ける村社レベルの神社に比べると小規模といえる。

　境内面積は最小で一坪、最大で七八〇坪となっており、神々による違いが大きい。平均すると二七・六坪になるが、中央値一二坪、最頻値六坪となっており、「阿蘇郡神社明細帳」に登記された「神社」の平均一四一・二坪、中央値五五坪に比べるとやはり小規模である。

　本資料後欠部分の情報を「阿蘇郡神社明細帳」から補い、山野路傍の神々の全体数を提示してみよう。それによると明治一七～一八年の実査によって新たに判明した神々は七二三ヵ所で、そのうち無格社として登記されたのは二一九社［＊5］、最寄りの「神社」に合祀されたのは五〇四ヵ所であった。「神社明細帳」には明治二二年時点で境内社・合併神社含めて一八〇五社が記載されていたが、じつに全体の二七・九パーセントが非「神社」、すなわち山野路傍に祀られる民間信仰的な神々だったことがわかる。

　さて、阿蘇郡における「森」と呼ばれる神々の存在は、史料上、一七世紀後半にまで遡って確認できる。近世の地誌「国郡一統社寺総録　一二」を繙くと［＊6］、阿蘇郡には「高森村　天子森」「北里村　天神《八之四森》」「黒淵村　天神《十一之八森》、御霊《森》、年神《森》」「満願寺村　天神《森三》」「平田　水神《森》」との記載があり、近世期には神社と森の両者が併存していたことがわかる。

　以上の情報から、概略的に山野路傍の神々のすがたを描き出してみよう。すなわち、集落から離れた山中の一〇坪程度の広さの樹叢に、樹木や石を神体として荒神森、山神森、天神森などと称している阿蘇郡下に分布する神々、と描き出すことができる。そして、それらの多くは明治初年から二〇年ごろにかけて社殿を設ける集落の氏神社に合祀された。近代以前における神々が住まう空間は、今日の神社を中心とする景観とはだいぶ異なっていたことが想像される。

三　山野路傍の神々の故地

山野路傍の神々は、明治一七年（一八八四）～一八年の実査によって最寄りの神社に合併されたり、無格社として「神社明細帳」に登記されたりしたため、神々を祀る景観は明治一〇年代を境に大きく変化した。以下では、山野路傍の神々の故地を民俗学的調査によって確認していくことにしたい。

　なお、事例を紹介する前に調査手順について説明しておく。まず、「阿蘇郡調洩社堂最寄社堂合併調」に掲載の事例数からして悉皆調査は困難であることから、一定地域を重点的に調査することにし、比較的事例数の少ない旧一の宮町（現阿蘇市）と旧阿蘇町地域（同）に対象を限定した（No.26-37の範囲）。そして、鎮座地の地番と阿蘇市役所で管理する地籍データとを照合させて現地比定を行った。当時から一〇〇年以上が経過しているので、そのあいだに地番の付け替えが行われたり圃場整備が行われたりしていて比定作業は容易ではなかったが、おおよその見当は付けることができた。その後、比定地に赴いて近隣住民に聞き取りを行った。

写真1：水神森（No.30）故地（2009年3月19日、筆者撮影）

痕跡を示さない事例

No.26の天神森の合併先である山田八幡宮の拝殿には、「神社明細帳」から抜き書きしたとみられる由緒書の木板が掛けられていて、天神森の合祀のことも書かれている。しかし、地元の者に尋ねても圃場整備を行っているため天神森のかつての場所を確認することはできなかった。地番から比定した場所は現在個人所有地の畑となっていて当時の面影はない。

No.30の水神森の場所も、圃場整備によって長方形の水田が整然と並び、土地の形が完全に変わってしまっていて神聖な雰囲気は感じられない。しかし、同地番は建設省所有地の用水路になっており［写真1］、おそらくかつては小川が流れていて水神森があったと考えられる。

何らかの伝承が残る事例

No.34の水神森の場所は、阿蘇神社参拝者臨時駐車場入り口付近の官有地に比定される。樹叢に覆われていて［写真2］、そのなかには子安観音と鬼子母神が納まる御堂が祀られている。近隣住民（昭和一八年生）の話によれば、現在この藪に水神は祀られていないが、父の話ではかつては祀られていたらしいとのことであった。この場所にはわずかに水神の伝承が

写真2:水神森(No.34)故地(2008年8月12日、筆者撮影)

残っており、子安観音と鬼子母神も祀られていることから神聖視され続けていることは確かである。

No.35の水神森の場所は、阿蘇谷の主要河川である黒川と小嵐山がぶつかり合うところで、個人所有地の水田となっている。地元住民は明神淵と呼んで以下の話を伝えている。

昔、国造神社(阿蘇市一の宮町手野鎮座、式内社、旧県社)には四基の神輿があったが、あるとき大雨で流されて明神淵に沈んでしまった。以来、そこを通ると鈴の音が聞こえるという。大雨による流出の結果、国造神社の神輿は一基だけになってしまった。

明神淵には水神の話は伝わっていないが、水に関係する神聖なところとして今でも認識されている。

現在も伝承されている事例

No.28の山神森の比定地は山道の入り口である。近隣住民の話によれば、入り口の脇に立つ杉こそが山の神であり〔写真3〕、入山時には手を合わせてから登るのだという。つまり、登記上は最寄りの神社に合祀されているが、住民は今でもその場所を信仰対象としている。

四　伝承される山野路傍の神々

前述No.28の山神森の事例のように、阿蘇郡では今でも樹木を山の神として、水源を水神として祀る例を見つけることができる。筆者が以前に行った調査によれば、これらの神々は生計維持活動に関わる場所に容易に祀られる傾向がある[*7]。ただし、そのほとんどは「神社明細帳」から漏れ、そのまま発見も合祀もされずに祀られ続けてきたものである。以下にその典型例を挙げるが、近代以前はこのような神々と祭りが一般的によくみられたのではないかと思われる。

写真3：山神森（No.28）故地（2009年3月19日、筆者撮影）

山の神

阿蘇市湯浦の山道に祀られている山の神は[写真4]、前述No.28の山神森と祀られ方はほぼ同じである。住民は入山の際に拝んだり、山の口開け（原野利用の解禁日）近くの三月には集落として祭りをしたりするという。現在でこそ小祠と石像を山の神としているが、戦後間もないころまでは小祠の下方に立っていた赤松の大木も神体と見なしていたという。

小祠や神像といった人工的な神体を祀るようになった時期は、筆者が今まで数々の碑銘を見た限りでは化政期（一八〇四〜一八三〇）以降から幕末期までに集中している。例えば、阿蘇市一の宮町手野の原野に祀られている山の神を例に挙げると、この碑は阿蘇の火山岩に「文政十二年　山神大山祇命」と刻まれており[写真5]、近世後期に建てられたことがわかる。おそらくは、それ以前から山の神は「大山祇命」ではなく「山神」として自然物に託して祀られていたと思われる。

藪天神

阿蘇市小野田の本村《ホンムラ》組には、藪天神《ヤブテンジン》と呼ばれる社殿のない祭りが伝承されている。旧暦一一月二〇日の祭日には、祭り

写真4：山の神（2004年2月25日、筆者撮影）

写真5：山の神（2009年3月21日、筆者撮影）

当番の組の男性たちが竹を縛って二本の依代をつくり、それを岩下家の敷地内に立て〔写真6〕、神職を招いて祭りを行う。ここは字天神原《テンジンバル》から白鳩が飛んできて止まった場所であるといわれている。二本の依代は男神様と女神様で、それぞれ巻き方が決まっているという。

岩下家の話によると、戦前、当主が社殿建築について二度にわたり神職に相談したものの、現状のほうがよいとの助言を受け、結局そのままのかたちで祀り続けているという。この話から考えられることは、現在社殿や祠を設けている山野路傍の神々のなかには、かつては自然物のみを神体としたものがかなりあったのではないかということである。

先祖の祭場

山野路傍の神々のなかには先祖祭祀の祭場とするところもよく見られる。阿蘇市三久保のある家では、屋敷裏にタチワラと呼ばれる小高い樹叢において祖先祭祀を行うとの事例が報告されている［＊8］。これと同様の事例は阿蘇市一の宮町手野でも古墳上で祖霊祭をしている家がある［写真7］。

また、同所では邸内社の天神で家の祖を祀っている家もある。この家では、ムラ氏神の天神はもともとこの家の邸内社だったが、文化年間にムラに開放したと伝わっている。戦後、この家に不幸が相次いだのでオイナリサンという民間宗教者［＊9］に相談したところ、厩舎解体の際に家人が誤って割ってしまった、塩を噴いた模様の石がじつは天神の御霊石であったと指摘され、そこで適当な石に「塩立天神」と彫って再び邸内に祀るようにしたのだという。

以上の事例から窺えることは、山野路傍の神々のなかには先祖祭祀と関連するものがあり、その際には神職以外の宗教者の関与も認められることである。神仏の判別がつきにくい典型的な例である。

写真6：藪天神（2008年8月12日、筆者撮影）

おわりに

近代以前の阿蘇郡では、人びとは山野路傍の樹木や石や水源等に神々を見出し、生活の折に触れては拝んでいた。第三七号達によって最寄りの神社に合祀されたこれらの神々は、氏神社の祭神として例祭日に祭られることになり、それまでの信仰のあり方とは異なる状況に置かれることになった。神々の故地の現在を調べてみると、その多くは圃場整備等の影響でかつての姿は忘却されている。

しかしながら、故地のなかにはいまだに樹叢が保たれ神聖視されているところがあったり、「神社明細帳」未記載の山野路傍の神々も数多く伝承されたりしている。そうした神々は、人びとの生活空間に祀られる機能神として信仰を集めている。

この両者の現在を比較することで次のようにまとめられるだろう。すなわち、明治一〇年代の神社整理は、山野路傍の神々を機能神から鎮守神へと変換するものであり、人びとの視覚からも意識からも旧来の信仰の対象を消してしまう効果をもたらしたが、それでもなお人びとの生活と密着した機能神への信仰は根強く求められ続けてきた。明治初年の神社整

写真7：祖霊祭が行われる古墳（2008年8月11日、筆者撮影）

理は近代神社行政による強行的措置だったことは否めないが、その後一〇〇年以上にわたって山野路傍の神々の行方を規定した要因は、とりもなおさずそれらを信心する人びとの生活のあり方であった。

註

*1——柳田國男「塚と森の話」(『柳田國男全集』一二 筑摩書房、一九九九年)、直江広治『屋敷神の研究』(吉川弘文館、一九六六年)、金田久璋『森の神々と民俗』(白水社、一九九八年)、徳丸亞木『「森神信仰」の歴史民俗学的研究』(東京堂出版、二〇〇二年)など。

*2——山野路傍の神祠・仏堂処分の件(明治九年一一月一五日教部省達書第三七号)。

各管内山野或ハ路傍等ニ散在セル神祠仏祠ハ山神祠塞神祠ノ類 堂ハ地蔵堂辻堂ノ類 矮陋ニシテ一般社寺ニ比シ難ク、且平素監守者無之向ハ、総テ最寄社寺ヘ合併又ハ移転可為致、尤人民信仰ヲ以更ニ受持ノ神官僧侶相定メ、永続方法ヲモ相立存置ノ儀願出候ハヽ、管轄庁ニ於テ聞届、孰レモ処分済ノ後別紙雛形ニ照準シ、一同取纏メ可届出、此旨相達候事

但、神社寺院明細帳ニ記載ノモノハ伺之上処分スヘシ

*3——国立国会図書館所蔵「社寺取調類纂」第一一冊に所収。

*4——同右。

*5——このとき登記された神社の多くは、すでに登記済の「神社」と比べても遜色のない規模のものであった。したがって、阿蘇郡では「神社明細帳」作成開始当初の調査が地域によっては徹底されていなかったと思われる。

*6——北嶋雪山著『国郡一統志』(青潮社、一九七一年)。

*7——柏木亨介「祭祀空間の再構成——祭祀の場所の移動を通して」(『日本民俗学』二三七、二〇〇四年)。

*8——関敬吾「熊本内牧のタチワラ——複墓制・先祖祭・氏祖祭」(『民間伝承』一四-五、一九五〇年)。

*9——阿蘇地域にはオイナリサンやカンガエと呼ばれる宗教者がいて、普段はそれで生計を立てているわけではないが、人びとの求めに応じて占いや予言を行っている。

	社殿	境内	合併先	備考（朱書）
	ナシ　樹二祭ル	31坪　官有地第１種	仝村郷社鳥子阿蘇三宮神社境内へ今般移転合併	
	ナシ　樹二祭ル	31坪　官有地第１種	仝村郷社鳥子阿蘇三宮神社へ今般移転合併	
	ナシ　大樹二祭ル	19坪　官有地第１種	仝村郷社鳥子阿蘇三宮神社境内へ今般移転合併	
	ナシ　樹二祭ル	37坪　官有地第１種	今般仝村郷社鳥子阿蘇三宮神社へ合併	
	ナシ　樹二祭ル	9坪　官有地第１種	今般仝村村社小森神社へ今般合併	
	ナシ　樹木二祭	28坪　官有地第１種	今般仝村村社小森神社へ合併	
	ナシ　樹木二祭	74坪　官有地第１種	今般仝村村社小森神社へ合併	
	ナシ　樹二祭ル	20坪　官有地第１種	今般仝村村社小森神社へ合併	
	ナシ　樹木二祭ル	44坪　官有地第１種	今般仝村村社小森神社へ合併	
	ナシ　樹木二祭ル	106坪　官有地第１種	今般仝村村社小森神社へ合併	
	ナシ　樹木二祭	10坪　官有地第１種	今般仝村村社小森神社へ合併	
	ナシ　樹木二祭	3坪　官有地第１種	今般仝村村社小森神社へ合併	
	ナシ　石二祭ル	25坪　官有地第１種	今般仝村村社小森神社へ合併	
	ナシ　樹木二祭	82坪　官有地第１種	今般仝村村社小森神社へ合併	
	ナシ　樹木二祭	17坪　官有地第１種	今般同郡宮山村村社宮山神社へ合併	
	ナシ　樹木二祭ル	33坪　官有地第１種	今般同郡宮山村村社宮山神社へ合併	
	ナシ　樹木二祭	10坪　官有地第１種	今般仝村村社宮山神社へ合併	
	ナシ　樹木二祭	44坪　官有地第１種	今般同郡村社宮山神社へ合併	
	ナシ　木二祭ル	66坪　官有地第１種	今般仝村村社宮山神社へ合併	
	ナシ　木二祭ル	128坪　官有地第１種	今般仝村村社宮山神社へ合併	
	ナシ　木二祭ル	39坪　官有地第１種	今般仝村村社長野阿蘇神社へ合併	
	ナシ　樹二祭ル	67坪　官有地第１種	今般仝村村社長野阿蘇神社へ合併	

表1:「阿蘇郡調洩社堂最寄社堂合併調」記載内容一覧(掲載順)

No.	現在の市町村	村名	字	神祠名	祭神	由緒
1	西原村	鳥子村	前田29	水神森	罔象女神	創立年月日不詳、明治9年教部省第37号御達ニ基キ取調に際シ人民調達洩ナルコト仝17年実査ニ当リ発顕
2	西原村	鳥子村	岩下1024	水神森	罔象女神	創立年月日不詳、明治9年教部省第37号御達ニ基キ取調ニ際シ人民調達洩ナルコト仝17年実査ニ当リ発顕
3	西原村	鳥子村	襟之平1143	天神森	菅原道真公	創立年月日不詳、明治9年教部省第37号御達ニ基キ取調ニ際シ人民調達洩ナルコト仝17年実査ニ当リ発顕
4	西原村	鳥子村	六反田2700	天神森	菅原道真公	創立年月其他不詳、明治16年洪水之為メ境内流失河原洲ニ属スルヲ以テ仮ニ仝村郷社鳥子阿蘇三宮へ鎮座仝17年実査ニ当リ発顕
5	西原村	小森村	小東56	天神森	菅原道真公	創立年月不詳、明治9年教部省第37号御達ニ基キ取調ニ際シ人民調達洩ナルコト仝17年実査ニ当リ発顕
6	西原村	小森村	山神269	山神森	大山祇神	創立年月不詳、明治9年教部省第37号御達ニ基キ取調ニ際シ人民調達洩ナルコト仝17年実査ニ当リ発顕
7	西原村	小森村	葉山392	天神森	菅原道真公	創立年月不詳、明治9年教部省第37号御達ニ基キ取調ニ際シ人民調達洩ナルコト仝17年実査ニ当リ発顕
8	西原村	小森村	前鶴504	天神森	菅原道真公	創立年月不詳、明治9年教部省第37号御達ニ基キ取調ニ際シ人民調達洩ナルコト仝17年実査ニ当リ発顕
9	西原村	小森村	前鶴513	天神森	菅原道真公	創立年月不詳、明治9年教部省第37号御達ニ基キ取調ニ際シ人民調達洩ナルコト仝17年実査ニ当リ発顕
10	西原村	小森村	大切畑津留2462	年神森	大年神	創立年月不詳、明治9年教部省第37号御達ニ基キ取調ニ際シ人民調達洩ナルコト仝17年実査ニ当リ発顕
11	西原村	小森村	風當1353	風神森	級津彦神・級津姫神	創立年月不詳、明治9年教部省第37号御達ニ基キ取調ニ際シ人民調達洩ナルコト仝17年実査ニ当リ発顕
12	西原村	小森村	外村1577	水神森	水波女之神	創立年月不詳、明治9年教部省第37号御達ニ基キ取調ニ際シ人民調達洩ナルコト仝17年実査ニ当リ発顕
13	西原村	小森村	袴野鶴1665	荒神森	奥津毘古神・奥津毘女神・火結神	創立年月不詳、明治9年教部省第37号御達ニ基キ取調ニ際シ人民調達洩ナルコト仝17年実査ニ当リ発顕
14	西原村	小森村	大切畑1956	天神森	菅原道真公	創立年月不詳、明治9年教部省第37号御達ニ基キ取調ニ際シ人民調達洩ナルコト仝17年実査ニ当リ発顕
15	西原村	布田村	西原826	山神森	大山祇神	創立年月不詳、明治9年教部省第37号御達ニ基キ取調ニ際シ人民調達洩ナルコト仝17年実査ニ当リ発顕
16	西原村	布田村	玉迫1390	山神森	大山津見神	創立年月不詳、明治9年教部省第37号御達ニ基キ取調ニ際シ人民調達洩ナルコト仝17年実査ニ当リ発顕
17	西原村	宮山村	日向90	水神森	水波女之神	創立年月不詳、明治9年教部省第37号御達ニ基キ取調ニ際シ人民調達洩ナルコト仝17年実査ニ当リ発顕
18	西原村	宮山村	榎津留109	山神森	大山祇神	創立年月不詳、明治9年教部省第37号御達ニ基キ取調ニ際シ人民調達洩ナルコト仝17年実査ニ当リ発顕
19	西原村	宮山村	小牧霍1287	山神森	大山津見神	創立年月不詳、明治9年教部省第37号御達ニ基キ取調ニ際シ人民調達洩ナルコト仝17年実査ニ当リ発顕
20	西原村	宮山村	出ノ口津留1540	荒神森	奥津彦神・奥津姫神・火結神	創立年月不詳、明治9年教部省第37号御達ニ基キ取調ニ際シ人民調達洩ナルコト仝17年実査ニ当リ発顕
21	長陽村	長野村	本田40	荒神森	沖津彦神・沖津姫神・火結神	創立年月不詳、明治9年教部省第37号御達ニ基キ取調ニ際シ人民調達洩ナルコト仝17年実査ニ当リ発顕
22	長陽村	長野村	今市207	荒神森	沖津彦神・沖津姫神・火結神	創立年月不詳、明治9年教部省第37号御達ニ基キ取調ニ際シ人民調達洩ナルコト仝17年実査ニ当リ発顕

	ナシ　樹ニ祭	28坪　官有地第1種	今般仝村村社長野阿蘇神社へ合併	
	ナシ　樹ニ祭	11坪　官有地第1種	今般仝村村社長野阿蘇神社へ合併	
	ナシ　樹木ニ祭	4坪　官有地第1種	今般仝村村社長野阿蘇神社へ合併	
	ナシ	56坪　官有地第1種	今般仝村村社山田八幡宮へ合併	
	ナシ	65坪　官有地第1種	今般存置之部分ニ取調置タル仝村 字前田無格社天神社へ合併	
	ナシ	2坪	今般存置之部分ニ取調タル仝村 字前田無格社天神社へ合併	
	ナシ	31坪　官有地第1種	今般仝村村社矢村神社へ合併	
	ナシ	46坪　官有地第1種	今般仝村村社矢村神社へ合併	
	ナシ	6坪　官有地第1種	今般仝村村社矢村神社へ合併	
	ナシ	15坪　官有地第1種	今般仝村村社矢村神社へ合併	
	ナシ	18坪　官有地第1種	今般仝村村社矢村神社へ合併	
	ナシ	8坪　官有地第1種	今般仝村村社矢村神社へ合併	
	ナシ	33坪　官有地第1種	今般仝村村社西下原菅原神社へ合併	
	ナシ	未定	今般存置之部分ニ調置タル仝村字上堀田 438番無格社荻草神社へ合併	
	ナシ	85坪	同村村社日吉神社へ今般合併	
	ナシ　木ニ祭ル	30坪　官有地第1種	仝村字天神ノ下無格社菅原神社へ今般 合併	
	ナシ　木ニ祭ル	6坪　官有地第1種	仝村字天神ノ下無格社菅原神社へ今般 合併	
	ナシ　木ニ祀ル	25坪　官有地第1種	仝村字天神ノ下無格社菅原神社へ今般 合併	
	ナシ　木ニ祀ル	13坪　官有地第1種	仝村字天神ノ下無格社菅原神社へ今般 合併	
	ナシ　木ニ祀ル	29坪　官有地第1種	仝村字天神ノ下無格社菅原神社へ今般 合併	
	小祠	21坪　官有地第1種	仝村字天神ノ下無格社菅原神社へ今般 合併	
	ナシ　木ニ祭ル	20坪　官有地第1種	仝村字天神ノ下無格社菅原神社へ今般 合併	
	ナシ　木ニ祭ル	9坪　官有地第1種	仝村字天神ノ下無格社菅原神社へ今般 合併	
	ナシ　木ニ祀ル	16坪　官有地第1種	仝村字天神ノ下無格社菅原神社へ今般 合併	

23	長陽村	長野村	尾田345	荒神森	沖津毘古神・沖津毘咩神・火結神	創立年月不詳、明治9年教部省第37号御達ニ基キ取調ニ際シ人民調達洩ナルコト仝17年実査ニ当リ発顕
24	長陽村	長野村	尾田364	荒神森	沖津彦神・沖津姫神・火ノ結神	創立年月不詳、明治9年教部省第37号御達ニ基キ取調ニ際シ人民調達洩ナルコト仝17年実査ニ当リ発顕
25	長陽村	長野村	大石河原717	荒神森	沖津彦神・沖津姫神・火結神	創立年月不詳、明治9年教部省第37号御達ニ基キ取調ニ際シ人民調達洩ナルコト仝17年実査ニ当リ発顕
26	阿蘇町	山田村	竹脇414	天神森	天津神	創立年月不詳、明治9年教部省第37号御達ニ基キ取調ニ際シ人民調達洩ナルコト仝17年実査ニ当リ発顕
27	阿蘇町	小池村	牧之内364	山神森	大山祇神	創立年月不詳、明治9年教部省第37号御達ニ基キ取調ニ際シ人民調達洩ナルコト仝17年実査ニ当リ発顕
28	阿蘇町	小池村	長尾408	山神森	大山祇神	創立年月不詳、明治9年教部省第37号御達ニ基キ取調ニ際シ人民調達洩ナルコト仝17年実査ニ当リ発顕
29	一の宮町	宮地村	高島291	天神森	菅原道真公	創立年月不詳、明治9年教部省第37号御達ニ基キ取調ニ際シ人民調達洩ナルコト仝17年実査ニ当リ発顕
30	一の宮町	宮地村	長田1628	水神森	水波女神	創立年月不詳、明治9年教部省第37号御達ニ基キ取調ニ際シ人民調達洩ナルコト仝17年実査ニ当リ発顕
31	一の宮町	宮地村	寺島1923	水神森	罔象女神	創立年月不詳、明治9年教部省第37号御達ニ基キ取調ニ際シ人民調達洩ナルコト仝17年実査ニ当リ発顕
32	一の宮町	宮地村	福寄2151	水神森	罔象女神	創立年月不詳、明治9年教部省第37号御達ニ基キ取調ニ際シ人民調達洩ナルコト仝17年実査ニ当リ発顕
33	一の宮町	宮地村	石田2552	水神森	罔象女神	創立年月不詳、明治9年教部省第37号御達ニ基キ取調ニ際シ人民調達洩ナルコト仝17年実査ニ当リ発顕
34	一の宮町	宮地村	池尻3041	水神森	水波女神	創立年月日不詳、明治9年教部省第37号御達ニ基キ取調ニ際シ人民調達洩ナルコト仝17年実査ニ当リ発顕
35	一の宮町	中通村	勝負塚1225	水神森	罔象女神	創立年月不詳、明治9年教部省第37号御達ニ基キ取調ニ際シ人民調達洩ナルコト仝17年実査ニ当リ発顕
36	一の宮町	中通村	野尻野50	神森	不詳	創立年月不詳、明治9年教部省第37号御達ニ基キ取調ニ際シ人民調達洩ナルコト仝17年実査ニ当リ発顕
37	一の宮町	北坂梨村	園田584	菅原神社	菅原道真公	創立年月不詳、明治9年教部省第37号御達ニ基キ取調ニ際シ人民調達洩ナルコト仝17年実査ニ当リ発顕
38	南小国町	中原村	桑木迫3917	荒神森	沖津彦神・沖津姫神	創立年月不詳、明治9年教部省第37号御達ニ基キ取調ニ際シ人民調達洩ナルコト仝17年実査ニ当リ発顕
39	南小国町	中原村	合敷4030	山神森	大山祇神	創立年月不詳、明治9年教部省第37号御達ニ基キ取調ニ際シ人民調達洩ナルコト仝17年実査ニ当リ発顕
40	南小国町	中原村	阿蔵4134	山神森	大山祇神	創立年月不詳、明治9年教部省第37号御達ニ基キ取調ニ際シ人民調達洩ナルコト仝17年実査ニ当リ発顕
41	南小国町	中原村	阿蔵の4136	荒神森	沖津彦神・沖津姫神	創立年月不詳、明治9年教部省第37号御達ニ基キ取調ニ際シ人民調達洩ナルコト仝17年実査ニ当リ発顕
42	南小国町	中原村	湯田4174	厳島神森	市杵島姫神	創立年月不詳、明治9年教部省第37号御達ニ基キ取調ニ際シ人民調達洩ナルコト仝17年実査ニ当リ発顕
43	南小国町	中原村	湯田4203	彦宮	彦山神社同体	創立年月不詳、明治9年教部省第37号御達ニ基キ取調ニ際シ人民調達洩ナルコト仝17年実査ニ当リ発顕
44	南小国町	中原村	湯田4204	荒神森	沖津彦神・沖津姫神	創立年月不詳、明治9年教部省第37号御達ニ基キ取調ニ際シ人民調達洩ナルコト仝17年実査ニ当リ発顕
45	南小国町	中原村	湯田4218	荒神森	沖津彦神・沖津姫神	創立年月不詳、明治9年教部省第37号御達ニ基キ取調ニ際シ人民調達洩ナルコト仝17年実査ニ当リ発顕
46	南小国町	中原村	瀧川4341	年神森	大年神	創立年月不詳、明治9年教部省第37号御達ニ基キ取調ニ際シ人民調達洩ナルコト仝17年実査ニ当リ発顕

	ナシ　木ニ祭ル	6坪　官有地第1種	仝村字天神ノ下無格社菅原神社へ今般合併	
	縦5尺、横6尺	58坪　官有地第1種	仝村字天神ノ下無格社菅原神社へ今般合併	
	ナシ　石ニ祭ル	17坪　官有地第1種	仝村字天神ノ下無格社菅原神社へ今般合併	
	ナシ　木ニ祭ル	5坪　官有地第1種	仝村字天神ノ下無格社菅原神社へ今般合併	
	ナシ　木ニ祭ル	100坪　官有地第1種	仝村字天神ノ下無格社菅原神社へ今般合併	
	ナシ　木ニ祀ル	12坪　官有地第1種	仝村字天神ノ下無格社菅原神社へ今般合併	
	ナシ　木ニ祭ル	3坪　官有地第1種	仝村字妙見鶴無格社中湯田荒神社へ今般合併	
	ナシ　木ニ祀ル	150坪　官有地第1種	仝村字妙見鶴無格社中湯田荒神社へ今般合併	
	ナシ　木ニ祭ル	18坪　官有地第1種	仝村字妙見鶴無格社中湯田荒神社へ今般合併	
	ナシ　木ニ祭ル	18坪　官有地第1種	仝村字向田無格社樋口菅原神社へ今般合併	
	ナシ　木ニ祭ル	4坪　官有地第1種	仝村字向田無格社樋口菅原神社へ今般合併	
	ナシ　木ニ祭ル	5坪　官有地第1種	仝村字向田無格社樋口菅原神社へ今般合併	
	ナシ　木ニ祭ル	6坪　官有地第1種	仝村字平瀬無格社平瀬菅原神社へ今般合併	
	ナシ　木ニ祭ル	108坪　官有地第1種	仝村字平瀬無格社平瀬菅原神社へ今般合併	
	小祠	16坪　官有地第1種	仝村字平瀬無格社平瀬菅原神社へ今般合併	
	ナシ　木ニ祭ル	2坪　官有地第1種	仝村字平瀬無格社平瀬菅原神社へ今般合併	
	ナシ　木ニ祭ル	32坪　官有地第1種	仝村字平瀬無格社平瀬菅原神社へ今般合併	
	小祠	195坪　官有地第1種	仝村字平瀬無格社平瀬菅原神社へ今般合併	
	ナシ　木ニ祭ル	29坪　官有地第1種	仝村字平瀬無格社平瀬菅原神社へ今般合併	
	ナシ	9坪　官有地第1種	仝村字平瀬無格社平瀬菅原神社へ今般合併	
	ナシ	65坪　官有地第1種	仝村字畏木無格社畏木八幡宮へ今般合併	
	小祠	52坪　官有地第1種	仝村字畏木無格社畏木八幡宮へ今般合併	
	ナシ	11坪　官有地第1種	仝村字畏木無格社畏木八幡宮へ今般合併	
	ナシ　木ニ祭ル	182坪　官有地第1種	17年3月仝村字小倉迫無格社中原菅原神社合併	
	ナシ　木ニ祀ル	168坪　官有地第1種	今般仝村字小倉迫無格社中原菅原神社へ合併	

47	南小国町	中原村	古閑谷3405	荒神森	沖津彦神・沖津姫神	創立年月不詳、明治９年教部省第37号御達ニ基キ取調ニ際シ人民調達洩ナルコト仝17年実査ニ当リ発顕
48	南小国町	中原村	古閑谷3406	八幡宮	応神天皇	創立年月不詳、明治９年教部省第37号御達ニ基キ取調ニ際シ人民調達洩ナルコト仝17年実査ニ当リ発顕
49	南小国町	中原村	古閑谷3444	秋葉社	火結神	創立年月不詳、明治９年教部省第37号御達ニ基キ取調ニ際シ人民調達洩ナルコト仝17年実査ニ当リ発顕
50	南小国町	中原村	矢田原3596	山神森	大山祇神	創立年月不詳、明治９年教部省第37号御達ニ基キ取調ニ際シ人民調達洩ナルコト仝17年実査ニ当リ発顕
51	南小国町	中原村	横道3669	加藤社	加藤清正	創立年月不詳、明治９年教部省第37号御達ニ基キ取調ニ際シ人民調達洩ナルコト仝17年実査ニ当リ発顕
52	南小国町	中原村	横道3691	山神森	大山祇神	創立年月不詳、明治９年教部省第37号御達ニ基キ取調ニ際シ人民調達洩ナルコト仝17年実査ニ当リ発顕
53	南小国町	中原村	折立4571	荒神森	沖津彦神・沖津姫神	創立年月不詳、明治９年教部省第37号御達ニ基キ取調ニ際シ人民調達洩ナルコト仝17年実査ニ当リ発顕
54	南小国町	中原村	妙見鶴4610	天神森	菅原道真公	創立年月不詳、明治９年教部省第37号御達ニ基キ取調ニ際シ人民調達洩ナルコト仝17年実査ニ当リ発顕
55	南小国町	中原村	中湯田4709	年神森	大年神	創立年月不詳、明治９年教部省第37号御達ニ基キ取調ニ際シ人民調達洩ナルコト仝17年実査ニ当リ発顕
56	南小国町	中原村	向田5089	年神森	大年神	創立年月不詳、明治９年教部省第37号御達ニ基キ取調ニ際シ人民調達洩ナルコト仝17年実査ニ当リ発顕
57	南小国町	中原村	樋口5207	荒神森	沖津彦神・沖津姫神	創立年月不詳、明治９年教部省第37号御達ニ基キ取調ニ際シ人民調達洩ナルコト仝17年実査ニ当リ発顕
58	南小国町	中原村	樋口5324	山神森	大山祇神	創立年月不詳、明治９年教部省第37号御達ニ基キ取調ニ際シ人民調達洩ナルコト仝17年実査ニ当リ発顕
59	南小国町	中原村	岩ノ上1566	山神森	大山祇神	創立年月不詳、明治９年教部省第37号御達ニ基キ取調ニ際シ人民調達洩ナルコト仝17年実査ニ当リ発顕
60	南小国町	中原村	後谷1677	天神森	菅原道真公	創立年月不詳、明治９年教部省第37号御達ニ基キ取調ニ際シ人民調達洩ナルコト仝17年実査ニ当リ発顕
61	南小国町	中原村	大竹原1702	彦山神社	英彦山神社同体	創立年月不詳、明治９年教部省第37号御達ニ基キ取調ニ際シ人民調達洩ナルコト仝17年実査ニ当リ発顕
62	南小国町	中原村	田ノ口1397	荒神森	沖津彦神・沖津姫神	創立年月不詳、明治９年教部省第37号御達ニ基キ取調ニ際シ人民調達洩ナルコト仝17年実査ニ当リ発顕
63	南小国町	中原村	田ノ口1421	天神森	菅原道真公	創立年月不詳、明治９年教部省第37号御達ニ基キ取調ニ際シ人民調達洩ナルコト仝17年実査ニ当リ発顕
64	南小国町	中原村	城尾1959	天神森	菅原道真公	創立年月不詳、明治９年教部省第37号御達ニ基キ取調ニ際シ人民調達洩ナルコト仝17年実査ニ当リ発顕
65	南小国町	中原村	筒井迫2007	年神森	大年神	創立年月不詳、明治９年教部省第37号御達ニ基キ取調ニ際シ人民調達洩ナルコト仝17年実査ニ当リ発顕
66	南小国町	中原村	筒井迫2025	山神森	大山祇神	創立年月不詳、明治９年教部省第37号御達ニ基キ取調ニ際シ人民調達洩ナルコト仝17年実査ニ当リ発顕
67	南小国町	中原村	田ノ尻1089	荒神森	沖津彦神・沖津姫神	創立年月不詳、明治９年教部省第37号御達ニ基キ取調ニ際シ人民調達洩ナルコト仝17年実査ニ当リ発顕
68	南小国町	中原村	田ノ尻1109	大神宮	天照皇大神	創立年月不詳、明治９年教部省第37号御達ニ基キ取調ニ際シ人民調達洩ナルコト仝17年実査ニ当リ発顕
69	南小国町	中原村	田ノ尻1120	山神森	大山祇神	創立年月不詳、明治９年教部省第37号御達ニ基キ取調ニ際シ人民調達洩ナルコト仝17年実査ニ当リ発顕
70	南小国町	中原村	箱城3075	妙見森	天御中主神	創立年月不詳、明治９年教部省第37号御達ニ基キ取調ニ際シ人民調達洩ナルコト仝17年実査ニ当リ発顕
71	南小国町	中原村	上右田3282	妙見森	天御中主神	創立年月不詳、明治９年教部省第37号御達ニ基キ取調ニ際シ人民調達洩ナルコト仝17年実査ニ当リ発顕

	ナシ　木ニ祭ル	18坪　官有地第1種	今般仝村字小倉迫無格社中原菅原神社へ合併	
	ナシ　木ニ祭ル	20坪　官有地第1種	17年3月仝村字小倉迫中原菅原神社へ合併	
	小祠	19坪　官有地第1種	17年3月仝村字小倉迫中原菅原神社へ合併	
	ナシ　木ニ祭ル	88坪　官有地第1種	17年3月仝村字小倉迫中原菅原神社へ合併	
	ナシ　木ニ祭ル	60坪　官有地第1種	今般仝村字合迫村社中原熊野坐神社へ合併	
	ナシ　木ニ祭ル	21坪　官有地第1種	今般仝村字合迫村社中原熊野坐神社へ合併	
	小祠	244坪　官有地第1種	今般仝村字合迫村社中原熊野坐神社へ合併	
	小祠	91坪　官有地第1種	今般仝村字合迫村社中原熊野坐神社へ合併	
	ナシ　石ニ祭ル	8坪　官有地第1種	今般仝村村社中原熊野坐神社へ移転合併	
	ナシ　木ニ祭ル	4坪　官有地第1種	今般仝村村社中原熊野坐神社へ移転合併	
	ナシ　木ニ祭ル	5坪　官有地第1種	今般仝村村社中原熊野坐神社へ移転合併	
	ナシ　木ニ祭ル	67坪　官有地第1種	今般仝村村社中原熊野坐神社へ移転合併	
	ナシ　木ニ祭ル	5坪　官有地第1種	今般仝村村社中原熊野坐神社へ移転合併	
	小祠	3坪　官有地第1種	17年3月仝村字神田無格社神田大神宮へ合併	
	小祠	15坪　官有地第1種	17年3月仝村字神田無格社神田大神宮へ合併	
	石小祠	1坪　官有地第1種	17年3月仝村字神田無格社神田大神宮へ合併	
	ナシ　石ニ祭ル	1坪　官有地第1種	17年3月仝村字神田無格社神田大神宮へ合併	
	ナシ　石ニ祭ル	1坪　官有地第1種	今般仝村村社赤馬場大神宮へ移転合併	
	石小祠	14坪　官有地第1種	今般仝村村社赤馬場大神宮へ移転合併	
	ナシ　木ニ祭ル	6坪　官有地第1種	今般仝村村社赤馬場大神宮へ移転合併	
	ナシ　木ニ祭ル	48坪　官有地第1種	今般仝村字年手無格社冠神社へ合併	
	ナシ　木ニ祭ル	2坪　官有地第1種	今般仝村字中村無格社中村貴船神社へ合併	
	ナシ　木ニ祭ル	6坪　官有地第1種	今般仝村字中村無格社中村貴船神社へ合併	
	ナシ　木ニ祭ル	15坪　官有地第1種	17年3月仝村字中村無格社中村貴船神社へ合併	
	ナシ　水源ヲ祭ル	9坪　官有地第1種	17年3月仝村字中村無格社中村貴船神社へ合併	

72	南小国町	中原村	下リ田253	荒神森	沖津彦神・沖津姫神	創立年月不詳、明治9年教部省第37号御達ニ基キ取調ニ際シ人民調達洩ナルコト仝17年実査ニ当リ発顕
73	南小国町	中原村	米ノ山359	天神床	菅原道真公	創立年月不詳、明治9年教部省第37号御達ニ基キ取調ニ際シ人民調達洩ナルコト仝17年実査ニ当リ発顕
74	南小国町	中原村	米ノ山415	天神社	菅原道真公	創立年月不詳、明治9年教部省第37号御達ニ基キ取調ニ際シ人民調達洩ナルコト仝17年実査ニ当リ発顕
75	南小国町	中原村	坪ノ内2942	荒神森	沖津彦神・沖津姫神	創立年月不詳、明治9年教部省第37号御達ニ基キ取調ニ際シ人民調達洩ナルコト仝17年実査ニ当リ発顕
76	南小国町	中原村	原肥2430	荒神森	沖津彦神・沖津姫神	創立年月不詳、明治9年教部省第37号御達ニ基キ取調ニ際シ人民調達洩ナルコト仝17年実査ニ当リ発顕
77	南小国町	中原村	原2504	荒神森	沖津彦神・沖津姫神	創立年月不詳、明治9年教部省第37号御達ニ基キ取調ニ際シ人民調達洩ナルコト仝17年実査ニ当リ発顕
78	南小国町	中原村	瓜上2558	天神社	菅原道真公	創立年月不詳、明治9年教部第37号御達ニ基キ取調ニ際シ人民調達洩ナルコト仝17年実査ニ当リ発顕
79	南小国町	中原村	瓜上2602	天神社	菅原道真公	創立年月不詳、明治9年教部省第37号御達ニ基キ取調ニ際シ人民調達洩ナルコト仝17年実査ニ当リ発顕
80	南小国町	中原村	西和田19	猿田彦神社	猿田彦神	創立年月不詳、明治9年教部省第37号御達ニ基キ取調ニ際シ人民調達洩ナルコト仝17年実査ニ当リ発顕
81	南小国町	中原村	和田122	荒神森	沖津彦神・沖津姫神	創立年月不詳、明治9年教部省第37号御達ニ基キ取調ニ際シ人民調達洩ナルコト仝17年実査ニ当リ発顕
82	南小国町	中原村	和田123	荒神森	沖津彦神・沖津姫神	創立年月不詳、明治9年教部省第37号御達ニ基キ取調ニ際シ人民調達洩ナルコト仝17年実査ニ当リ発顕
83	南小国町	中原村	和田153	天神森	菅原道真公	創立年月不詳、明治9年教部省第37号御達ニ基キ取調ニ際シ人民調達洩ナルコト仝17年実査ニ当リ発顕
84	南小国町	中原村	和田155	荒神森	沖津彦神・沖津姫神	創立年月不詳、明治9年教部省第37号御達ニ基キ取調ニ際シ人民調達洩ナルコト仝17年実査ニ当リ発顕
85	南小国町	赤馬場村	狐石476	天神社	菅原道真公	創立年月不詳、明治9年教部省第37号御達ニ基キ取調ニ際シ人民調達洩ナルコト仝17年
86	南小国町	赤馬場村	梅木677	天神社	菅原道真公	創立年月不詳、明治9年教部省第37号御達ニ基キ取調ニ際シ人民調達洩ナルコト仝17年実査ニ当リ発顕
87	南小国町	赤馬場村	古賀迫869	厳島神社	市杵島姫神	創立年月不詳、明治9年教部省第37号御達ニ基キ取調ニ際シ人民調達洩ナルコト仝17年実査ニ当リ発顕
88	南小国町	赤馬場村	神田895	猿田彦神社	猿田彦神	創立年月不詳、明治9年教部省第37号御達ニ基キ取調ニ際シ人民調達洩ナルコト仝17年実査ニ当リ発顕
89	南小国町	赤馬場村	上杉田1730	猿田彦神社	猿田彦神	創立年月不詳、明治9年教部省第37号御達ニ基キ取調ニ際シ人民調達洩ナルコト仝17年実査ニ当リ発顕
90	南小国町	赤馬場村	上杉田1732	日子宮	不詳	創立年月不詳、明治9年教部省第37号御達ニ基キ取調ニ際シ人民調達洩ナルコト仝17年実査ニ当リ発顕
91	南小国町	赤馬場村	東市ノ原1901	荒神森	沖津彦神・沖津姫神	創立年月不詳、明治9年教部省第37号御達ニ基キ取調ニ際シ人民調達洩ナルコト仝17年実査ニ当リ発顕
92	南小国町	赤馬場村	岸ノ上2180	大将軍社	不詳	創立年月不詳、明治9年教部省第37号御達ニ基キ取調ニ際シ人民調達洩ナルコト仝17年実査ニ当リ発顕
93	南小国町	赤馬場村	中鶴3543	荒神森	沖津彦神・沖津姫神	創立年月不詳、明治9年教部省第37号御達ニ基キ取調ニ際シ人民調達洩ナルコト仝17年実査ニ当リ発顕
94	南小国町	赤馬場村	陣内3600	荒神森	沖津彦神・沖津姫神	創立年月不詳、明治9年教部省第37号御達ニ基キ取調ニ際シ人民調達洩ナルコト仝17年実査ニ当リ発顕
95	南小国町	赤馬場村	陣内3605	荒神森	沖津彦神・沖津姫神	創立年月不詳、明治9年教部省第37号御達ニ基キ取調ニ際シ人民調達洩ナルコト仝17年実査ニ当リ発顕
96	南小国町	赤馬場村	陣内3618	水神社	罔象女神	創立年月不詳、明治9年教部省第37号御達ニ基キ取調ニ際シ人民調達洩ナルコト仝17年実査ニ当リ発顕

	ナシ	22坪　官有地第1種	今般仝村字赤馬場無格社赤馬場菅原神社へ合併	
	ナシ　石祠	20坪　官有地第1種	今般仝村字神田無格社神田大神宮へ合併	
	ナシ　水源二祭ル	3坪　官有地第1種	今般仝村字動馬喜無格社稲荷神社へ合併	
	ナシ　石二祭ル	3坪　官有地第1種	今般仝村村社満願寺大神宮へ合併	
	小祠	27坪　官有地第1種	今般仝村字白川無格社菅原神社へ合併	
	ナシ　石二祭ル	1坪　官有地第1種	今般仝村字城山無格社志賀瀬若宮神社へ移転合併	
	石祠	29坪　官有地第1種	今般仝村字城山無格社志賀瀬若宮神社境内へ移転合併	
	ナシ　木二祭ル	13坪　官有地第1種	今般仝村字城山無格社志賀瀬若宮神社境内へ移転合併	
	ナシ　石二祭ル	1坪　官有地第1種	今般仝村字野付無格社菅原神社境内へ移転合併	
	ナシ　木二祭ル	9坪　官有地第1種	今般仝村字野付無格社菅原神社境内へ移転合併	
	ナシ　木二祭ル	6坪　官有地第1種	今般仝村字立岩無格社立岩菅原神社へ合併	
	ナシ　木二祭ル	4坪　官有地第1種	今般仝村字立岩無格社立岩菅原神社へ合併	
	ナシ　木二祭ル	26坪　官有地第1種	今般仝村字立岩無格社立岩菅原神社へ合併	
	ナシ　木二祭ル	6坪　官有地第1種	今般仝村村社満願寺大神宮へ合併	
	ナシ　石二祭ル	6坪　官有地第1種	今般仝村村社満願寺大神宮境内へ移転合併	
	ナシ　石二祭ル	3坪　官有地第1種	今般仝村村社満願寺大神宮境内へ移転合併	
	ナシ　石二祭ル	3坪　官有地第1種	今般仝村村社満願寺大神宮境内へ移転合併	
	ナシ　木二祭ル	6坪　官有地第1種	今般仝村村社満願寺大神宮へ合併	
	ナシ　木二祭ル	19坪　官有地第1種	17年4月仝村字西ノ蔵迫無格社大神宮へ合併	
	ナシ　木二祭ル	6坪　官有地第1種	17年4月仝村字西ノ蔵迫無格社大神宮へ合併	
	ナシ　木二祭ル	3坪　官有地第1種	17年4月仝村字西ノ蔵迫無格社大神宮へ合併	
	ナシ　木二祭ル	3坪　官有地第1種	17年4月仝村字西ノ蔵迫無格社大神宮へ合併	
	ナシ　木二祭ル	64坪　官有地第1種	今般仝村字立岩無格社立岩菅原神社へ合併	
	小祠	14坪　民有地第1種 宇津宮諫吉外2人各受	今般仝村字立岩無格社立岩菅原神社へ合併	
	ナシ　木二祭ル	3坪　官有地第1種	今般仝村字立岩無格社立岩菅原神社へ合併	

97	南小国町	赤馬場村	赤馬場128	妙見社	天御中主命	創立年月不詳、明治9年教部省第37号御達ニ基キ取調二際シ人民調達浅ナルコト仝17年実査ニ当リ発顕
98	南小国町	赤馬場村	矢津田210	水神	罔象女神	創立年月不詳、明治9年教部省第37号御達ニ基キ取調二際シ人民調達浅ナルコト仝17年実査ニ当リ発顕
99	南小国町	満願寺村	動馬喜709	水神社	罔象女神	創立年月不詳、明治9年教部省第37号御達ニ基キ取調二際シ人民調達浅ナルコト仝17年実査ニ当リ発顕
100	南小国町	満願寺村	岡倉2603	彦神床	不詳	創立年月不詳、明治9年教部省第37号御達ニ基キ取調二際シ人民調達浅ナルコト仝17年実査ニ当リ発顕
101	南小国町	満願寺村	白川6178	天神社	菅原道真公	創立年月不詳、明治9年教部省第37号御達ニ基キ取調二際シ人民調達浅ナルコト仝17年実査ニ当リ発顕
102	南小国町	満願寺村	原田853	猿田彦神社	猿田彦神	創立年月不詳、明治9年教部省第37号御達ニ基キ取調二際シ人民調達浅ナルコト仝17年実査ニ当リ発顕
103	南小国町	満願寺村	志賀瀬896	荒神森	沖津彦神・沖津姫神	創立年月不詳、明治9年教部省第37号御達ニ基キ取調二際シ人民調達浅ナルコト仝17年実査ニ当リ発顕
104	南小国町	満願寺村	志賀瀬927	彦山神社	英彦山神社同神	創立年月不詳、明治9年教部省第37号御達ニ基キ取調二際シ人民調達浅ナルコト仝17年実査ニ当リ発顕
105	南小国町	満願寺村	志童子1052	猿田彦神社	猿田彦神	創立年月不詳、明治9年教部省第37号御達ニ基キ取調二際シ人民調達浅ナルコト仝17年実査ニ当リ発顕
106	南小国町	満願寺村	下長崎1273	山神森	大山祇神	創立年月不詳、明治9年教部省第37号御達ニ基キ取調二際シ人民調達浅ナルコト仝17年実査ニ当リ発顕
107	南小国町	満願寺村	小杉1436	天神社	菅原道真公	創立年月不詳、明治9年教部省第37号御達ニ基キ取調二際シ人民調達浅ナルコト仝17年実査ニ当リ発顕
108	南小国町	満願寺村	立岩1553	英彦山社	英彦山神社同体	創立年月不詳、明治9年教部省第37号御達ニ基キ取調二際シ人民調達浅ナルコト仝17年実査ニ当リ発顕
109	南小国町	満願寺村	立岩1601	年神	大年神	創立年月不詳、明治9年教部省第37号御達ニ基キ取調二際シ人民調達浅ナルコト仝17年実査ニ当リ発顕
110	南小国町	満願寺村	西十三部1696	山神森	大山祇神	創立年月不詳、明治9年教部省第37号御達ニ基キ取調二際シ人民調達浅ナルコト仝17年実査ニ当リ発顕
111	南小国町	満願寺村	横高場1866	秋葉神社	火産霊神	創立年月不詳、明治9年教部省第37号御達ニ基キ取調二際シ人民調達浅ナルコト仝17年実査ニ当リ発顕
112	南小国町	満願寺村	道下1999	猿田彦神社	猿田彦神	創立年月不詳、明治9年教部省第37号御達ニ基キ取調二際シ人民調達浅ナルコト仝17年実査ニ当リ発顕
113	南小国町	満願寺村	境本2545	山神森	大山祇神	創立年月不詳、明治9年教部省第37号御達ニ基キ取調二際シ人民調達浅ナルコト仝17年実査ニ当リ発顕
114	南小国町	満願寺村	岡倉2604	天神森	菅原道真公	創立年月不詳、明治9年教部省第37号御達ニ基キ取調二際シ人民調達浅ナルコト仝17年実査ニ当リ発顕
115	南小国町	満願寺村	笹尾3025	年神森	大年神	創立年月不詳、明治9年教部省第37号御達ニ基キ取調二際シ人民調達浅ナルコト仝17年実査ニ当リ発顕
116	南小国町	満願寺村	扇3034	荒神森	沖津彦神・沖津姫神	創立年月不詳、明治9年教部省第37号御達ニ基キ取調二際シ人民調達浅ナルコト仝17年実査ニ当リ発顕
117	南小国町	満願寺村	扇3049	荒神森	沖津彦神・沖津姫神	創立年月不詳、明治9年教部省第37号御達ニ基キ取調二際シ人民調達浅ナルコト仝17年実査ニ当リ発顕
118	南小国町	満願寺村	貝割3198	山神森	大山祇神	創立年月不詳、明治9年教部省第37号御達ニ基キ取調二際シ人民調達浅ナルコト仝17年実査ニ当リ発顕
119	南小国町	満願寺村	薊原3712	天神森	菅原道真公	創立年月不詳、明治9年教部省第37号御達ニ基キ取調二際シ人民調達浅ナルコト仝17年実査ニ当リ発顕
120	南小国町	満願寺村	薊原3729	大神宮	天照皇大神	創立年月不詳、明治9年教部省第37号御達ニ基キ取調二際シ人民調達浅ナルコト仝17年実査ニ当リ発顕
121	南小国町	満願寺村	薊原3751	山神森	大山祇神	創立年月不詳、明治9年教部省第37号御達ニ基キ取調二際シ人民調達浅ナルコト仝17年実査ニ当リ発顕

	ナシ　木ニ祀ル	30坪　官有地第１種	今般仝村字西星和無格社星和大神宮へ合併	
	ナシ　木ニ祭ル	12坪　官有地第１種	今般仝村字西星和無格社星和大神宮へ合併	
	小祠	24坪　官有地第１種	今般仝村字西星和無格社星和大神宮へ合併	
	ナシ　木ニ祭ル	6坪　官有地第１種	今般仝村字吉原無格社吉原菅原神社へ合併	
	ナシ　木ニ祭ル	16坪　官有地第１種	今般仝村字吉原無格社吉原菅原神社へ合併	
	ナシ　石ニ祭ル	3坪　官有地第１種	今般仝村字小田無格社小田菅原神社へ合併	
	ナシ　木ニ祀ル	21坪　官有地第１種	今般仝村字黒川無格社黒川神社へ合併	
	小祠	2坪　官有地第１種	今般仝村字黒川無格社黒川神社へ合併	
	ナシ　水源ニ祭	4坪　官有地第１種	今般仝村田ノ原無格社田原神社へ合併	
	ナシ　水源ニ祭ル	1坪　官有地第１種	今般仝村田ノ原無格社田原神社へ合併	
	ナシ　水源ニ祭	6坪　官有地第１種	今般仝村字陣内無格社御霊神社へ合併	
	ナシ　木ニ祭ル	10坪　官有地第１種	今般仝村字堂山無格社皇太神宮へ合併	
	ナシ　木ニ祭ル	19坪　民有地第１種村総各受	今般仝村字貴舩迫村社貴舩迫大神宮へ合併	
	ナシ　大松樹ニ祭ル	35坪　官有地第１種	今般仝村字狩宿無格社狩宿大神宮へ合併	
	ナシ　木ニ祭ル	10坪　官有地第１種	今般仝村字鬼臼無格社彦山神社へ合併	
	ナシ　大椿樹ニ祭ル	5坪　官有地第１種	今般仝村字巡淵無格社幸野大神宮へ合併	
	ナシ　木ニ祭ル	20坪　官有地第１種	今般仝村字巡淵無格社幸野大神宮へ合併	
	ナシ　木ニ祭ル	24坪　官有地第１種	今般仝村字巡淵無格社幸野大神宮へ合併	
	ナシ　木ニ祭ル	59坪　官有地第１種	仝村字大津留無格社大津留大神宮へ11年6月合併	
	ナシ　木ニ祭ル	23坪　官有地第１種	仝村字大津留無格社大津留大神宮へ11年6月合併	
	ナシ　小祠	45坪　官有地第１種	仝村字大津留無格社大津留大神宮へ11年6月合併	
	ナシ　木ニ祭ル	10坪　官有地第１種	仝村字大津留無格社大津留大神宮へ11年6月合併	
	ナシ　木ニ祭ル	13坪　官有地第１種	仝村字大津留無格社大津留大神宮へ11年6月合併	
	小祠	26坪　官有地第１種	仝村字堂山無格社皇大神宮へ11年6月合併	
	ナシ　木ニ祭ル	20坪　官有地第１種	仝村郷社宮原両神社へ今般合併	

122	南小国町	満願寺村	會解4103	山神森	大山祇神	創立年月不詳、明治9年教部省第37号御達ニ基キ取調ニ際シ人民調達洩ナルコト仝17年実査ニ当リ発顕
123	南小国町	満願寺村	深久保5565	荒神森	沖津彦神・沖津姫神	創立年月不詳、明治9年教部省第37号御達ニ基キ取調ニ際シ人民調達洩ナルコト仝17年実査ニ当リ発顕
124	南小国町	満願寺村	米野尾5602	天神社	菅原道真公	創立年月不詳、明治9年教部省第37号御達ニ基キ取調ニ際シ人民調達洩ナルコト仝17年実査ニ当リ発顕
125	南小国町	満願寺村	柳本4949	山神森	大山祇神	創立年月不詳、明治9年教部省第37号御達ニ基キ取調ニ際シ人民調達洩ナルコト仝17年実査ニ当リ発顕
126	南小国町	満願寺村	吉原5420	荒神森	沖津彦神・沖津姫神	創立年月不詳、明治9年教部省第37号御達ニ基キ取調ニ際シ人民調達洩ナルコト仝17年実査ニ当リ発顕
127	南小国町	満願寺村	長田5267	権現森	英彦山神社同体	創立年月不詳、明治9年教部省第37号御達ニ基キ取調ニ際シ人民調達洩ナルコト仝17年実査ニ当リ発顕
128	南小国町	満願寺村	火焼輪智6426	白峯神社	崇徳天皇	創立年月不詳、明治9年教部省第37号御達ニ基キ取調ニ際シ人民調達洩ナルコト仝17年実査ニ当リ発顕
129	南小国町	満願寺村	瀬ノ本5634	山神社	大山祇神	創立年月不詳、明治9年教部省第37号御達ニ基キ取調ニ際シ人民調達洩ナルコト仝17年実査ニ当リ発顕
130	南小国町	満願寺村	田ノ原7338	水神森	罔象女神	創立年月不詳、明治9年教部省第37号御達ニ基キ取調ニ際シ人民調達洩ナルコト仝17年実査ニ当リ発顕
131	南小国町	満願寺村	東田ノ原7386	水神森	水波女神	創立年月不詳、明治9年教部省第37号御達ニ基キ取調ニ際シ人民調達洩ナルコト仝17年実査ニ当リ発顕
132	南小国町	満願寺村	鬼淵8627	水神森	水波女神	創立年月不詳、明治9年教部省第37号御達ニ基キ取調ニ際シ人民調達洩ナルコト仝17年実査ニ当リ発顕
133	小国町	北里村	西ノ平1698	龍神森	綿津海神	創立年月不詳、明治9年教部省第37号御達ニ基キ取調ニ際シ人民調達洩ナルコト仝17年実査ニ当リ発顕
134	小国町	上田村	仁瀬1681	山神森	大山祇神	創立年月不詳、明治9年教部省第37号御達ニ基キ取調ニ際シ人民調達洩ナルコト仝17年実査ニ当リ発顕
135	小国町	上田村	荒倉850	山神森	大山祇神	創立年月不詳、明治9年教部省第37号御達ニ基キ取調ニ際シ人民調達洩ナルコト仝17年実査ニ当リ発顕
136	小国町	上田村	別所1500	荒神森	沖津彦神・沖津姫神	創立年月不詳、明治9年教部省第37号御達ニ基キ取調ニ際シ人民調達洩ナルコト仝17年実査ニ当リ発顕
137	小国町	上田村	馬場3433	荒神森	沖津彦神・沖津姫神	創立年月不詳、明治9年教部省第37号御達ニ基キ取調ニ際シ人民調達洩ナルコト仝17年実査ニ当リ発顕
138	小国町	上田村	小原田3503	水神森	罔象女神	創立年月不詳、明治9年教部省第37号御達ニ基キ取調ニ際シ人民調達洩ナルコト仝17年実査ニ当リ発顕
139	小国町	上田村	原田3505	荒神森	沖津彦神・沖津姫神	創立年月不詳、明治9年教部省第37号御達ニ基キ取調ニ際シ人民調達洩ナルコト仝17年実査ニ当リ発顕
140	小国町	上田村	星原4023	彦山神社		創立年月不詳、明治9年教部省第37号御達ニ基キ取調ニ際シ人民調達洩ナルコト仝17年実査ニ当リ発顕
141	小国町	上田村	星原486	菅原神社	菅原道真公	創立年月不詳、明治9年教部省第37号御達ニ基キ取調ニ際シ人民調達洩ナルコト仝17年実査ニ当リ発顕
142	小国町	上田村	原道4856	天御中主神社	天御中主神	創立年月不詳、明治9年教部省第37号御達ニ基キ取調ニ際シ人民調達洩ナルコト仝17年実査ニ当リ発顕
143	小国町	上田村	南平5371	荒神森	沖津彦神・沖津姫神	創立年月不詳、明治9年教部省第37号御達ニ基キ取調ニ際シ人民調達洩ナルコト仝17年実査ニ当リ発顕
144	小国町	上田村	南平5390	山神森	大山祇神	創立年月不詳、明治9年教部省第37号御達ニ基キ取調ニ際シ人民調達洩ナルコト仝17年実査ニ当リ発顕
145	小国町	北里村	妙見1923	北辰神社	天御中主神	創立年月不詳、明治9年教部省第37号御達ニ基キ取調ニ際シ人民調達洩ナルコト仝17年実査ニ当リ発顕
146	小国町	宮原村	山神834	山神森	大山祇神	創立年月不詳、明治9年教部省第37号御達ニ基キ取調ニ際シ人民調達洩ナルコト仝17年実査ニ当リ発顕

	ナシ　木ニ祭ル	17坪　官有地第１種	今般仝村字松田無格社松田琴平神社へ合併	
	ナシ　木ニ祭ル	20坪　官有地第１種	今般仝村字宮原無格社城山大神宮へ合併	
	ナシ　木ニ祭ル	15坪　官有地第１種	今般仝村字仁瀬ノ上無格社仁瀬熊野神社へ合併	
	ナシ　木ニ祭ル	70坪　官有地第１種	今般仝村字城山無格社城山大神宮へ合併	
	ナシ　木ニ祀ル	4坪　官有地第１種	今般仝村字東福坂無格社東福坂大神宮へ合併	
	ナシ　石ニ祭ル	4坪　官有地第１種	今般仝村字堅田無格社堅田大神宮境内へ移転合併	
	ナシ　木ニ祭ル	63坪　官有地第１種	今般仝村字堅田無格社堅田大神宮へ合併	
	ナシ　石ニ祭ル	1坪　官有地第１種	今般仝村字堅田無格社堅田大神宮境内へ移転合併	
	ナシ　木ニ祭ル	1坪　官有地第１種	今般仝村字天神ノ上無格社尾園大神宮へ合併	
	ナシ　木ニ祭ル	6坪　官有地第１種	今般仝村字天神ノ上無格社尾園大神宮へ合併	
	ナシ　木ニ祭ル	20坪　官有地第１種	今般仝村字天神ノ上無格社尾園大神宮へ合併	
	ナシ　木ニ祭ル	4坪　官有地第１種	今般仝村字天神ノ上無格社尾園大神宮へ合併	
	ナシ　石ニ祭ル	2坪　官有地第１種	今般仝村字天神ノ上無格社尾園大神宮へ移転合併	
	ナシ　木ニ祭ル	3坪　官有地第１種	今般仝村字天神ノ上無格社尾園大神宮へ合併	
	ナシ　木ニ祭ル	107坪　官有地第１種	今般仝村字天神ノ上無格社尾園大神宮へ合併	
	ナシ　木ニ祭ル	110坪　官有地第１種	今般仝村字土田無格社土田大神宮へ合併	
	ナシ　木ニ祭ル	11坪　官有地第１種	今般仝村字下城村社下城神社へ合併	
	ナシ　木ニ祭ル	15坪　官有地第１種	今般仝村字下城村社下城神社へ11年6月合併	
	ナシ	10坪	11年仝村字坂ノ下菅原神社へ合併、更ニ16年本社ト共ニ仝村村社下城神社へ合併	
	ナシ　木ニ祭ル	90坪　官有地第１種	今般仝村村社下城神社へ11年合併	
	ナシ　木ニ祭ル	7坪　官有地第１種	11年4月存置許可、仝12年仝村村社下城神社へ合併	
	ナシ　木ニ祭ル	10坪　官有地第１種	11年仝村村社下城神社へ合併	
	ナシ	11坪　官有地第１種	今般仝村村社下城神社へ合併	
	ナシ　木ニ祭ル	2坪　官有地第１種	今般仝村字田ノ原無格社箱神社へ合併	
	ナシ　木ニ祭ル	56坪　官有地第１種	今般仝村字湯津留無格社皇大神宮へ合併	
	ナシ　木ニ祭ル	10坪　官有地第１種	今般仝村字天神宇土無格社菅原神社へ11年合併	

147	小国町	宮原村	影ノ木912	山神森	大山祇神	創立年月不詳、明治9年教部省第37号御達ニ基キ取調ニ際シ人民調達洩ナルコト仝17年実査ニ当リ発顕
148	小国町	宮原村	城山102	山神森	大山祇神	創立年月不詳、明治9年教部省第37号御達ニ基キ取調ニ際シ人民調達洩ナルコト仝17年実査ニ当リ発顕
149	小国町	宮原村	二瀬ノ上2187	荒神森	沖津彦神・沖津姫神	創立年月不詳、明治9年教部省第37号御達ニ基キ取調ニ際シ人民調達洩ナルコト仝17年実査ニ当リ発顕
150	小国町	宮原村	深瀬2753	山神森	大山祇神	創立年月不詳、明治9年教部省第37号御達ニ基キ取調ニ際シ人民調達洩ナルコト仝17年実査ニ当リ発顕
151	小国町	宮原村	深瀬2767	山神森	大山祇神	創立年月不詳、明治9年教部省第37号御達ニ基キ取調ニ際シ人民調達洩ナルコト仝17年実査ニ当リ発顕
152	小国町	宮原村	大霍2992	猿田彦神	猿田彦神	創立年月不詳、明治9年教部省第37号御達ニ基キ取調ニ際シ人民調達洩ナルコト仝17年実査ニ当リ発顕
153	小国町	宮原村	白髭3109	山神森	大山祇神	創立年月不詳、明治9年教部省第37号御達ニ基キ取調ニ際シ人民調達洩ナルコト仝17年実査ニ当リ発顕
154	小国町	宮原村	字3297	猿田彦大神	猿田彦大神	創立年月不詳、明治9年教部省第37号御達ニ基キ取調ニ際シ人民調達洩ナルコト仝17年実査ニ当リ発顕
155	小国町	宮原村	山ノ口3477	荒神森	沖津彦神・沖津姫神	創立年月不詳、明治9年教部省第37号御達ニ基キ取調ニ際シ人民調達洩ナルコト仝17年実査ニ当リ発顕
156	小国町	宮原村	小園3514	荒神森	沖津彦神・沖津姫神	創立年月不詳、明治9年教部省第37号御達ニ基キ取調ニ際シ人民調達洩ナルコト仝17年実査ニ当リ発顕
157	小国町	宮原村	小園3514	年神森	大年神	創立年月不詳、明治9年教部省第37号御達ニ基キ取調ニ際シ人民調達洩ナルコト仝17年実査ニ当リ発顕
158	小国町	宮原村	天神上3560	荒神森	沖津彦神・沖津姫神	創立年月不詳、明治9年教部省第37号御達ニ基キ取調ニ際シ人民調達洩ナルコト仝17年実査ニ当リ発顕
159	小国町	宮原村	天神ノ上3602	猿田彦神	猿田彦神	創立年月不詳、明治9年教部省第37号御達ニ基キ取調ニ際シ人民調達洩ナルコト仝17年実査ニ当リ発顕
160	小国町	宮原村	堂ノ迫3663	荒神森	沖津彦神・沖津姫神	創立年月不詳、明治9年教部省第37号御達ニ基キ取調ニ際シ人民調達洩ナルコト仝17年実査ニ当リ発顕
161	小国町	宮原村	堂ノ迫3705	山神森	大山祇神	創立年月不詳、明治9年教部省第37号御達ニ基キ取調ニ際シ人民調達洩ナルコト仝17年実査ニ当リ発顕
162	小国町	宮原村	堂ノ上1348	山神森	大山祇神	創立年月不詳、明治9年教部省第37号御達ニ基キ取調ニ際シ人民調達洩ナルコト仝17年実査ニ当リ発顕
163	小国町	下城村	下城28	荒神森	沖津彦神・沖津姫神	創立年月不詳、明治9年教部省第37号御達ニ基キ取調ニ際シ人民調達洩ナルコト仝17年実査ニ当リ発顕
164	小国町	下城村	坂ノ下634	菅原神社	菅原神社	創立年月不詳、明治9年教部省第37号御達ニ基キ取調ニ際シ人民調達洩ナルコト仝17年実査ニ当リ発顕
165	小国町	下城村	長淵1883	菅原神社	菅原道真公	創立年月不詳、明治9年教部省第37号御達ニ基キ取調ニ際シ人民調達洩ナルコト仝17年実査ニ当リ発顕
166	小国町	下城村	洗淵1915	菅原神社	菅原道真公	創立年月不詳、明治9年教部省第37号御達ニ基キ取調ニ際シ人民調達洩ナルコト仝17年実査ニ当リ発顕
167	小国町	下城村	市井野2038	大神宮	天照皇大神	創立年月不詳、明治9年教部省第37号御達ニ基キ取調ニ際シ人民調達洩ナルコト仝17年実査ニ当リ発顕
168	小国町	下城村	神谷2261	天神森	菅原道真公	創立年月不詳、明治9年教部省第37号御達ニ基キ取調ニ際シ人民調達洩ナルコト仝17年実査ニ当リ発顕
169	小国町	下城村	薄越2302	荒神森	沖津彦神・沖津姫神	創立年月不詳、明治9年教部省第37号御達ニ基キ取調ニ際シ人民調達洩ナルコト仝17年実査ニ当リ発顕
170	小国町	下城村	宇土谷4880	天神森	菅原道真公	創立年月不詳、明治9年教部省第37号御達ニ基キ取調ニ際シ人民調達洩ナルコト仝17年実査ニ当リ発顕
171	小国町	下城村	三ツ股3501	菅原森	菅原道真公	創立年月不詳、明治9年教部省第37号御達ニ基キ取調ニ際シ人民調達洩ナルコト仝17年実査ニ当リ発顕
172	小国町	下城村	尾崎3668	荒神森	沖津彦神・沖津姫神	創立年月不詳、明治9年教部省第37号御達ニ基キ取調ニ際シ人民調達洩ナルコト仝17年実査ニ当リ発顕

	ナシ　木ニ祭ル	5坪　官有地第1種	今般仝村字天神宇土無格社菅原神社へ11年合併	
	小祠	4坪　官有地第1種	今般仝村字姥ヶ迫無格社菅原神社へ合併	
	小祠	20坪　官有地第1種	今般仝村字姥ヶ迫無格社菅原神社へ合併	
	ナシ　木ニ祭ル	10坪　官有地第1種	今般仝村字杉平無格社杉平菅原神社へ合併	
	ナシ　木ニ祭ル	3坪　官有地第1種	今般仝村村社寶来吉見神社へ合併	
	ナシ　木ニ祭ル	20坪　官有地第1種	今般仝村村社寶来吉見神社へ12年11月合併	
	ナシ　石ニ祭ル	15坪　官有地第1種	今般仝村字裏九牛野無格社菅原神社境内へ移転合併	
	ナシ　石ニ祭ル	6坪　官有地第1種	今般仝村字裏九牛野無格社菅原神社境内へ移転合併	
	ナシ　木ニ祭ル	25坪　官有地第1種	今般仝村字裏九牛野無格社菅原神社境内へ移転合併	
	ナシ　木ニ祭ル	12坪　官有地第1種	今般仝村字裏九牛野無格社菅原神社境内へ移転合併	
	ナシ　木ニ祭ル	30坪　官有地第1種	今般仝村字裏九牛野無格社菅原神社境内へ移転合併	
	ナシ　木ニ祭ル	2坪　官有地第1種	今般仝村村社赤仁田菅原神社へ合併	
	ナシ　木ニ祭ル	12坪　官有地第1種	今般存置ノ部分ニ調置タル仝村仝字791番地菅原神社へ合併	
	ナシ　木ニ祭ル	6坪　官有地第1種	今般仝村字西畑無格社八幡宮へ合併	
	ナシ　木ニ祭ル	2坪　官有地第1種	今般仝村字西畑無格社八幡宮へ合併	
	ナシ　木ニ祭ル	4坪　官有地第1種	今般仝村字西畑無格社八幡宮へ合併	
	ナシ　木ニ祭ル	12坪　官有地第1種	今般仝村字西畑無格社八幡宮へ合併	
	ナシ　木ニ祭ル	7坪　官有地第1種	今般仝村村社小園八幡宮へ合併	
	ナシ　木ニ祭ル	4坪　官有地第1種	今般仝村村社小園八幡宮へ合併	
	ナシ　木ニ祭ル	3坪　官有地第1種	今般仝村字中園無格社有永神社へ合併	
	ナシ　木ニ祭ル	60坪　官有地第1種	今般仝村字中園無格社有永神社へ合併	
	ナシ　木ニ祭ル	3坪　官有地第1種	今般仝村字中園無格社有永神社へ合併	
	ナシ　木ニ祭ル	8坪　官有地第1種	今般仝村字中園無格社有永神社へ合併	
	ナシ　木ニ祭ル	6坪　官有地第1種	今般仝村字中園無格社有永神社へ合併	
	ナシ　木ニ祭ル	4坪　官有地第1種	今般仝村字寺村無格社菅原神社へ合併	

173	小国町	下城村	尾崎3698	荒神森	沖津彦神・沖津姫神	創立年月不詳、明治9年教部省第37号御達ニ基キ取調ニ際シ人民調達洩ナルコト仝17年実査ニ当リ発顕
174	小国町	西里村	杉谷所1153	権現社	不詳	創立年月不詳、明治9年教部省第37号御達ニ基キ取調ニ際シ人民調達洩ナルコト仝17年実査ニ当リ発顕
175	小国町	西里村	姥ヶ迫1258	権現社	不詳	創立年月不詳、明治9年教部省第37号御達ニ基キ取調ニ際シ人民調達洩ナルコト仝17年実査ニ当リ発顕
176	小国町	黒淵村	手水野841	荒神森	沖津彦神・沖津姫神	創立年月不詳、明治9年教部省第37号御達ニ基キ取調ニ際シ人民調達洩ナルコト仝17年実査ニ当リ発顕
177	小国町	黒淵村	染工1337	荒神森	沖津彦神・沖津姫神	創立年月不詳、明治9年教部省第37号御達ニ基キ取調ニ際シ人民調達洩ナルコト仝17年実査ニ当リ発顕
178	小国町	黒淵村	原2569	天神森	菅原道真公	創立年月不詳、明治9年教部省第37号御達ニ基キ取調ニ際シ人民調達洩ナルコト仝17年実査ニ当リ発顕
179	波野村	赤仁田村	折口52	猿田彦神社	猿田彦神	創立年月不詳、明治9年教部省第37号御達ニ基キ取調ニ際シ人民調達洩ナルコト仝17年実査ニ当リ発顕
180	波野村	赤仁田村	九牛野291	荒神森	沖津彦神・沖津姫神	創立年月不詳、明治9年教部省第37号御達ニ基キ取調ニ際シ人民調達洩ナルコト仝17年実査ニ当リ発顕
181	波野村	赤仁田村	裏九牛野346	山神森	大山祇神	創立年月不詳、明治9年教部省第37号御達ニ基キ取調ニ際シ人民調達洩ナルコト仝17年実査ニ当リ発顕
182	波野村	赤仁田村	向畑431	水神森	罔象女神	創立年月不詳、明治9年教部省第37号御達ニ基キ取調ニ際シ人民調達洩ナルコト仝17年実査ニ当リ発顕
183	波野村	赤仁田村	天迫510	菅原森	菅原道真公	創立年月不詳、明治9年教部省第37号御達ニ基キ取調ニ際シ人民調達洩ナルコト仝17年実査ニ当リ発顕
184	波野村	赤仁田村	下リ尾野631	山神森	大山祇神	創立年月不詳、明治9年教部省第37号御達ニ基キ取調ニ際シ人民調達洩ナルコト仝17年実査ニ当リ発顕
185	波野村	赤仁田村	釣井久保790	荒神森	沖津彦神・沖津姫神	創立年月不詳、明治9年教部省第37号御達ニ基キ取調ニ際シ人民調達洩ナルコト仝17年実査ニ当リ発顕
186	波野村	赤仁田村	内畑898	荒神森	沖津彦神・沖津姫神	創立年月不詳、明治9年教部省第37号御達ニ基キ取調ニ際シ人民調達洩ナルコト仝17年実査ニ当リ発顕
187	波野村	赤仁田村	内畑901	荒神森	沖津彦神・沖津姫神	創立年月不詳、明治9年教部省第37号御達ニ基キ取調ニ際シ人民調達洩ナルコト仝17年実査ニ当リ発顕
188	波野村	赤仁田村	内畑916	荒神森	沖津彦神・沖津姫神	創立年月不詳、明治9年教部省第37号御達ニ基キ取調ニ際シ人民調達洩ナルコト仝17年実査ニ当リ発顕
189	波野村	赤仁田村	内畑924	荒神森	沖津彦神・沖津姫神	創立年月不詳、明治9年教部省第37号御達ニ基キ取調ニ際シ人民調達洩ナルコト仝17年実査ニ当リ発顕
190	波野村	小園村	山迫566	荒神森	沖津彦神・沖津姫神	創立年月不詳、明治9年教部省第37号御達ニ基キ取調ニ際シ人民調達洩ナルコト仝17年実査ニ当リ発顕
191	波野村	小園村	引地654	荒神森	沖津彦神・沖津姫神	創立年月不詳、明治9年教部省第37号御達ニ基キ取調ニ際シ人民調達洩ナルコト仝17年実査ニ当リ発顕
192	産山村	片俣村	中園662	荒神森	沖津彦神・沖津姫神	創立年月不詳、明治9年教部省第37号御達ニ基キ取調ニ際シ人民調達洩ナルコト仝17年実査ニ当リ発顕
193	産山村	片俣村	中園677	荒神森	沖津彦神・沖津姫神	創立年月不詳、明治9年教部省第37号御達ニ基キ取調ニ際シ人民調達洩ナルコト仝17年実査ニ当リ発顕
194	産山村	片俣村	中園682	水神森	罔象女神	創立年月不詳、明治9年教部省第37号御達ニ基キ取調ニ際シ人民調達洩ナルコト仝17年実査ニ当リ発顕
195	産山村	片俣村	中園720	荒神森	沖津彦神・沖津姫神	創立年月不詳、明治9年教部省第37号御達ニ基キ取調ニ際シ人民調達洩ナルコト仝17年実査ニ当リ発顕
196	産山村	片俣村	中園723	荒神森	沖津彦神・沖津姫神	創立年月不詳、明治9年教部省第37号御達ニ基キ取調ニ際シ人民調達洩ナルコト仝17年実査ニ当リ発顕
197	産山村	片俣村	寺村83	荒神森	沖津彦神・沖津姫神	創立年月不詳、明治9年教部省第37号御達ニ基キ取調ニ際シ人民調達洩ナルコト仝17年実査ニ当リ発顕

	ナシ　木ニ祭ル	30坪　官有地第1種	今般仝村字東村無格社菅原神社へ合併	
	ナシ　木ニ祭ル	3坪　官有地第1種	今般仝村字東村無格社菅原神社へ合併	
	ナシ　木ニ祭ル	4坪　官有地第1種	今般仝村字東村無格社菅原神社へ合併	
	ナシ　木ニ祭ル	6坪　官有地第1種	今般仝村字東村無格社菅原神社へ合併	
	ナシ　木ニ祭ル	2坪　官有地第1種	今般存置之部分ニ調置タル仝村字樽尾508番地荒神社へ合併	
	ナシ　木ニ祭ル	20坪　官有地第1種	今般存置之部分ニ調置タル仝村字樽尾508番地荒神社へ合併	
	ナシ　木ニ祭ル	8坪　官有地第1種	今般存置之部分ニ調置タル仝村字寺村92番地荒神社へ合併	
	ナシ　木ニ祭ル	12坪　民有地第1種芹井忠三郎各受	右ハ芹井忠三郎一已ノ私有地ニ共有之神社ヲ置ヘキ筋ニ無之今般存置ニ調置タル仝村字原芹川289番地荒神社へ合併	
	ナシ　木ニ祭ル	5坪　官有地第1種	今般仝村村社日吉神社へ合併	
	ナシ　木ニ祭ル	42坪　官有地第1種	今般仝村村社日吉神社へ合併	
	ナシ　木ニ祭ル	8坪　官有地第1種	今般仝村村社日吉神社へ合併	
	ナシ　木ニ祭ル	11坪　官有地第1種	今般仝村村社日吉神社へ合併	
	ナシ　木ニ祭ル	9坪　官有地第1種	今般仝村村社日吉神社へ合併	
	ナシ　木ニ祭ル	15坪　官有地第1種	今般仝村村社日吉神社へ合併	
	ナシ　木ニ祭ル	4坪　官有地第1種	今般仝村村社日吉神社へ合併	
	ナシ　木ニ祭ル	16坪　官有地第1種	今般仝村村社日吉神社へ合併	
	ナシ　木ニ祭ル	7坪　官有地第1種	今般存置ノ部分ニ調置タル仝村字大利1186番地菅原神社へ合併	
	ナシ　木ニ祭ル	76坪　官有地第1種	今般存置ノ部分ニ調置タル仝村仝字89番地菅原神社へ合併	
	ナシ　木ニ祭ル	24坪　官有地第1種	今般存置ノ部分ニ調置タル仝村仝字89番地菅原神社へ合併	
	ナシ　木ニ祭ル	21坪　官有地第1種	今般存置ノ部分ニ調置タル仝村字中山鹿249番地菅原神社へ合併	
	ナシ　木ニ祭ル	5坪　官有地第1種	今般仝村村社平川阿蘇神社へ合併	
	6尺方	20坪　官有地第1種	今般仝村村社平川阿蘇神社へ合併	
	ナシ　木ニ祭ル	2坪　官有地第1種	今般存置ノ部分ニ調置タル仝村字家壁2519番地菅原神社へ合併	
	ナシ　木ニ祭ル	6坪　官有地第1種	今般仝村村社平川阿蘇神社へ合併	
	ナシ　木ニ祭ル	10坪　官有地第1種	今般仝村村社平川阿蘇神社へ合併	

198	産山村	片俣村	東村232	龍王森	綿津海神	創立年月不詳、明治9年教部省第37号御達ニ基キ取調ニ際シ人民調達洩ナルコト仝17年実査ニ当リ発顕
199	産山村	片俣村	東村253	荒神森	沖津彦神・沖津姫神	創立年月不詳、明治9年教部省第37号御達ニ基キ取調ニ際シ人民調達洩ナルコト仝17年実査ニ当リ発顕
200	産山村	片俣村	西村261	荒神森	沖津彦神・沖津姫神	創立年月不詳、明治9年教部省第37号御達ニ基キ取調ニ際シ人民調達洩ナルコト仝17年実査ニ当リ発顕
201	産山村	片俣村	西村665	荒神森	沖津彦神・沖津姫神	創立年月不詳、明治9年教部省第37号御達ニ基キ取調ニ際シ人民調達洩ナルコト仝17年実査ニ当リ発顕
202	産山村	片俣村	樽尾510	荒神社	沖津彦神・沖津姫神	創立年月不詳、明治9年教部省第37号御達ニ基キ取調ニ際シ人民調達洩ナルコト仝17年実査ニ当リ発顕
203	産山村	片俣村	樽尾513	荒神森	沖津彦神・沖津姫神	創立年月不詳、明治9年教部省第37号御達ニ基キ取調ニ際シ人民調達洩ナルコト仝17年実査ニ当リ発顕
204	産山村	片俣村	寺村108	荒神森	沖津彦神・沖津姫神	創立年月不詳、明治9年教部省第37号御達ニ基キ取調ニ際シ人民調達洩ナルコト仝17年実査ニ当リ発顕
205	産山村	大利村	谷芹川252	御嶽神社	不詳	創立年月不詳、明治9年教部省第37号御達ニ基キ取調ニ際シ人民調達洩ナルコト仝17年実査ニ当リ発顕
206	産山村	大利村	山中809	荒神森	沖津彦神・沖津姫神	創立年月不詳、明治9年教部省第37号御達ニ基キ取調ニ際シ人民調達洩ナルコト仝17年実査ニ当リ発顕
207	産山村	大利村	谷山日向857	荒神森	沖津彦神・沖津姫神	創立年月不詳、明治9年教部省第37号御達ニ基キ取調ニ際シ人民調達洩ナルコト仝17年実査ニ当リ発顕
208	産山村	大利村	谷山日向867	荒神森	沖津彦神・沖津姫神	創立年月不詳、明治9年教部省第37号御達ニ基キ取調ニ際シ人民調達洩ナルコト仝17年実査ニ当リ発顕
209	産山村	大利村	谷山日向873	荒神森	沖津彦神・沖津姫神	創立年月不詳、明治9年教部省第37号御達ニ基キ取調ニ際シ人民調達洩ナルコト仝17年実査ニ当リ発顕
210	産山村	大利村	谷山日向921	荒神森	沖津彦神・沖津姫神	創立年月不詳、明治9年教部省第37号御達ニ基キ取調ニ際シ人民調達洩ナルコト仝17年実査ニ当リ発顕
211	産山村	大利村	谷山日向923	荒神森	沖津彦神・沖津姫神	創立年月不詳、明治9年教部省第37号御達ニ基キ取調ニ際シ人民調達洩ナルコト仝17年実査ニ当リ発顕
212	産山村	大利村	原山中942	荒神森	沖津彦神・沖津姫神	創立年月不詳、明治9年教部省第37号御達ニ基キ取調ニ際シ人民調達洩ナルコト仝17年実査ニ当リ発顕
213	産山村	大利村	原山中944	荒神森	沖津彦神・沖津姫神	創立年月不詳、明治9年教部省第37号御達ニ基キ取調ニ際シ人民調達洩ナルコト仝17年実査ニ当リ発顕
214	産山村	大利村	大利1194	荒神森	沖津彦神・沖津姫神	創立年月不詳、明治9年教部省第37号御達ニ基キ取調ニ際シ人民調達洩ナルコト仝17年実査ニ当リ発顕
215	産山村	山鹿村	栗原95	厳島森	市杵島姫神	創立年月不詳、明治9年教部省第37号御達ニ基キ取調ニ際シ人民調達洩ナルコト仝17年実査ニ当リ発顕
216	産山村	山鹿村	栗原118	荒神森	沖津彦神・沖津姫神	創立年月不詳、明治9年教部省第37号御達ニ基キ取調ニ際シ人民調達洩ナルコト仝17年実査ニ当リ発顕
217	産山村	山鹿村	法泉寺289	荒神森	沖津彦神・沖津姫神	創立年月不詳、明治9年教部省第37号御達ニ基キ取調ニ際シ人民調達洩ナルコト仝17年実査ニ当リ発顕
218	産山村	山鹿村	北向山740	水神森	罔象女神	創立年月不詳、明治9年教部省第37号御達ニ基キ取調ニ際シ人民調達洩ナルコト仝17年実査ニ当リ発顕
219	産山村	山鹿村	半川1313	菅原神社	菅原道真公	創立年月不詳、明治9年教部省第37号御達ニ基キ取調ニ際シ人民調達洩ナルコト仝17年実査ニ当リ発顕
220	産山村	山鹿村	堂ノ上2433	荒神森	沖津彦神・沖津姫神	創立年月不詳、明治9年教部省第37号御達ニ基キ取調ニ際シ人民調達洩ナルコト仝17年実査ニ当リ発顕
221	産山村	山鹿村	笹蔓1019	年禰社	大年神	創立年月不詳、明治9年教部省第37号御達ニ基キ取調ニ際シ人民調達洩ナルコト仝17年実査ニ当リ発顕
222	産山村	山鹿村	平川1233	菅原神社	菅原道真公	創立年月不詳、明治9年教部省第37号御達ニ基キ取調ニ際シ人民調達洩ナルコト仝17年実査ニ当リ発顕

	6尺方	7坪　官有地第1種	今般仝村村社田尻神社へ合併	
	ナシ　木ニ祭ル	5坪　官有地第1種	今般仝村村社田尻神社へ合併	
	ナシ　木ニ祭ル	9坪　官有地第1種	今般存置ノ部分ニ調置タル仝村字下鳶巣1488番地厳島神社へ合併	
	ナシ　木ニ祭ル	8坪　官有地第1種	今般存置ノ部分ニ調置タル仝村字下鳶巣1488番地厳島神社へ合併	
	ナシ　木ニ祭ル	6坪　官有地第1種	今般存置ノ部分ニ調置タル仝村字竹ノ畑996番地竹畑神社へ合併	
	縦6尺、横7尺	29坪　官有地第1種	今般存置ノ部分ニ調置タル仝村字竹ノ畑996番地竹畑神社へ合併	
	縦6尺、横7尺	25坪　官有地第1種	今般存置ノ部分ニ調置タル仝村字竹ノ畑996番地竹畑神社へ合併	
	ナシ　木ニ祭ル	9坪　官有地第1種	今般存置ノ部分ニ調置タル仝村仝字1488番地厳島神社へ合併	
	石祠	8坪　官有地第1種	今般存置ノ部分ニ調置タル仝村仝字276番地菅原神社へ移転合併	
	ナシ　木ニ祭ル	48坪　官有地第1種	今般仝村村社田尻神社へ合併	
	ナシ　石ニ祭ル	8坪　官有地第1種	今般仝村村社田尻神社境内へ移転合併	
	ナシ　木ニ祭ル	4坪　官有地第1種	今般仝村村社田尻神社へ合併	
	ナシ　木ニ祭ル	3坪　官有地第1種	今般仝村村社田尻神社へ合併	
	ナシ　木ニ祭ル	5坪　官有地第1種	今般仝村村社田尻神社へ合併	
	ナシ　木ニ祭ル	10坪　官有地第1種	今般仝村村社田尻神社へ合併	
	ナシ　木ニ祭ル	3坪　官有地第1種	今般仝村村社田尻神社へ合併	
	ナシ　石ニ祭ル	7坪　官有地第1種	今般仝村村社田尻神社境内へ移転合併	
	ナシ　木ニ祭ル	4坪　官有地第1種	今般仝村村社田尻神社へ合併	
	ナシ　木ニ祭ル	9坪　官有地第1種	今般存置ノ部分ニ調置タル仝村字竹ノ畑996番地菅原神社へ合併	
	9尺方	20坪　官有地第1種	今般仝村村社嵯峨神社へ合併	
	縦9尺、横1丈2尺	80坪　官有地第1種	今般仝村村社嵯峨神社へ合併	
	ナシ　木ニ祭ル	45坪　官有地第1種	今般仝村村社乙宮神社へ合併	
	ナシ　木ニ祭ル	15坪　官有地第1種	今般存置ノ部分ニ調置タル仝村字鶴菅原神社へ15年合併	
	縦9尺、横1丈2尺6寸	24坪　官有地第1種	今般存置ノ部分ニ調置タル仝村仝字406番地菅原神社境内へ移転合併	
	ナシ　石ニ祭ル	16坪　官有地第1種	今般存置ノ部分ニ調置タル仝村字下横堀1966番菅原神社境内へ移転合併	

223	産山村	田尻村	上田尻272	厳島神社	市杵島姫神	創立年月不詳、明治9年教部省第37号御達二基キ取調二際シ人民調達洩ナルコト仝17年実査二当リ発顕
224	産山村	田尻村	竹ノ畑944	山神社	大山祇神	創立年月不詳、明治9年教部省第37号御達二基キ取調二際シ人民調達洩ナルコト仝17年実査二当リ発顕
225	産山村	田尻村	下田尻1470	山神森	大山祇神	創立年月不詳、明治9年教部省第37号御達二基キ取調二際シ人民調達洩ナルコト仝17年実査二当リ発顕
226	産山村	田尻村	中鳶巣1556	年禰神社	大年神	創立年月不詳、明治9年教部省第37号御達二基キ取調二際シ人民調達洩ナルコト仝17年実査二当リ発顕
227	産山村	田尻村	東田尻1112	菅原神社	菅原道真公	創立年月不詳、明治9年教部省第37号御達二基キ取調二際シ人民調達洩ナルコト仝17年実査二当リ発顕
228	産山村	田尻村	上竹ノ畑813	菅原神社	菅原道真公	創立年月不詳、明治9年教部省第37号御達二基キ取調二際シ人民調達洩ナルコト仝17年実査二当リ発顕
229	産山村	田尻村	西竹ノ畑1057	菅原神社	菅原道真公	創立年月不詳、明治9年教部省第37号御達二基キ取調二際シ人民調達洩ナルコト仝17年実査二当リ発顕
230	産山村	田尻村	下鳶巣1509	菅原神社	菅原道真公	創立年月不詳、明治9年教部省第37号御達二基キ取調二際シ人民調達洩ナルコト仝17年実査二当リ発顕
231	産山村	田尻村	上田尻275	荒神社	沖津彦神・沖津姫神	創立年月不詳、明治9年教部省第37号御達二基キ取調二際シ人民調達洩ナルコト仝17年実査二当リ発顕
232	産山村	田尻村	和田330	山神森	大山祇神	創立年月不詳、明治9年教部省第37号御達二基キ取調二際シ人民調達洩ナルコト仝17年実査二当リ発顕
233	産山村	田尻村	西小坪339	秋葉神社	火産霊神	創立年月不詳、明治9年教部省第37号御達二基キ取調二際シ人民調達洩ナルコト仝17年実査二当リ発顕
234	産山村	田尻村	勝負園555	山神森	大山祇神	創立年月不詳、明治9年教部省第37号御達二基キ取調二際シ人民調達洩ナルコト仝17年実査二当リ発顕
235	産山村	田尻村	福傳寺614	荒神森	沖津彦神・沖津姫神	創立年月不詳、明治9年教部省第37号御達二基キ取調二際シ人民調達洩ナルコト仝17年実査二当リ発顕
236	産山村	田尻村	福傳寺638	荒神森	沖津彦神・沖津姫神	創立年月不詳、明治9年教部省第37号御達二基キ取調二際シ人民調達洩ナルコト仝17年実査二当リ発顕
237	産山村	田尻村	上和田84	山神森	大山祇神	創立年月不詳、明治9年教部省第37号御達二基キ取調二際シ人民調達洩ナルコト仝17年実査二当リ発顕
238	産山村	田尻村	中田尻238	荒神森	沖津彦神・沖津姫神	創立年月不詳、明治9年教部省第37号御達二基キ取調二際シ人民調達洩ナルコト仝17年実査二当リ発顕
239	産山村	田尻村	下田尻1370	荒神森	沖津彦神・沖津姫神	創立年月不詳、明治9年教部省第37号御達二基キ取調二際シ人民調達洩ナルコト仝17年実査二当リ発顕
240	産山村	田尻村	冬木原1624	山神森	大山祇神	創立年月不詳、明治9年教部省第37号御達二基キ取調二際シ人民調達洩ナルコト仝17年実査二当リ発顕
241	産山村	田尻村	東田尻1130	山神森	大山祇神	創立年月不詳、明治9年教部省第37号御達二基キ取調二際シ人民調達洩ナルコト仝17年実査二当リ発顕
242	産山村	産山村	杤川1162	菅原神社	菅原道真公	創立年月不詳、明治9年教部省第37号御達二基キ取調二際シ人民調達洩ナルコト仝17年実査二当リ発顕
243	産山村	産山村	杤川1168	八幡宮	應神天皇	創立年月不詳、明治9年教部省第37号御達二基キ取調二際シ人民調達洩ナルコト仝17年実査二当リ発顕
244	産山村	産山村	宮尾2212	妙見社	天御中主神	創立年月不詳、明治9年教部省第37号御達二基キ取調二際シ人民調達洩ナルコト仝17年実査二当リ発顕
245	産山村	産山村	隠レ川内201	天神森	菅原道真公	創立年月不詳、明治9年教部省第37号御達二基キ取調二際シ人民調達洩ナルコト仝17年実査二当リ発顕
246	波野村	波野村	上佐渡ヶ迫389	菅原神社	菅原道真公	創立年月不詳、明治9年教部省第37号御達二基キ取調二際シ人民調達洩ナルコト仝17年実査二当リ発顕
247	波野村	波野村	上横堀1470	地神社	不詳	創立年月不詳、明治9年教部省第37号御達二基キ取調二際シ人民調達洩ナルコト仝17年実査二当リ発顕

	ナシ　石ニ祭ル	11坪　官有地第1種	今般存置ノ部分ニ調置タル仝村字下横堀1966番菅原神社境内へ移転合併	
	ナシ　木ニ祭ル	11坪　官有地第1種	今般仝村字楢木野村社菅原神社へ合併	
	ナシ　石ニ祭ル	3坪　官有地第1種	今般仝村字楢木野村社菅原神社境内へ移転合併	
	ナシ　石ニ祭ル	6坪　官有地第1種	今般仝村字楢木野村社菅原神社境内へ移転合併	
	ナシ　木ニ祭ル	6坪　官有地第1種	今般仝村字楢木野村社菅原神社へ合併	
	ナシ　石ニ祭ル	3坪　官有地第1種	今般存置ノ部分ニ調置タル仝村字西御沓3937番地琴平神社境内へ移転合併	
	ナシ　木ニ祭ル	35坪　官有地第1種	今般存置ノ部分ニ調置タル仝村字西御沓3937番地琴平神社へ合併	
	ナシ　木ニ祭ル	20坪　官有地第1種	今般存置ノ部分ニ調置タル仝村字西御沓3937番地琴平神社へ合併	
	ナシ　木ニ祭ル	24坪　官有地第1種	今般仝村字楢木野村社菅原神社へ合併	
	ナシ　石ニ祭ル	2坪　官有地第1種	今般仝村字楢木野村社菅原神社へ合併	
	ナシ　木ニ祭ル	4坪　官有地第1種	今般存置ノ部分ニ調置タル仝村字西御沓3937番地琴平神社へ合併	
	ナシ　木ニ祭ル	33坪　官有地第1種	今般存置ノ部分ニ調置タル仝村字西御沓3937番地琴平神社へ合併	
	ナシ　木ニ祭ル	15坪　官有地第1種	今般存置ノ部分ニ調置タル仝村字菅ノ井3156番地菅原神社へ合併	
	ナシ　木ニ祭ル	47坪　官有地第1種	今般存置ノ部分ニ調置タル仝村字西久保322番地菅原神社へ合併	
	ナシ　木ニ祭ル	30坪　官有地第1種	今般存置ノ部分ニ調置タル仝村字西久保322番地菅原神社へ合併	
	ナシ　木ニ祭ル	16坪　官有地第1種	今般存置ノ部分ニ調置タル仝村字西久保322番地菅原神社へ合併	
	ナシ　木ニ祭ル	26坪　官有地第1種	今般存置ノ部分ニ調置タル仝村字西久保322番地菅原神社へ合併	
	小祠	8坪　官有地第1種	今般存置ノ部分ニ調置タル仝村字永畑1411番地永畑大神宮へ合併	
	ナシ　木ニ祭ル	2坪　官有地第1種	今般浪野村字楢木野村社菅原神社へ合併	
	ナシ　木ニ祭ル	4坪　官有地第1種	今般存置ノ部分ニ調置タル仝村仝字16番地仁田水神社へ合併	
	ナシ　木ニ祭ル	8坪　官有地第1種	今般存置ノ部分ニ調置タル仝村仝字16番地仁田水神社へ合併	
	ナシ　木ニ祭ル	24坪　官有地第1種	今般仝村字滝水村社菅原神社へ合併	
	ナシ　樹ニ祭	24坪　官有地第1種	仝村字中津留(明細帳ニ字上津留トアルモノ正誤ノ義ハ別途申立)無格社中津留菅原神社へ13年合併済	
	ナシ　木ニ祭ル	8坪　官有地第1種	仝村字中津留(明細帳ニ字上津留トアルモノ正誤ノ義ハ別途申立)無格社中津留菅原神社へ13年合併済	

248	波野村	波野村	横堀2000	猿田彦神社	猿田彦神	創立年月不詳、明治9年教部省第37号御達ニ基キ取調ニ際シ人民調達洩ナルコト仝17年実査ニ当リ発顕
249	波野村	波野村	横迫2301	山神森	大山祇神	創立年月不詳、明治9年教部省第37号御達ニ基キ取調ニ際シ人民調達洩ナルコト仝17年実査ニ当リ発顕
250	波野村	波野村	次南久保2334	猿田彦神社	猿田彦神	創立年月不詳、明治9年教部省第37号御達ニ基キ取調ニ際シ人民調達洩ナルコト仝17年実査ニ当リ発顕
251	波野村	波野村	丸山2491	猿田彦神社	猿田彦神	創立年月不詳、明治9年教部省第37号御達ニ基キ取調ニ際シ人民調達洩ナルコト仝17年実査ニ当リ発顕
252	波野村	波野村	丸山2502	山神森	大山祇神	創立年月不詳、明治9年教部省第37号御達ニ基キ取調ニ際シ人民調達洩ナルコト仝17年実査ニ当リ発顕
253	波野村	波野村	御沓3908	猿田彦神	猿田彦神	創立年月不詳、明治9年教部省第37号御達ニ基キ取調ニ際シ人民調達洩ナルコト仝17年実査ニ当リ発顕
254	波野村	波野村	御沓3932	荒神森	沖津彦神・沖津姫神	創立年月不詳、明治9年教部省第37号御達ニ基キ取調ニ際シ人民調達洩ナルコト仝17年実査ニ当リ発顕
255	波野村	波野村	御沓久保4126	荒神森	沖津彦神・沖津姫神	創立年月不詳、明治9年教部省第37号御達ニ基キ取調ニ際シ人民調達洩ナルコト仝17年実査ニ当リ発顕
256	波野村	波野村	外村2611	荒神森	沖津彦神・沖津姫神	創立年月不詳、明治9年教部省第37号御達ニ基キ取調ニ際シ人民調達洩ナルコト仝17年実査ニ当リ発顕
257	波野村	波野村	外村2660	猿田彦神	猿田彦神	創立年月不詳、明治9年教部省第37号御達ニ基キ取調ニ際シ人民調達洩ナルコト仝17年実査ニ当リ発顕
258	波野村	波野村	合鴨4060	山神森	大山祇神	創立年月不詳、明治9年教部省第37号御達ニ基キ取調ニ際シ人民調達洩ナルコト仝17年実査ニ当リ発顕
259	波野村	波野村	石原3999	水神森	罔象女神	創立年月不詳、明治9年教部省第37号御達ニ基キ取調ニ際シ人民調達洩ナルコト仝17年実査ニ当リ発顕
260	波野村	波野村	金山3115	水神森	罔象女神	創立年月不詳、明治9年教部省第37号御達ニ基キ取調ニ際シ人民調達洩ナルコト仝17年実査ニ当リ発顕
261	波野村	新波野村	北田鶴山32	加藤神社	加藤清正朝臣	創立年月不詳、明治9年教部省第37号御達ニ基キ取調ニ際シ人民調達洩ナルコト仝17年実査ニ当リ発顕
262	波野村	新浪野村	北釜割116	水神森	罔象女神	創立年月不詳、明治9年教部省第37号御達ニ基キ取調ニ際シ人民調達洩ナルコト仝17年実査ニ当リ発顕
263	波野村	新浪野村	北大窪293	大山祇神社	大山祇神	創立年月不詳、明治9年教部省第37号御達ニ基キ取調ニ際シ人民調達洩ナルコト仝17年実査ニ当リ発顕
264	波野村	新浪野村	北大窪309	水神社	罔象女神	創立年月不詳、明治9年教部省第37号御達ニ基キ取調ニ際シ人民調達洩ナルコト仝17年実査ニ当リ発顕
265	波野村	新浪野村	永畑1359	菅原神社	菅原道真公	創立年月不詳、明治9年教部省第37号御達ニ基キ取調ニ際シ人民調達洩ナルコト仝17年実査ニ当リ発顕
266	波野村	滝水村	字161	荒神社	沖津彦神・沖津姫神	創立年月不詳、明治9年教部省第37号御達ニ基キ取調ニ際シ人民調達洩ナルコト仝17年実査ニ当リ発顕
267	波野村	中江村	仁田水32	天神社	菅原道真公	創立年月不詳、明治9年教部省第37号御達ニ基キ取調ニ際シ人民調達洩ナルコト仝17年実査ニ当リ発顕
268	波野村	中江村	仁田水67	菅原神社	菅原道真公	創立年月不詳、明治9年教部省第37号御達ニ基キ取調ニ際シ人民調達洩ナルコト仝17年実査ニ当リ発顕
269	波野村	滝水村	滝水248	天神社	菅原道真公	創立年月不詳、明治9年教部省第37号御達ニ基キ取調ニ際シ人民調達洩ナルコト仝17年実査ニ当リ発顕
270	高森町	津留村	上津留969	荒神社	沖津彦神・沖津姫神	創立年月不詳、明治9年教部省第37号御達ニ基キ取調ニ際シ人民調達洩ナルコト仝17年実査ニ当リ発顕
271	高森町	津留村	上津留984	神森	不詳	創立年月不詳、明治9年教部省第37号御達ニ基キ取調ニ際シ人民調達洩ナルコト仝17年実査ニ当リ発顕

	ナシ　木ニ祭ル	35坪　官有地第1種	仝村字宮園無格社宮園龍神社ヘ13年合併済	
	ナシ　木ニ祭ル	16坪　官有地第1種	今般仝村字山附(明細帳ニ字重井野トアルモノ)無格社菅原神社ヘ合併	
	ナシ　木ニ祭ル	11坪　官有地第1種	今般仝村字宮園無格社宮園龍神社ヘ合併	
	ナシ　木ニ祭ル	12坪　官有地第1種	仝村字庵平(明細帳ニ字重井野トアルモノ)無格社祖母神社ヘ13年合併済	
	ナシ　木ニ祭ル	15坪　官有地第1種	仝村字二世(明細帳ニ字長野トアルモノ)無格社菅原神社ヘ13年合併済	
	ナシ　木ニ祭ル	6坪　官有地第1種	仝村字二世(明細帳ニ字長野トアルモノ)無格社菅原神社ヘ13年合併済	
	ナシ　木ニ祭ル	8坪　官有地第1種	仝村字二世(明細帳ニ字長野トアルモノ)無格社菅原神社ヘ13年合併済	
	ナシ　木ニ祭ル	15坪　官有地第1種	仝村字二世(明細帳ニ字長野トアルモノ)無格社菅原神社ヘ13年合併済	
	ナシ　木ニ祭ル	30坪　官有地第1種	仝村字二世(明細帳ニ字長野トアルモノ)無格社菅原神社ヘ13年合併済	
	ナシ　木ニ祭ル	1坪　官有地第1種	仝村字水溜無格社長野祖母神社ヘ11年11月合併済	
	1間方	4坪　官有地第1種	右ハ明細帳記載ノモノニシテ仝村字二世(明細帳ニ字永野トアルモノ)無格社菅原神社ヘ13年合併済	但明細帳ニハ境内10坪民有地第1種トアリ
	ナシ　木ニ祭ル	9坪　官有地第1種	仝村字二世(明細帳ニ字長野トアリ)無格社菅原神社ヘ13年合併済	
	ナシ　木ニ祭ル	83坪　官有地第1種	仝村村社野尻川上神社ヘ15年合併済	
	ナシ　石ニ祭ル	1坪　官有地第1種	仝村字河地無格社菅原神社ヘ15年合併済	
	ナシ　木ニ祭ル	10坪　官有地第1種	仝村字蔵地無格社菅原神社ヘ合併	
	ナシ　木ニ祭ル	16坪　官有地第1種	今般仝村村社野尻川上神社ヘ13年合併済	
	ナシ　木ニ祭ル	4坪　官有地第1種	今般仝村字栖ノ本無格社久保生目神社ヘ合併	
	ナシ　木ニ祭ル	45坪　官有地第1種	今般仝村字北太麻無格社山王神社ヘ合併	
	ナシ　木ニ祭ル	6坪　官有地第1種	仝村村社河原熊野坐神社境内末社日神社ヘ今般合併	
	ナシ　木ニ祭ル	10坪　官有地第1種	仝村村社河原熊野坐神社境内末社日神社ヘ今般合併	
	ナシ	4坪　官有地第1種	今般存置ノ部分ニ調置タル仝村南下リ山4101番地菅原神社ヘ合併	
	9尺方	9坪　官有地第1種	今般存置ノ部分ニ調置タル仝村字南下リ山2102番地菅原神社ヘ合併	
	ナシ	6坪　官有地第1種	今般存置ノ部分ニ調置タル仝村字南下リ山2102番地菅原神社ヘ合併	
	ナシ	6坪　官有地第1種	今般仝村字市野尾無格社市野尾八幡宮合併	

272	高森町	津留村	下津留39	荒神森	沖津彦神・沖津姫神	創立年月不詳、明治9年教部省第37号御達ニ基キ取調ニ際シ人民調達洩ナルコト仝17年実査ニ当リ発顕
273	高森町	津留村	山附2086	荒神森	沖津彦神・沖津姫神	創立年月不詳、明治9年教部省第37号御達ニ基キ取調ニ際シ人民調達洩ナルコト仝17年実査ニ当リ発顕
274	高森町	津留村	宮園568	山神森	大山祇神	創立年月不詳、明治9年教部省第37号御達ニ基キ取調ニ際シ人民調達洩ナルコト仝17年実査ニ当リ発顕
275	高森町	津留村	上玉来2016	山神森	大山祇神	創立年月不詳、明治9年教部省第37号御達ニ基キ取調ニ際シ人民調達洩ナルコト仝17年実査ニ当リ発顕
276	高森町	津留村	向高群2242	山神森	大山祇神	創立年月不詳、明治9年教部省第37号御達ニ基キ取調ニ際シ人民調達洩ナルコト仝17年実査ニ当リ発顕
277	高森町	津留村	中畑2386	荒神森	沖津彦神・沖津姫神	創立年月不詳、明治9年教部省第37号御達ニ基キ取調ニ際シ人民調達洩ナルコト仝17年実査ニ当リ発顕
278	高森町	津留村	中畑2395	荒神森	沖津彦神・沖津姫神	創立年月不詳、明治9年教部省第37号御達ニ基キ取調ニ際シ人民調達洩ナルコト仝17年実査ニ当リ発顕
279	高森町	津留村	牛首2609	菅原社	菅原道真公	創立年月不詳、明治9年教部省第37号御達ニ基キ取調ニ際シ人民調達洩ナルコト仝17年実査ニ当リ発顕
280	高森町	津留村	牛首2631	牛神森	不詳	創立年月不詳、明治9年教部省第37号御達ニ基キ取調ニ際シ人民調達洩ナルコト仝17年実査ニ当リ発顕
281	高森町	津留村	井上2679	山神森	大山祇神	創立年月不詳、明治9年教部省第37号御達ニ基キ取調ニ際シ人民調達洩ナルコト仝17年実査ニ当リ発顕
282	高森町	津留村	尾村2826(明細帳ニ字永野トアリ)	日吉神社	大山咋神	創立年月日不詳、従来雑社タリ、明治9年教部省第37号御達ニ基キ仝12年7月26日存置許可無格社トス
283	高森町	津留村	上長笹3233	山神社	大山祇神	創立年月日不詳、明治9年教部省第37号御達ニ基キ取調ニ際シ人民調達洩ナルコト仝17年実査ニ当リ発顕
284	高森町	野尻村	後口木501	山神森	大山祇神	創立年月不詳、明治9年教部省第37号御達ニ基キ取調ニ際シ人民調達洩ナルコト仝17年実査ニ当リ発顕
285	高森町	野尻村	河地1507	猿田彦神社	猿田彦神	創立年月不詳、明治9年教部省第37号御達ニ基キ取調ニ際シ人民調達洩ナルコト仝17年実査ニ当リ発顕
286	高森町	野尻村	蔵地1883	荒神森	沖津彦神・沖津姫神	創立年月日不詳、明治9年教部省第37号御達ニ基キ取調ニ際シ人民調達洩ナルコト仝17年実査ニ当リ発顕
287	高森町	野尻村	辻原2079	山神森	大山祇神	創立年月不詳、明治9年教部省第37号御達ニ基キ取調ニ際シ人民調達洩ナルコト仝17年実査ニ当リ発顕
288	高森町	尾下村	西受2922	山神森	大山祇神	創立年月不詳、明治9年教部省第37号御達ニ基キ取調ニ際シ人民調達洩ナルコト仝17年実査ニ当リ発顕
289	高森町	尾下村	下山3286	天神森	天津神	創立年月不詳、明治9年教部省第37号御達ニ基キ取調ニ際シ人民調達洩ナルコト仝17年実査ニ当リ発顕
290	高森町	河原村	上馬場1837	山神森	大山祇神	創立年月不詳、明治9年教部省第37号御達ニ基キ取調ニ際シ人民調達洩ナルコト仝17年実査ニ当リ発顕
291	高森町	河原村	河原3132	山神森	大山祇神	創立年月不詳、明治9年教部省第37号御達ニ基キ取調ニ際シ人民調達洩ナルコト仝17年実査ニ当リ発顕
292	高森町	河原村	西下り山2062	猿田彦神	猿田彦神	創立年月不詳、明治9年教部省第37号御達ニ基キ取調ニ際シ人民調達洩ナルコト仝17年実査ニ当リ発顕
293	高森町	河原村	大道2352	菅原神社	菅原道真公	創立年月不詳、明治9年教部省第37号御達ニ基キ取調ニ際シ人民調達洩ナルコト仝17年実査ニ当リ発顕
294	高森町	河原村	下大道2455	菅原神社	菅原道真公	創立年月不詳、明治9年教部省第37号御達ニ基キ取調ニ際シ人民調達洩ナルコト仝17年実査ニ当リ発顕
295	高森町	河原村	市野尻3384	年禰神社	國龍命	創立年月不詳、明治9年教部省第37号御達ニ基キ取調ニ際シ人民調達洩ナルコト仝17年実査ニ当リ発顕

	1間方	15坪　官有地第1種	仝村字河原無格社河原菅原神社へ更ニ12年8月合併	但明細帳ニ32坪民有地第1種トアルハ誤リナリ
	1間方	90坪　官有地第1種	仝村字河原無格社河原菅原神社へ更ニ12年8月合併	但明細帳ニ民有地第1種トアルハ誤リナリ
	縦1間2尺7寸、横1間7寸	32坪　官有地第1種	仝村字河原無格社河原菅原神社へ更ニ12年8月合併	但明細帳ニ民有地第1種トアルハ誤リナリ
	ナシ　木ニ祭ル	22坪　官有地第1種	今般仝町無格社森園菅原神社へ合併	
	ナシ	339坪　官有地第1種	仝町字宮ノ馬場村社祖母神社へ11年合併済	
	縦4尺、横6尺	101坪　官有地第1種	仝町字宮ノ馬場村社祖母神社へ11年合併済	
	2尺方	10坪　官有地第1種	仝町字宮ノ馬場村社祖母神社へ11年合併済	
	ナシ	7坪　官有地第1種	仝町字宮ノ馬場村社祖母神社へ11年合併済	
	ナシ　木ニ祭ル	201坪　官有地第1種	今般仝村字前田無格社前原菅原神社へ合併	
	ナシ　木ニ祭ル	309坪　官有地第1種	今般仝村字中原無格社中原菅原神社へ合併	
	ナシ	5坪　官有地第1種	今般仝村村社上色見熊野坐神社へ合併	
	ナシ　木ニ祭ル	33坪　官有地第1種	今般仝村村社上色見熊野坐神社へ合併	
	ナシ　木ニ祭ル	5坪　官有地第1種	今般仝村字中洗川無格社中洗川菅原神社へ合併	
	ナシ　木ニ祭ル	404坪　官有地第1種	今般仝村字上大村無格社上大村塩井神社へ合併	
	ナシ　木ニ祭ル	42坪　官有地第1種	今般仝村字上大村無格社上大村塩井神社へ合併	
	ナシ　木ニ祭ル	10坪　官有地第1種	仝村村社上色見熊野坐神社へ今般合併	
	ナシ　木ニ祭ル	35坪　官有地第1種	今般仝村字上大村無格社上大村塩井神社へ合併	
	ナシ　木ニ祭ル	98坪　官有地第1種	今般仝村字上大村無格社上大村塩井神社へ合併	
	ナシ　樹ニ祭ル	4坪　官有地第1種	今般仝村村社久木野神社へ合併	
	ナシ	13坪　官有地第1種	今般仝村村社久木野神社へ合併	
	ナシ	25坪　官有地第1種	今般仝村村社久木野神社へ合併	
	ナシ	7坪　官有地第1種	今般仝村村社久木野神社へ合併	
	ナシ	12坪　官有地第1種	今般仝村村社久木野神社へ合併	
	ナシ	3坪　官有地第1種	今般仝村村社久木野神社へ合併	

296	高森町	河原村	河原	河原龍王神社	海童神	創立年月不詳、従来雑社タリ、明治9年教部省第37号御達二基キ仝12年7月30日存置許可無格社トス
297	高森町	河原村	馬場	護王神社	不詳	創立年月不詳、従来雑社タリ、明治9年教部省第37号御達二基キ仝12年7月31日存置許可無格社トス
298	高森町	河原村	河原	河原鏑矢神社	不詳	創立年月不詳、従来雑社タリ、明治9年教部省第37号御達二基キ仝12年7月31日存置許可無格社トス
299	高森町	高森村	宮園777	厳島神社	市杵島姫神	創立年月不詳、明治9年教部省第37号御達二基キ取調二際シ人民調達洩ナルコト仝17年実査二当リ発顕
300	高森町	高森町	西原2251	菅原神社	菅原道真公	創立年月不詳、明治9年教部省第37号御達二基キ取調二際シ人民調達洩ナルコト仝17年実査二当リ発顕
301	高森町	高森町	向2450	年禰神社	國龍命	創立年月不詳、明治9年教部省第37号御達二基キ取調二際シ人民調達洩ナルコト仝17年実査二当リ発顕
302	高森町	高森町	中鶴2616	日吉神社	大山咋神	創立年月不詳、明治9年教部省第37号御達二基キ取調二際シ人民調達洩ナルコト仝17年実査二当リ発顕
303	高森町	高森町	中井手2809	猿田彦神	猿田彦神	創立年月不詳、明治9年教部省第37号御達二基キ取調二際シ人民調達洩ナルコト仝17年実査二当リ発顕
304	高森町	上色見村	下前原464	山神森	大山祇神	創立年月不詳、明治9年教部省第37号御達二基キ取調二際シ人民調達洩ナルコト仝17年実査二当リ発顕
305	高森町	上色見村	下平原1230	牛王森	不詳	創立年月不詳、明治9年教部省第37号御達二基キ取調二際シ人民調達洩ナルコト仝17年実査二当リ発顕
306	高森町	上色見村	下中原1691	牛神森	不詳	創立年月不詳、明治9年教部省第37号御達二基キ取調二際シ人民調達洩ナルコト仝17年実査二当リ発顕
307	高森町	上色見村	下中原1707	山神社	大山祇神	創立年月不詳、明治9年教部省第37号御達二基キ取調二際シ人民調達洩ナルコト仝17年実査二当リ発顕
308	高森町	上色見村	中洗川	神森	不詳	創立年月不詳、明治9年教部省第37号御達二基キ取調二際シ人民調達洩ナルコト仝17年実査二当リ発顕
309	高森町	上色見村	上大村2404	塩井神社	罔象女神	創立年月不詳、明治9年教部省第37号御達二基キ取調二際シ人民調達洩ナルコト仝17年実査二当リ発顕
310	高森町	上色見村	上大村2561	正権神社	不詳	創立年月不詳、明治9年教部省第37号御達二基キ取調二際シ人民調達洩ナルコト仝17年実査二当リ発顕
311	高森町	上色見村	上大村2433	山神森	大山祇神	創立年月不詳、明治9年教部省第37号御達二基キ取調二際シ人民調達洩ナルコト仝17年実査二当リ発顕
312	高森町	上色見村	大村2559	荒神森	沖津彦神・沖津姫神	創立年月不詳、明治9年教部省第37号御達二基キ取調二際シ人民調達洩ナルコト仝17年実査二当リ発顕
313	高森町	上色見村	大村2591	年神森	大年神	創立年月不詳、明治9年教部省第37号御達二基キ取調二際シ人民調達洩ナルコト仝17年実査二当リ発顕
314	久木野村	河陰村	松ノ元315	荒神森	沖津彦神・沖津姫神	創立年月不詳、明治9年教部省第37号御達二基キ取調二際シ人民調達洩ナルコト仝18年12月実査二当リ発顕
315	久木野村	河陰村	松ノ元317	荒神森	沖津彦神・沖津姫神	創立年月不詳、明治9年教部省第37号御達二基キ取調二際シ人民調達洩ナルコト仝18年12月実査二当リ発顕
316	久木野村	河陰村	原口963	荒神森	沖津彦神・沖津姫神	創立年月不詳、明治9年教部省第37号御達二基キ取調二際シ人民調達洩ナルコト仝18年12月実査二当リ発顕
317	久木野村	河陰村	鍋次郎1667	荒神森	沖津彦神・沖津姫神	創立年月不詳、明治9年教部省第37号御達二基キ取調二際シ人民調達洩ナルコト仝18年12月実査二当リ発顕
318	久木野村	河陰村	柏木鶴2716	荒神森	沖津彦神・沖津姫神	創立年月不詳、明治9年教部省第37号御達二基キ取調二際シ人民調達洩ナルコト仝18年12月実査二当リ発顕
319	久木野村	河陰村	飛塚4671	荒神森	沖津彦神・沖津姫神	創立年月不詳、明治9年教部省第37号御達二基キ取調二際シ人民調達洩ナルコト仝18年12月実査二当リ発顕

	ナシ	官有地第１種	今般仝村村社久木野神社へ合併	
	ナシ	15坪　官有地第１種	今般仝村字岸野無格社菅原神社へ合併	
	ナシ	91坪　官有地第１種	今般仝村字西地無格社菅原神社へ合併	
	ナシ	7坪　官有地第１種	今般仝村字西地無格社菅原神社へ合併	
	ナシ	26坪　官有地第１種	今般仝村村社群塚神社へ合併	
	ナシ	92坪　官有地第１種	今般仝村村社群塚神社へ合併	
	ナシ	53坪　官有地第１種	今般仝村村社群塚神社へ合併	
	ナシ	11坪　官有地第１種	今般村社市下神社へ合併	
	ナシ	6坪　官有地第１種	今般同村無格社若宮神社へ合併	
	ナシ	7坪　官有地第１種	同村無格社若宮神社へ合併	
	ナシ　石ニ祭ル	3坪　官有地第１種	仝村字竹ノ口無格社菅原神社境内へ今般移転合併	
	ナシ　松樹ニ祭ル	42坪　官有地第１種	今般仝村郷社草部吉見神社へ合併	
	ナシ	1坪　官有地第１種	今般仝村郷社草部吉見神社へ合併	
	ナシ	9坪　官有地第１種	今般仝村郷社草部吉見神社へ合併	
	ナシ	12坪　官有地第１種	今般仝村無格社菅迫三郎神社へ合併	
	ナシ　樹木ニ祭ル	3坪　官有地第１種	今般仝村字下川走無格社菅原神社へ合併	
	ナシ　大樹ニ祭ル	60坪　官有地第１種	今般仝村仝字無格社山神社へ合併	
	ナシ　大樹ニ祭ル	3坪　官有地第１種	今般仝村仝字無格社山神社へ合併	
	ナシ　樹ニ祭ル	3坪　官有地第１種	仝村字菅ノ山無格社金刀比羅神社へ今般合併	
	ナシ　樹ニ祭ル	22坪　官有地第１種	仝村字菅ノ山無格社金刀比羅神社へ今般合併	
	ナシ　樹ニ祭ル	10坪　官有地第１種	仝村字菅ノ山無格社金刀比羅神社へ今般合併	
	ナシ　樹ニ祭ル	9坪　官有地第１種	仝村字菅ノ山無格社金刀比羅神社へ今般合併	
	ナシ　樹ニ祭ル	4坪　官有地第１種	仝村字上戸ノ下（下戸ノ下トアルモノナリ）無格社菅原神社へ今般合併	
	ナシ　樹ニ祭ル	40坪　官有地第１種	仝村字前鶴無格社菅原神社へ今般合併	
	ナシ　樹ニ祭ル	49坪　官有地第１種	仝村字前鶴無格社菅原神社へ今般合併	

320	久木野村	河陰村	牛王谷5308	荒神森	沖津彦神・沖津姫神	創立年月不詳、明治9年教部省第37号御達ニ基キ取調ニ際シ人民調達洩ナルコト仝18年12月実査ニ当リ発顕
321	久木野村	河陰村	東屋2240	菅原神社	菅原道真公	創立年月不詳、明治9年教部省第37号御達ニ基キ取調ニ際シ人民調達洩ナルコト仝18年12月実査ニ当リ発顕
322	白水村	中松村	西地1852	山神森	大山祇神	創立年月不詳、明治9年教部省第37号御達ニ基キ取調ニ際シ人民調達洩ナルコト仝18年12月実査ニ当リ発顕
323	白水村	中松村	中奥ノ戸3394	山神森	大山祇神	創立年月不詳、明治9年教部省第37号御達ニ基キ取調ニ際シ人民調達洩ナルコト仝18年12月実査ニ当リ発顕
324	白水村	吉田村	七駄外2803	天神森	菅原道真公	創立年月不詳、明治9年教部省第37号御達ニ基キ取調ニ際シ人民調達洩ナルコト仝18年12月実査ニ当リ発顕
325	白水村	吉田村	馬場前401	天神森	菅原道真公	創立年月不詳、明治9年教部省第37号御達ニ基キ取調ニ際シ人民調達洩ナルコト仝18年12月実査ニ当リ発顕
326	白水村	吉田村	城1132	天神森	菅原道真公	創立年月不詳、明治9年教部省第37号御達ニ基キ取調ニ際シ人民調達洩ナルコト仝18年12月実査ニ当リ発顕
327	白水村	両併村	小陣1670	山神森	大山祇神	創立年月不詳、明治9年教部省第37号御達ニ基キ取調ニ際シ人民調達洩ナルコト仝18年12月実査ニ当リ発顕
328	白水村	一ノ関村	池窪2001	荒神森	沖津彦神・沖津姫神	創立年月不詳、明治9年教部省第37号御達ニ基キ取調ニ際シ人民調達洩ナルコト仝18年12月実査ニ当リ発顕
329	白水村	一ノ関村	池ノ窪2007	山神森	大山祇神	創立年月不詳、明治9年教部省第37号御達ニ基キ取調ニ際シ人民調達洩ナルコト仝18年12月実査ニ当リ発顕
330	高森町	草部村	社倉1680	猿田彦神	猿田彦神	創立年月不詳、明治9年教部省第37号御達ニ基キ取調ニ際シ人民調達洩ナルコト仝18年12月実査ニ当リ発顕
331	高森町	草部村	字2430	山神森	大山祇神	創立年月不詳、明治9年教部省第37号御達ニ基キ取調ニ際シ人民調達洩ナルコト仝18年12月実査ニ当リ発顕
332	高森町	草部村	灰原2500	水神森	罔象女神	創立年月不詳、明治9年教部省第37号御達ニ基キ取調ニ際シ人民調達洩ナルコト仝18年12月実査ニ当リ発顕
333	高森町	草部村	宮原2213	荒神森	沖津彦神・沖津姫神	創立年月不詳、明治9年教部省第37号御達ニ基キ取調ニ際シ人民調達洩ナルコト仝18年12月実査ニ当リ発顕
334	高森町	芹口村	上馬場表67	荒神森	沖津彦神・沖津姫神	創立年月不詳、明治9年教部省第37号御達ニ基キ取調ニ際シ人民調達洩ナルコト仝18年12月実査ニ当リ発顕
335	高森町	芹口村	下中村1072	熊野坐神森	伊弉諾神・伊弉冊神	創立年月不詳、明治9年教部省第37号御達ニ基キ取調ニ際シ人民調達洩ナルコト仝18年12月実査ニ当リ発顕
336	高森町	芹口村	下芹口1227	天神森	菅原道真公	創立年月不詳、明治9年教部省第37号御達ニ基キ取調ニ際シ人民調達洩ナルコト仝18年12月実査ニ当リ発顕
337	高森町	芹口村	下芹口1292	天神森	菅原道真公	創立年月不詳、明治9年教部省第37号御達ニ基キ取調ニ際シ人民調達洩ナルコト仝18年12月実査ニ当リ発顕
338	高森町	菅山村	下戸ノ口98	荒神森	沖津彦神・沖津姫神	創立年月不詳、明治9年教部省第37号御達ニ基キ取調ニ際シ人民調達洩ナルコト仝18年12月実査ニ当リ発顕
339	高森町	菅山村	下戸ノ口112	山神森	大山祇神	創立年月不詳、明治9年教部省第37号御達ニ基キ取調ニ際シ人民調達洩ナルコト仝18年12月実査ニ当リ発顕
340	高森町	菅山村	枝211	菅原森	菅原道真公	創立年月不詳、明治9年教部省第37号御達ニ基キ取調ニ際シ人民調達洩ナルコト仝18年12月実査ニ当リ発顕
341	高森町	菅山村	西水湛231	妙見森	天御中主命	創立年月不詳、明治9年教部省第37号御達ニ基キ取調ニ際シ人民調達洩ナルコト仝18年12月実査ニ当リ発顕
342	高森町	菅山村	下栃原1320	天神森	菅原道真公	創立年月不詳、明治9年教部省第37号御達ニ基キ取調ニ際シ人民調達洩ナルコト仝18年12月実査ニ当リ発顕
343	高森町	下切村	前久保302	山神森	大山祇神	創立年月不詳、明治9年教部省第37号御達ニ基キ取調ニ際シ人民調達洩ナルコト仝18年12月実査ニ当リ発顕
344	高森町	下切村	前久保332	天神森	菅原道真公	創立年月不詳、明治9年教部省第37号御達ニ基キ取調ニ際シ人民調達洩ナルコト仝18年12月実査ニ当リ発顕

	ナシ　樹ニ祭ル	42坪　官有地第1種	仝村字前鶴無格社菅原神社へ今般合併	
	ナシ　樹ニ祭ル	6坪　官有地第1種	仝村字前鶴無格社菅原神社へ今般合併	
	ナシ　樹ニ祭ル	4坪　官有地第1種	仝村字前鶴無格社菅原神社へ今般合併	
	ナシ　樹ニ祭ル	6坪　官有地第1種	仝村字前鶴無格社菅原神社へ今般合併	
	ナシ　樹ニ祭ル	83坪　官有地第1種	仝村字前鶴無格社菅原神社へ今般合併	
	ナシ　樹ニ祭ル	30坪　官有地第1種	仝村仝字無格社梅木稲荷神社へ今般合併	
	ナシ　樹ニ祭ル	30坪　官有地第1種	仝村仝字無格社梅木稲荷神社へ今般合併	
	ナシ　樹ニ祭ル	30坪　官有地第1種	仝村仝字無格社梅木稲荷神社へ今般合併	
	ナシ　樹ニ祭ル	55坪　官有地第1種	仝村仝字無格社梅木稲荷神社へ今般合併	
	ナシ　樹ニ祭ル	30坪　官有地第1種	仝村仝字無格社菅原神社へ今般合併	
	ナシ　樹ニ祭ル	1坪　官有地第1種	仝村仝字無格社菅原神社へ今般合併	
	ナシ　樹ニ祭ル	20坪　官有地第1種	仝村字川ノ上無格社峯ノ宿菅原神社へ今般合併	
	ナシ　樹ニ祭ル	6坪　官有地第1種	仝村字川ノ上無格社峯ノ宿菅原神社へ今般合併	
	ナシ　樹ニ祭ル	32坪　官有地第1種	仝村字川ノ上無格社峯ノ宿菅原神社へ今般合併	
	ナシ　大樹ニ祭ル	40坪　官有地第1種	仝村字以羅ヶ迫(東以羅ヶ迫トアルモノ)無格社菅原神社へ今般合併	
	ナシ　樹ニ祭ル	15坪　官有地第1種	仝村仝字無格社金刀比羅神社へ今般合併	
	ナシ	8坪　官有地第1種	仝村村社二瀬本神社へ合併	
	ナシ　樹ニ祭ル	18坪　官有地第1種	仝村字大野原無格社大野原八幡宮へ今般合併	
	ナシ　樹ニ祭ル	21坪　官有地第1種	仝村字大野原無格社大野原八幡宮へ今般合併	
	ナシ　樹ニ祭ル	5坪　官有地第1種	今般仝村村社二瀬本神社へ合併	
	ナシ　樹ニ祭ル	7坪　官有地第1種	今般仝村村社二瀬本神社へ合併	
	ナシ　樹ニ祭ル	15坪　官有地第1種	今般仝村字前園無格社前園秋葉神社へ合併	
	ナシ　樹ニ祭ル	38坪　官有地第1種	今般仝村字前園無格社前園秋葉神社へ合併	
	ナシ　樹ニ祭ル	15坪　官有地第1種	今般仝村仝字無格社高辻菅原神社へ合併	
	ナシ　樹ニ祭ル	6坪　官有地第1種	今般仝村字堂園無格社堂園大神宮へ合併	

345	高森町	下切村	前久保341	妙見森	天御中主命	創立年月不詳、明治9年教部省第37号御達ニ基キ取調ニ際シ人民調達洩ナルコト仝18年12月実査ニ当リ発顕
346	高森町	下切村	森ノ上635	荒神森	沖津彦神・沖津姫神	創立年月不詳、明治9年教部省第37号御達ニ基キ取調ニ際シ人民調達洩ナルコト仝18年12月実査ニ当リ発顕
347	高森町	下切村	森ノ上642	荒神森	沖津彦神・沖津姫神	創立年月不詳、明治9年教部省第37号御達ニ基キ取調ニ際シ人民調達洩ナルコト仝18年12月実査ニ当リ発顕
348	高森町	下切村	森ノ上666	山神森	大山祇神	創立年月不詳、明治9年教部省第37号御達ニ基キ取調ニ際シ人民調達洩ナルコト仝18年12月実査ニ当リ発顕
349	高森町	下切村	塩井谷1043	妙見森	罔象女神	創立年月不詳、明治9年教部省第37号御達ニ基キ取調ニ際シ人民調達洩ナルコト仝18年12月実査ニ当リ発顕
350	高森町	永野原村	下原53	天神森	菅原道真公	創立年月不詳、明治9年教部省第37号御達ニ基キ取調ニ際シ人民調達洩ナルコト仝18年12月実査ニ当リ発顕
351	高森町	永野原村	深迫242	山神森	大山祇神	創立年月不詳、明治9年教部省第37号御達ニ基キ取調ニ際シ人民調達洩ナルコト仝18年12月実査ニ当リ発顕
352	高森町	永野原村	坂ノ下362	天神森	菅原道真公	創立年月不詳、明治9年教部省第37号御達ニ基キ取調ニ際シ人民調達洩ナルコト仝18年12月実査ニ当リ発顕
353	高森町	永野原村	南ヶ園620	地主神森	不詳	創立年月不詳、明治9年教部省第37号御達ニ基キ取調ニ際シ人民調達洩ナルコト仝18年12月実査ニ当リ発顕
354	高森町	永野原村	前久保1397	荒神森	沖津彦神・沖津姫神	創立年月不詳、明治9年教部省第37号御達ニ基キ取調ニ際シ人民調達洩ナルコト仝18年12月実査ニ当リ発顕
355	高森町	永野原村	前久保1436	山神森	大山祇神	創立年月不詳、明治9年教部省第37号御達ニ基キ取調ニ際シ人民調達洩ナルコト仝18年12月実査ニ当リ発顕
356	高森町	中村	峯ノ宿1956	山神森	大山祇神	創立年月不詳、明治9年教部省第37号御達ニ基キ取調ニ際シ人民調達洩ナルコト仝18年12月実査ニ当リ発顕
357	高森町	中村	峯ノ宿2008	年神森	大年神	創立年月不詳、明治9年教部省第37号御達ニ基キ取調ニ際シ人民調達洩ナルコト仝18年12月実査ニ当リ発顕
358	高森町	中村	南竹ノ迫2597	山神森	大山祇神	創立年月不詳、明治9年教部省第37号御達ニ基キ取調ニ際シ人民調達洩ナルコト仝18年12月実査ニ当リ発顕
359	高森町	矢津田村	以羅ヶ迫89	荒神森	沖津彦神・沖津姫神	創立年月不詳、明治9年教部省第37号御達ニ基キ取調ニ際シ人民調達洩ナルコト仝18年12月実査ニ当リ発顕
360	高森町	矢津田村	高尾野2528	荒神森	沖津彦神・沖津姫神	創立年月不詳、明治9年教部省第37号御達ニ基キ取調ニ際シ人民調達洩ナルコト仝18年12月実査ニ当リ発顕
361	蘇陽町	二瀬本村	宮下1417	荒神森	沖津彦神・沖津姫神	創立年月不詳、明治9年教部省第37号御達ニ基キ取調ニ際シ人民調達洩ナルコト仝18年12月実査ニ当リ発顕
362	蘇陽町	二瀬本村	小園74	荒神森	沖津彦神・沖津姫神	創立年月不詳、明治9年教部省第37号御達ニ基キ取調ニ際シ人民調達洩ナルコト仝18年12月実査ニ当リ発顕
363	蘇陽町	二瀬本村	小園78	荒神森	沖津彦神・沖津姫神	創立年月不詳、明治9年教部省第37号御達ニ基キ取調ニ際シ人民調達洩ナルコト仝18年12月実査ニ当リ発顕
364	蘇陽町	二瀬本村	城越641	山神森	大山祇神	創立年月不詳、明治9年教部省第37号御達ニ基キ取調ニ際シ人民調達洩ナルコト仝18年12月実査ニ当リ発顕
365	蘇陽町	二瀬本村	井野1799	山神森	大山祇神	創立年月不詳、明治9年教部省第37号御達ニ基キ取調ニ際シ人民調達洩ナルコト仝18年12月実査ニ当リ発顕
366	蘇陽町	橘村	森久保	天神森	菅原道真公	創立年月不詳、明治9年教部省第37号御達ニ基キ取調ニ際シ人民調達洩ナルコト仝18年12月実査ニ当リ発顕
367	蘇陽町	橘村	前園1138	天神森	菅原道真公	創立年月不詳、明治9年教部省第37号御達ニ基キ取調ニ際シ人民調達洩ナルコト仝18年実査ニ当リ発顕
368	蘇陽町	伊勢村	高辻311	山神森	大山祇神	創立年月不詳、明治9年教部省第37号御達ニ基キ取調ニ際シ人民調達洩ナルコト仝18年12月実査ニ当リ発顕
369	蘇陽町	伊勢村	旅竹421	山神森	大山祇神	創立年月不詳、明治9年教部省第37号御達ニ基キ取調ニ際シ人民調達洩ナルコト仝18年12月実査ニ当リ発顕

	ナシ	92坪　官有地第1種	今般仝村字堂園無格社堂園大神宮へ合併	
	ナシ　樹ニ祭ル	15坪　官有地第1種	仝村字中湛淵無格社菅原神社へ今般合併	
	ナシ　樹ニ祭ル	7坪　官有地第1種	仝村字戈原無格社菅原神社へ今般合併	
	ナシ　樹ニ祭ル	64坪　官有地第1種	仝村字戈原無格社菅原神社へ今般合併	
	ナシ　樹ニ祭ル	3坪　官有地第1種	仝村字中大道無格社菅原神社へ今般合併	
	ナシ　樹ニ祭ル	73坪　官有地第1種	仝村村社早楢神社へ今般合併	
	ナシ　樹ニ祭ル	13坪　官有地第1種	仝村村社早楢神社へ今般合併	
	ナシ　樹ニ祭ル	3坪　官有地第1種	仝村村社早楢神社へ今般合併	
	ナシ　樹ニ祭ル	32坪　官有地第1種	仝村村社早楢神社へ今般合併	
	ナシ　樹ニ祭ル	30坪　官有地第1種	仝村村社八幡宮へ今般合併	
	ナシ　樹ニ祭ル	8坪　官有地第1種	仝村村社八幡宮へ今般合併	
	ナシ　樹ニ祭ル	10坪　官有地第1種	仝村村社高畑阿蘇神社へ今般合併	
	ナシ　樹ニ祭ル	8坪　官有地第1種	仝村村社高畑阿蘇神社へ今般合併	
	ナシ　樹ニ祭ル	14坪　官有地第1種	仝村字塚野無格社塚平事平神社へ今般合併	
	ナシ　樹ニ祭ル	48坪　官有地第1種	仝村字塚野無格社塚平事平神社へ今般合併	
	ナシ　樹ニ祭ル	4坪　官有地第1種	仝村字田ノウソ(長谷トアルモノ田ノウソト正誤ス)無格社菅原神社へ今般合併	
	ナシ　樹ニ祭ル	13坪　官有地第1種	仝村字妙見無格社天御中主神社へ今般合併	
	ナシ　樹ニ祭ル	67坪　官有地第1種	仝村字梅木無格社菅原神社へ今般合併	
	ナシ　樹ニ祭ル	8坪　官有地第1種	仝村字山下無格社山下大神宮へ今般合併	
	ナシ　樹ニ祭ル	4坪　官有地第1種	仝村字岩下無格社菅原神社へ今般合併	
	ナシ　樹ニ祭ル	114坪　官有地第1種	仝村仝字無格社秋葉神社へ今般合併	
	縦5尺、横5尺	観音堂敷地内	観音堂敷内ニ両立既ニ観音堂存置許可之モノニ付、仝村字堂ノ本無格社天御中主神社境内へ今般移転合併	
	ナシ　樹ニ祭ル	6坪　官有地第1種	今般仝村字堂ノ本無格社天御中主神社へ合併	
	ナシ　樹ニ祭ル	3坪　官有地第1種	今般仝村字堂ノ本無格社天御中主神社へ合併	
	ナシ　樹ニ祭ル	6坪　官有地第1種	今般仝村字堂ノ本無格社天御中主神社へ合併	

370	蘇陽町	伊勢村	堂園554	天神森	菅原道真公	創立年月不詳、明治9年教部省第37号御達ニ基キ取調ニ際シ人民調達洩ナルコト仝18年12月実査ニ当リ発顕
371	蘇陽町	柏村	東湛淵301	善神森	不詳	創立年月不詳、明治9年教部省第37号御達ニ基キ取調ニ際シ人民調達洩ナルコト仝18年12月実査ニ当リ発顕
372	蘇陽町	柏村	戈原992	荒神森	沖津彦神・沖津姫神	創立年月不詳、明治9年教部省第37号御達ニ基キ取調ニ際シ人民調達洩ナルコト仝18年12月実査ニ当リ発顕
373	蘇陽町	柏村	小迫1359	山神森	大山祇神	創立年月不詳、明治9年教部省第37号御達ニ基キ取調ニ際シ人民調達洩ナルコト仝18年12月実査ニ当リ発顕
374	蘇陽町	柳	中宇土143	天神森	菅原道真公	創立年月不詳、明治9年教部省第37号御達ニ基キ取調ニ際シ人民調達洩ナルコト仝18年12月実査ニ当リ発顕
375	蘇陽町	高辻村	園527	荒神森	沖津彦神・沖津姫神	創立年月不詳、明治9年教部省第37号御達ニ基キ取調ニ際シ人民調達洩ナルコト仝18年12月実査ニ当リ発顕
376	蘇陽町	高辻村	園532	荒神森	沖津彦神・沖津姫神	創立年月不詳、明治9年教部省第37号御達ニ基キ取調ニ際シ人民調達洩ナルコト仝18年12月実査ニ当リ発顕
377	蘇陽町	高辻村	前鶴659	神森	不詳	創立年月不詳、明治9年教部省第37号御達ニ基キ取調ニ際シ人民調達洩ナルコト仝18年12月実査ニ当リ発顕
378	蘇陽町	高辻村	四辻935	荒神森	沖津彦神・沖津姫神	創立年月不詳、明治9年教部省第37号御達ニ基キ取調ニ際シ人民調達洩ナルコト仝18年12月実査ニ当リ発顕
379	蘇陽町	下山村	前畑599	山神森	大山津見神	創立年月不詳、明治9年教部省第37号御達ニ基キ取調ニ際シ人民調達洩ナルコト仝18年12月実査ニ当リ発顕
380	蘇陽町	下山村	八反	神森	不詳	創立年月不詳、明治9年教部省第37号御達ニ基キ取調ニ際シ人民調達洩ナルコト仝18年12月実査ニ当リ発顕
381	蘇陽町	高畑村	池迫1258	山神森	大山祇神	創立年月不詳、明治9年教部省第37号御達ニ基キ取調ニ際シ人民調達洩ナルコト仝18年12月実査ニ当リ発顕
382	蘇陽町	高畑村	水迫	神森	不詳	創立年月不詳、明治9年教部省第37号御達ニ基キ取調ニ際シ人民調達洩ナルコト仝18年12月実査ニ当リ発顕
383	蘇陽町	長谷村	中迫199	荒神森	沖津彦神・沖津姫神	創立年月不詳、明治9年教部省第37号御達ニ基キ取調ニ際シ人民調達洩ナルコト仝18年12月実査ニ当リ発顕
384	蘇陽町	長谷村	原1295	山神森	大山祇神	創立年月不詳、明治9年教部省第37号御達ニ基キ取調ニ際シ人民調達洩ナルコト仝18年12月実査ニ当リ発顕
385	蘇陽町	長谷村	八十谷1708	山神森	大山祇神	創立年月不詳、明治9年教部省第37号御達ニ基キ取調ニ際シ人民調達洩ナルコト仝18年12月実査ニ当リ発顕
386	蘇陽町	玉目村	宿ノ谷300	天神森	菅原道真公	創立年月不詳、明治9年教部省第37号御達ニ基キ取調ニ際シ人民調達洩ナルコト仝18年12月実査ニ当リ発顕
387	蘇陽町	玉目村	龍神561	天神森	菅原道真公	創立年月不詳、明治9年教部省第37号御達ニ基キ取調ニ際シ人民調達洩ナルコト仝18年12月実査ニ当リ発顕
388	蘇陽町	二津留村	二津留176	神森	不詳	創立年月不詳、明治9年教部省第37号御達ニ基キ取調ニ際シ人民調達洩ナルコト仝18年12月実査ニ当リ発顕
389	蘇陽町	大見口村	竹ノ内45	神森	不詳	創立年月不詳、明治9年教部省第37号御達ニ基キ取調ニ際シ人民調達洩ナルコト仝18年12月実査ニ当リ発顕
390	蘇陽町	大見口村	原ヶ迫	天神森	菅原道真公	創立年月不詳、明治9年教部省第37号御達ニ基キ取調ニ際シ人民調達洩ナルコト仝18年12月実査ニ当リ発顕
391	蘇陽町	上差尾村	無田	菅原神社	菅原道真公	創立年月不詳、明治9年教部省第37号御達ニ基キ取調ニ際シ人民調達洩ナルコト仝18年12月実査ニ当リ発顕
392	蘇陽町	上差尾村	無田104	荒神森	沖津彦神・沖津姫神	創立年月不詳、明治9年教部省第37号御達ニ基キ取調ニ際シ人民調達洩ナルコト仝18年12月実査ニ当リ発顕
393	蘇陽町	上差尾村	前畑207	荒神森	沖津彦神・沖津姫神	創立年月不詳、明治9年教部省第37号御達ニ基キ取調ニ際シ人民調達洩ナルコト仝18年12月実査ニ当リ発顕
394	蘇陽町	上差尾村	前畑235	荒神森	沖津彦神・沖津姫神	創立年月不詳、明治9年教部省第37号御達ニ基キ取調ニ際シ人民調達洩ナルコト仝18年12月実査ニ当リ発顕

	ナシ　樹ニ祭ル	1坪　官有地第1種	今般仝村字堂ノ本無格社天御中主神社へ合併	
	ナシ	32坪　官有地第1種	今般仝村字堂ノ本無格社天御中主神社へ合併	
	ナシ　大松ニ祭ル	4坪　官有地第1種	仝村字花寺無格社菅原神社へ今般合併	
	ナシ　樹ニ祭ル	3坪　官有地第1種	仝郡二瀬本村村社二瀬本神社へ今般合併	
	ナシ　樹ニ祭ル	16坪　官有地第1種	仝郡二瀬本村村社二瀬本神社へ今般合併	
	ナシ　石ニ祭ル	33坪　官有地第1種	仝村字川地谷無格社菅原神社へ今般合併	
	ナシ　樹ニ祭ル	1坪　官有地第1種	仝村字川地谷無格社菅原神社へ今般合併	
	ナシ　木ニ祭ル	9坪　官有地第1種	仝村字川地谷無格社菅原神社へ今般合併	
	ナシ　木に祭ル	6坪　官有地第1種	仝村字川地谷無格社菅原神社へ今般合併	
	ナシ　樹ニ祭ル	36坪　官有地第1種	仝村字猫淵無格社菅原神社へ今般合併	
	ナシ　樹ニ祭ル	4坪　官有地第1種	仝村字前迫（今字千羽迫ト改ム）無格社菅原神社へ今般合併	
	ナシ　樹ニ祭ル	6坪　官有地第1種	同村字馬ノ原無格社菅原神社へ今般合併	
	ナシ　樹ニ祭ル	31坪　官有地第1種	同村字池ノ久保無格社菅原神社へ今般合併	
	ナシ　樹ニ祭ル	10坪　官有地第1種	同村字池ノ久保無格社菅原神社へ今般合併	
	ナシ　樹ニ祭ル	98坪　官有地第1種	今般同村字前迫（今字千羽迫ト改ム）無格社菅原神社へ合併	
	ナシ　樹ニ祭ル	1坪　官有地第1種	今般同村字前迫（今字千羽迫ト改ム）無格社菅原神社へ合併	
	ナシ　樹ニ祭ル	4坪　官有地第1種	今般同村字宮ノ前（今般字村ノ前ト訂正ス）無格社菅原神社へ合併	
	ナシ　樹ニ祭ル	60坪　官有地第1種	今般同村字上山口無格社菅原神社へ合併	
	ナシ　樹ニ祭ル	150坪　官有地第1種	今般同村字上山口無格社菅原神社へ合併	
	ナシ　樹ニ祭ル	1坪　官有地第1種	今般同村字上山口無格社菅原神社へ合併	
	ナシ　樹ニ祭ル	270坪　官有地第1種	今般同村字上山口無格社菅原神社へ合併	
	ナシ　樹ニ祭ル	13坪　官有地第1種	今般同村字上山口無格社菅原神社へ合併	
	ナシ　樹ニ祭ル	9坪　官有地第1種	今般同村字上山口無格社菅原神社へ合併	
	ナシ　樹ニ祭ル	780坪　官有地第1種	今般同村字上山口無格社菅原神社へ合併	
	ナシ　石ニ祭ル	7坪　官有地第1種	今般同村字上山口無格社菅原神社へ合併	

395	蘇陽町	上差尾村	山造	山神森	大山祇神	創立年月不詳、明治9年教部省第37号御達ニ基キ取調ニ際シ人民調達洩ナルコト仝18年12月実査ニ当リ発顕
396	蘇陽町	上差尾村	向坂1128	山神森	大山祇神	創立年月不詳、明治9年教部省第37号御達ニ基キ取調ニ際シ人民調達洩ナルコト仝18年12月実査ニ当リ発顕
397	蘇陽町	花上村	杉畠171	山神森	大山祇神	創立年月不詳、明治9年教部省第37号御達ニ基キ取調ニ際シ人民調達洩ナルコト仝18年12月実査ニ当リ発顕
398	蘇陽町	塩出迫村	瀬之口105	山神森	大山祇命	創立年月不詳、明治9年教部省第37号御達ニ基キ取調ニ際シ人民調達洩ナルコト仝18年12月実査ニ当リ発顕
399	蘇陽町	塩出迫村	上川鶴595	荒神森	沖津彦神・沖津姫神	創立年月不詳、明治9年教部省第37号御達ニ基キ取調ニ際シ人民調達洩ナルコト仝18年12月実査ニ当リ発顕
400	蘇陽町	菅尾村	南園193	荒神森	沖津彦神・沖津姫神	創立年月不詳、明治9年教部省第37号御達ニ基キ取調ニ際シ人民調達洩ナルコト仝18年12月実査ニ当リ発顕
401	蘇陽町	菅尾村	瀧下732	山神森	大山祇神	創立年月不詳、明治9年教部省第37号御達ニ基キ取調ニ際シ人民調達洩ナルコト仝18年12月実査ニ当リ発顕
402	蘇陽町	菅尾村	赤迫1197	天神森	菅原道真公	創立年月不詳、明治9年教部省第37号御達ニ基キ取調ニ際シ人民調達洩ナルコト仝18年12月実査ニ当リ発顕
403	蘇陽町	菅尾村	赤迫1242	天神森	菅原道真公	創立年月不詳、明治9年教部省第37号御達ニ基キ取調ニ際シ人民調達洩ナルコト仝18年12月実査ニ当リ発顕
404	蘇陽町	菅尾村	迫下667	天神森	菅原道真公	創立年月不詳、明治9年教部省第37号御達ニ基キ取調ニ際シ人民調達洩ナルコト仝18年12月実査ニ当リ発顕
405	蘇陽町	米迫村	千羽迫45	荒神森	沖津彦神・沖津姫神	創立年月不詳、明治9年教部省第37号御達ニ基キ取調ニ際シ人民調達洩ナルコト仝18年12月実査ニ当リ発顕
406	蘇陽町	塩原村	南受256	荒神森	沖津彦神・沖津姫神	創立年月不詳、明治9年教部省第37号御達ニ基キ取調ニ際シ人民調達洩ナルコト仝18年12月実査ニ当リ発顕
407	蘇陽町	八木村	北八矢7	水神森	罔象女神	創立年月不詳、明治9年教部省第37号御達ニ基キ取調ニ際シ人民調達洩ナルコト仝18年12月実査ニ当リ発顕
408	蘇陽町	八木村	野水468	水神森	罔象女神	創立年月不詳、明治9年教部省第37号御達ニ基キ取調ニ際シ人民調達洩ナルコト仝18年12月実査ニ当リ発顕
409	蘇陽町	米迫村	下迫249	天神森	菅原道真公	創立年月不詳、明治9年教部省第37号御達ニ基キ取調ニ際シ人民調達洩ナルコト仝18年12月実査ニ当リ発顕
410	蘇陽町	米迫村	古畑365	神森	不詳	創立年月不詳、明治9年教部省第37号御達ニ基キ取調ニ際シ人民調達洩ナルコト仝18年12月実査ニ当リ発顕
411	蘇陽町	柳井原村	伊義谷鶴240	水神森	罔象女神	創立年月不詳、明治9年教部省第37号御達ニ基キ取調ニ際シ人民調達洩ナルコト仝18年12月実査ニ当リ発顕
412	蘇陽町	長崎村	栃木原218	天神森	菅原道真公	創立年月不詳、明治9年教部省第37号御達ニ基キ取調ニ際シ人民調達洩ナルコト仝18年12月実査ニ当リ発顕
413	蘇陽町	長崎村	栃木原220	天神森	菅原道真公	創立年月不詳、明治9年教部省第37号御達ニ基キ取調ニ際シ人民調達洩ナルコト仝18年12月実査ニ当リ発顕
414	蘇陽町	長崎村	後迫567	山神森	大山祇神	創立年月不詳、明治9年教部省第37号御達ニ基キ取調ニ際シ人民調達洩ナルコト仝18年12月実査ニ当リ発顕
415	蘇陽町	長崎村	北ノ迫673	天神森	菅原道真公	創立年月不詳、明治9年教部省第37号御達ニ基キ取調ニ際シ人民調達洩ナルコト仝18年12月実査ニ当リ発顕
416	蘇陽町	長崎村	宿ノ木695	権現森	不詳	創立年月不詳、明治9年教部省第37号御達ニ基キ取調ニ際シ人民調達洩ナルコト仝18年12月実査ニ当リ発顕
417	蘇陽町	長崎村	水迫933	若宮森	不詳	創立年月不詳、明治9年教部省第37号御達ニ基キ取調ニ際シ人民調達洩ナルコト仝18年12月実査ニ当リ発顕
418	蘇陽町	長崎村	徳惣口737	天神森	菅原道真公	創立年月不詳、明治9年教部省第37号御達ニ基キ取調ニ際シ人民調達洩ナルコト仝18年12月実査ニ当リ発顕
419	蘇陽町	長崎村	柿木迫62	猿田彦神	猿田彦神	創立年月不詳、明治9年教部省第37号御達ニ基キ取調ニ際シ人民調達洩ナルコト仝18年12月実査ニ当リ発顕

	ナシ　樹ニ祭ル	58坪　官有地第1種	今般仝村字松葉谷無格社菅原神社へ合併	
	ナシ　樹ニ祭ル	9坪　官有地第1種	今般仝村字松葉谷無格社菅原神社へ合併	
	ナシ　樹ニ祭ル	30坪　官有地第1種	仝村字松葉谷無格社加藤神社へ今般合併	
	ナシ　木ニ祭ル	40坪　官有地第1種	同村字松葉谷無格社菅原神社へ今般合併	
	ナシ　樹ニ祭ル	16坪　官有地第1種	同村字松葉谷無格社菅原神社へ今般合併	
	ナシ　樹ニ祭ル	1坪　官有地第1種	同村郷社幣立神社へ今般合併	
	ナシ　樹ニ祭ル	19坪　官有地第1種	同村郷社幣立神社へ今般合併	
	ナシ　樹ニ祭ル	1坪　官有地第1種	同村郷社幣立神社へ今般合併	
	ナシ　樹ニ祭ル	3坪　官有地第1種	同村郷社幣立神社へ今般合併	
	ナシ　樹ニ祭ル	4坪　官有地第1種	同村郷社幣立神社へ今般合併	
	ナシ　樹ニ祭ル	9坪　官有地第1種	同村郷社幣立神社へ今般合併	
	ナシ　樹ニ祭ル	44坪　官有地第1種	今般同村字上前鶴(明細帳ニ上鶴トアリ今般改ム)無格社菅原神社へ合併	
	ナシ　木ニ祭ル	22坪　官有地第1種	同村字鶴無格社菅原神社へ今般合併	
	ナシ　樹ニ祭ル	6坪　官有地第1種	同村字山下無格社菅原神社へ今般合併	
	ナシ　樹に祭ル	1坪　官有地第1種	同村字山下無格社菅原神社へ今般合併	
	ナシ　樹ニ祭ル	90坪　官有地第1種	今般仝村仝字無格社須崎神社へ合併	
	<後欠>	<後欠>	<後欠>	

420	蘇陽町	滝上村	前鶴422	年神森	大年神	創立年月不詳、明治9年教部省第37号御達ニ基キ取調ニ際シ人民調達洩ナルコト仝18年12月実査ニ当リ発顕
421	蘇陽町	滝上村	前鶴426	荒神森	沖津彦神・沖津姫神	創立年月不詳、明治9年教部省第37号御達ニ基キ取調ニ際シ人民調達洩ナルコト仝18年12月実査ニ当リ発顕
422	蘇陽町	滝上村	松葉谷53	秋葉社森	不詳	創立年月不詳、明治9年教部省第37号御達ニ基キ取調ニ際シ人民調達洩ナルコト仝18年12月実査ニ当リ発顕
423	蘇陽町	滝上村	鶴	天神森	菅原道真公	創立年月不詳、明治9年教部省第37号御達ニ基キ取調ニ際シ人民調達洩ナルコト仝18年12月実査ニ当リ発顕
424	蘇陽町	滝上村	南尾崎963	荒神森	沖津彦神・沖津姫神	創立年月不詳、明治9年教部省第37号御達ニ基キ取調ニ際シ人民調達洩ナルコト仝18年12月実査ニ当リ発顕
425	蘇陽町	大野村	白石谷20	荒神森	沖津彦神・沖津姫神	創立年月不詳、明治9年教部省第37号御達ニ基キ取調ニ際シ人民調達洩ナルコト仝18年12月実査ニ当リ発顕
426	蘇陽町	大野村	宮向389	八幡森	応神天皇	創立年月不詳、明治9年教部省第37号御達ニ基キ取調ニ際シ人民調達洩ナルコト仝18年12月実査ニ当リ発顕
427	蘇陽町	大野村	前田340	荒神森	沖津彦神・沖津姫神	創立年月不詳、明治9年教部省第37号御達ニ基キ取調ニ際シ人民調達洩ナルコト仝18年12月実査ニ当リ発顕
428	蘇陽町	大野村	前田369	水神森	罔象女神	創立年月不詳、明治9年教部省第37号御達ニ基キ取調ニ際シ人民調達洩ナルコト仝18年12月実査ニ当リ発顕
429	蘇陽町	大野村	背越382	天神森	菅原道真公	創立年月不詳、明治9年教部省第37号御達ニ基キ取調ニ際シ人民調達洩ナルコト仝18年12月実査ニ当リ発顕
430	蘇陽町	大野村	宮ノ前659	山神森	大山祇神	創立年月不詳、明治9年教部省第37号御達ニ基キ取調ニ際シ人民調達洩ナルコト仝18年12月実査ニ当リ発顕
431	蘇陽町	方ヶ野村	上嚢835	天神森	菅原道真公	創立年月不詳、明治9年教部省第37号御達ニ基キ取調ニ際シ人民調達洩ナルコト仝18年12月実査ニ当リ発顕
432	清和村	米生村	山後805	神森	不詳	創立年月不詳、明治9年教部省第37号御達ニ基キ取調ニ際シ人民調達洩ナルコト仝18年12月実査ニ当リ発顕
433	蘇陽町	神前村	山下124	荒神森	沖津彦神・沖津姫神	創立年月不詳、明治9年教部省第37号御達ニ基キ取調ニ際シ人民調達洩ナルコト仝18年12月実査ニ当リ発顕
434	蘇陽町	神前村	上尾431	荒神森	沖津彦神・沖津姫神	創立年月不詳、明治9年教部省第37号御達ニ基キ取調ニ際シ人民調達洩ナルコト仝18年12月実査ニ当リ発顕
435	清和村	緑川村	須崎1311, 1312	山神社	大山祇神	創立年月不詳、明治9年教部省第37号御達ニ基キ取調ニ際シ人民調達洩ナルコト仝18年12月実査ニ当リ発顕
436	清和村	緑川村	尾ヶ分967	稲荷神社	宇賀魂神	<後欠>

＊現在の市町村欄は、分析の便宜上、平成の大合併直前の町村名を掲げた。

表3:社名・社号別一覧(筆者集計)

社名	社号		計
	森	神社・社・宮など	
荒神	127	4	131
山神	83	5	88
天神	48	11	59
水神	25	4	29
菅原	3	21	24
猿田彦		20	20
年神	10	1	11
神森	10		10
妙見	5	2	7
英彦・彦・日子		7	7
厳島	2	3	5
権現	2	2	4
秋葉	1	3	4
年禰		4	4
八幡	1	2	3
大神宮		3	3
牛神	2		2
龍王	1	1	2
加藤		2	2
日吉		2	2
風神	1		1
若宮	1		1
牛王	1		1
地主神	1		1
善神	1		1
熊野坐神	1		1
龍神	1		1
護王神社		1	1
鏑矢神社		1	1
御嶽神社		1	1
稲荷神社		1	1
大山祇神社		1	1
北辰神社		1	1
塩井神社		1	1
地神社		1	1
正権神社		1	1
白峯神社		1	1
大将軍社		1	1
天御中主神社		1	1
合計	327	109	436

表2:社殿・神体の形態と数(筆者集計)

形態	数
社殿	16
祠	23
樹木	317
石	29
水源	5
神体ナシ	45
不明(後欠)	1
計	436

あとがき

本書は、平成二二～二四年度の科学研究費補助金（基盤研究（C））「帝都東京における神社境内と「公共空間」に関する基礎的研究」（研究課題番号＝二二五二〇〇六三、研究代表者＝藤田大誠）の研究成果報告書（平成二五年二月二八日発行）を基盤として、大幅に再編集したものである。しかし実際は、あらためて抜本的に論文集をつくり直したという方が正確であるかもしれない。たとえ研究成果報告書に掲載されていた論考であっても、それぞれ大幅な加除修正もしくは全面的書き直しを行っており、また、今回の論文執筆者一七名のうち八名が、編者らの呼びかけに応え、新たに参加したからである。それでも、まったく新規での参加ということではなく、いずれも先の科研費研究における「神社と「公共空間」研究会」、もしくは先行して始めていた「明治神宮史研究会」で発表してもらっていた、もともと編者らと研究交流の実績がある新進気鋭の研究者たちであった。

そもそも本研究の発端は、平成二一年六月二七日、編者のひとりである藤田大誠の勤務校國學院大學で展開している地域学である「渋谷学」（現在、國學院大學二一世紀研究教育計画「地域・渋谷から発信する共存社会の構築」研究事業）における研究会において、本書の編者四名が出会ったことによってであった。当時、同大研究開発推進機構における兼担業務の一環で「渋谷学」の研究事務を担当していた藤田は、この日開催の第五回渋谷学研究会において畔上直樹と今泉宜子に発表を依頼していたが、その際、次回の渋谷学研究会（同年九月五日）における発表を依頼していた青井哲人も来場していたのである。

この日の研究会後における懇親の席だったか別の日であったかもはや定かではないが、歓談中、青井から明治神宮史に関する共同研究の提案が出され、明治神宮国際神道文化研究所に所属する今泉が明治神宮所蔵資料閲覧の便宜を図る窓口を引き受け、その場にいた畔上や藤田も賛同したことから、この四名を中心に「明治神宮史研究会」は発足したのである。

同研究会は、他にも明治神宮史に関心のあるさまざまな分野の若手・中堅研究者に声をかけて研究会を積み重ね、毎回長時間に亙る熱を帯びた議論が行われた。そうするなかで、「明治神宮造営」という経験は、近代における神社をめぐる環境形成の変遷を考えるうえで未曾有の重要な画期であることが浮かび上がり、明治神宮造営における社殿建築や「鎮守の森」、附属公園的施設（外苑）の形成過程で活躍した関連人脈の相関をくわしく検討することによって、これまでにないような興味深い問題提起ができるとの確信を深めることとなったのである。

　斯様な流れのなかで、藤田を研究代表者、青井・畔上を研究分担者とする科学研究費補助金の申請を行うこととし、幸いなことに採択されて交付を受けることとなった。これ以後、科研費による「神社と「公共空間」研究会」と「明治神宮史研究会」は相当程度重なり合うものとして運営され、科研費研究は平成二二〜二四年度の三年間、共同研究を推進し、同二五年二月に研究成果報告書を作成してひと区切りを付けたのである。

　また、これらと並行して、今泉・藤田・青井・畔上は同二三年一月以来、明治神宮国際神道文化研究所共同研究「明治神宮史に関する総合的・学際的研究」をも継続してきた。具体的には、先の科研費研究や明治神宮史研究会ともリンクさせつつ、毎年秋の公開研究会において、明治神宮史研究の成果を発表する機会を積極的に設けてきたのである。

　科研費の研究成果報告書は、これらの共同研究成果が集約されたものであったため、われわれは出版化の道を探っていたが、平成二六年三月、思いもかけず、明治神宮国際神道文化研究所より出版助成をいただけることとなった。これも偏に明治神宮御祭神による御神恩の賜物であると感謝申し上げるとともに、中島精太郎宮司をはじめとする明治神宮当局や明治神宮国際神道文化研究所の御厚意に心より御礼を申し上げる次第である。

　また発行元は、建築・土木・デザイン関係出版で名高い鹿島出版会で受けていただき、編集は青井と知己の川尻大介氏に担当いただけることとなった。川尻氏は、本書企画が当初からきわめてタイトなスケジュールであったのにも拘らず入稿が大幅に遅れるなか、的確に編集作業を進めていただいた。厚く御礼を申し上げたい。さらに、窮屈なスケジュールにも拘らず、執筆依頼を快諾してくださった本書の論文執筆者各位にも、編者一同、感謝の気持ちをお伝えしたいと思う。

　最後に、この学際的論文集が世に出ることにより、今後とも多様な人々が集う研究アリーナ（討議場）で議論が深められることを心より願い、筆を擱くこととする。

平成二六年一二月二五日
編者を代表して　藤田大誠

あ

い

う

え

お

か

き

く

け

こ

さ

し

す

せ

そ

た

ち

つ

て

と

な

に

ぬ

の

は

ひ

ふ

へ

ほ

ま

み

む

め

も

や

ゆ

よ

り

ろ

わ

編者

藤田大誠（ふぢた・ひろまさ）［I-3］

國學院大學人間開発学部准教授／近代神道史・国学、日本教育史・体育史

昭和四九年富山県生まれ大阪府育ち。平成九年三月國學院大學法学部法律学科卒業、平成一九年三月國學院大學大学院文学研究科神道学専攻博士課程後期修了。平成一九年四月〜二一年三月國學院大學研究開発推進機構助教。平成二一年四月より現職。博士（神道学）。著書・論文に『近代国学の研究』（弘文堂、平成一九年）、「明治神宮競技大会創設と神宮球場建設に関する一考察――内務省衛生局と学生野球界の動向を中心に」（『國學院大學研究開発推進センター研究紀要』第九号、平成二七年）、「「神宮競技問題」の推移と「明治神宮体育大会」の成立」（『國學院大學人間開発学研究』第六号、平成二七年）、「近代における国学的教育機関の社会的役割に関する一考察――財団法人大阪國學院の事例から」（『日本教育史学会紀要』第五巻、平成二七年）など。

青井哲人（あおい・あきひと）［I-1］

明治大学理工学部准教授／建築史・都市史

昭和四五年愛知県生まれ。平成七年京都大学大学院工学研究科建築学専攻博士課程中退後、神戸芸術工科大学助手、日本学術振興会特別研究員、人間環境大学助教授（准教授）を経て平成二〇年より現職。博士（工学）。著書に『彰化一九〇六年――一座城市被烙傷，而後自體再生的故事』（大家出版、台湾、二〇一三年）、『彰化一九〇六年――市区改正が都市を動かす』（アセテート、平成一八年）、『植民地神社と帝国日本』（吉川弘文館、平成一七年）。共著に *Constructing the Colonized Land: Entwined Perspectives of East Asia around WWII*, Ashgate, 2014、『アジア都市建築史』（昭和堂、平成一五年）など。

畔上直樹（あぜがみ・なおき）［I-2］

国立大学法人上越教育大学大学院学校教育研究科准教授／日本近現代史、地域社会史

昭和四四年東京都生まれ。東京都立大学大学院人文科学研究科博士課程史学専攻単位取得満期退学。平成二二年より現職。博士（史学）。著書に『シリーズ日本人と宗教　第四巻　勧進・参詣・祝祭』（共著、春秋社、平成二七年三月刊行予定）、『シリーズ歴史学の現在12　由緒の比較史』（共著、青木書店、平成二二年）、『「村の鎮守」と戦前日本――「国家神道」の地域社会史』（有志舎、平成二一年）など。

今泉宜子（いまいずみ・よしこ）［II-6］

明治神宮国際神道文化研究所主任研究員／比較文化論

昭和四五年岩手県生まれ。東京大学比較日本文化論学科卒業、ロンドン大学ＳＯＡＳ博士課程修了。博士（学術）。著書に『明治日本のナイチンゲールたち――世界を救い続ける赤十字「昭憲皇太子基金」の100年』（扶桑社、平成二六年）、『明治神宮――「伝統」を創った大プロジェクト』（新潮社、平成二五年）、*Sacred Space in the Modern City: The Fractured Pasts of Meiji Shrine, 1912-1958*, Brill, 2013、『環境貢献都市――東京のリ・デザイン』（共著、清文社、平成二二年）、『明治神宮――戦後復興の軌跡』（編著、鹿島出版会、平成二〇年）など。

執筆者（掲載順）

菅浩二（すが・こうじ）[II-04]

國學院大學神道文化学部准教授／宗教とナショナリズム論、近代神道史

昭和四四年兵庫県生まれ。大阪大学文学部哲学科卒業、國學院大學大学院文学研究科神道学専攻博士課程後期修了。平成一七年〜一八年米国ハーヴァード大学エドウィン・O・ライシャワー日本研究所客員研究員、平成一九年同大学神学部・世界宗教研究センター客員フェロー。博士（宗教学）。著書・論文に『日本統治下の海外神社——朝鮮神宮・台湾神社と祭神』（弘文堂、平成一六年）、「戦時経済論と記紀神話解釈の一側面—難波田春夫の国体論について」（『國學院大學研究開発推進センター研究紀要』七、平成二五年）、「冥王星と宇宙葬——死者と生者の共存、未知への遠近法」（『共存学3——復興・地域の創生　リスク世界の行方』弘文堂、平成二七年）など。

佐藤一伯（さとう・かずのり）[II-05]

御嶽山御嶽神明社宮司／日本思想史、近代神道史、神道神学

昭和四四年岩手県生まれ。平成三年岩手大学人文社会科学部日本思想史専攻卒業。平成一九年國學院大學大学院文学研究科神道学専攻博士課程後期修了。同年より國學院大學研究開発推進機構共同研究員。明治神宮権禰宜・同国際神道文化研究所主任研究員を経て、平成二六年より現職。博士（神道学）。著書に『世界の中の神道』（錦正社、平成二六年）、『明治聖徳論の研究——明治神宮の神学』（国書刊行会、平成二二年、神道宗教学会賞）、『木曽御嶽信仰とアジアの憑霊文化』（共著、岩田書院、平成二四年）など。

上田裕文（うえだ・ひろふみ）[II-07]

札幌市立大学デザイン学部講師／風景計画学、造園学

昭和五三年北海道生まれ。東京大学大学院農学生命科学研究科森林科学専攻修了、ドイツ・カッセル大学建築・都市計画・景観計画学部都市・地域社会学科博士課程修了。Dr.rer.pol. 著書に *The Image of the Forest*, Südwestdeutsche Verlag für Hochschulschriften, 2010、共著に *Landschaften: Theorie, Praxis und Internationale Bezüge*, Oceano Verlag, 2013、*Basic and Clinical Environmental Approaches in Landscape Planning*, Springer, 2014、『まちづくりのための北のガーデニングボランティアハンドブック』（北海道大学出版会、平成二六年）など。

長谷川香（はせがわ・かおり）[II-08]

文化庁国立近現代建築資料館研究補佐員／日本近代建築史

昭和六〇年東京都生まれ。平成二三年東京大学大学院工学系研究科修士課程修了。平成二五年より現職。論文に「吉武東里に関する研究——近代における図案家という職能」（東京大学大学院工学系研究科建築学専攻平成二二年度修士論文）など。

水内佑輔（みずうち・ゆうすけ）[II-09]

日本学術振興会特別研究員（DC）／造園学

昭和六二年大阪府出身。千葉大学大学院園芸学研究科博士課程在籍。論文に「大正期における田村剛の示す国立公園の風景とその変遷」（共著、『ランドスケープ研究』七七（五）、平成二六年）、「国立公園の成立期における田村剛の示す「風

景」概念と用法」(共著、ランドスケープ研究(オンライン論文集八号、平成二七年)、*Constructing a Survey Method for Landscape Evaluation Using Visitor Employed Photography and GPS*, Landscape Research Japan Online Vol.8, 2015 など。日本造園学会ベストペーパー賞、千葉大学大学院園芸学研究科優秀研究発表賞など。

岸川雅範(きしかわ・まさのり)[III-10]

神田神社権禰宜/近世・近代神道史

昭和四九年東京都生まれ。國學院大學文学部神道学科卒業、同大大学院文学研究科神道学専攻博士課程後期修了。博士(神道学)。著書に『天下祭読本――幕末の神田明神祭礼を読み解く』(共著、雄山閣、平成一九年)、『鬼がゆく――江戸の華神田祭』(共著、平凡社、平成二一年)など。

松山恵(まつやま・めぐみ)[III-11]

明治大学文学部史学地理学科専任講師/日本近代都市史

昭和五〇年長崎県生まれ。東京理科大学工学部建築学科卒業、東京大学大学院工学系研究科博士後期課程単位取得退学。米コロンビア大学客員研究員などをへて平成二二年より現職。博士(工学)。著書に『江戸・東京の都市史――近代移行期の都市・建築・社会』(東京大学出版会、平成二六年)、『伝統都市1――イデア』(共著、東京大学出版会、平成二二年)、『江戸の広場』(共著、東京大学出版会、平成一七年)など。

吉原大志(よしはら・だいし)[III-12]

歴史資料ネットワーク運営委員/日本近現代史

昭和五九年神戸市生まれ。神戸大学大学院人文学研究科博士課程後期課程修了。博士(文学)。主な論文に、「一九一〇年代湊川新開地における活動写真と「不良少年」」(『新兵庫県の歴史』第二号、平成二二年)、「被災資料保全の担い手を広げる」(『国文学研究資料館紀要アーカイブズ研究篇』第一〇号、平成二六年)ほか。

河村忠伸(かわむら・ただのぶ)[III-13]

秋葉山本宮秋葉神社権禰宜/近代神社行政史

昭和五六年神奈川県生まれ。関西学院大学法学部卒業、國學院大學大学院文学研究科神道学専攻博士課程前期修了。平成一八年石清水八幡宮奉職、平成二二年神社本庁奉職、平成二六年より現職。修士(神道学)。著書に阪本是丸編『国家神道再考――祭政一致国家の形成と展開』(共著、弘文堂、平成一八年)。

藤本頼生(ふじもと・よりお)[III-14]

國學院大學神道文化学部准教授/近代神道史、宗教社会学

昭和四九年岡山県生まれ。皇學館大学文学部神道学科卒業、國學院大學大学院文学研究科神道学専攻博士課程後期修了。平成九年-平成二三年まで神社本庁に勤務。平成二三年より現職。博士(神道学)。著書に『神道と社会事業の近代史』(弘文堂、平成二一年)、『神社と神様がよ~くわかる本』(秀和システム、平成二六年)、編著に『地域社会をつくる宗教』(明石書店、平成二四年)など。

永瀬節治(ながせ・せつじ)[III-15]

和歌山大学観光学部講師/都市デザイン、まちづくり、歴史的環境保全

昭和五六年生まれ。東北大学卒業。東京大学大学院博士課程修了。東京大学先端科学技術研究センター助教(都市保全システム分野)を経て、平成二四年より現職。博士(工学)。論文に「近代的並木街路としての明治神宮表参道の成立経緯について」(『ランドスケープ研究』七三(五)、平成二一年)、「昭和戦前期における橿原神宮を中心とした空間整備事業に関する研究――紀元2600年祝典に際しての「神都」創出と

その文脈」（『都市計画論文集』四四（三）、平成二一年）など。日本不動産学会研究奨励賞、日本都市計画学会年間優秀論文賞受賞。

北浦康孝（きたうら・やすたか）[III-16]

板橋区公文書館公文書館専門員／日本近現代史

昭和四四年大阪府生まれ。神戸大学経済学部卒業、早稲田大学第二文学部卒業、早稲田大学大学院文学研究科博士後期課程単位取得退学。論文に「神社整理問題の射程――埼玉県北足立郡内間木村の事例を通して」（『早稲田大学大学院文学研究科紀要 第四分冊』第五四輯、平成二一年）など。

柏木亨介（かしわぎ・きょうすけ）[III-17]

聖学院大学非常勤講師／日本民俗学

昭和五一年東京都生まれ。熊本大学文学部地域科学科卒業、筑波大学大学院人文社会科学研究科歴史・人類学専攻修了。博士（文学）。平成二三～二六年まで韓国・蔚山大学校人文学部助教授。第三〇回日本民俗学会研究奨励賞受賞。著書に『〈人〉に向きあう民俗学』（共著、森話社、平成二六年）、『郷土再考――新たな郷土研究を目指して』（共著、角川学芸出版、平成二四年）、『郷土史と近代日本』（共著、角川学芸出版、平成二二年）。

明治神宮以前・以後《めいじじんぐういぜん・いご》　近代神社《きんだいじんじゃ》をめぐる環境形成《かんきょうけいせい》の構造転換《こうぞうてんかん》

二〇一五年二月二〇日　第一刷発行

編者　藤田大誠
　　　青井哲人
　　　畔上直樹
　　　今泉宜子

発行者　坪内文生
発行所　鹿島出版会
　　〒一〇四-〇〇二八
　　東京都中央区八重洲二-五-一四
　　電話：〇三-六二〇二-五二〇〇
　　振替：〇〇一六〇-二-一八〇八八三

DTPオペレーション
　　エムツークリエイト

印刷　壮光舎印刷
製本　牧製本

ISBN 978-4-306-07310-4 C3052

本書の内容に関するご意見・ご感想は
左記までお寄せ下さい。
URL：http://www.kajima-publishing.co.jp
e-mail：info@kajima-publishing.co.jp